国家重点档案专项资金资助项目

抗日战争档案汇编

# 抗战时期乐西公路档案汇编

2

会理县档案馆 编

中華書局

图书在版编目（CIP）数据

抗战时期乐西公路档案汇编．2 / 会理县档案馆编．
－北京：中华书局，2021.12
（抗日战争档案汇编）
ISBN 978-7-101-14509-0

Ⅰ．抗… Ⅱ．会… Ⅲ．①抗日战争－历史档案－
汇编－会理县②道路工程－技术档案－汇编－会理县
Ⅳ．① K265.063 ② G275.3

中国版本图书馆 CIP 数据核字 (2020) 第 059906 号

---

书　　名　抗战时期乐西公路档案汇编 2
丛 书 名　抗日战争档案汇编
编　　者　会理县档案馆
策划编辑　许旭虹
责任编辑　刘　楠
装帧设计　许丽娟
出版发行　中华书局
　　　　　（北京市丰台区太平桥西里38号　100073）
　　　　　http://www.zhbc.com.cn
　　　　　E-mail:zhbc@zhbc.com.cn
图文制版　北京禾风雅艺文化发展有限公司
印　　刷　天津艺嘉印刷科技有限公司
版　　次　2021年12月北京第1版
　　　　　2021年12月第1次印刷
规　　格　开本889×1194毫米　1/16
　　　　　印张36
国际书号　ISBN 978-7-101-14509-0
定　　价　550.00元

# 抗日战争档案汇编编委会

## 编纂出版工作领导小组

**组　长**　李明华

**副组长**　胡旺林　王绍忠　付　华　刘鲤生

## 编纂委员会

**主　任**　李明华

**副主任**　王绍忠

**顾　问**　杨冬权

**成　员**（按姓氏笔画为序排列）

于学蕴　于晶霞　马振犊　王　放　孔凡春　田　洪

付　杰　白明标　邢建榕　刘玉峰　刘新华　许桂清

苏东亮　杜　梅　李华强　李宗春　吴志强　张荣斌

林　真　罗亚夫　郑惠姿　孟玉林　赵国强　赵　深

胡元潮　耿树伟　徐春阳　徐　峰　黄凤平　黄菊艳

常建宏　覃兰花　程　勇　程潜龙　焦东华　谭向文

## 编纂出版工作领导小组办公室

**主　任**　常建宏

**副主任**　李莉娜　孙秋浦

**成　员**（按姓氏笔画为序排列）

石　勇　李　宁　贾　坤

# 四川省抗日战争档案汇编编纂出版工作机构

## 编纂出版工作领导小组

组　　长　陈念芜

副 组 长　张辉华

成员单位　省委办公厅档案管理一处

　　　　　省委办公厅档案管理二处

　　　　　省档案馆档案编研处

## 编纂出版工作领导小组办公室

主　任　王秀娟

副主任　付　劲

成　员　万　军　林　莉　王晓春　蒋筱茜　官　明

　　　　刘　勇

## 编纂委员会

主　任　陈念芜

副主任　张辉华

成　员　王秀娟　付　劲　张晓芳　万　军　米晓燕

　　　　蒋筱茜　官　明

# 《抗战时期乐西公路档案汇编2》编委会

主　编　王宴来

副主编　蒋文斌

编　辑　申亚军　廖开明　李英芳　尹林昌　李文春

# 总序

为深入贯彻落实习近平总书记「让历史说话，用史实发言，深入开展中国人民抗日战争研究」的重要指示精神，国家档案局根据《全国档案事业发展「十三五」规划纲要》和《「十三五」时期国家重点档案保护与开发工作总体规划》的有关安排，决定全面系统地整理全国各级综合档案馆馆藏抗战档案，编纂出版《抗日战争档案汇编》（以下简称《汇编》）。

中国人民抗日战争是近代以来中国反抗外敌入侵第一次取得完全胜利的民族解放战争，开辟了中华民族伟大复兴的光明前景。这一伟大胜利，也是中国人民为世界反法西斯战争胜利、维护世界和平作出的重大贡献。加强中国人民抗日战争研究，具有重要的历史意义和现实意义。

全国各级档案馆保存的抗战档案，数量众多，内容丰富，全面记录了中国人民抗日战争的艰辛历程，是研究抗战历史的珍贵史料。一直以来，全国各级档案馆十分重视抗战档案的开发利用，陆续出版公布了一大批抗战档案，对揭露日本帝国主义侵华罪行，讴歌中华儿女勠力同心、不屈不挠抗击侵略的伟大壮举，弘扬伟大的抗战精神，引导正确的历史认知，发挥了积极作用。特别是国家档案局组织有关方面共同努力和积极推动，「南京大屠杀档案」被联合国教科文组织评选为「世界记忆遗产」，列入《世界记忆名录》，捍卫了历史真相，在国际上产生了广泛而深远的影响。

全国各级档案馆馆藏抗战档案开发利用工作虽然取得了一定的成果，但是，在档案信息资源开发的系统性和深入性方面仍显不足。正如习近平总书记所指出的：「同中国人民抗日战争的历史地位和历史意义相比，同这场战争对中华民族和世界的影响相比，我们的抗战研究还远远不够，要继续进行深入系统的研究。」「抗战研究要深入，就要更多通过档案、资料、事实、当事人证词等各种人证、物证来说话。要加强资料收集和整理这一基础性工作，全面整理我国各地抗战档案、照片、资料、实物等……」

国家档案局组织编纂《汇编》，对全国各级档案馆馆藏抗战档案进行深入系统地开发，是档案部门贯彻落实习近平总书记重要指示精神，推动深入开展中国人民抗日战争研究的一项重要举措。本书的编纂力图准确把握中国人民抗日战争的历史进程、主流和本质，用详实的档案全面反映一九三一年九一八事变后十四年抗战的全过程，反映中国共产党在抗日战争中的中流砥柱作用以及中国人民抗日战争在世界反法西斯战争中的重要地位，反映国共两党「兄弟阋于墙，外御其侮」进行合作抗战、共同捍卫民族尊严的历史，反映各民族、各阶层及海外华侨共同参与抗战的壮举，展现中国人民抗日战争的伟大意义，以历史档案揭露日本侵华暴行，揭示日本军国主义反人类、反和平的实质。

编纂《汇编》是一项浩繁而艰巨的系统工程。为保证这项工作的有序推进，国家档案局制订了总体规划和详细的实施方案，明确了指导思想、工作步骤和编纂要求。为保证编纂成果的科学性、准确性和严肃性，国家档案局组织专家对选题进行全面论证，对编纂成果进行严格审核。

各级档案馆高度重视并积极参与到《汇编》工作之中，通过全面清理馆藏抗战档案，将政治、军事、外交、经济、文化、宣传、教育等多个领域涉及抗战的内容列入选材范围。入选档案包括公文、电报、传单、文告、日记、照片、图表等多种类型。在编纂过程中，坚持实事求是的原则和科学严谨的态度，对所收录的每一件档案都仔细鉴定、甄别与考证，维护档案文献的真实性，彰显档案文献的权威性。同时，以《汇编》编纂工作为契机，以项目谋发展，用实干育人才，带动国家重点档案保护与开发，夯实档案馆基础业务，提高档案人员的业务水平，促进档案馆各项事业的发展。

守护历史，传承文明，是档案部门的重要责任。我们相信，编纂出版《汇编》，对于记录抗战历史，弘扬抗战精神，发挥档案留史存鉴、资政育人的作用，更好地服务于新时代中国特色社会主义文化建设，都具有极其重要的意义。

抗日战争档案汇编编纂委员会

# 编辑说明

抗日战争爆发后，日军切断了中国主要的铁路交通，公路成为支撑抗战的交通主动脉。川滇西路乐西段（乐西公路）是民国时期为抗战而修的一条公路，全长五百二十五公里，北起乐山五通桥，南至西昌，连接滇缅、中印公路，支撑驼峰航线，是当时抗日大后方基地公路网的一条重要战略通道。

本卷选用档案均为会理县档案馆藏档案，原件全文影印，未做删节，如有缺页，为档案自身缺页。内容以会理县国民政府及县征工筑路委员会、民工联队有关修筑乐西公路的档案文件为主，同时收录了部分上级文件训令、公函、报告等往来文书。

收录档案文件时限为一九三九年至一九四〇年。按照「主题—时间」体例编排，分为综合管理、民工管理、施工管理、采购给养四个部分，每一主题下各文件以时间排序。档案所载时间不完整或不准确的，作了补充或订正。档案时间只有年份和月份的，排在该月末；只有年份的，排在该年末；档案无时间且无法考证的标注「时间不详」。

档案中原标题完整或基本符合要求的使用原标题；对原标题有明显缺陷的进行了修改或重拟；无标题的加拟标题。标题中的历史地名沿用当时地名，机构名称使用机构全称或规范简称，如：交通部公路总管理处乐西公路工程处，简称「乐西公路工程处」；交通部公路总管理处乐西公路工程处工务第六总段，简称「乐西公路工程处第六总段」；西康省修筑川滇西路乐西段民工管理处，简称「乐西段民工管理处」；修筑乐西公路会理县征工筑路委员会，简称「会理县征工筑路委员会」。

本书使用规范的简化字。对标题中人名、历史地名、机构名称中出现的繁体字、错别字、不规范异体字、异形字等，予以径改。

由于时间紧，档案公布量大，编者水平有限，在编辑过程中可能存在疏漏之处，考订难免有误，敬请方家斧正。

编者

二〇一九年十二月

# 目录

## 二、民工管理

## 三、施工管理

## 四、采购给养

# 一、综合管理

陆军第二十四军关于转发川滇公路测量队踏木组到境时务须切实保护并尽量协助致西昌县、会理县等的快邮代电（一九三九年一月二十九日）

第三科　最要

轉各區署　二月四日

陸軍第二十四軍司令部行營快郵代電

字第　號

事由

西昌劉旅長鄧司令唐司令周縣長會理李縣長冕寧吳縣長甯南曾縣長越嶲鄧縣長：奉重慶委員長行營[illegible]巡電開：據報本營所派川滇公路測量隊踏木組已抵瀘沽，即行賡續詳測，查路綫多經夷區，夷匪出沒無常，有礙工作等情。除電寧越冕四縣請予以協助外，希即轉飭沿路駐軍負責保護，以策安全為要等因。奉此，仰該縣長即便遵照轉飭所屬切實保護為要。參謀長兼副師長楊學端艷午

中華民國二十八年　月9日發

二月三日到

第　頁　共　頁

# 西康省政府关于公布《西康省各县筑路人员考成暂行办法》致会理县政府的训令（一九三九年五月九日）

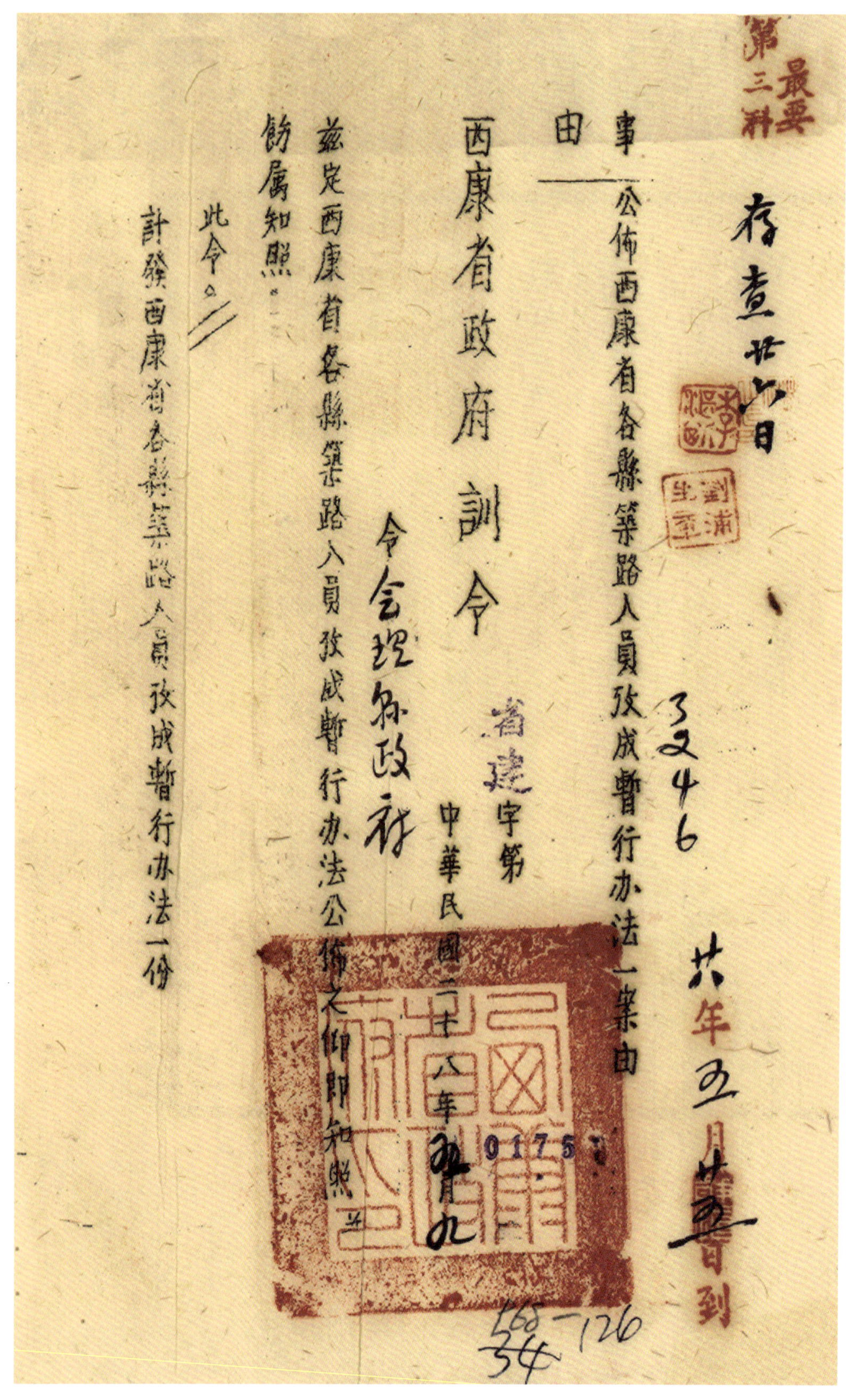

最要

第三科

存查 廿六日

事由：公佈西康省各縣築路人員考成暫行辦法一案由

3946

西康省政府訓令　省建字第　號

令會理縣政府

茲定西康省各縣築路人員考成暫行辦法公佈之，仰即知照並飭屬知照。

此令。

計發西康省各縣築路人員考成暫行辦法一份

中華民國二十八年五月九日

0175

廿八年五月廿一日到

568-126

54

主席 劉文輝
建設廳廳長 葉秀峯
監印徐士貫
總校對高駿

附：西康省各县筑路人员考成暂行办法

# 西康省各县築路人員攷成暫行办法

第一條 西康省各縣办理築路人員之攷成除法令別有規定外悉依本办法行之

第二條 本办法所稱築路人員係包括縣長築路委員會委員職員區長聯保主任保長甲長各級办事人員

第三條 各縣縣長奬勵办法如左
(一)嘉奬 (二)記功 (三)給予奬章 (四)晉級

第四條 各縣縣長懲戒办法如左
(一)申誡 (二)記過 (三)減俸 (四)撤懲

第五條 各縣縣長以下築路人員奬勵办法如左
(一)嘉奬 (二)記功 (三)給予奬狀 (四)給扁額 (五)立紀念碑石

第六條 各縣縣長以下築路人員懲戒办法如左
(一)申誡 (二)記過 (三)交縣政府依法懲办

50

第七條 各縣縣長有左列情事之一者得分別獎勵之

(一)征工如期足額者(二)全段路工依期竣工者(三)全段路工依限完竣者(四)督率有方措施得当并能提前竣工者(五)对於民工之生命安全顧慮週到办理優良者

第八條 各縣縣長有左列情事之一者應分別懲戒之

(一)飭办事件延不遵办者(二)办理無方曼起糾紛者(三)征工不能足額者(四)督率不力逾期開工或逾限竣工者(五)藉故推諉致誤開工或完工日期者(六)管理無方給養中斷發生障故因而工作停頓者(七)呈報不实虛偽庇徇尅扣民工口糧獎金及侵蝕公款者(八)組織不善工地秩序紊亂及忽視民工衛生者。

第九條 各縣縣長以下築路人員有左列情事之一者得分別獎勵之

（一）能將征工意義宣傳周到使民工徹底了解踴躍工作者（二）組織嚴密征工足額全体民工於開工日期完全到工工作者（三）佈置完善不致中途發生障故影响工程進行者（四）對民工衛生清潔生命安全顧慮週到有成績者（五）督工得力能限期竣工者（六）办事謹慎異常勤奮能提前竣工者（七）解決糾紛公平敏捷者

第十條　各縣縣長以下築路人員有左列情事之一者應分別懲戒之

（一）缺乏宣傳致使民工对於工作怔疑觀望者（二）未能按照規定日期開工或開工民工到工不足額者（三）管理無方致工作期間故障叠生因而時作時輟者（四）办理不当時起糾紛者（五）不能限期竣工者（六）怠惰職務屢不出席會議或派定工作無故不到者（七）办事敷衍玩忽職務者（八）虐待民工苛擾鄉閭營私舞弊者（九）不遵照工程規定致工程發生錯誤者（十）計算不確分

51

配不勻致民工發生爭執或剋扣民工應得利益以圖飽私者

第十一條　縣長之獎懲由建設廳長會同民政廳長簽請省府主席核辦之

第十二條　縣長以下築路人員之獎懲由省民工管理處處長暨各該縣縣長考核呈請省府核辦之

第十三條　各縣築路人員之獎懲除遇特殊情形由建設廳長或由省民工管理處暨各該縣縣長依照本辦法隨時辦理外均於工程完畢後舉行之

第十四條　本辦法未經列舉之應行懲獎事項得呈省府辦理之

第十五條　本辦法所規定之功過得互相抵銷

第十六條　本辦法如有未盡事宜得隨時修正之

第十七條　本辦法自公佈日施行

# 西康省政府与会理县政府关于《军事委员会公路交通指挥部组织大纲》的训令

## 西康省政府致会理县政府的训令（一九三九年六月十四日）

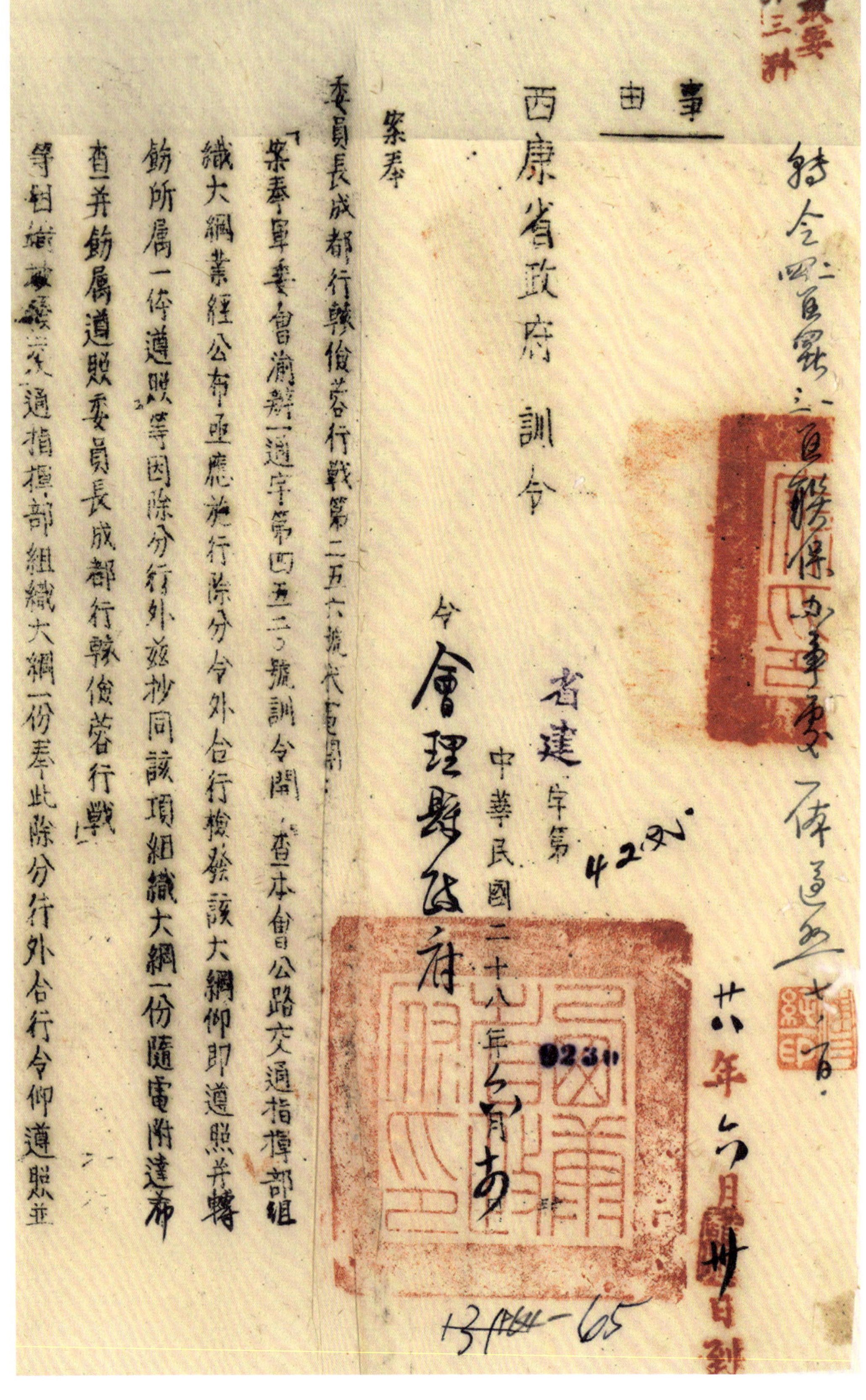

事由

西康省政府訓令

省建字第 42 號

令會理縣政府

案奉

委員長成都行轅俭蓉行戰第二五六號代電開：「案奉軍委會渝辦一通字第四五二號訓令開，查本會公路交通指揮部組織大綱業經公布，亟應施行，除分令外，合行檢發該大綱，仰即遵照並轉飭所屬一體遵照等因。除分行外，茲抄同該項組織大綱一份，隨電附達，希查照並飭屬遵照。委員長成都行轅俭蓉行戰」

等因附發交通指揮部組織大綱一份奉此除分行外合行令仰遵照並

中華民國二十八年六月十四日

轉飭所屬一体遵照

此令

并抄發公路交通指揮部組織大綱一份

主席 劉文輝

廳長 葉秀峯

## 附：军事委员会公路交通指挥部组织大纲

軍事委員會公路交通指揮部組織大綱

第一條　軍事委員會為維持公路交通之安全及增進運輸效率起見除公路行政仍由各省公路局處自行處理外特於各主要公路綫分別設置公路交通指揮部施行軍事上之管理並先就桂黔（由衡陽經桂林至貴陽之公路綫）湘黔（由衡陽經長沙芷江至馬場坪之公路綫）二綫办理之

第二條　各公路交通指揮部各設置指揮部官一人由本會於各汽車兵團團長中遴派兼任之副指揮官二人至四人由交通警備司令部遴派一員兼任外其經過各省份之公路局處長均令兼任其餘業務所需人員除副官書記司書得自行遴請委用外均由以上各機關現職人員中調用之其編制如附表一

第三條　各公路交通指揮部應於沿綫經過各站及渡河點分別設置管理主任担任各該站及渡河點之公路交通指揮事宜其編制如附表二

第四條 各公路交通指揮部直接受本會軍政部之指揮軍令部及後方勤務部之指導處理業務其職掌如次

一、沿綫往來汽車行駛速度之規定及其糾察取締事項

二、沿綫原有車輛工廠之指導調遣事項

三、營業汽車之維持及無票乘車之取締事項

四、軍用汽車司機食宿油站之布置管理事項

五、沿綫往來汽車所載人員物品之檢查及裝載過量或不合法之取締事項

六、沿綫往來汽車損壞程度之檢查修理出險肇禍車輛之救護糾察及絕對不堪行駛車輛之取締事項

七、沿綫路基橋梁橋洞渡船碼頭之檢查及其修補建造事項

八、沿綫警備事項

九、其他一切行車規則之糾察取締事項

第五條 無論任何部隊機關車輛之隨車管理或駕駛人員不遵守第四條各項規定並不服從公路交通指揮官之指揮者得按情節輕重分別扣留人車解送軍法機關或普通司法警察機關依法懲辦之

第六條 修理車輛所需一切費用由使用機關自行担任

第七條 沿綫警備及渡河點交通秩序之維持除由駐軍担任外仍應由交通警備司令部調派相當兵力擔任公路交通指揮部與駐軍切取联絡協同担任之

第八條 各公路交通指揮部辦事細則另訂之

第九條 本大綱如有未盡事宜得隨時修正之

第十條 本大綱自公布之日施行

# 軍事委員會公路交通指揮部編制表

| 職別 | 階級 | 名額 | 備考 |
| --- | --- | --- | --- |
| 指揮官 | 少將 | 一 | |
| 副指揮官 | 上校 | 二 | |
| 副官 | 中（少）尉 | 一 | |
| 書記 | 中尉 | 一 | |
| 司書 | 准（少）尉 | 三 | |
| 管理股 股長 | 少（中）校 | 一 | |
| 管理股 管理員 | 中上（少）尉 | 一 | |
| 糾察股 股長 | 中（少）校 | 一 | |
| 糾察股 糾察員 | 上尉、少尉 | 一、二 | |
| 工程股 股長 | 少（中）校 | 一 | |
| 工程股 技正、技士 | | 一、二 | |
| 傳達軍士 | 下士 | 一 | |
| 傳達兵 | 上（一）等兵 | 六 | |
| 炊事兵 | 一（二）等兵 | 二 | |
| 總計 | 官佐 | 一九 | |
| | 士兵 | 九 | |

附記：一、管理股人員由汽車兵團調用糾察股人員由交通憲兵司令部調用工程股人員由各省公路局處調用

P67

軍事委員會公路交通指揮部駐站管理處編制表

| 職別 | 階級 | 名額 | 備考 |
|---|---|---|---|
| 主任 | 少校（上尉） | 一 | |
| 管理員 | 上（中少）尉 | 三 | |
| 傳達兵 | 上等兵 | 一 | 兼服勤務 |
| 炊事兵 | 一二等兵 | 一 | |
| 總計 | 官佐 | 四 | |
| | 士兵 | 二 | |
| 附記 | 一、管理主任及管理員均由汽車兵團交通警備司令部各省公路局處調用之 | | |

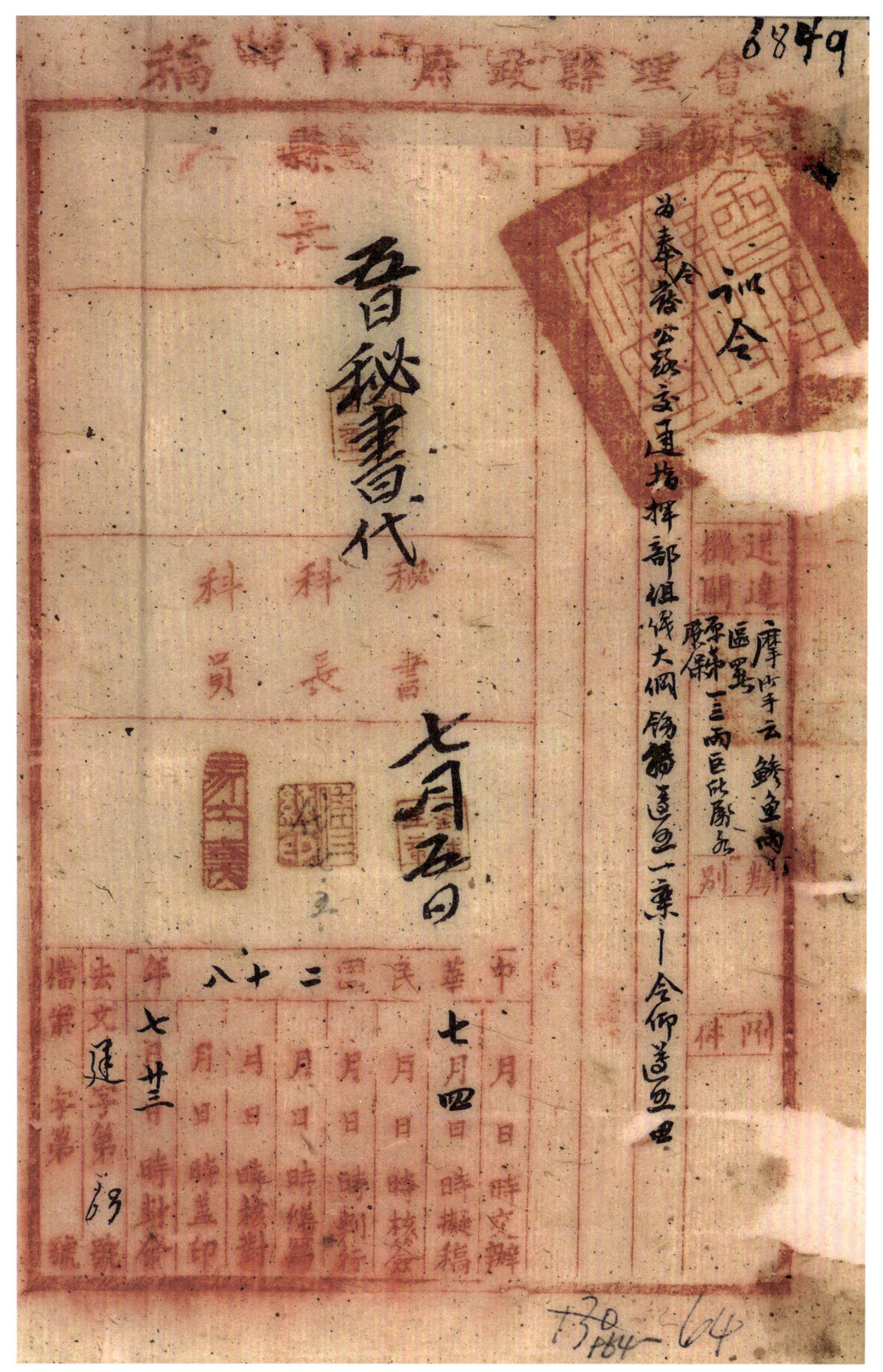

會理縣政府稿

訓令

爲奉令發公路交通指揮部組織大綱飭遵照由

秘書代

七月五日

中華民國二十八年

會理县政府致摩挲云等区署、联保的训令（一九三九年七月二十三日）

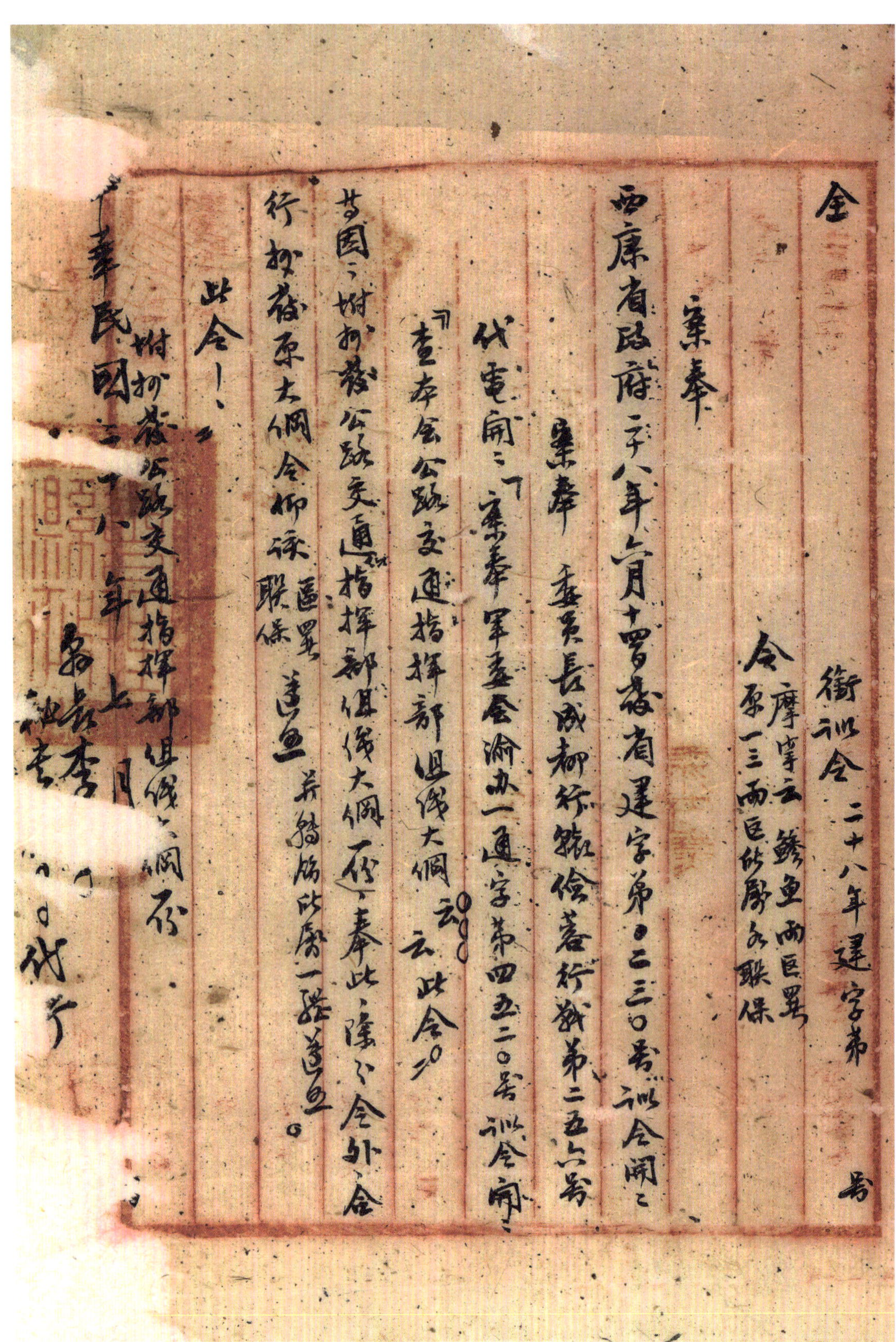

令

衔训令　二十八年建字第　　号

令摩宁云、峨边两区署、第一三两区行署各联保

案奉

西康省政府二十八年六月十四日发省建字第〇二三〇号训令开：

案奉　委员长成都行辕俭蓉行战第二五六号

代电开：「案奉军委会渝办一通字第四五二〇号训令开：

「查本会公路交通指挥部组织大纲」云云。此令。」

等因，附发公路交通指挥部组织大纲，奉此，除分令外，合

行抄发原大纲，令仰该区署、联保遵照并转饬所属一体遵照。

此令！

附抄发公路交通指挥部组织大纲一份

中华民国二十八年七月　日

县长李　　秘书　　代行

西康省政府关于奉令转发滇缅公路禁止拍照致会理县政府的训令（一九三九年六月二十七日）

一号 閱

最要 第一科

樹華 呈代 六月十四

事由：奉 行政院令以緬滇公路禁止拍照仰遵照轉飭由

西康省政府訓令 省秘字第 號

令 會理縣政府

中華民國二十八年六月 日

案奉

行政院呂字五七零八號訓令開：

「案准軍事委員會二十八年五月二十六日辦一参字第五四九零號公函開：『案據交通部呈稱：「案准外交部國28字第16793號代電開：『據本部曹次長鎔浦自仰光來函，以緬甸撣人地方Shan States爲土司地方，一切皆以兵法部勒，最近北撣人地 Northern Shan States監督公佈，凡旅行緬段之滇緬公路帶有照像機者，須以書面聲明不在緬段拍照，方准攜帶照像機。由臘戍出發，須該監督派員來言，如華段准人拍照，彼自不

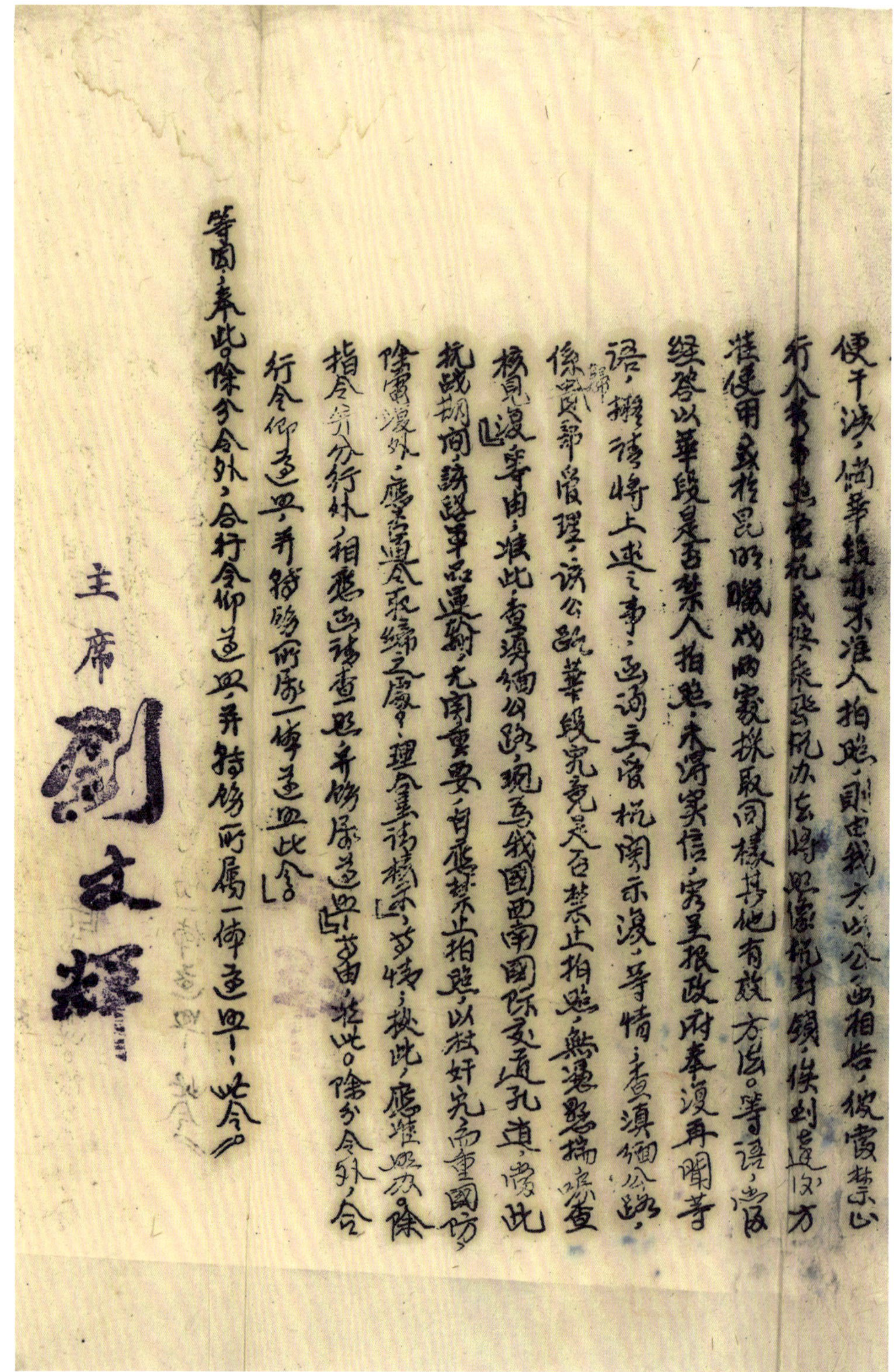
便於涉，倘華段亦不准人拍照，則由我方此公函相告，彼當禁止
行人等事，總當就我方條例辦法，將照像機封鎖，俟到達後方
准使用或在昆明、臘戍兩處採取同樣其他有效方法。等語，當
經答以華段是否禁人拍照，未得實信，容呈報政府奉復再聞等
語，擬請將上述之事，函詢主管機關示復，等情。查滇緬公路，
係歸交通部管理，該公路華段究竟是否禁止拍照，無憑懸揣，應查
核見復等由，准此，查滇緬公路現為我國西南國際交通孔道，際此
抗戰期間，該路軍品運輸，尤關重要，自應禁止拍照，以杜奸宄而重國防
除函復外，應否通令禁止之處，理合具文呈請核示，等情。據此，應准照辦。除
指令並分行外，相應函請查照，並飭屬遵照，為荷。等由，准此。除分令外，合
行令仰遵照，並轉飭所屬一體遵照。此令。
等因，奉此。除分令外，合行令仰遵照，並轉飭所屬一體遵照。此令。

主席 劉文輝

乐西公路工程处关于修筑路面草率从事不听工程人员指挥等致会理县征工筑路委员会的快邮代电（一九三九年六月）

交通部公路總管理處樂西公路工程處快郵代電

建字第二〇九號　第1頁

會理縣築路委員會公鑒：案查貴縣民工修築本路路基大部完成，修築路面方法已於第一六八號公函中說明做法在案，而各級隊長遵照辦理者果多，其草率從事者亦復不少，且隊長等常不在工地，而工人每因語言不通，不聽工程人員指揮，雖經多方勸導，而反發生誤會。在此趕工時期發現此種現象，對於工程進展必大受影響，特電請查照，務祈嚴飭所屬遵照規定辦理，以期早觀厥成而完任務為荷。

中華民國　年　月　日發

## 会理县政府关于召开该县征工筑路委员会成立大会致各职员委员的函（一九三九年七月二十日）

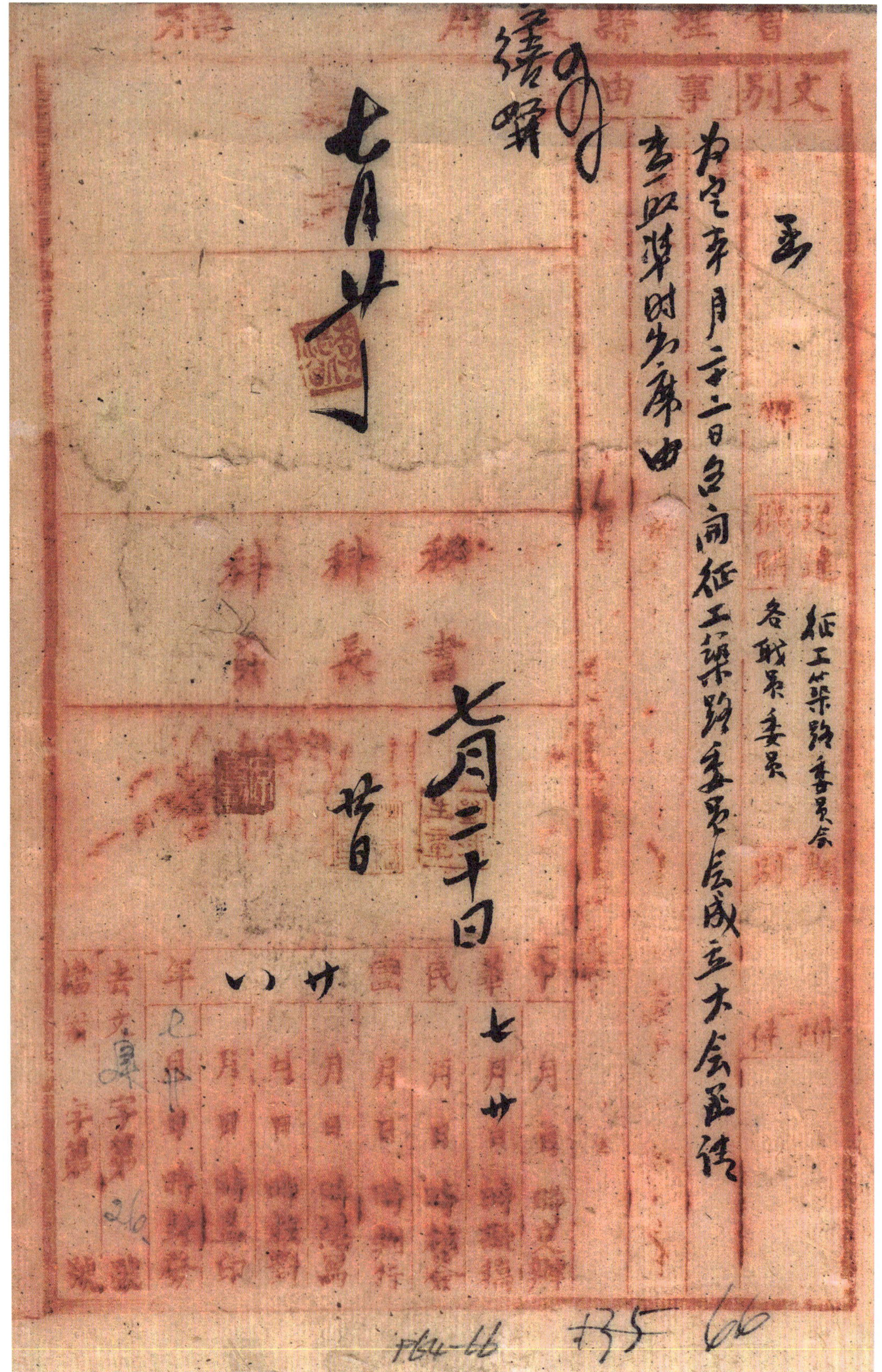

函

征工筑路委员会

各职员委员

为定本月二十二日召开征工筑路委员会成立大会函请

查照届时出席由

七月二十日

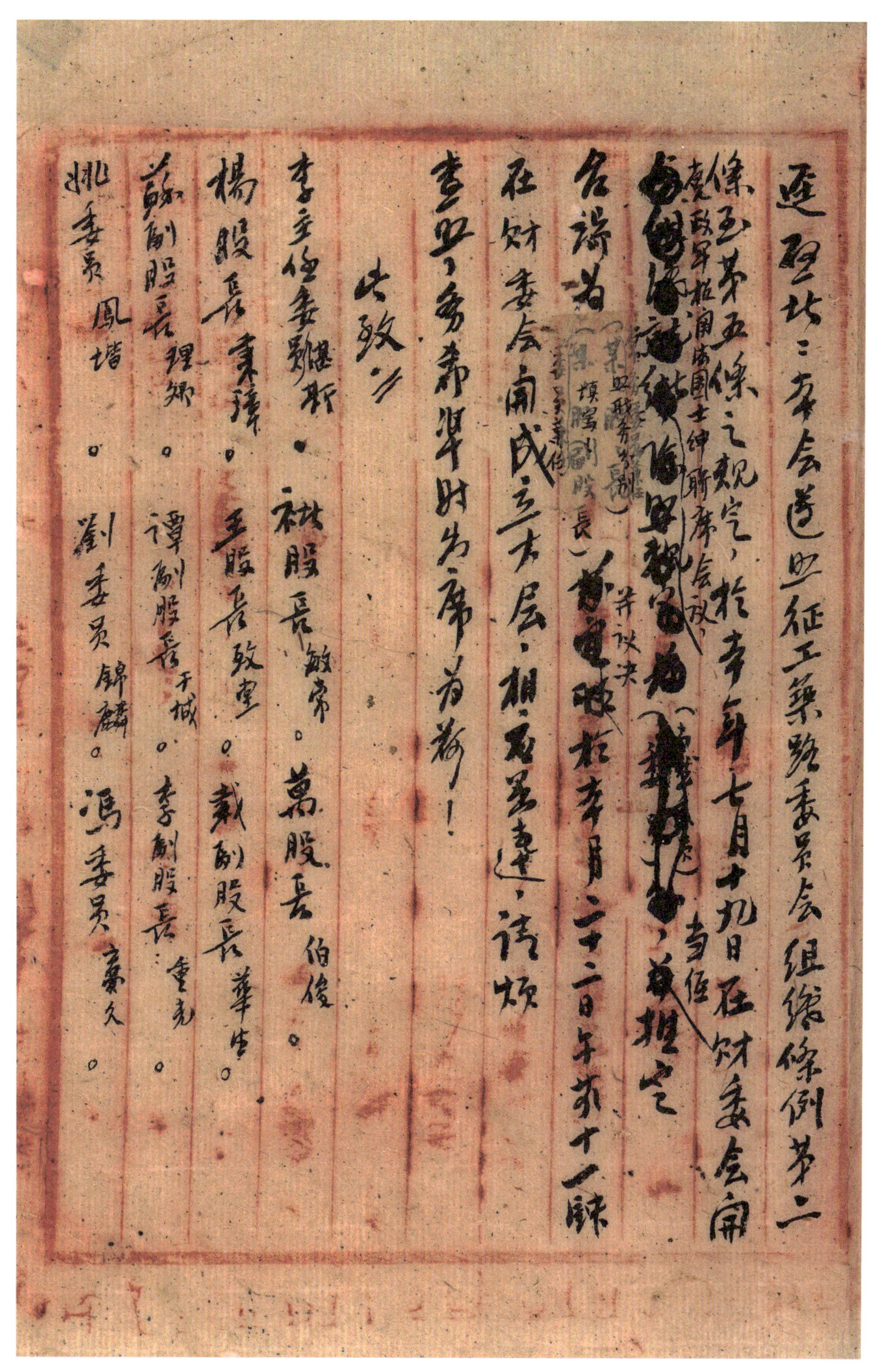

遵照北二本會遵照征工築路委員會組織條例第二條至第五條之規定，於本年七月十九日在財委會開邀集政界机關及團士紳聯席會議，[illegible]當經[illegible]，並推定名譽者（[illegible]）並議決於本月二十二日午前十一時在財委會開成立大會，相應函達，請煩查照，務希準時出席為荷！

此致

李主任委員鄧堪斯。林股長敏常。萬股長伯俊。

楊股長秉鐘。王股長致堂。戴副股長華生。

蘇副股長理鄉。譚副股長干城。李副股長重光。

姚委員鳳增。劉委員錦麟。馮委員豪久。

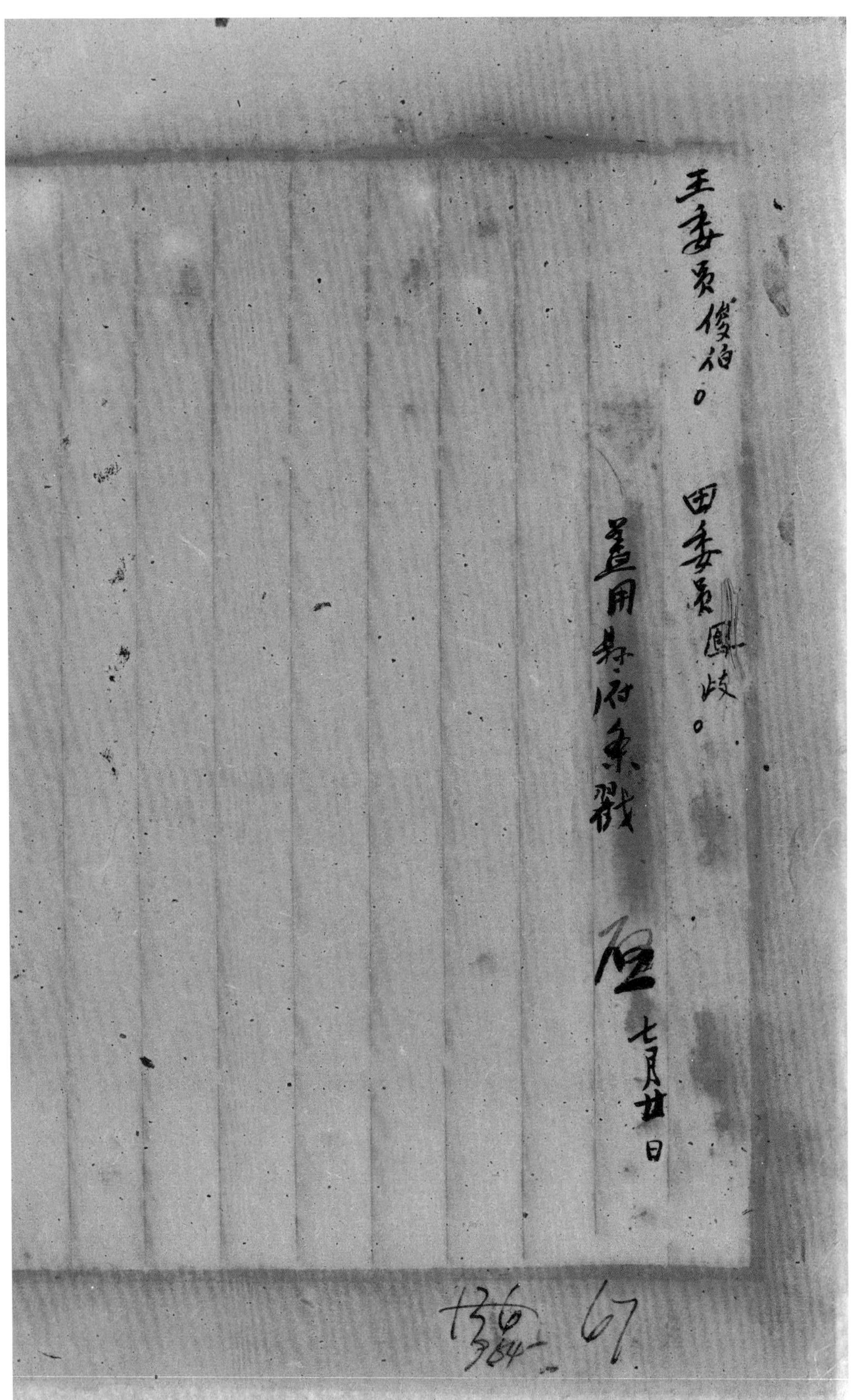

王委员俊伯。 田委员凤岐。

蓋用县府条戳

印 七月廿日

136 384 67

会理县征工筑路委员会给养股关于给养股实施办法致该会的签呈（一九三九年八月六日）

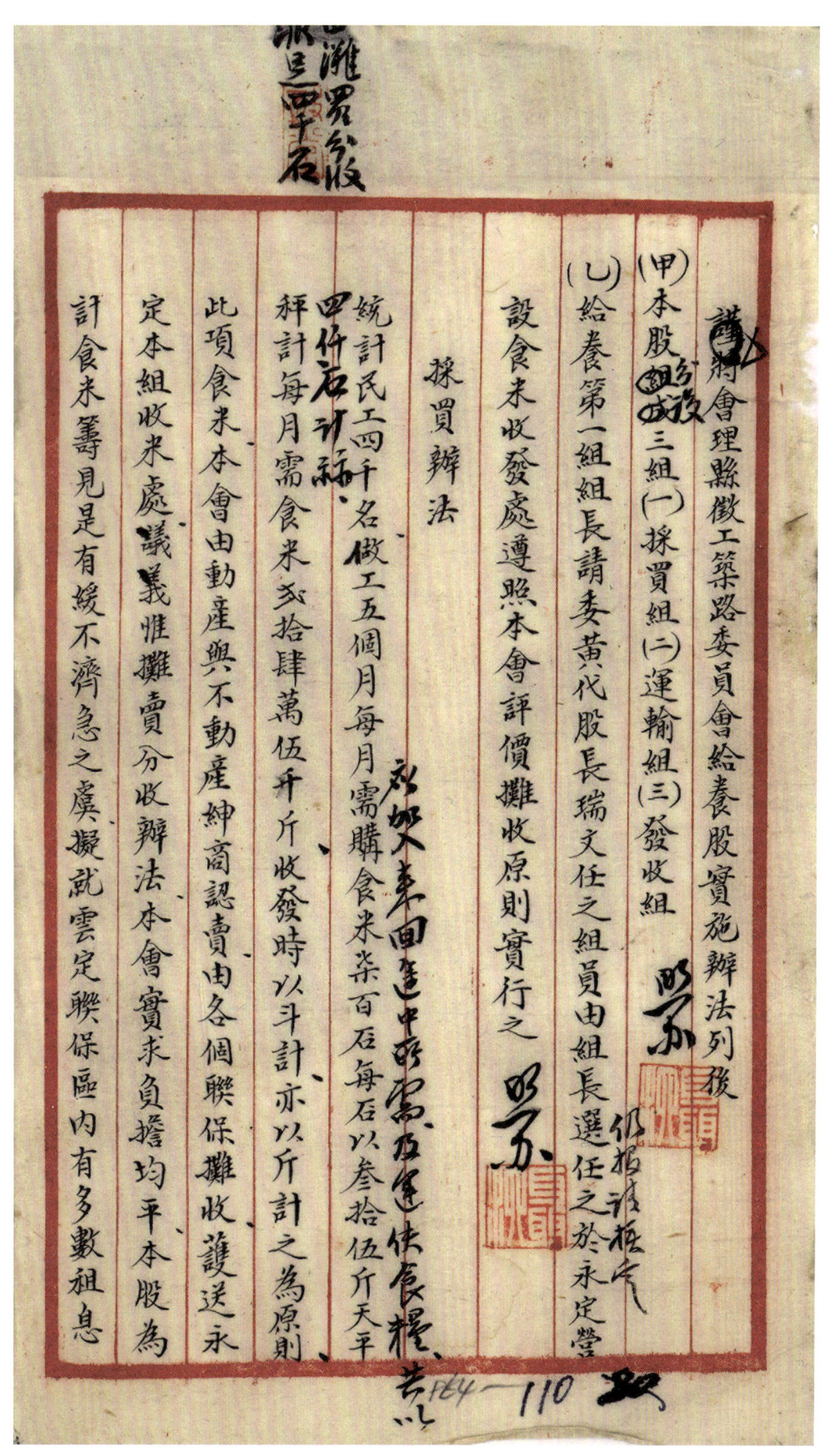

灘買分收
派足四千石

謹將會理縣徵工築路委員會給養股實施辦法列後

（甲）本股分設三組（一）採買組（二）運輸組（三）發收組

（乙）給養第一組組長請委黃代股長瑞文任之組員由組長選任之於永定營設食米收發處遵照本會評價攤收原則實行之

仍擬請核定

採買辦法

統計民工四千名徵工五個月每月需購食米柒百石每石以叁拾伍斤天平秤計每月需食米貳拾肆萬伍千斤收發時以斗計亦以斤計之為原則

以加入來回途中所需及運伕食糧共以四仟石計算

此項食米本會由動產與不動產紳商認賣由各個聯保攤收護送永定本組收米處議惟攤賣分收辦法本會實求負擔均平本股為計食米籌見是有緩不濟急之虞擬就雲定聯保區內有多數租息

164—110

及產米之富戶訂買叁千石其價照市評減十分之一能辦到將來對於民食不無補益以作民食備用之需

(丙)給養第二組組長由運輸隊長兼任之於黃水塘設給養轉運處請委馮股員孟九任之專司收米發交船運之責惟收發時以斗計亦以斤計或登記務以憑單為要

輸運辦法

統計民工食米三千伍百石共計重壹百叁拾叁萬伍千斤每一名伕規定運陸拾斤八十華里為一站以會城計到工段地計六站本會議決各區聯保就運收發處永定交除叁站本組實由永運至黃水塘交轉運計叁站由黃水塘顧船運發收處禮州交又除叁站

惟於民伕實運叁站合計編捌班叁百叁拾名長伕輸運每次能運米

壹萬玖千叁百斤畧要五十次方能將四千民食之米運楚至沿途應

否設驛站給養顧船伕以及護送武器等事均由組長妥辦施行

之

（丁）給養第三組組長由李副股長重光兼任之組員一人或二人由組長選

任到達工段地後首先設於食米發收處以本會支付單照發以本

股轉運單照收惟收發時務以斗計亦以斤計登記後將憑單存

卷報銷以上三組辦事職員請本誓詞意義至於辦法有未盡事宜

請大會修改施行之謹呈

會理縣徵工築路委員會主席聶

八月　日

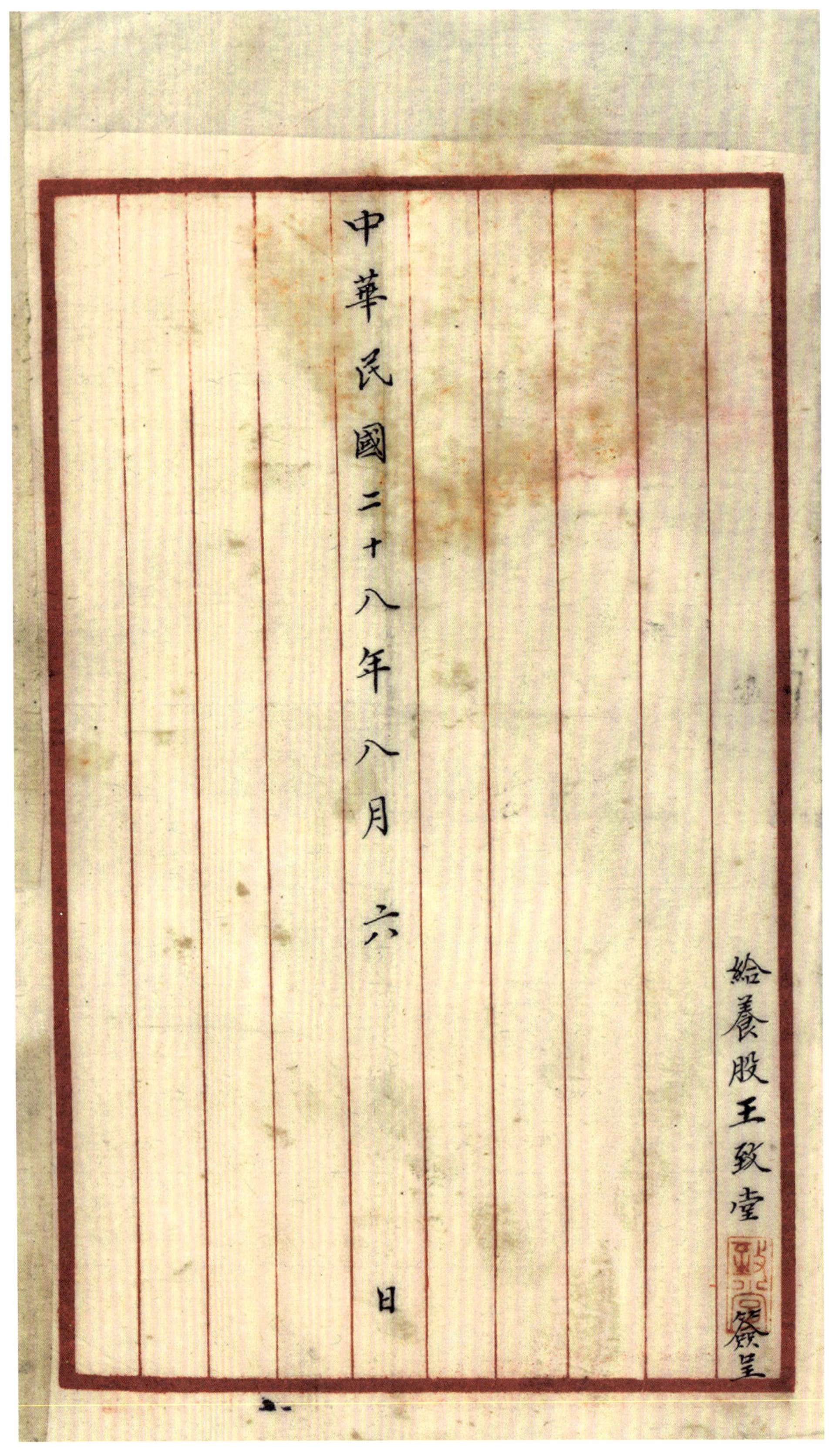
給養股王致壹（印）簽呈

中華民國二十八年八月六日

# 乐西段民工管理处与会理县征工筑路委员会关于筑路民工保护川滇西路乐西段沿线林园古迹的训令

## 乐西段民工管理处致会理县征工筑路委员会的训令（一九三九年八月八日）

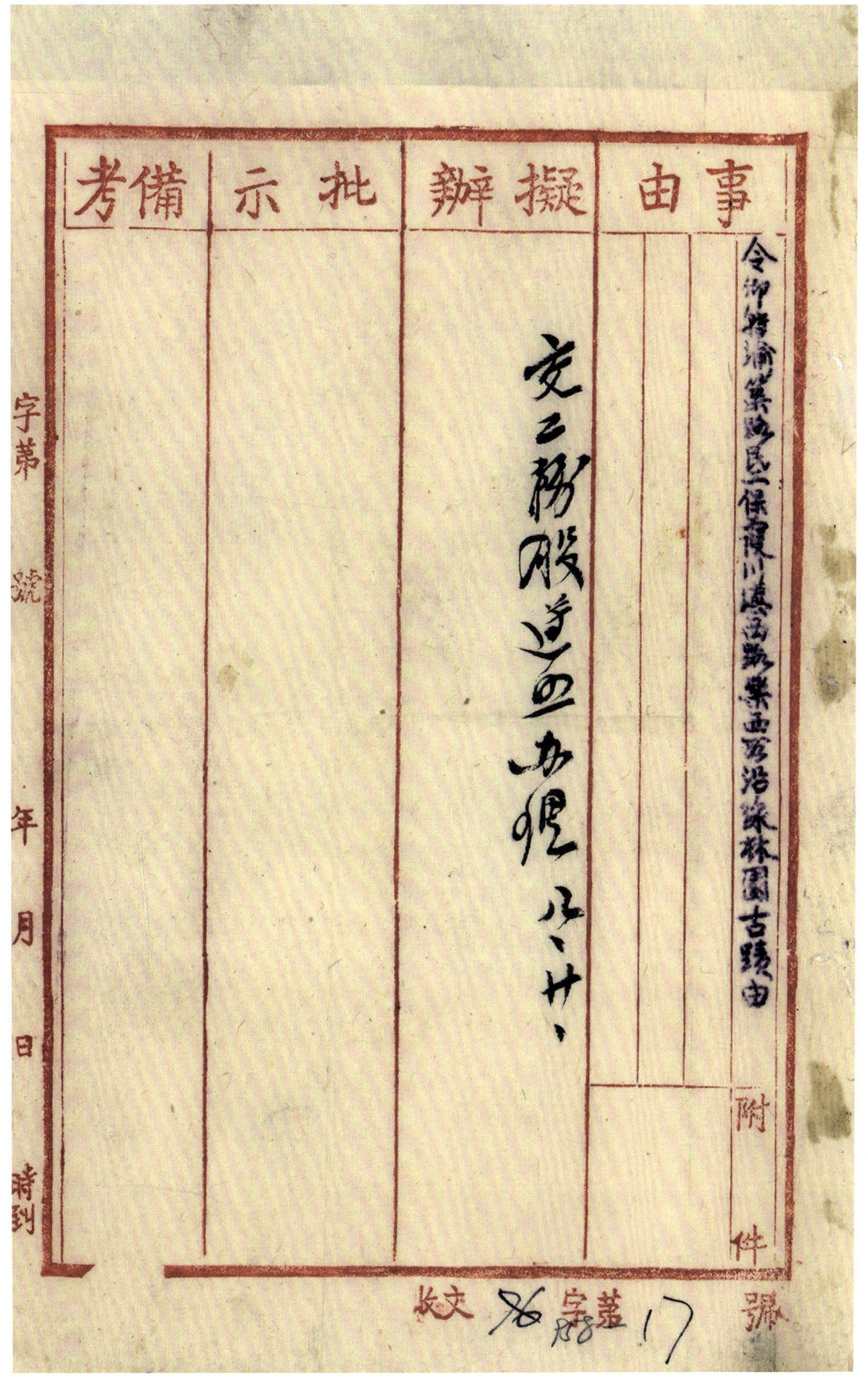

事由：令仰转谕筑路民工保护川滇西路乐西段沿线林园古迹由

附件：

拟办：交二股照案迳函办理　八、廿、

批示：

备考：

字第　號　年　月　日　時到

收文 86 字第 17 號

四川省修築川滇西路樂西段民工管理處

訓令　令字第 5 號

令会理築路委員会

查培植林園，事屬要政，名勝古蹟，同應保存。川滇西路樂西段工程，開工在即，沿公路線，不乏林園古蹟，勢不能因修築公路，遂爾濫施砍伐，任意摧殘。為此通令應飭各縣築路委員会，懍切曉諭所屬築路民工，共體斯旨，恪遵毋違。倘有不肖之徒，意存破壞，應即從嚴懲辦，以遏貪頑。除分行外，合行令仰該会即便遵照辦理。

此令！！

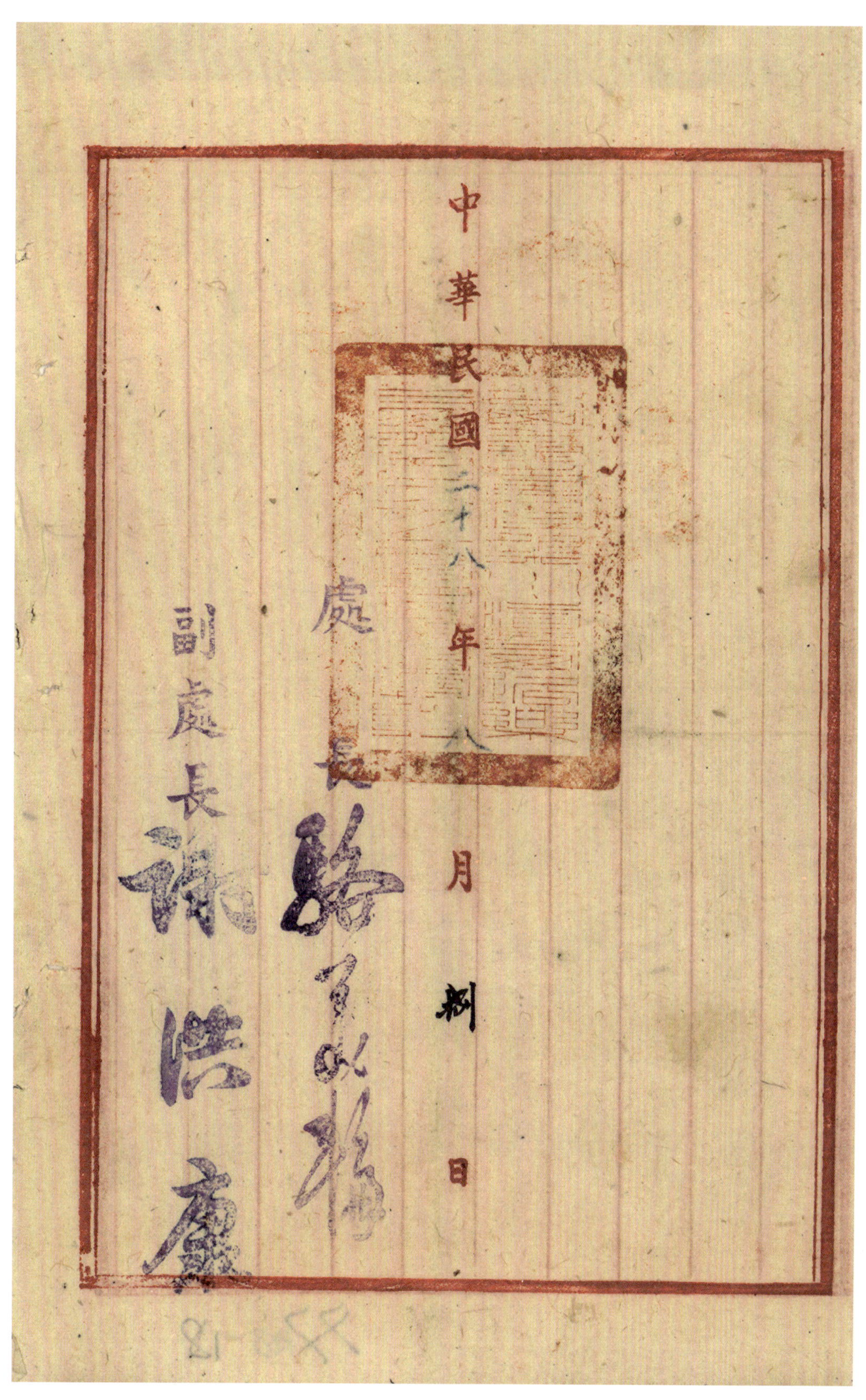

中華民國二十八年八月卅日

處長

副處長

# 会理县征工筑路委员会致各区署的训令（一九三九年八月二十一日）

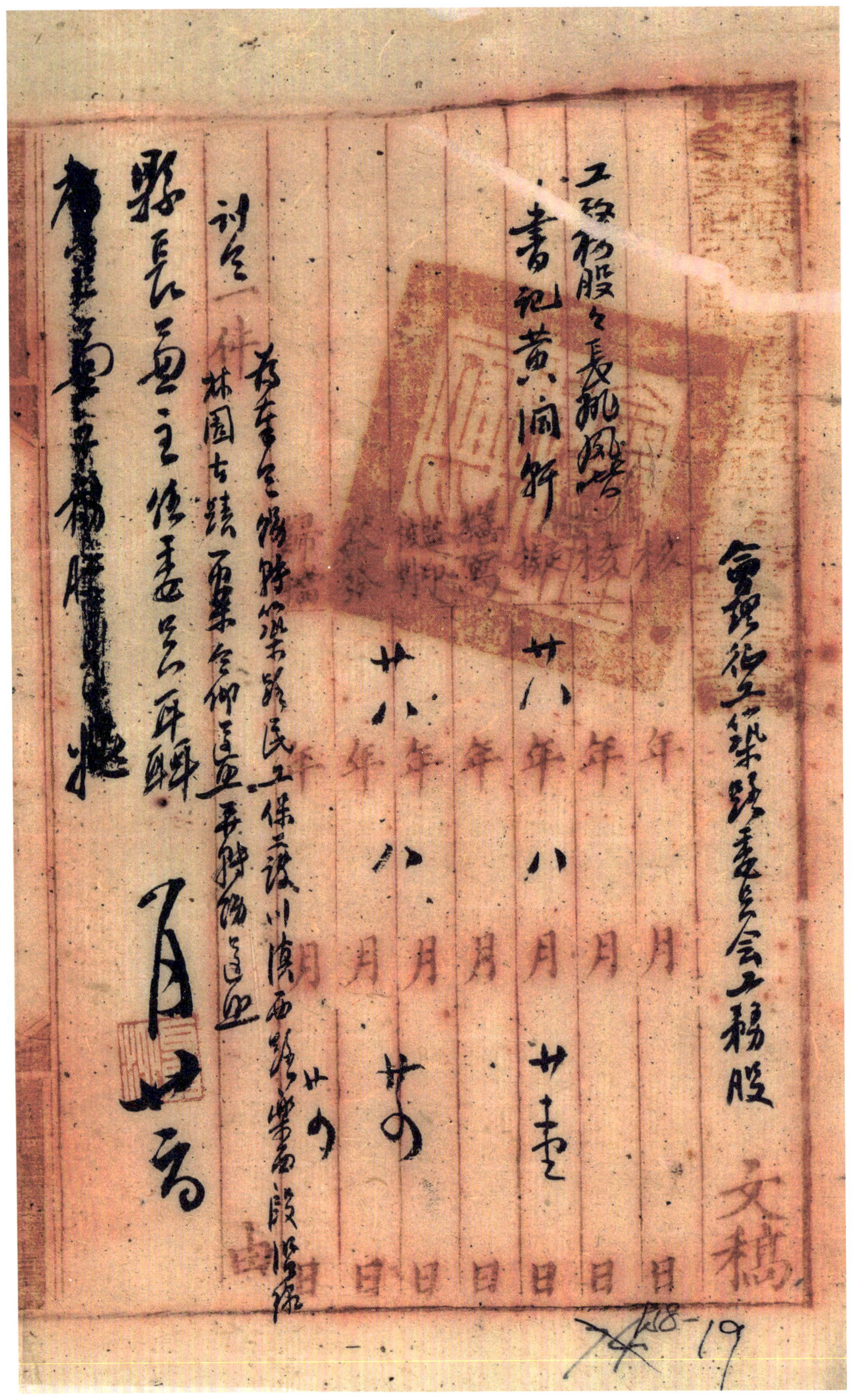
会理征工筑路委员会工務股 文稿

工務股股長
書記

廿八年八月廿一日
廿八年八月廿四日

訓令

縣長

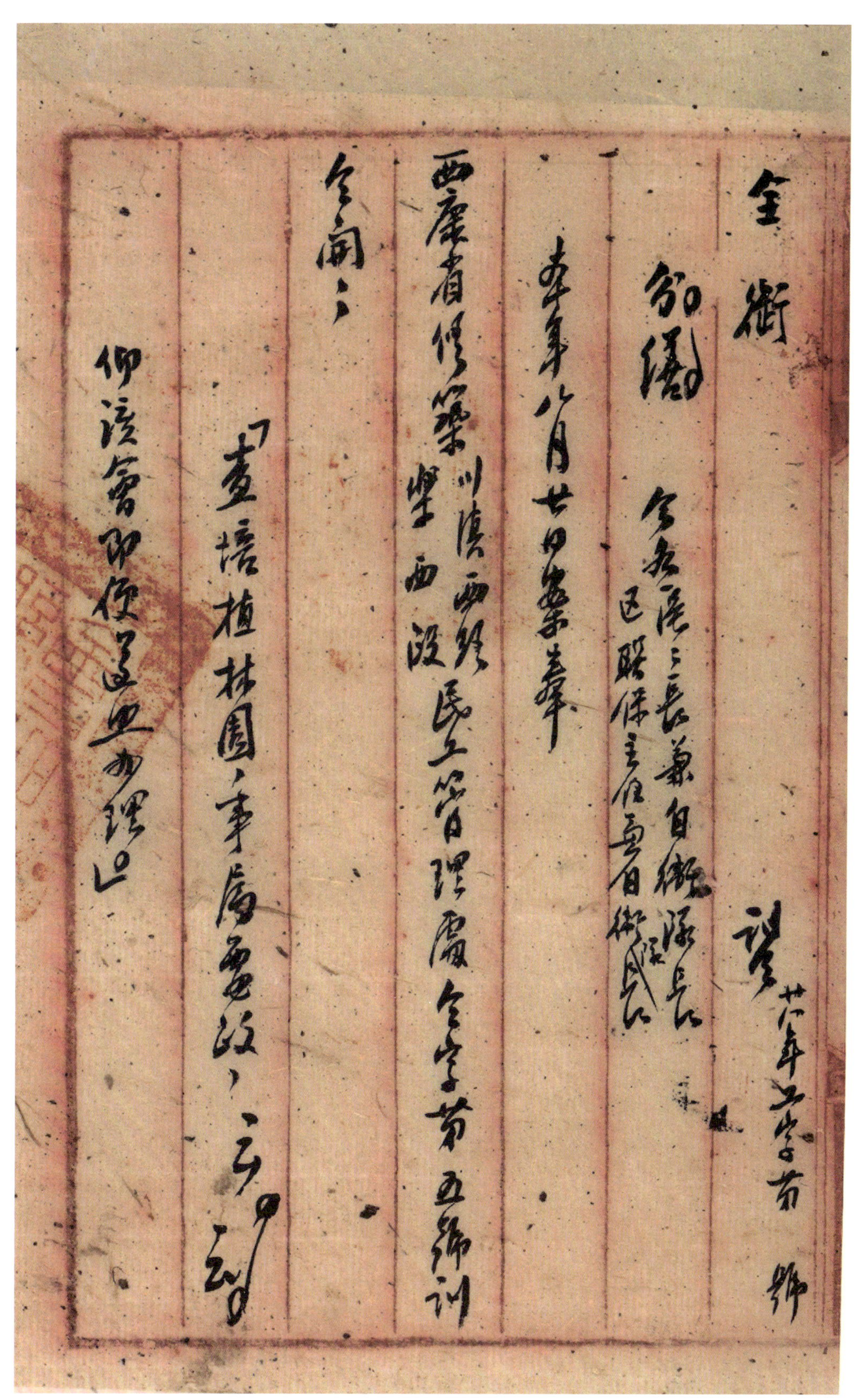
全銜 謹 廿六年五字第　號

鈞鑒

令各縣縣長兼自衛隊隊長
區聯保主任兼自衛隊隊長

本年六月廿日案奉

西康省保寧川滇西路寧西設區管理處令字第五號訓令

令開：

查培植林園，事屬要政，云云。等因。

仰該會即便遵照辦理，此令。

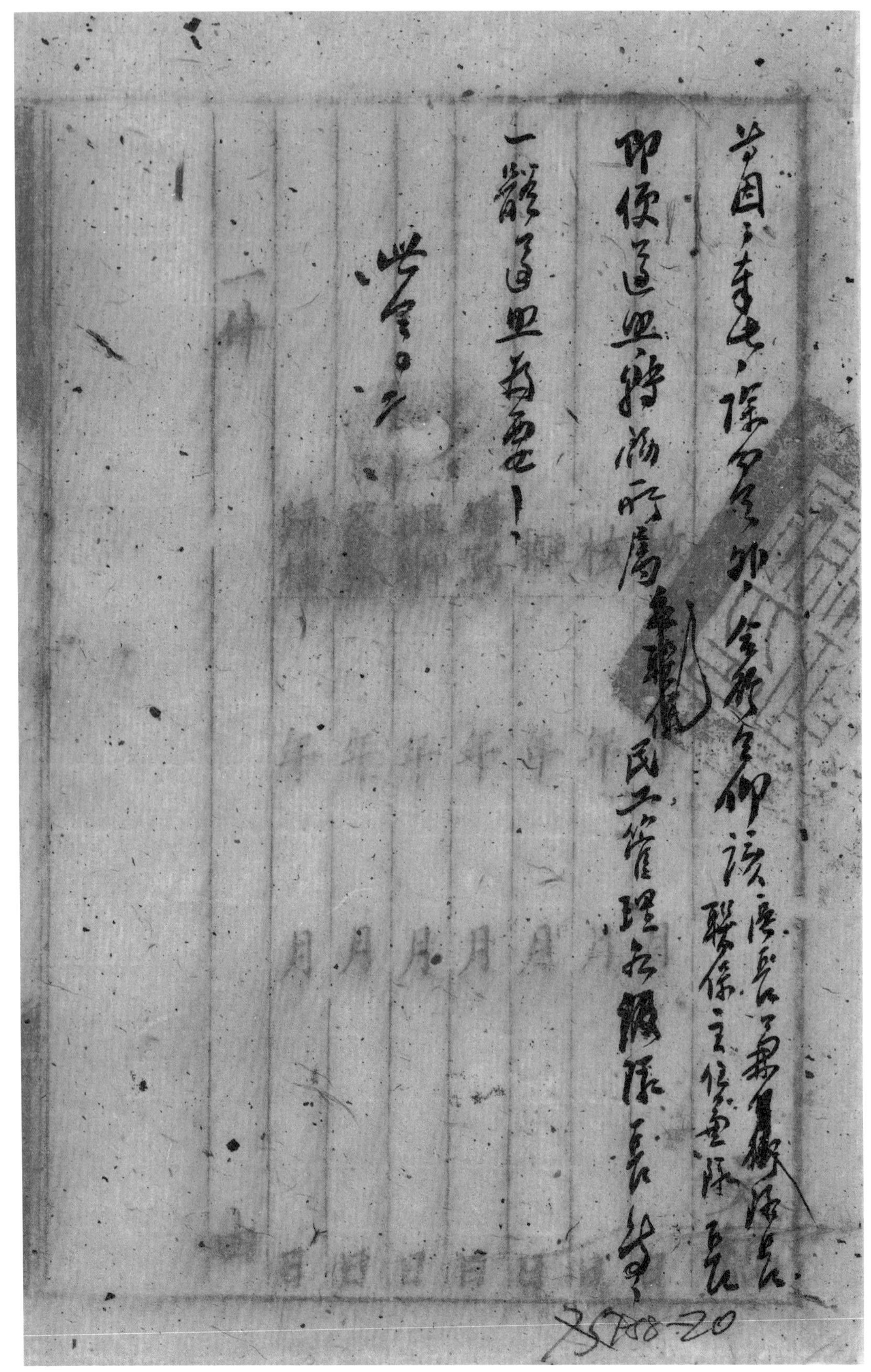

并因事急，除分令外，合亟令仰该区长、乡镇长、联保主任暨保长即便遵照，并将所辖所属年龄民工管理名册依限呈缴，一并遵照办理为要！

此令。

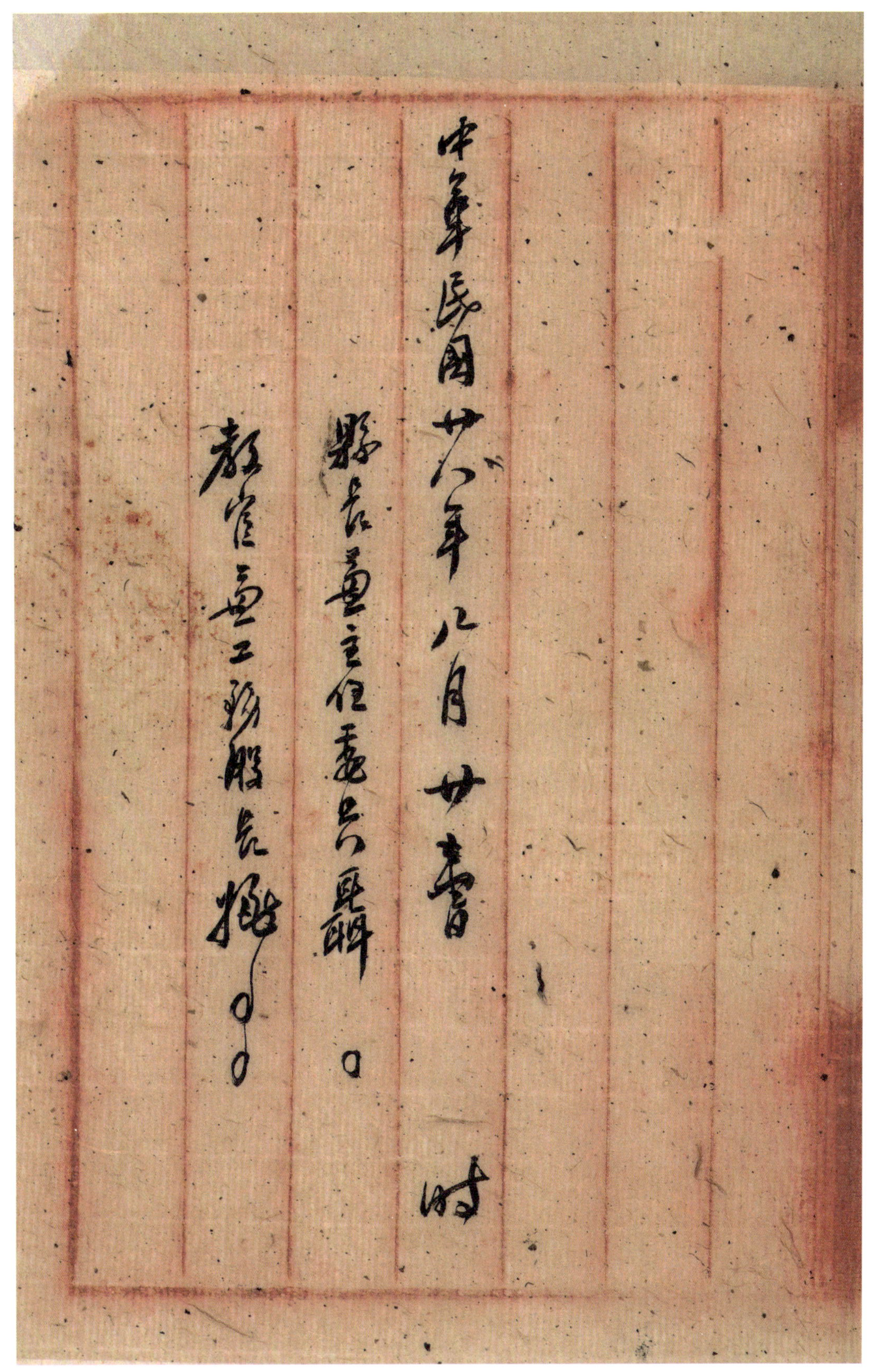
中華民國廿六年八月廿書　時

縣長董主任委員麟○

教官兼工務股長姚○○

# 会理县征工筑路委员会关于派员筹设驻工办事处请尽量协助致西昌县政府的公函（一九三九年八月十五日）

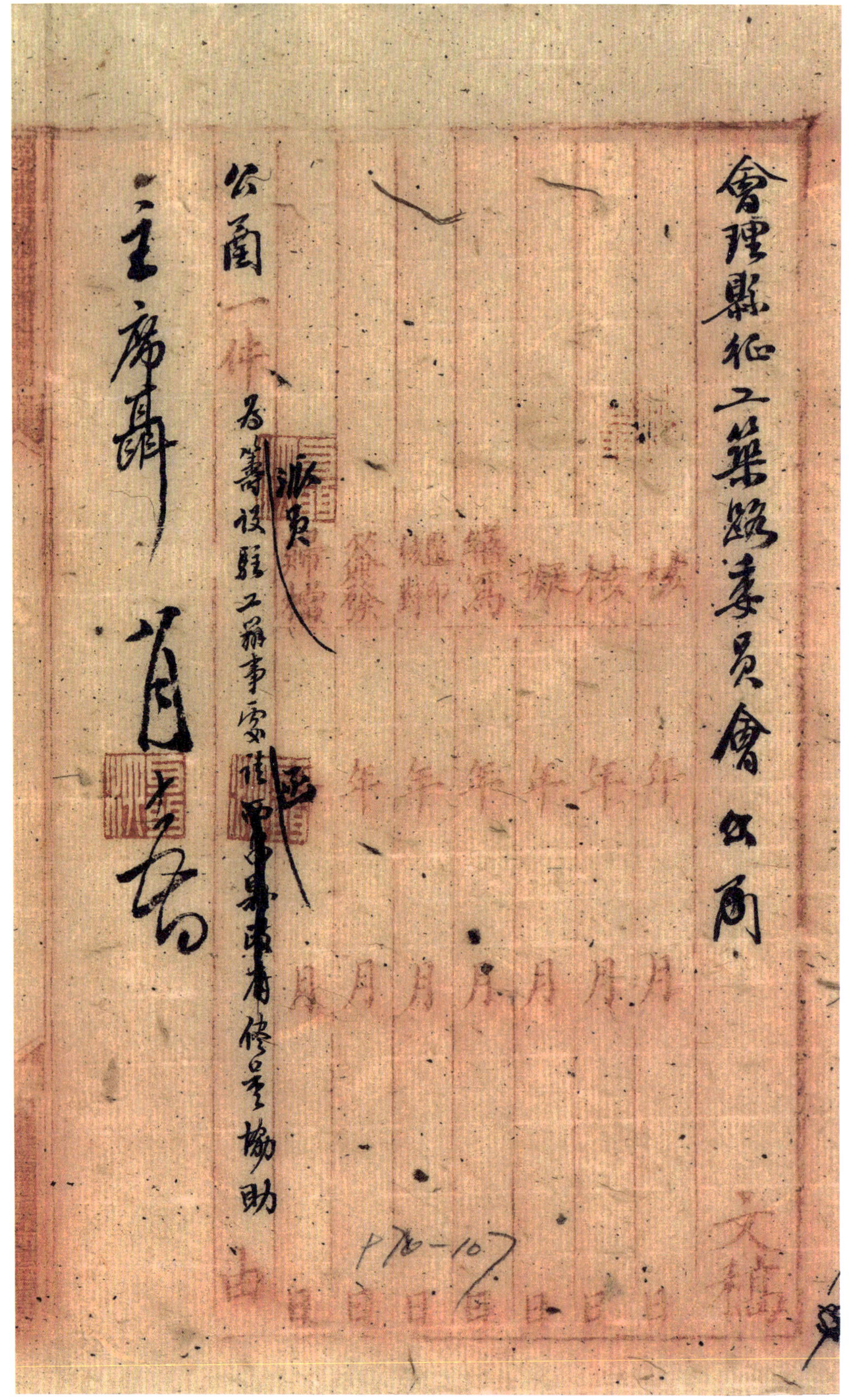

會理縣征工築路委員會公函

公函一件 為派員籌設駐工辦事處請西昌縣政府儘量協助

主席

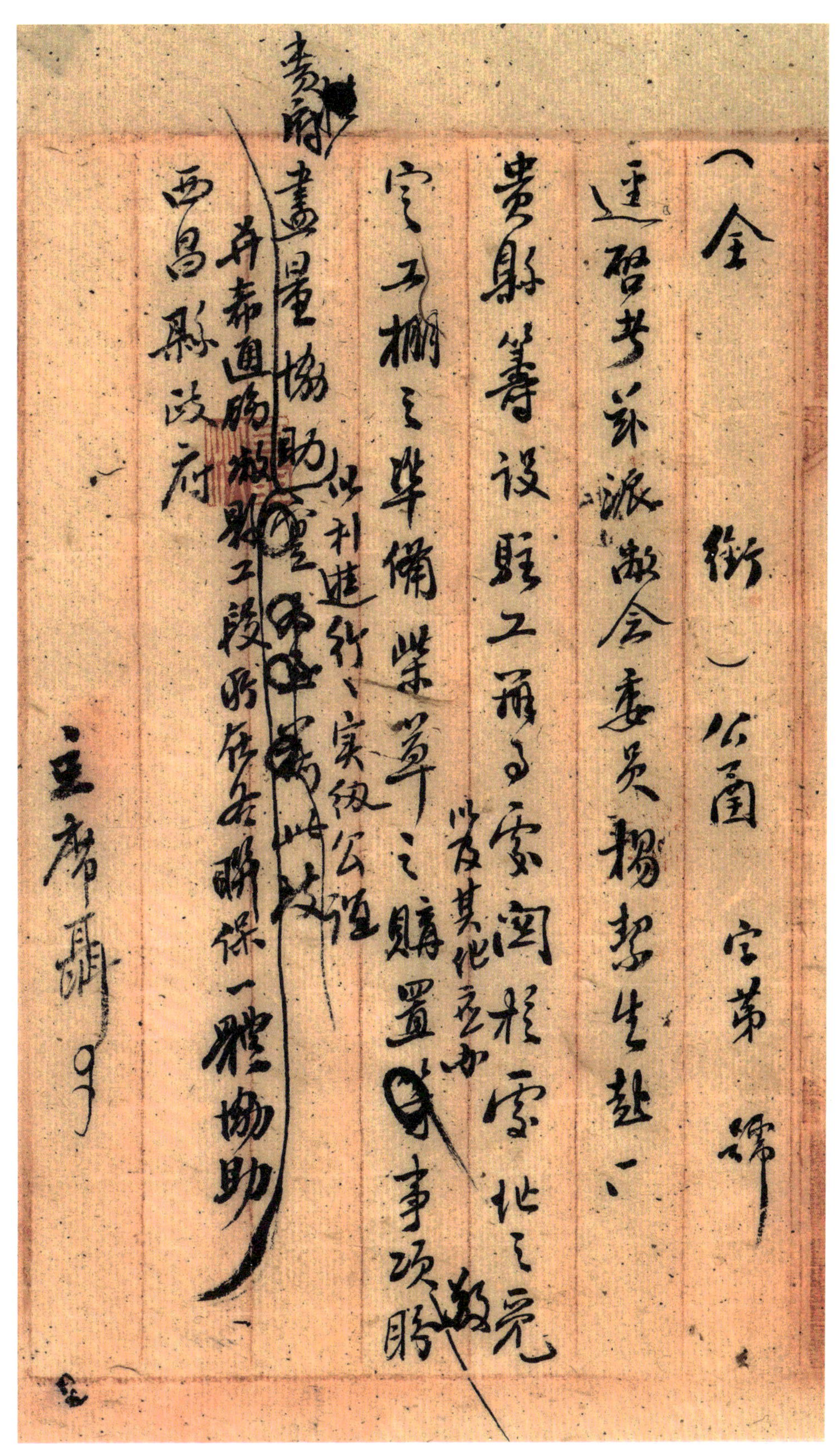

（全　銜）公函　字第　號

逕啓者，茲派敝會委員楊鞏生赴
貴縣籌設駐工辦事處，洽程雲北之完
宜工棚之準備，柴草之購置以及其他應辦事項，務
請
貴府盡量協助，以利進行，實紉公誼，
並希通飭該縣工段所在各聯保一體協助。
西昌縣政府
主席 [illegible]

# 会理县征工筑路委员会关于乐西公路开工转令各区赶办征工征粮并依限集中出发的训令（一九三九年八月）

事由：據楊副處長絜生專報九月二十日開工轉令各區趕辦具報，並依限集中出發

訓令　字第　號

令

為令飭遵照事。查各區聯保應征民工、運伕，及攤購糧食、籌備自帶普通工具、麻袋各項，曾經本會先後令飭依照本縣實施補充辦法，切實趕辦，依限具報，並飭列榜宣佈在案。頃接本會西昌駐工辦事處副處長楊潔生專差報稱：「樂西路准九月廿日開工，風雨無改」等語。是此項工程，已刻刻不容緩。乃各該〃〃〃〃依限具報者，尚屬寥寥，殊屬玩延已極。

除由會再派譚委員、楊委員、褚委員率同督工組組員張德鈺、曹美中、王介中、袁玉敏等分道催提，並切實點驗具報，以憑獎懲外，合亟令飭，仰該 等，即便轉飭所屬一體遵照，務于文到二日內將征調民工民伕編制情形，及攤購粮米、籌備自帶之普通工具、蔴袋等項切實列榜公布，並造具表冊呈報來會，以憑彙報。至該 所有民工，務須于本月 日集中縣城，十 日由縣城出發。事關緊急要政，萬勿稍事延宕，貽誤路政，致干嚴辦為要。切切，此令

民國廿八年 八月 日

兼主席 龍

# 会理县征工筑路委员会关于乐西公路开工注意事项致各区署联保的训令（一九三九年九月一日）

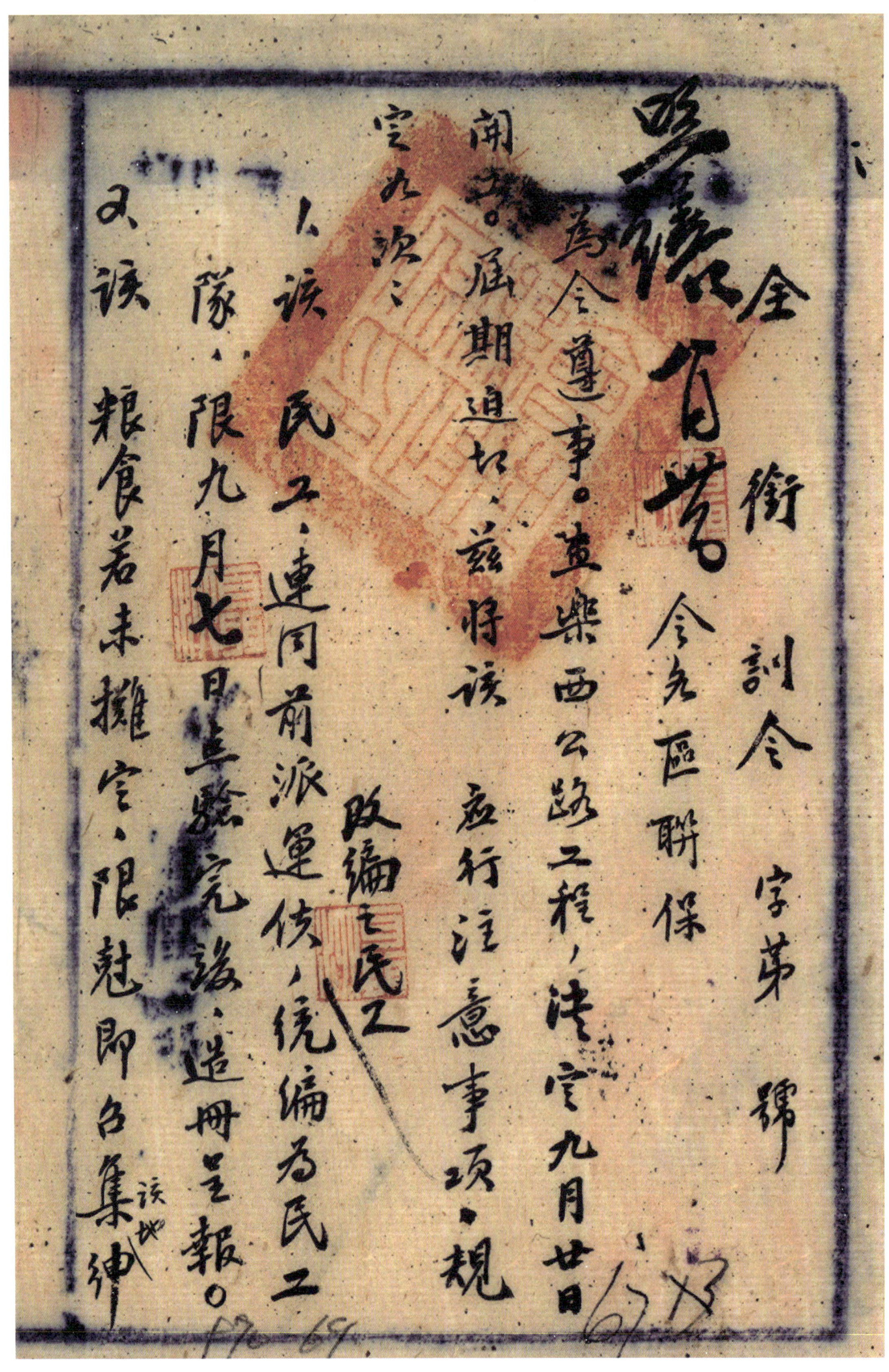

全衔　训令　字第　號

令各區聯保

為令遵事。查樂西公路工程，準定九月廿日開工。屆期迫切，茲將該　應行注意事項，規定九項：

一、該民工，連同前派運伕，統編為民工隊，限九月七日呈驗完竣，造冊呈報。

又該　糧食若未攤定，限尅即召集紳

粮開會攤定、列榜公佈，並造册呈報。

3. 民工所需普通用具、連同卧具、炊具及每人麻袋一根，應著照實施補充辦法規定，於点驗民工时，同時点驗。

4. 該民工限九月十三日集中縣城，九月十四日由城動身。

5. 民工由聯保集中地動身時，每人須各帶粮米三十五斤

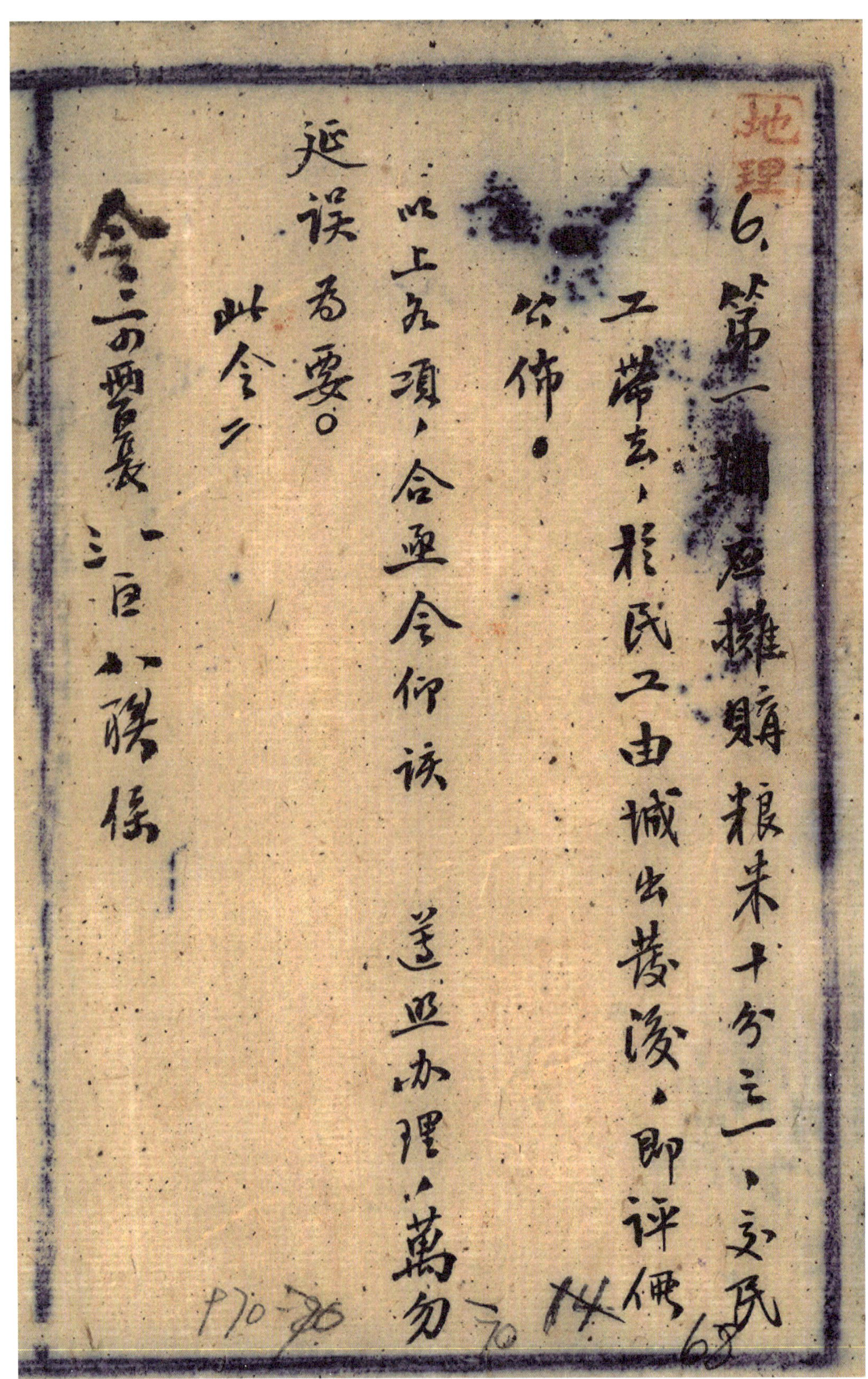

地理

6、第一期應攤購糧米十分之一，交民工帶去，於民工由城出發後，即評價公佈。

以上各項，合亟令仰該遵照辦理，萬勿延誤爲要。

此令。

令二十四區區長 一三區小聯保

中華民國廿八年九月一日

# 会理县征工筑路委员会驻工办事处关于各级队长亲到工段督饬等事项的通报（一九三九年九月八日）

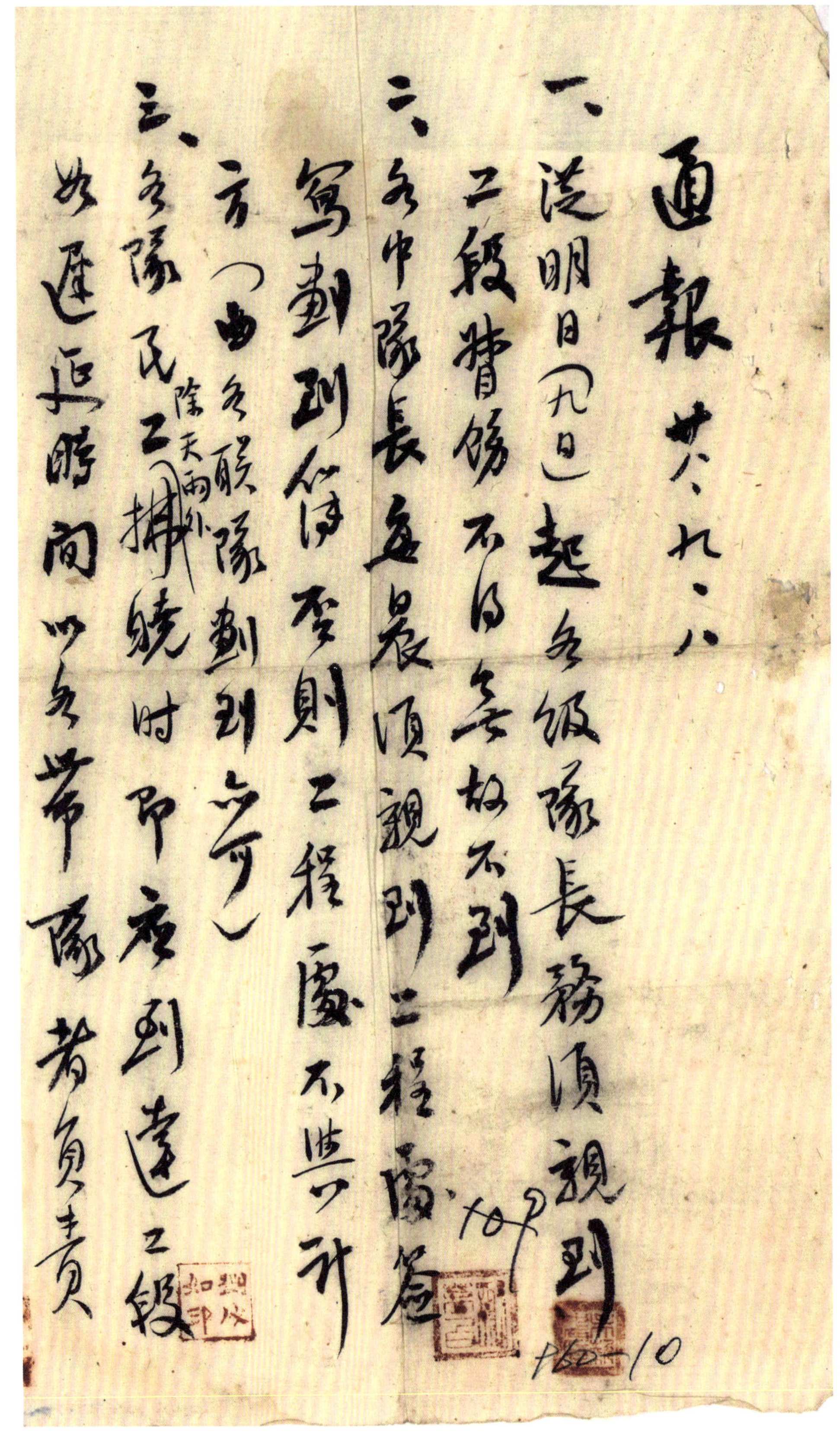

通報　廿八、九、八

一、茲明日（九日）起各級隊長務須親到工段督飭，不得怠故不到。

二、各中隊長每晨須親到工程處簽寫劃到，否則工程處不與以計方（由各聯隊劃到亦可）。

三、各隊民工（除天雨外）排繞時即應到達工段，如遲延時間，以各帶隊者負責。

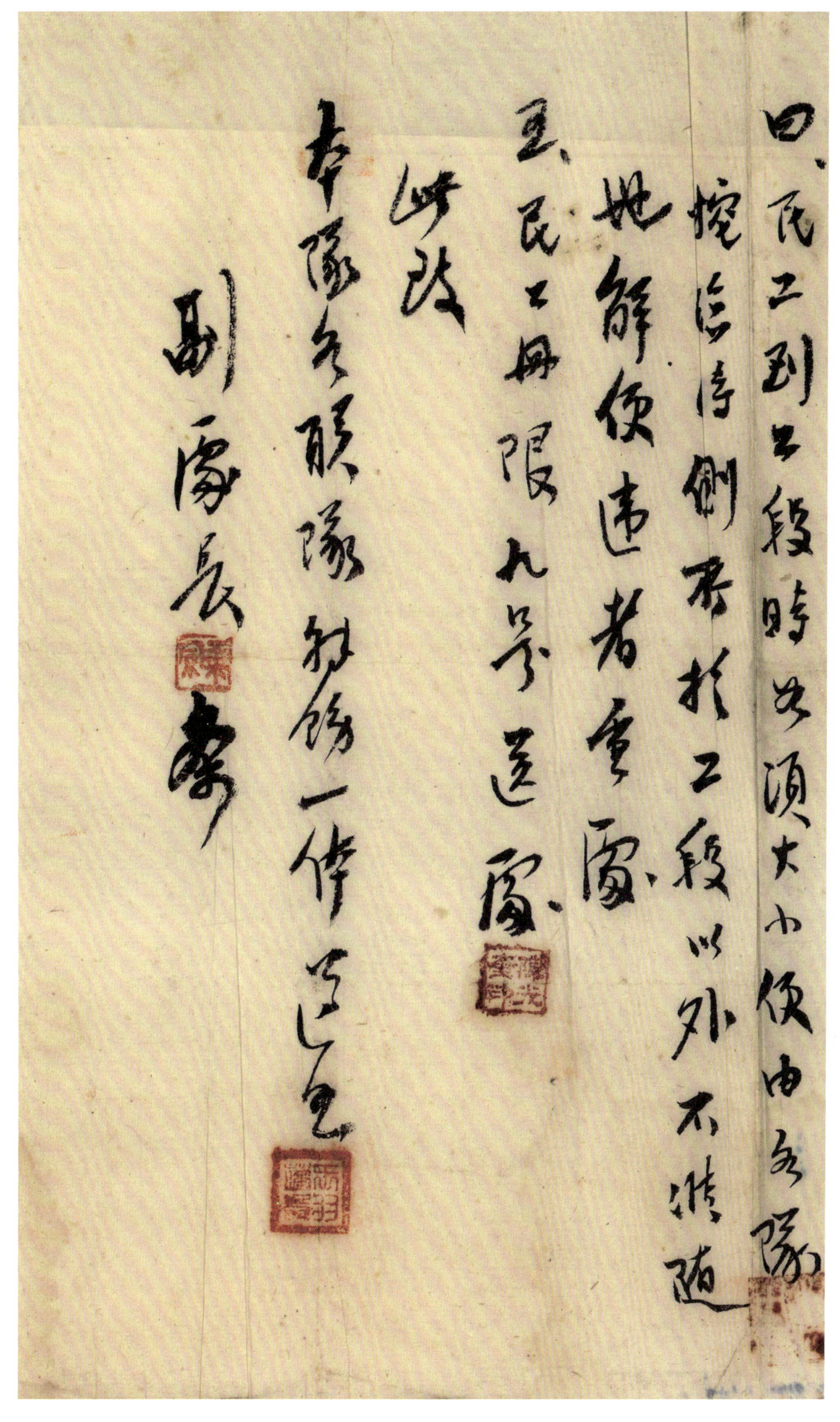

四、民工到工段時，如須大小便，由各隊挖設廁所於工段以外，不准隨地解便，違者重罰。

五、民工每限九點送罰。

此致

本隊各股隊轉飭一律遵照

副隊長 秦

# 会理县征工筑路实施补充办法（一九三九年九月十日）

會理縣徵工築路實施補充辦法

(一)民工組織方面

一、各小隊添設特務長一人，在征工時選擇較為能幹并通書算壯丁充當，各班添設伙夫二名，在征工時選擇熟習炊爨壯丁充當。代替民工辦理給養事宜，月支津貼一元五角，其伙食及津貼均在民工夫食內開支。

附民工運伕一覽表。

(二)工具方面

一、特種工具

1、需鐵總數——共計二百五十担（每担仍照市担八十斤計算）

2、攤購生鐵——由縣屬十一家鐵廠各攤賣二十二担，價值每担拾元。此項生鐵限八月五日前交送半數，八月十日前交清。

3、製造——由附城二十三家鐵爐攤製五分之三，由黎關鹿武兩聯保內之鐵爐攤製五分之一，由益果蓮興兩聯保內之鐵爐攤製五分之一。均由其所屬聯保主任負責督辦，依限交貨。其價款亦由各該聯保主任承領轉發，取據報查。

4、熟鐵成品價——每斤四角，生鐵價款在此數內扣除。

5、熟鐵交貨期限——自八月一日開工，八月十五日交齊。

6、領款辦法——各鐵廠直向財務組先領三分之一，交清後全數發給。各鐵爐由各該聯保主任先行代領三分之一，交清後全數發給。

7、工具式樣，重量及件數——由會列表令發照製。

8、鐵工管理——各聯保內鐵工，均應受各該聯保主任征調指揮。

9、鐵　鋸——由會統製

二、普通工具

1.鉄鍬扁担撮箕繩索等徵集方法——例如一家出工，九家出物，不得以破濫工具搪塞。其數如左：

甲、鍬頭——每三人二把，條鍬占三分之二，板鍬占三分之一，每把另備鍬把一根

乙、尖嘴——由各隊酌帶。

丙、撮箕——每民工必需一挑。

丁、繩索——每撮箕一挑應共需繩索十五對。

戊、扁担——每工必備一根。

注一：辦備工具，必須依次備齊，帶赴工段，在未使用時由各該小隊隊長負責保存，以備補充

注二：鍬頭扁担等俟工程結束時，各隊應負責帶回，歸還原征集人家。

注三：各聯保應各選調篾工及剃髮匠二三人，編入民工隊內。

(三)糧食給養方面

一、給養股之組織——分設採購、輸送、收發三組。

1.採購組以永定營為集中地。

2.輸送以黃水塘為集轉地，自永定營起，運至澧州交米。

3.以西昌屬之澧州為收發地，凡澧州上下工段需用之米，均由此轉發承領。

二、糧食採購方法——取平貶價值原則，用攤買分收方法，以免影響民食，并求糧食價值與民工所得方價相適應。其詳細辦法如左：

1.統計全工程總共需要糧食數目

2.依照各區產糧及富户多寡情形，將總共需要糧食分攤各聯保，再由各聯保以累進方法，分攤各富户（動產多者同樣攤買）

附各聯保攤買糧食石數表

3、各聯保于攤定後即須分別造冊呈查，并列榜通告。
4、一次攤定，分期收買。每期收買前二十日，由會議定價值，以命令行之。但遇糧價
陡跌時，得依原定價值，按照時價比例減少之。
5、每期征集時，均按照攤買數目比例收購之。（例如分四期征集，攤買四十石者，
第一期出十石，則攤買八十石者，第一期即出二十石，餘類推。）
6、收購糧食，均以斤計算（每斤天秤十六兩），其價值以斗計算，每三十五斤合一斗。
7、收購糧食，依照本縣商會公秤為標準。
8、攤定以後，各富户就本聯保指交，或就集中地附近買交，均聽其便。
9、各聯保攤購糧食，概由各聯保主任負責運交永定營驗收。
10、自永定營以上之運輸，收發手續，由給養組印製四連單，以一連作存根，以
一連交轉運處，以一聯交收發處，以一聯作驗收回執。
11、炊爨器具，由保統籌征集，每班應帶大鍋一口，甑子一個，筲箕二個，木盆一
個，大提籃二個，大菜碗二十個，由班長向未出工之户征集備用；至飯碗筷子，
由各工自備自帶。
12、各民工卧具，以本人自備為原則，其無卧具之民工，應由保甲長就未出工之家
徵集，工完負責歸還。
13、雨具由各民工自帶。
14、攤派運伕及編組——依照攤派民工數目，減半攤派，以聯保為單位，每二十八為
一班，設班長一人，五班以上至八班為一小隊，設小隊長一人，並由運輸費項下酌量
挪款，依照民工小隊長待遇津貼。至班長伙夫，則不另津貼。
15、護運及維持秩序——由各聯保負責，酌組武裝民工，自衛自管。

（四）衛生醫藥方面

一、由會發給募捐冊，各聯保主任均應負責募集醫藥衛生捐款，于八月二十日以前彙交
本會，統籌辦理。

乐西段民工管理处关于选派军训教官姚凤喈到西昌县澧州设立会理县民工总队部并暂代总队长致会理县征工筑路委员会的指令（一九三九年九月二十二日）

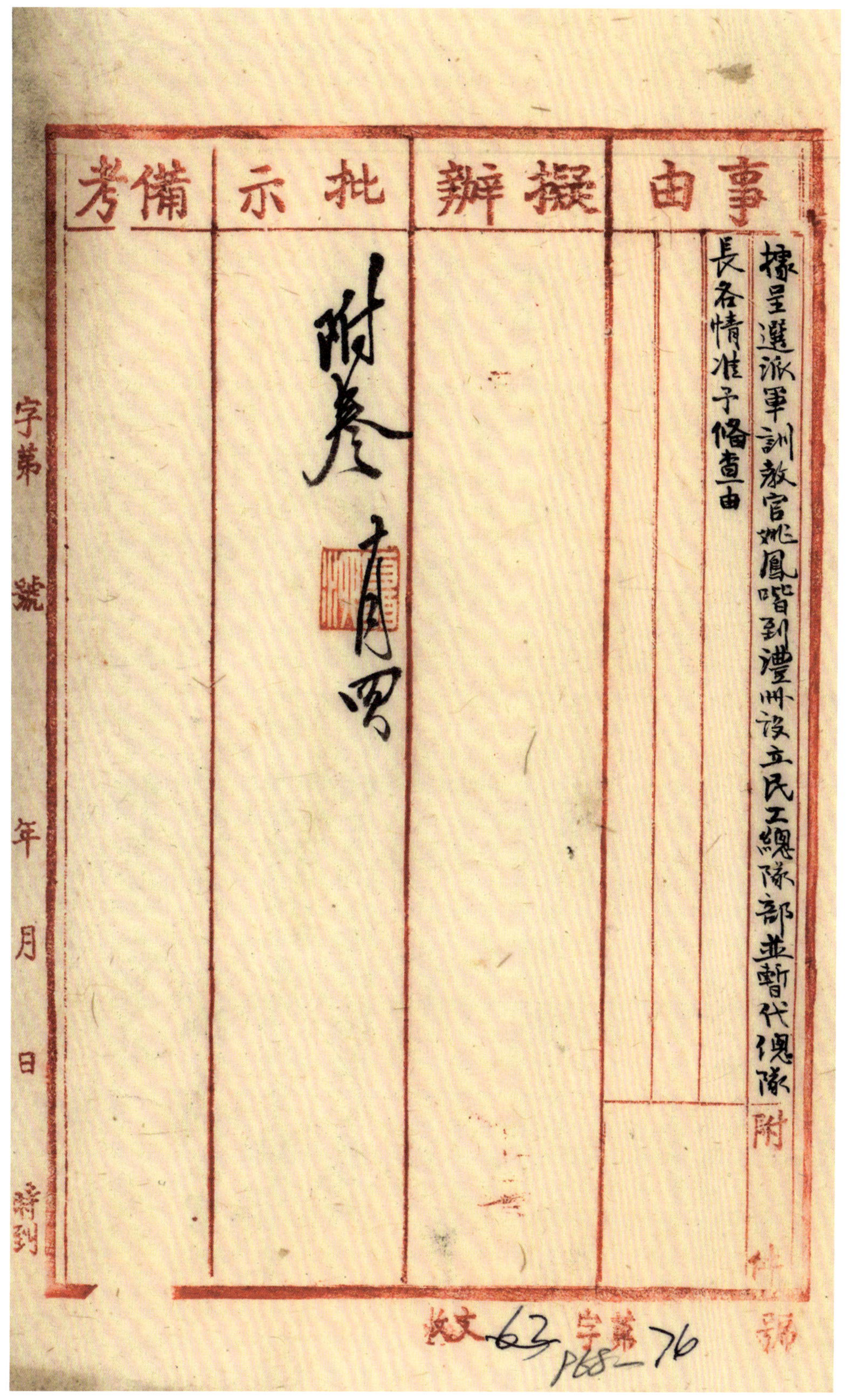
事由：據呈選派軍訓教官姚鳳喈到澧州設立民工總隊部並暫代總隊長各情准予備查由

附件

擬辦

批示：附卷 有罗

備考

字第　號　年　月　日　時到

收文　63　字第　76

P68

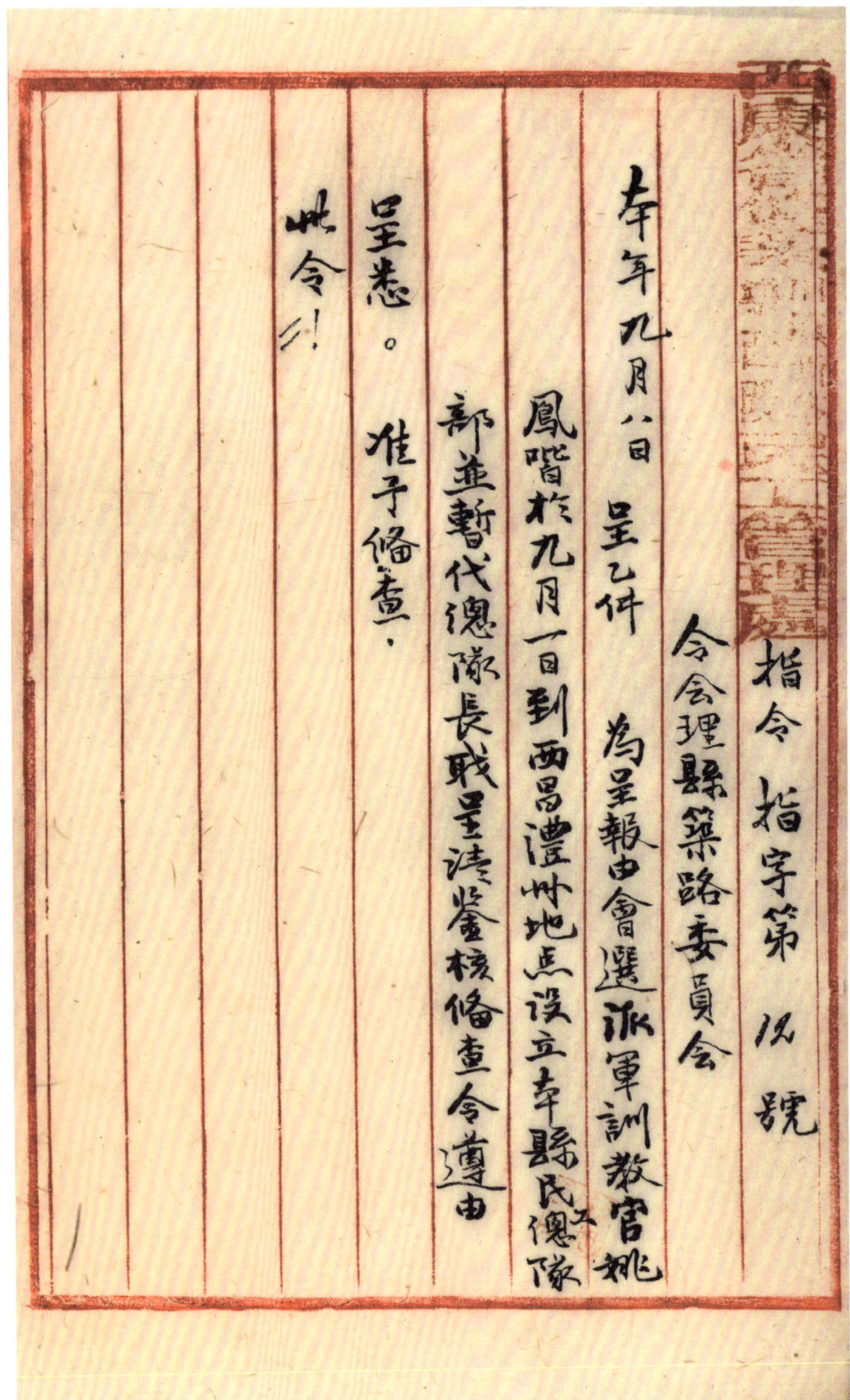

指令　指字第[illegible]號

令会理縣築路委員会

本年九月八日呈乙件，為呈報由會選派軍訓教官姚鳳階於九月一日到西昌澧州地点設立本縣民工總隊部，進暫代總隊長職，呈請鉴核備查，令遵由。

呈悉。准予備查。

此令。

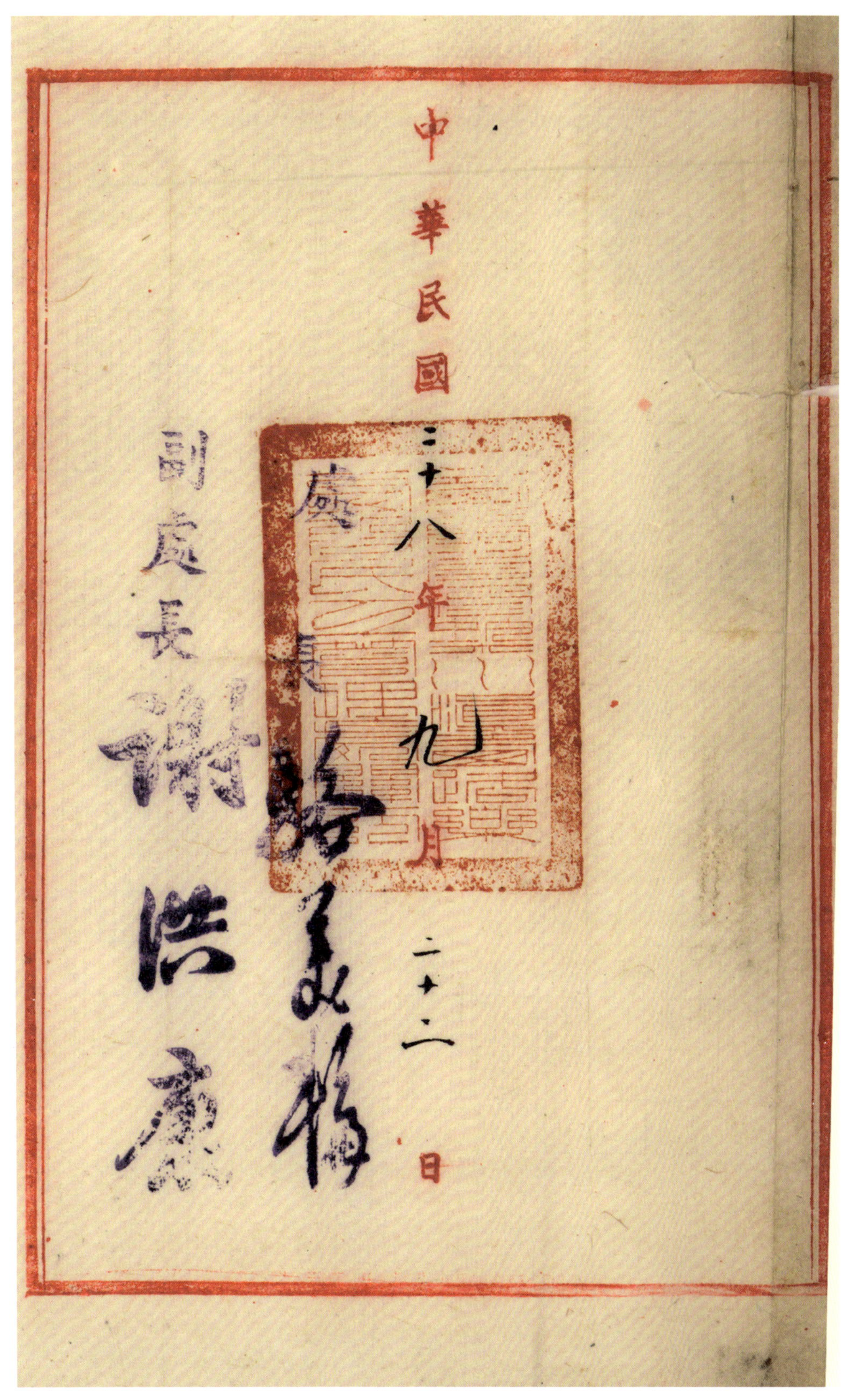

中華民國三十八年九月二十二日

庭長 路孝植

副庭長 謝浩康

# 会理县政府关于令知越嶲县大树堡乡捕获汉奸投毒，尤应严加防范缉拿致会理县征工筑路委员会的公函（一九三九年九月二十二日）

事由　為奉令知越嶲大樹堡捕獲漢奸情形函達　查照嚴防由

擬辦

批辦

會理縣政府

文別　公函

檔碼

二十八年九月二十二日發　保字十

二十八年九月二十二日收

核對　監

案奉

國民政府軍事委員會委員長西昌行轅二十八年九月五日發遠字第一四四九號

訓令開：

「據報越嶲大樹堡於八月二十日午後二時適該場趕集之際一挑

小攤飲水即肚痛而死遍身發青街人知中毒斃命羣起搜捕獲
疑犯二人一男一女名山口音檢查身邊有藥四包分淡青淡黃灰白褐色
并紙條百餘張蓋張祖佑名章經區署訊問據供四川蒲江人姓劉至名
山時有人給紙条及法幣五角命至漢源街自有人指示至漢源街時見一人招
呼持有張祖佑之条即同至僻靜處給以藥包指派富林大樹堡工作八月四日
到富林十日始來大樹堡同行十六人餘十四人到西昌會理有二老嫗同行劉
姓三人原擬在大樹堡留七天即到越嶲冕寧工作等語仰該縣長知
照飭屬嚴加防緝征工築路時尤須嚴防為要此令
等因；奉此。查近來漢奸投毒，各縣迭有發現，本縣築路工隊尤應注意
防範。茲奉前因，除通令所屬嚴防外，相應函請

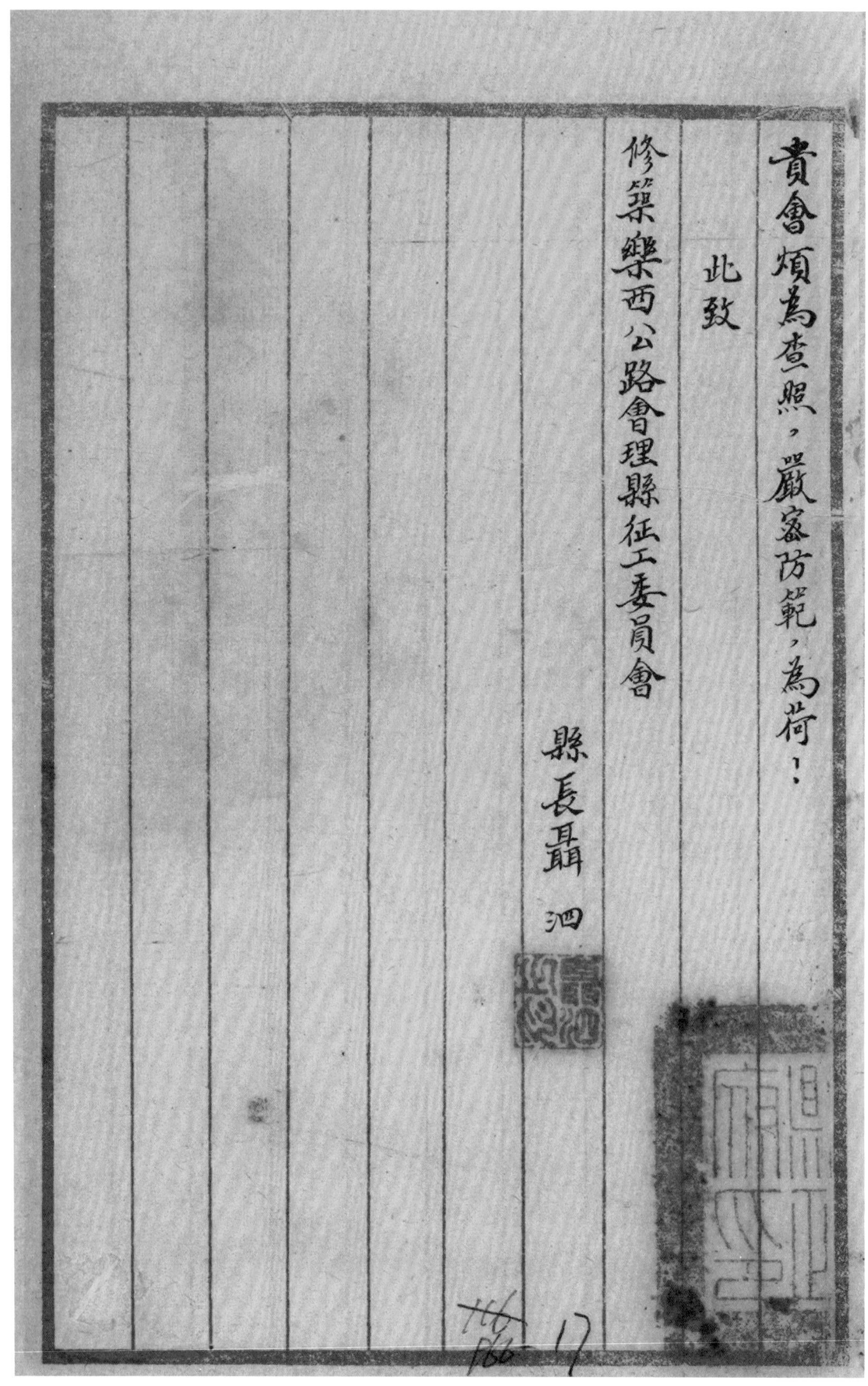

貴會煩為查照，嚴密防範，為荷！

此致

修築樂西公路會理縣征工委員會

縣長聶泗

会理县各联保修筑乐西公路编队情形表（一九三九年九月）

| 聯保名稱 | 隊别 | 人數 | 駐工地点 | 椿號起止 | 到達日期 | 開工日期 | 編隊情形 | 備攷 |
|---|---|---|---|---|---|---|---|---|
| 綠費 | 7 | 563 | 西昌小庙 | 0+000—5+460 | 九月十九日 | 九月二十日 | 第五小隊組織伙委部一所 | 每隊分三班每班四十人 |
| 黎閣 | 8 | 562 | 西昌小庙 | 5+460—11+600 | 九月十九日 | 九月二十日 | 第五小隊組織伙食團由副隊長一員特務長五員組織 | |
| 九三 | 9 | 376 | 西昌鍋蓋梁 | 11+600—16+060 | 九月二十一日 | 九月二十二日 | 第三小隊並無組織 | |
| 新德 | 10 | 281 | 一棵樹 | 16+060—19+350 | 九月二十四日 | 九月二十五日 | 第二小隊 | |
| 通金 | 11 | 282 | 次棵鋪到禮州 | 19+350—22+000 | 九月二十四日 | 九月二十六日 | 第二小隊 | |
| 第四区 | 12 | 375 | 禮州北街 | 22+000—25+000 | 九月二十三日 | 九月二十五日 | 第三小隊 | |
| 鹿武 | 13 | 377 | 禮州太平場 | 25+000—28+000 | 九月二十一日 | 九月二十貳日 | 第三小隊每隊一百二十六名聯隊部伙夫一名待查丁三名武[illegible]長未到 | |
| 内東 | 14 | 569 | 禮州義農 | 28+000—32+000 | 九月二十三日 | 九月二十四日 | 第五小隊 | |
| 外北 | 15 | 370 | 義農深溝 | 32+000—34+000 | 九月二十二日 | 九月二十三日 | 第三小隊 | |
| 第二区 | 16 | 250 | 禮州黃土坡 | 34+000—36+000 | 九月二[illegible]日 | 九月二十九日 | 第二小隊 | P58-46 [illegible] |

# 会理县征工筑路委员会工务股长兼代民工总队长姚凤喈关于到达工段工作情形致该会的签呈（一九三九年十月九日）

簽呈　拾月玖日
於民工總隊部

簽呈者竊職於九月八日奉命出發於九月十三日到達工段迄今於廿餘日謹將工作情形及請求事項分陳於后：

（一）關於點驗民工事項：職到工段後即派遣丁副股長運士劉督練員兩堃會同民工管理處第一駐工組辦事員方文彬陳仕文監空衛三人於十月一、二、五日分往工段各聯隊工作地段點驗民工數額並調查工作情形所得結果另表詳陳

（二）關於改進事項：職到工段後默察工作情形應加改進之處殊多尤以管理衛生兩項為急務特於工段適中各處（小廟禮州義製）依次於十月二、四、五日午前十鐘時召集就近各聯隊長及小隊長開坐談會商討改進方法規定三項：1.民工飲食每日兩餐應絕對給民工食飽

不可每人每日只僅兩角佔用使民工無力工作乙、民工睡眠應使其得充分安眠以去其疲勞其無卧具者各聯隊長當設法補充或多購谷草丙、民工管理應一律軍事化以養成民工守紀律重公務之習慣用收克日完工之效末後 職 並將此次國府修築梟西公路意義及民工築路價值詳細解説各聯隊長亦深表同情共勵苦幹精神

（三）關於請求事項：1、請添製普通工具查各聯隊民工普通工具俱不敷用以致工段上時常發現民工因無工具而休息之現象似此影響工程效率殊大應請從速添製普通工具由後方聯保辦公處副主任負責逐日補充儘本月內運到工段以濟急需乙、補充特種工具木柄查特種工具木柄現刻因工作折壞者甚多工作時極感困難請從速補發一馱（長柄短柄各半）以利工程丙、請增加各股職員伙食費查第六總工段沿綫各場各市生活均極昂貴每柴壹佰斤值國幣弍元柒捌米每壹佰斤值國幣拾叁元土棉紙

每匹值國幣弍元餘較會理不啻增加倍餘而每股股員每月只有津貼拾元於茲米
珠薪桂之社會中各股員雖在忍痛苦幹而事實上飢寒之□對於工作效率影響
殊大應請大會一律追加為拾伍元以示体恤而收各股員當一工作之效六請改工段
前已令飭為照
醫士担架為塘馬查本會議決案醫士每日上工段治療民工應由民工兆架担架遞送
而事實上殊難辦到理由如下a、民工不嫻熟担架工作往往扯曳不能成步b、妨碍
民工工程c、担架民伕之伙食担負甚大以此之故　職擬改用塘馬醫士出發往返途
程在四五十里者不過費法幣捌玖角比較担架減省實多且來往迅速此項開支應由
公款項下撥用每次費用若干由駐工醫士盖章以便稽察　請於總隊部加添書記
可改用塘馬　前加司旅費
一名供給伙食外月給薪資約廿元查第六總工段全長八十華里會理民工除第一至
可增設
第六各聯隊在飛機場工作外其餘第七至第十六各聯隊俱在工段工作每日來
往文件甚繁而臨時命令與規定亦多茲為增加效率辦事敏捷起見除普通來

往公文由劉督練員兩堃辦理外擬請加添書記一名嵩負公文責任以宏效用

（四）請轉函動委會按期郵寄四日刊十三份於禮州會理民工總隊部分別送交各聯隊暨機場西昌駐工辦事處俾會理民工明瞭桑梓一切情形並藉以策動各民工築路精神

函動委會請寄

（五）請轉飭各保一面嚴緝拐帶逃亡各民工分別懲處以儆效尤一面將逃亡人數補充足額來部以便分配所有各聯隊逃亡民工另表詳呈

亦注重前方切實的來管理後方雖亦盡力設法補充但本屬已早補充時間与工作上影響已大

上述各條俱係職親身經歷調查所得事關工程重務理合簽呈請

衡查謹呈

主任委員聶

工務股長兼代總隊長　姚鳳喈

# 会理县征工筑路委员会总干事刘金吾关于禁烟筑路征工等工作致该会主席聂泗的报告两份（新德联保、通金联保）（一九三九年十月十二日、十七日）

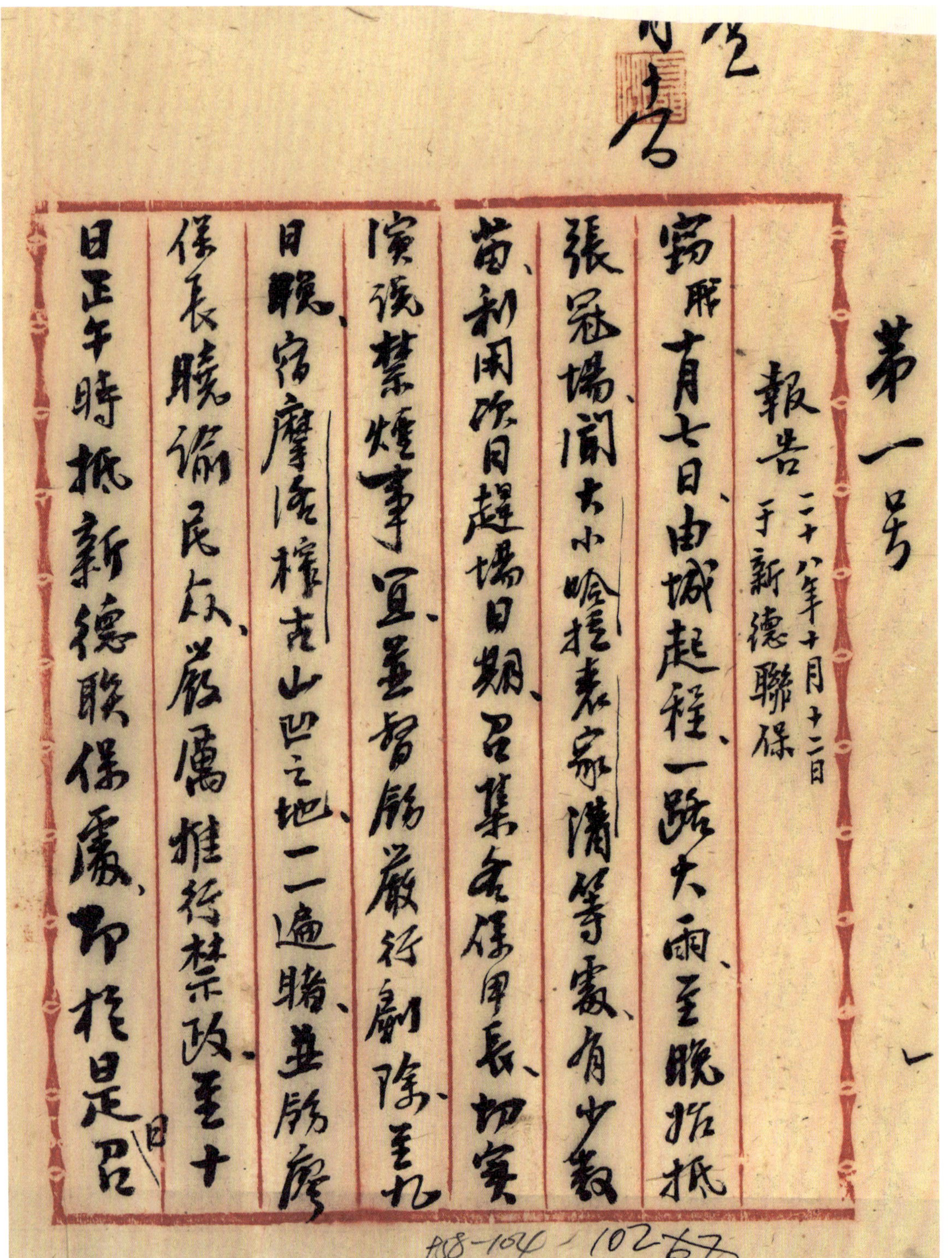

第一号

報告　二十八年十月十二日　于新德聯保

竊職前月七日由城起程、一路大雨、至晚始抵
張冠場、閘大小哈拉表家溝等處、有少數
苗、利用次日趕場日期、召集各保甲長、切實
演說禁煙事宜、並督飭嚴行剷除、至九
日晚、宿摩挲樑吉山凹之地、一一遍勘、並飭聯
保長曉諭民衆、嚴厲推行禁政、至十
日正午時抵新德聯保處、即於是日召

一份以攜
書來信
宗堂儲
箱五十八封
郵運矣

集各保甲長在办公處講演禁政，嚴厲執行，僅一星期內肅清。其關於民工方面應办事宜与代理聯保主任陳祐文（稼書兄）商定，酌条於后：

1. 民工人數，已於十月三日令陳耀文一百二十名，送城點驗矣。

2. 寢具　陳稼書已在西昌買毯子三十床外，餘令家四床，僅二週內如數繳會。

3、麻袋共需八千根，亦僅二週繳會

二

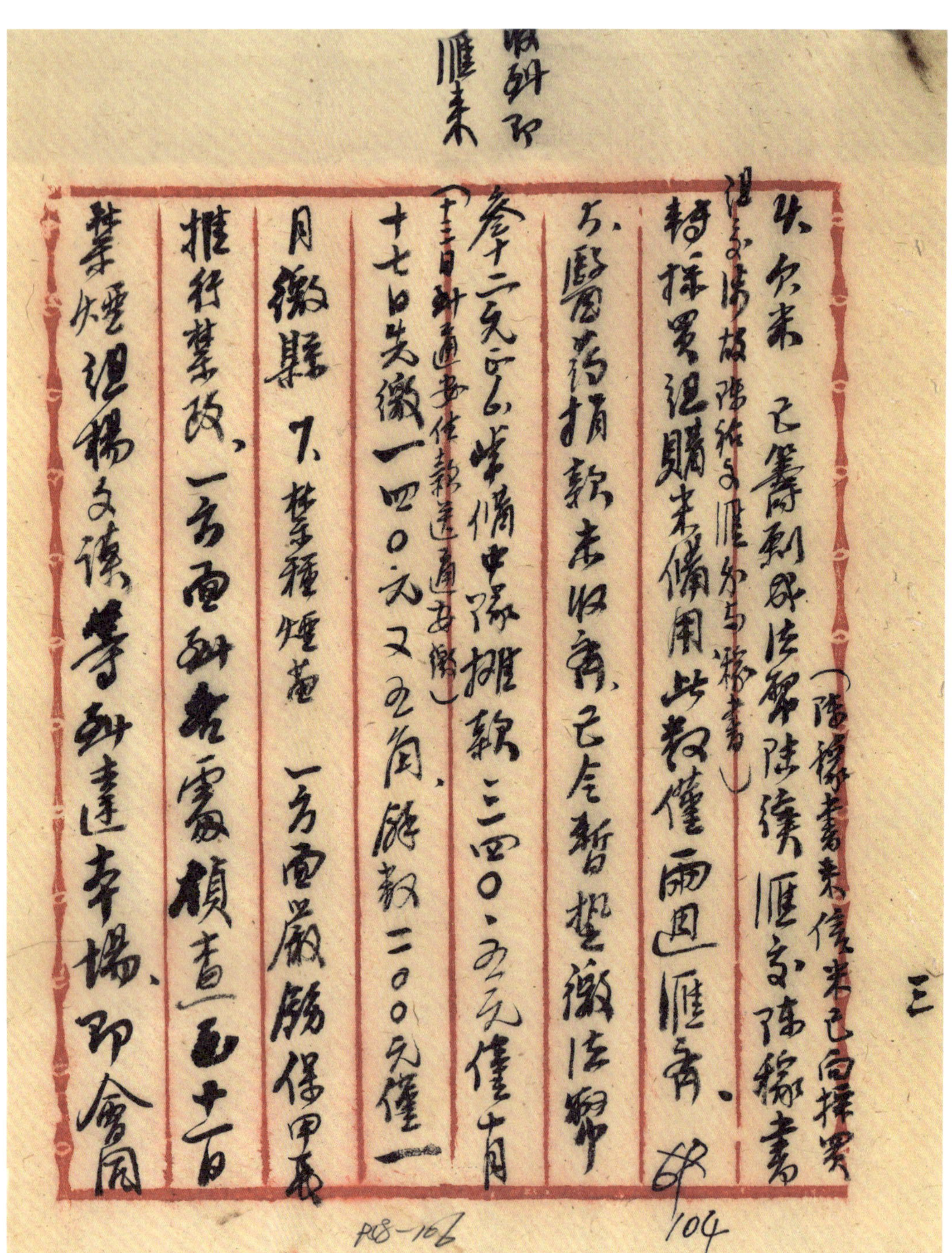

報鈞卯
匯來

三

收來，已籌劃照法幣陳續匯寄陳稼書（陳稼書來信，來已向採買阻，家鄉故陳紹文匯寄與稼書）轉採買阻購米備用，此數僅兩週匯齊、六、醫藥捐款來收齊，已令暫墊繳法幣叁千二百元正，與警備中隊攤款三四〇、五〇元，僅十月（十二日鈞函達安任款送函達安繳）十七日先繳一四〇元又五角，餘款二〇〇元，僅一月繳縣。七、禁種煙苗，一方面嚴飭保甲長推行禁政，一方面鈞者露頂查五十日禁煙組楊文讓等鈞達本場，即會同辦理，新池聯保主任陳穆齋邑長續委楊組長文謙負，先自要編保甲冊子，因要編員戶閭臣已回城另請書記列連趕造，僅十月十七日繳納。只劉貴軍倉聯保盡已奉縣府訓令由租石捐攤繳，因租石捐無底冊可查，暫照築路會攤實半數計算（築路會全縣四千石米，劉貴倉二千石谷；新池在築路會攤一七〇石米，在劉貴倉攤八千五石谷）據云新池聯保只千五保戶口甚

105

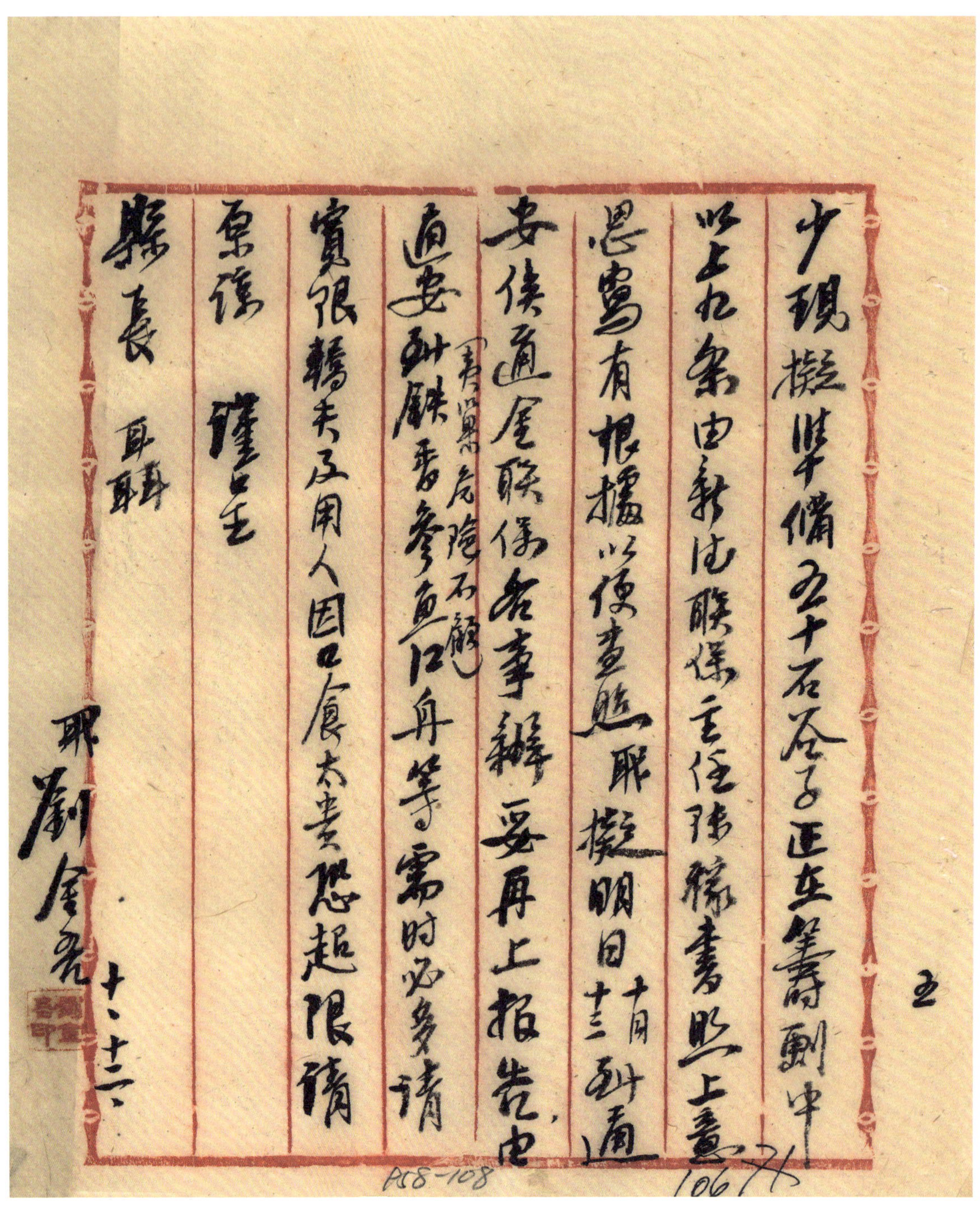

五

少現擬準備五十石谷子匯交籌劃中

以上九条由新任聯保主任張錦書照上意

思寫有根據以便查照 職擬明日（十一月）十三動身赴通

安俟通盤聯保各事辦妥再上報告也

通安赴鹿廠香參魚口冉等（實覺危險不敢）需时必多請

實限轄夫及用人因口食太貴懇超限請

鑒核 謹呈

縣長 聶

職 劉金堯 十、十二

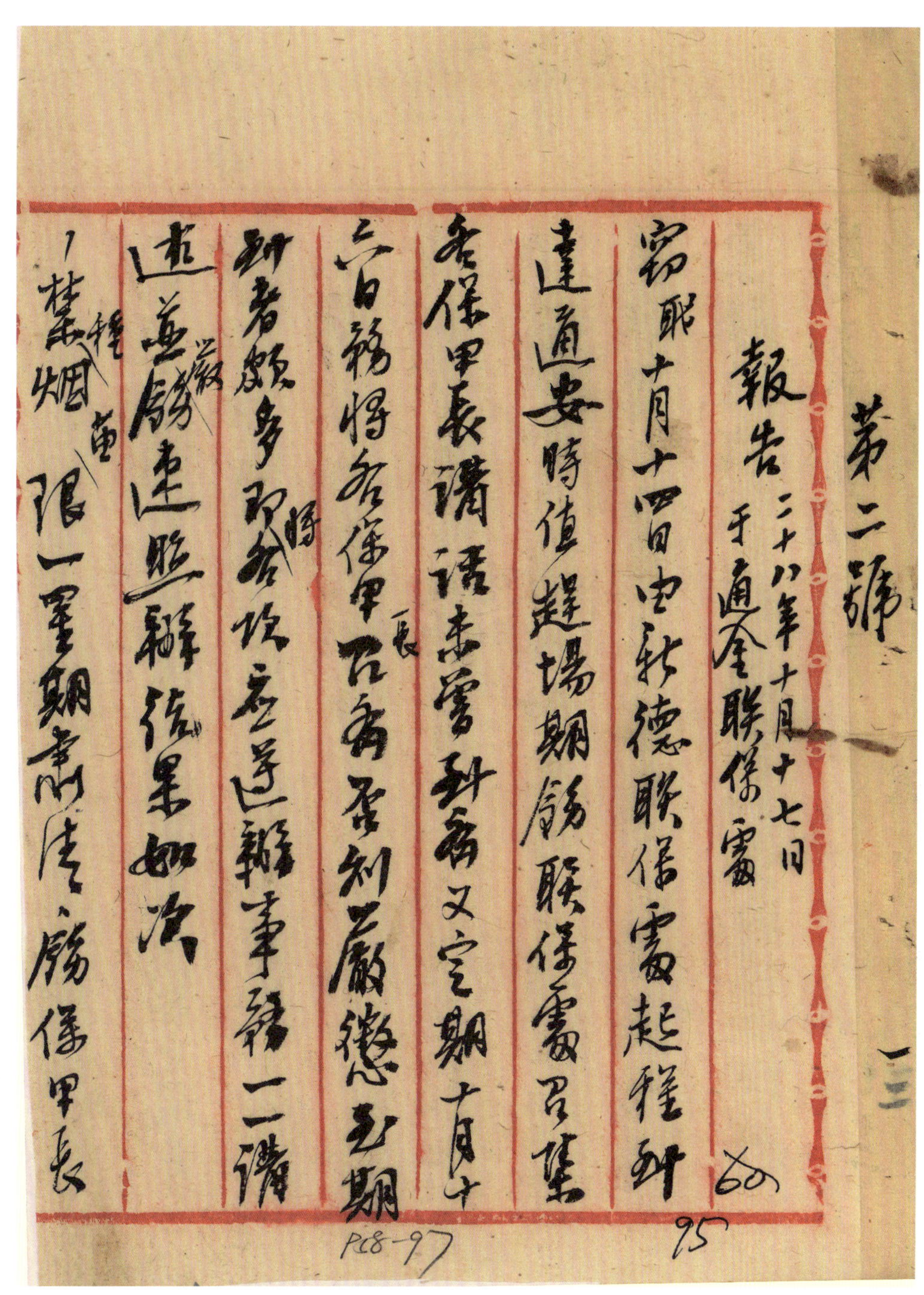
第二號

報告　二十八年十月十七日于通全聯保處

竊職十月十四日由新德聯保處起程到達通安，時值趕場期，飭聯保處召集各保甲長講話，並當到會，又定期十月十六日務將各保甲長召齊，否則嚴懲。至期到者頗多，即將各項應予遵辦事務一一講述，並飭嚴速照辦。結果如次：

1 禁種煙苗，限一星期剷除，飭保甲長

60

95

PC8-97

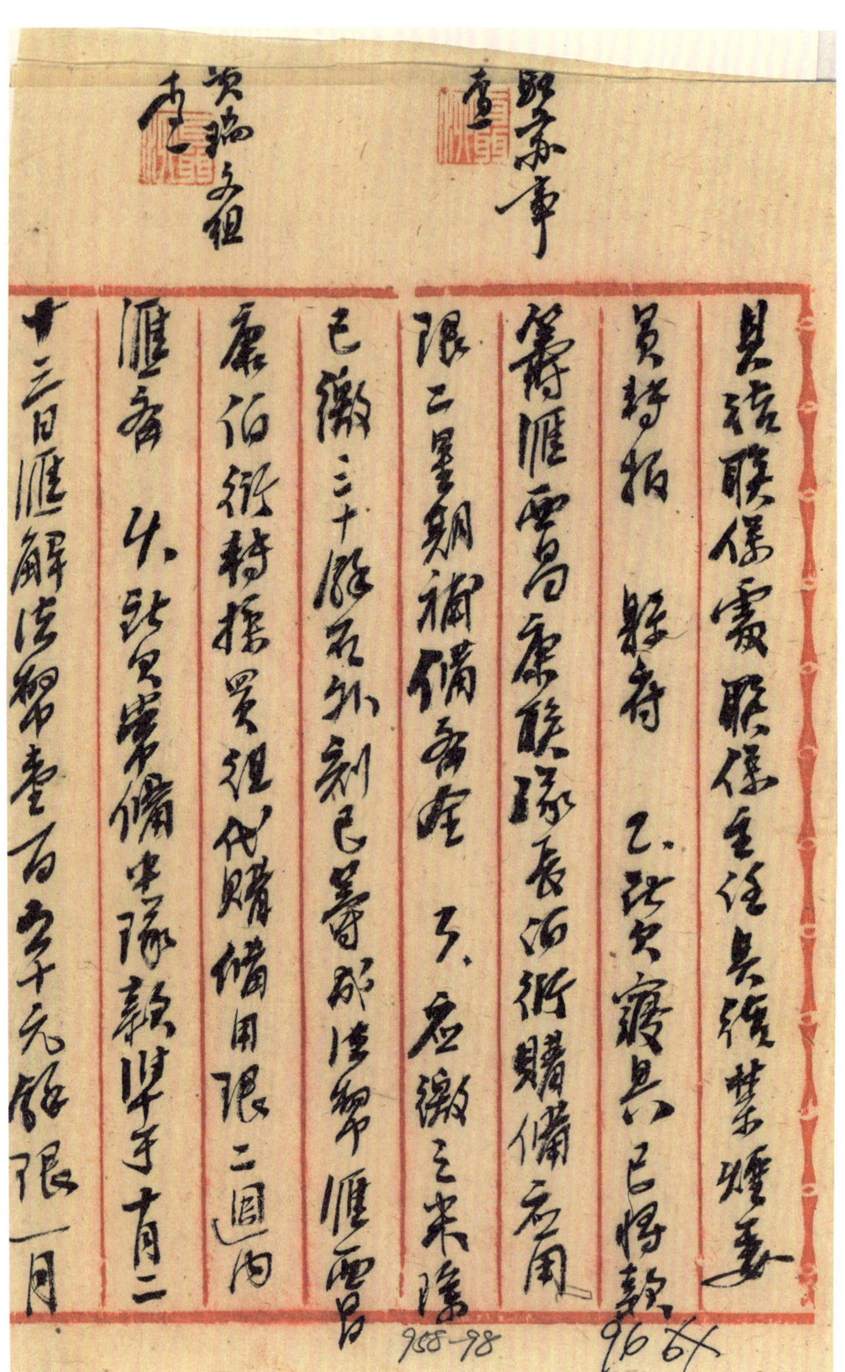

县法联保处联保主任吴续楚委
员钧鉴 敬启者 乙、犍为县已将款
筹汇西昌康联保处长伯衍赠备应用
限二星期补备备查 丙、应缴之米队
已缴三十县外剩已筹部法币汇西昌
康伯衍转据买组代赠备用限二周内
汇齐 丁、张贝常备中队款于十月二
十三日汇解法币壹百六十元余限一月

繳清。方整編員康某已將城聯保
需無根據撤〔撤去〕武康某已查報矣
公劉某倉谷現已攤派各保陸續收齊
準備應用
某七日又值趕場期新陸聯保繳來常備
中隊款一四〇、五元因全係滇幣大票小票
均有〔又〕無便妥匯城故仍退還嚴飭〔伊〕速
繳城完結。整編冊因未完塞容送齊

但請寬限三日直接匯城再看昔日飛
機經過滇邊屋撒有傳單竟謂若夷人
種煙苗中央飛機定來轟炸職已勸
聯保轉飭各處以職私擬勸諭種煙
者甚多大約在秘僻之地不能遍走只好
飭聯保長切實要根株盡絕惡須帶隊
復查一次總之一俟石寶括九日起程赴東
區再來見情形要為複雜赴渡真

王

為祥麟又五糯（糯）發現數逾人每日食
煙一兩餘又常有煙床一大間新到一
大札（因）該地人無組織而常有過問者不
知向何方去了（此語據康道平轉據五糯人周雲波云該地已發現扁底）
已飭各保嚴密查拿俟職廿九日到五糯
再為查訪實情又各保疲玩成性職大
不客氣亂督飭只知奉公不講私情惟路遠
因擱有失限期請原恕謹呈
縣長 丹輝 鑒 職劉金彥謹呈 十月十八日

## 乐西段民工管理处与会理县征工筑路委员会关于填报宣传周表的训令

### 乐西段民工管理处致会理县征工筑路委员会的训令（一九三九年十月十三日）

事由　令發宣傳週報表仰遵照辦理由

擬辦

批示

備考

附件

字第　號

年　月　日　時到

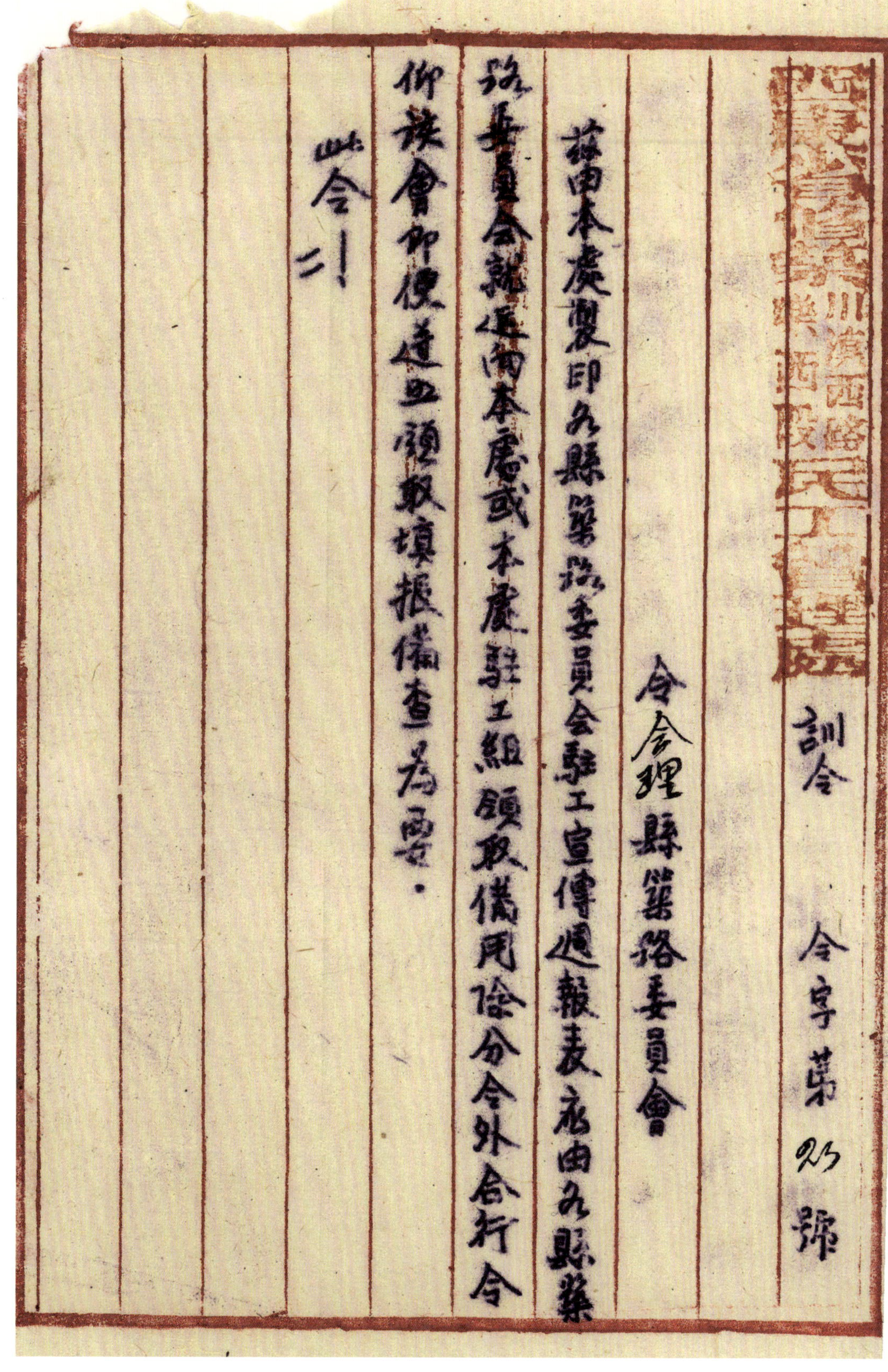

訓令　　令字第23號

令会理縣築路委員會

茲由本處製印各縣築路委員會駐工宣傳週報表，應由各縣築路委員會就近向本處或本處駐工組領取備用，除分令外，合行令仰該會即便遵照領取填報備查為要。

此令

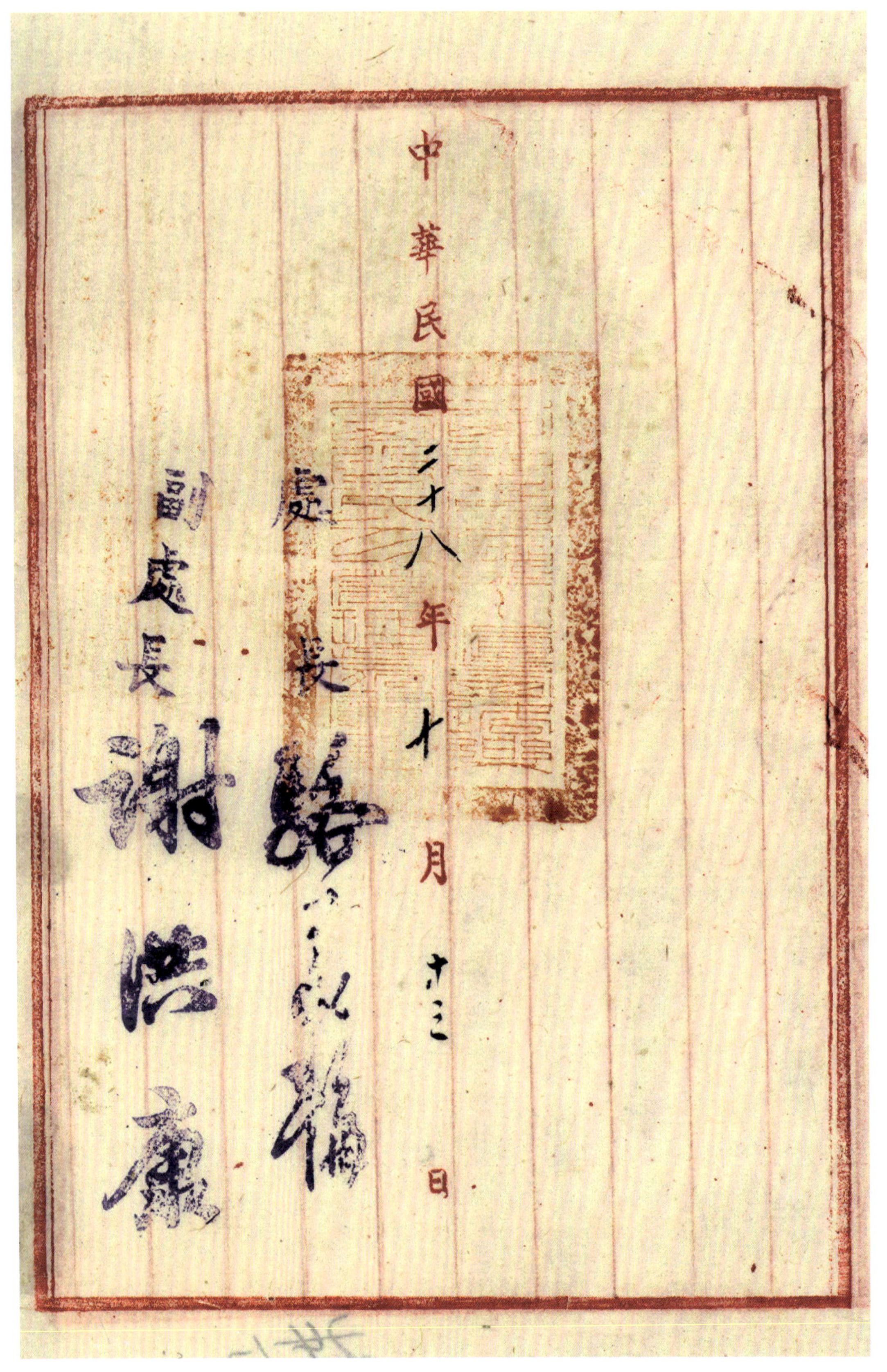

中華民國二十八年十月十三日

處長 [illegible]

副處長 謝浩[illegible]

会理县征工筑路委员会致驻工办事处的训令（一九三九年十一月一日）

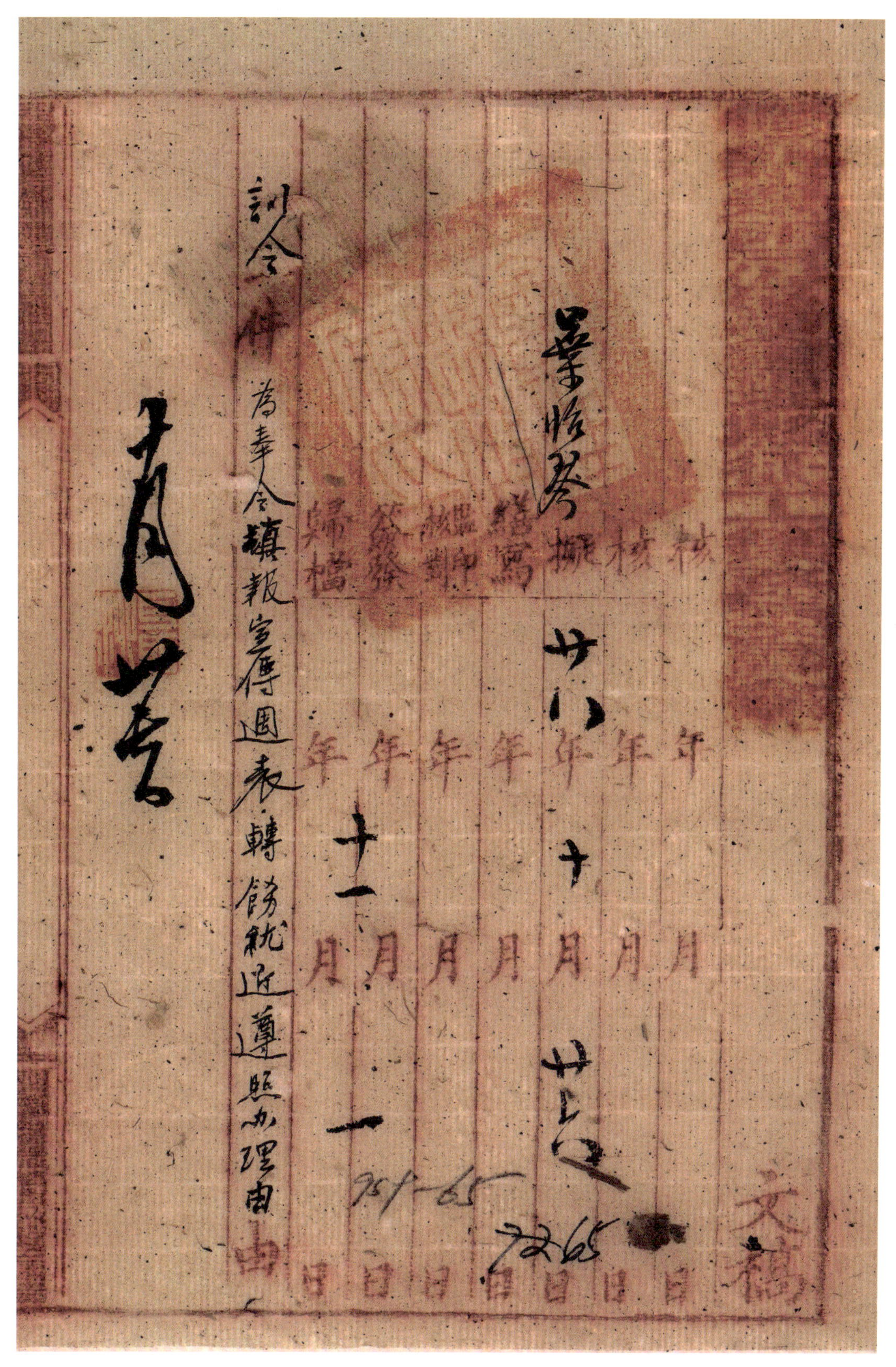

訓令 字

為奉令填報宣傳週表轉飭遵照辦理由

核 核 擬 繕寫 校對 監印 發 歸檔

廿八年十月廿七日

十一月一日

文稿

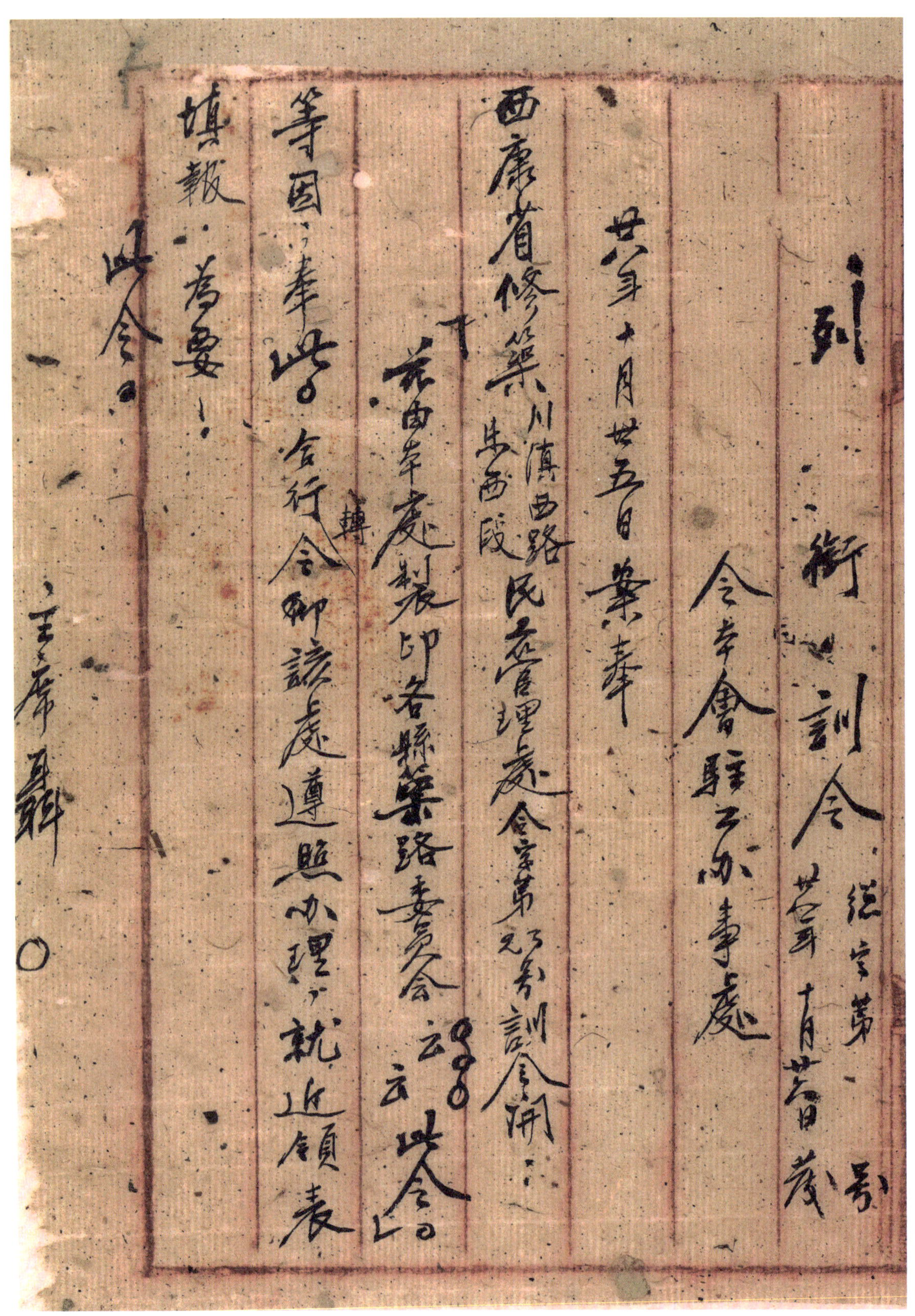

列衔训令　经字第　号
廿八年十月廿六日发
令本会驻□办事处
廿八年十月廿五日案奉
西康省修筑川滇西路乐西段民工管理处合字第七〇号训令开：
兹由本处制表印发各县筑路委员会，云云。此令。
等因，奉此，合行转令仰该处遵照办理，就近领表
填报，为要！
此令。
主席 □

# 会理县征工筑路委员会关于按照工粮运输通则各联队设置粮站致给养股的训令（一九三九年十月十七日）

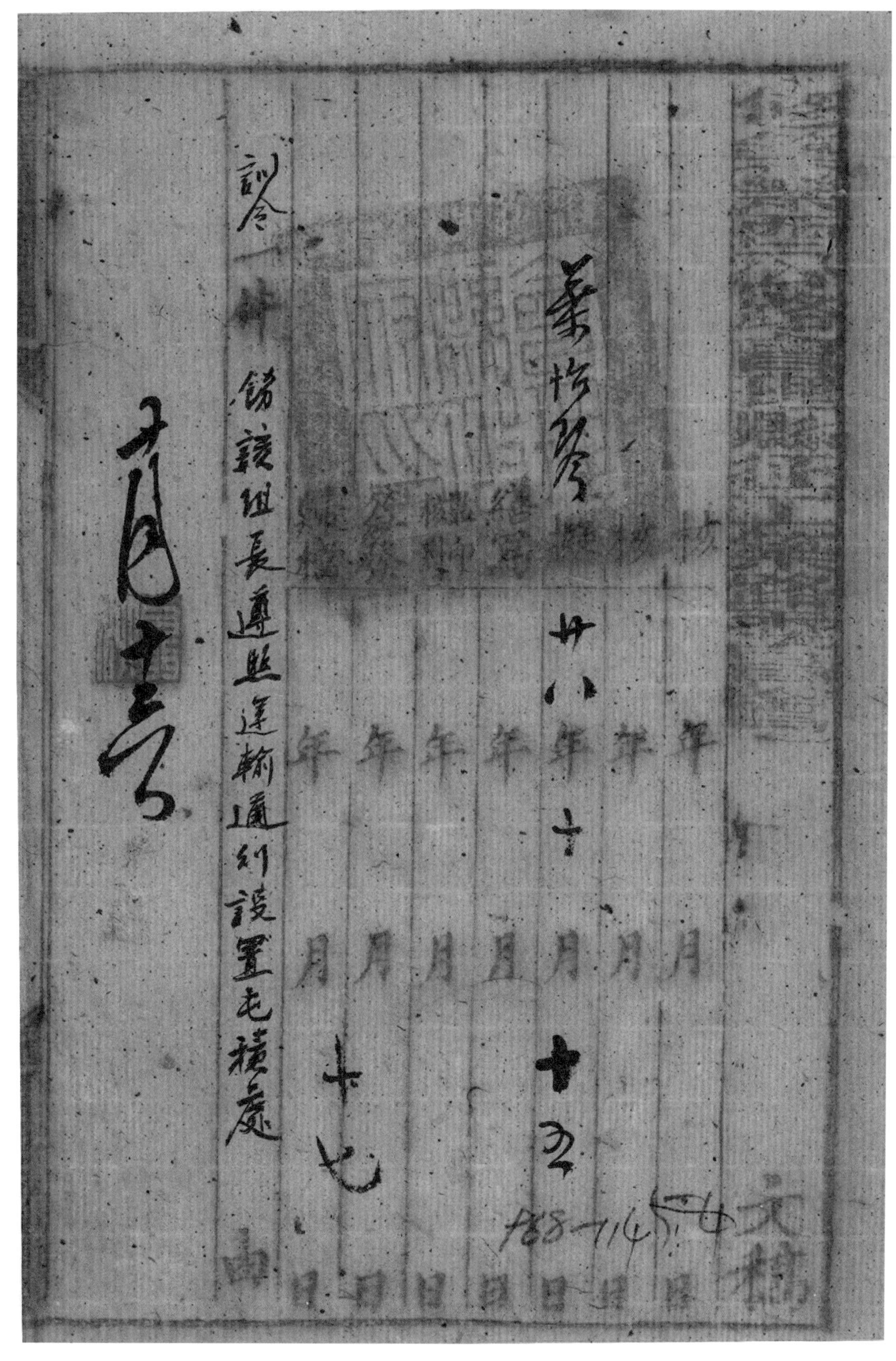

訓令 什錫鎮組長遵照運輸通則設置屯積處

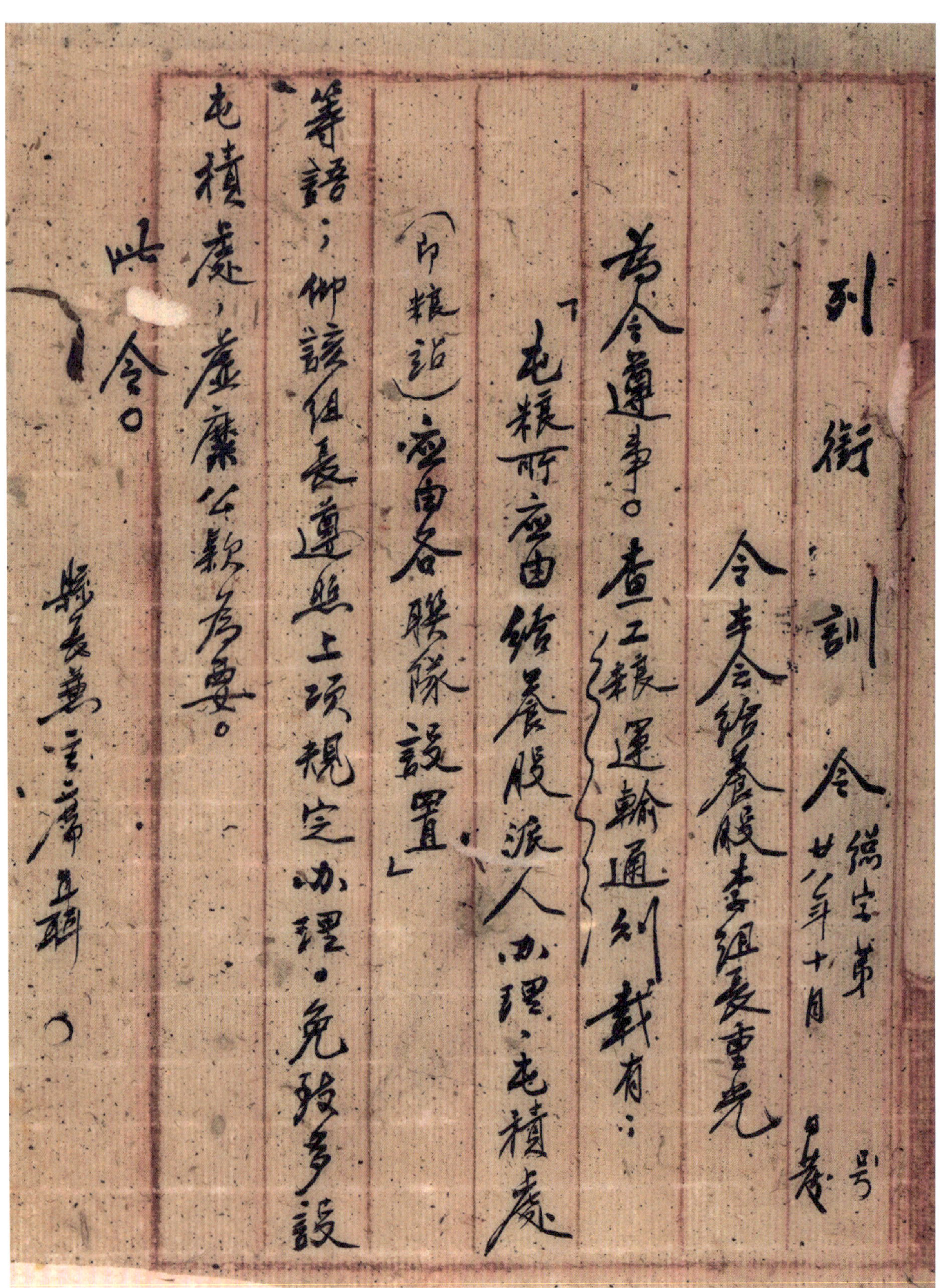

列銜訓令　總字第　號
廿八年十月　日發

令本會給養股李組長重光

為令遵事。查工糧運輸通則載有：「屯糧所應由給養股派人辦理，屯積處（即糧站）應由各聯隊設置」等語；仰該組長遵照上項規定辦理，免致多設屯積處，虛糜公款為要。

此令。

處長龔[illegible]

乐西段民工管理处关于按期呈报领到工价数目致会理县征工筑路委员会的训令（一九三九年十月十九日）

事由 令按期呈報領到工價數目由

擬辦

批示 財務股呈復

備考

附件

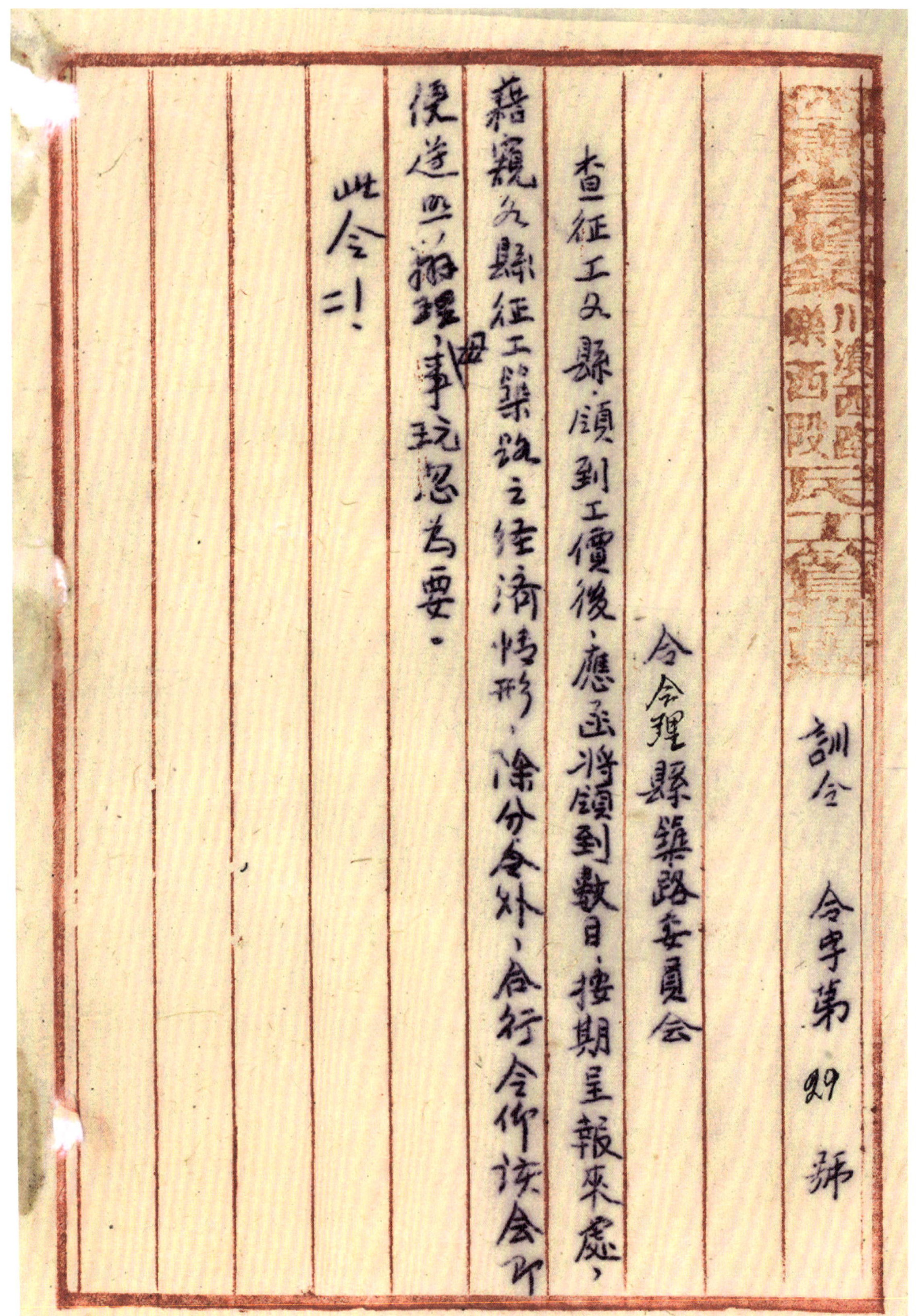

川滇西路樂西段

訓令　令字第29號

令會理縣築路委員會

查征工各縣，領到工價後，應亟將領到數目，按期呈報來處，藉窺各縣征工築路之經濟情形。除分令外，合行令仰該會即便遵照辦理，事毋玩忽爲要。

此令！

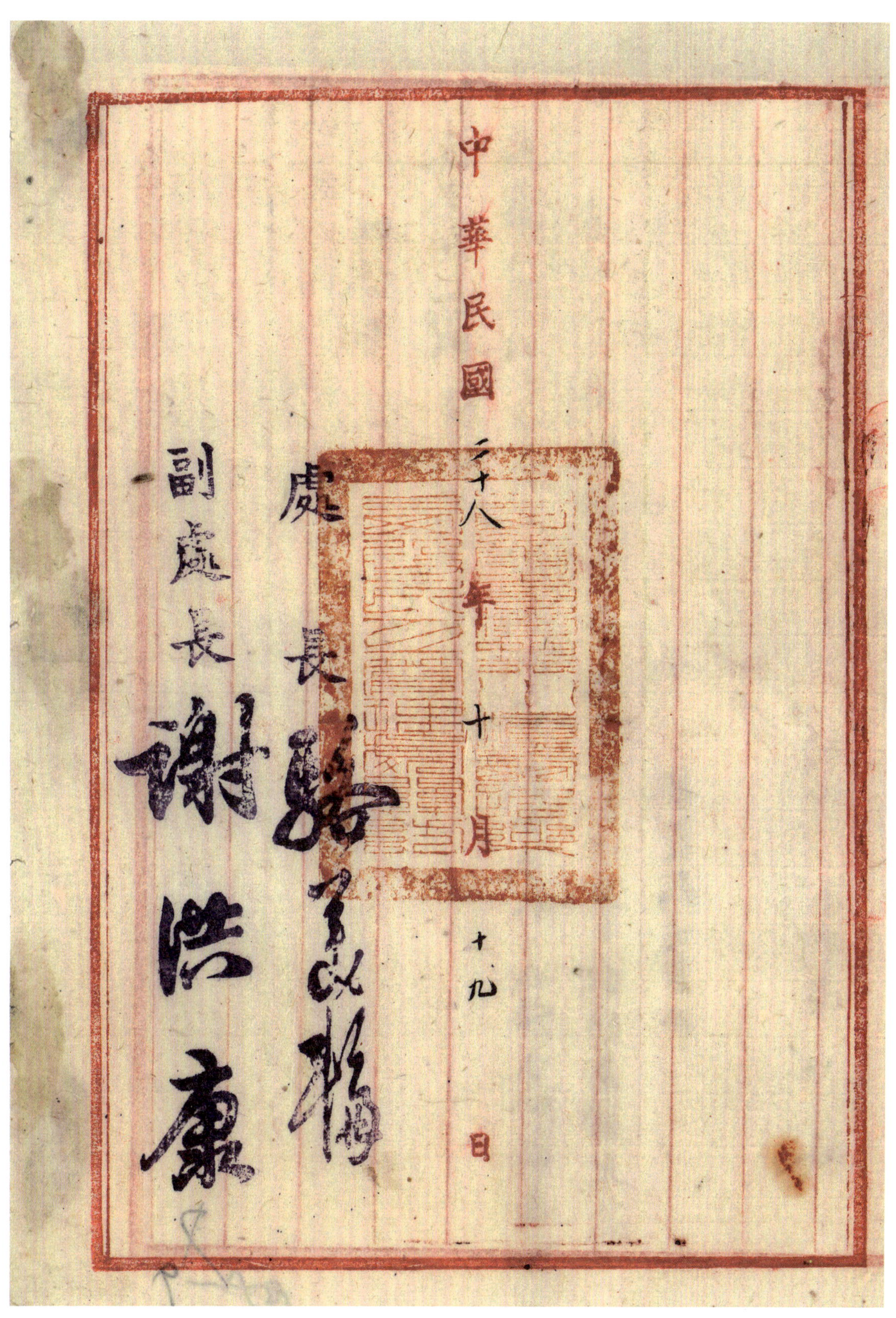

中華民國二十八年十月十九日

處長 駱美輪

副處長 謝浩康

# 国民政府政治部宁远剧队关于在小庙联保双龙场小学表演话剧慰问筑路民工致会理县民工总队部的函（一九三九年十月二十九日）

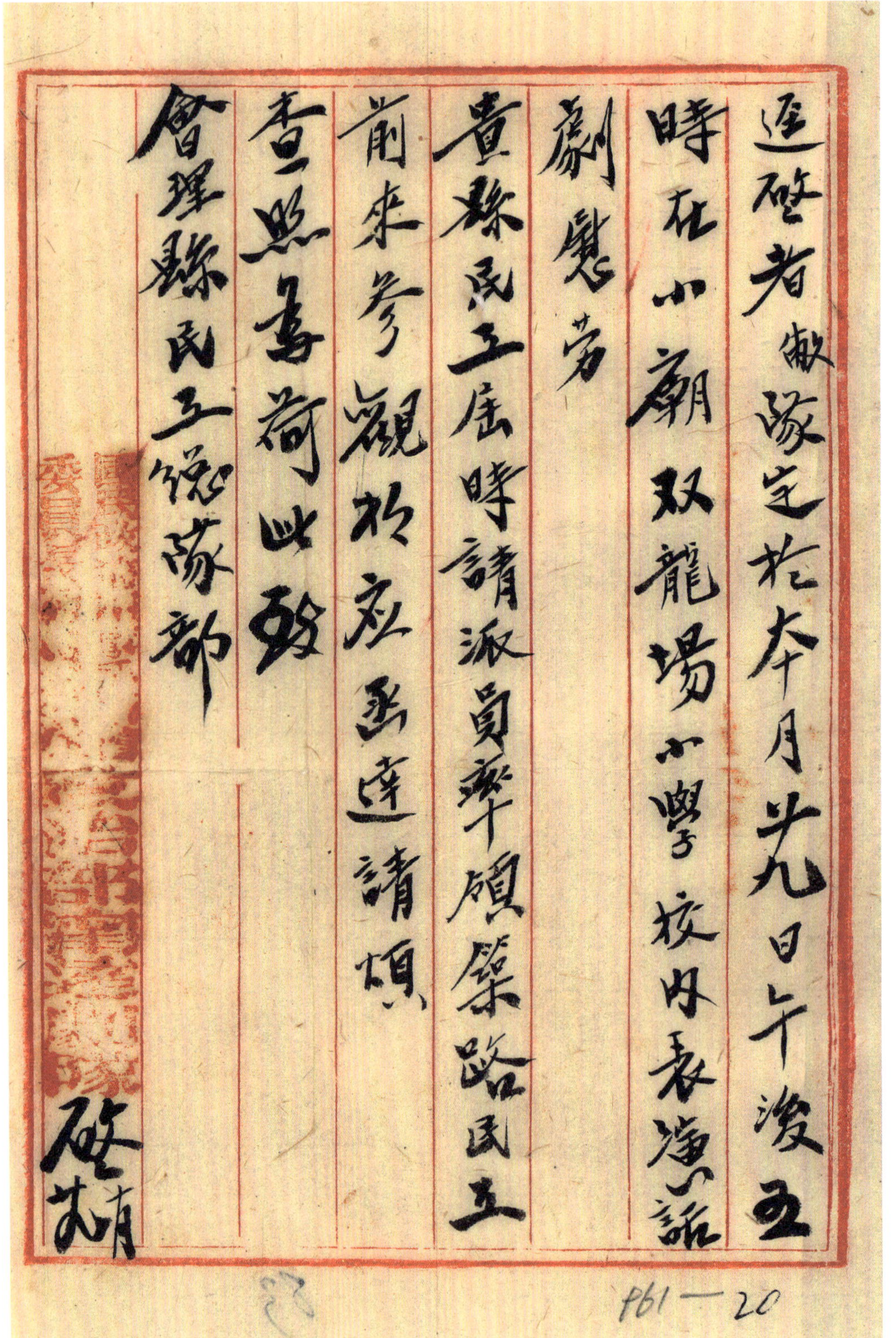

逕啟者：敝隊定於本月廿九日午後五時在小廟双龍場小學校內表演話劇慰勞

貴縣民工，屆時請派員率領築路民工前來參觀為要。函達，請煩

查照為荷。此致

會理縣民工總隊部

啟 艷

P61—20

会理县征工筑路委员会总务股关于遇有要事可由电局直叫会理谈话致戴华生股长的函
（一九三九年十月三十一日）

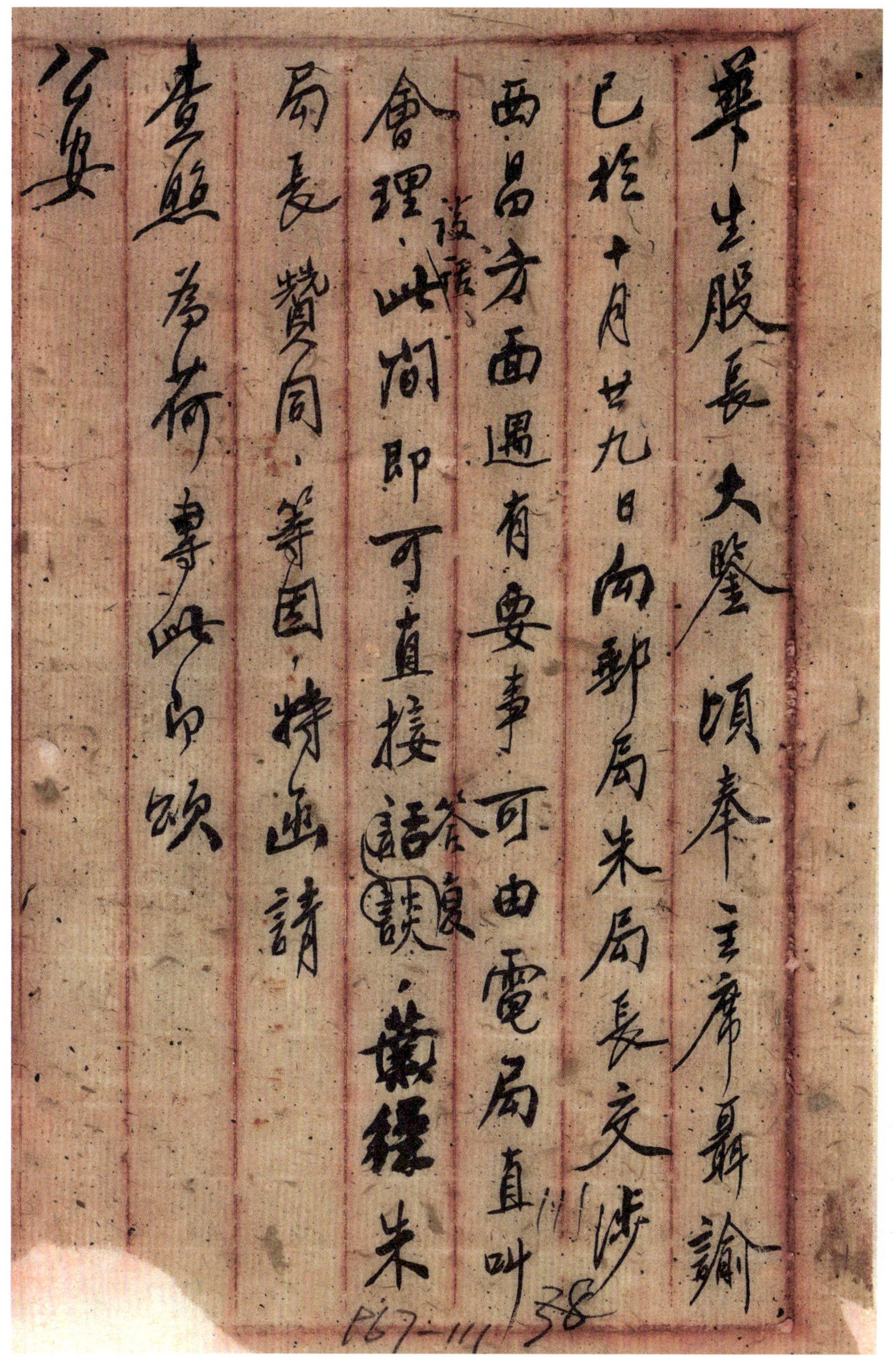
華生股長大鑒：頃奉主席聶諭，已於十月廿九日向郵局朱局長交涉，西昌方面遇有要事，可由電局直叫會理，此間即可直接談話，戴、朱局長贊同，等因，特函請查照爲荷。專此即頌
公安

P67-111-38

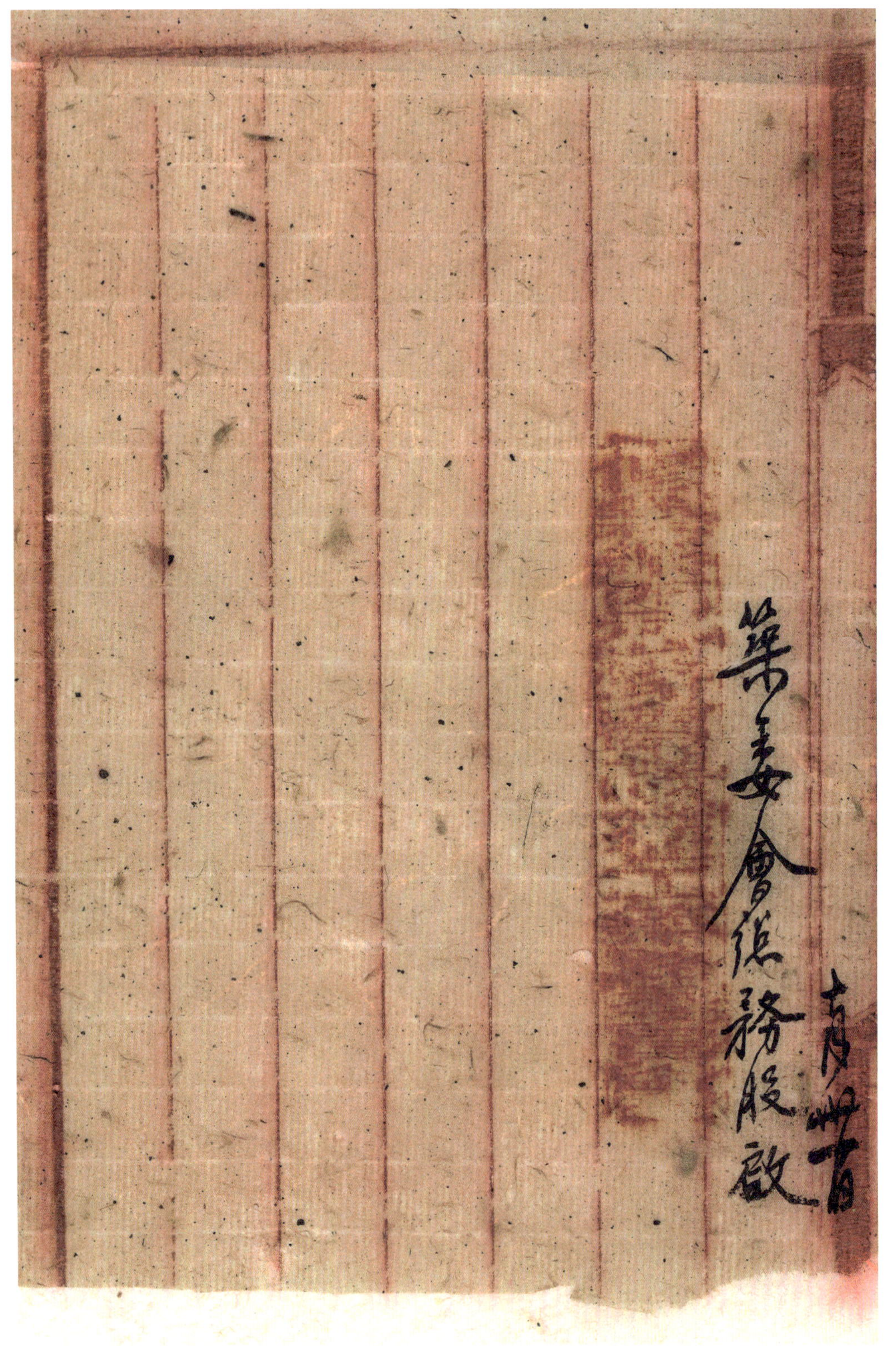

十月卅日

籌委會總務股啟

会理县征工筑路委员会关于速到工段工作致绿普、通金联保主任自学初、康伯珩的训令
（一九三九年十一月二十五日）

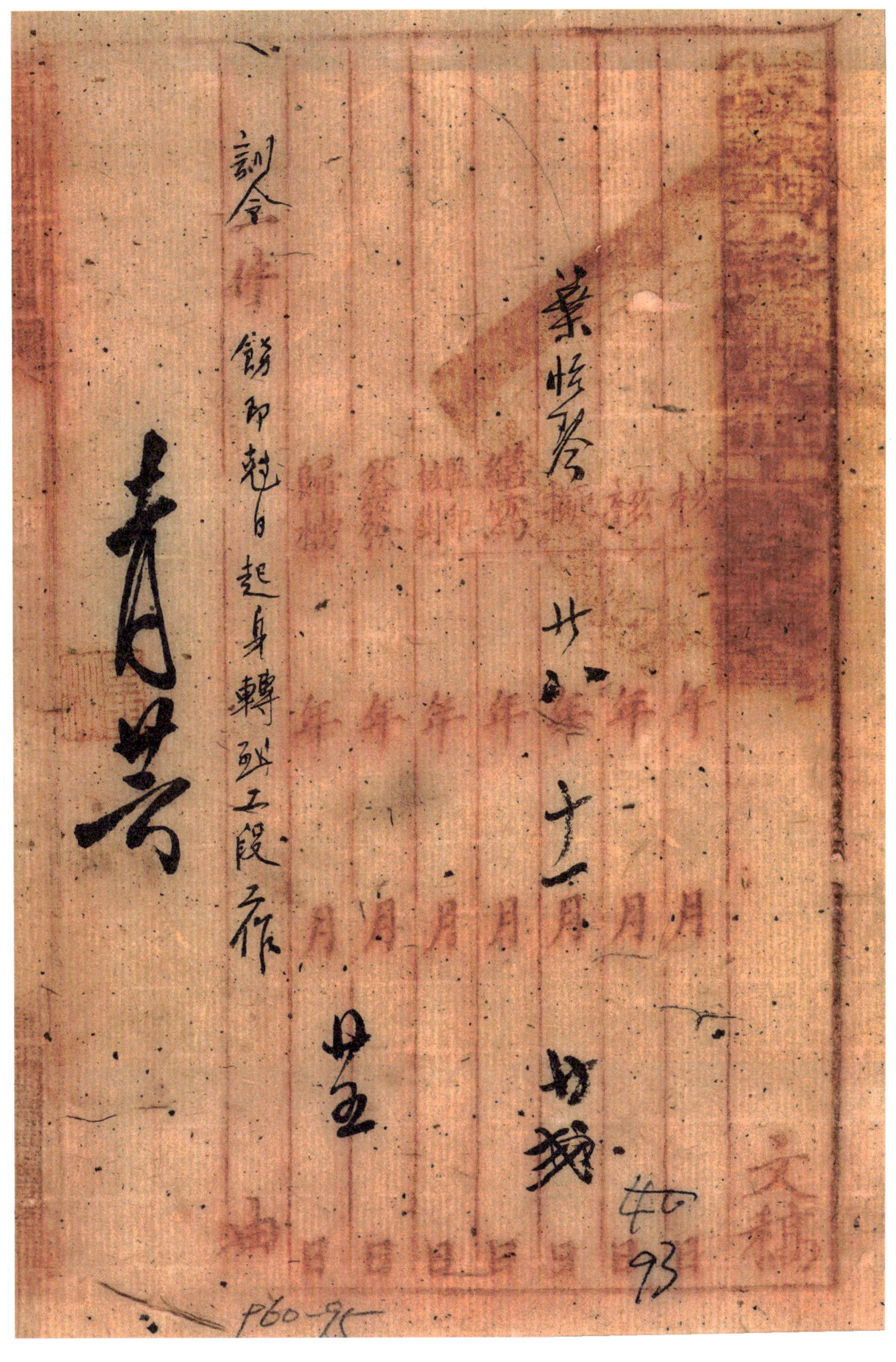

训令

饬即克日起身转赴工段工作

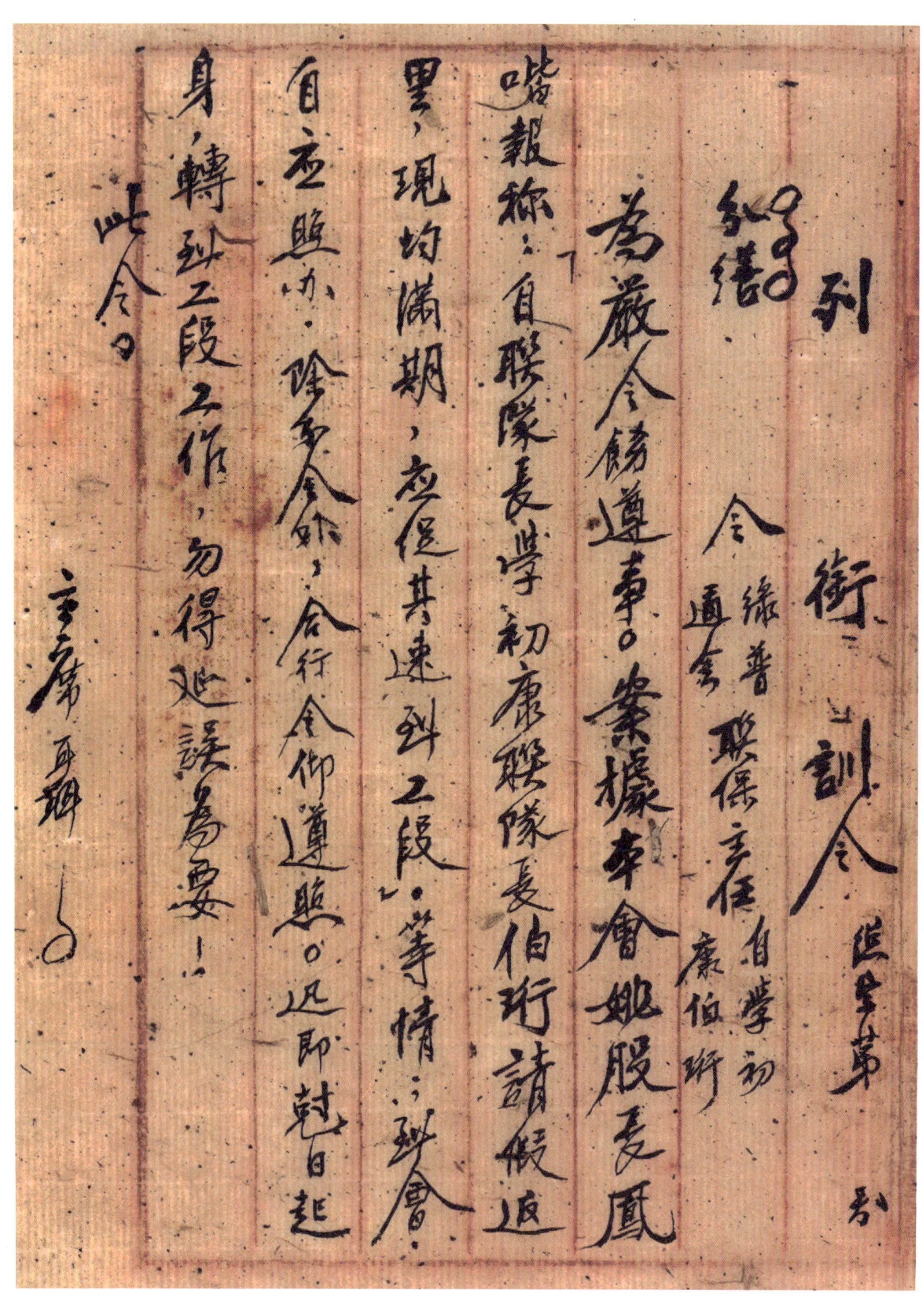

列銜訓令 造字第　號

紹儀

令緣普聯保主任自學初
通令康伯衍

為嚴令飭遵事。案據本會姚股長鳳喈報稱：「自聯隊長學初、康聯隊長伯衍請假返里，現均滿期，應促其速到工段」等情。到會。自應照准。除分令外，合行令仰遵照。迅即剋日起身，轉到工段工作，勿得延誤為要！

此令

主席

乐西公路工程处关于函送《民工边民修筑路基工程施工细则》及《砍伐树木暂行办法》致会理县征工筑路委员会的公函（一九三九年十一月二十八日）

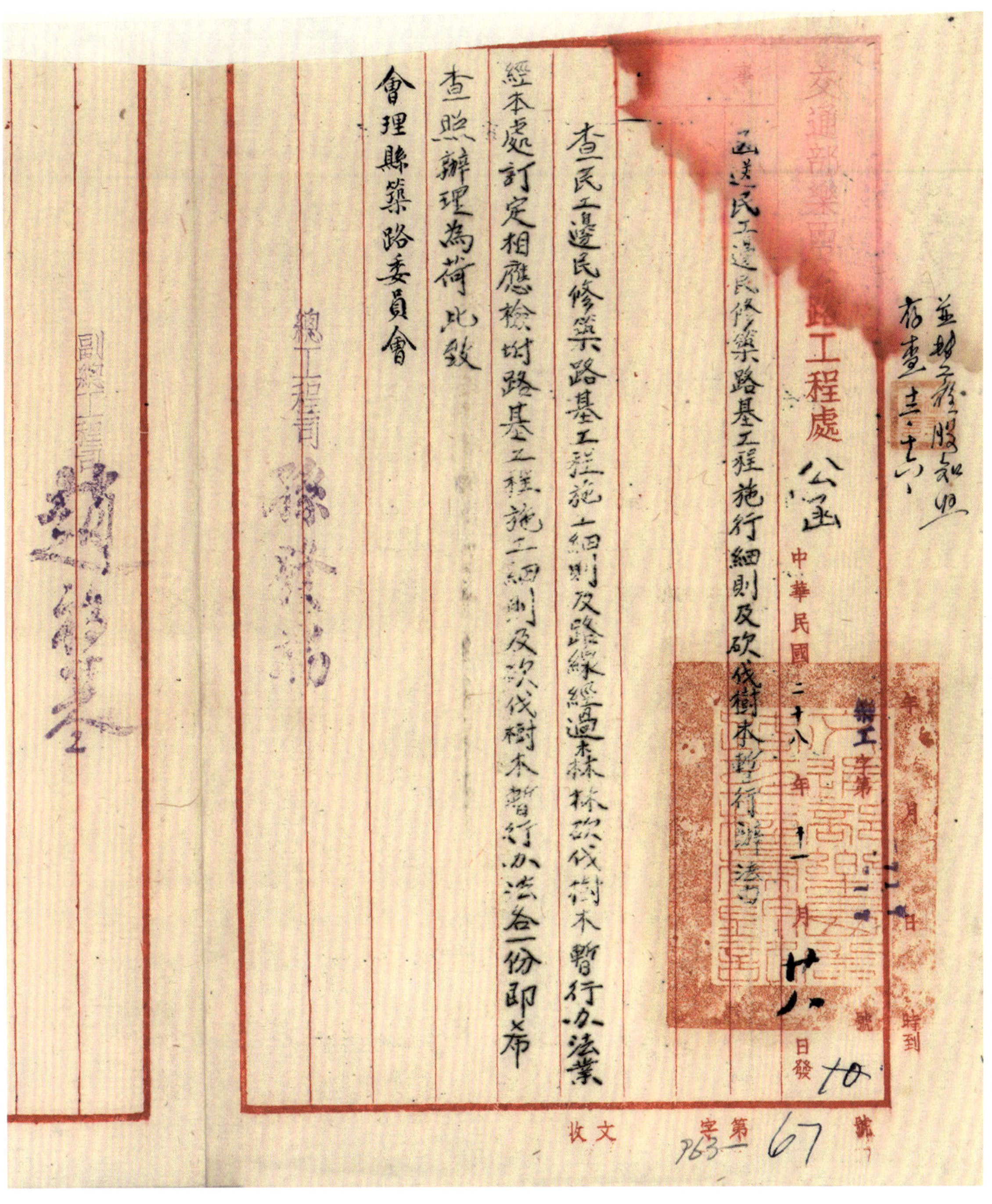

交通部乐西公路工程处 公函

中华民国二十八年十一月廿八日发

函送民工边民修筑路基工程施行细则及砍伐树木暂行办法由

查民工边民修筑路基工程施工细则及路线经过森林砍伐树木暂行办法业经本处订定相应检附路基工程施工细则及砍伐树木暂行办法各一份即希

查照办理为荷此致

会理县筑路委员会

总工程司

副总工程司

并刊登县报知照

# 交通部樂西公路民工修築路基工程施工細則

## 第一章 總則

(1) 民工修築本路路基工程依照本細則辦理之

(2) 路基工程包括土方石谷方之填挖挑運與滾壓以及開挖旁溝截水溝挑築防水埝挖除爛泥斫伐小叢林并其他有關于路基工程之零星工作

(3) 所有填方挖方工程可按土質之堅鬆而定其種類如下

(一)土方 包括由土沙土及黃土等用尋常工具挖掘者凡土中雜有小卵石或鬆動石塊體積不逾〇·一立方公尺（即三寸大小）者概作土方論

(二)石谷方 包括將成未成或已經風化之石層以及堅硬土質或碎磚瓦礫久經凝固須用洋鎬開掘者概作石谷方論

(4) 所有填挖工程不論土方石谷方均按照本處所測橫斷面計稱實做
緊方數量發給方價如發土下層發現必須用火藥或炸藥轟開
之堅塊石層應即由隊長報告工段監工人員查驗經驗明屬實後
始得停做另由本處定石工開鑿

(5) 凡土方石谷方計稱無論填方挖方均以立方公尺為單位名曰
公方（即長寬高各三市尺之方堆）由本處工段按照實測橫斷
面製成土方數量表以憑核稱方價 民工遺泥 如有未盡明瞭之處
可隨時向工段詢問

(6) 路基之高度須遵照填方處所立標高及挖方處之施工樁號填
挖又并將挖方處施工樁號保留於土墩上俟挖到規定深度經工
段監工人員查驗許可後再將土墩挖去之

(7) 路基之路拱須作成一比二十路拱滾壓結實由工段監工人員隨時

(8) 用緩級接正之路基兩旁邊緣必須齊整萬不可有凸出或凹進形狀路基兩旁之側坡由工段照本處須發之路基標準圖隨時指定施工時應按照工段所定之坡腳坡頂標誌填整齊

(9) 所有路基旁溝均須遵照監工人員之指導挖掘如式並須有適宜之斜度以便洩水

(10) 路線彎曲處應將路基內側加寬外側加高上項加寬加高數量均由工程人員根據本處須發之路基標準圖指揮民工（邊民）照做

(11) 施工時對于界石標記及木樁等非經監工人員之許可不得擅自移動

(12) 凡路線與原有道路相交如因施工毀斷致礙交通時須設法繞道另闢路線維持交通

## 第二章　填方

(13) 凡路基建築在山坡之上而原有地盤與水平所成之角度逾十五度時在填築前須將該地盤切成梯形以防崩潰其梯形深度及級數由監工人員隨時指定之

(14) 凡填土須預留收縮度於應填高度中酌量增高若干其增高尺寸應照下表計算并由工程人員於計算之施工播土註明由民工邊民加填不另給價

| 填土高度 | 增加高度 黃土 | 增加高度 田中黏土 |
|---|---|---|
| 一公尺以下 | 百分之十五 | 百分之二十 |
| 二公尺以下 | 百分之十 | 百分之十五 |
| 二公尺以上 | 百分之八 | 百分之十二 |

如土質含沙或石谷不得沉落者得由工程人員隨時給定將上表高度酌量減少

(15) 填土以前須先將地面所有叢草樹根及一切污穢土層剷除淨盡如填土高度在五公寸（一市尺半）以下時并應將地面挖鬆以期與新填土層互相結合

(16) 填方次序係由中心線始漸向兩旁分填所填之土或石谷分層填平，非俟第一層填妥壓實不得填第二層每層厚度自三公寸（九市寸）至四公寸（一市尺二寸）由監工人員隨時指定之

(17) 填土時如遇泥塊必先搗碎然後填用并不得夾帶雜草樹皮及其他易腐之物

(18) 填方所需之土或石谷自附近挖方處取來不足時由借土坑挖取以填路基其借土坑之位置應在路基坡腳至少一公尺半（四市尺半）以外由監工人員參照用地圖樣指定監工不得擅向他處挖取亦不得將借土坑面積任意擴大免致多擾民田並借土坑之形狀深淺

963-72

及斜坡等均須遵照監工人員之指導辦理（借土坑須由外向內挖取）

路基經過水田時應於施工前由工程人員樁釘立之腳坡樁指導民工建築田埂高出水面四公寸（一市尺二寸）將埂內之水放出然後將田底爛泥挖取搬至路綫以外再行新運填土填築以免路基沉陷惟過路基高出水面在一公尺（三市尺）以下者而兩旁復無借土坑時則須將田埂建築於路基坡腳樁一公尺（三市尺）外以利排水而免侵及路基

（丙）填方之安設為期民工工作適合規定起見可按實際需要於填方路段內每隔若干樁號用竹竿草繩等組成路基橫斷面形狀依式照填其法先於路心及路邊各插竹竿或樹竿再照設計路基高度（指已加入填土沉縮量之高度）以草繩連建之如左圖

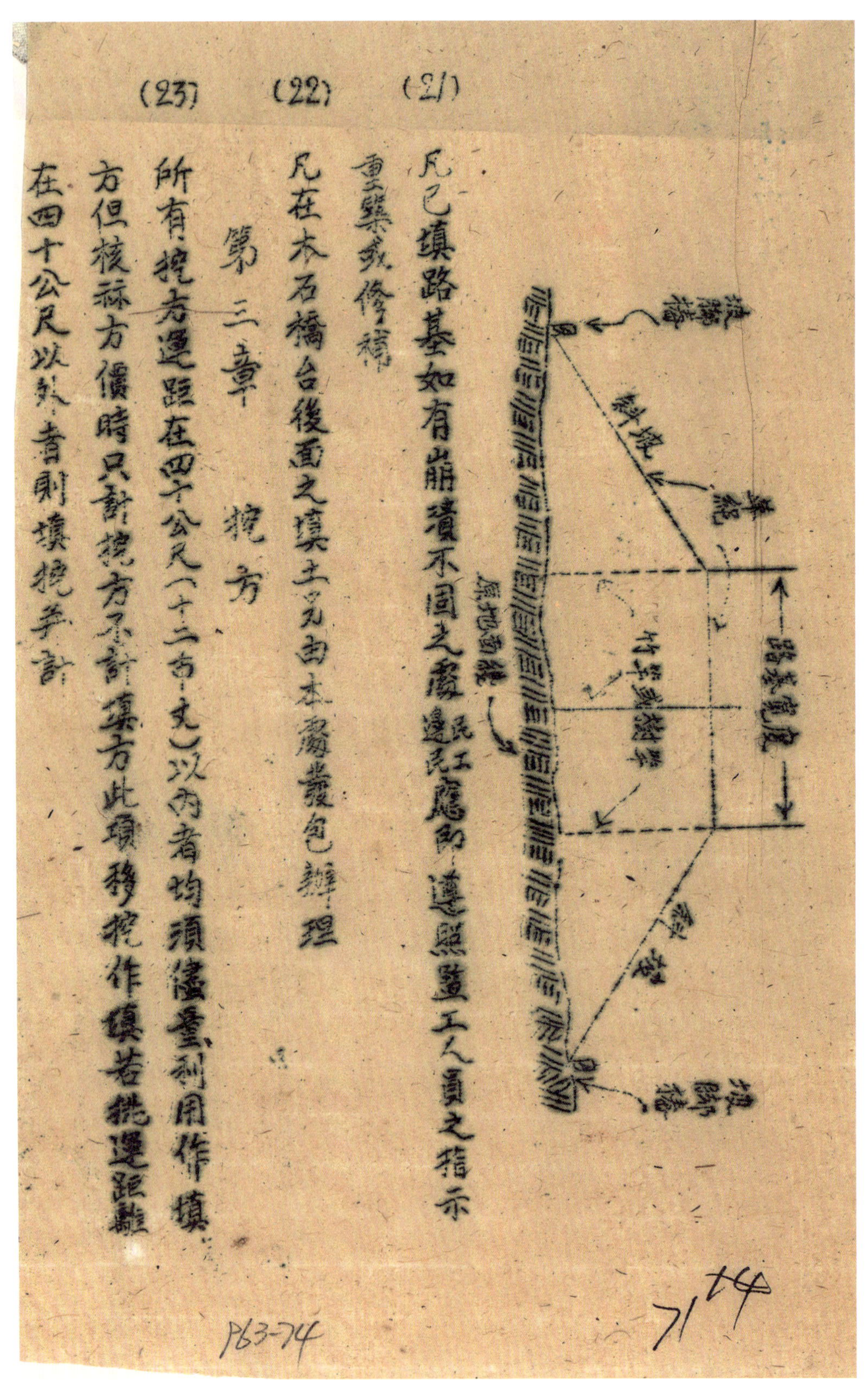


(21) 凡已填路基如有崩潰不固之處邊民民工應即遵照監工人員之指示重築或修補

(22) 凡在木石橋台後面之填土另由本處發包辦理

第三章 挖方

(23) 所有挖方運距在四十公尺（十二市丈）以內者均須儘量利用作填方但核計方價時只許挖方不許填方此項移挖作填若挑運距離在四十公尺以外者則填挖兼計

(24) 挖方數量如超過應利用數量所餘土方或石谷方由監工人員指定
地点堆積其堆積地点如在挖方坡頂之上則至少須離坡頂三公尺
(九市尺)以外不得任意拋置

(25) 開挖路槽過長時應酌量開闢還土小道并須多作出水溝

(26) 挖方側坡高峻而下瀉水量甚大之處經工程人員認為須設置截水
溝時該項截水溝應由邊民道工程人員指示照做（民工）

(27) 挖方數量不敷填方應用時應照本細則第十八條辦理之

(28) 路旁之土或石谷依照規定坡度挖去後務須整齊均勻不得稍有
凹凸如有崩坍情事應照本細則第二十一條辦理之

第四章　附則

(29) 路基工程修築完竣後經本處工程人員查驗合格給予驗收憑證後
方准離開工地或再繼續路面工作

(30) 本細則如有未盡事宜得由本處修正之

# 交通部樂西公路路線經過森林砍伐樹木暫行辦法

第一條 凡樂西公路（以下簡稱本路）綫路所經範圍內應行砍伐之樹木悉照本辦法處理之

第二條 凡私有山林樹木應行砍伐者在該管工段布告通知後五日內應由業主自行砍伐並挖淘樹根擲去樹枝幹以不妨工作為度所有樹料均歸業主自行處理之

第三條 凡屬荒山或公有山林以及私有山林樹木經該管工段布告通知後在五日內不遵照第二條之規定自行處理者悉由在當地工作之民工或邊民築路隊以及其他工匠隨時砍伐依照下列各條處理之

第四條 樹木大頭直徑在一市尺以下至一市尺者由在當地工作之工人砍伐不給津貼費

第五條　樹大大頭直徑在一市尺以上至二市尺者每株發給津貼費貳元伍角

第六條　樹木大頭直徑在二市尺以上者一律每株發給津貼費肆元伍角

第七條　挖掘樹根不再給費所砍樹木無論大小樹幹概作本路建築之用並應聽監工人員之指導不得任意截砍損壞材料如須搬運者由工段另行雇工或招工承辦至樹根樹枝等歸主人取作柴薪之用

第八條　上項津貼包括一切費用由所在工段照實查點驗後發交經辦之邊區督修司令部或築路委員會及承辦人會同具領轉發

第九條　本辦法自呈准之日起實行如有未盡之處得隨時呈請修正之

P63-77

## 会理县民工第十三联队关于请求上级催促十四联队尽快派工共同完成工作致该县民工总队部的报告（一九三九年十一月三十日）

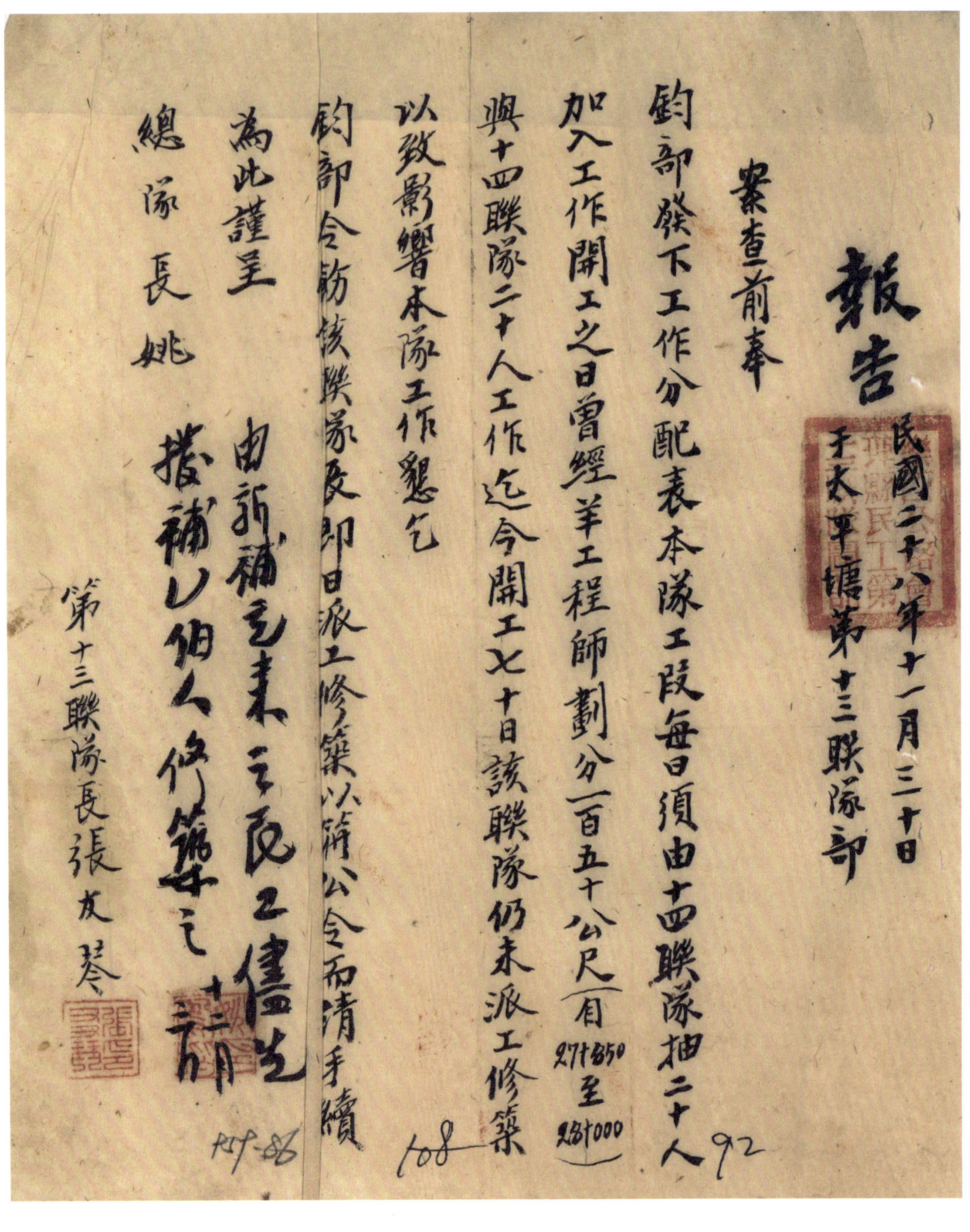

報告

民國二十八年十一月三十日 于太平塘第十三聯隊部

案查前奉

鈞部發下工作分配表本隊工段每日須由十四聯隊抽二十人加入工作開工之日曾經華工程師劃分一百五十八公尺（自271850至281000）與十四聯隊二十人工作迄今開工七十日該聯隊仍未派工修築以致影響本隊工作懇乞

鈞部令飭該聯隊長即日派工修築以符公令而清手續

為此謹呈

總隊長姚

第十三聯隊長張友琴

由新補至來之民工儘先撥補以佃人修築之 十二月三日

乐西段民工管理处关于转发交通部乐西公路路线经过森林砍伐树木暂行办法致会理县征工筑路委员会的训令
（一九三九年十二月五日）

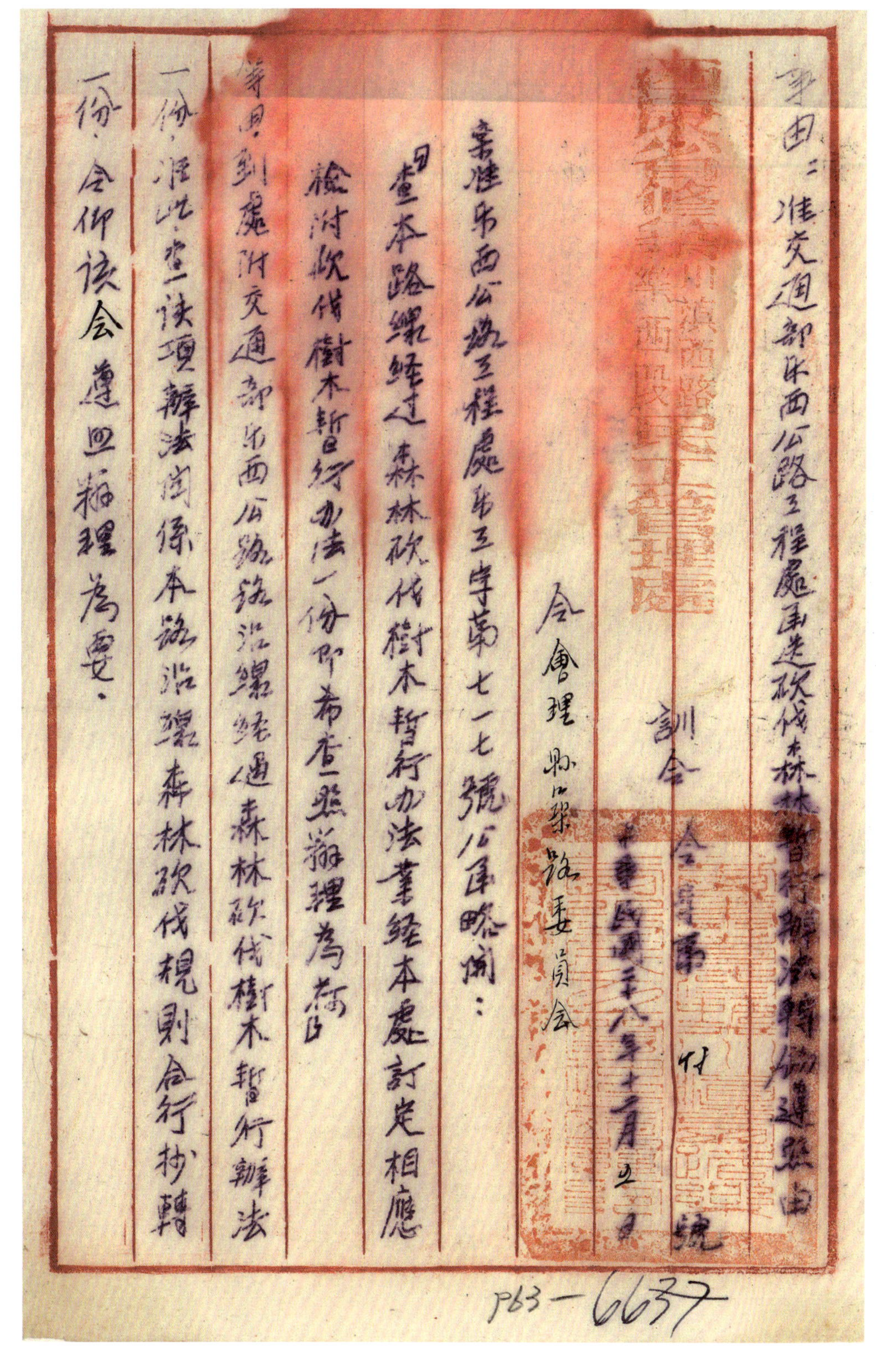

事由：准交通部乐西公路工程处函送砍伐森林暂行办法转饬遵照由

训令　会字第　　号

中华民国二十八年十二月五日

令会理县征工筑路委员会

案准乐西公路工程处乐工字第七一七号公函略开：

“查本路线经过森林砍伐树木暂行办法业经本处订定，相应检附砍伐树木暂行办法一份，即希查照办理为荷”

等因，附交通部乐西公路路线经过森林砍伐树木暂行办法一份。准此，查上项办法内系本路沿线森林砍伐规则，合行抄转一份，令仰该会遵照办理为要。

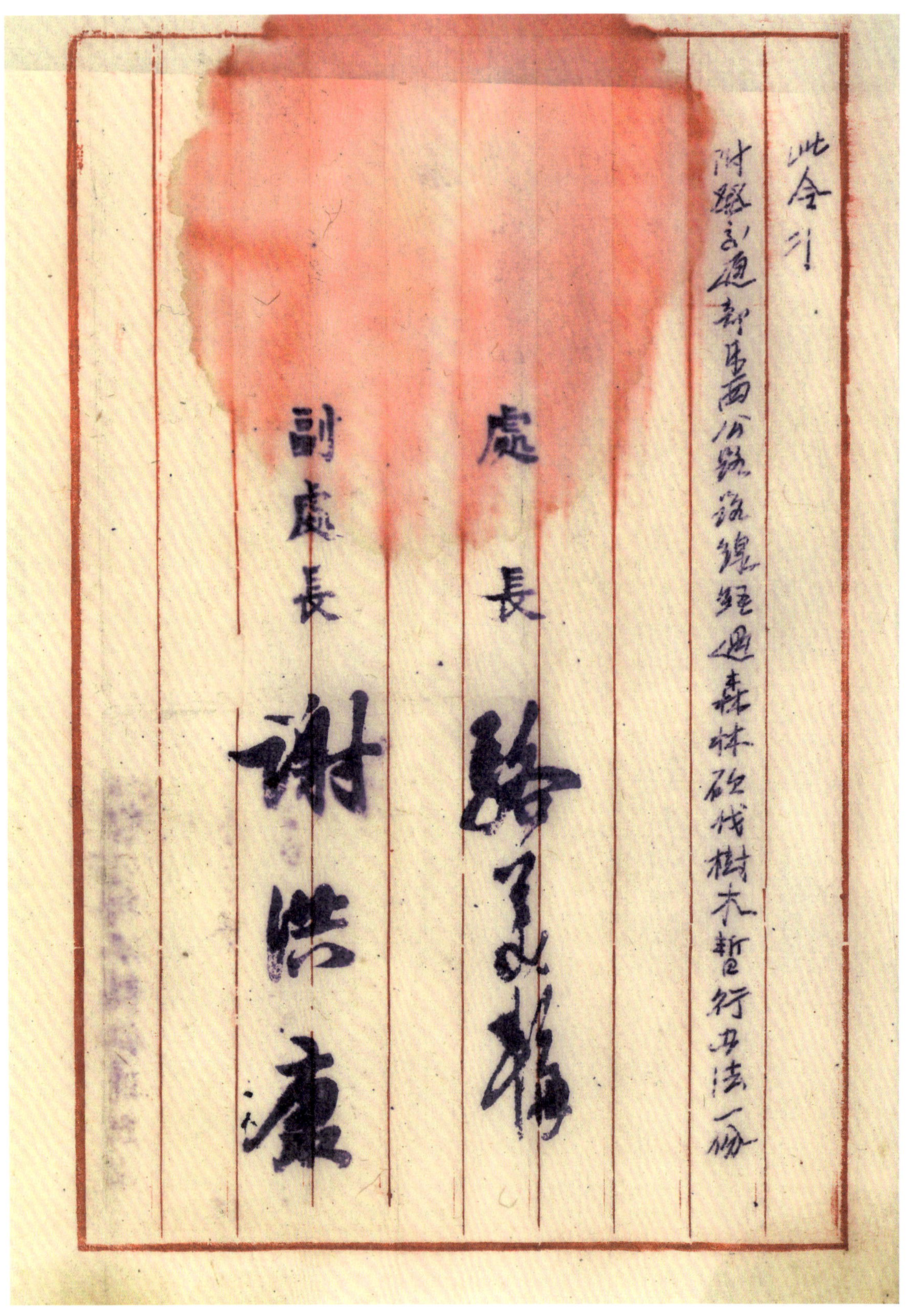

此令。

附发交通部乐西公路路线经过森林砍伐树木暂行办法一份

处长 孙发（？）端

副处长 谢增（？）康

# 会理县征工筑路委员会驻工办事处临时会议纪录（一九四〇年四月六日）

修築樂西公路會理縣築路委員會駐工辦事處臨時會議錄：

地点——駐工辦事處

時間——四月六日午后八钟

出席人數——楊黎生 李重光 馮正西 劉安民 劉雨蒼 張德鈺 田甫霄 胡庚元 康伯[illegible]

主席——楊黎生

記錄——胡庚元

一）主席報告開會理由……（略）

（二）劉主任安民報告此次奉大會派遣來工段使命有三要点：

1.本縣此次築路工作，限期已屆，而尚未完成。大會特派個人到此負督導工程責任，以期早日完成工程。

2.以實際優待民工，凡民工工作日期伙食外，每日給津貼費三角。每三日一獎，以資鼓勵民工工作之勇氣。

5、築路民工共計有十個聯隊，除七、八、十三、十五四聯隊路基竣工，其餘九、十四、十六、十七聯隊尚有未完之橋

另若干，未完之土方若干，個人均須查明，即為填其表報。

此三項外，倘遇有〔另〕案〔須〕報告，請大家注意！

此次會議修築渠公路，雖因中途分劃各聯隊之工作地段，而對外確係全縣整個問題，

各聯隊應以同時竣工為原則。如十五、十六兩聯隊能先完成土路，則所有該聯隊民工除老弱

疾病遣回外，其餘應仍〔許〕先於他隊民工，應以〔共〕同完成之原則，聽候分配加入

九、十一兩聯隊工作，以達早日告一結束。

（三）各聯隊現有人數若干，尚有未完橋梁若干，請各聯隊負責人員切實說明理由，以便補充案

1、十二聯隊報告：現有民工二百八十人，實際每日工作者二百一十人。

2、九聯隊報告：現有民工三九八人，實際到號工作者二十二人。

3、十四聯隊報告：現有民工一百三十八人，實際每日到工者一百人。

4、十六聯隊報告：現有民工一百五十二人，實際每日到工者一百一十人。

5、十七聯隊兄報告：該隊尚餘橋梁六個半，已滅去四三咪一咪等，惟修底全係錯雜大石，所帶工具不能工作，擬請工程處另覓別法，現在不能工作，本隊民工可否調補別隊。

決議：一、俟劉主任視察後再為定奪。

6、十四聯隊又報告：本聯隊土路已經完成，未過受工程處前派監工員楊私影響，

以致工程處現對本聯隊竟發現苛刻要挾，請縣處派隊部及劉主任作主。

決議：由劉主任會同駐工組實地調查，若該隊所作工程與工程處所標尺度符合，自應據理力

事，如果有不合處，自應修理完善。

（四）各級隊長民工津貼日期應自何日起計案。

決議：遵照大會命令自四月一日起算，過去二日至六日津貼，只能照實際工作者補發。

（五）各聯隊民工應如何調整案。

決議：所有此次由縣補充之四百八十名民工，以三百名補充十一聯隊，其餘補充九聯隊、十六聯隊工作完竣後，所有壯健民工，應一律加入九聯隊工作。惟此種民工仍由原聯隊負責人管理，所有米柴菜金，亦由原聯隊負責人承領，以後發放時，應請工程處註明某聯隊工作字腳，以便稽考。

（六）李代總隊長提議：查各聯隊過去對工程處民工受傷報告工作人數日報表，獨對辦事總隊部反無此表報，送經本部催促，亦無效果，致使民工餘米之運費，受工程處核減之影響，自四月一日起，各聯隊應一律補報本部，以憑稽考。

決議：照案通過。

（七）楊處長提議：查此次優待隊長民工發給津貼，辦法頗妥善。惟特務長一職，亦屬美全未提及，擬以按特務長，應照小隊長數目津貼，以資鼓勵。

決議：照案通過。

總隊部　闕存

会理县征工筑路委员会关于查验免修石谷桩号段及将各队民工挑留壮健资遣老弱等事宜致第十六联队田雨膏队长的复函（一九四〇年五月十五日）

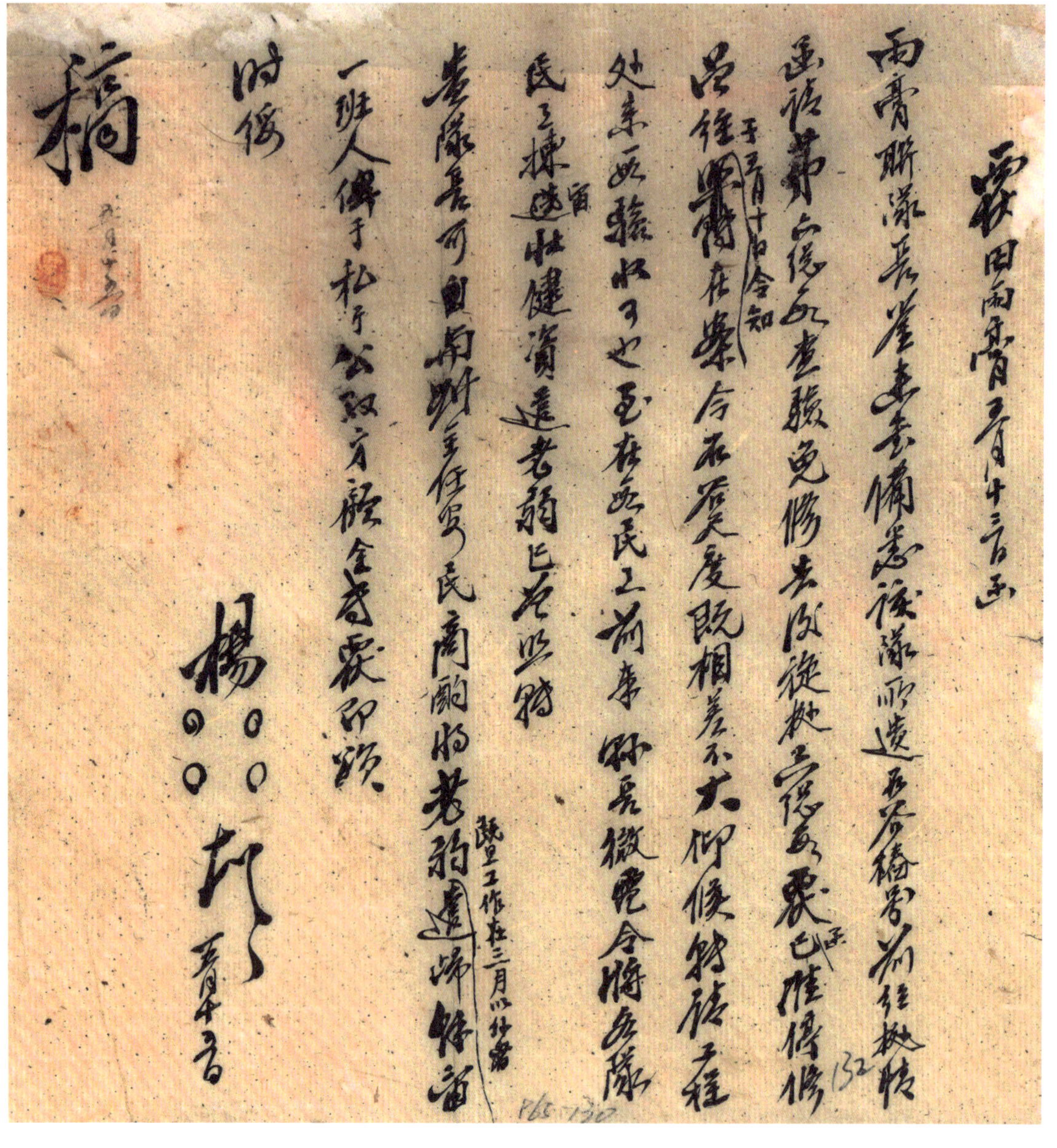

# 西昌县政府、会理县征工筑路委员会及其驻工办事处关于筑路民工不得强行借住学校的相关文书

## 西昌县政府关于会理县民工对马道子初级小学不时入校滋扰致该县征工筑路委员会驻工办事处的公函

（一九四〇年五月十七日）

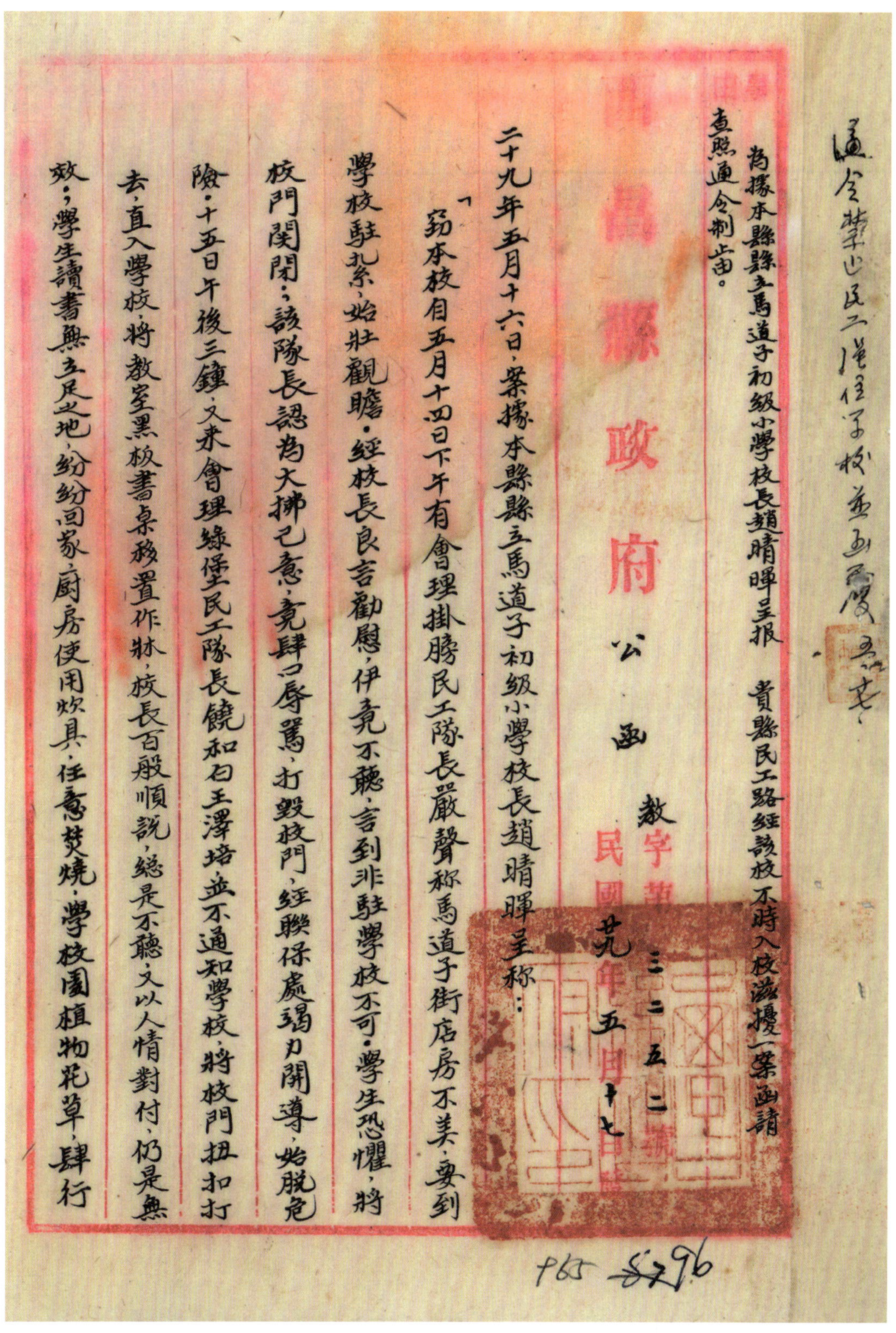

事由：為據本縣縣立馬道子初級小學校長趙晴暉呈報　貴縣民工路經該校不時入校滋擾一案函請　查照通令制止由。

西昌縣政府公函　教字第三二五二號

民國廿九年五月十七

二十九年五月十六日，案據本縣縣立馬道子初級小學校長趙晴暉呈稱：

「竊本校自五月十四日下午有會理掛勝民工隊長嚴聲稱馬道子街店房不美，要到學校駐扎，始壯觀瞻。經校長良言勸慰，伊竟不聽，言到非駐學校不可。學生恐懼，將校門關閉。該隊長認為大拂己意，竟肆口辱罵，打毀校門，經聯保處竭力開導，始脫危險。十五日午後三鐘，又來會理綠堡民工隊長饒和白王澤培並不通知學校，將校門扭扣打去，直入學校，將教室黑板書桌移置作牀，校長百般順說，總是不聽，又以人情對付，仍是無效。學生讀書無立足之地，紛紛回家，廚房使用炊具，任意焚燒，學校園植物花草，肆行

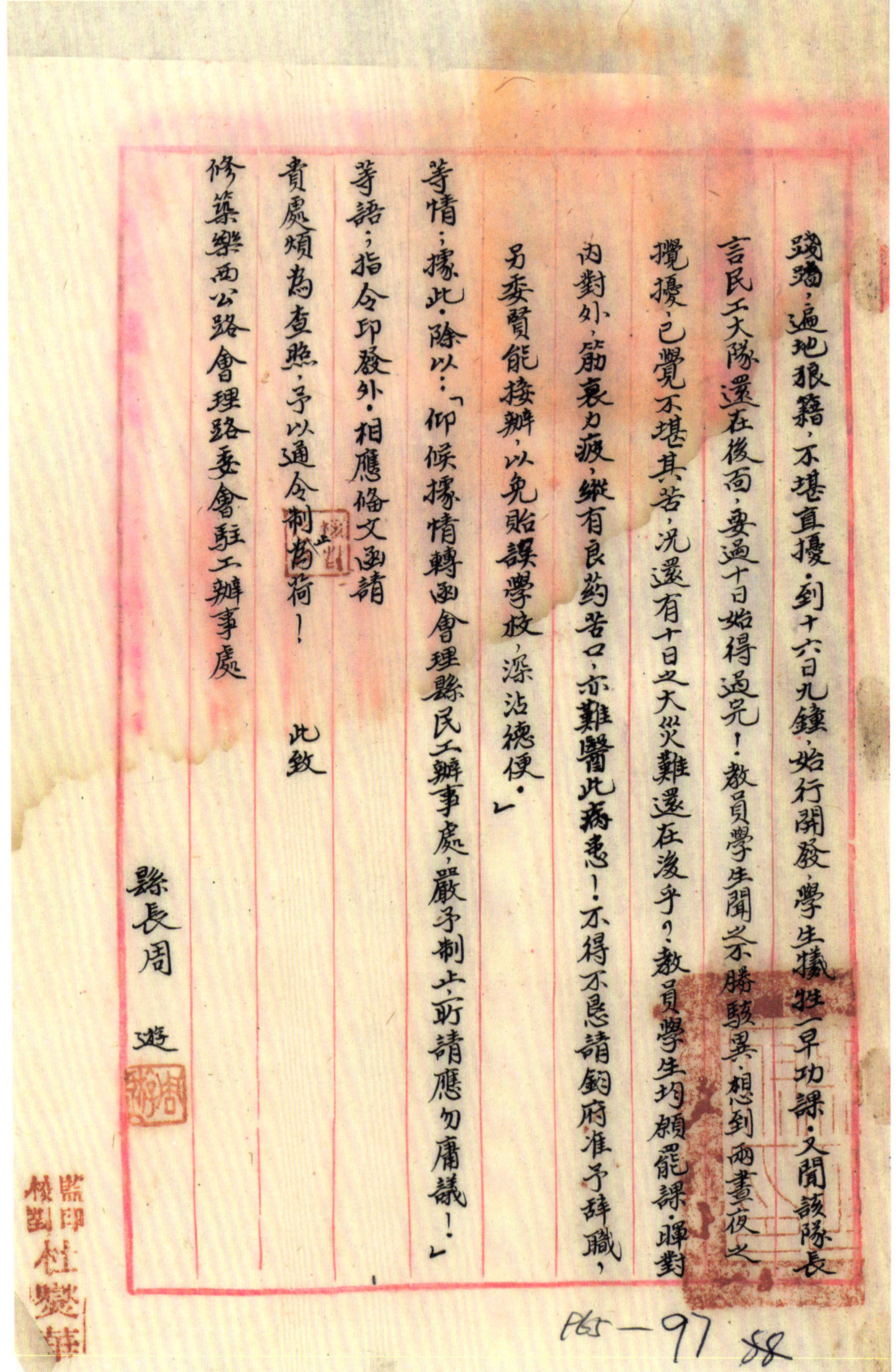

踐踏，遍地狼籍，不堪直擾。到十六日九鐘，始行開發，學生犧牲一早功課。又聞該隊長言民工大隊還在後面，要過十日始得過完！教員學生聞之不勝駭異，想到兩晝夜之攪擾，已覺不堪其苦，況還有十日之大災難還在後乎？教員學生均願罷課，暉對內對外，筋衰力疲，縱有良葯苦口，亦難醫此病患！不得不懇請鈞府准予辭職，另委賢能接辦，以免貽誤學校，深沾德便。」

等情。據此。除以：「仰候據情轉函會理縣民工辦事處，嚴予制止，所請應勿庸議！」

等語，指令印發外，相應備文函請

貴處煩為查照，予以通令制止為荷！

此致

修築樂西公路會理路委會駐工辦事處

縣長 周 遊

監印 杜燮 校對

P65—97 88

会理县征工筑路委员会关于学校为教育重地不得强行借住的令（一九四〇年五月十七日）

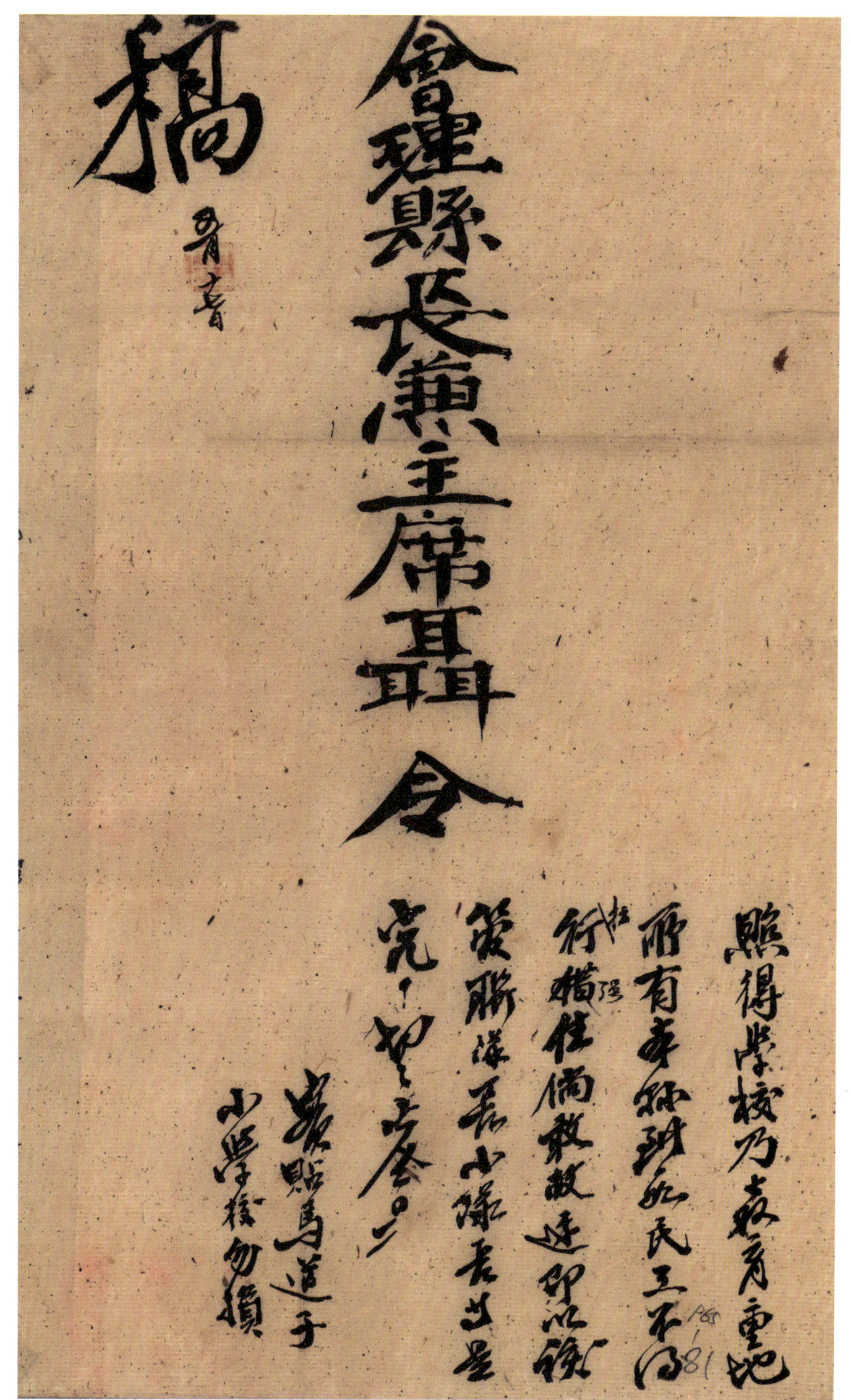

稿

五月[illegible]日

會理縣縣長兼主席聶　令

照得學校乃教育重地，所有本縣路政民工不得行強借住，倘敢違即從嚴[illegible][illegible][illegible]縣長小隊長[illegible][illegible]究。切切。此令。

發貼馬道子小學校勿損

# 会理县民工第八联队关于筑路工作开展情况及调拨民工事致该县征工筑路委员会驻工办事处的报告（一九四〇年六月三日）

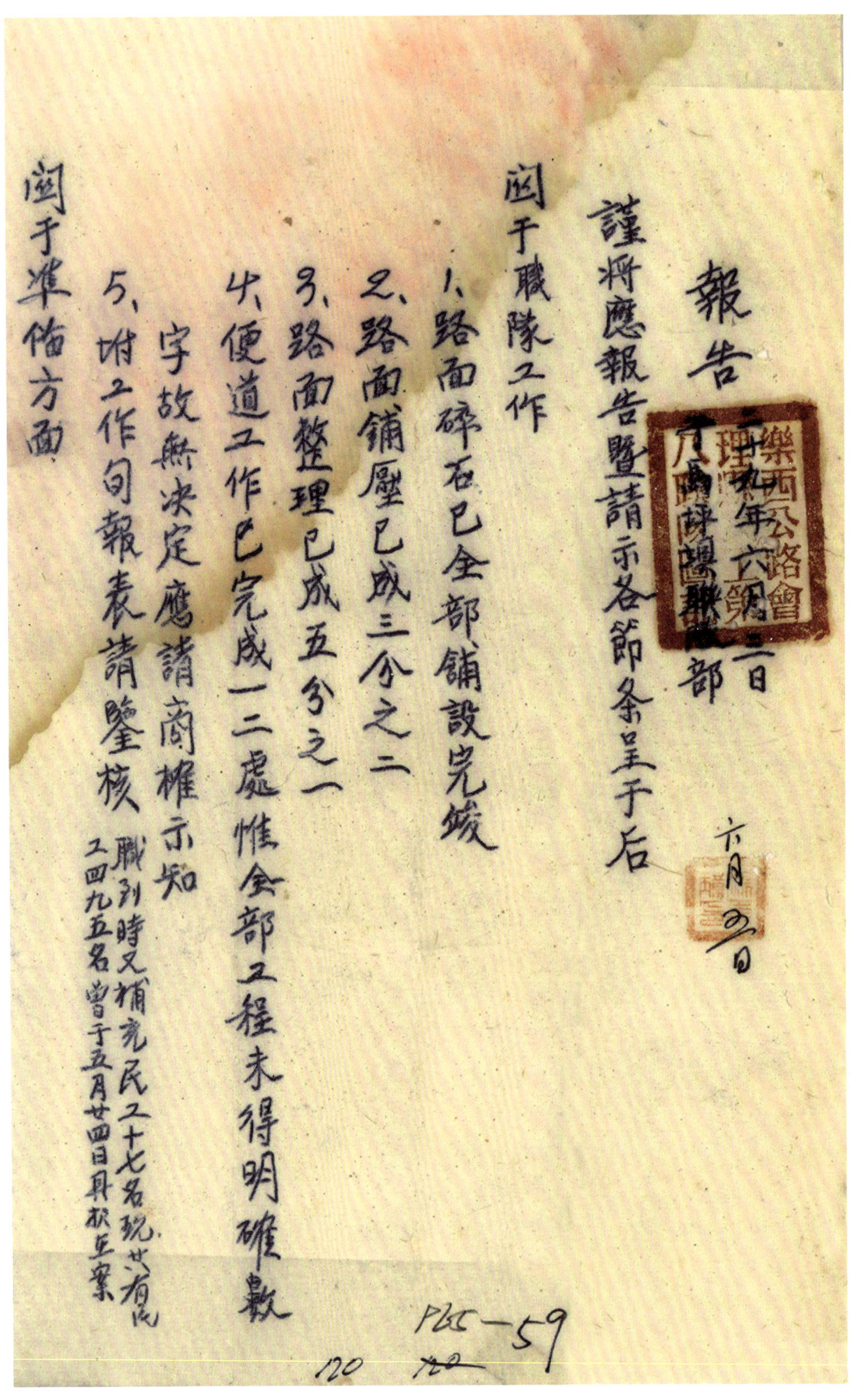

報告

樂西公路會理縣民工第八聯隊部
二十九年六月三日

謹將應報告暨請示各節条呈于后

關于職隊工作

1、路面碎石已全部鋪設完竣

2、路面鋪壓已成三分之二

3、路面整理已成五分之一

4、便道工作已完成一二處惟全部工程未得明確數字故無決定應請商榷示知

5、附工作旬報表請鑒核

職到時又補充民工十七名現共有民工四九五名曾于五月廿四日具報在案

關于準備方面

六月三日

PLC—59

120 122

八、廿七日在西昌驿工政事處奉

鈞長面諭飭準備民工應工程處之撥調作椿涵工作

乙、三十日午前十二鐘仍奉　諭飭速準備原議不變更現已令飭三五小隊準備全數調撥中

頃奉

鈞長二十九年六月一日于礼州命令飭抽調民工一小隊歸入第十八聯隊建制修築老鷹溝等因查職隊工程完成在即修理工作一再麻煩且雨水一到路容毀損整理復整理勢必拖累如職隊在修築路基时即繼續整理三次現路面將成又加整理若有損壞必又整理在請命在十日内嚴飭各小隊整理完成抄請驗收後再為調撥既可完成全部工程復可一抽調若一面抽調老鷹溝一面調撥工程處一面在

工段工作則三面不能兼顧，徒資延誤而坐耗工粮，增加全部賠累也。須向何監工催促調撥赴工程處作橋涵工作，因奉令現仍未去，應請示办理。一併呈。以上呈請緩調各緣由，是否有當，應候示遵。謹呈

縣長兼總隊長[illegible]

副隊長楊

代總隊長孫

附民工工作旬報表一紙

第八大隊隊長 周路九（印：周路九章）

会理县民工第十三联队关于人员安排、费用及开工情况等致该县征工筑路委员会驻工办事处的报告（一九四〇年六月五日）

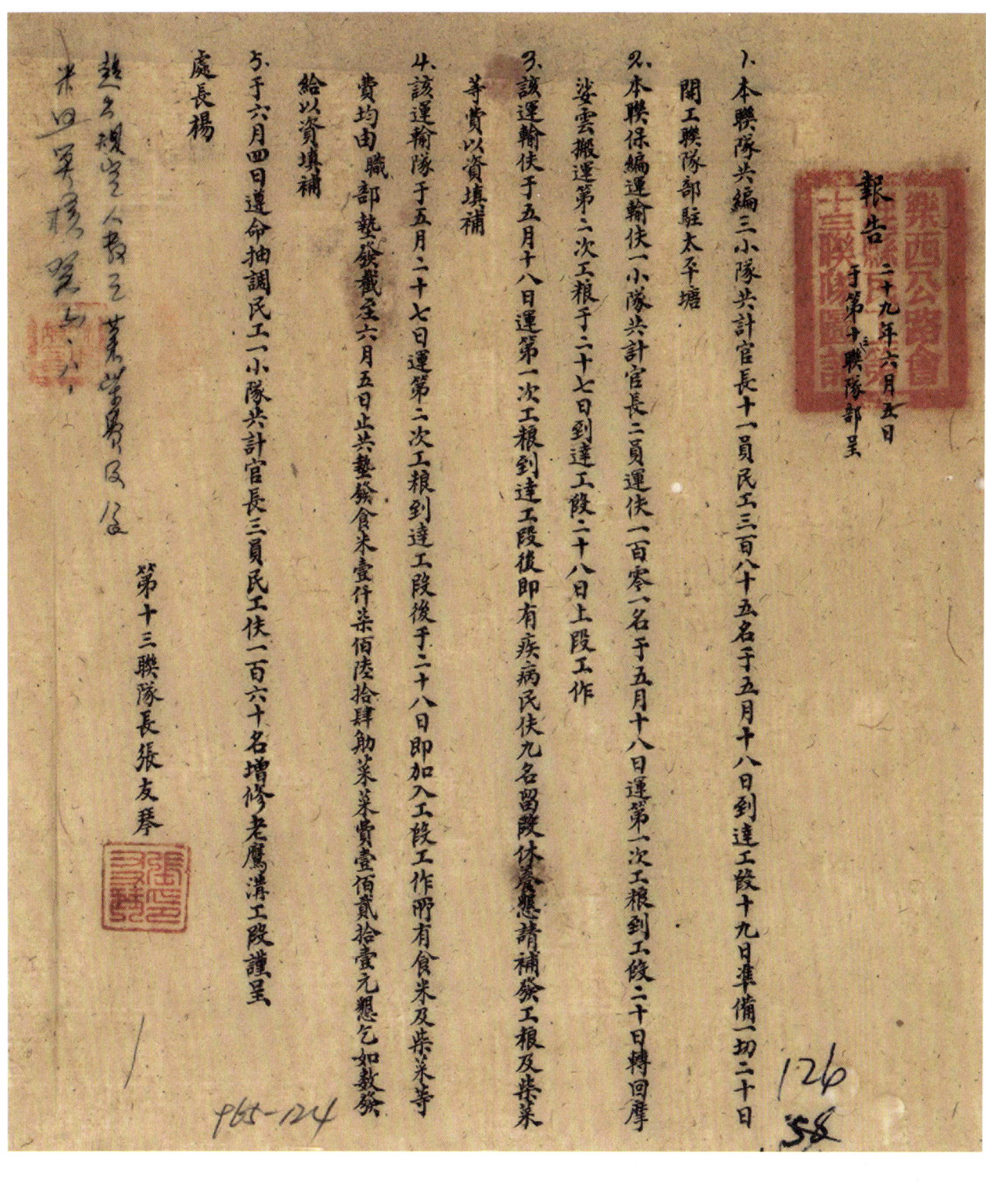

報告　二十九年六月五日于第十三聯隊部呈

1、本聯隊共編三小隊共計官長十一員民工三百八十五名于五月十八日到達工段十九日準備一切二十日開工聯隊部駐太平塘

2、本聯保編運輸伕一小隊共計官長二員運伕一百零一名于五月十八日運第一次工粮到工段二十日轉回摩娑雲搬運第二次工粮于二十七日到達工段二十八日上段工作

3、該運輸伕于五月十八日運第一次工粮到達工段後即有疾病民伕九名留段休養懇請補發工粮及柴菜等費以資填補

4、該運輸隊于五月二十七日運第二次工粮到達工段後于二十八日即加入工段工作所有食米及柴菜等費均由職部墊發截至六月五日止共墊發食米壹仟柒佰陸拾肆觔菜菜費壹佰貳拾壹元懇乞如數發給以資填補

5、于六月四日遵命抽調民工一小隊共計官長三員民工伕一百六十名增修老鷹溝工段謹呈

處長楊

第十三聯隊長張友琴

# 会理县县长兼征工筑路委员会主席聂泗关于路工重要事项致徐乐三、王致堂等人的函（一九四〇年六月十一日）

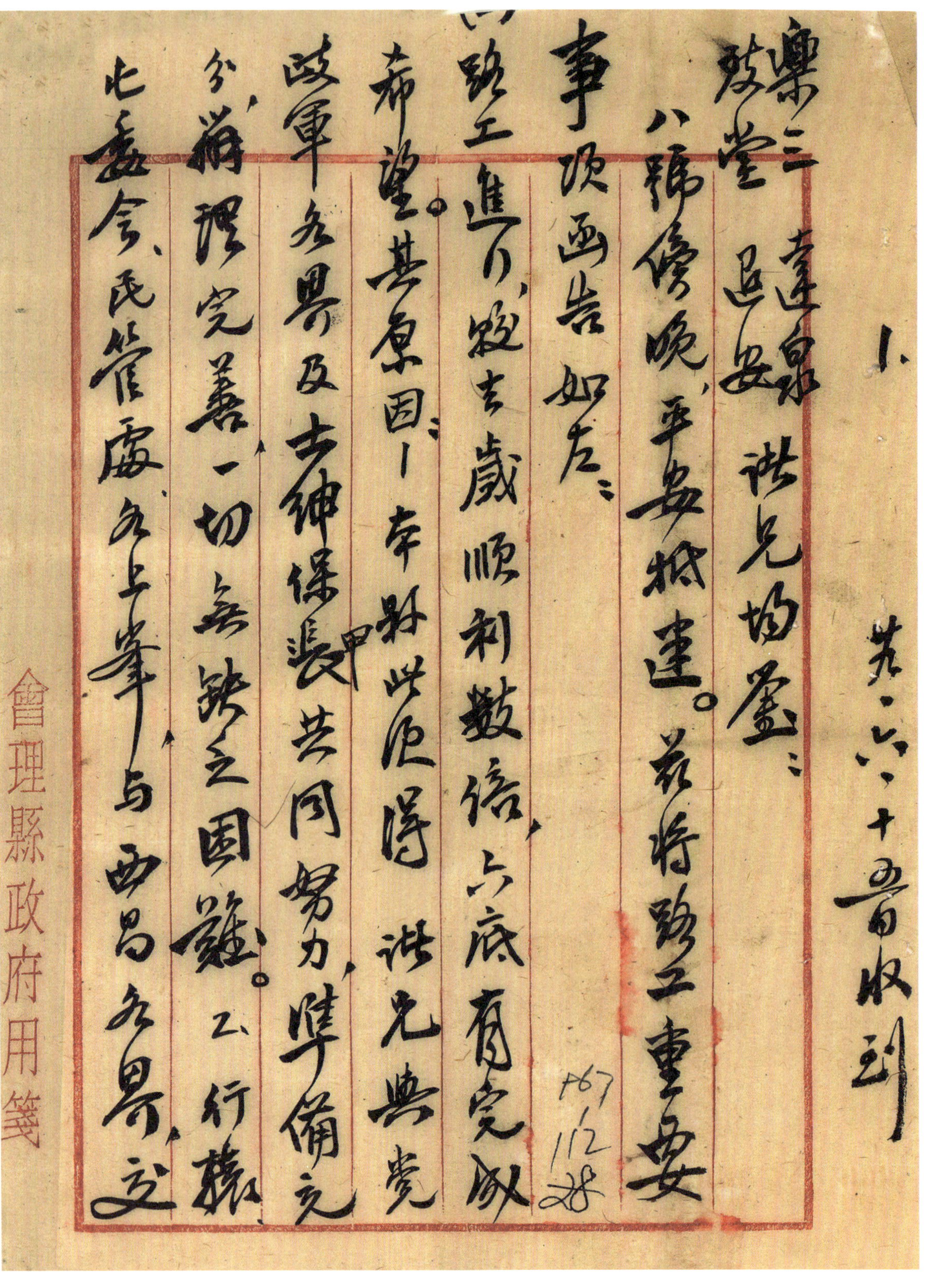

廿九、六、十一晋收到

1.

樂三、逵泉、致堂、邑安誼兄均鑒：八錦係晚，平安抵達。兹將路工重要事項函告如左：

（一）路工進行，較去歲順利數倍，六底有完成希望。其原因：一、本縣此次得誼兄與黨政軍各界及士紳保甲長共同努力，籌備完善，分籍辦理，一切無缺之困難。乙、行轅暨委會、民管處各上峰與西昌各縣之

P67/112/28

會理縣政府用箋

相贊許，對本縣即蒙極能均肯相助。3、工程處現因本縣幫助工人，工資適宜，態度改少執拗為難舉動。4、民工精壯，工程進度迅速。（5、因民工問題協記工未到，足由本縣調工搶修老鷹清路基，工部與協記有關重要人員對本縣表極大之幫助，深予諒解讚許多困難，以答謝本縣。6、東璋於付

3

得當，各方情感融洽。

（五）各縣保甲長民工運伕，速通令一律免予補送，借以顧全載攝。因現既工之糧餉，即無須多另有增加也。

（六）原攤工糧，已收者發還。因尚開存糧，估計大體足用。但是否即將收存糧米變價問題，須再發放，自後洄到工段詳為審勘後，得據確計餘數，

會理縣政府用箋

30—114
P67

十八

手方應知。未收之糧，可照市折價收款，不高收以爲體恤，亦不宜過於低收，以獎勵疲玩，使先繳者反生怨言。其不願折價者，繳米亦可。仍宜從速收清。此等要點，璐文處每已函知。

（四）工款仍早爲收清，不可任其拖延，使將來無法結束。因此刻如不清收，工程完畢後催收更不易矣。

P67-115　115　34

會理縣政府用箋

5

（五）秉璋本日已赴段督工、泗決十三日親到工段嚴為督促。

（六）陳西雲已繳四仟元到安第處鄉、程已繳式仟元到安第處。

（七）運集工糧、已將給養股與黃瑞文所開詳單、交李重光與會辦核詳切查對。

（八）續收之款、妥為保存、有電到再匯。

187/116

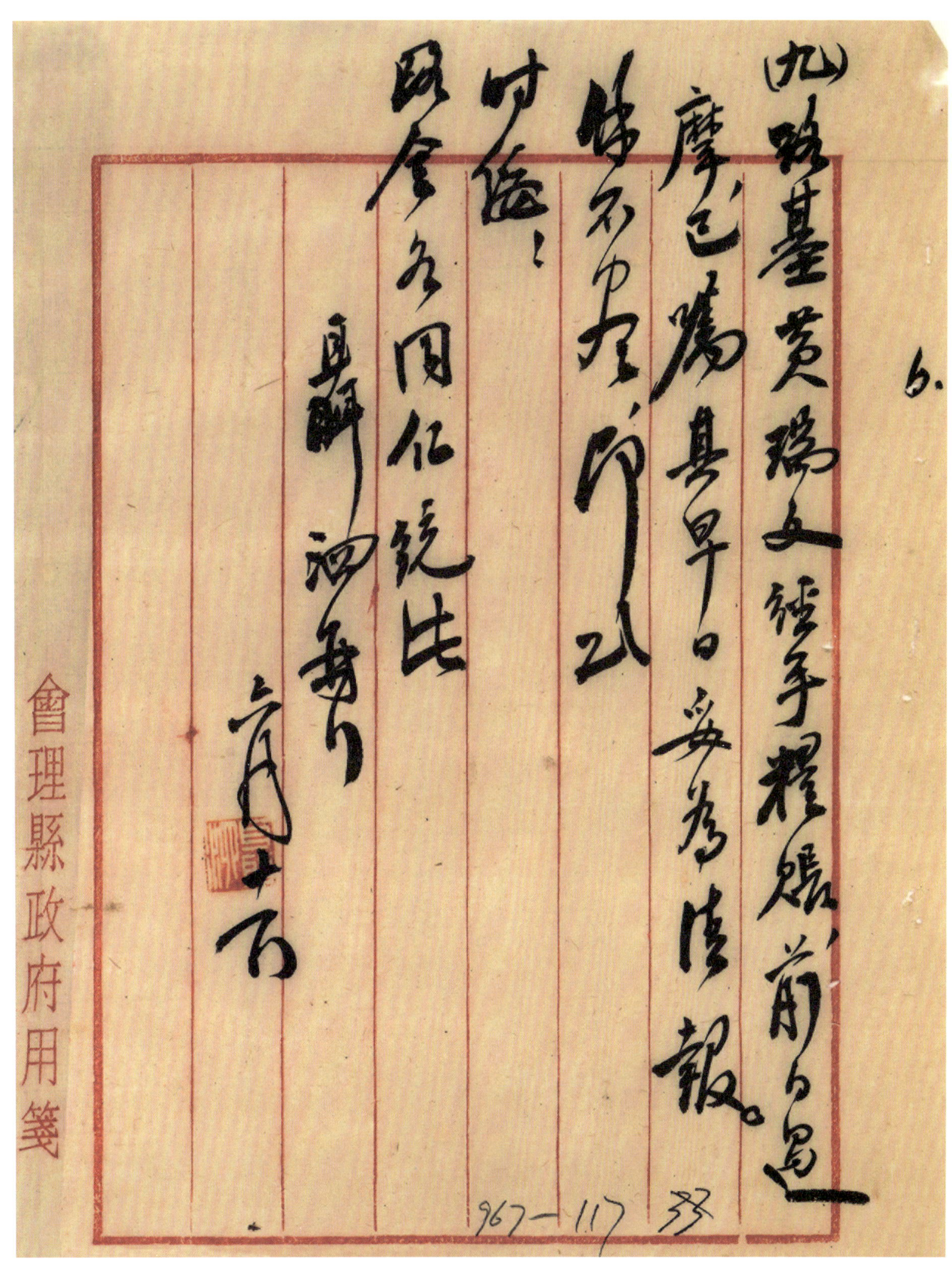
6.

（九）致甘基黃瑞文號手程振前乃邑

摩巴為其早日安為清報。

借你中隊所以

付總之

政令各同仁統此

縣府洵寄

育民十下

會理縣政府用箋

967—117 33

## 乐西公路工程处第六总段关于调配会理县第八联队民工工作致该县征工筑路委员会驻工办事处的公函（一九四〇年六月十五日）

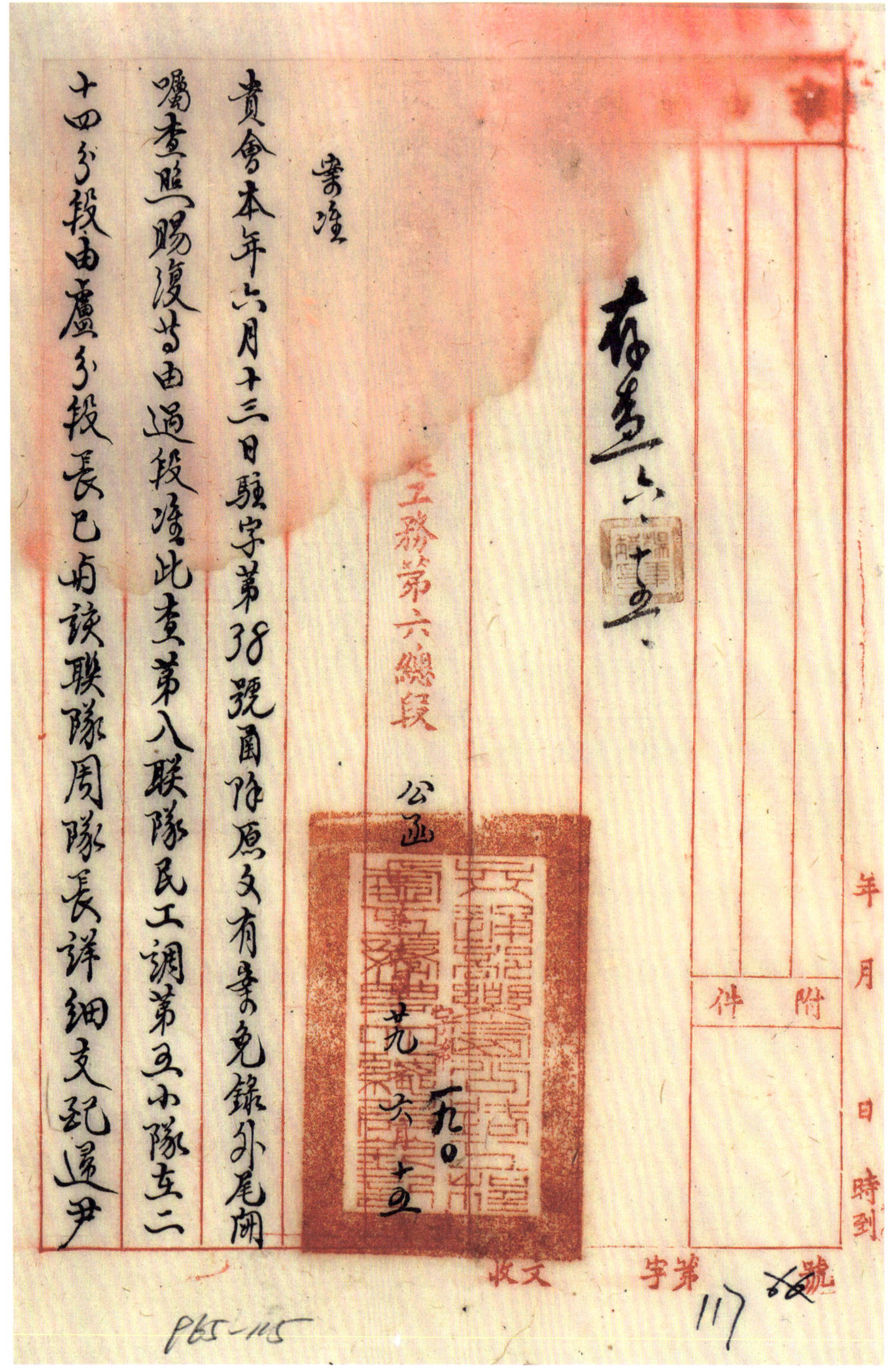

存查 六 十五

工務第六總段 公函 一九〇 六 十五

案准

貴會本年六月十三日驛字第38號函除原文有案免錄外尾開

囑查照賜復等由過段准此查第八聯隊民工調第五小隊左二

十四分段由盧分段長已函該聯隊周隊長詳細支配遵尹

年 月 日 時到

附件

收文 第 字 號

工務員慕陶指揮調第一二三三小隊往二十三分段由俞分段長指揮工作留第四小隊仍在該隊担任整理未完工程即希查照辦理為荷！○二

此致

會理縣築路委員會駐工辦事處

副總工程司
兼六總段長 趙□□

# 西昌县政府、会理县征工筑路委员会驻工办事处关于会理县筑路第七联队长率众借住西昌县立长板桥初级小学并毁损校具等的相关文书

## 西昌县政府致会理县征工筑路委员会驻工办事处的公函（一九四〇年六月十九日）

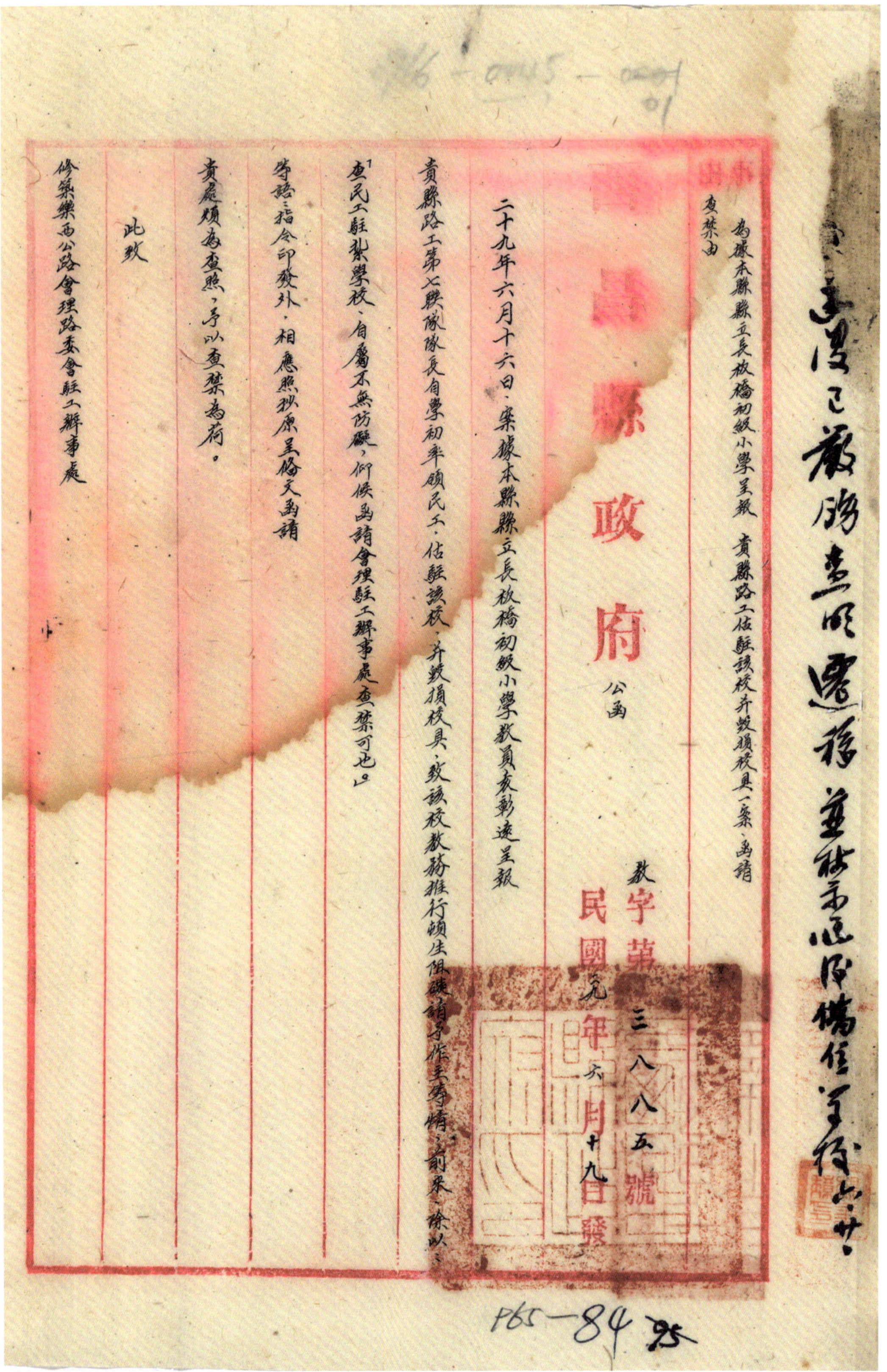

西昌縣政府　公函

教字第三八八五號

民國二九年六月十九日發

事由：為據本縣縣立長板橋初級小學呈報貴縣路工佔駐該校并毀損校具一案，函請查禁由

二十九年六月十六日，案據本縣縣立長板橋初級小學教員袁彰遠呈報：「貴縣路工第七聯隊隊長自學初率領民工，佔駐該校，并毀損校具，致該校教務推行頓生阻礙，請予作主等情」；前來。除以「查民工駐紮學校，自屬不無防礙，仰候函請會理駐工辦事處查禁可也」等語指令印發外，相應照抄原呈，備文函請

貴處煩為查照，予以查禁為荷。

此致

修築樂西公路會理路委會駐工辦事處

附抄原呈一件。

西昌縣長周 遊

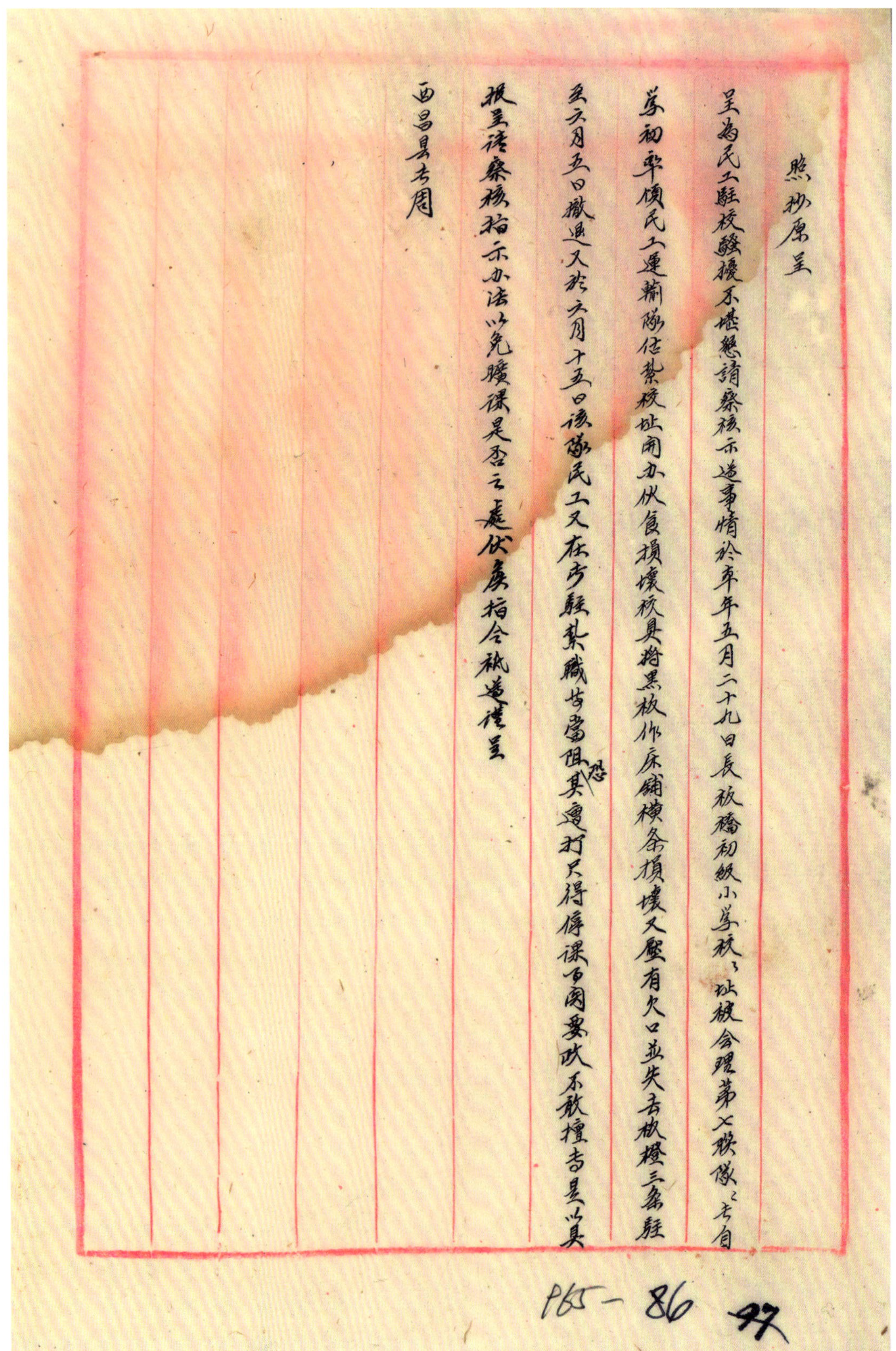

照抄原呈

呈為民工駐校騷擾不堪懇請察核示遵事竊於本年五月二十九日長秋鄉初級小學校校址被會理第七撥隊隊長自學初率領民工運輸隊住紮校址開辦伙食損壞校具將黑板作床鋪橫條損壞又壓有欠口並失去板凳三條駐至六月五日撤退又於六月十五日該隊民工又在本駐紮職等當阻恐其遭打只得停課而因要政不敢擅專是以具報呈請察核指示辦法以免曠課是否之處伏候指令祇遵謹呈

西昌縣長周

会理县征工筑路委员会驻工办事处致西昌县政府的公函（一九四〇年六月二十一日）

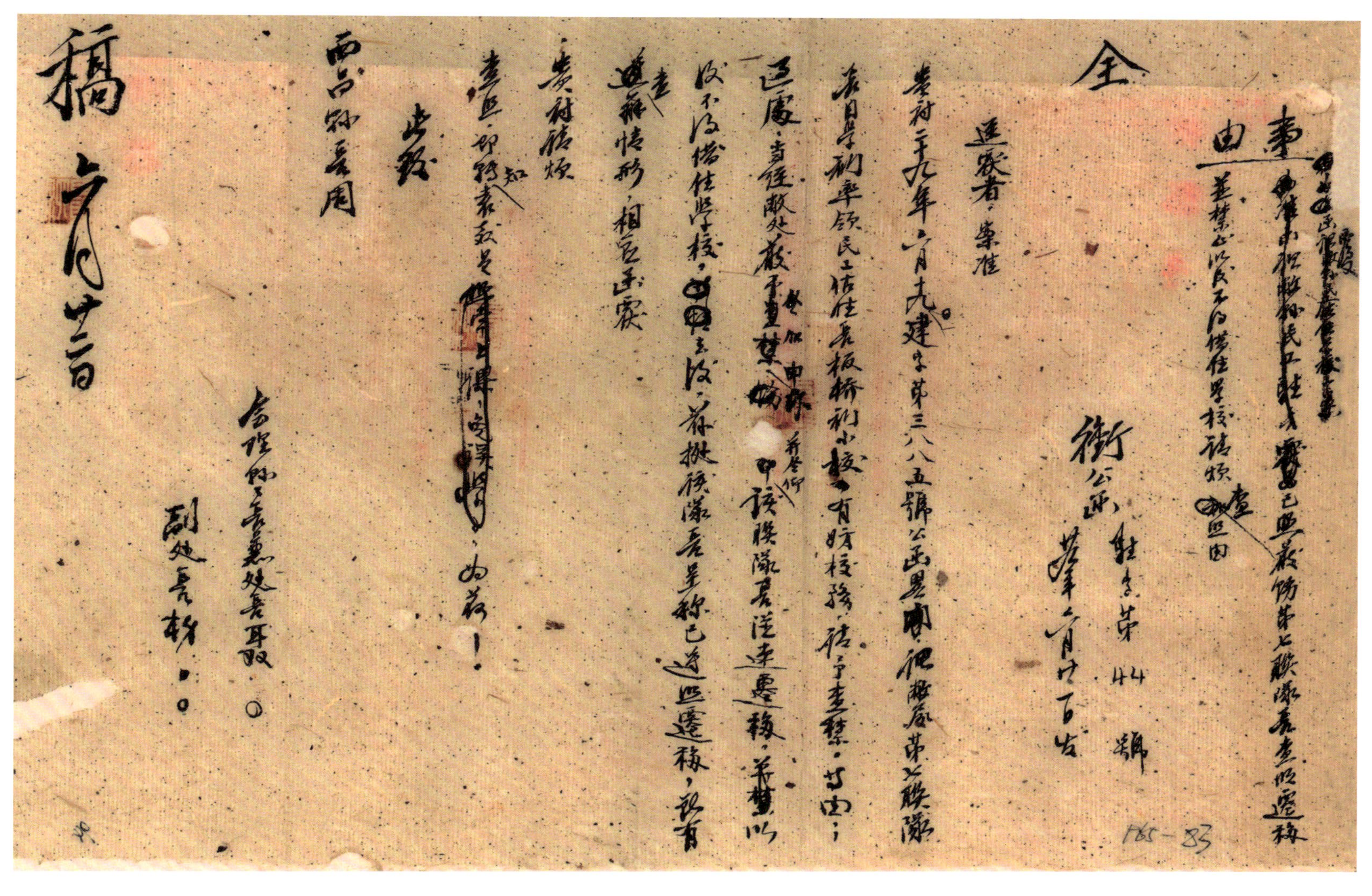

# 会理县征工筑路委员会驻工办事处关于请发给枪支护照致八二一团靖边司令部的公函（一九四〇年）

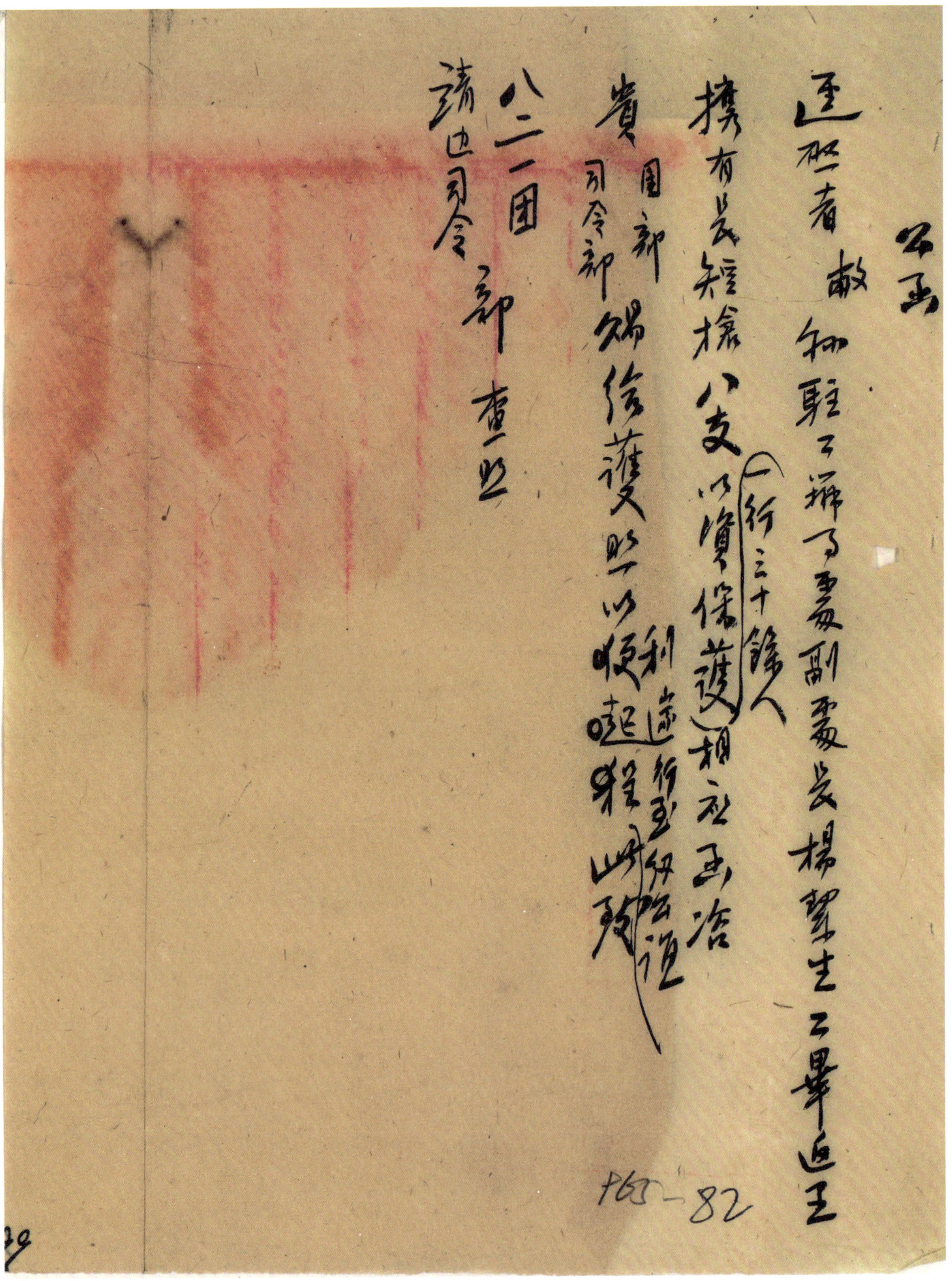

公函

逕启者：敝处驻工办事处副处长杨声生工毕返王，携有长短枪八支，以资保护（一行三十馀人），相应函洽

贵团部（司令部）发给护照，以便利沿途行至各级站道，起程山路。

八二一团

靖边司令部查照

P65-82

## 会理县征工筑路委员会驻工办事处办事细则（一九四〇年）

會理縣徵工築路委員會駐工辦事處辦事細則

第一条　本辦事處係遵照省頒各縣征工築路須知第五項之規定設立之

第二条　本辦事處設西昌城内

第三条　本處自刊木質圖記一顆文曰「會理縣征工築路委員會駐工辦事處之圖記」

第四条　本處之職責如左

1、粮食之收發及保管

2、工具之檢查修理及補充

3、民工工作地段之分配

4、本會辦公費用之承領及發給

5、民工築路工價之承領及發給

6、工棚之準備及民工住宿地點之支配
7、工程之督導
8、醫葯衛生之實施
9、娛樂宣傳之實施
10、糾紛之處理
11、徵工築路有關之其他事項

第五条 本處設處長一人由本會主席兼任之設副處長二人由本會委員中指定二人兼任之設書記及事務員各一人司書二人由處長雇用之

第六条 本處得雇用公差若干人

第七条 本處所需辦公費由本縣築路委員會所領津貼項下撥支

第八条 本委員會各股駐段人員及各級民工隊長均受本處之指揮監督

第九条 本處應配置宣傳人員或宣傳隊隨時利用機會向民工宣傳慰勞以引起民工興趣

第十条 本細則未規定事宜應參照 委員長行轅訂定徵工築路實施辦法懲獎規則及省頒各縣征工築路須知辦理之

第十一条 本細則如有未盡事宜得隨時修改之

第十二条 本細則由本縣征工築路委員會審核公佈施行

# 二、民工管理

乐西段民工管理处关于奉令转发乐西公路民工实施办法及开工日期等致会理县征工筑路委员会的训令
（一九三九年七月十二日）

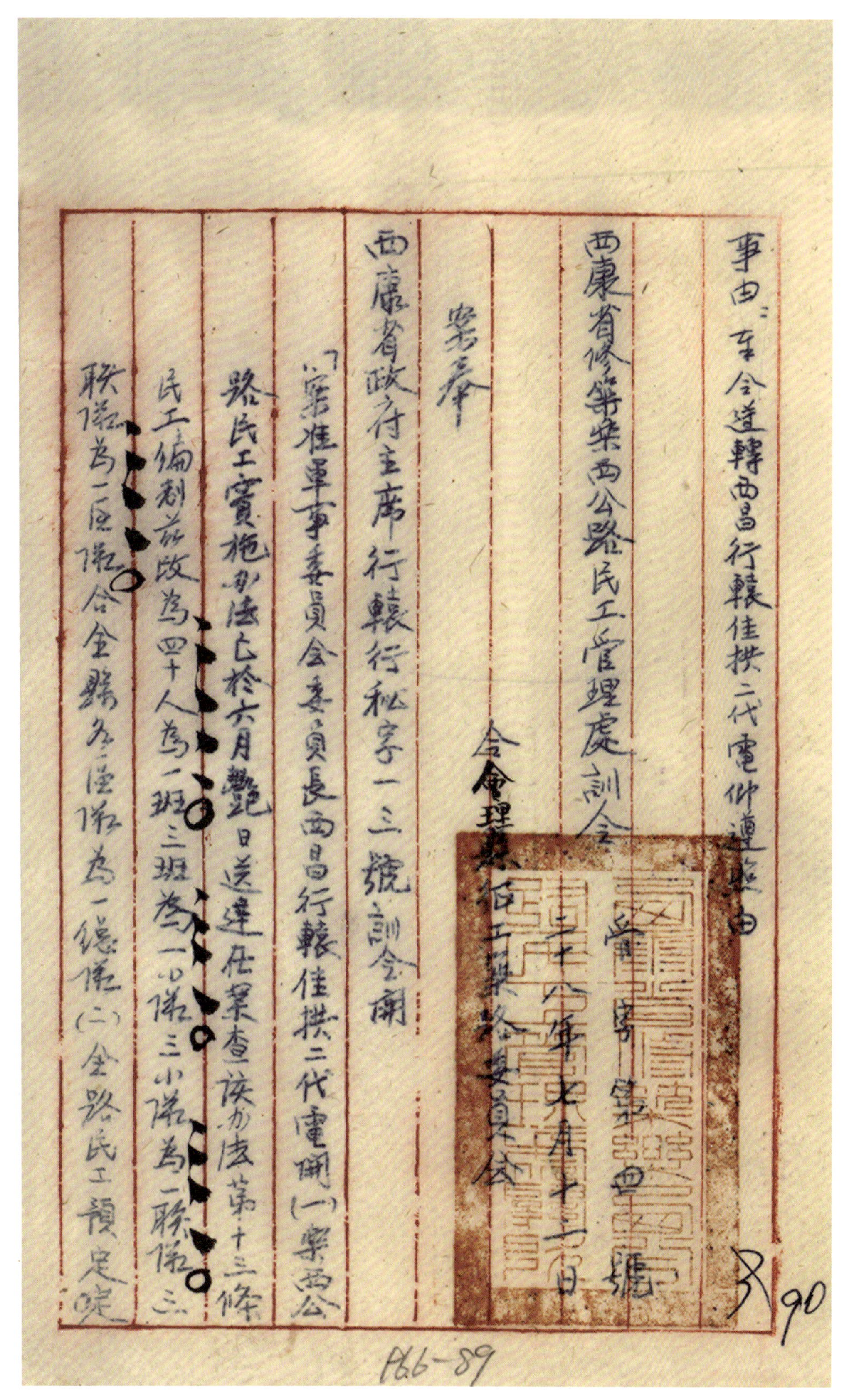

事由：奉令遵轉西昌行轅佳拱二代電仰遵照由

西康省修築樂西公路民工管理處訓令　字第四號

二十八年七月十二日

令會理縣征工築路委員會

案奉

西康省政府主席行轅行秘字一三號訓令開：

「案准軍事委員會委員長西昌行轅佳拱二代電開：（一）樂西公路民工實施辦法已於六月艷日送達在案，查該辦法第十三條民工編制茲改為四十人為一班，三班為一小隊，三小隊為一聯隊，三聯隊為一區隊，合全縣為一區隊為一總隊；（二）全路民工預定

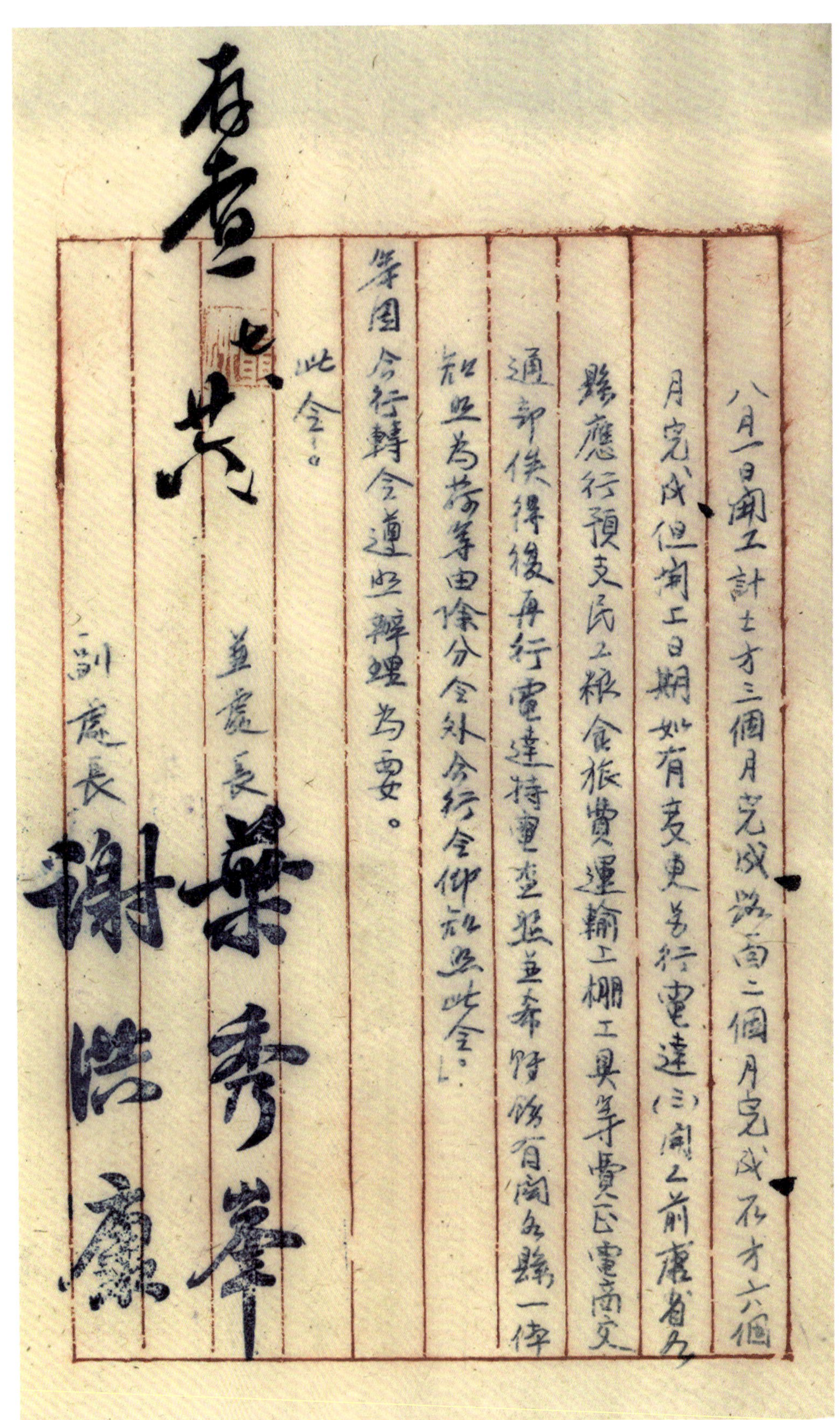

存查 七.芸

八月一日開工計七才三個月完成路面二個月完成石方六個月完成但開工日期如有变更另行電達（三）開工前康省各縣應行預支民工粮食旅費運輸工棚工具等費（正電商交通部俟得後再行電達特電查照並希轉飭有關各縣一律知照為荷等由除分令外合行令仰知照此令。

等因合行轉令遵照辦理為要。

此令。

處長 葉秀峯

副處長 謝港康

## 乐西段民工管理处关于借用汉源县富林文星寺为该处办公地址致会理县政府的函（一九三九年七月二十一日）

| 事由 | 擬辦 | 批示 | 備考 |
| --- | --- | --- | --- |
| 函知借定富林文星寺為本處辦公處希查照由 | 第三科<br>送築路委員會查照 八月五日<br>八月五日 | | |

附件

字第 號
廿八年八月三日 時到

88

收文 字第2273號

PB6-8

西康省修築川滇西路樂西段民工管理處公函函字第2號

查本處業經借定漢源縣屬之富林文星寺為辦公處址，並自本年月十四日起開始辦公，除分行外，相應函請

查照為荷

此致

會理縣政府

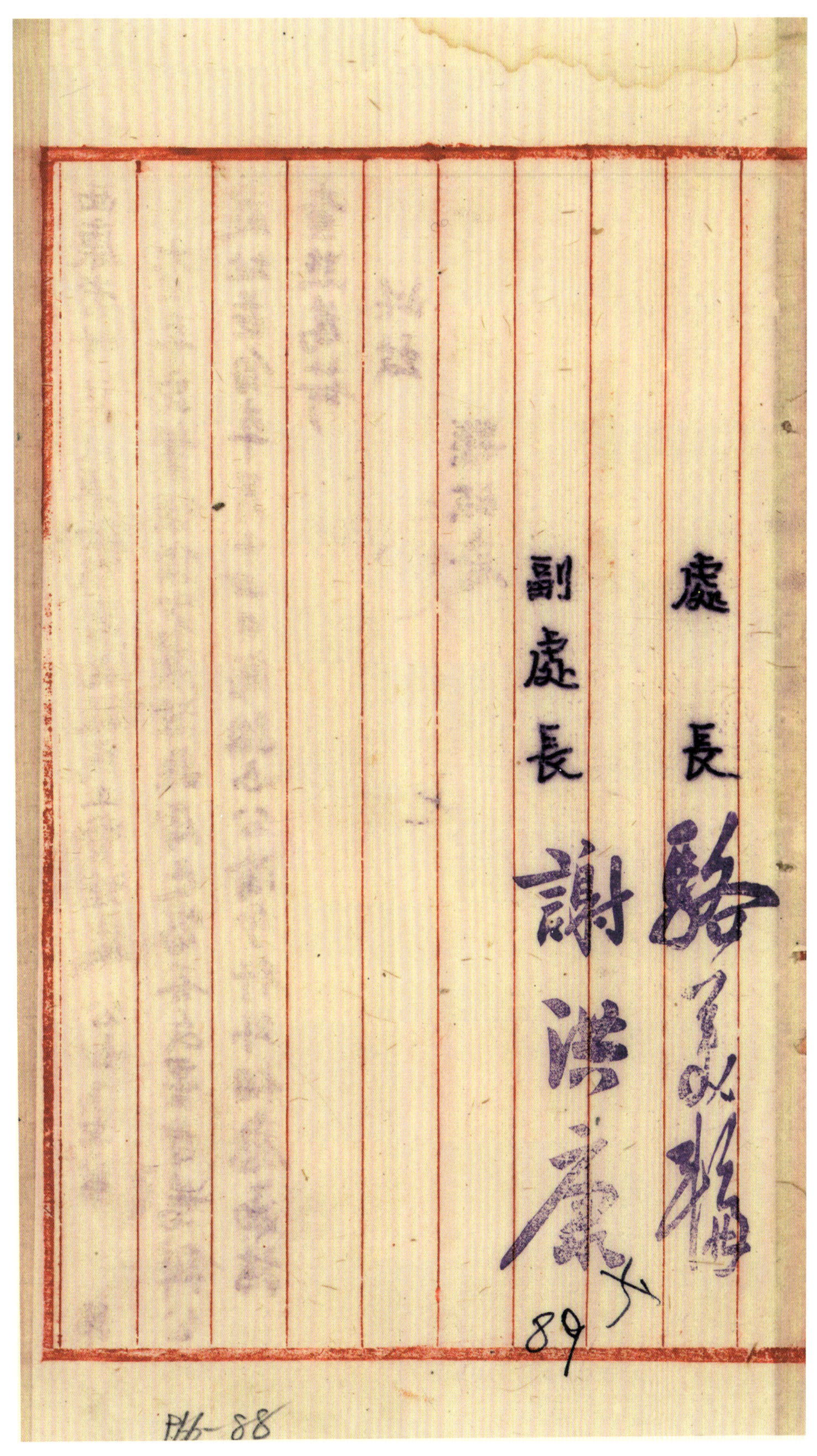

處長 路

副處長 謝洪

89

P66-88

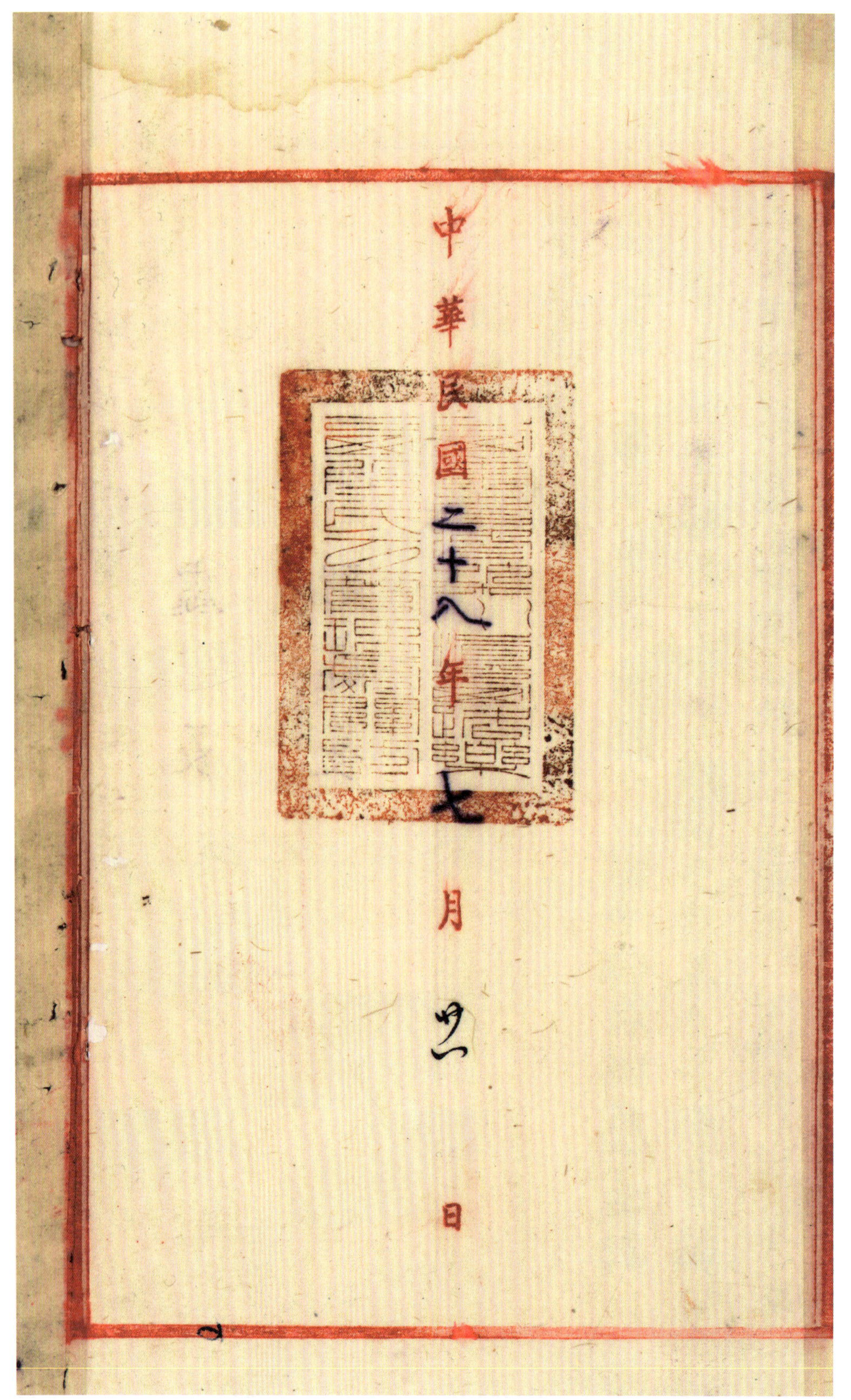

中華民國二十八年七月廿二日

西昌县政府关于乐西段民工各项待遇如劳务差旅运粮费津贴及筑委会经费等致会理县政府的公函（一九三九年八月三十日）

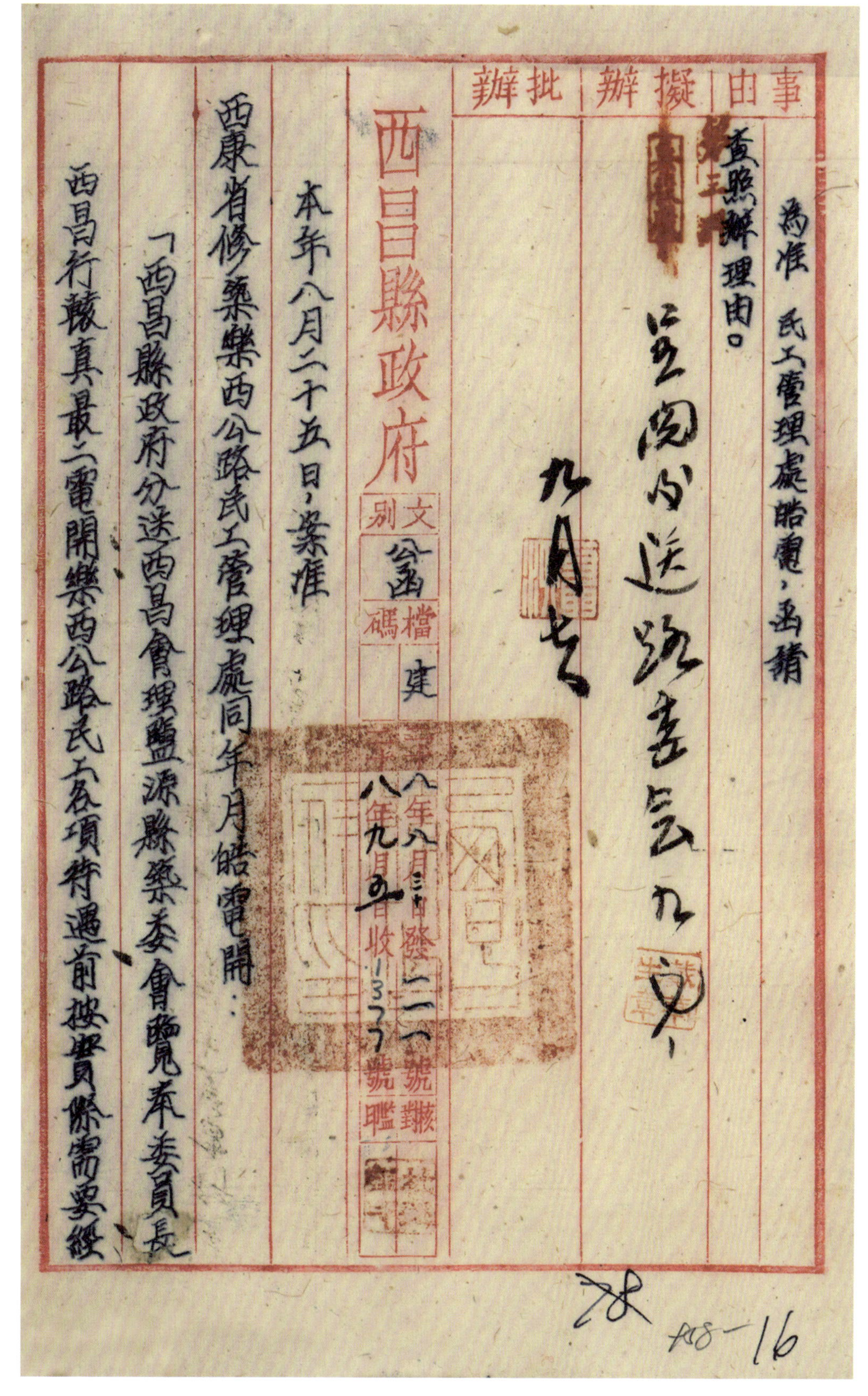

事由：为准民工管理处皓电，函请查照办理由。

拟办：

批办：

西昌县政府

文别：公函

档码：建

本年八月二十五日，案准西康省修筑乐西公路民工管理处同年月皓电开：「西昌县政府分送西昌会理盐源县筑委会览，奉委员长西昌行辕真最二电开：乐西公路民工各项待遇前按实际需要经電交通部分別增改在案，兹准張部長復電分別承下：「土方兩角，敲碎石各方兩角五分，民工往返旅費每日八十華里二角，運糧費三角，工棚費按實際需要，每名津貼八角，蔴袋費照實到人數每名津貼二角，築委會經費改為每縣每月一百元，工款正商機飛運等由，特電知照」等因；除分電外，合電知照，省民營處皓印」

等由；准此。除分函外，相應函達

貴縣長，請煩查照辦理為荷！

此致

會理縣政府

縣長周　遊

乐西段民工管理处关于在澧州、擦罗两地各设驻工组致会理县政府的公函（一九三九年八月三十一日）

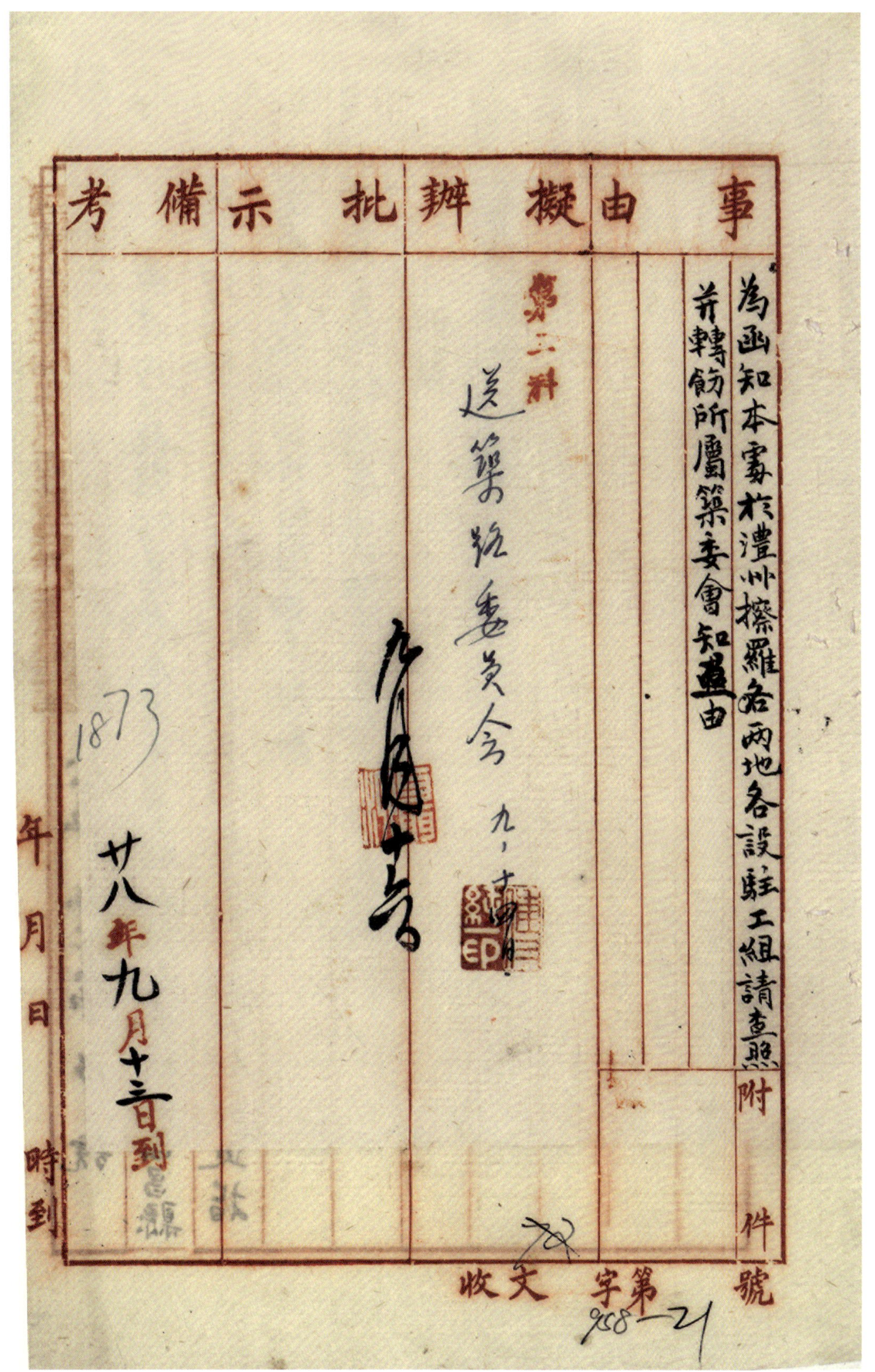

| 事由 | 擬辦 | 批示 | 備考 |
| --- | --- | --- | --- |
| 為函知本處於澧州擦羅兩地各設駐工組請查照并轉飭所屬築委會知照由 | 第二科<br>送築路委員會 九、十四 | | 1873<br>廿八年九月十三日到 |

附件

收文 字第 號 958-21

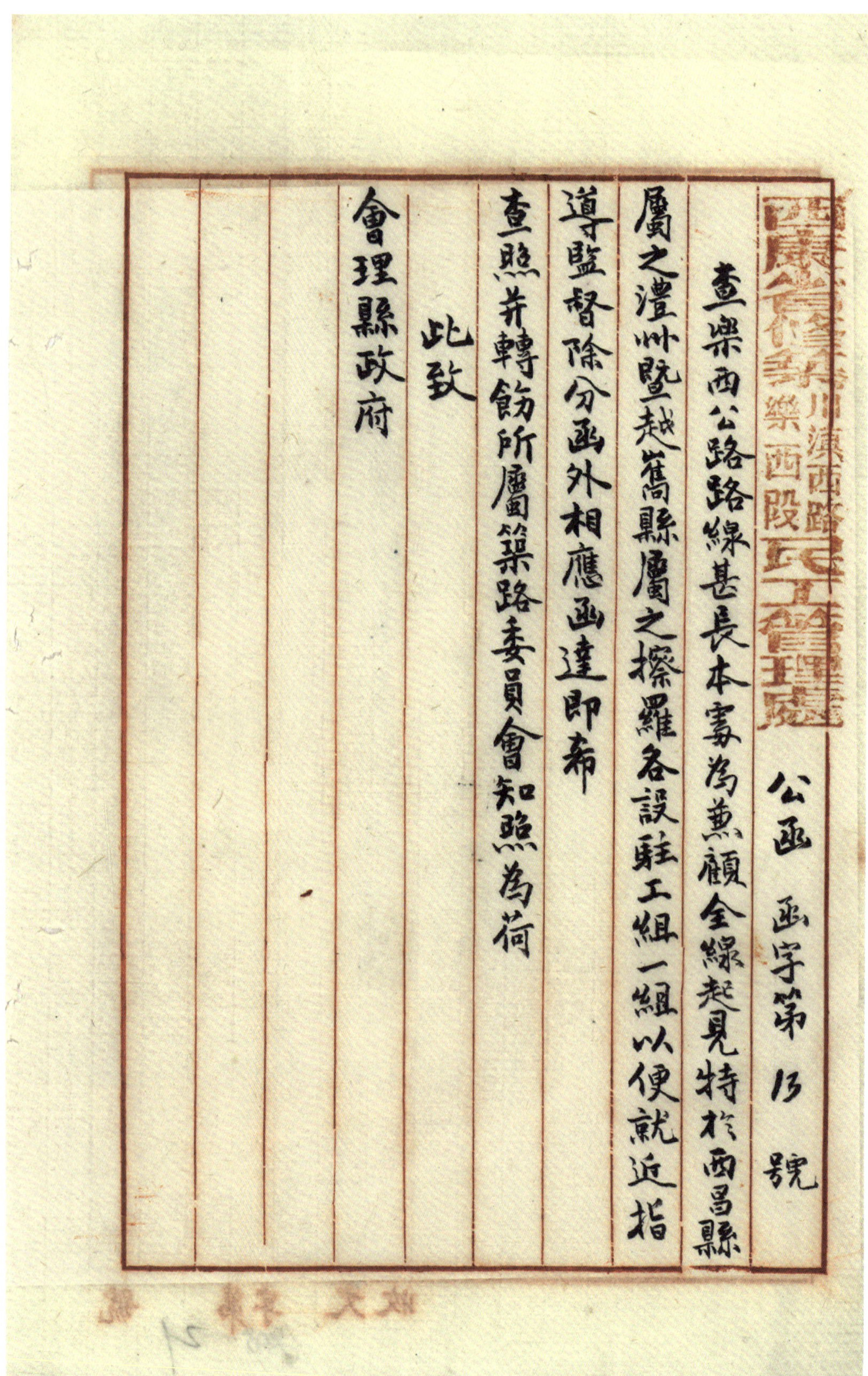

西康省修築川滇西路樂西段民工管理處

公函 函字第13號

查樂西公路路線甚長本處為兼顧全線起見特於西昌縣屬之禮州暨越嶲縣屬之擦羅各設駐工組一組以便就近指導監督除分函外相應函達即希

查照并轉飭所屬築路委員會知照為荷

此致

會理縣政府

處長路孝植

副處長謝洪賚

中華民國二十八年八月卅一日

## 乐西段民工管理处与会理县征工筑路委员会关于制发民工胸章并组织自卫队事的来往文书

### 乐西段民工管理处致会理县征工筑路委员会的训令（一九三九年九月四日）

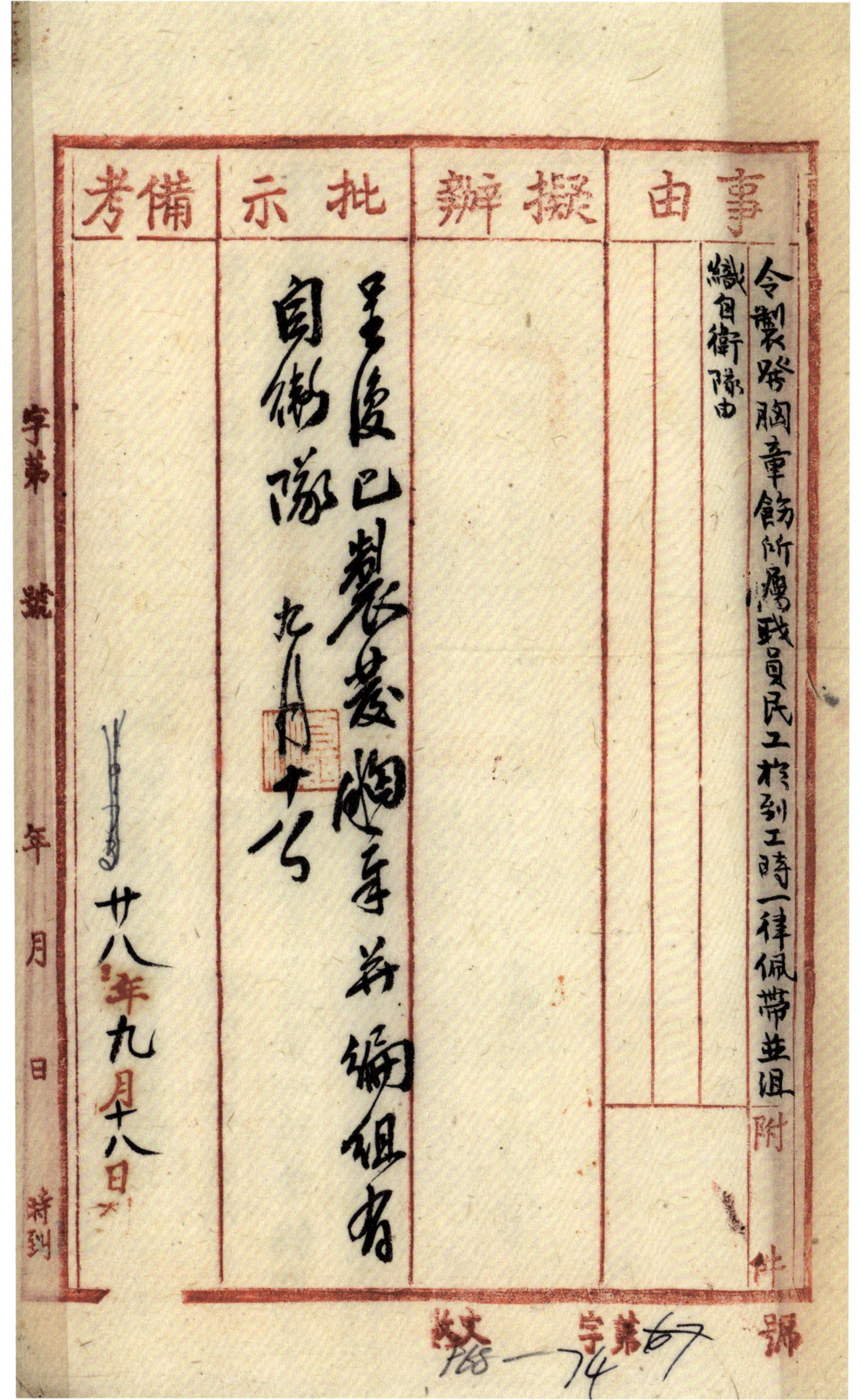

| 事由 | 擬辦 | 批示 | 備考 |
| --- | --- | --- | --- |
| 令製發胸章飭所屬職員民工於到工時一律佩帶並組織自衛隊由 |  | 呈復已製發胸章并編組有自衛隊 九月十八 | 廿八年九月十八日 |
| 附　件 |  |  |  |

字第　號　年　月　日　時到

歸　文　字第67

168—74

西康省修築川滇西路樂西段民工管理處

訓令　　令字第11號

令會理縣築路委員会

查後方各地，時有漢奸出沒，搖動民心，破壞治安，茲為本路修築進行計，萬全計，應飭各縣築路委員会應製發胸章，飭所屬職員民工於到工之際，一律佩帶，俾便清查，并組織自衛隊巡邏工段，以資防範。除分行外，合行令仰該会，切實遵照辦理為要。

此令！

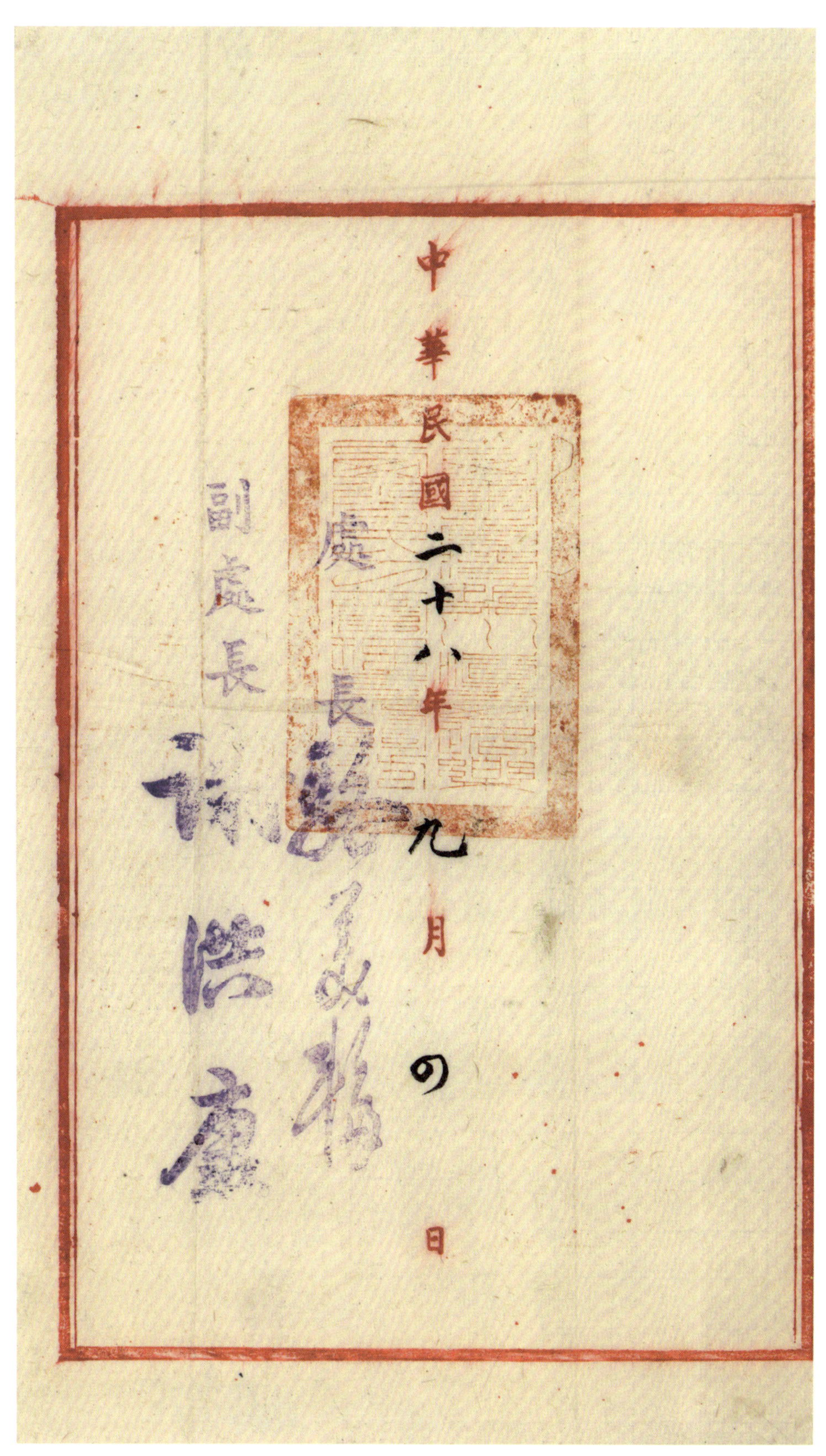

中華民國二十八年九月の日

處長 [illegible]

副處長 [illegible]

# 会理县征工筑路委员会致乐西段民工管理处的呈文（一九三九年九月二十二日）

呈件

為製發民工胸章並組織自衛隊業經製發

及編組復請

鑒核由

九月廿二日

葉□舉

廿八年九月廿二

廿八年九月十八日案奉

鈞處同年九月四日令字第十一號訓令，飭製發胸章，交路工職員民工佩帶，并組自衛隊巡邏工段，等因；奉此，查職會奉令征調之築路民工，於由縣境出發時，已由會定製胸章，發交各職員民工佩帶，并編組有自衛隊防範，奉令前因，理合將遵辦情形，復請

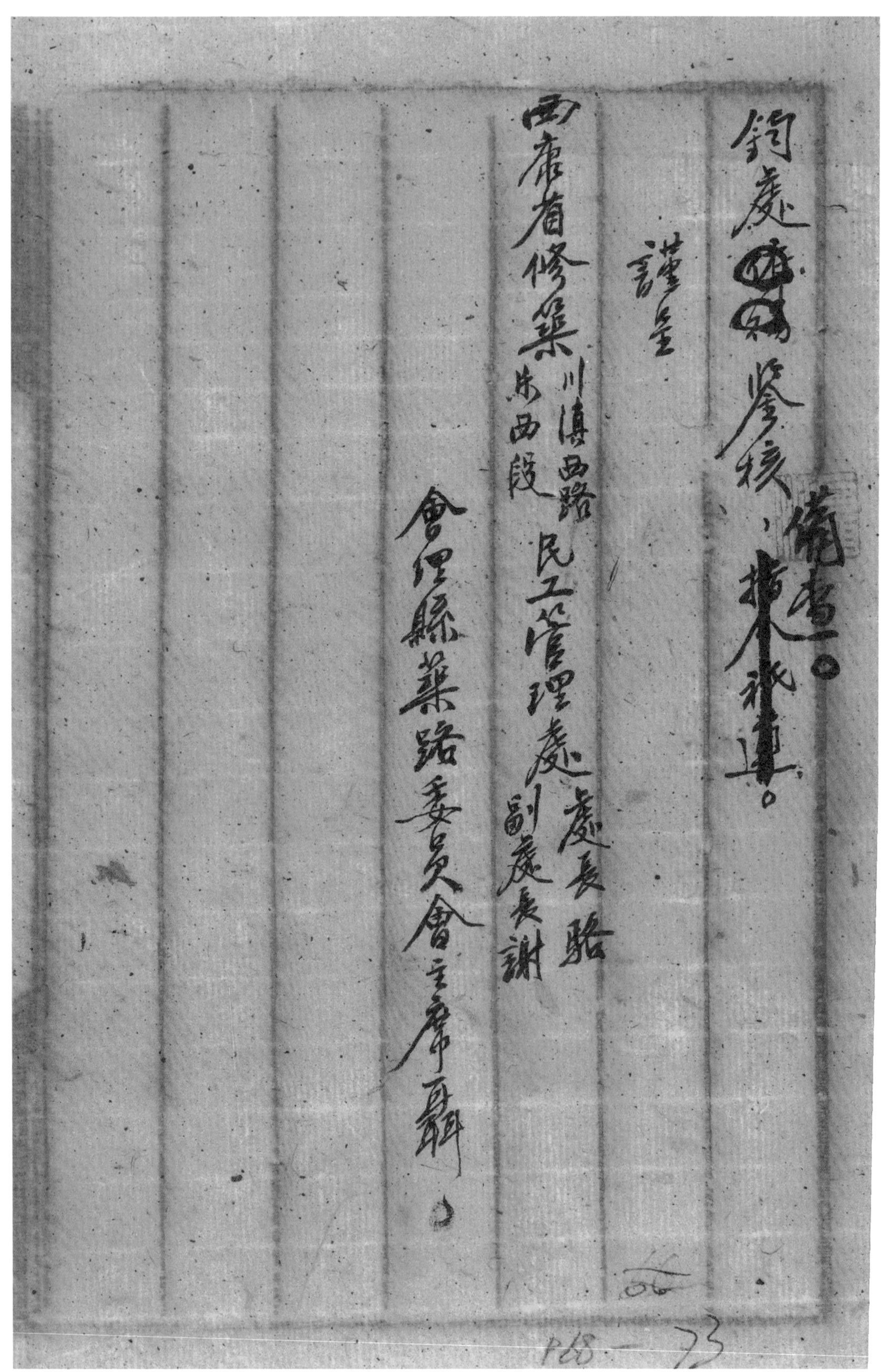

鈞處鑒核，備查，指令祗遵。

謹呈

西康省修築川滇西路樂西段民工管理處處長駱、副處長謝

會理縣築路委員會主席聶

中華民國廿八年九月廿二日時

## 关于机场民工组织太差监督不力等问题的相关文书

### 傅惠泉致会理县聂泗县长电（一九三九年九月十八日）

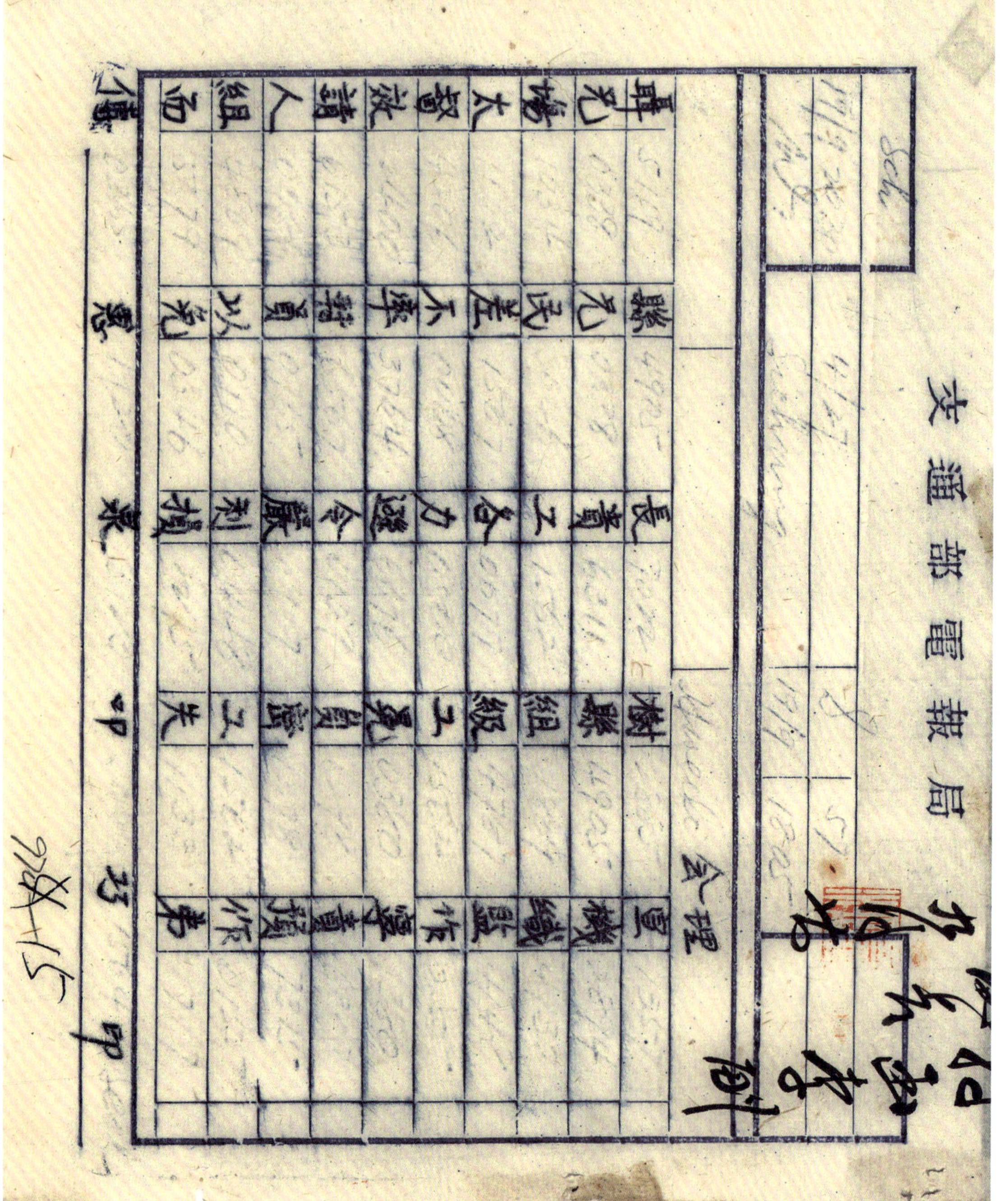
交通部電報局

会理

聶縣長樹宣兄：兄責縣機場民工組織太差各級監督不力工作效率遜色寧請對令員責人員嚴齊預組以剋工作而免損失弟

傅惠泉叩 巧 印

会理县征工筑路委员会总务股致驻工办事处的函（一九三九年九月二十二日）

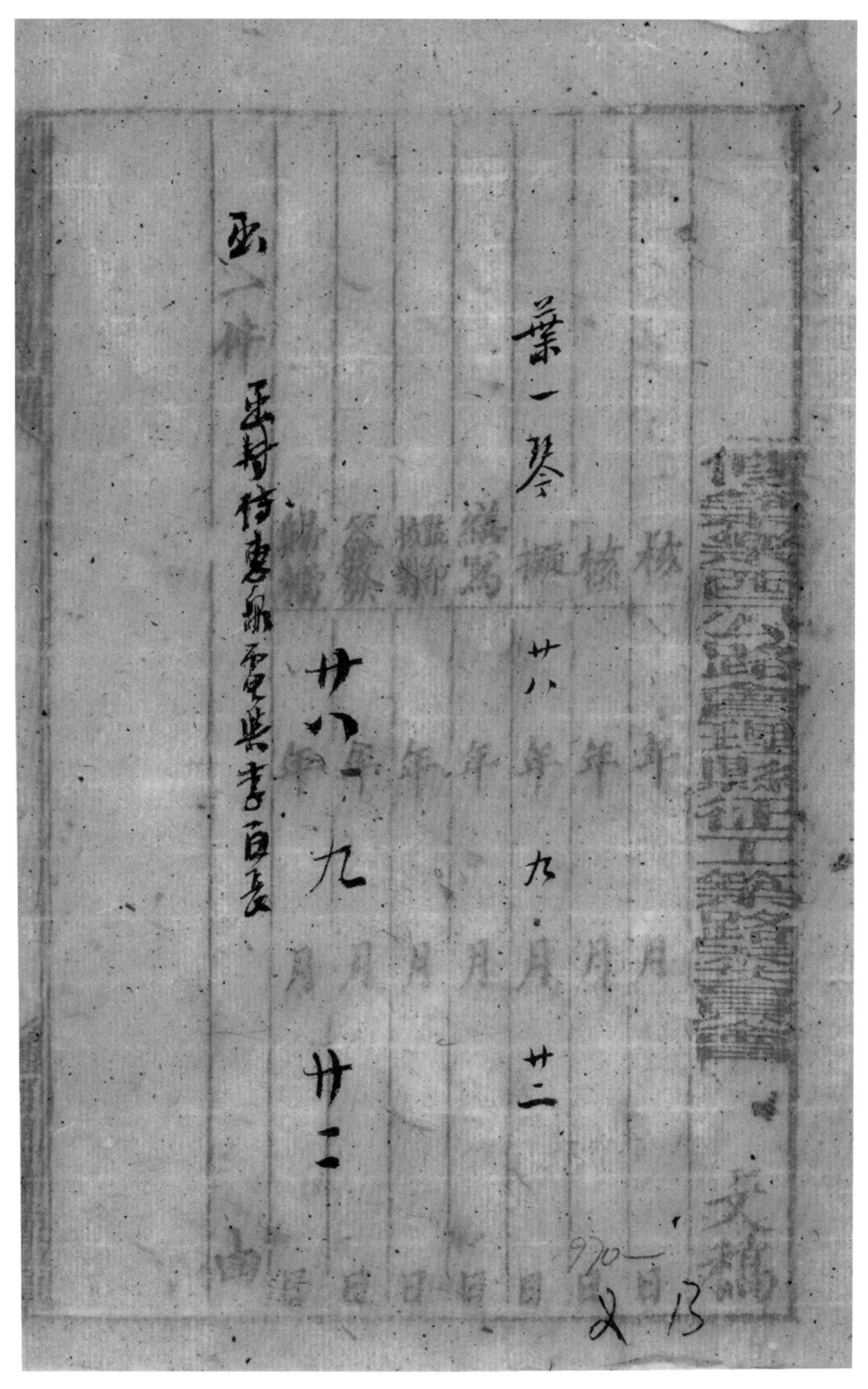

逕啟者：

頃接傅惠泉先生巧電開：

貴縣機場民工組織太差，各級監督不力，工作效率遲緩異常，請轉令負責人員嚴密領組，以利工作而免損失

等由。前來，特錄（抄原）電奉達，請煩

查照辦理為荷。

此致

李副處長秉風

會理縣築路委員會總務股啟 廿二日

# 乐西段民工管理处关于在澧州、擦罗两地设驻工组并指定民工报到处以便接洽致会理县征工筑路委员会的训令（一九三九年九月十九日）

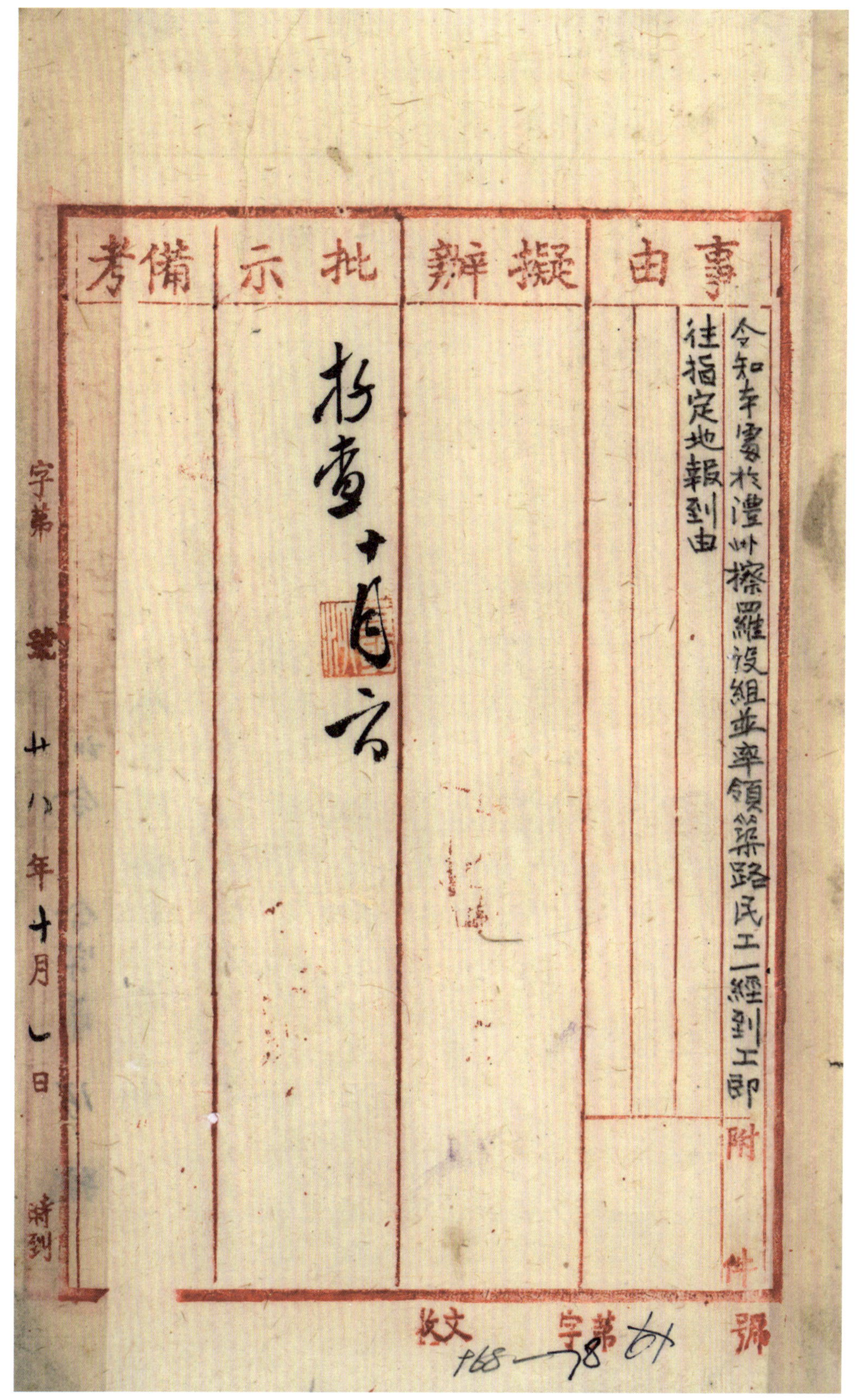
事由：令知本處於澧州擦羅設組並率領築路民工一經到工即往指定地報到由

附件

擬辦

批示：存查 十月

備考

字第　號　廿八年十月七日　時到

收文　字第64

訓令　令字第15號

令会理縣築路委員会

查樂西公路路線甚長，本處為兼顧全線計，特於澧州、擦羅兩處，各設一組，分段督導各縣民工作工，各縣築委会率領所征築路民工，一經到達工段，應即前往指定地點報到，俾便接洽築路一切事宜，茲指定澧州本處第一組為該会報到處，仰即遵照為要。

此令！

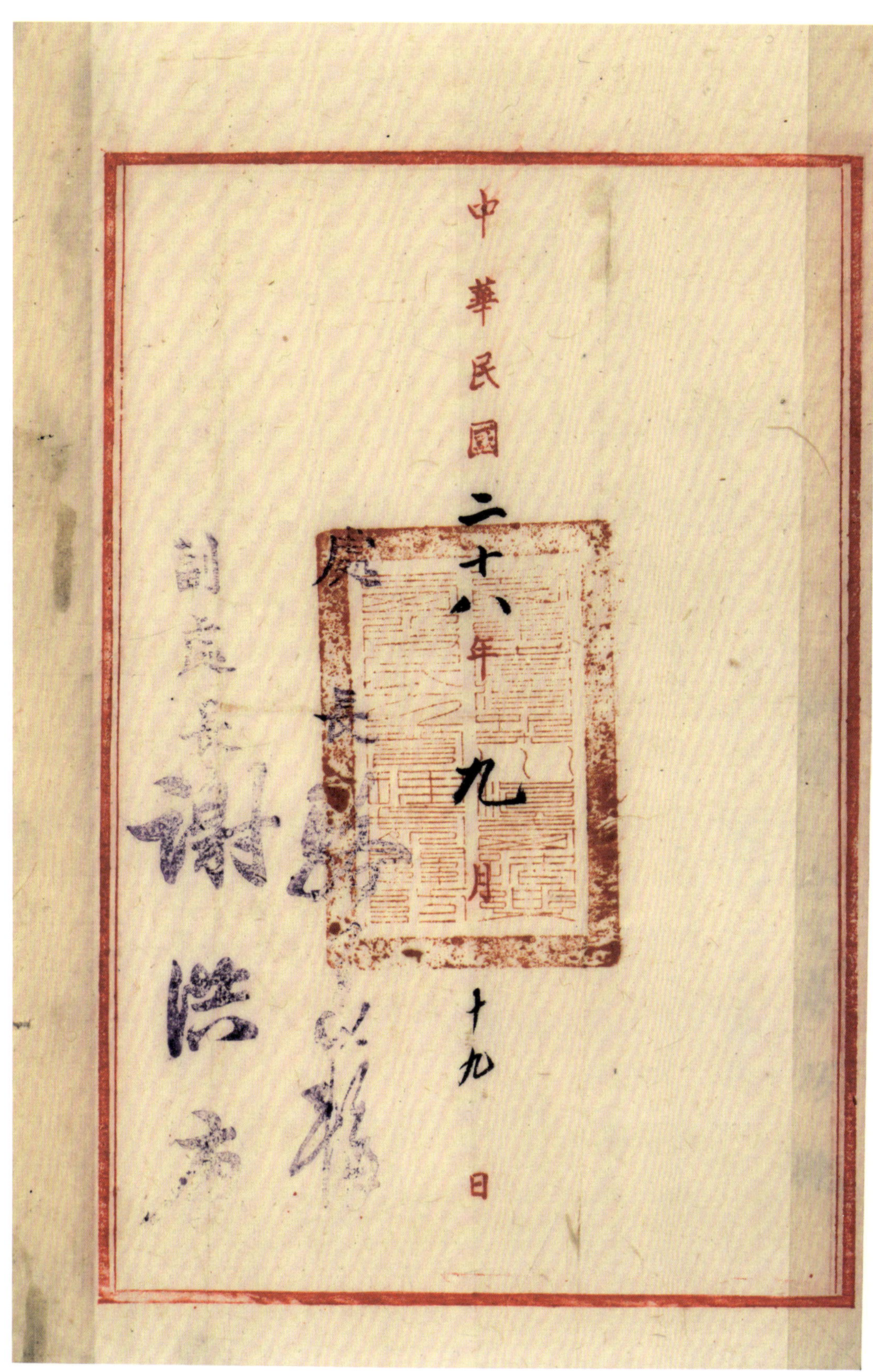
中華民國二十八年九月十九日
院長孫科
副院長謝浩

会理县征工筑路委员会关于抄发改善民工生活办法并饬各联队长遵照办理的训令（一九三九年九月二十八日）

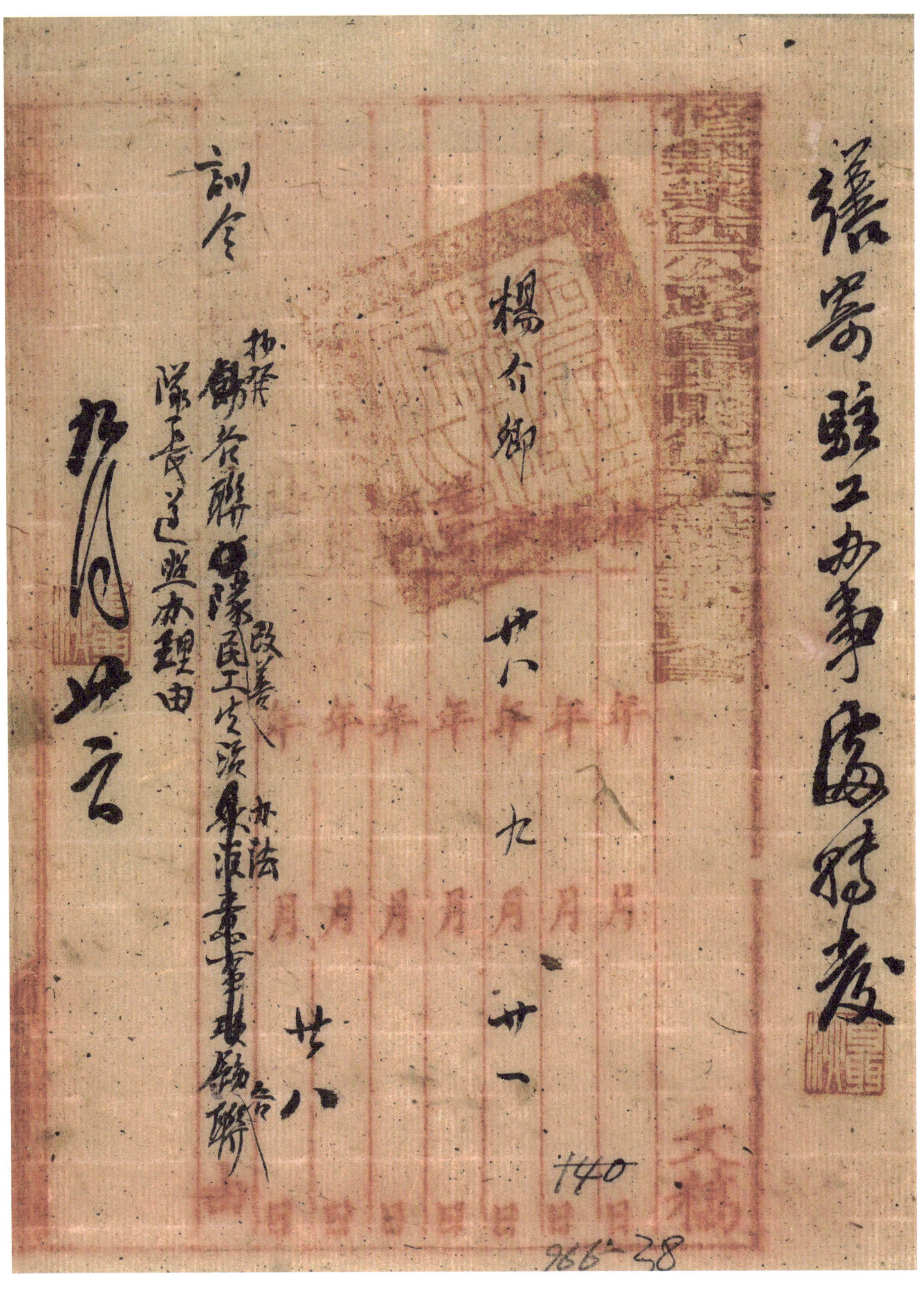

训令

抄发改善民工生活办法

杨介卿

廿八年九月廿一

廿八

列

銜訓令　總字第　號　卅八年九月　日

案查本縣築路民工現已全部令各聯隊長出發各該聯隊民工生活照應特別注意周免發生疾病或致死亡以重保恤并將能否增進工作效能早竟全功亦由本會制定改善民工生活辦法四項合行隨令抄發仰各該聯隊長即便遵照該辦法所定各條切實奉行切勿疏虞為要

# 会理县征工筑路委员会主席聂泗关于民工管理中出现的问题致李乘风、姚凤喈等的答复（一九三九年九月二十八日）

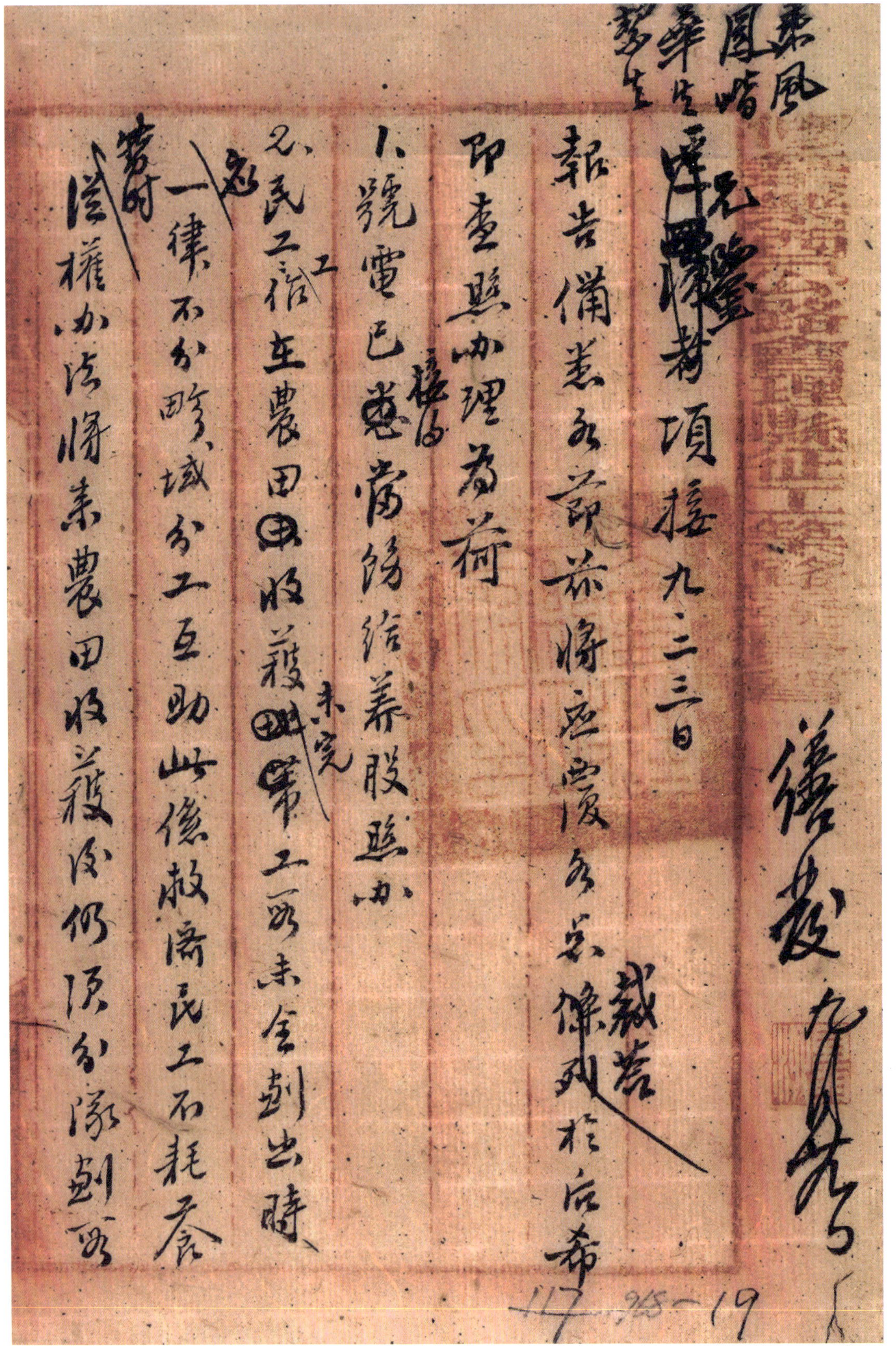
乘风
凤喈
华生
敬生 兄鉴：

转项接九月二三日报告，备悉。各节兹将应办各点条列于后，希即查照办理为荷：

1. 号电已遵……当场给养股遵办。

2. 民工值在农田收获期，未完工作未全划出时，一律不分区域，分工互助，以资救济，民工不耗……

……权办法，将来农田收获后，仍须分别划……

聂泗 九月二十八日

117.965-19

工作以收競爭努力工作效率增加之效而免

發生偷惰之心

三、民工依限出發按期到達，因之工貲耗之損

失既承管理工程而要設法救濟，仍須趕

按工式備多少，請毋俟日後結算再行撥給也

此時暨請按日發足火食，以免墊累

適值霪雨連綿

六、各縣隊民工分路北上，沿途河水甚大，應切實

迅速清查有無溺斃民工及人數，並令各隊

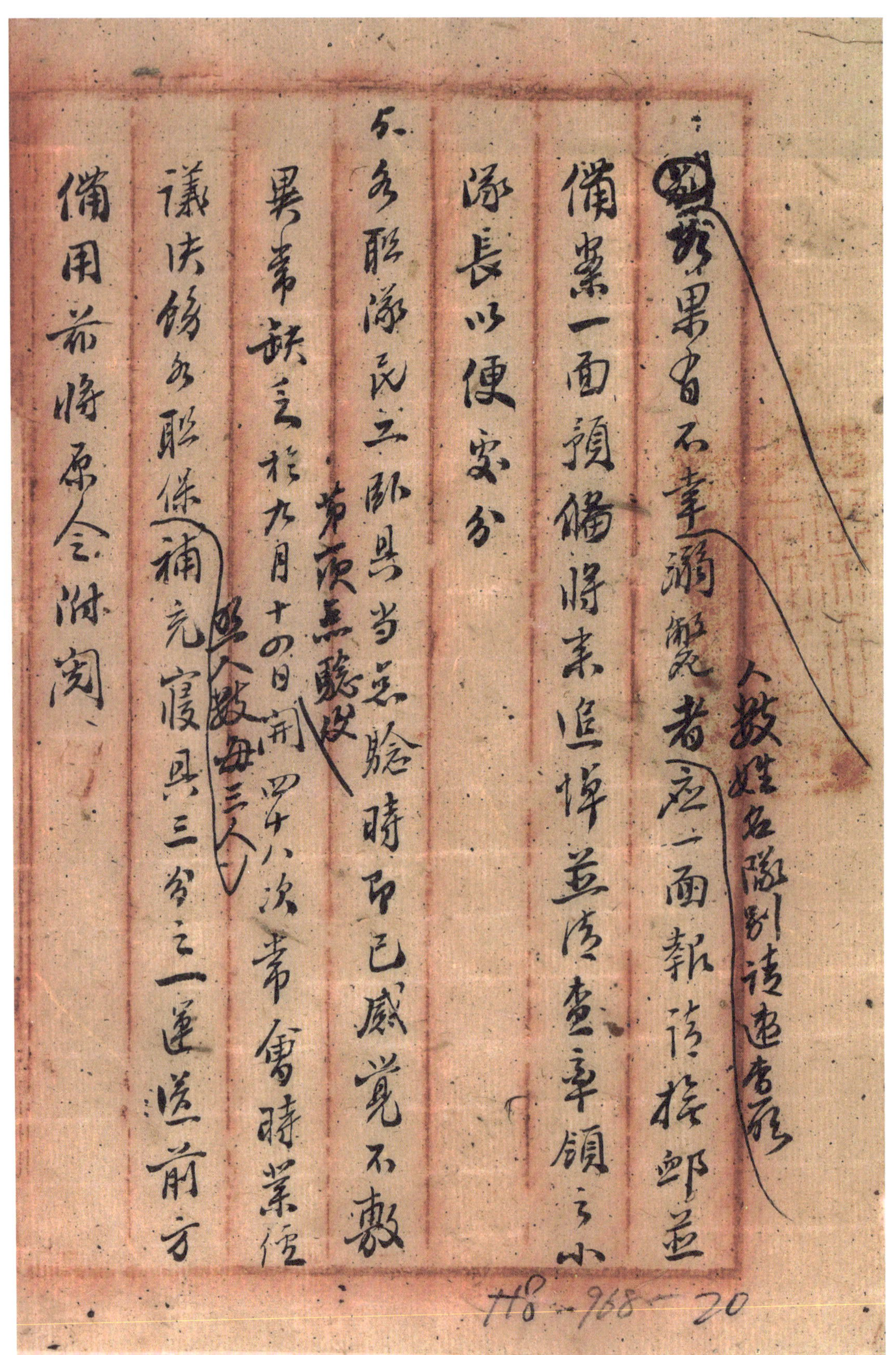

如果有不幸溺斃者，應一面報請核卹並（人數姓名隊別請速查報）

備案，一面預備將來追悼，並請查章領之小

隊長以便安分。

今各縣隊民工亦且當（第六次點驗）點驗時即已感覺不敷

異常缺乏，於九月十四日開四十八次常會時業經

議決飭各縣保送補充（照人數每三人）復具三分之一運送前方

備用，前將原令附閱、

118—968—20

六、給養股採購米糧辦法周密詳悉，總要發來之款不敷分配，故有以不能採運之虞。現領款書已寄建甫速催領，下月經費源源接濟，否無米買，後無現款亦付出，何能採運前方。

七、運輸組馮畫文已到黃水塘，陸續轉運一區署封來之船隻，聞已到黃水壩，支暫可濟用。蔡

復令催總區長依限如到並據黃組長來函請封馬駝運已令飭馬業公會勸櫃派人到永封馬一百廿匹疑速駝運

8、民工逃亡情事已令黃瑞文派查久於黃坭壙永興營一帶嚴密清查呈報懲處

9、慰勞費由會~~遵令城鄉分配~~自行由會標券分募集以資應用

10、李區長垂風負有專責，辦事勤能，務請妥為慰留，負責到底，庶不致遺誤民工程，將來張垣鐵路亦多借鑒，為盼。

11、工務股、給養股職員不敷分配，一面酌予增加，一面仍應嚴加督促，使各特別努力，名而宜用人過多，使款項超支太大，以後妥請彌補。

12、楊場民工被人擒斃，應速切實清查開擄

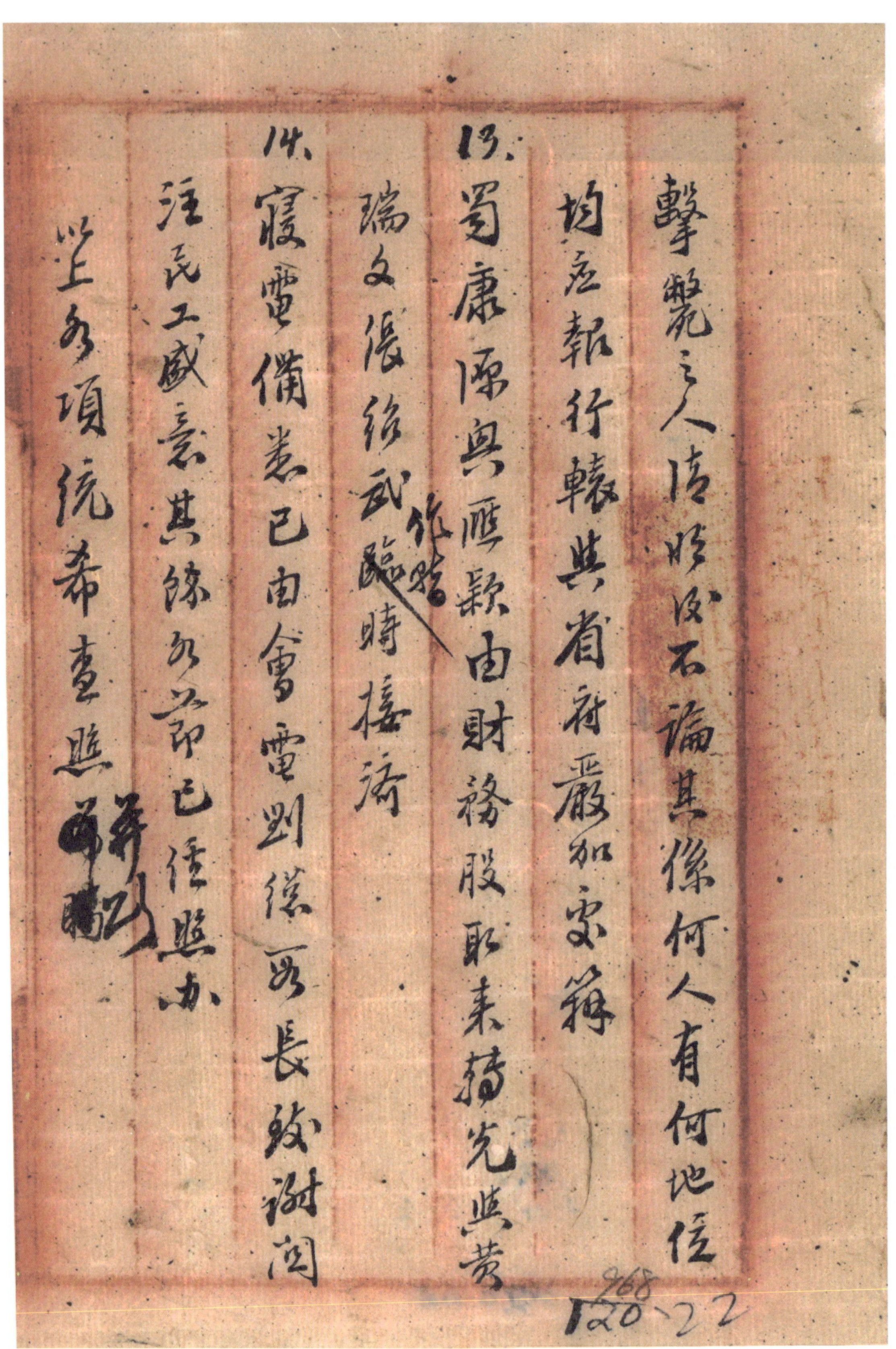
擊斃之人，請嗣後不論其係何人有何地位，均應報行轅與省府嚴加究辦。

13. 蜀康隊與匯款由財務股取來轉兌與黃瑞文、張維武臨時接濟。

14. 復電備悉，已由會電劉縣區長致謝關注民工盛意，其餘各節已經照辦。

以上各項統希查照

120·22

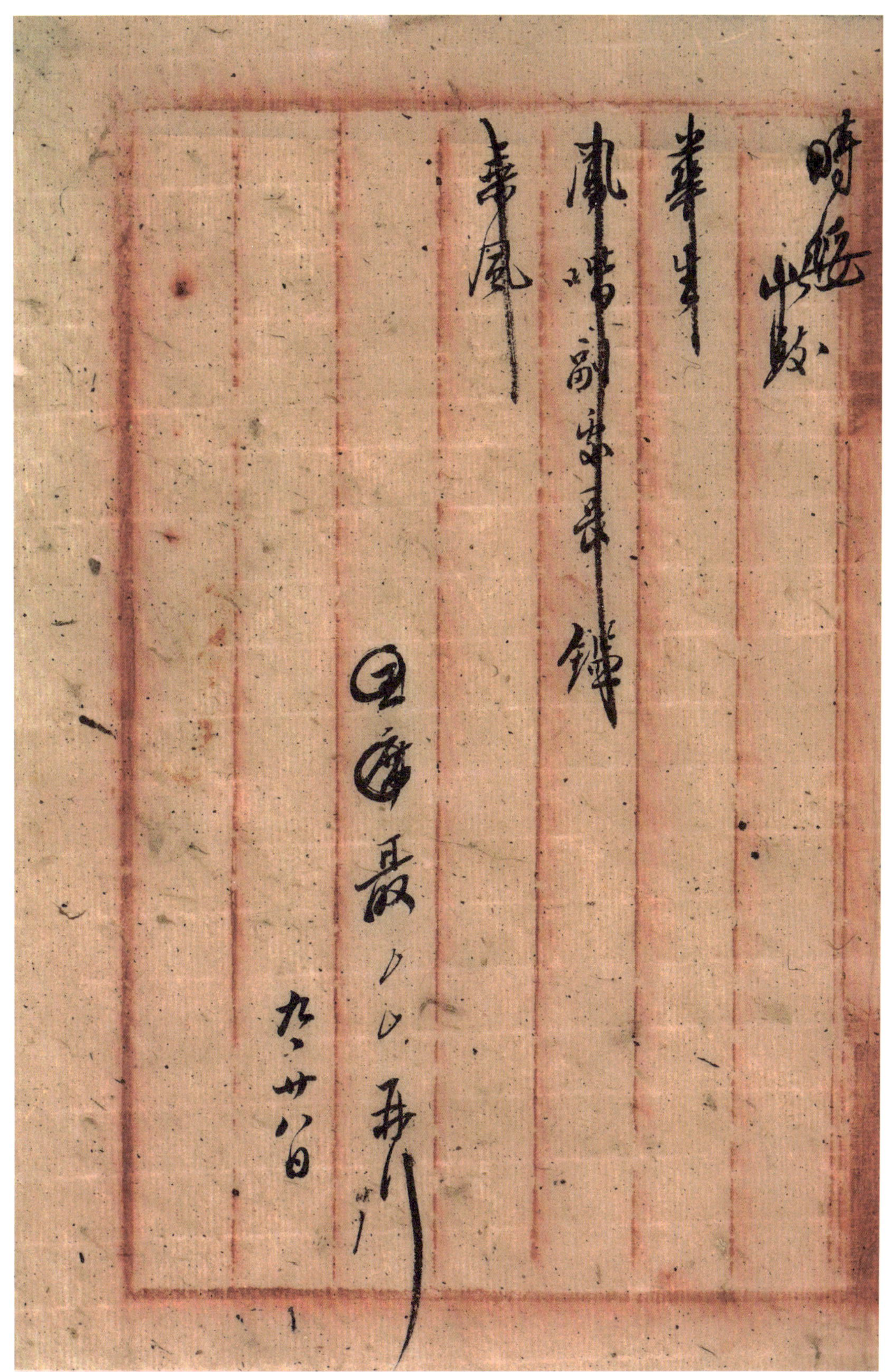

時綏。此致

奉上

鳳喈副憲吾兄鑒

希閱

国慶頓首再拜

九月廿八日

# 乐西段民工管理处、乐西公路工程处、会理县征工筑路委员会关于运夫给恤规定与实际情形不合应予变通办理的相关文书

## 乐西段民工管理处致会理县征工筑路委员会的代电（一九三九年十月二十七日）

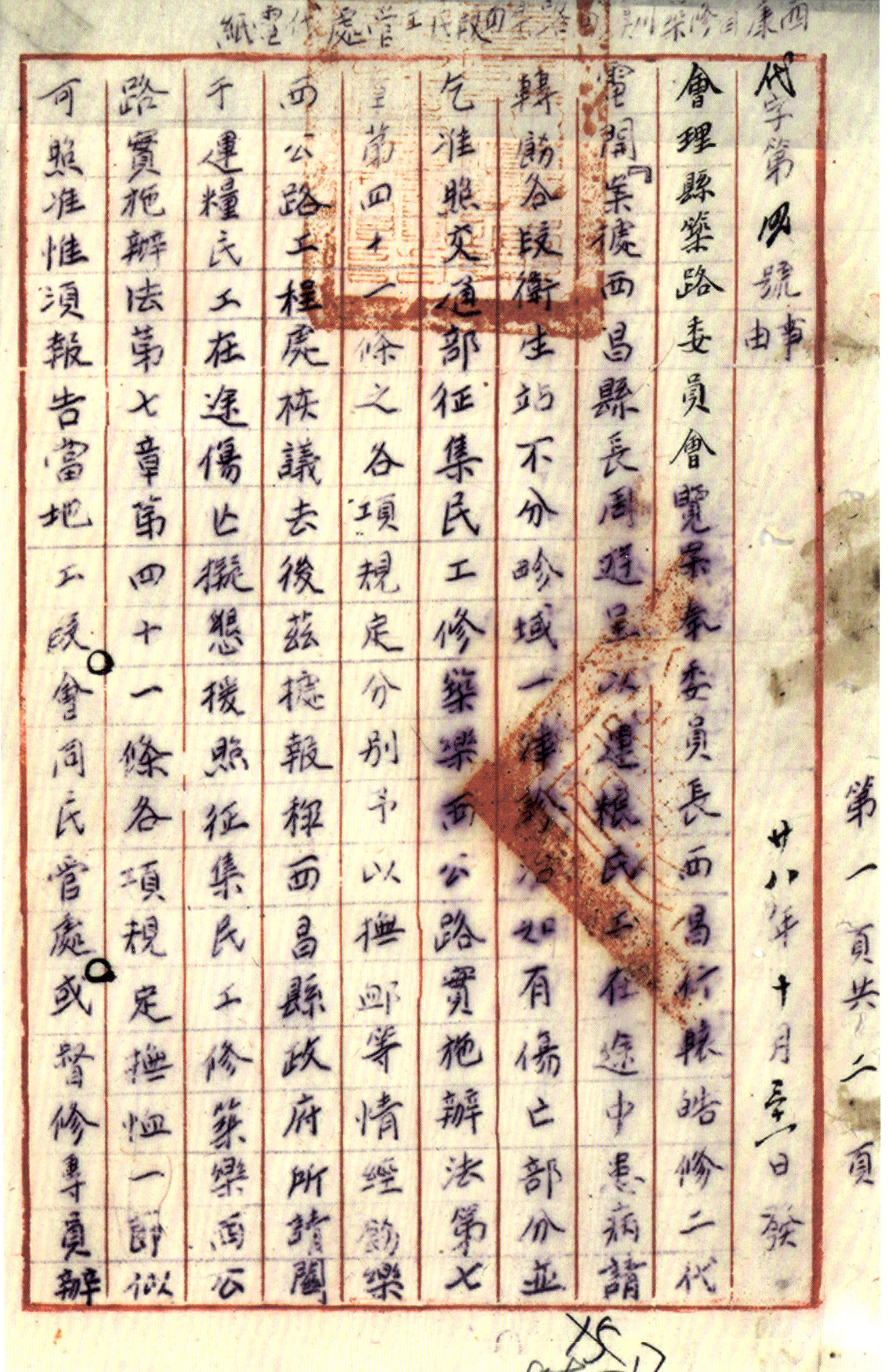

樂西段民工管理處代電紙

代字第　號　事由

廿八年十月廿七日發

第一頁共二頁

會理縣築路委員會覽：案奉委員長西昌行轅皓修二代電開：案據西昌縣長周廷呈，以運糧民工在途中患病，請轉飭各段衛生站不分畛域一律診治，如有傷亡部分，並乞准照交通部征集民工修築樂西公路實施辦法第七章第四十一條之各項規定分別予以撫卹等情，經飭樂西公路工程處核議去後，茲據報稱：西昌縣政府所請關于運糧民工在途傷亡擬懇援照征集民工修築樂西公路實施辦法第七章第四十一條各項規定撫恤一節，擬可照准，惟須報告當地工段會同民管處或督修專員辦

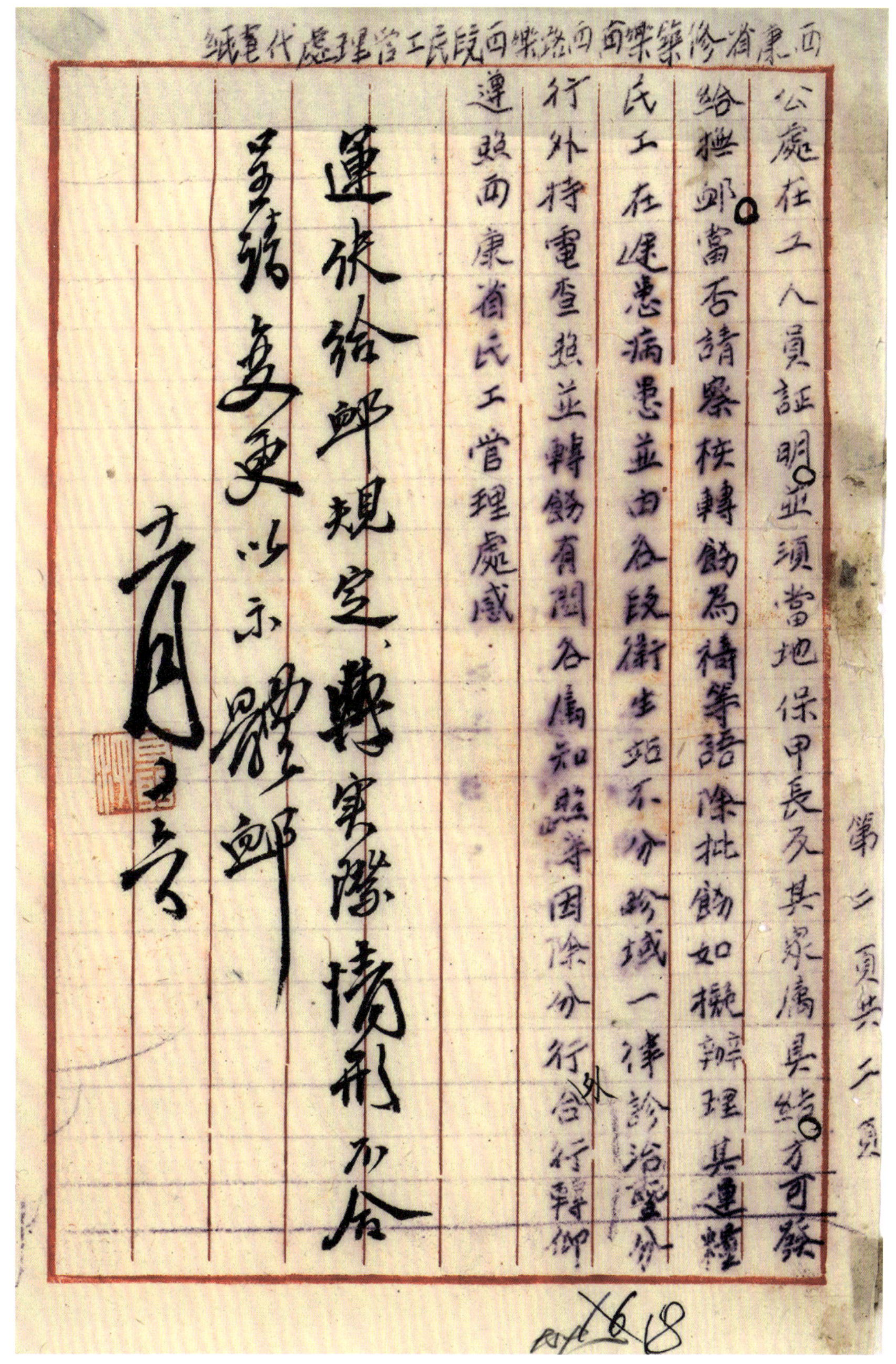

西康省修築樂西公路民工管理處代電紙

第二頁共二頁

公處在工人員証明，並須當地保甲長及其眷屬具結，方可發給撫卹，當否，請察核轉飭為禱」等語，除批飭如擬辦理，其運輸民工在途患病患並由各段衛生站不分畛域一律診治醫分行外，特電查照，並轉飭有關各屬知照」等因，除分行外，合行電仰遵照。西康省民工管理處感。

遵依給卹規定，斟實際情形不合，要請查更，以示體卹。

[illegible]

# 会理县征工筑路委员会致乐西公路工程处的呈（一九三九年十一月二十四日）

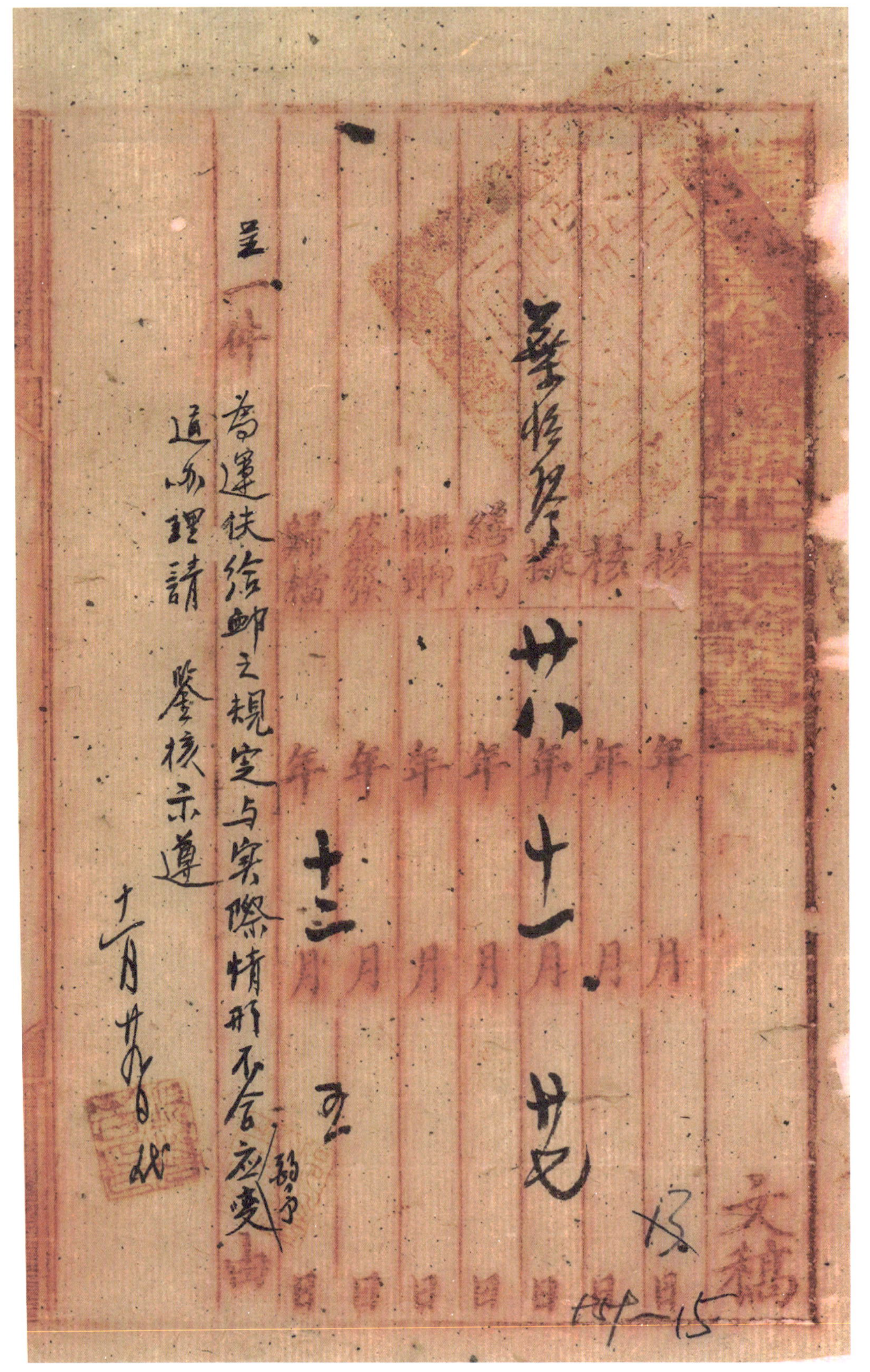

文稿

呈一件 為遵扶給卹之規定与實際情形不合應變通办理請鑒核示遵

十一月廿四日

| 核 | 核 | 核 | 繕寫 | 監印 | 發 | 歸檔 |
|---|---|---|---|---|---|---|
| 廿八年十一月廿七日 | 年月日 | 年月日 | 年月日 | 年月日 | 年月日 | 十二月五日 |

簽奉

鈞處代字第十三號電令，爲規定運糧民工患病診治，及傷亡後撫卹辦法一案。等因；奉此。查我縣境內，距離工段在六七站之遠。凡運伕自縣境起運工糧，遇有在途患病情事，并無衛生站呈資診治。若遇在途傷亡，既無工段可報告，又無在工人員代爲証明。

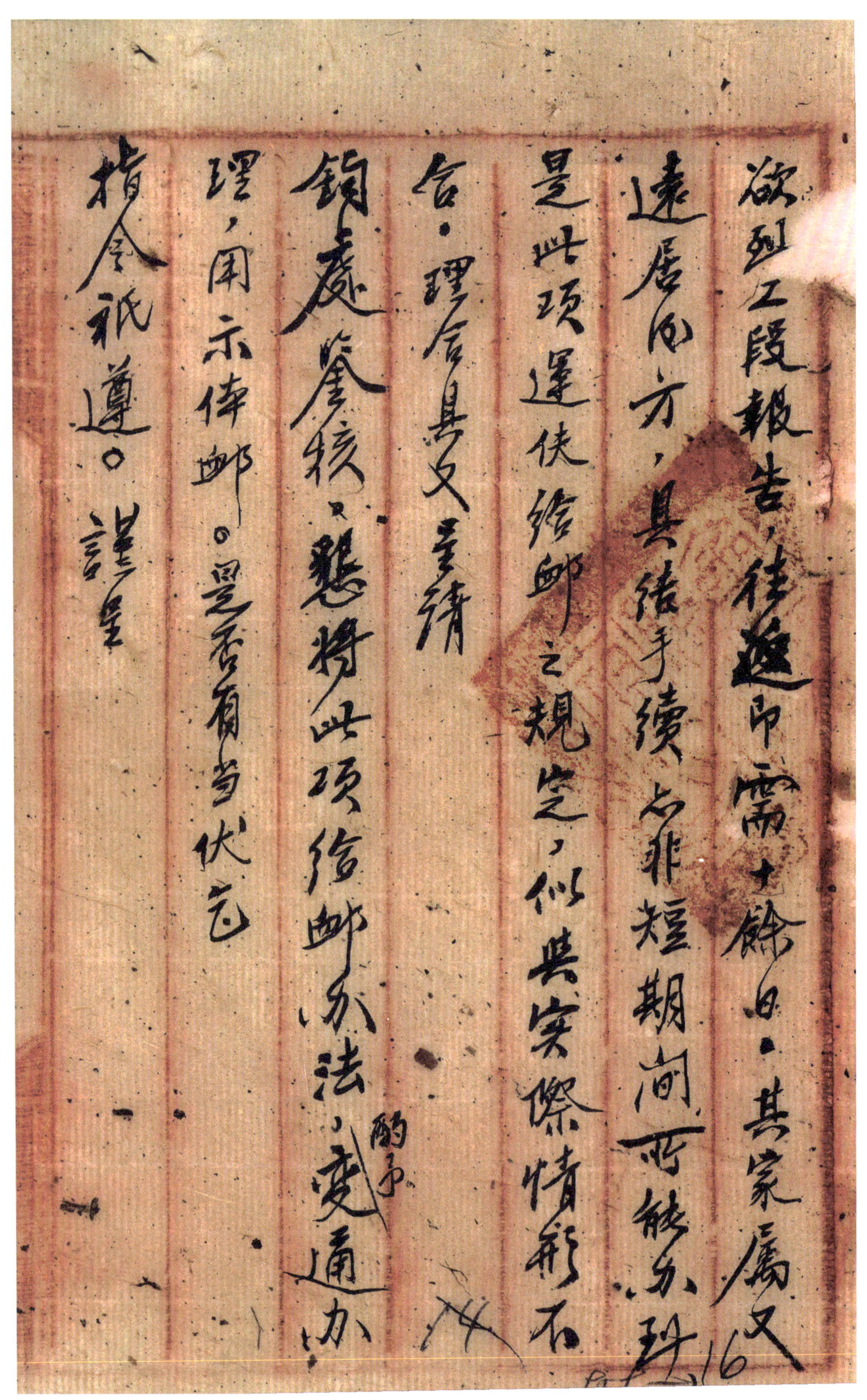

敬到工段報告，往返即需十餘日。其家屬又遠居他方，其結手續，亦非短期間所能辦到，是此項遲延給卹之規定，似與實際情形不合。理合具文呈請

鈞處鑒核，懇將此項給卹辦法，酌予變通辦理，用示体卹。是否有當？伏乞

指令祗遵。謹呈

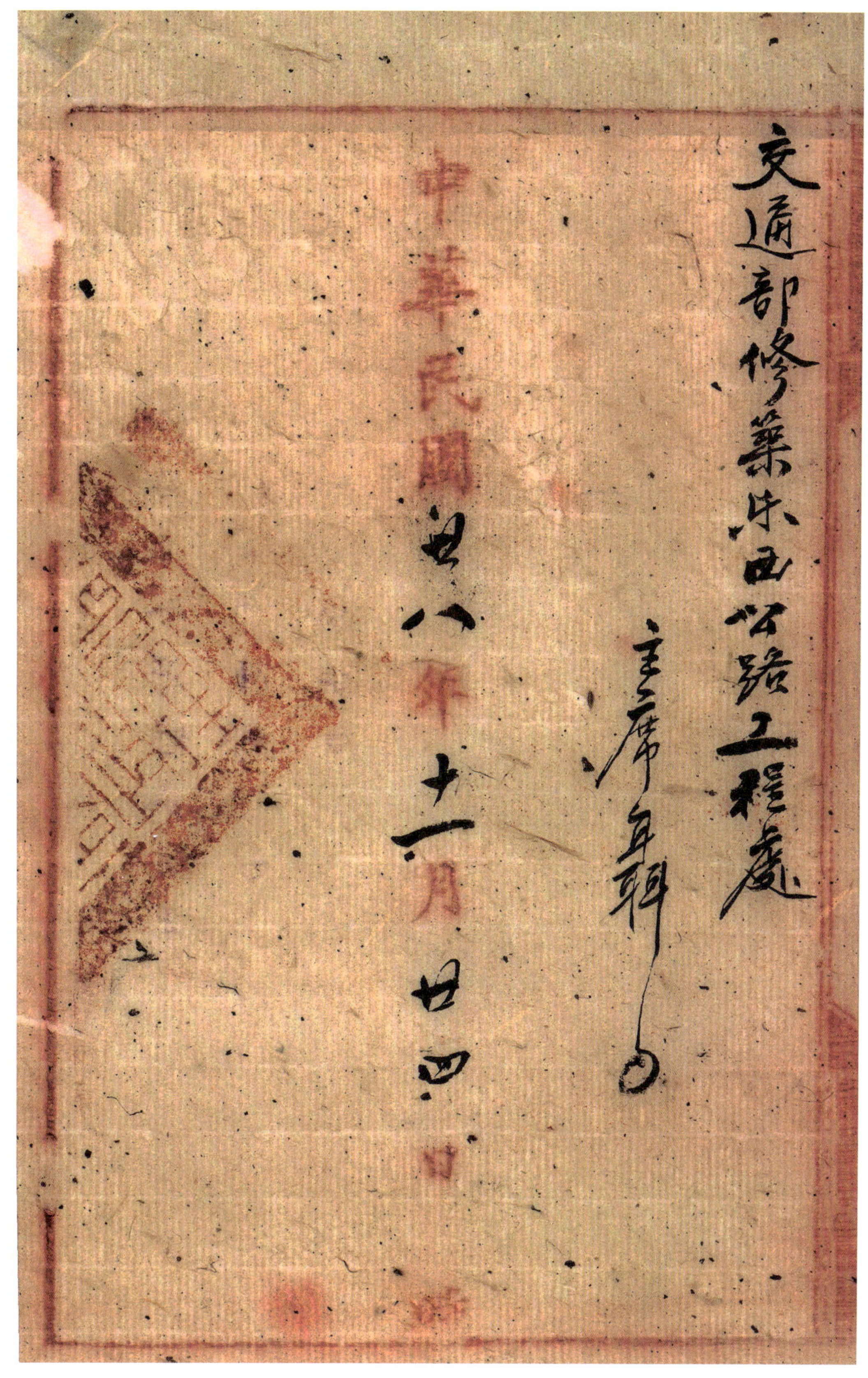

交通部修築川西公路工程處

主席[illegible]

中華民國卅八年十一月廿四日

## 乐西段民工管理处关于各施工点应接受驻工人员督导并通知第二驻工组迁址到石棉县洗马姑致会理县征工筑路委员会的训令（一九三九年十月三十日）

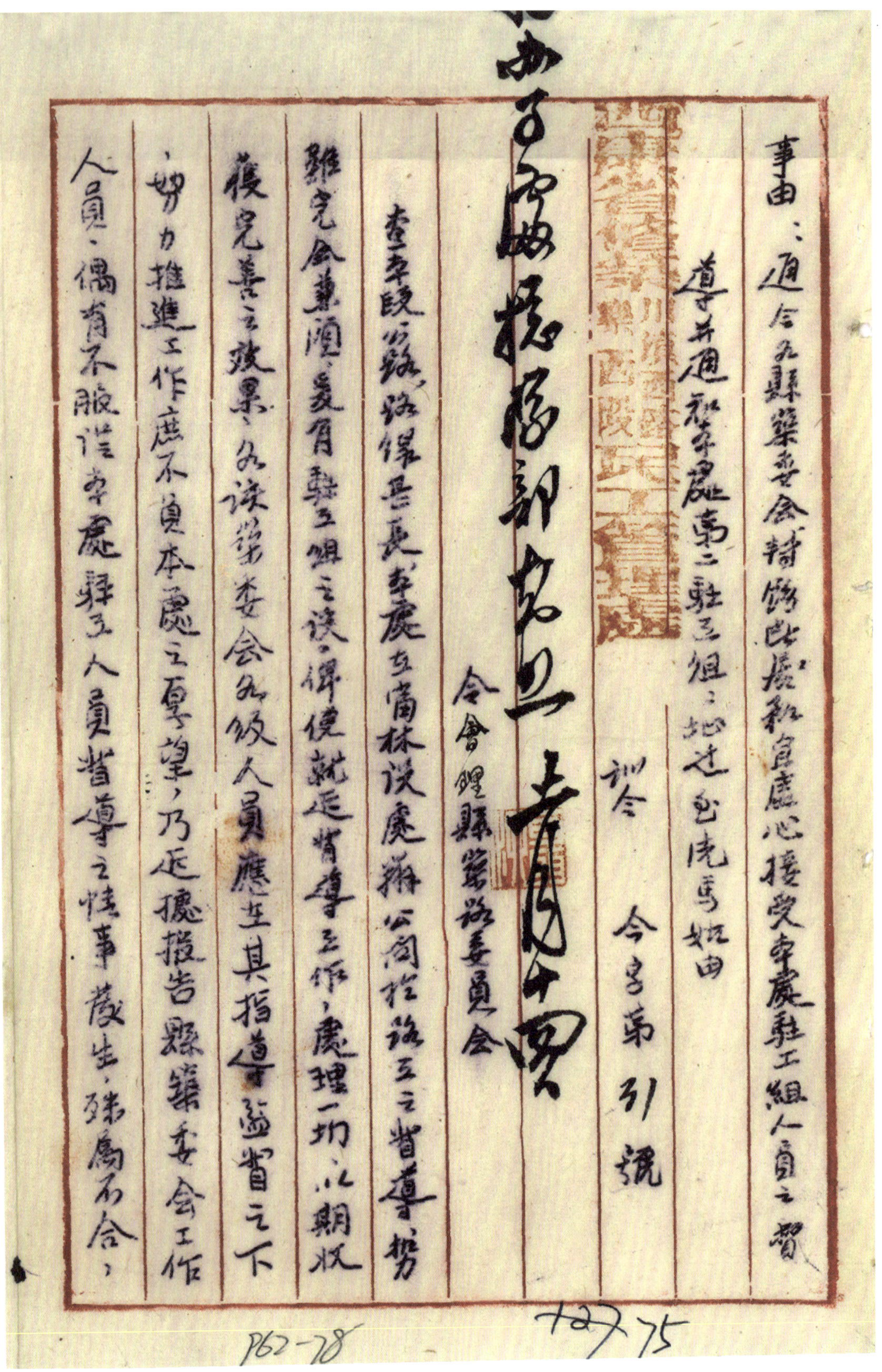

事由：通令各县筑委会转饬此后应虚心接受本处驻工组人员之督导并通知本处第二驻工组已迁至洗马姑由

训令 令字第 号

令会理县筑路委员会

查本段公路，经保县长本处在甯林设处办公，关于路工之督导，势难完全兼顾，爰有驻工组之设，俾使就近督导工作，处理一切，以期收获完善之效果。各该筑委会各级人员应在其指导监督之下努力推进工作，庶不负本处之厚望，乃近据报告，县筑委会工作人员，偶有不服从本处驻工人员督导之情事发生，殊属不合，

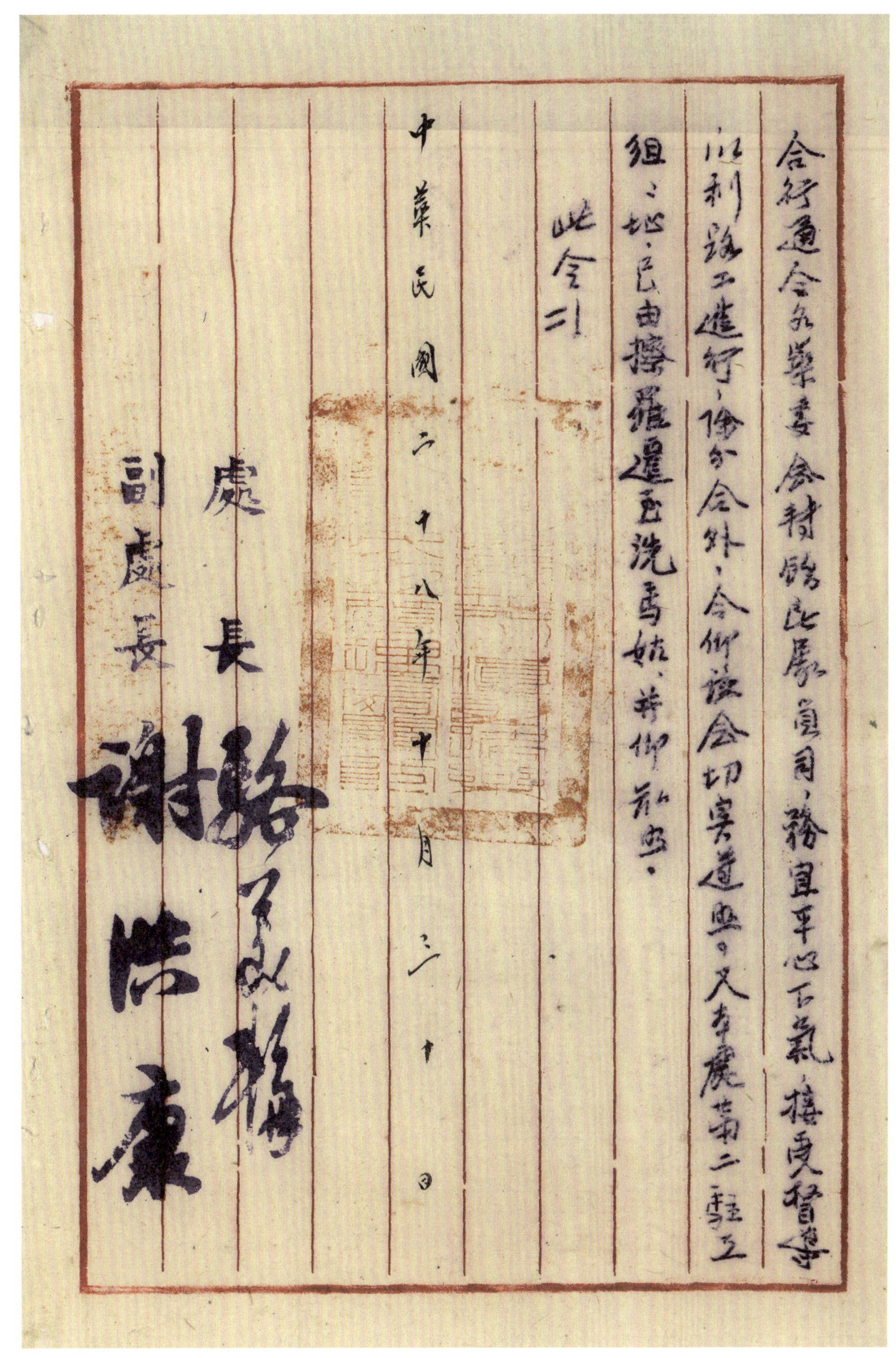

合行通令各築委會財務所屬員司，務宜平心下氣，接受督導，以利路工進行。除分令外，合行該會切實遵照。又本處第二駐工組之地，已由擺羅遷至洗馬姑，并仰知照。

此令。

中華民國二十八年十月三十日

處長

副處長 謝[illegible]

## 乐西段民工管理处关于民工支给不公、住食卫生不尽力致疾病死亡等问题致会理县征工筑路委员会的电（一九三九年十一月一日）

字第13號

會理縣築路委員會覽案奉委員長西昌行轅省修二電開此次樂西公路築路征工關係後方建設極能在事人員務須同心協力以迅完任務增加工作效能保障民工利益為共同之目標無論管理民工人員與監督工程人員務須不分畛限切實合作凡發現管理上或工程上缺点時立即相互洽商予以改進以收協同之效最近竟發現有會理管理民工人員所領小票不尽發給民工所領款項亦不公平支給對下層人員待遇每以情感薄厚而生差異對於工人住食衛生尤不盡力維護以致疾病死亡甚多影響工作效能

廿八年十一月一日發

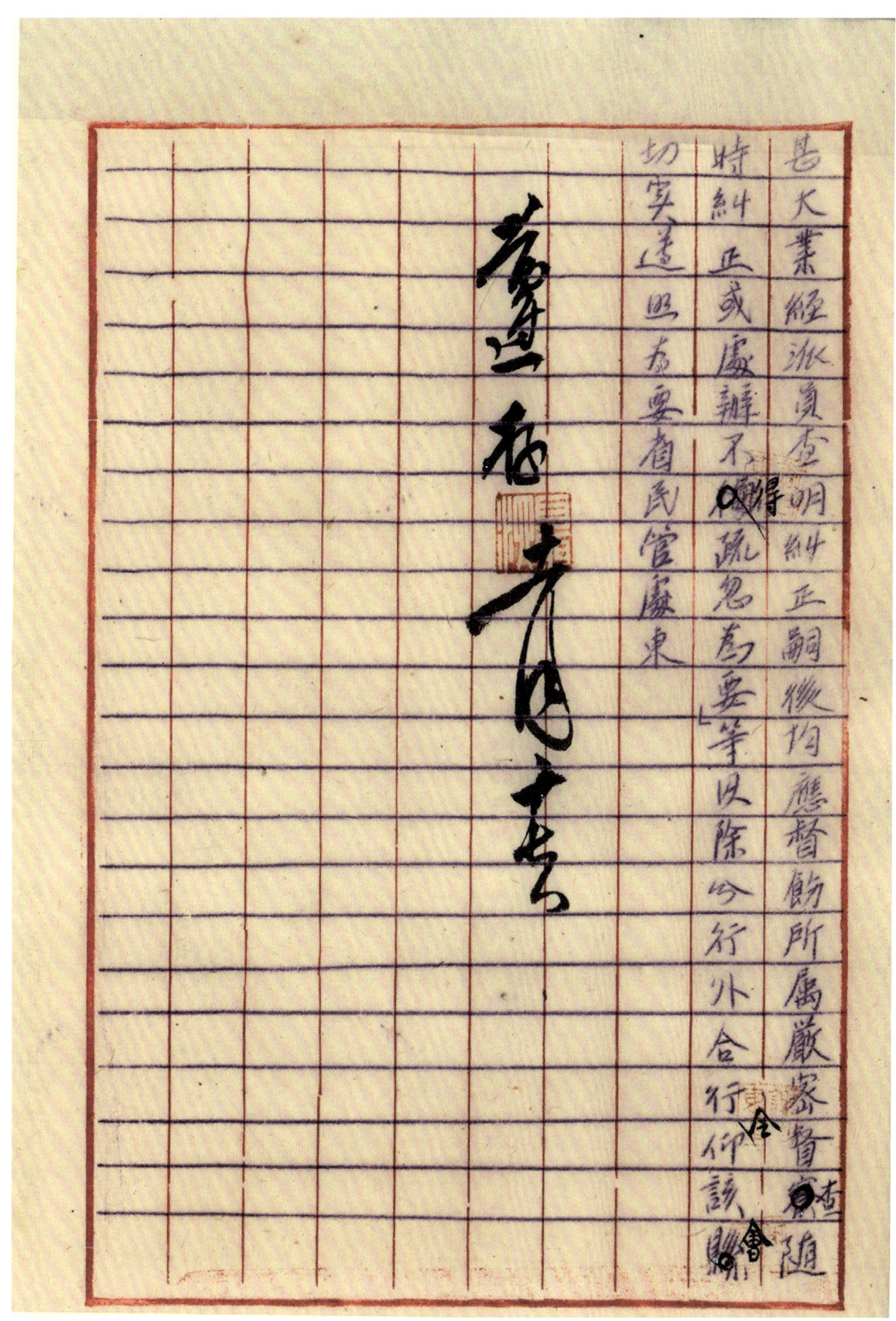

甚大業經派員查明糾正嗣後均應督飭所屬嚴密督查隨時糾正或處辦不得疏忽爲要等因除分行外合令仰該會切實遵照爲要省民管處東

[illegible]

## 会理县征工筑路委员会、军事委员会委员长西昌行辕与会理县民工总队部关于规定乐西段民工管理处驻工组与会理县民工总队部职权及查办滥刑毒打民工行为的相关文书

### 军事委员会委员长西昌行辕致会理县民工总队长姚凤喈的指令（一九三九年十一月五日）

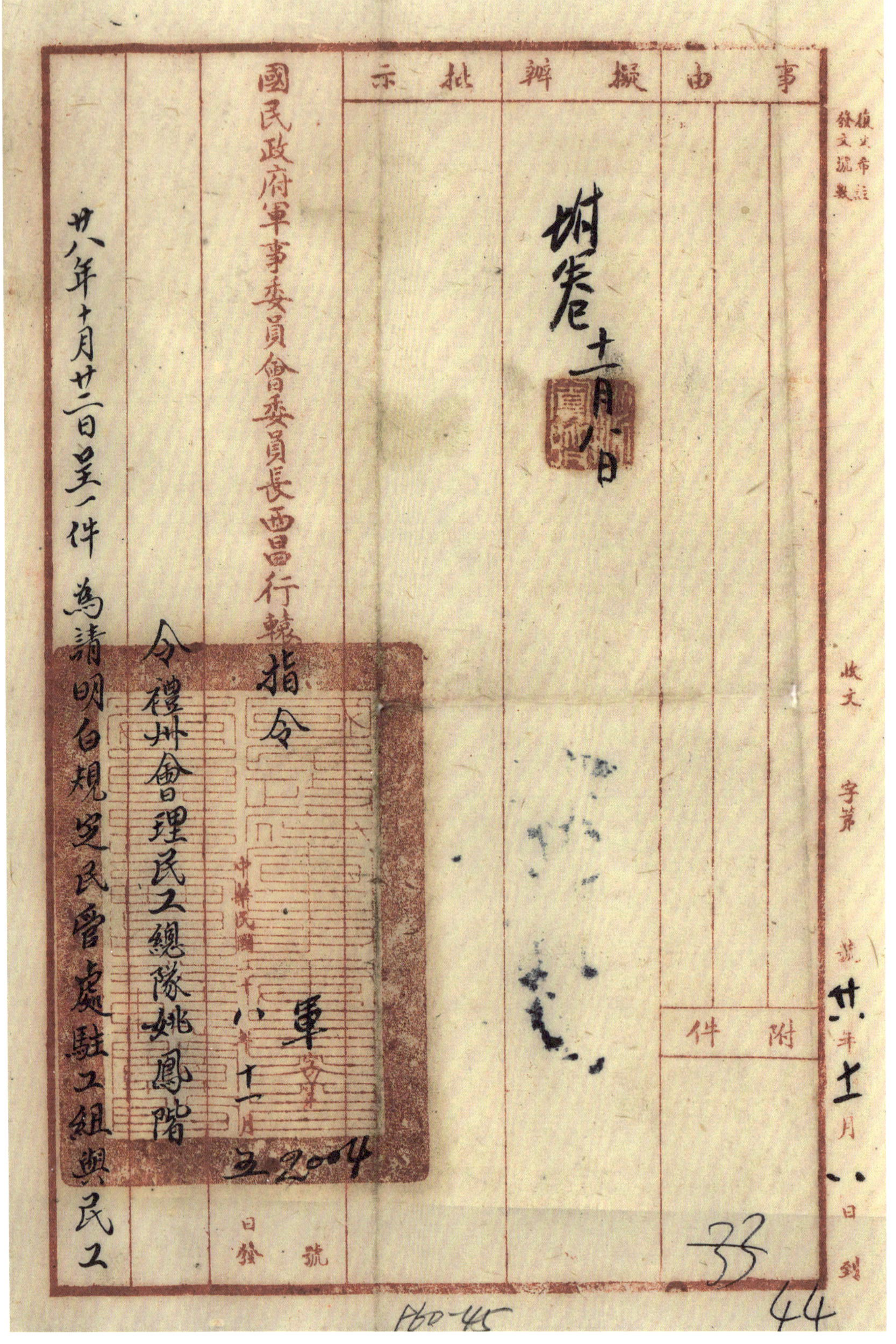

國民政府軍事委員會委員長西昌行轅指令

軍字第 號

令禮州會理民工總隊姚鳳階

廿八年十月廿二日呈一件 為請明白規定民管處駐工組與民工

中華民國二十八年十一月五日

事由

擬辦

批示

存卷 十一月八日

附件

收文 字第 號 廿八年十一月八日到

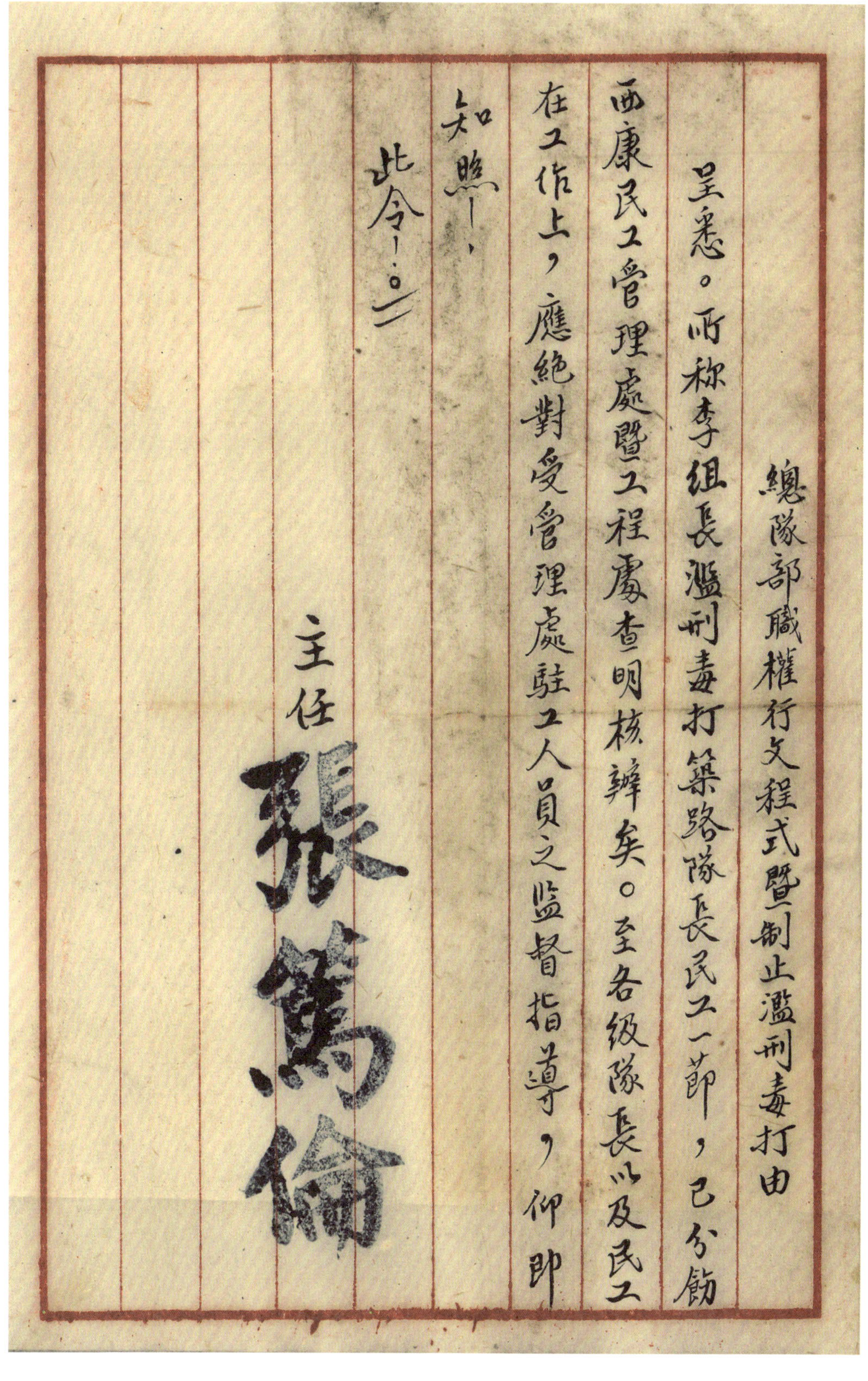

總隊部職權行文程式暨制止濫刑毒打由

呈悉。所稱李組長濫刑毒打築路隊長民工一節，已分飭西康民工管理處暨工程處查明核辦矣。至各級隊長以及民工在工作上，應絕對受管理處駐工人員之監督指導，仰即知照！

此令！

主任 張篤倫

## 会理县征工筑路委员会致民工总队部的指令（一九三九年十一月十二日）

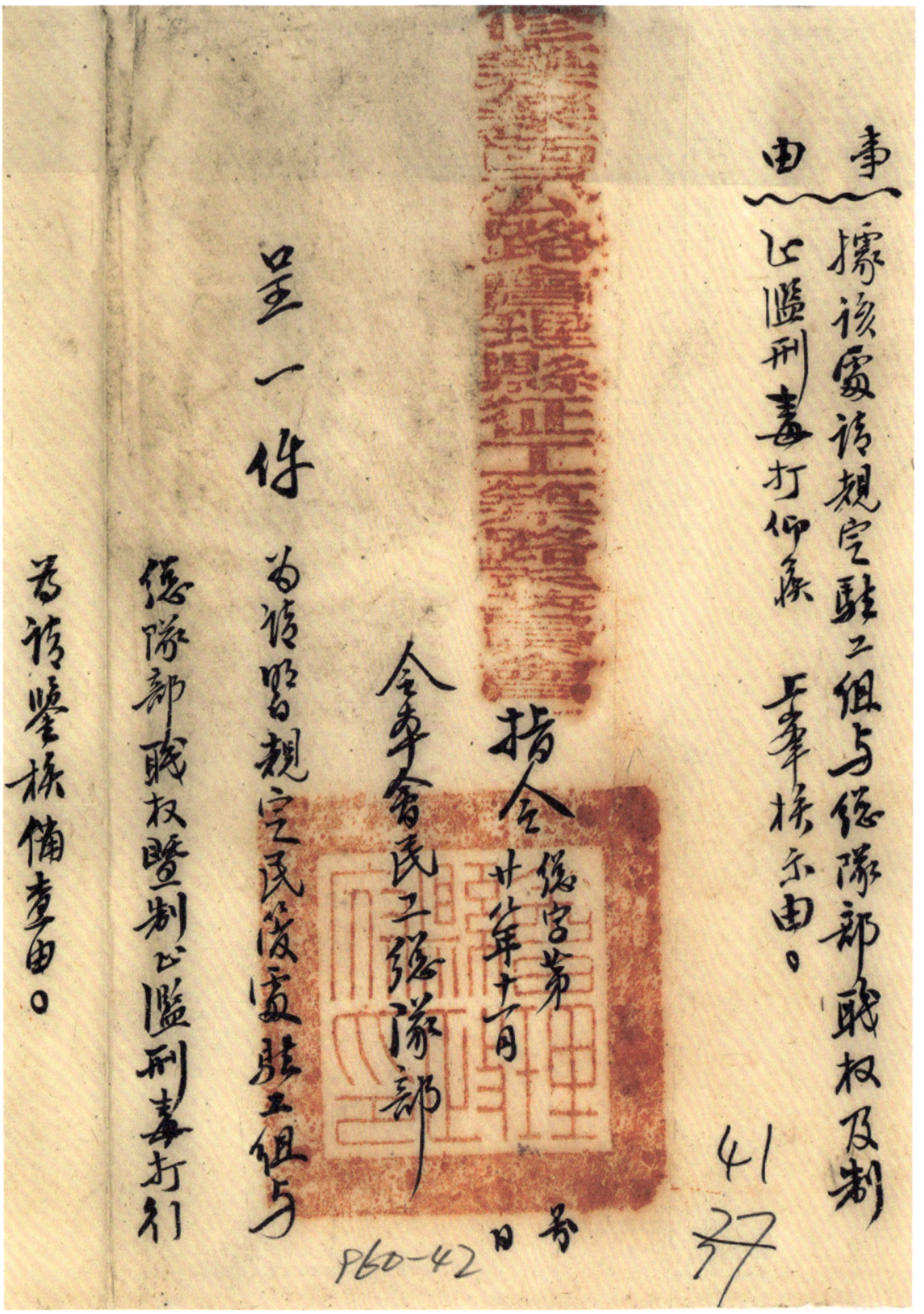
事由：據該處請規定駐工組與總隊部職權及制止濫刑毒打仰祈鑒核示由。

指令 總字第 號 廿八年十一月 日

令會理民工總隊部

呈一件，為請暨規定民夫處駐工組與總隊部職權暨制止濫刑毒打行為請鑒核備查由。

41

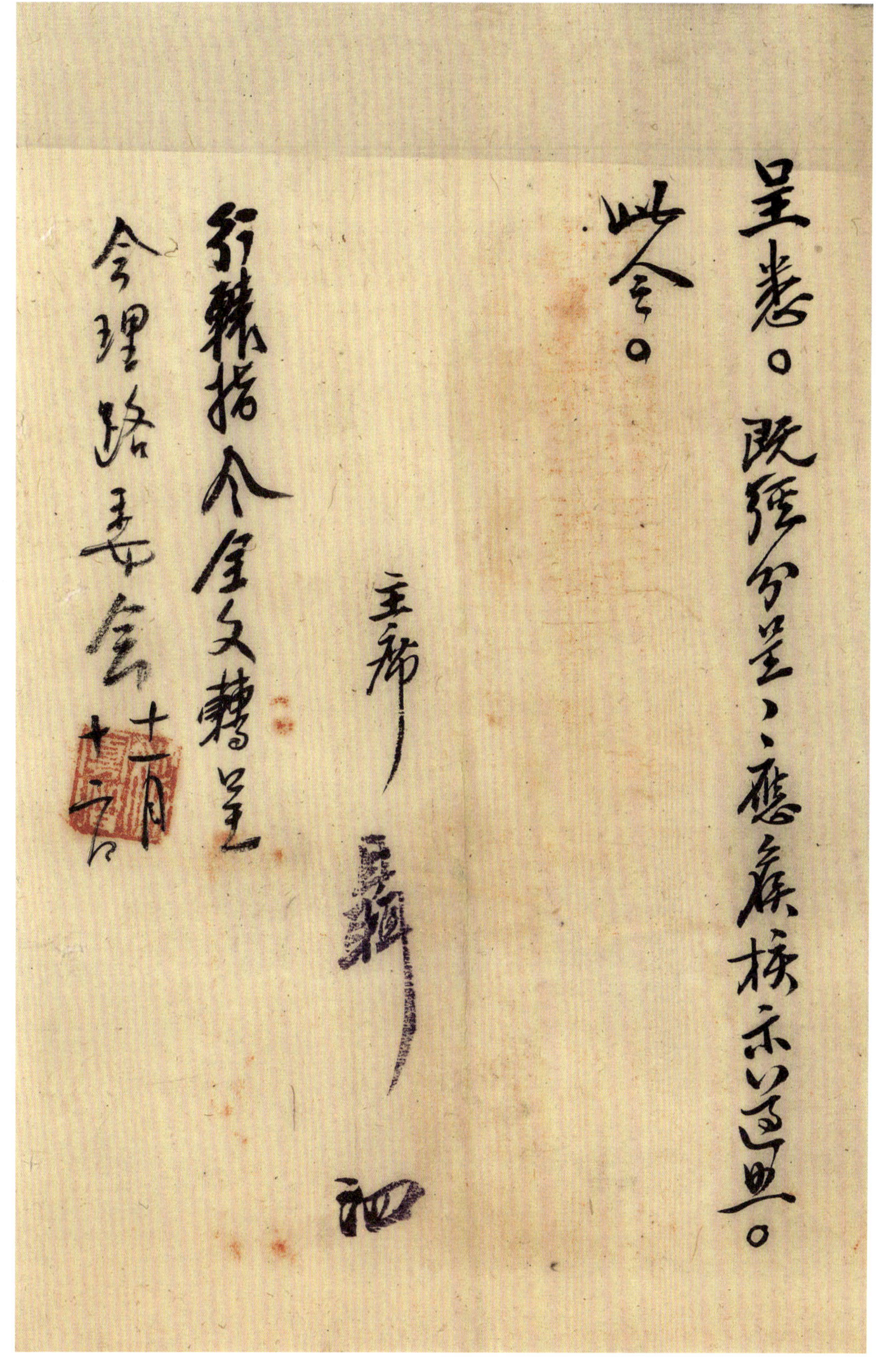

呈悉。既經分呈，應候核示以遵照。

此令。

主席　羅

行縣指令全文轉呈

令理塘縣委員會　十二月十二日

# 关于第十一联队所述监工员毒打民工及从优收方增加伙款等事的相关文书

## 会理县征工筑路委员会致第十一联队的指令（一九三九年十一月七日）

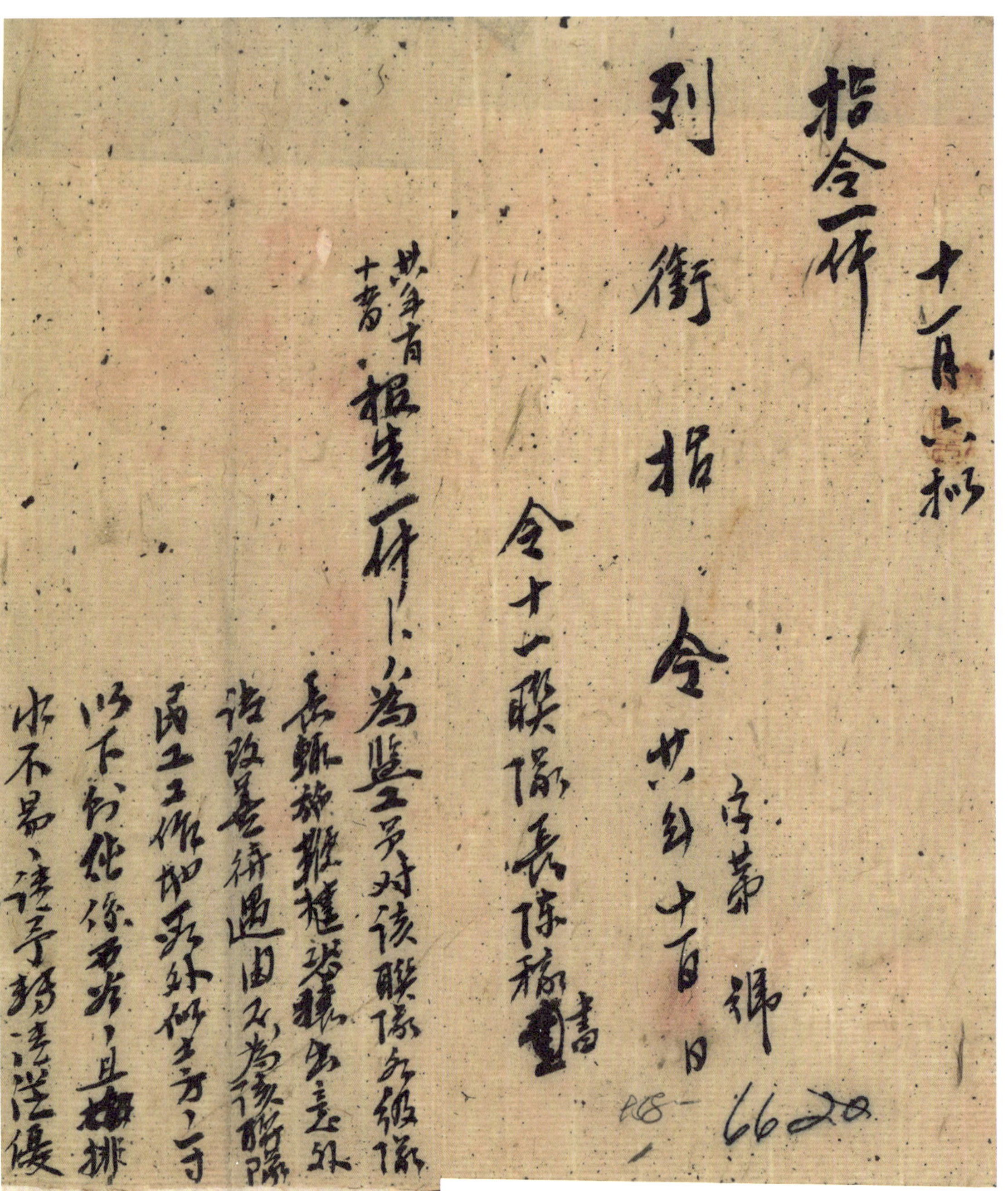

十一月六拟

指令一件

到衔 指 令 廿八年十一月 日 字第 号

6628

令十一联队长陈稱書

廿八年十一月十一日报告一件，以为监工员对该联队各级队

长班长辄施鞭撻、毒打，出言非

诸段长待遇，由此为该联队

民工工作加强外，除土方一方

以下的伙食，仍旧不增且排

水不易，请予转请从优

地方並ニ另給挪收民工
僅ニ以テ倖卯由テ為
該聯隊ノ生活ヲ達寫ス每
三角日伏拡二角ヲ不敷之
閑請增加伏暇以易担累
由ス

報告附表均悉ノ八里監工吳越敢於打各級隊
長若指此事隊部呈請轉報[illegible]
請予制止另准予[illegible]轉工程處[illegible]
民負擔實了候方便欽[illegible]
仰再為核報可也
師長黃[illegible]
代理參謀長姚[illegible]

# 会理县民工总队部分别致乐西公路工程处和乐西段民工管理处的呈（一九三九年十一月七日）

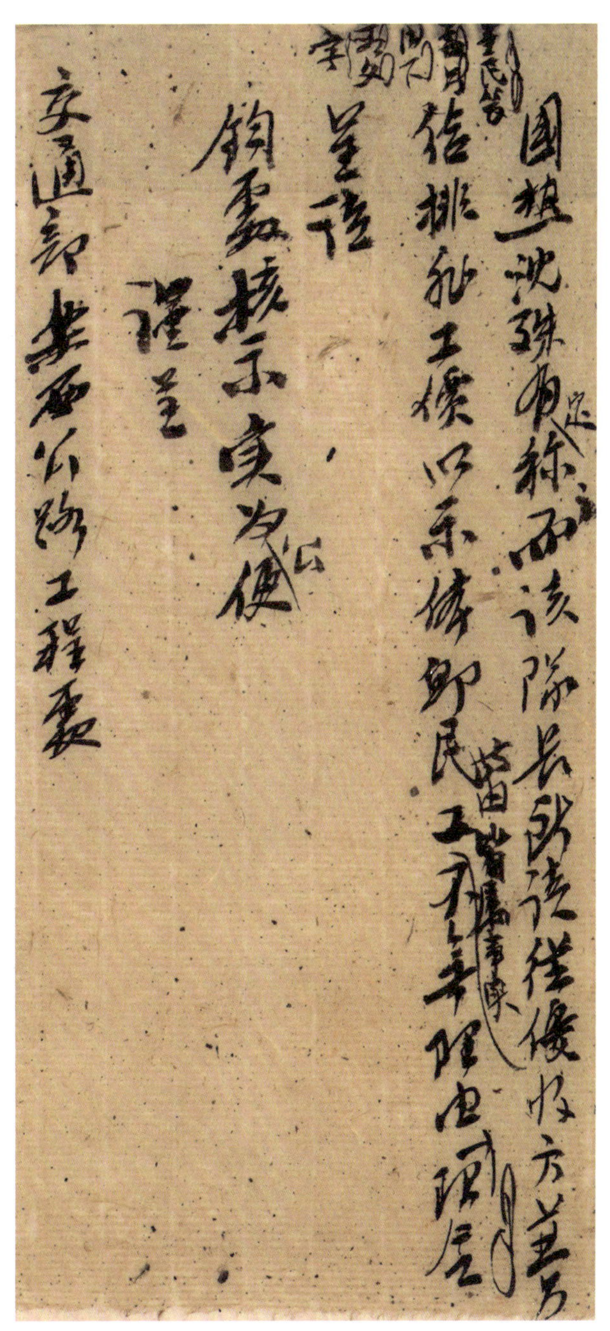

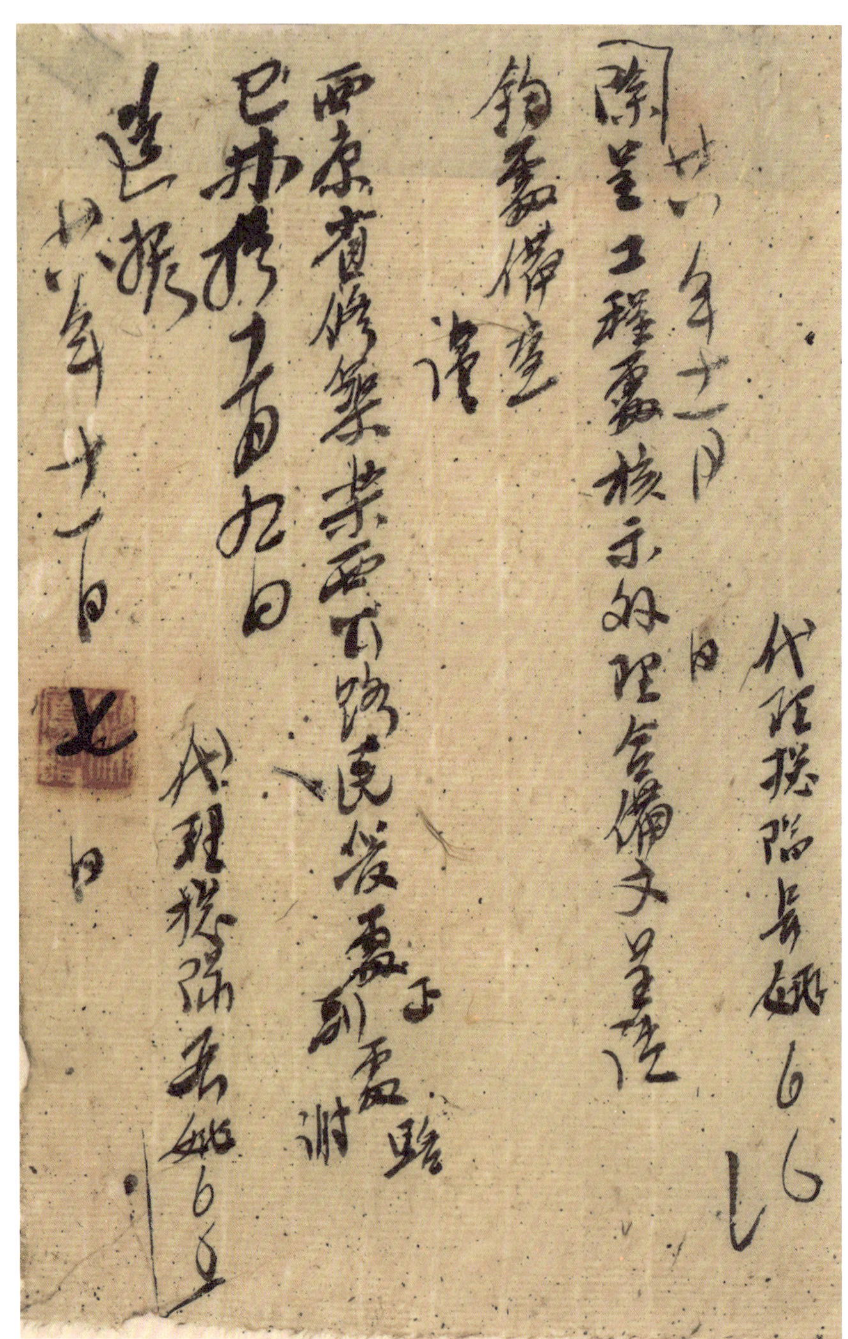
代理总队长姚〇〇

卅一年十一月 日

開呈工程處核示料理合備文呈請

鈞處備查

謹呈

西康省修築樂西公路民工處處長謝 副處長路

已於卅一年十一月九日

送核

卅一年十一月 日

代理總隊長姚〇〇

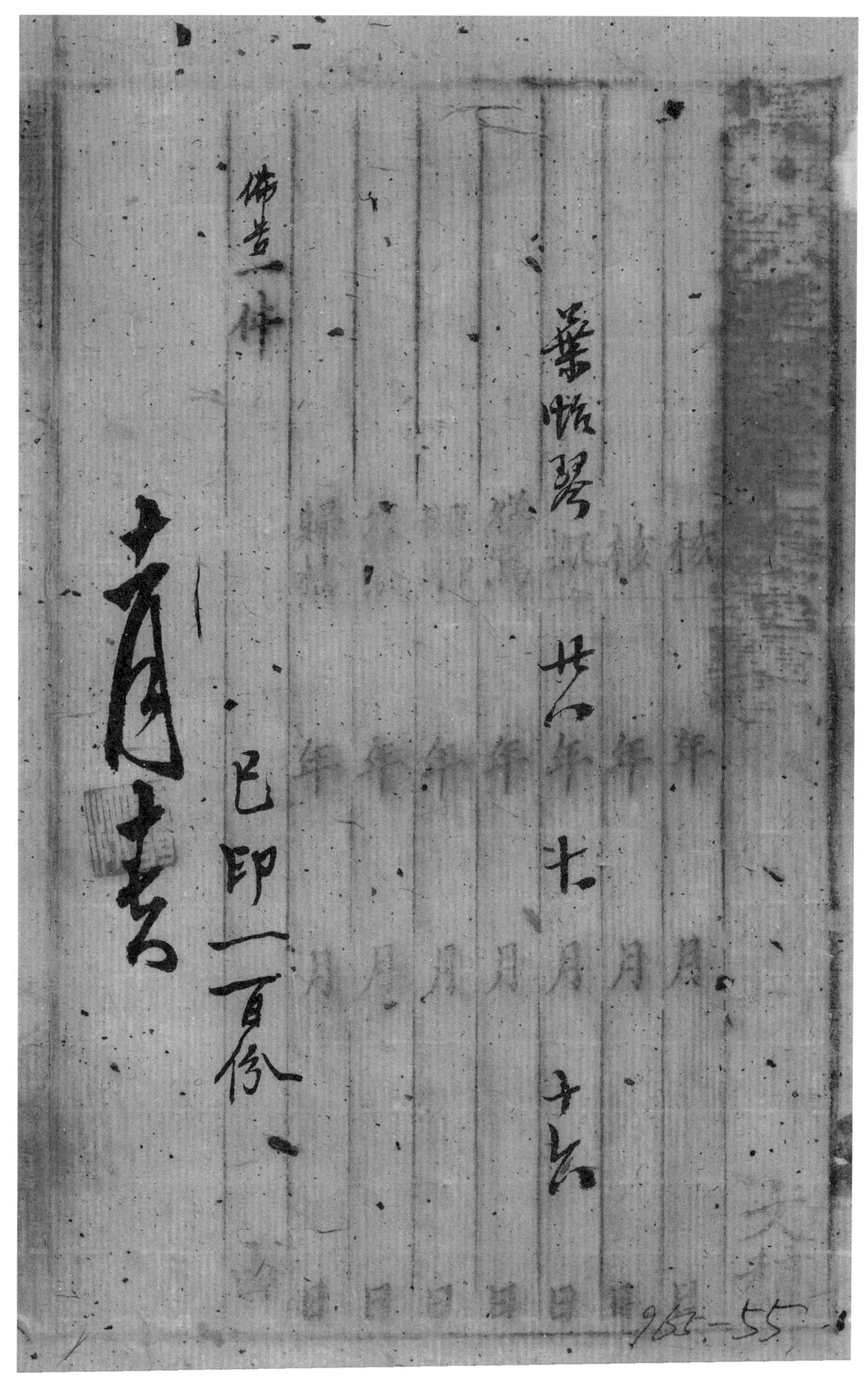
佈告一件

已印一百份

会理县征工筑路委员会处理逃工办法的布告（一九三九年十一月十日）

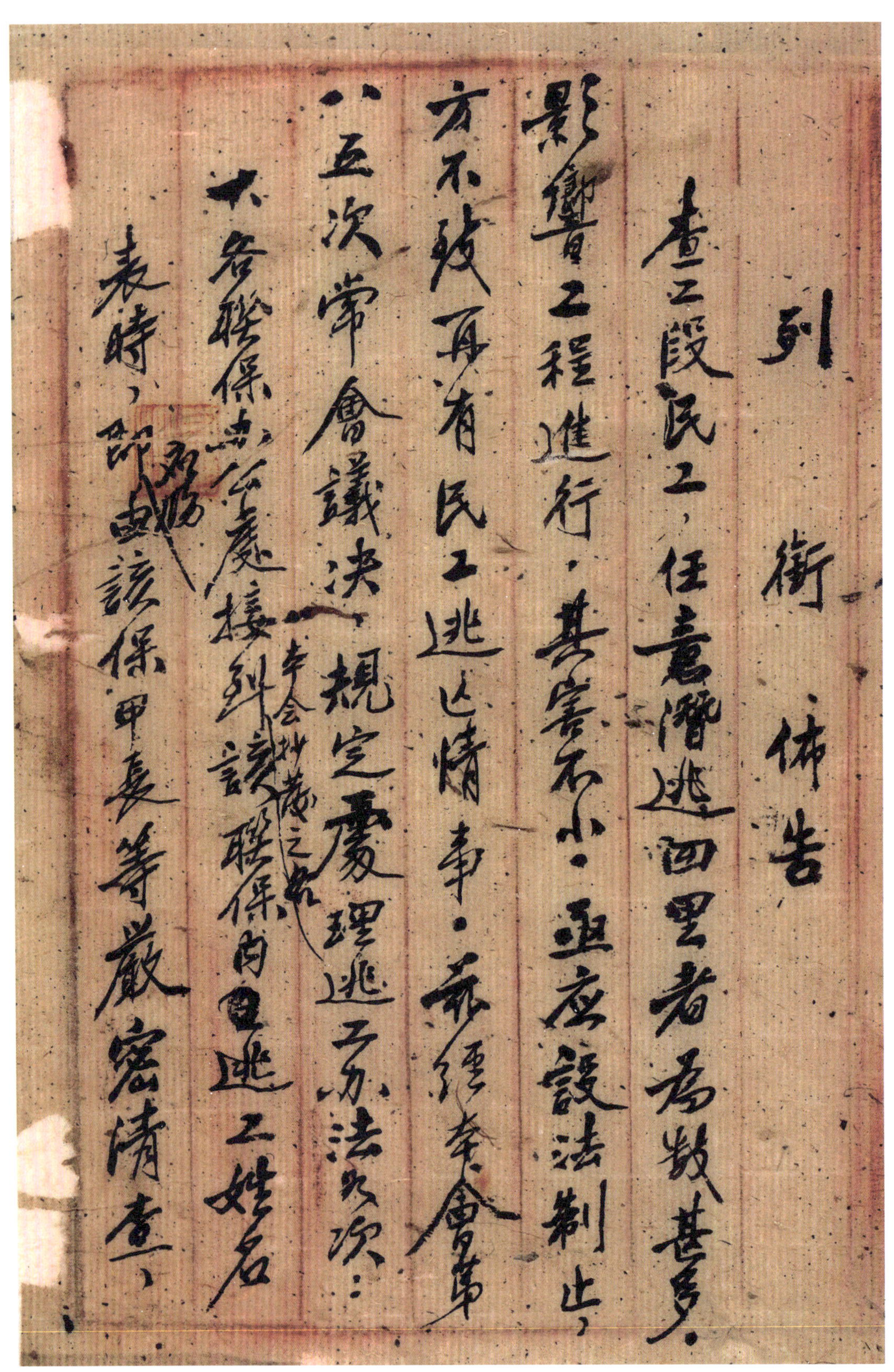

到
衔 佈告
查工段民工，任意潜逃回里者，为数甚多，
影响工程进行，其害不小，亟应设法制止，
方不致再有民工逃亡情事。兹经本会第
八五次常会议决，规定处理逃工办法数项：
一、各联保办公处接到本会抄发之该联保内回逃工姓名
表时，即由该保甲长等严密清查，

一、將逃工查獲，立飭其取具妥保，限期趕到工段上作工。

二、在逃民工尚未返家，不能清獲時，即飭其家屬請具妥保，另覓雇壯丁限期到工段上工作。

三、上項辦法，如逃工及其家屬不能遵行時，即由該保甲長處以至多不超過法幣

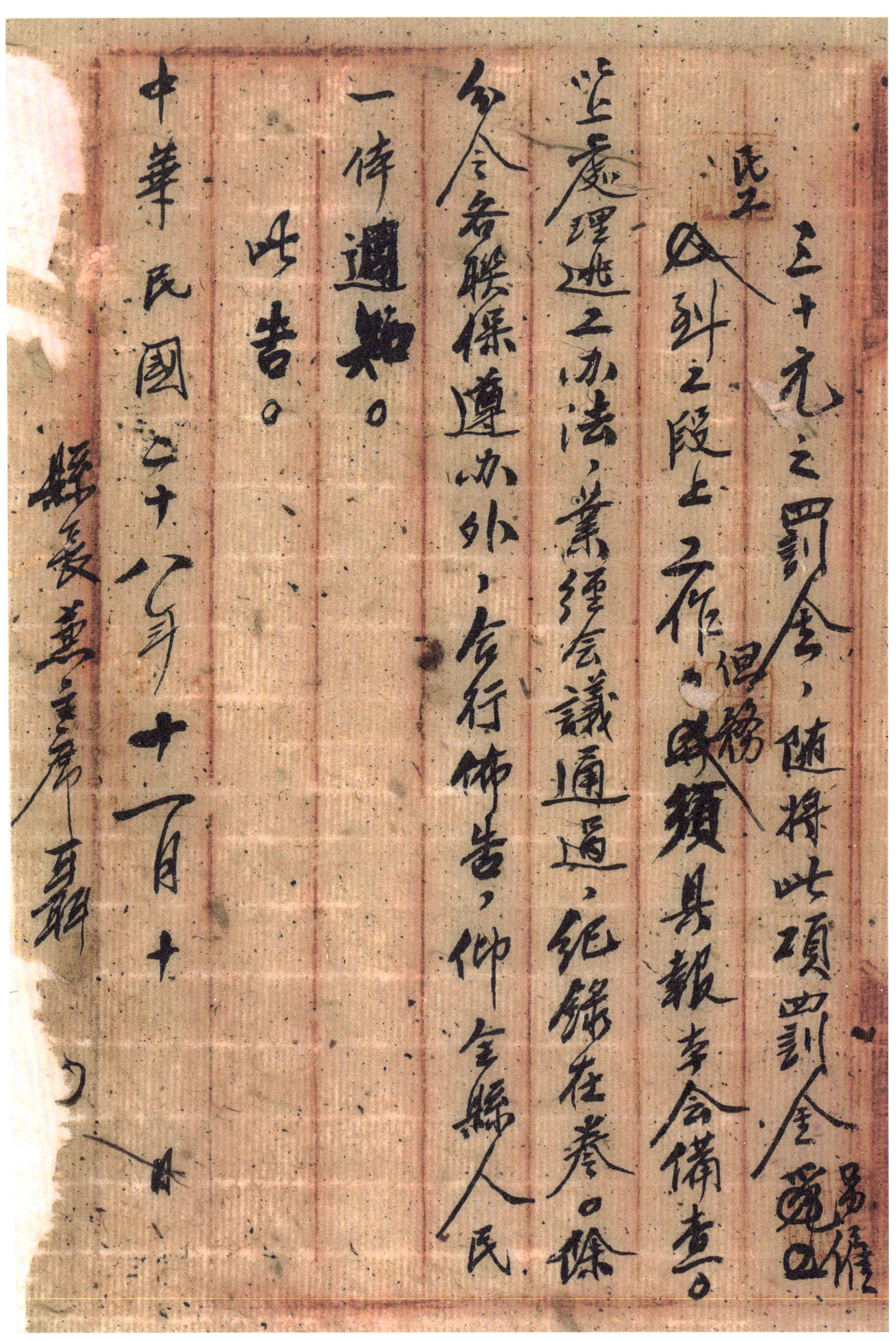

三十元之罰金，隨將此項罰金另儲民工到之段上工作，但務須具報本會備查。

至處理逃工辦法，業經會議通過，紀錄在卷。除分令各縣保遵辦外，合行佈告，仰全縣人民一體遵知。

此告。

中華民國二十八年十一月十 日

縣長兼主席 王[illegible]

会理县民工第八联队关于请提前指示整理和搬运工作以使民工回家过年致该县征工筑路委员会的呈
（一九三九年十一月十九日）

呈

竊職隊奉令于小關與鐵蓋樑修築公路當于九月十九日到達二十日分配工作廿一日動工至今已將兩月得上峯指導有方小隊長努力誘導各民工更能仰體時艱流汗苦幹故三小隊于十月廿九日毛路完成二小隊于十一月八日四五兩小隊同于十一月十日均先後毛路完成惟第一小隊工程浩大兼以流行病疫死三病廿故尚有七百二十公尺未告完成除工程較大之半分調二三四五小隊各六十人協助工程較小之半仍由該隊自行工

作均限本月廿日完工其餘民工均負整理路基及搬運碎石責任但因至圖常常
識無公路經驗誠恐功倍事半該工程處驗收時日詒隊長預計之限更爲嚴黃金時日
特專案報請急轉工程處提前指示整理工作搬運工作上最好在十一月十二日俾遵循有
道驗收不誤準時發給憑單庶路面工作得以循序跟進如限完成也查奉調民工多係
貧農兒女私情中心耿耿每于流汗苦幹之際輒想回家過年新春用費感困
攬金據取工作之速成即探悉此項隱情乘時鼓舞策動有以致之復查中華
民族素重信義苟失去中心信仰則將來之隱患伏藏實不能抑制不敢
緘默以詒後害用特據實具文呈請
鈞會俯賜鑒核准予派員查驗并准核轉工程處提前辦理實沾德便再按
職隊實有人數計五八五人如工程處遲延一日即受損失在一百九十元之譜

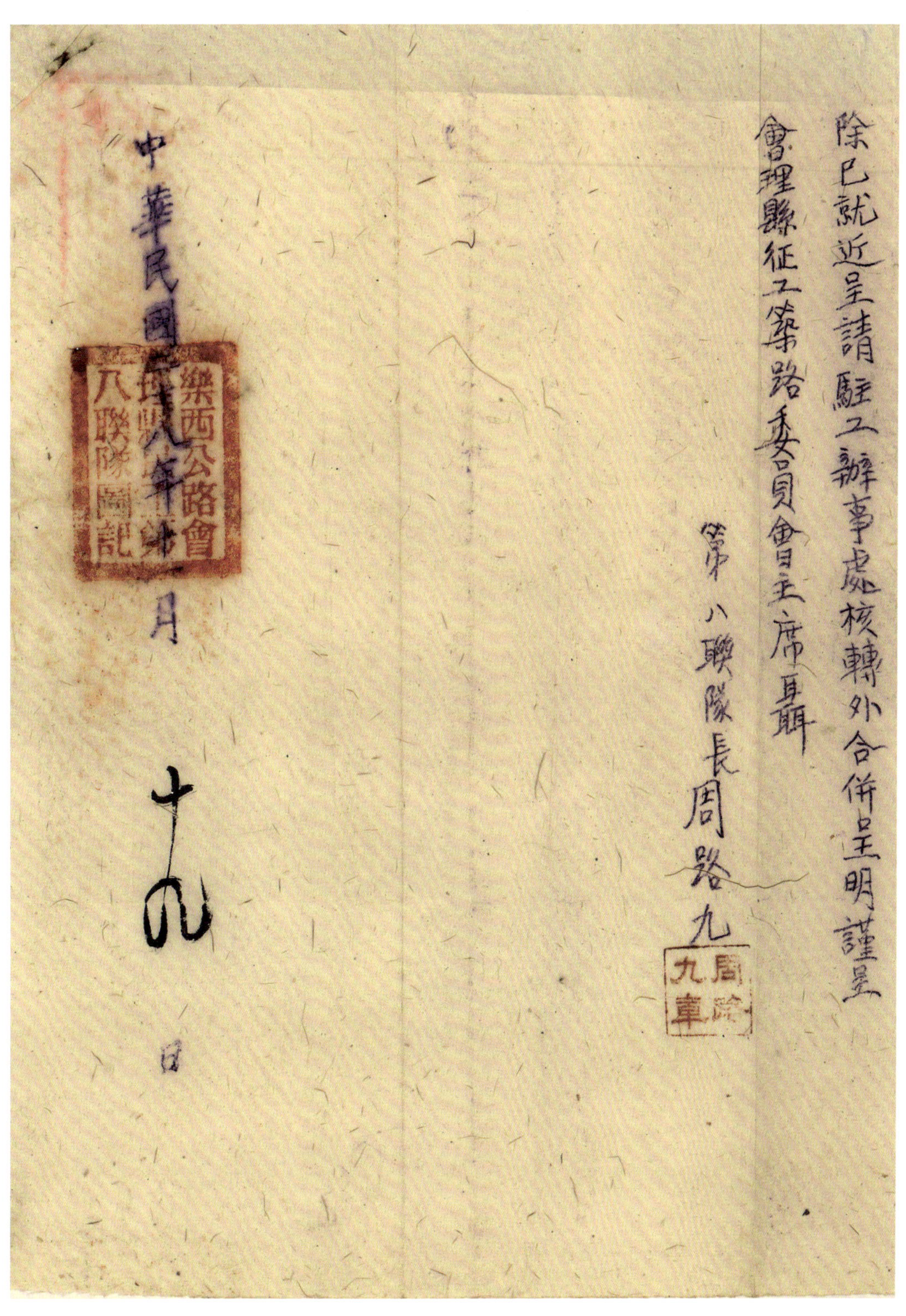

除已就近呈請駐工辦事處核轉外合併呈明謹呈

會理縣征工築路委員會主席聶

第八聯隊長周路九

中華民國卅八年十一月十九日

## 督工员曹璞关于会理县民工第十联队、十一联队工作情形致该县民工总队代理总队长姚凤喈的报告（一九三九年十一月二十日）

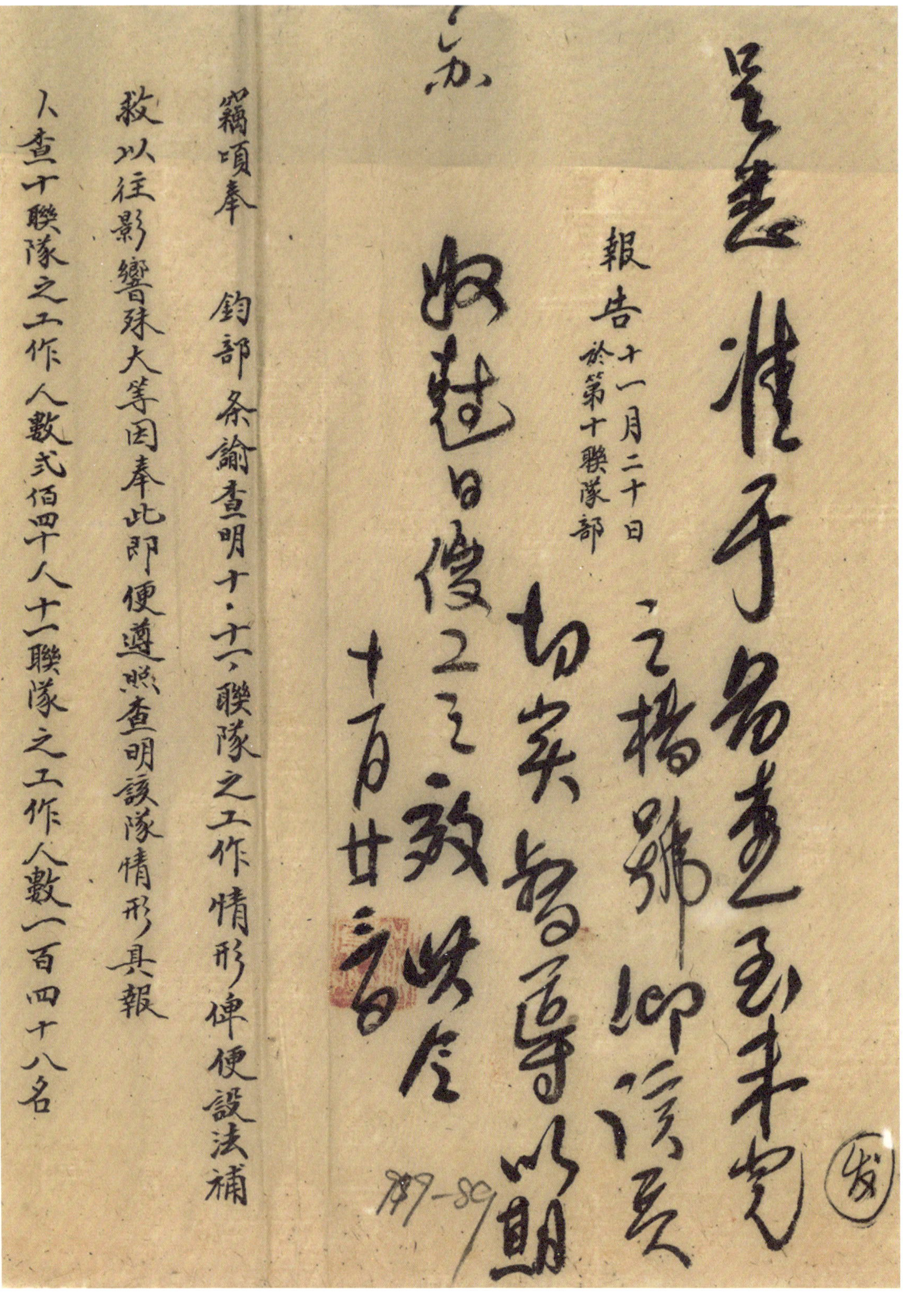

報告 十一月二十日 於第十聯隊部

竊頃奉 鈞部条諭查明十、十一聯隊之工作情形俾便設法補救以往影響殊大等因奉此即便遵照查明該隊情形具報

如查十聯隊之工作人數弍佰四十人十一聯隊之工作人數一百四十八名

乙、查十聯隊已成之樁號柒拾伍個共一千五百公尺十一聯隊已成之樁號陸拾弍個共一千二百四十公尺

丙、查十聯隊未成之樁號玖拾個未作十一聯隊未成之樁號陸拾四個未作

是否有當以沾公便

謹呈

代理總隊長 姚

督工員曹 璞

# 会理县征工筑路委员会关于筑路开工前十项管理的签呈（一九三九年）

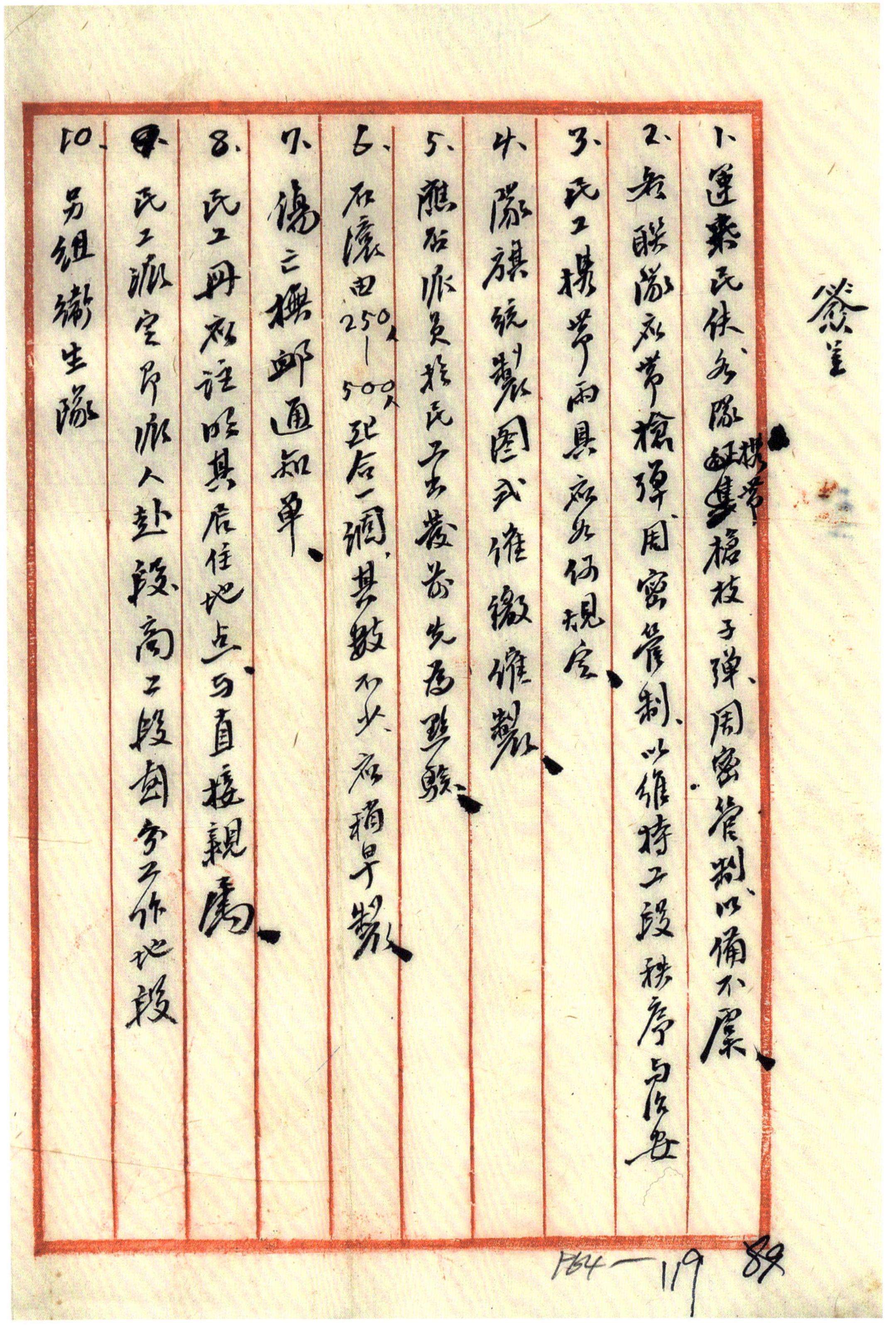

签呈

1. 選派民伕、各隊携帶槍枝子彈、周密管制，以備不虞。
2. 各聯隊應帶槍彈，周密管制，以維持工段秩序與治安。
3. 民工携帶兩具應予何規定。
4. 隊旗統製圖式、準繳維製。
5. 應否派員携民工出發，務先為聯絡。
6. 依壤田250—500人組合一團，其數不少，應稍早製。
7. 編之標郵通知單。
8. 民工冊應註明其居住地點與直接親屬。
9. 民工派定即派人赴段，商工段劃分工作地段。
10. 另組衛生隊。

184—119 88

会理县民工第十六联队关于黄土坡硬石谷实难再挖，并请将部分民工遣归休养等致该县征工筑路委员会驻工办事处杨洁生处长的呈（一九四〇年五月十四日）

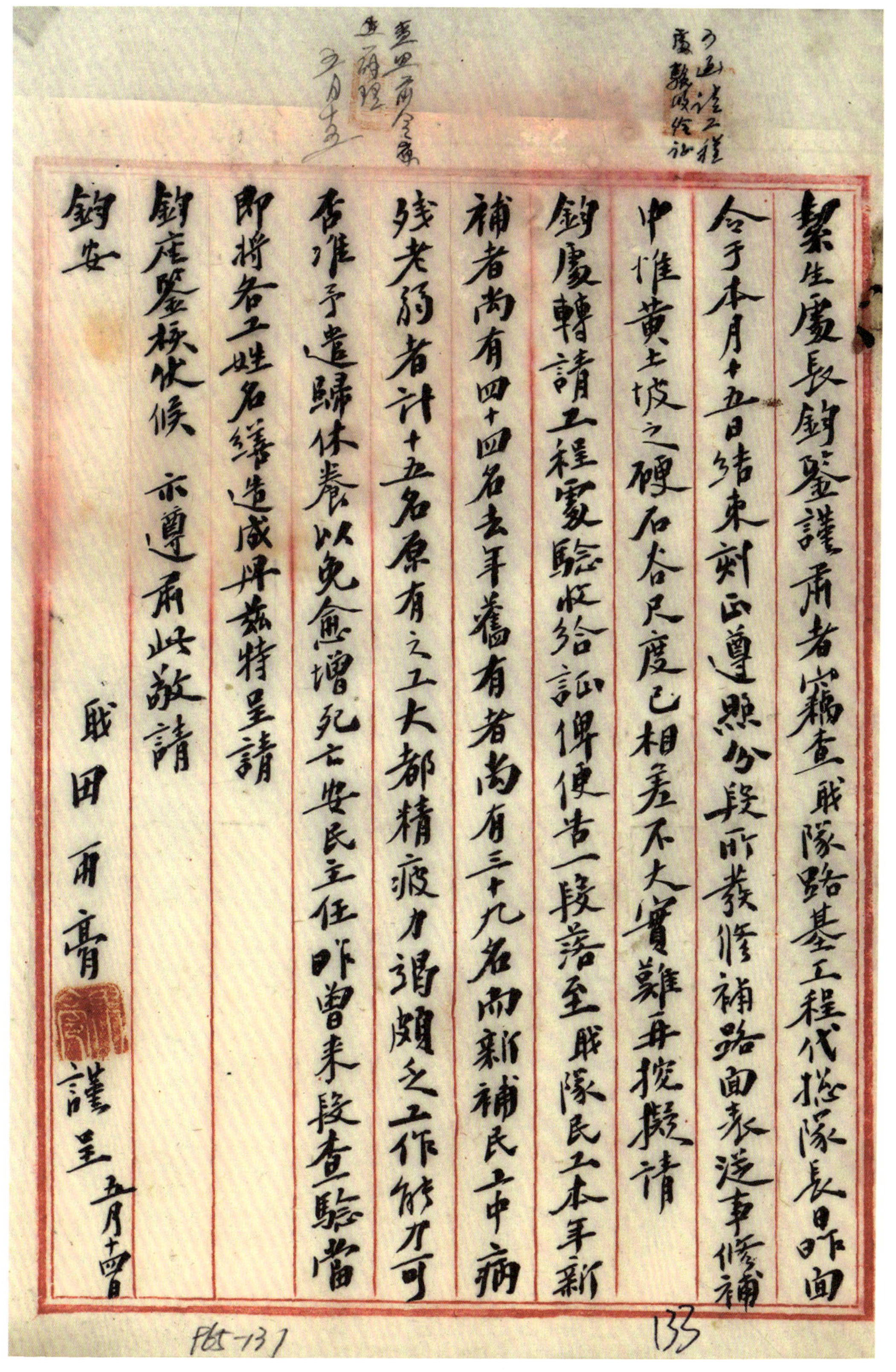

絜生處長鈞鑒：謹肅者，竊查職隊路基工程，代總隊長田昨面令于本月十五日結束，刻正遵照分段所發修補路面表逐事修補中。惟黃土坡之硬石谷尺度已相差不大，實難再挖，擬請鈞處轉請工程處驗收給証，俾便告一段落。至職隊民工本年新補者尚有四十四名，去年舊有者尚有三十九名，而新補民工中病殘老弱者計十五名，原有之工大都精疲力竭，頗乏工作能力，可否准予遣歸休養，以免愈增死亡。安民主任昨曾來段查驗，當即將各工姓名繕造成冊。茲特呈請鈞座鑒核，伏候示遵。肅此敬請

鈞安

職田爾膏謹呈

五月十四日

## 会理县征工筑路委员会关于工段民工管理注意事项的函（一九四〇年）

逕啟者：茲值年關在邇，對於工段民工，應行注意事項列后：

一、各隊民工死亡，應請切實清查，究竟已經填報死亡民工一覽表者若干名，曾照規定填報死亡証明書者若干名，已死未報者若干名，逐一查對明白，詳報來處，以便彙報工程處，請領撫卹燒埋費，照數轉發，以慰幽魂。

二、各聯隊每日在段工作民工，均經監工員查核，填具日報表，呈報貴部，請轉飭各聯隊於造具日報表時，多填一份，呈報本處，以便稽核工粮，將與工程處結算運糧費，不致吃虧。

三、查各聯隊病工，應飭各該聯隊就近請駐縣衛生院醫生，填發證明書，派人率領來霞，按照證明書，發給回籍旅費，遣散回籍，免耗工糧。

四、現一月份屆滿，請將本月運糧費，託監工員出具縣收條單，速寄來霞，以便與工程處結算運費。

五、請查示定運來工糧，除還禮物區署五十籮外，實存若干？可以供給在縣民工幾日？倘年內無米運集，應請先行計劃，以不敷用，須先向胡莊借作準備，以免臨渴掘井，無濟於事。

# 三、施工管理

# 关于造报工役报告及计划的相关文件

## 西康省政府关于催报工役成绩报告暨工役计划致会理县政府的训令（一九三九年二月十四日）

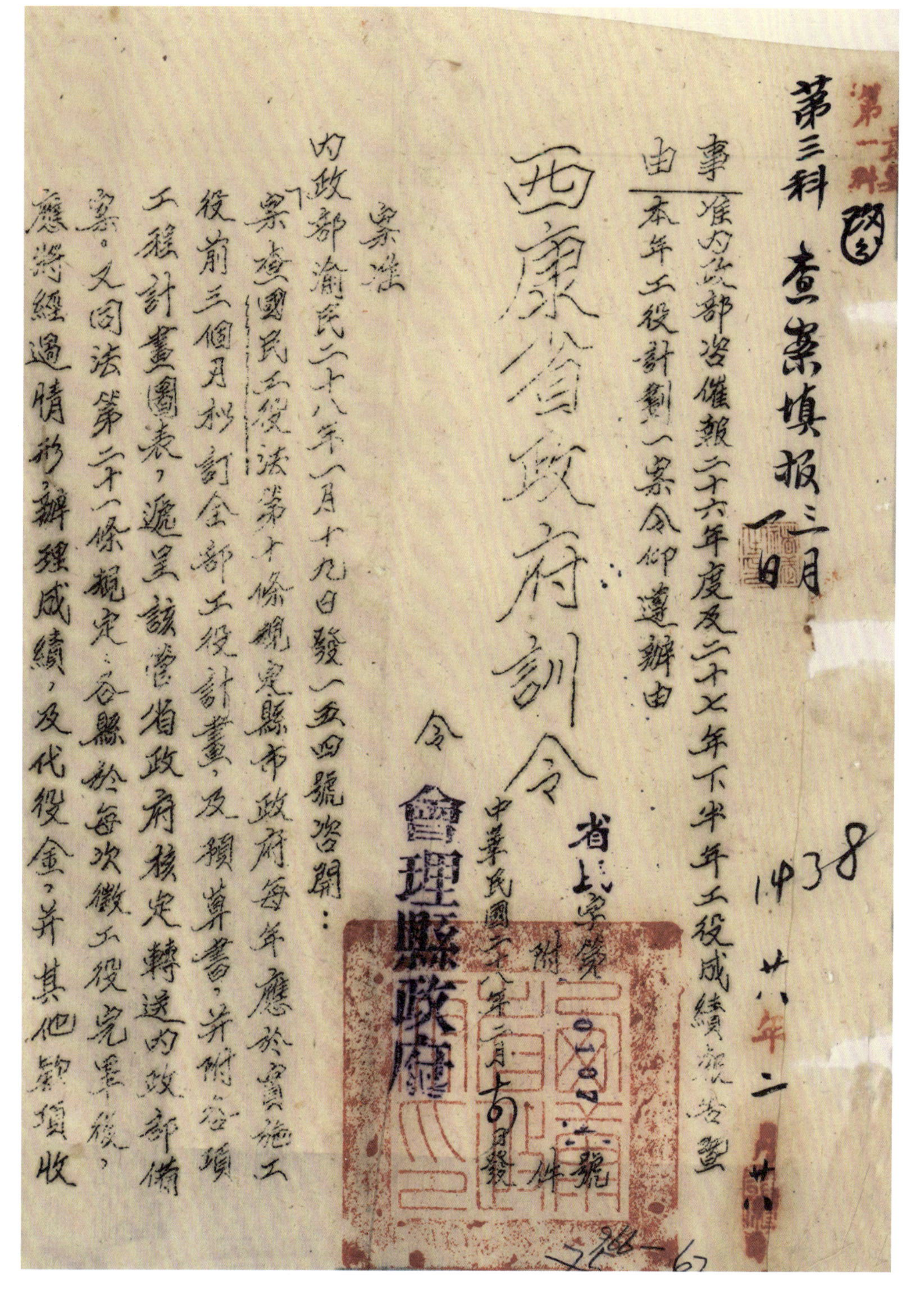

第三科 查案填报 三月

事由：准内政部咨催报二十六年度及二十七年下半年工役成绩报告暨本年工役计划一案令仰遵办由

西康省政府训令 省民字第0107号

附件

令会理县政府

中华民国二十八年二月十四日发

案准

内政部渝民二十八年一月十九日发一五四号咨开：

案查国民工役法第十条规定县市政府每年应于实施工役前三个月拟订全部工役计划，及预算书，并附各项工程计划图表，递呈该管省政府核定转送内政部备案。又同法第二十一条规定，各县于每次征工役完毕后，应将经过情形办理成绩，及代役金，并其他帐项收支數月，作成圖表，遞呈內政部備案，現各省國民工役工作上年度業經結束，本年度行將開始，依照各省市國民工役工作成績考核及獎懲辦法第四條第一項之規定，本部亟應彙集各省市辦理工役概況呈報行政院考核，以符法案。茲查貴省政府所屬各縣市二十六年及二十七年下半年所有國民工役工作成績報告未准彙轉到部，事關抗戰建國要政，相應咨請查照嚴令所屬各縣市，迅將二十六年度及二十七年下半年工役報告，暨本年度工役計畫，依法呈報彙轉來部，俾憑辦理為荷。此咨」

等由准此；查此案前准

內政部渝民字第八五零號咨催到會，經于二十七年十一月十九日以政民字第一三四五號訓令，飭仰遵照填報核轉各在案。迄今數月，雖據各縣局區先後呈報前來，但經分別審核，或以表式填寫不合規定，或以造報份數不敷存轉，或少報告總表，或無施行計劃，關于二十七年施工時收支代役金數目及工程圖表，呈報者甚鮮；二十八年工役預算書，及各項工程計劃圖表，更無一縣造賫，似此闕而不全，殊碍核轉，業經分别指令並迭令嚴催在案。其至今未報各縣，辦事因循，更有未合，准咨前由，除分行外，合再令催，仰該縣即便遵照前令各令，迅將上年工役成績報告各項圖表，暨本年工役計劃，及預算書，并各項工程計劃圖表等項，其未經造報，或不合規定發還另行更正之各件，一律依式各造二分，呈送彙辦，勿再泄沓，致干嚴議，特再將應行造報各項計劃圖表，詳列附發，令仰飭遵。

此令。

附各县局应行造报国民工役工程各项图表计划名称数目单

1、自卫工程成绩报告分表及图各二份。
2、筑路工程成绩报告分表及图各二份。
3、造林工程成绩报告分表及图各二份。
4、水利工程成绩报告分表及图各二份。
5、国民工役概况报告总表二份。
6、施工时收支代役金数目表二份。
7、二十八年工役施行计划二份。
8、二十八年各项工役预算书二份。
9、二十八年各项工程图表计划各二份。

主席 刘文辉

民政厅长 段班级

西康省政府关于造报工役工作及计划致会理县政府的训令（一九三九年四月十九日）

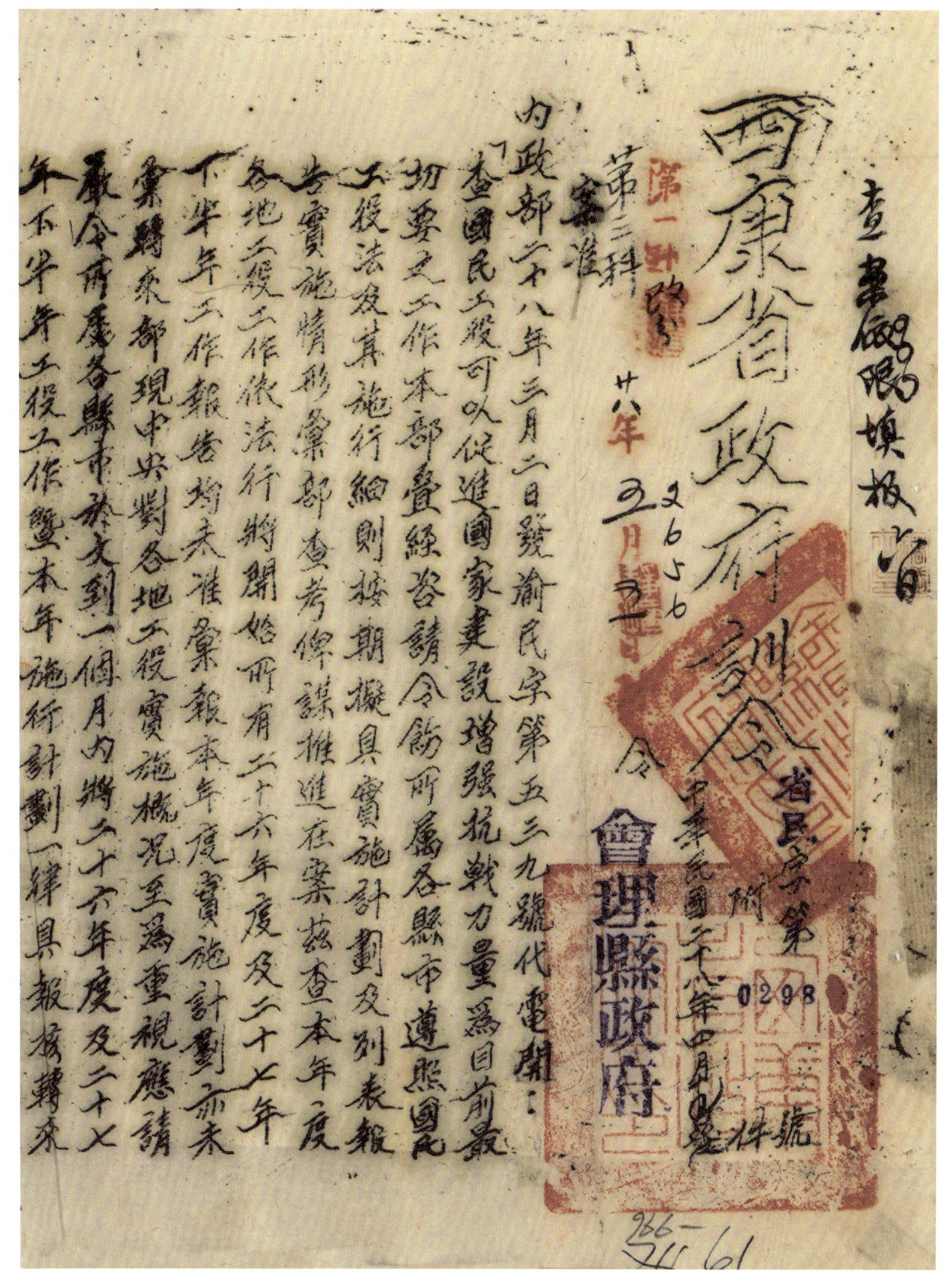

查案限期填報

西康省政府訓令　省民字第　號　附件　中華民國二十八年四月　日發

令會理縣政府

第一科收文　廿八年五月二日　2656

第二科

案准

內政部二十八年三月二日發渝民字第五三九號代電開：「查國民工役可以促進國家建設，增強抗戰力量，為目前最切要之工作。本部疊經咨請令飭所屬各縣市遵照國民工役法及其施行細則按期擬具實施計劃及列表報告實施情形彙部查考，俾謀推進在案。茲查本年度各地工役工作依法行將開始，所有二十六年度及二十七年下半年工作報告均未准彙報，本年度實施計劃亦未彙轉來部。現中央對各地工役實施概況至為重視，應請嚴令所屬各縣市於文到一個月內將二十六年度及二十七年下半年工役工作暨本年施行計劃一律具報，核轉來

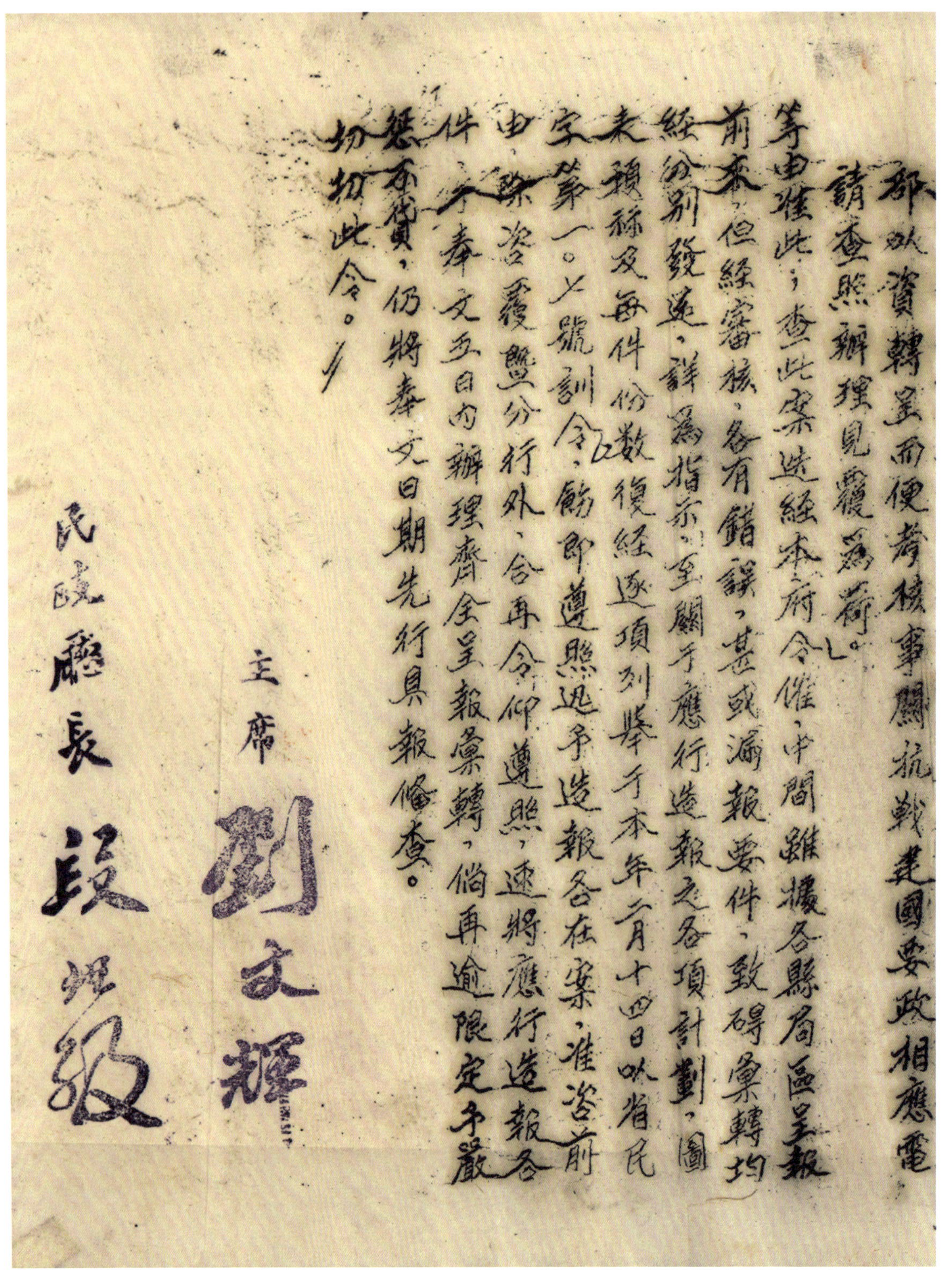

部以資轉呈而便考核事關抗戰建國要政相應電
請查照辦理見覆爲荷」。
等由。准此。查此案迭經本府令催，中間雖據各縣局區呈報
前來，但經審核，各有錯誤，甚或漏報要件，致礙彙轉，均
經分別發還，詳爲指示。至關于應行造報之各項計劃，圖
表穎稱及每件份數，復經逐項列舉于本年六月十四日以省民
字第一〇七號訓令，飭即遵照迅予造報各在案。准咨前
由，除咨覆暨分行外，合再令仰遵照，速將應行造報各
件，于奉文五日內辦理齊全呈報彙轉，倘再逾限定予嚴
懲不貸，仍將奉文日期先行具報備查。
切切此令。

主席 劉文輝
民政廳長 段班級

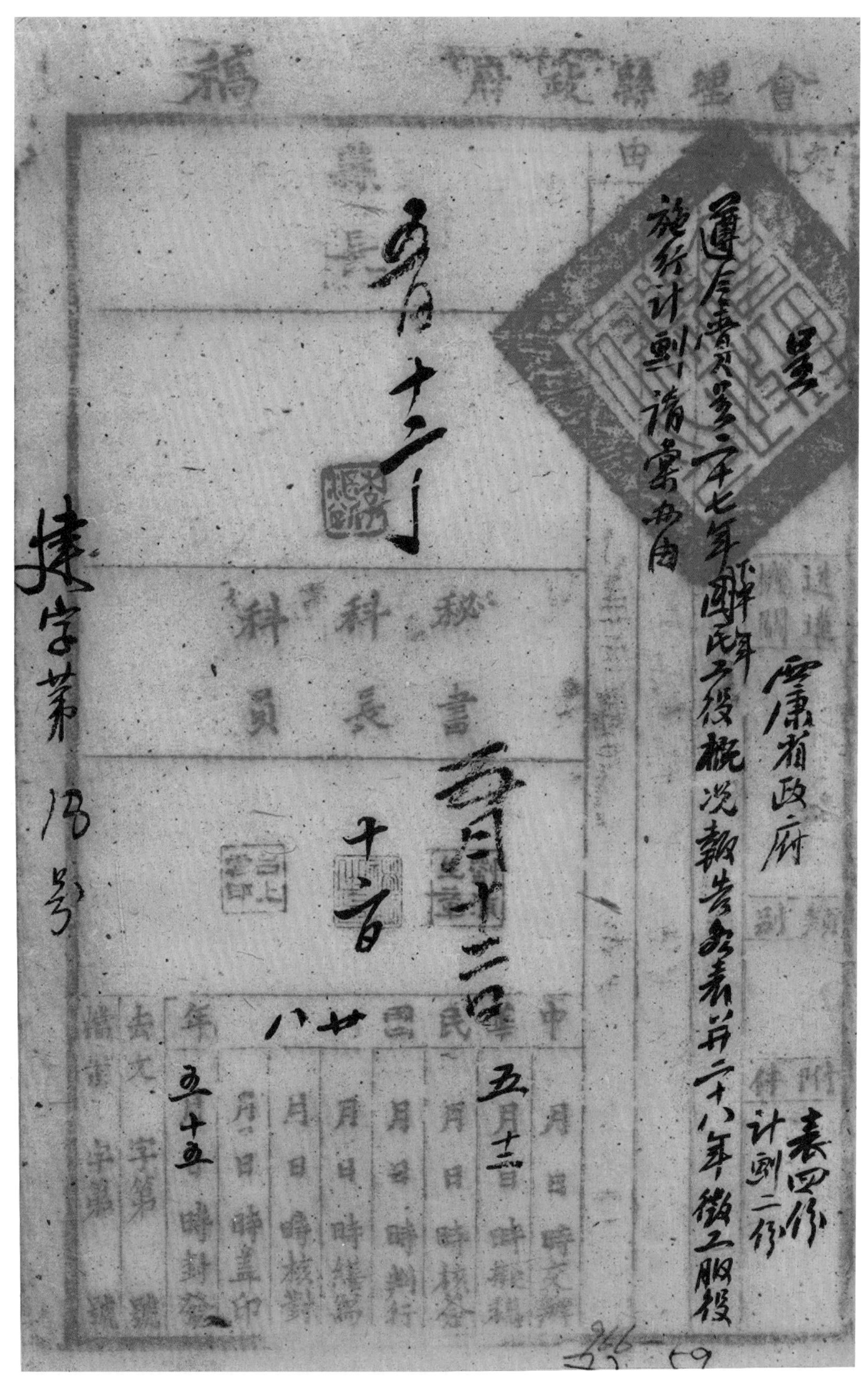

会理县政府关于上报民工工役概况报告及征工服役施行计划致西康省政府的呈（一九三九年五月十五日）

五月五日，案奉

鈞府省民字第□二九八號訓令內開：

案准

內政部二十八年三月三日警渝民字第五五九號代電開（略）合再令仰遵照，速將應行造報各件，於奉文五日內辦理齊全，呈報候彙轉備查，毋得延宕，自干嚴懲不貸，仍將奉文日期先行具報備查。此令。

等因。奉此，查二十六年度徵工築路（工程由縣）報告表及二十七年度服役施行計劃，前於奉到

西康建省委員會政民字第一三四五號訓令，即遵擬報去訖。副奉

飭府甯民字第〇〇八二號指令

呈暨附件均悉。查所賫成績報告分表表式係

由省呈廳核與規定由府而省不符（略）再上項表報暨

計劃書均應造報二份，以憑存轉合併飭遵。此令

附件分别存發，計發還原呈報告分表一份。

等因。遵即填具國民工役概況報告總表，及路政成績報

告分表，連同補繕二十七年徵工服役施行計劃，一併於本年

四月六日呈報在案。

茲奉前因，理合繕具二十七年下半年國民工役概況報告總表

及徵工服役修築路工程成績報告分表，并擬具二十八年征工服

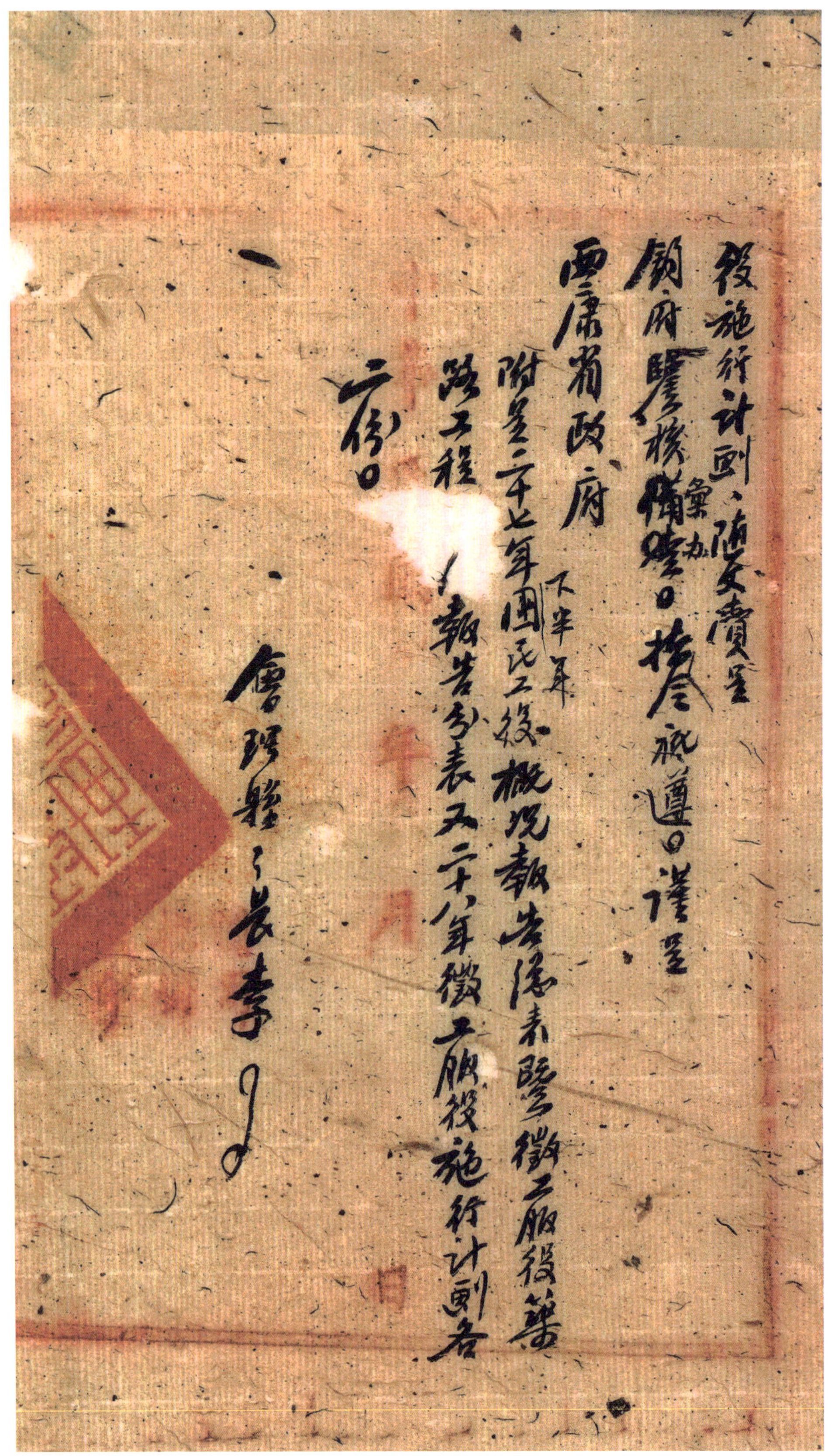
役施行計劃，隨文賫呈
鈞府鑒核備查彙辦，核令祗遵。謹呈
西康省政府
附呈二十七年下半年國民工役概況報告總表暨徵工服役籌辦工程報告分表及二十八年徵工服役施行計劃各
府會
會理縣縣長李

## 乐西公路工程处工务第六总段、会理县征工筑路委员会、民工第七联队关于第七联队第四小队铺筑路面须按工作顺序进行的相关文书

乐西公路工程处工务第六总段致会理县征工筑路委员会驻工办事处的公函（一九三九年六月三日批示）

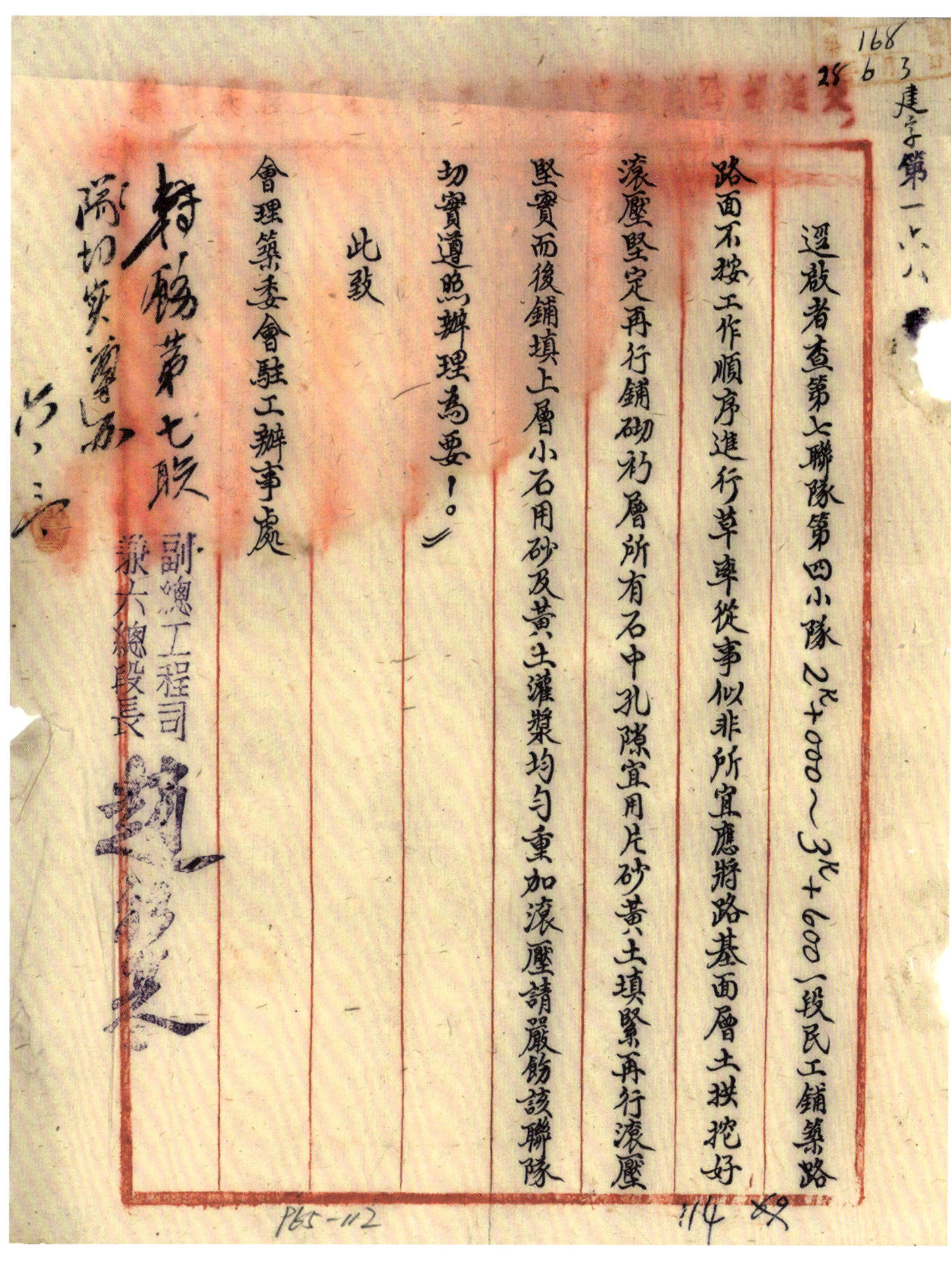

建字第一六八

逕啟者：查第七聯隊第四小隊2K+000～3K+600一段民工鋪築路路面不按工作順序進行，草率從事，似非所宜。應將路基面層土拱挖好滾壓堅定，再行鋪砌初層，所有石中孔隙宜用片砂、黃土填緊，再行滾壓堅實，而後鋪填上層小石，用砂及黃土灌漿均勻，重加滾壓。請嚴飭該聯隊切實遵照辦理為要！

此致

會理築委會駐工辦事處

特務第七股

副總工程司兼六總段長 趙□□

□切實辦 六、三

# 会理县征工筑路委员会致第七联队的训令（一九三九年六月）

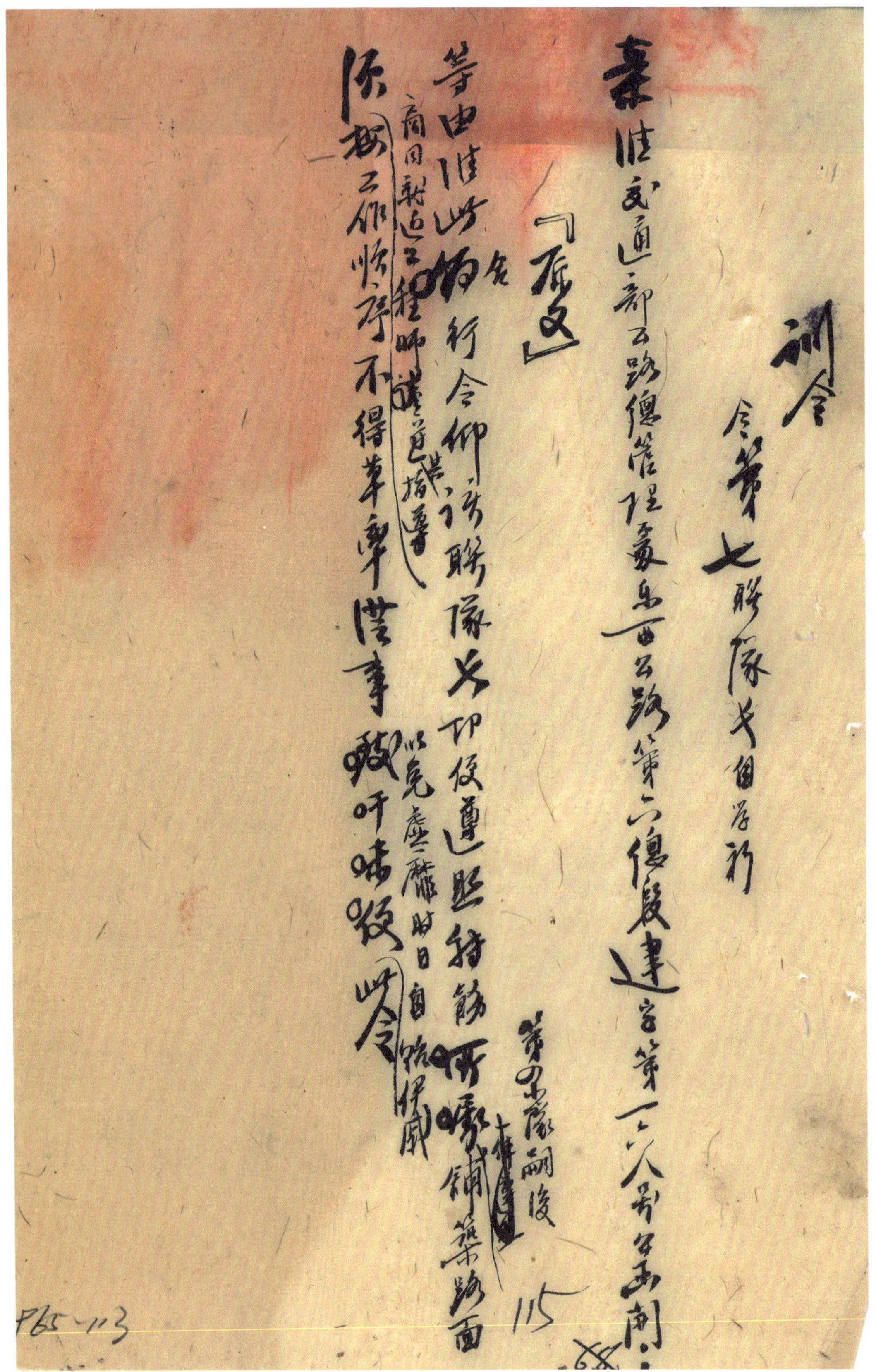

训令

令第七联队长曾学行

案准交通部公路总管理处乐西公路第六总段建字第一二八号公函开：

「原文」

等由；准此，合行令仰该联队长切实遵照，转饬第四分队嗣后铺筑路面须商同驻段工程师，遵照指导，按工作慎重，不得草率从事，致干咎戾，以免虚靡时日，自贻伊戚。此令。

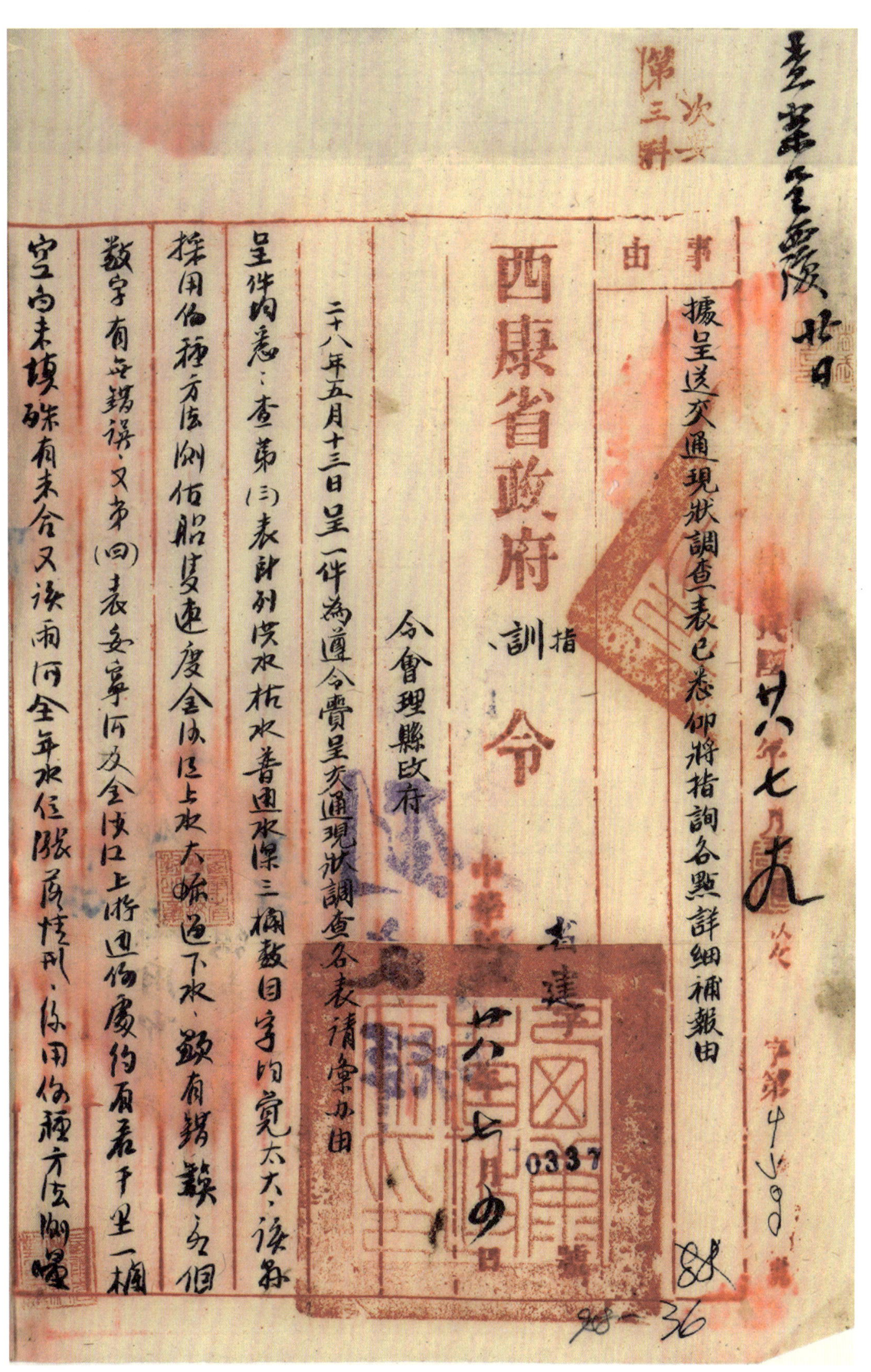

西康省政府 指訓令

事由：據呈送交通現狀調查表已悉仰將指詢各點詳細補報由

令會理縣政府

二十八年五月十三日呈一件為遵令賫呈交通現狀調查各表請察核由

呈件均悉。查第(三)表所列洪水枯水普通水深三欄數目字均覺太大，該縣採用何種方法測估船隻速度？金沙江上水太[illegible]過下水，顯有錯誤。又個數字有無錯誤？又第(四)表安寧河及金沙江上游通航處約有若干里一欄空白尚未填，殊有未合。又該兩河全年水位漲落情形，係用何種方法測量

中華民國廿八年七月四日

西康省政府关于重新核对金沙江洪水枯水普通水深补报调查表致会理县政府的训令（一九三九年七月四日）

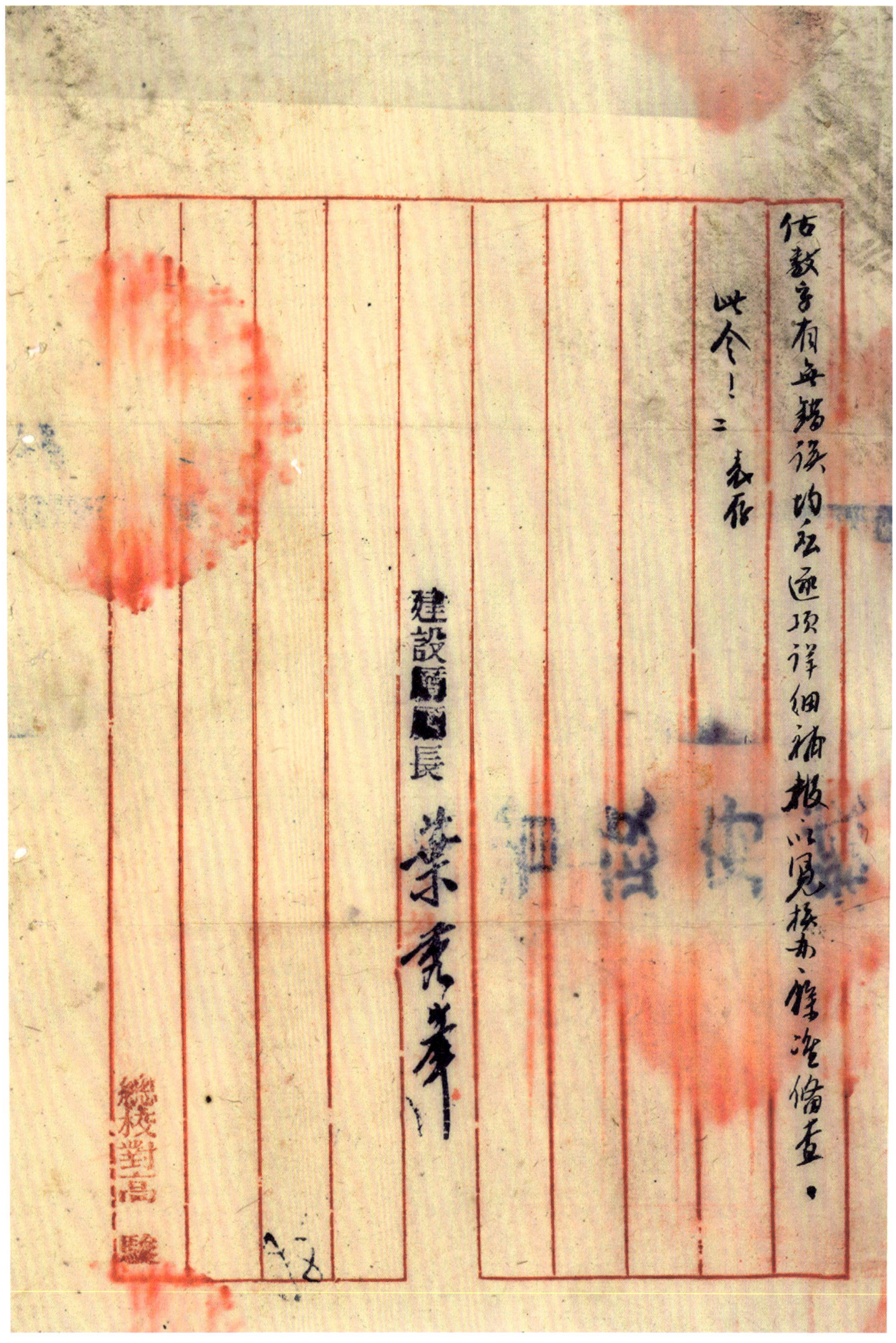

估數字有無錯誤，均應逐項詳細補報，以憑核辦。餘准備查。

此令。二表存

建設廳廳長 葉秀峰

總校對高驗

西康省政府与会理县政府关于更正该县提交的交通现状调查表第三、四两表的来往文书

西康省政府致会理县政府指令（一九三九年九月十四日）

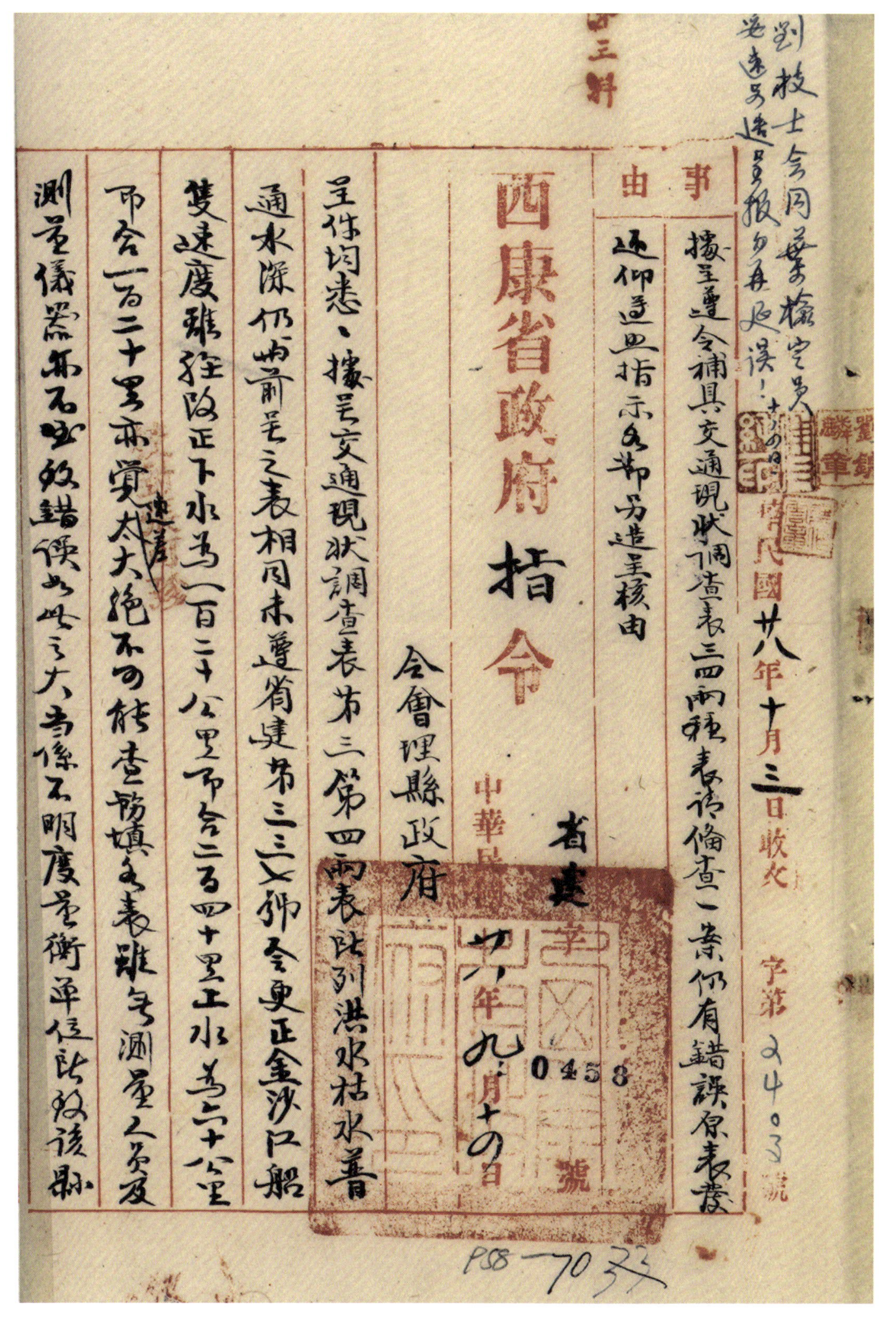

既該縣政府竟疏忽至此嗣後對於本府令填之表至應參照新度量衡妥慎填列再能通航河流調查表金沙江自大盆河通至龍街約一百卅公里不能通航調查表亦填列金沙江自大盆河至龍街約一百五十公里填列矛盾殊屬不合原件發還仰即遵照指示各節詳為更正呈核為要。

此令！　原表發還另造

主席　劉文輝

建設廳廳長　葉秀峰

監印　徐士貴

校對　張可珍

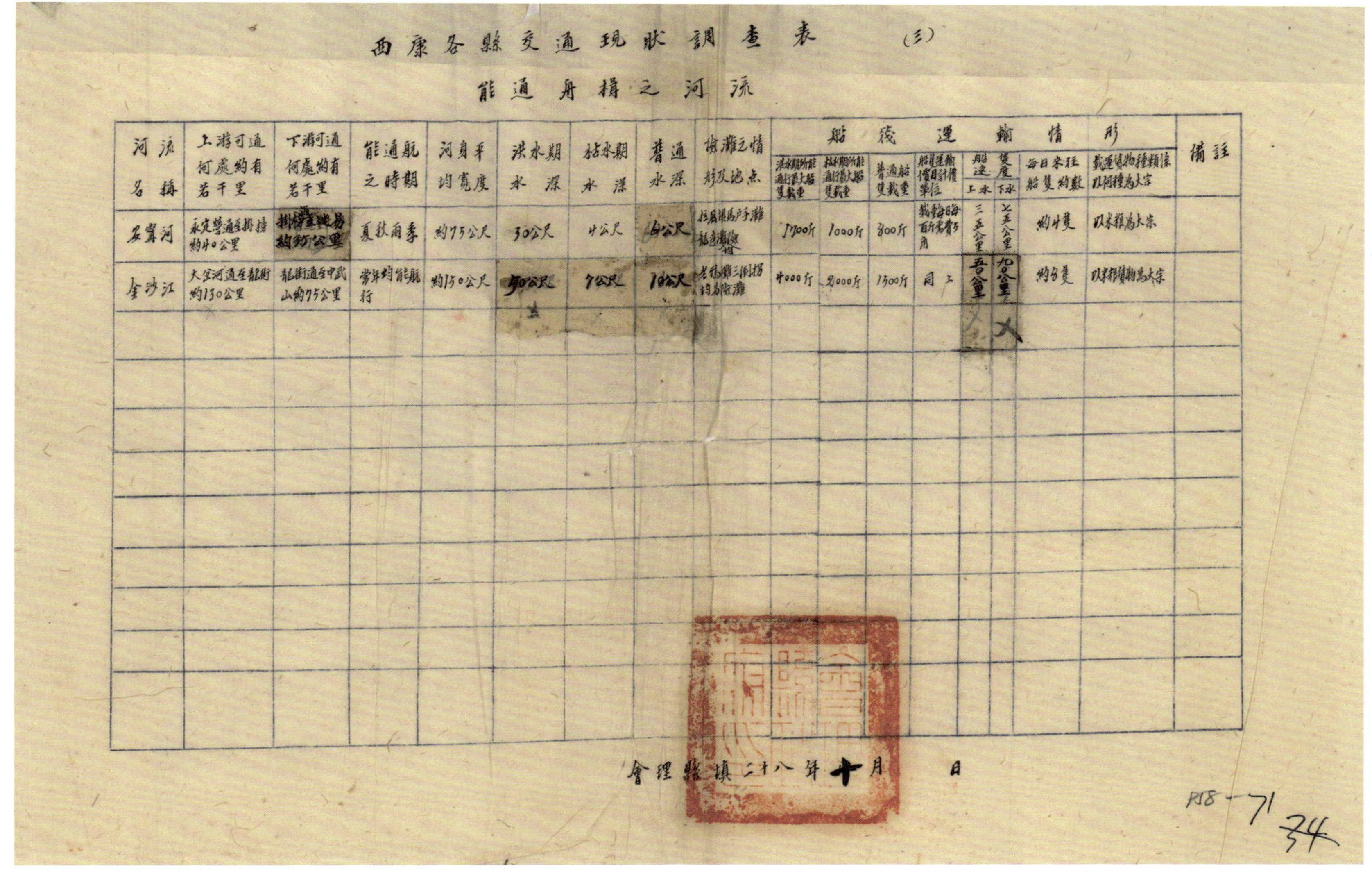

# 西康各縣交通現狀調查表 (三)

## 能通舟楫之河流

| 河流名稱 | 上游可通何處約有若干里 | 下游可通何處約有若干里 | 能通航之時期 | 河身平均寬度 | 洪水期水深 | 枯水期水深 | 普通水深 | 險灘之情形及地点 | 船筏運輸情形：洪水期所能通行最大船隻載重 | 枯水期所能通行最大船隻載重 | 普通船隻載重 | 船隻運輸價目計價單位 | 船速度：上水 | 船速度：下水 | 每日來往船隻約數 | 載運貨物種類係以何種為大宗 | 備註 |
|---|---|---|---|---|---|---|---|---|---|---|---|---|---|---|---|---|---|
| 安寧河 | 永定營通至掛搭約40公里 | 掛搭通至[illegible]約95公里 | 夏秋兩季 | 約75公尺 | 30公尺 | 4公尺 | 6公尺 | 拉馬[illegible]馬戶子灘龍達灘[illegible] | 1700斤 | 1000斤 | 800斤 | 載重每日每百斤需費5角 | 三五公里 | 七五公里 | 約4隻 | 以米糧為大宗 | |
| 金沙江 | 大宮河通至龍街約130公里 | 龍街通至中武山約75公里 | 常年均能航行 | 約150公尺 | 50公尺 | 7公尺 | 10公尺 | 老鴉灘三倒拐均為險灘 | 4000斤 | 2000斤 | 1500斤 | 同上 | 五〇公里 | 九〇公里 | 約6隻 | 以米糧貨物為大宗 | |

會理縣填 二十八年 十 月 日

R18-71 34

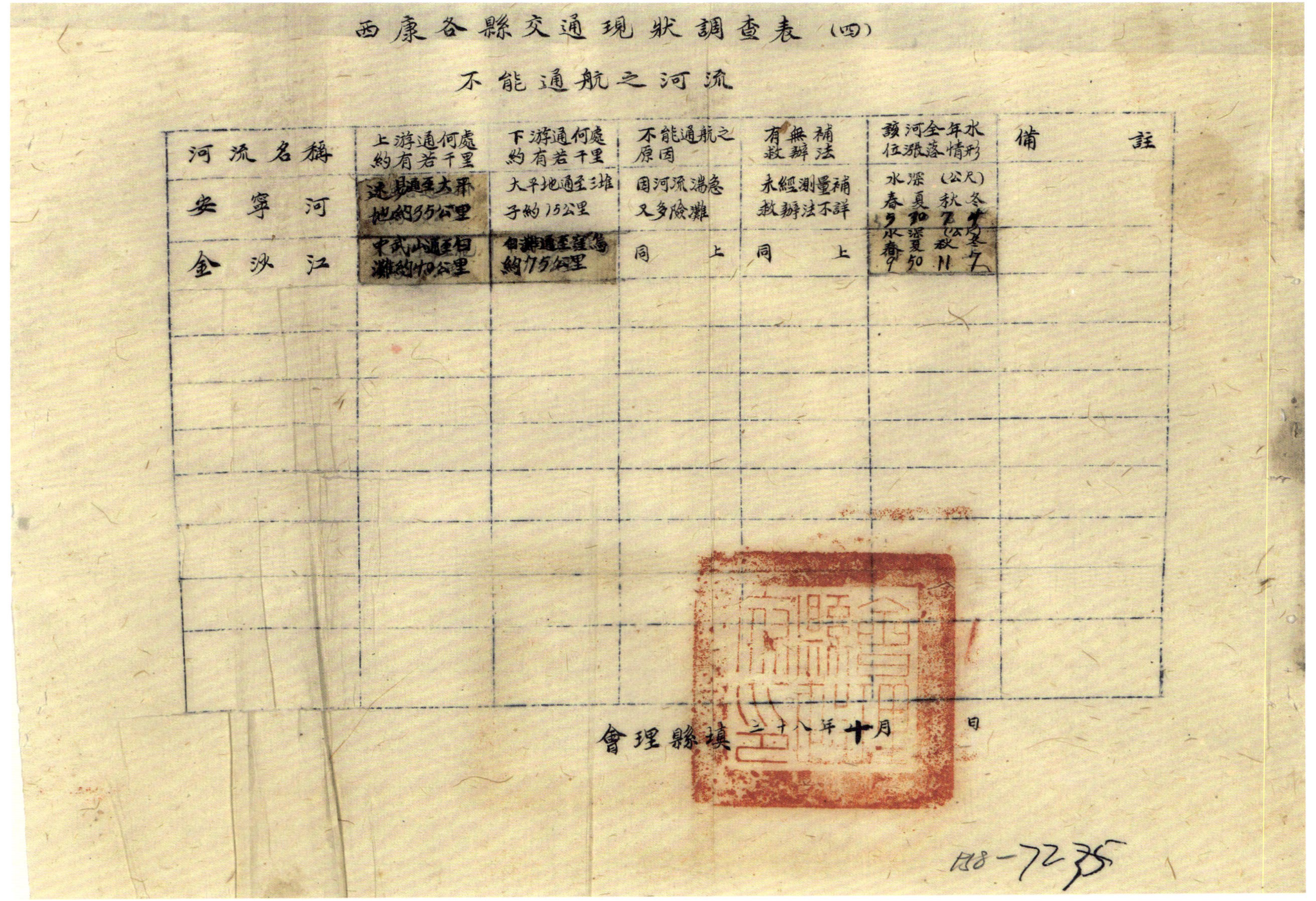

西康各縣交通現狀調查表（四）

不能通航之河流

| 河流名稱 | 上游通何處約有若干里 | 下游通何處約有若干里 | 不能通航之原因 | 有無補救辦法 | 該河全年水位漲落情形 | 備註 |
| --- | --- | --- | --- | --- | --- | --- |
| 安寧河 | 迷易通至大平地約35公里 | 大平地通至三堆子約15公里 | 因河流湍急又多險灘 | 未經測量補救辦法不詳 | 水深（公尺）春 夏 秋 冬 5 10 7 4 | |
| 金沙江 | 中武山通至白灘約470公里 | 白灘通至[illegible]約775公里 | 同上 | 同上 | 水深（公尺）春 夏 秋 冬 9 50 11 7 | |
| | | | | | | |
| | | | | | | |
| | | | | | | |
| | | | | | | |
| | | | | | | |
| | | | | | | |
| | | | | | | |

會理縣填　二十八年十月　日

会理县政府致西康省政府的呈（一九三九年十月十三日）

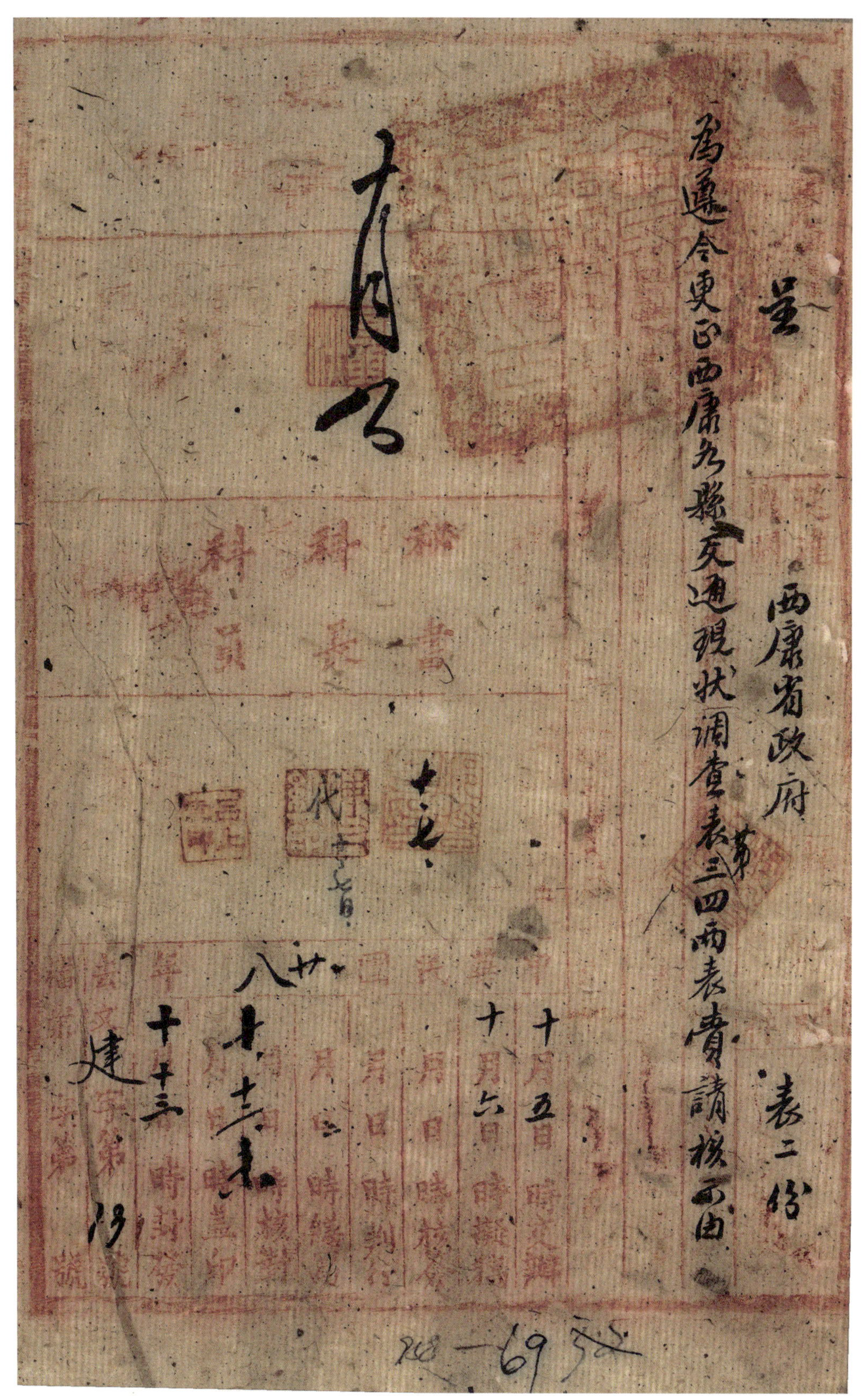

呈

西康省政府

為遵令更正西康各縣交通現狀調查表第三、四兩表賫請核示由

表二份

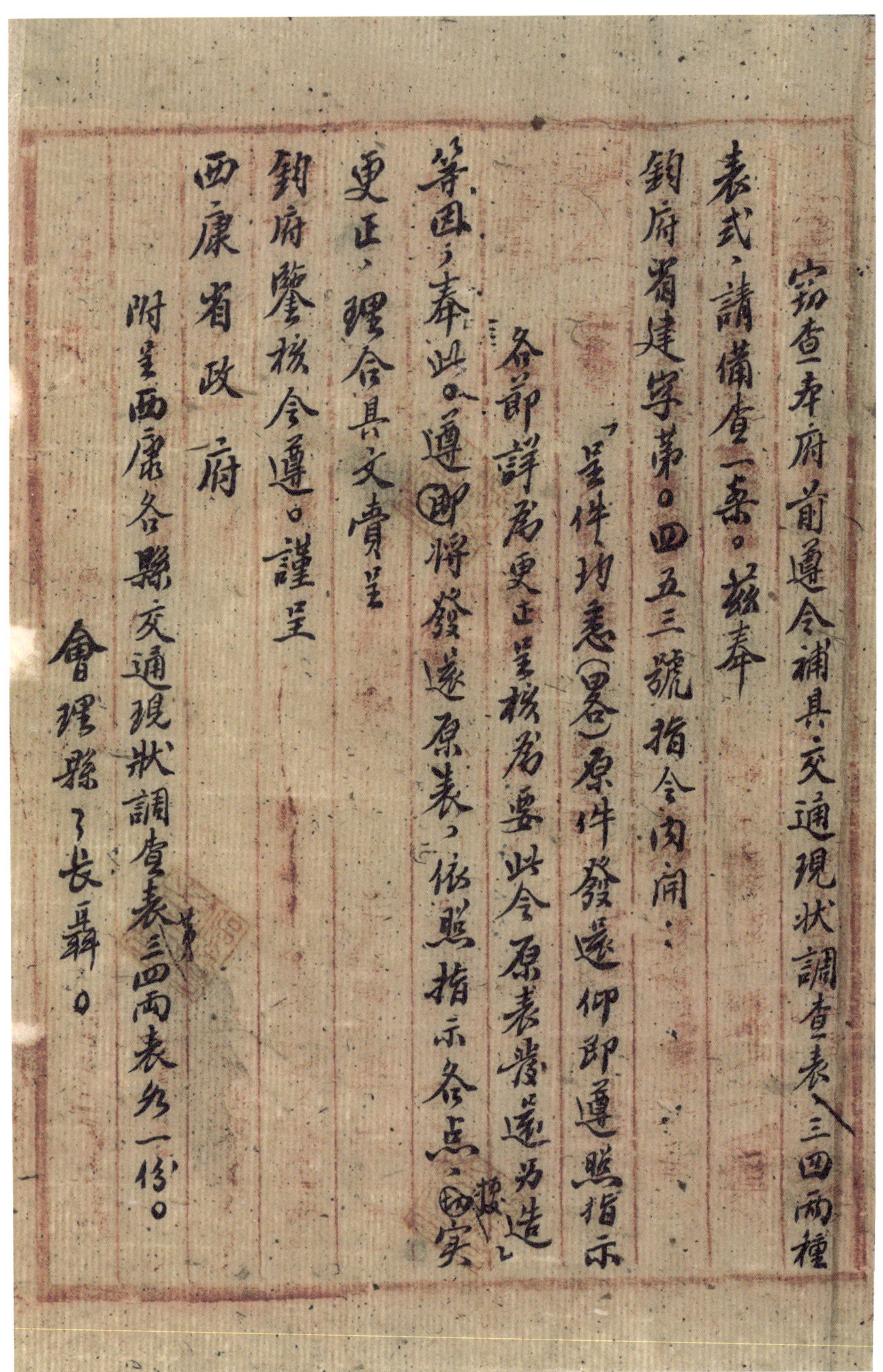

窃查本府前遵令补具交通现状调查表（三四两种表式），请备查一案。兹奉

钧府省建字第〇四五三号指令内开：

「呈件均悉（略）原件发还，仰即遵照指示各节详为更正呈核为要。此令。原表发还。另造」

等因。奉此，遵即将发还原表依照指示各点，按实更正，理合具文赍呈

钧府鉴核令遵。谨呈

西康省政府

附呈西康各县交通现状调查表第三四两表各一份。

会理县县长聂〇

会理县征工筑路委员会关于修补西昌县小庙机场土方工作表（一九三九年九月二十六日）

土方工作

九月廿六日至十月二日止计七天

| 队别 | 土方 | 方价 | 另加土方管程 | 总价 |
| --- | --- | --- | --- | --- |
| 一联队 | 4750 | 855.00 | 475.00 | 1330.00 |
| 二〃〃 | 950 | 171.00 | 95.00 | 266.00 |
| 三〃〃 | 1490 | 268.20 | 149.00 | 417.20 |
| 四〃〃 | 3000 | 540.00 | 300.00 | 840.00 |
| 六〃〃 | 2600 | 468.00 | 260.00 | 728.00 |
| 8. | 250 | 45.00 | 25.00 | 70.00 |
| 4 | 183 | 3294 | 18.30 | 51.24 |
| 合计 | | | | 3702.44 |

修補机場（九月廿二日至十月二日止）

| | | |
|---|---|---|
| 小中隊 | 323工 | 64.60 |
| 九小隊 | 517工 | 103.40 |
| 六[illegible]隊 | ~~六[illegible]隊~~ 231工 | 46.20 |
| | | |
| 会理隊 | 石方（九月廿六日至十月二日止計七天）<br>270方 | $405.00 |
| | 雨天津貼 | 406.00 |

## 会理县民工第七联队与该县征工筑路委员会关于某工作地段均属滥泥田坝工作困难等事项的来往文书

会理县民工第七联队致该县征工筑路委员会驻工办事处的报告（一九三九年十月十九日）

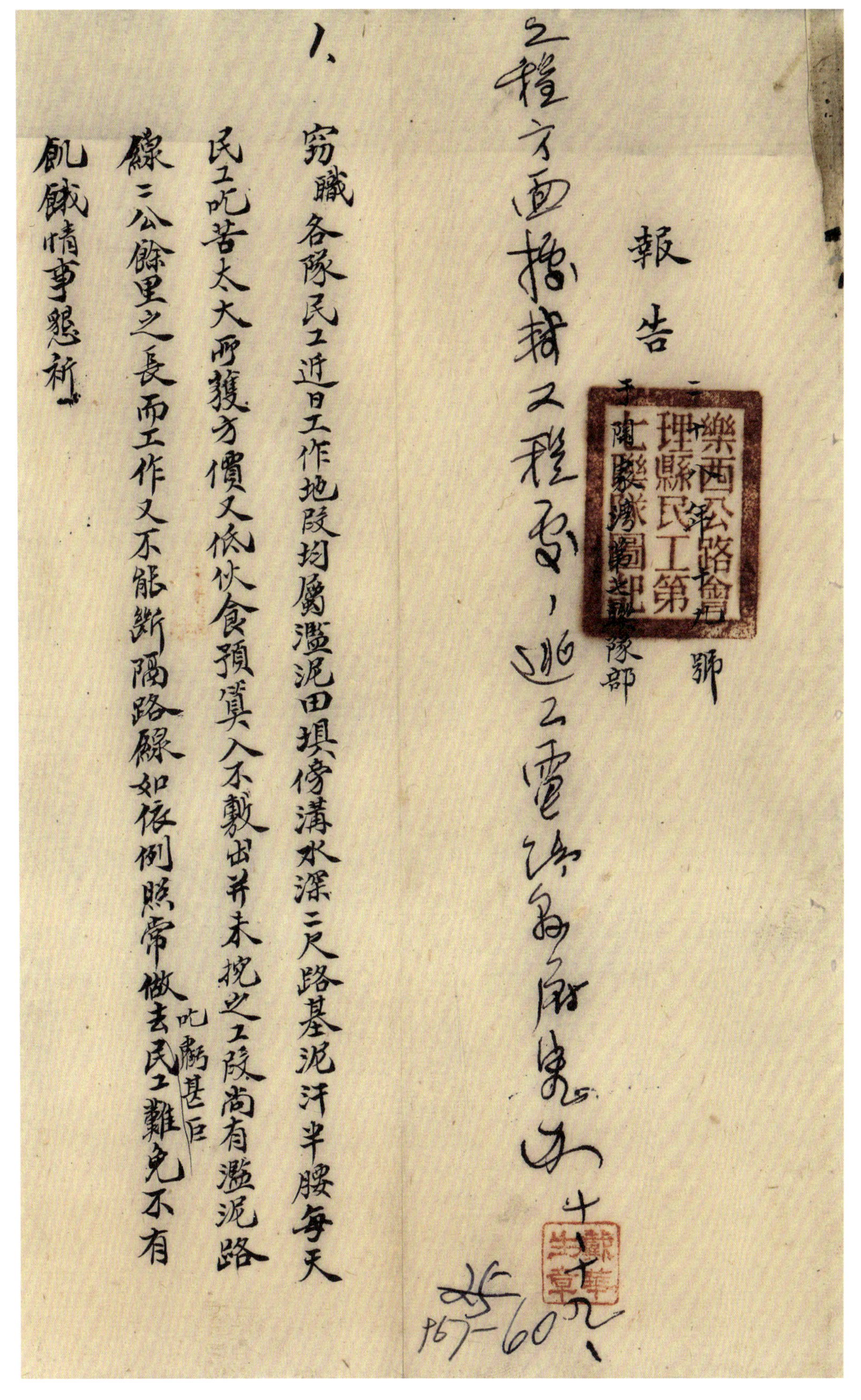

報告　二十八年十月十九號于會理民工第七聯隊部

窃職各隊民工近日工作地段均屬濫泥田壩，傍溝水深三尺，路基泥汙半腰，每天民工吃苦太大，所獲方價又僅伙食預算，入不敷出，並未挖之工段尚有濫泥路線三公餘里之長，而工作又不能斷隔路線，如依例照常做去，民工吃虧甚巨，難免不有飢餓情事，懇祈

2、

鈞長轉請交通部暫劃乾地路線工作抑或收方時特賜優待理合抄請

鈞處轉請示遵

我隊第四小隊民工彭心甲、代榮春、劉文科等於十八日雞鳴時各持扁担一根撥跑門逃跑除函轉辦公處逮捕外理合報請備查示遵謹呈

駐工辦事處

處長 戴

總隊長 姚

鈞鑒

副隊長 周齊揮

会理县征工筑路委员会致第七联队的指令（一九三九年十一月四日）

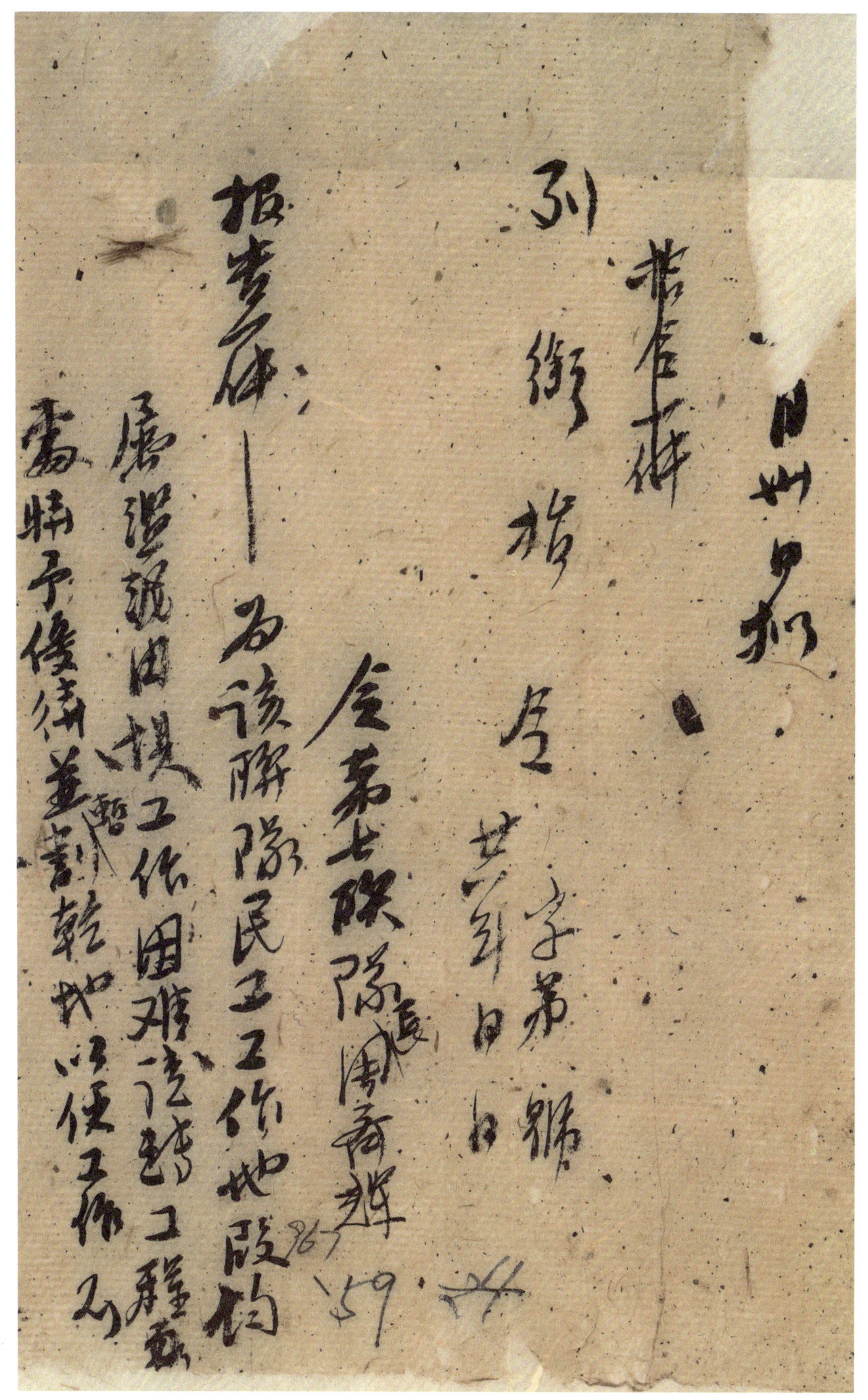

□月卅日收

指令

列銜　指令　工字第　號
廿八年　月　日

令第七聯隊隊長周壽輝

報告一件——為該聯隊民工工作地段均
屬巖石，以致工作困難，請發工程費
需，特予優待，並暫劃乾地以便工作乃

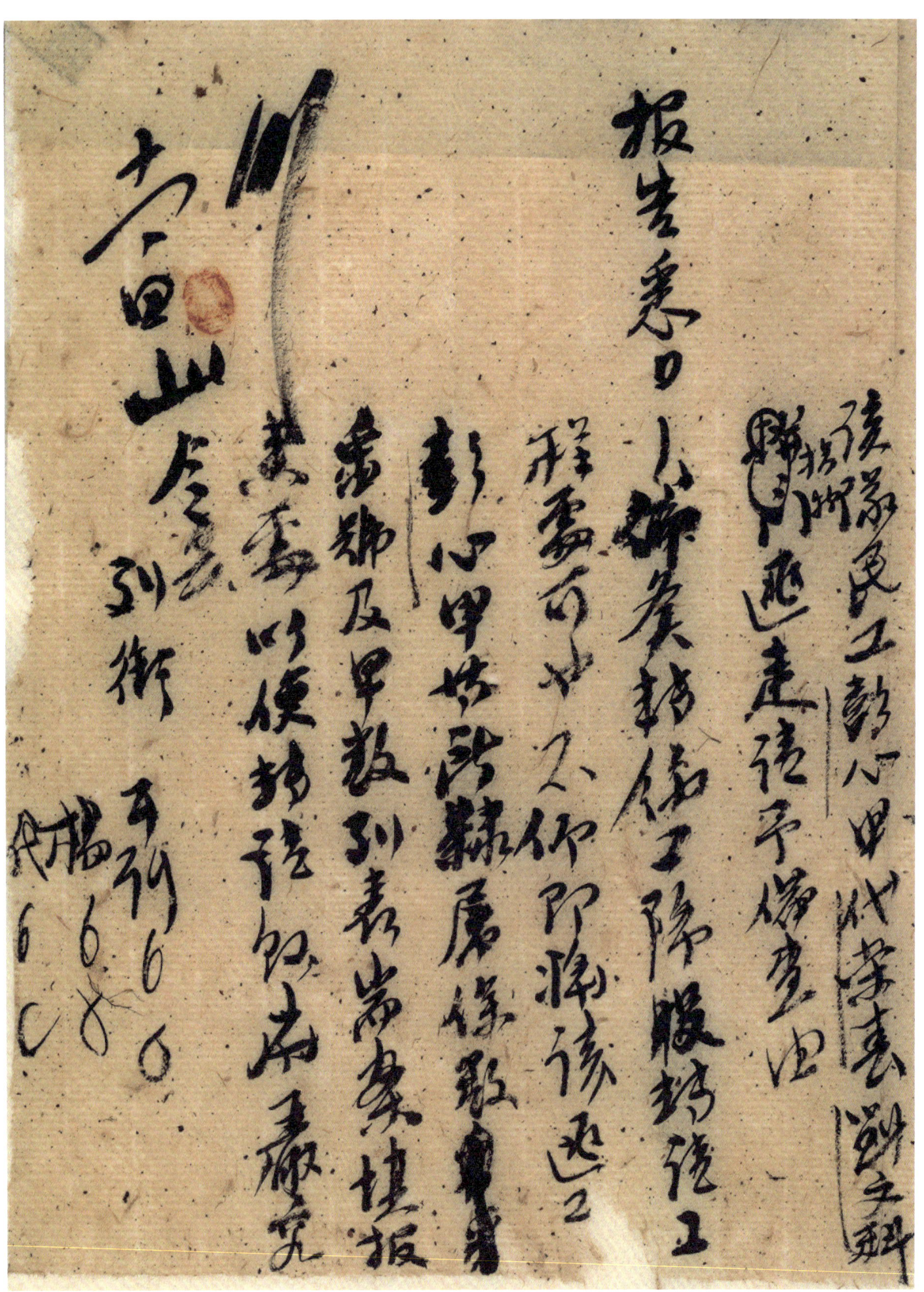

## 乐西公路会理县民工第八联队关于请查核分段长查验收方未到原因以及呈报民工旬报表等事项致该县征工筑路委员会驻工办事处的报告（一九三九年十月二十一日）

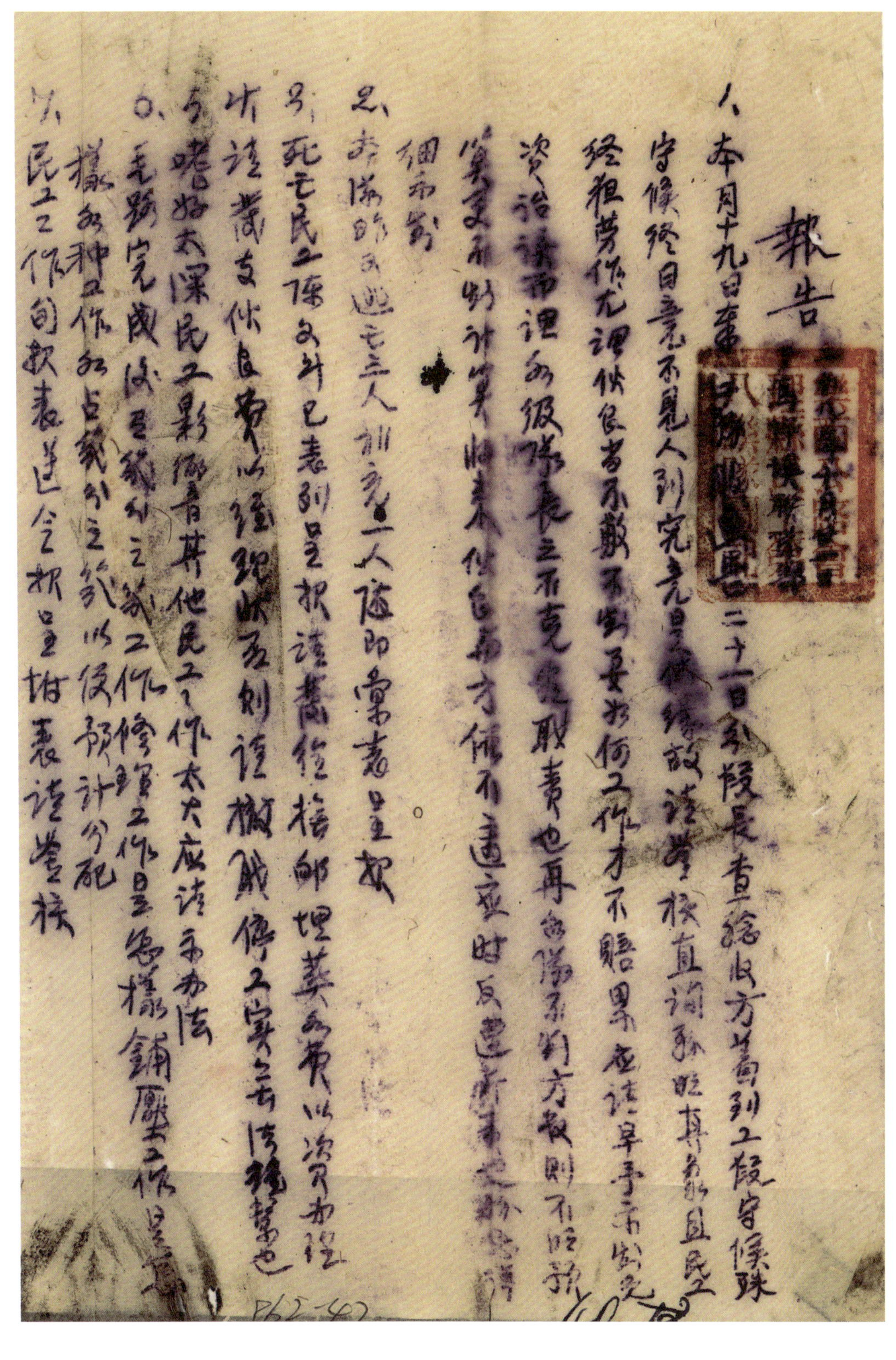

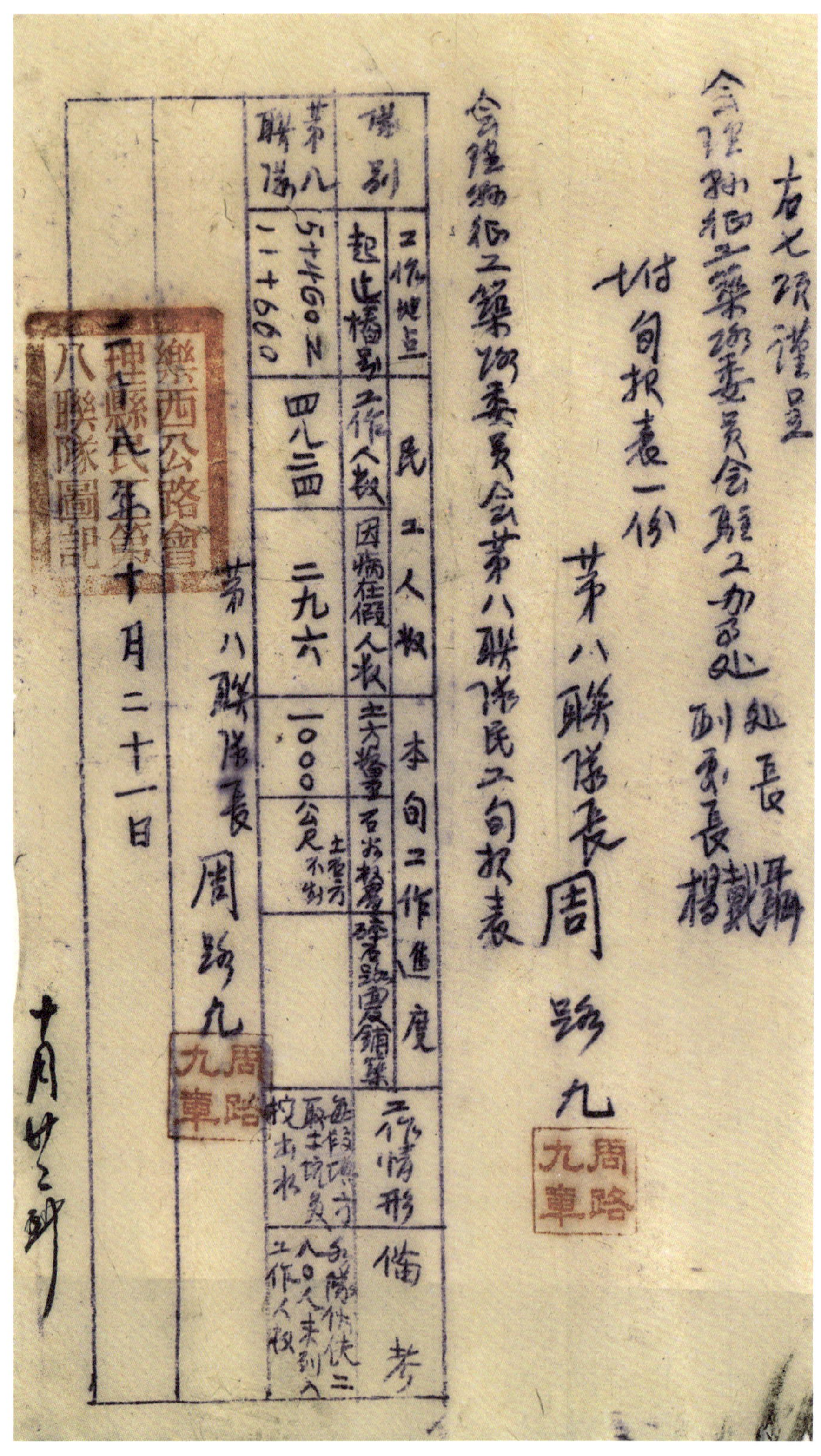

右七项谨呈
会理县征工築路委员会驻工办事处处长聂
副处长戴杨
附旬报表一份
第八联队长周路九（印：周路九章）

会理县征工築路委员会第八联队民工旬报表

| 队别 | 工作地点<br>起迄桩号 | 民工人数<br>工作人数 | 民工人数<br>因病在假人数 | 本旬工作进度<br>土方数量 | 本旬工作进度<br>石方数量 | 本旬工作进度<br>碎石路面铺筑 | 工作情形 | 备考 |
| --- | --- | --- | --- | --- | --- | --- | --- | --- |
| 第八联队 | 5+460N<br>11+600 | 四八二四 | 二九六 | 一〇〇〇公尺 | 土石方不分 | | 每段填方，取土坑多挖出水 | 系队伙伕二八〇人未列入工作人数 |

第八联队长周路九（印：周路九章）

中华民国二十九年十月二十一日

（印：乐西公路会理县民工第八联队图记）

十月廿二到

# 会理县征工筑路委员会关于收方注意事项（一九三九年十月三十日）

## 密切注意

1. 本旬收方，刘总段长决亲自来收。

2. 各级队长务加注意，常在工段。（如给养者可离开）

3. 何处是土方，何处是石谷，何处是硬石，要当面质询，请示明白。

4. 停工几日，有无堵塘水流吃力横工之处，要当面报告。请求补救解答。

5. 有无挖而复填，填而复挖，再及臧移插号之事。须当面报告吃亏之处，才有补移。何人叫填，何人叫挖，均须说明。

6. 上述诸项，须先集合研究，指出地段，大家记入日记，以便来时候问。

7. 请刘总段长指示以后各队，还有几分之钱，便于分工鼓励。

8. 大家忍苦，即将光明了，款已领五千，午刻即来发。

9. 向刘等须诉说苦况。无钱继则难办了……。

10. 刘大致明日辰即来。收方后情形，立即早来报处。

十月三十日　植

## 会理县民工第十六联队关于乐西段民工管理处第一驻工组发下收方数目表有误请予更正致该县民工总队部的报告（一九三九年十一月十八日）

報告 二十八年十一月十八日 于黄土坡第十六聯隊

十一月十七日案奉

民管處第一駐工組發下收方數目表閱後深覺職隊工作遲緩致完成土方始有二千九百八十餘惟查職隊工作截至十月三十一日止所作成橋樑已由二四零號至六零零號依職估計其完成土方約在三千五百餘殊與收方表列數目相差至數百餘方但不識此次收方係由何橋收起至何橋止每橋究有土方若干此皆各民工等所亟欲明瞭者且職隊工段止點橋號丁字牌上所註係八一零號職業經尋遍並無此號橋樑只有八一一號之橋在碾房左側滑坡上其止點似即在此但應請予更正并職隊預定方數及每

擡方數究有若干擬請　駐工組予以詳示俾便量力提做或設法迅增人數以期如限完成庶免逾期貽誤除呈請　駐工組詳示外理合具文報請

鈞部俯予鑒查轉咨并懇派員到段按擡計算其數字是否相符務使各工徹底明瞭其所作方數是否足敷伙食使自知愈加奮勉則工程當不難推進矣為此謹呈

總隊長　姚

工務股長

呈悉。仰由二四〇〇號至六〇〇〇號作成樁橛詳細標明分段距離樁橛呈部以資指導為要。

十一月十九日

第十六聯隊長田雨膏　呈

# 会理县征工筑路委员会关于第八联队路基工程将竣提前指示路面工作致乐西公路工程处的呈

（一九三九年十一月二十一日）

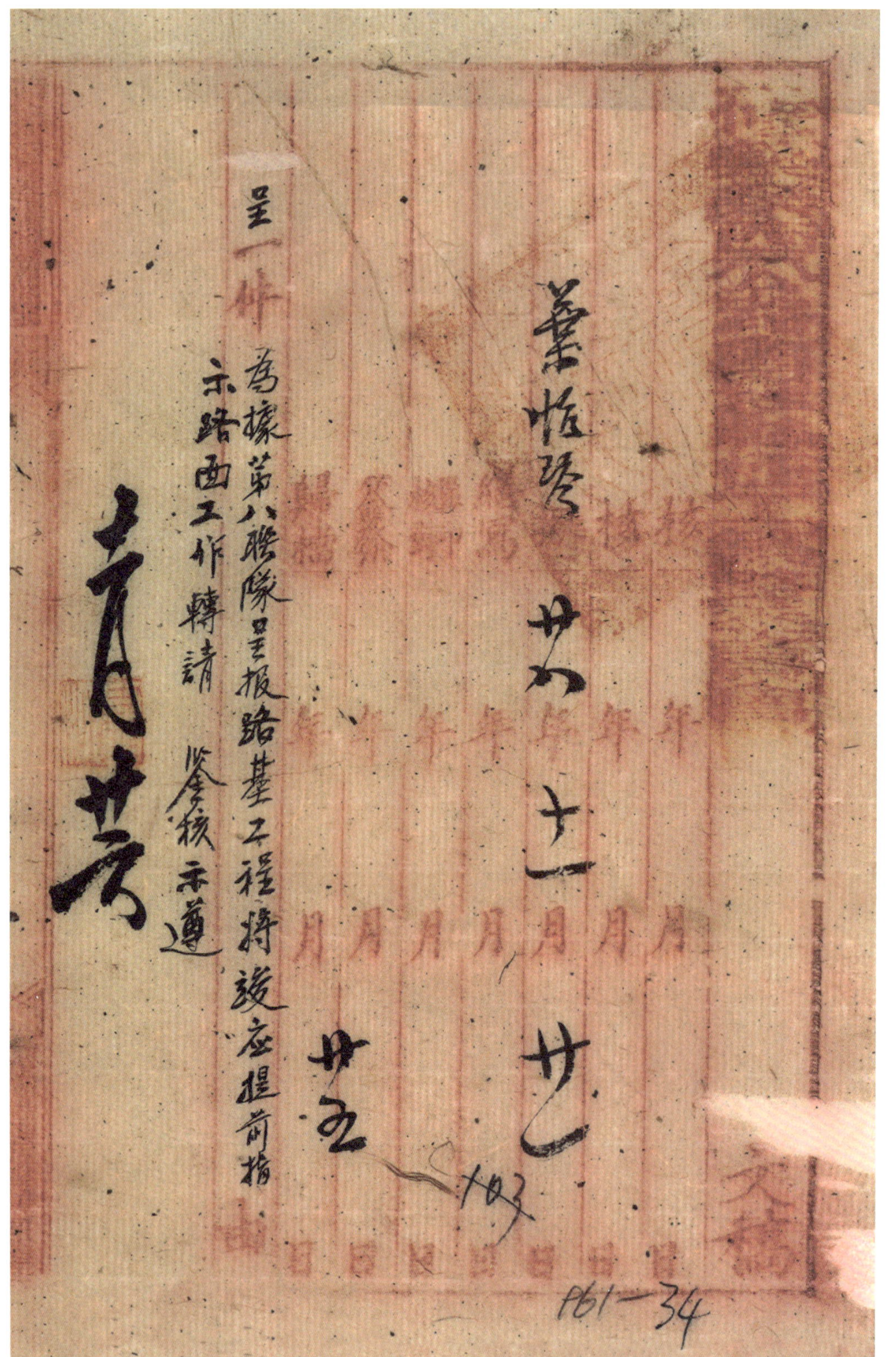

廿八年十一月廿一日

呈一件

為據第八聯隊呈報路基工程將竣應提前指示路面工作轉請鑒核示遵

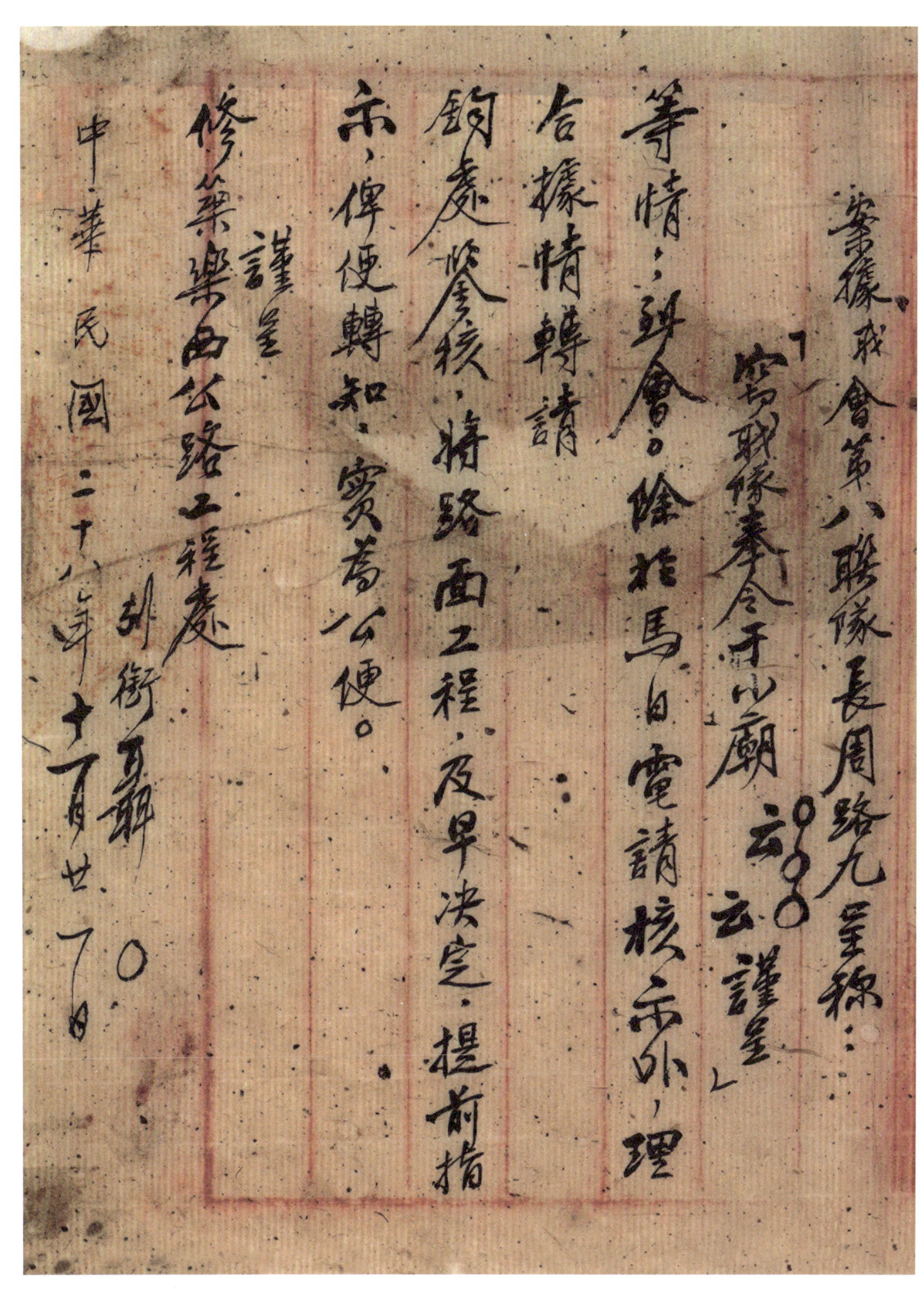

案據我會第八聯隊長周路九呈稱：

「窃職隊奉令于山廟云云〇〇云云，謹呈」

等情；到會。除准馬自電請核示外，理

合據情轉請

鈞處鑒核，將路西工程及早決定，提前指

示，俾便轉知，實爲公便。

謹呈

修築樂西公路工程處

孫衡五輯〇

中華民國二十八年十一月廿七日

## 交通部乐西公路民工边民修筑路基工程施工细则（一九三九年）

交通部乐西公路民工边民修築路基工程施工细则

第一章 总则

（1）民工边民修築车路路基工程依照本细则办理之。

（2）路基工程包括土方石方填挖挑运与滚压以及开挖旁沟截水沟挑築防水堤挖除烂泥砍伐小丛林并其他有关于路基工程之零星工作。

（3）所有填方挖方工程可按土质之坚鬆石质之种类分下：

（一）土方：包括田土沙土及黄土等用寻常工具挖掘者凡土中杂有小卵石或松动石块体积不逾○·一立方公尺

（即立方大小）其概作土方論。

(二) 石方：包括岩石未風化或已經風化之石層以及堅硬土質或碎磚瓦礫久經凝固須用洋鎬開掘，其概作石方論。

(4) 所有填挖工程不論土方石方均按照事實所測橫斷面計算實做堅方數量發給方價。次於土下層發現必須用火藥或炸藥轟開之堅硬石層，應即由隊長報告工段監工人員查驗，經驗明屬實後由總段停做，另由本處交石工開鑿。

(5) 凡土方石方計算無論填方挖方均以立方公尺為單位，名曰公方（即長寬高各三市尺之立方塊）由本處二段按照实测横断面制成土方数量表以凭核算方便。民工边民如有未尽明瞭之处可随时向二段询问。

（6）路基之高度须遵照填方处所之标高及挖方处之施工标另填挖之，并将挖方之处施工标另保留于土墩上，俟挖到规定深度经二段监工人员查验许可后再将土墩挖去之。

（7）路基之路拱须作一比二〇，路拱滚压结实由二段监工人员随时用样板校正之。路基两旁边缘必须齐整，不可有凸出或凹进形状。

凸出或凹進形樣。

（8）路基兩旁之側坡由工段照草案續發之路基標準圖隨時指定施工時應按照工段所定之坡脚坡頂樁号挖填整齊。

（9）所有路基旁邊均須照監工人員之指導挖掘水溝并須有適當之斜度以便洩水。

（10）路線彎曲處應將路基內側加寬外側加高上項加寬加高数量均由工程人員根據本處續發之路基標準圖指揮邊民工照做。

（11）施工時對于界石標記及木樁等能經監工人員之許可不

54
78

P61-85

得擅自移動。

（12）凡路線與原有道路相交必因施工毀斷致碍交通時須設法繞道另闢路線維持交通。

## 第二章 填方

（13）凡路基建築在山坡之上而原有地盤與水平所成之角度逾十五度時在填築前須將該地盤切成梯形以防崩潰其梯形深度及級數由監工人員隨時指定之。

（14）凡填土須預留收縮度於應填高度中酌量增高若干其增高尺寸應照下表計算并由工程人員于訂立施工標上註明由民工（边民）加填不另給價。

| 填土高度 | 增加高度 | |
| --- | --- | --- |
| | 黄土 | 田中黏土 |
| 一公尺以下 | 百分之十五 | 百分之二十 |
| 二公尺以下 | 百分之十 | 百分之十五 |
| 二公尺以上 | 百分之八 | 百分之十二 |

如土質含沙或石者不易沉落，其得由工程人員隨時估定將上表高度酌量減少。

（15）填土前須先將地面所有蔓草樹根及一切污穢土質剷除淨盡，於填土高度在五公寸（一市尺半）以下時並應將地面挖鬆，以求與新填土層互相結合。

16）填方次序係由中心線起漸向兩旁分填，所填之土或石並分層填平後，俟第一層填妥壓實，不得填第二層，每層厚度自三公寸（九市寸）至四公寸（一市尺二寸），由監工人員隨時指定之。

(17) 填土時，凡遇泥塊，必先搗碎，並須填用，并不得夾帶雜草樹皮及其他易腐之物。

(18) 填方所需之土或石方，自附近挖方處取來，不足時由借土坑挖取以填路基，其借土坑之位置應在路基坡腳五步（一公尺半（四市尺半））以外，由監工人員參照用地圖樣指定民工边民不得擅向他處挖取，亦不得將借土坑面積任意擴大，多毀民田，至借土坑之形狀深淺及斜坡等，均須遵照監工人員之指導辦理（借土坑須由外向內挖取）。

58

79

（19）路基經過水田時應於施工前由工程人員按釘立之腳坡樁
指導民工边民建築田埂高出水面四公寸（一市尺二寸）將埂內之水
放出然後將田之底淤泥挖取搬至路線以外再行新選填
土填築以免路基沉陷惟遇路基高出水面在一公尺（三市尺）
以下者而兩旁復無借土坑時則須將田埂建築於路基坡
腳樁一公尺（三市尺）外以利排水而免侵及路基。
（20）填方工前為民工边民工作適合規定起見可按實際需要於
填方路基內每隔若干樁步用竹竿草繩等組成路基橫
斷面形狀依式照填法先于路心及路邊各插竹竿或樹
竿再照設計路基高度（指已加入填土坑縮量之高度）以
草繩連接之如左圖：

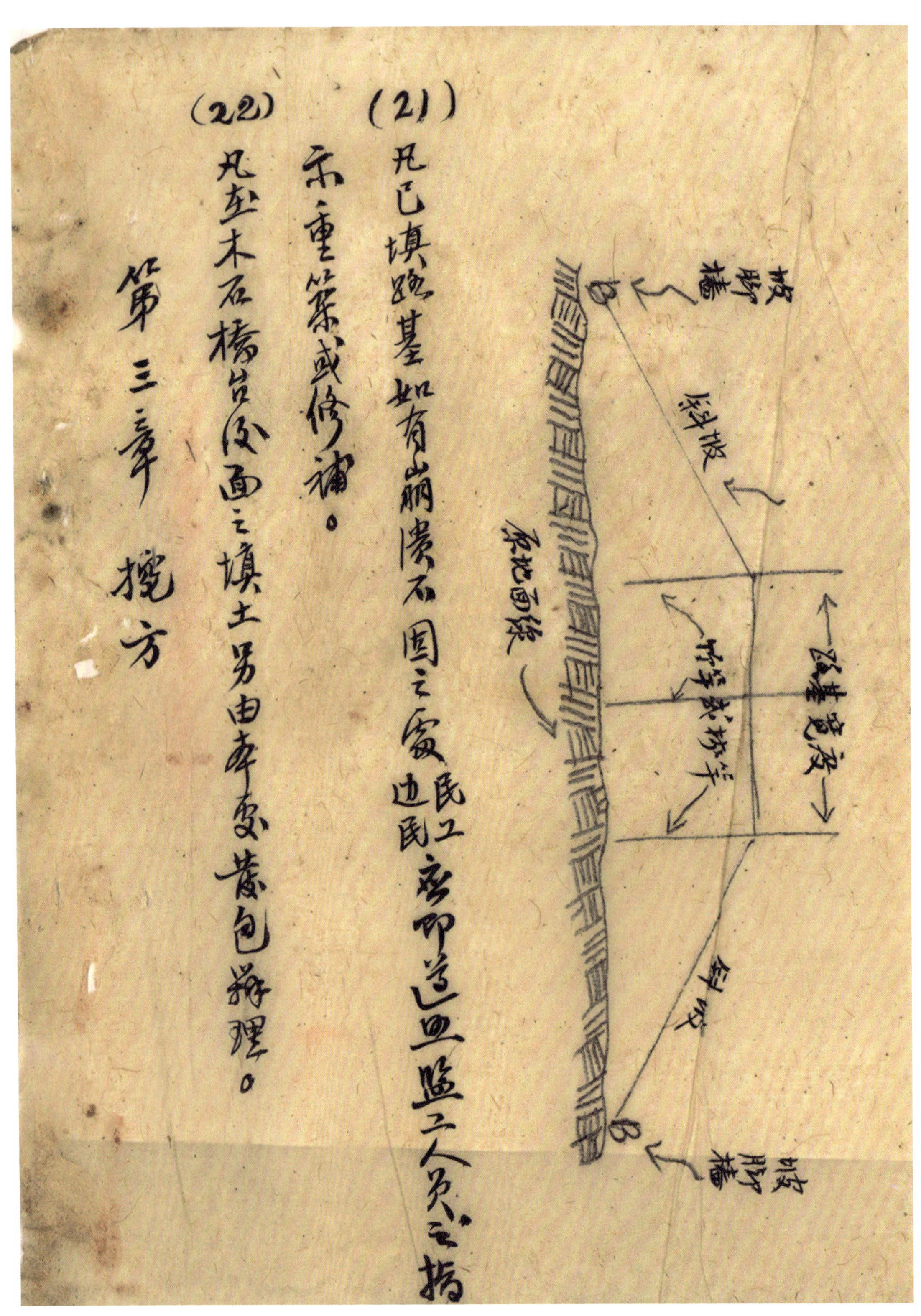


(21) 凡已填路基如有山崩潰石阻之處民工應即遵照監工人員之指示重築或修補。

(22) 凡涵木石橋台後面之填土另由本處發包辦理。

第三章 挖方

（23）所有挖方運距在四十公尺（十二市丈）以内者均須儘量利用作填方但按算方價時只許挖方不許填方此項移挖作填應挑運距離在四十公尺以外者列填挖并計。

（24）挖方數量如超過應利用數量時餘土方或石方由監工人員指定地点堆積其堆積地点如在挖方坡頂之上則至少須離坡頂三公尺（九市尺）以外不得任意拋置。

（25）開挖路槽過長時應酌量開闢運土小道並須多作出水溝。

（26）挖方侧坡高峻而下泻水量甚大之处经工程人员认为须设置截水沟时该项截水沟应由民工边民遵工程人员指示照做。

（27）挖方数量不敷填方应用时应照本细则第十八条办理之。

（28）路旁之土或石未依照规定坡度挖去致须整齐均匀不得稍有凹凸及有崩塌情形者应照本细则第廿五条办理之。

76

## 第四章 附則

(29)路基工程修築完竣後經本處工程人員查驗合格給予驗收憑證後方准離開工地或再繼續路面工作。

(30)本細則如有未盡事宜得由本處修正之。

## 军事委员会关于乐西公路西康省境内划分四段修筑致西昌刘主席的代电（一九三九年）

軍字第781號代電　照抄

西昌劉主席勛鑒查樂西公路行將開工經與交通部蕭總工程師慶雲及貴府民工管理處謝副處長會商康省境內擬劃分四段修築（一）金竹坪至富林為一段由漢源征民工三千人及夷工二千人派羊清全為督修司令担任本段之修築（二）富林至擦羅為一段由漢源征民工二千人鹽源征民工三千人西昌征民工五千人歸民工管理處督修（三）擦羅至黃土坡為一段由越嶲征民工四千人冕寧征民工五千人及夷工萬餘人派鄧秀廷為督修司令担任本段之修築（四）黃土坡至西昌為一段由會理征民工四千人歸民工管理處督修（五）以上各段民

需民工夫工統由貴府民工管理處督飭各縣如數征齊分配上列各段工作查民工征集按築路實施辦法規定原由各縣各組築路委員會負責辦理茲為統一事權認真考核起見各該縣之築路委員会應受貴府民工管理處之監督指揮（六）樂西公路多經夷地故征夷人修築惟夷情散漫且不慣工作乃用軍事管理並施以政治訓練除督修司令已由本轅分別委派其所需中隊長人數較多並需稍具築路知識已設築路幹部訓練班加緊訓練外其餘支隊長大隊長已飭羊鄧兩督修司令分別遴選幹員呈請貴府核委（七）夷人工作期間所需糧食按照民築路辦法規定

原由督修司令採辦支配惟恐力有不濟故民边民工作所在地之縣政府及築路委员会對於边民所需粮食應與民工一律待遇代為購辦（八）茲檢同民工築路实施辦法九十二份边民築路实施辦法六份請查收並按照另表分別轉發遵辦（九）預定各段民工八月一日開工夷工九月一日開工如有变更另行電達以上各項統希查酌賜覆為荷委員長西昌行轅艷精二附民工築路实施辦法分配表九十二份边民築路實施辦法六份

会理县征工筑路委员会驻工办事处关于请验收该县民工第十六联队所修路基致乐西公路工程处第六总段的公函
（一九四〇年五月十五日）

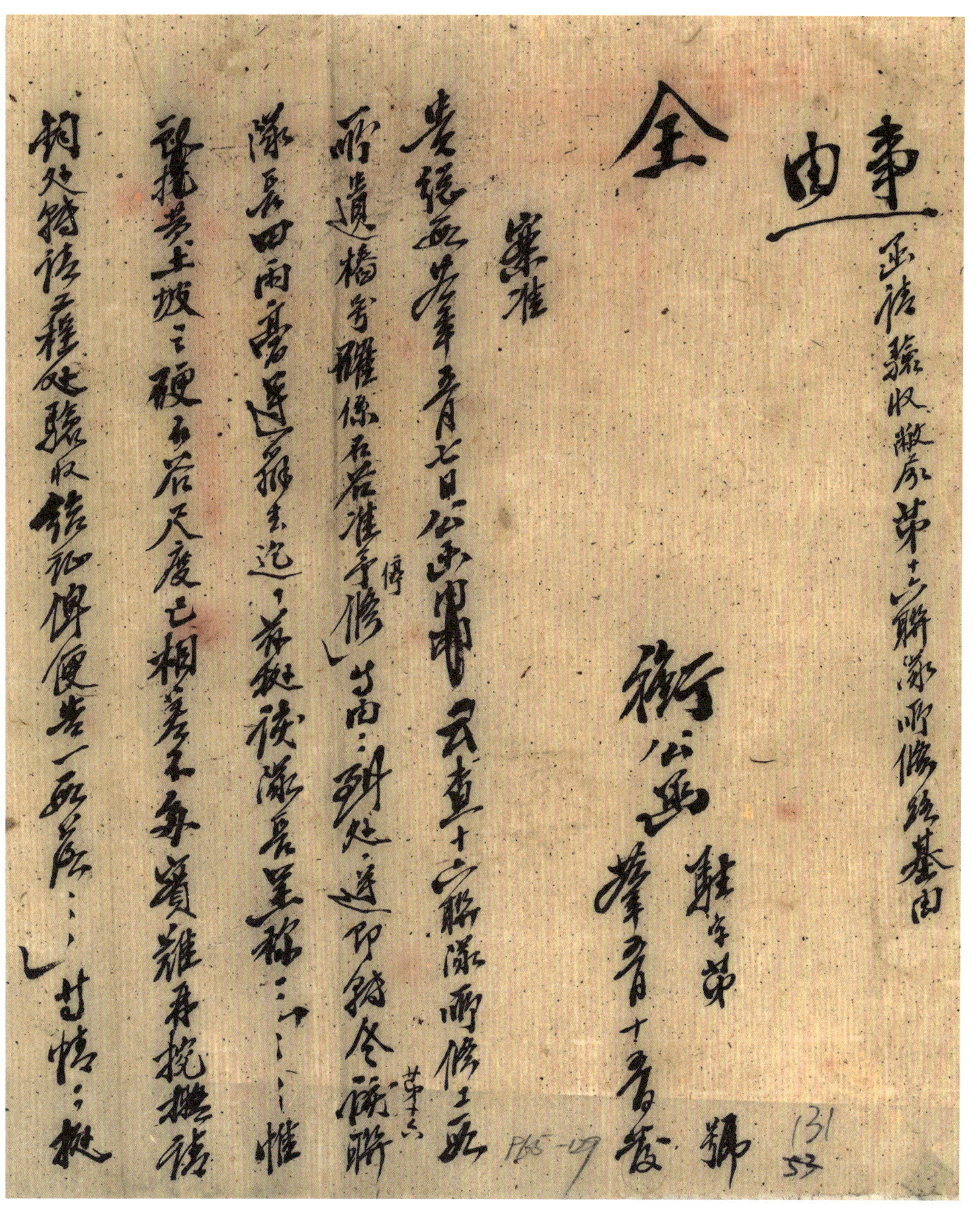

事由：函请验收敝会第十六联队所修路基由

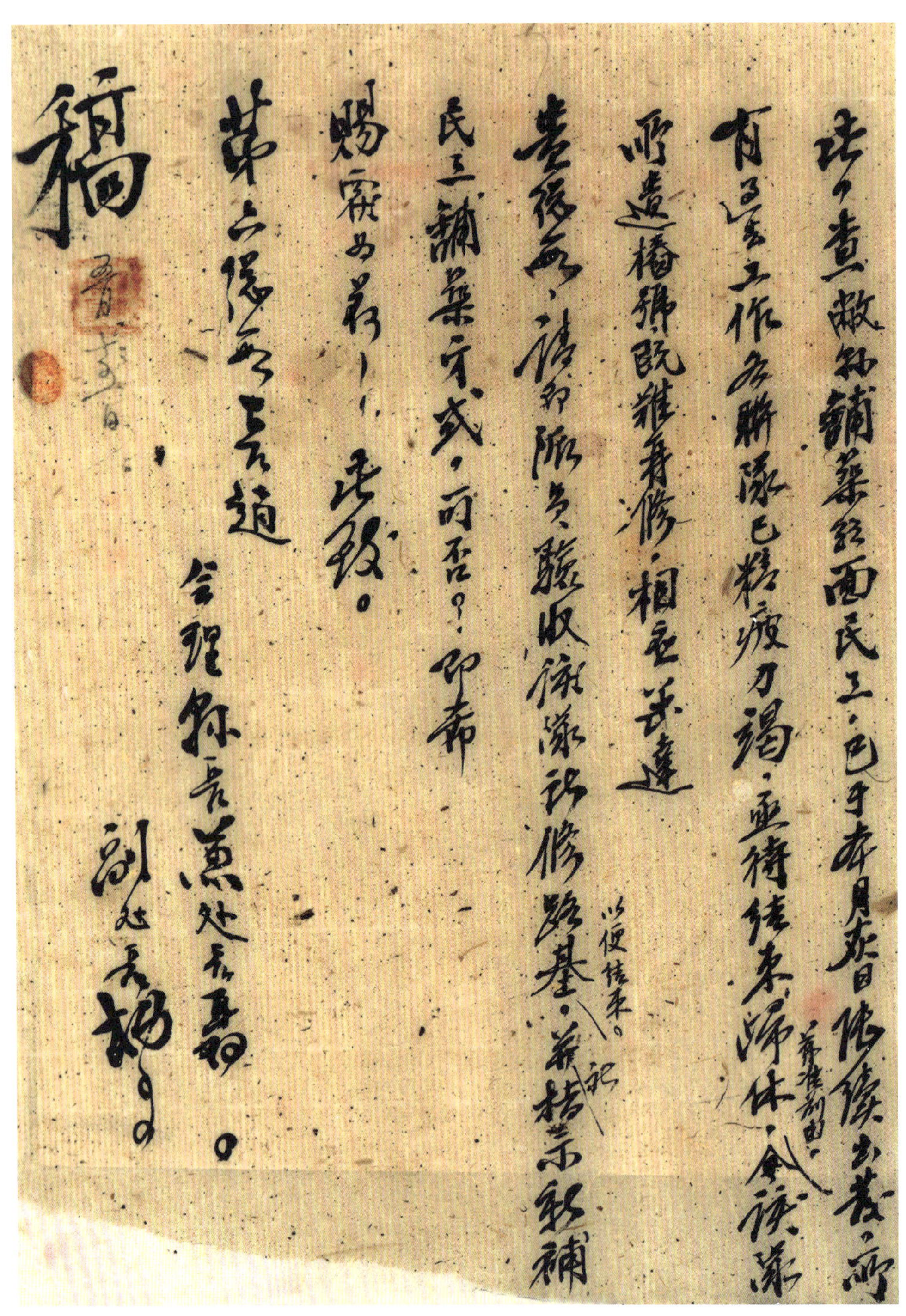

迳启者：查敝县铺筑乐西民工，已于本月六日陆续出发，所有各县工作各联队已精疲力竭，亟待结束归休，（前往新田，）今该队所遗桥梁既难再修，相应函达

贵段，请即派员验收该队所修路基，并请示知（以便结束）补民工铺筑方式，可否？即希

赐示为荷！此致

第六总段长 赵

会理县县长 萧 处长 嘉

副处长 杨

稿

乐西公路工程处、会理县征工筑路委员会、会理县民工第十六联队关于该联队应按规定挖足土方庶免拖延的来往文书

乐西公路工程处第六总段第二十三分段致会理县征工筑路委员会的函（一九四〇年六月四日）

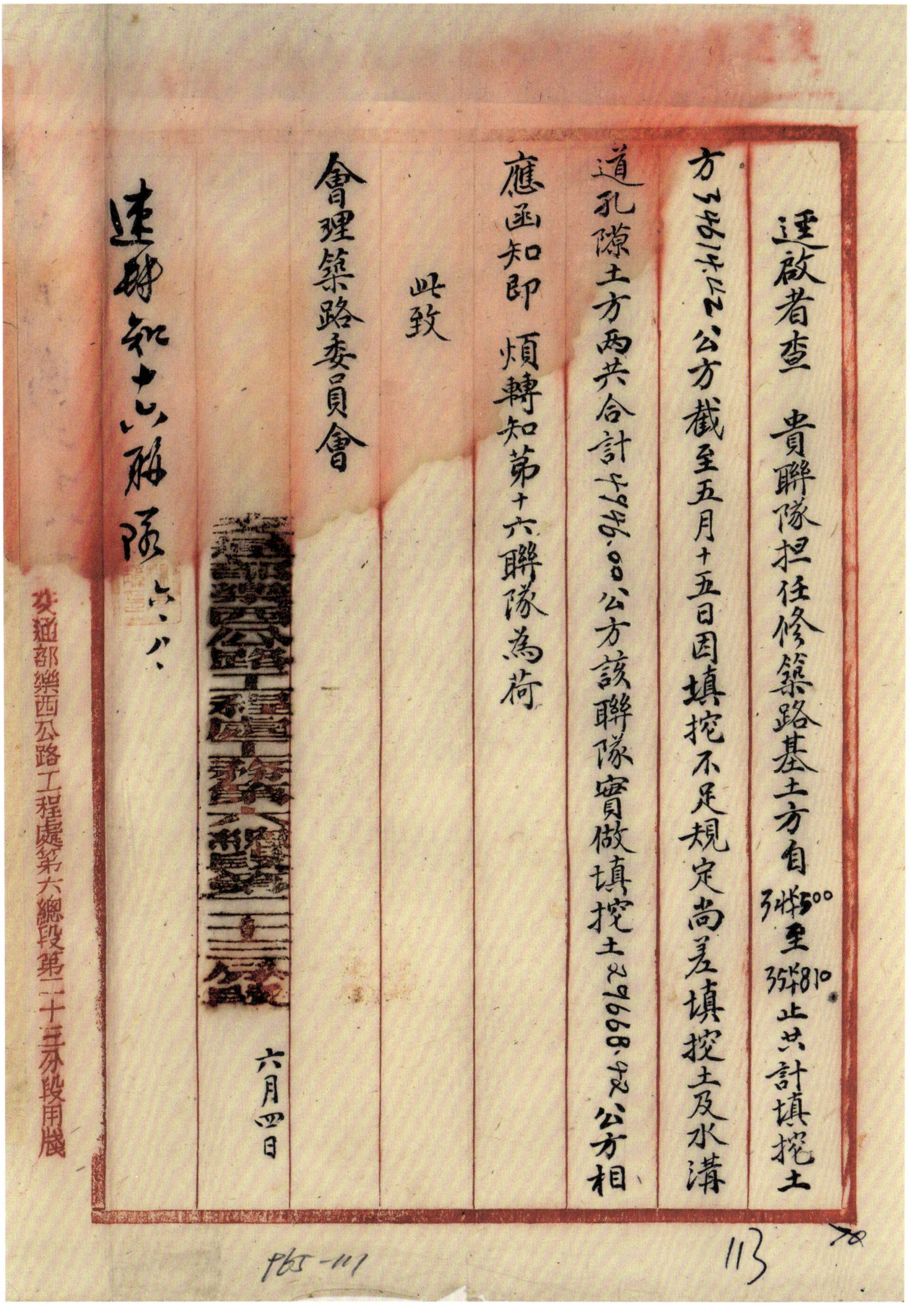

迳启者查贵联队担任修筑路基土方自3K+500至3K+810止共计填挖土方······公方截至五月十五日因填挖不足规定尚差填挖土及水沟道孔隙土方西共合计······公方该联队实做填挖土······公方相应函知即烦转知第十六联队为荷

此致

会理筑路委员会

交通部乐西公路工程处第六总段第二十三分段用笺

六月四日

# 会理县征工筑路委员会驻工办事处致第十六联队的训令（一九四〇年六月八日）

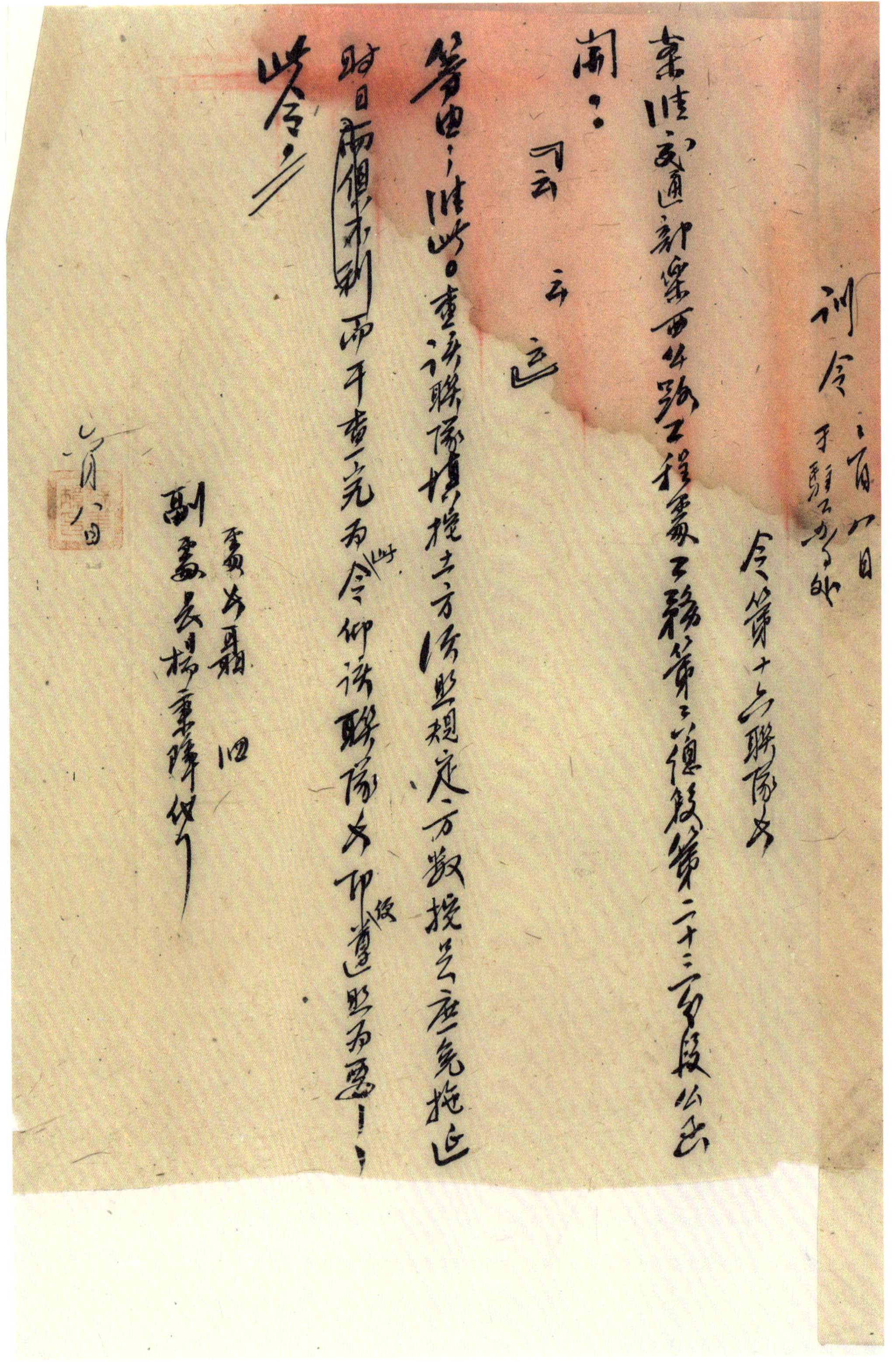

训令 六月八日 于驻工办事处

令第十六联队长

案准交通部乐西公路工程处工务第六总段第二十三分段公函开：

「云云」

等由，准此。查该联队填挖土方须照规定方数挖足，应免拖延时日，而但求利而草率完事。合令仰该联队长即便遵照为要！

此令。

六月八日

委员长 聂 〇

副委员长 杨秉璋 代行

乐西公路工程处第六总段关于第八联队小庙处尚有一部分石谷及全部整理工作须加紧进行，并填报验收凭证事致会理县征工筑路委员会驻工组的公函（一九四〇年六月十七日）

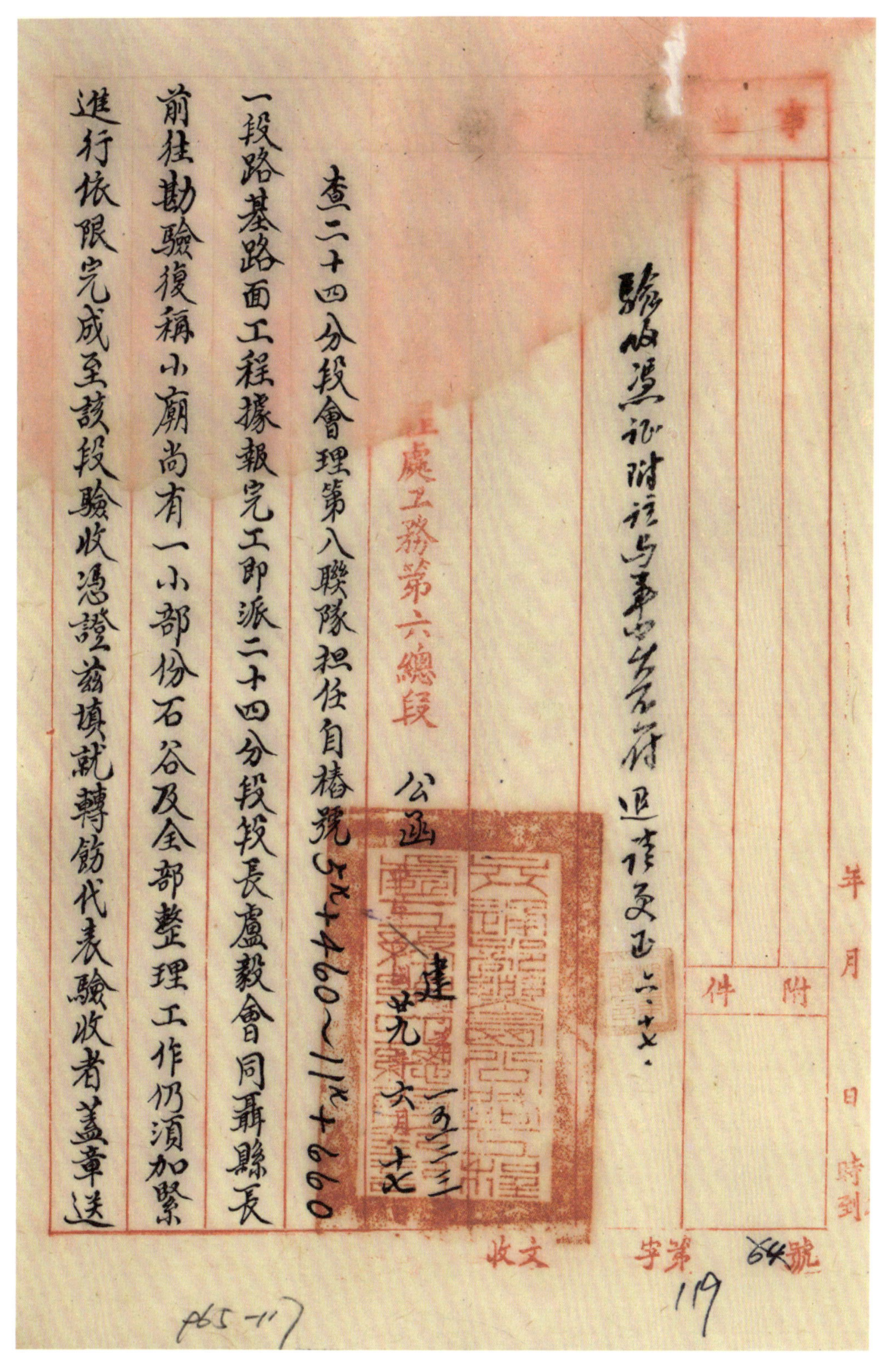

事由

驗收憑証附注與事由不符退請更正 六.十七.

附件

年 月 日 時到

□處工務第六總段 公函 建 廿九 六月 十七

查二十四分段會理第八聯隊担任自樁號5+460~11+660一段路基路面工程據報完工即派二十四分段段長盧毅會同聶縣長前往勘驗復稱小廟尚有一小部份石谷及全部整理工作仍須加緊進行依限完成至該段驗收憑證茲填就轉飭代表驗收者蓋章送

收文 字第 117 64號

p65-117

段再行核辦。　此致
會理縣築路委員會駐工組
附驗收憑證三紙
副總工程司
兼六總段長　趙

# 四、采购给养

会理县民工第十二联队关于所属第三小队抵达澧州土官庄河边一带即将开展担石工作致孙总队长的报告（一九三九年五月二十四日）

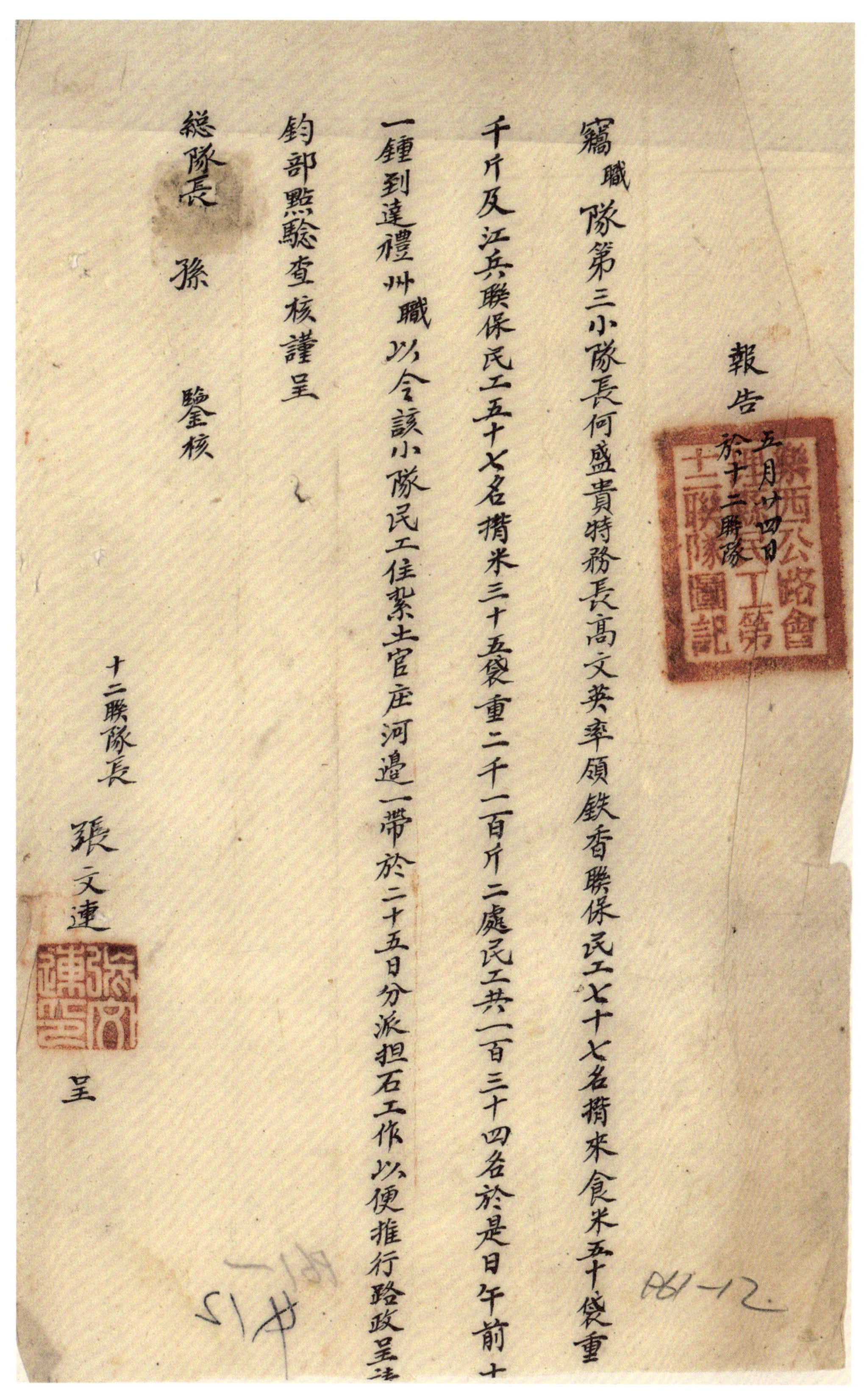
報告 五月廿四日 於十二聯隊

竊職隊第三小隊長何盛貴特務長高文英率領鉄香聯保民工七十七名揹來食米五十袋重千斤及江兵聯保民工五十七名揹米三十五袋重二千一百斤二處民工共一百三十四名於是日午前十一鍾到達澧州職以令該小隊民工住紮土官庄河邊一帶於二十五日分派担石工作以便推行路政呈請鈞部點驗查核謹呈

總隊長孫

鑒核

十二聯隊長張文連呈

# 何泽皋、何世清关于更正摊购修筑乐西公路米粮数致会理县征工筑路委员会的呈（一九三九年八月十二日）

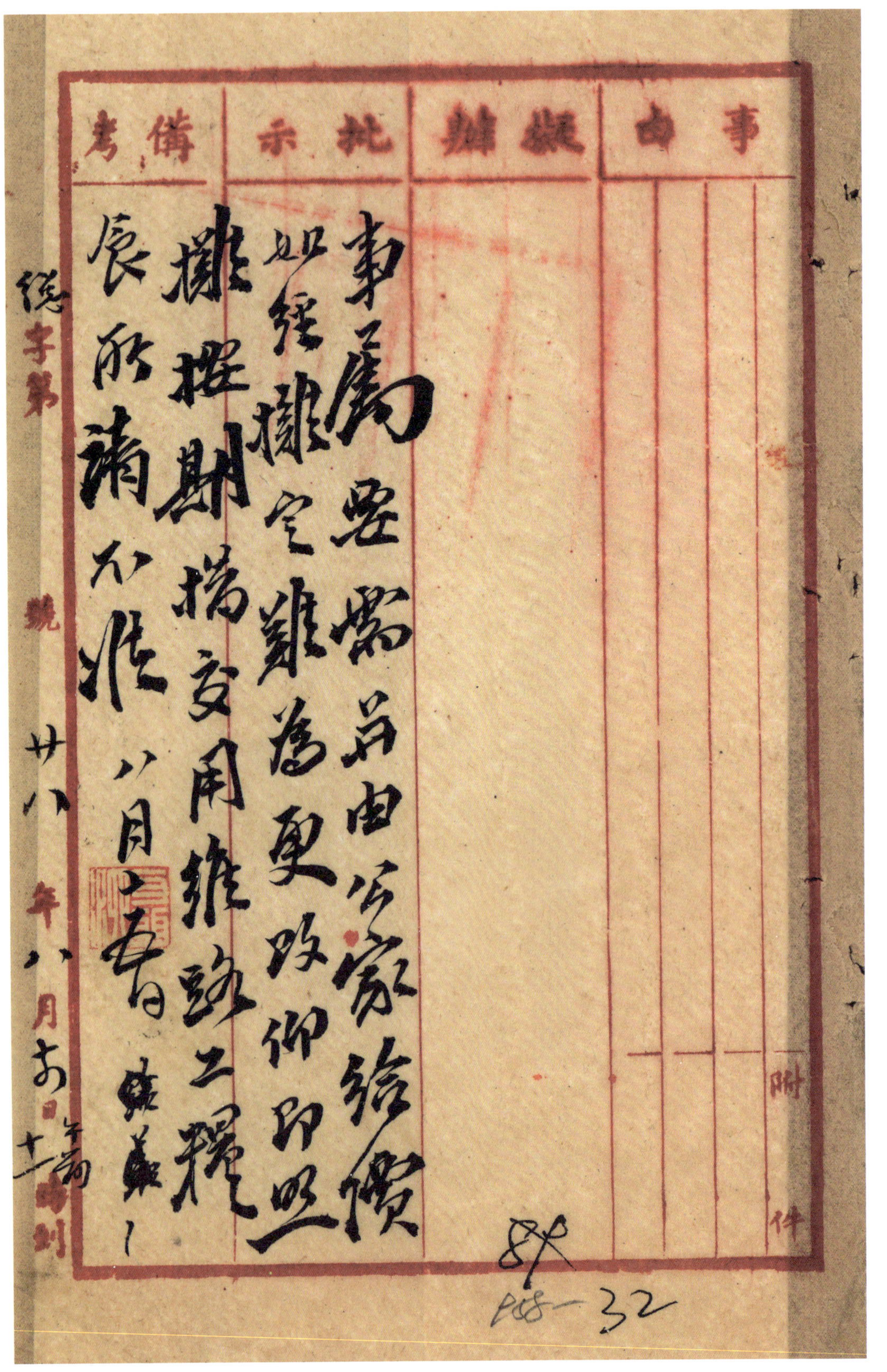

事由
拟办
批示
备考

事屬需要，且由公家給價，如經攤定，難爲更改。仰即照攤擬數攤交，用維路工糧食。所請不准。

八月十五日

總字第　號

廿八年八月十五日午前十二時到

附件

88
108—32

呈為呈請鑒核懇祈轉請更正以輕負担事本年八月九日頃據第七十六保保長雷棒
樟通知內奉外北聯保辦公處令飭此次修築梟西公路、需用米粮、應向各保
紳民攤賠、限期將米預備、俾便屆時取用、附抄發征收局繳册內開列粮民職收谷三
百三十六碩、以每百碩谷攤賠米柒碩、計此次職應售米二十三碩五斗、聞聽之餘殊深驚
惶竊查職同胞弟兄二人長兄早故祇遺寡嫂弱侄所有家產係作二份平分前折居
時曾請地方首人從場公開撩如指掌職計分授米四十七碩九斗五升、侄世金連長孫田分
授三十二碩、總共收入八十碩、不足所收雜粮只蔽子七碩苞谷五碩共計折谷不過一百八十碩
之譜前因完納租碩捐數量不符業已呈請征收局衡核請予更正并將分關呈請核閱
在案而上列所收之谷本年尚不能照此數收理因職手事困乏又請中杜與楊金山十二碩賤
劉露堯九碩何海清二碩四斗梁治平三碩六斗以上共又杜去二十七碩該業主等想已撥

粮投税除杜之外又擋與唐天昕七碩嚴玉清九碩褚攉東五碩五斗又何世清經手擋與何斯善四碩以上又擋去二十五碩零除杜及擋外本年實只收米及雜粮共計四十碩之譜現有租簿可稽並職本年店内自三月起即向外購買食米有賬可質竊查廠冊上列谷三百三十餘碩大致係因白雲寺土主廟石陽賓館三廟首事因前係職先嚴經管每年完納粮稅均係職家上納懇抄襄在内今三廟田産已盡撥教育局矣附代聲所有以上各緣由是否有當理合備文呈請

鈞會俯賜鑒核准予轉請更正照實收數攤購並祈示遵謹呈

徵工築路委員會

何澤皋

何世清

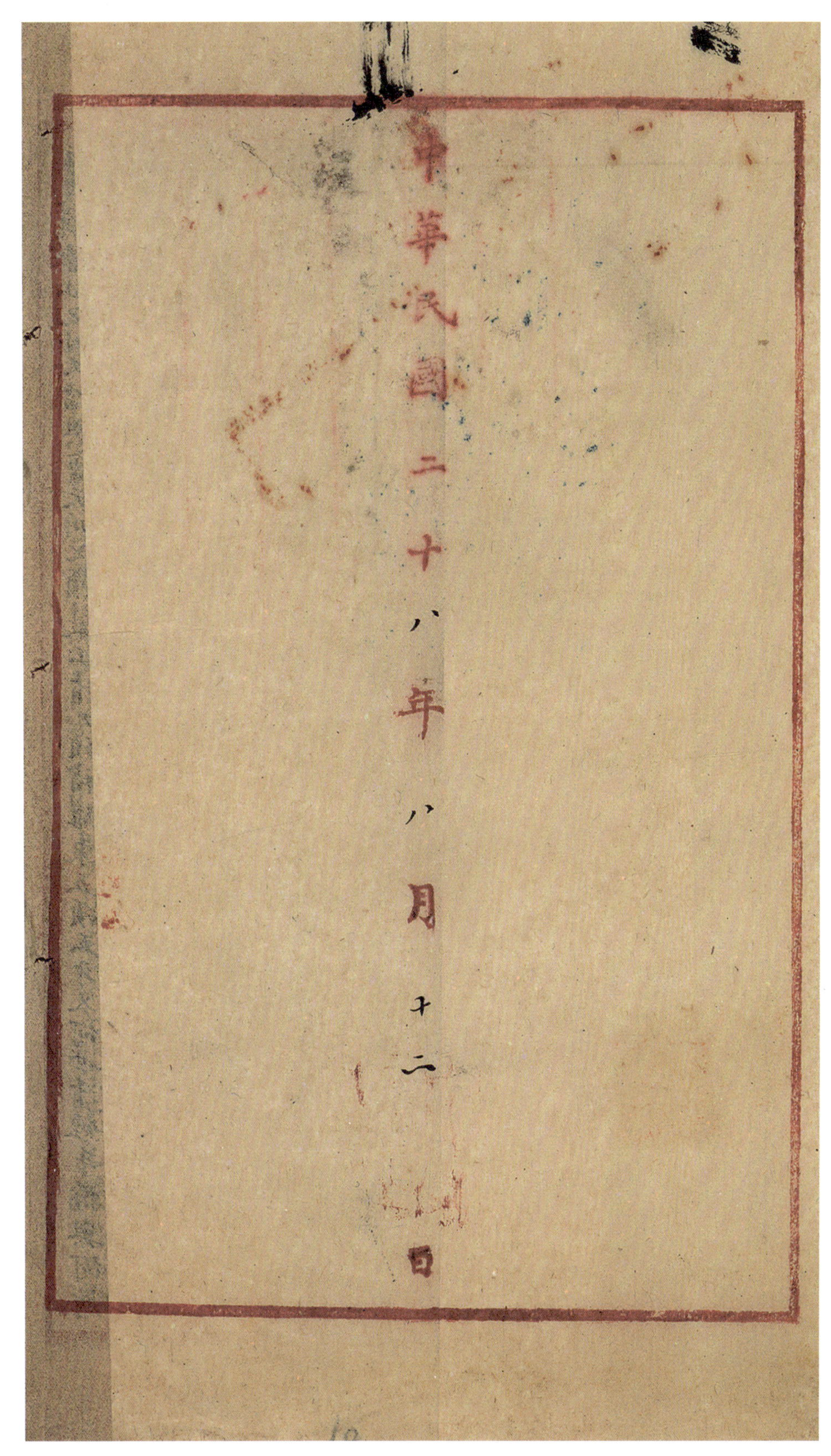

中華民國二十八年八月十二日

# 西康省政府关于民工粮食自行设法办理致会理县征工筑路委员会的电（一九三九年八月二十三日）

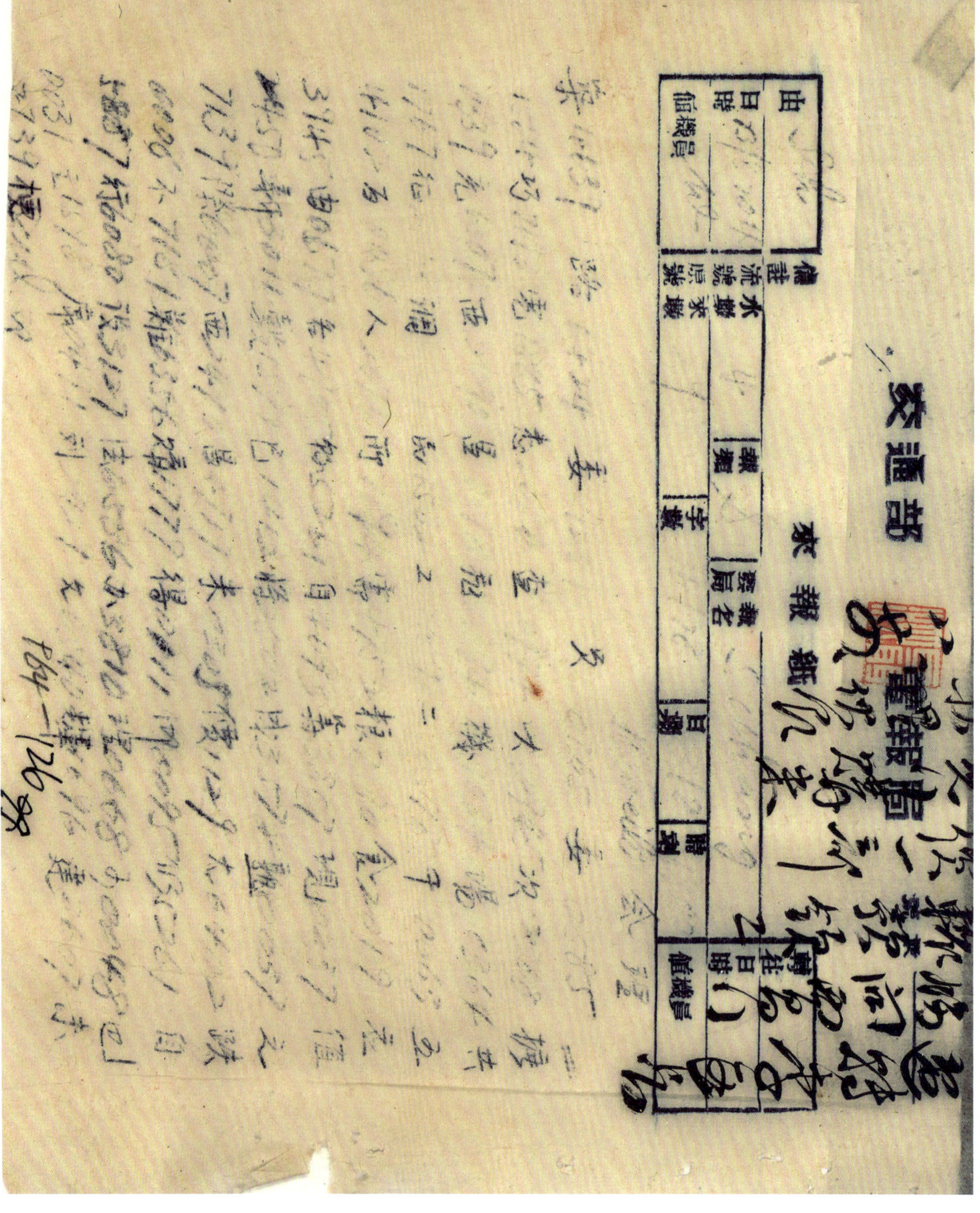

会理县河高联保关于摊买筑路民工粮食就绪致该县征工筑路委员会的呈（一九三九年八月二十四日）

事由：呈為奉令攤買築路民工糧食本聯保已攤買就緒仰祈鑒核由

存查 八 廿八

八月廿七收到

案奉

鈞會訓令關於此次築路民工糧食一事全縣籌買食米肆千碩并根據糧額標準分攤各區購買原易高聯保應攤買五百碩因聯保劃分根據糧額之多寡分攤則易丙聯保應攤買肆百陸拾伍碩河高聯保應攤買叁拾伍碩於劃分聯保時經嚴區員秉公分攤在案本聯保業已根據

970-66 64 XX

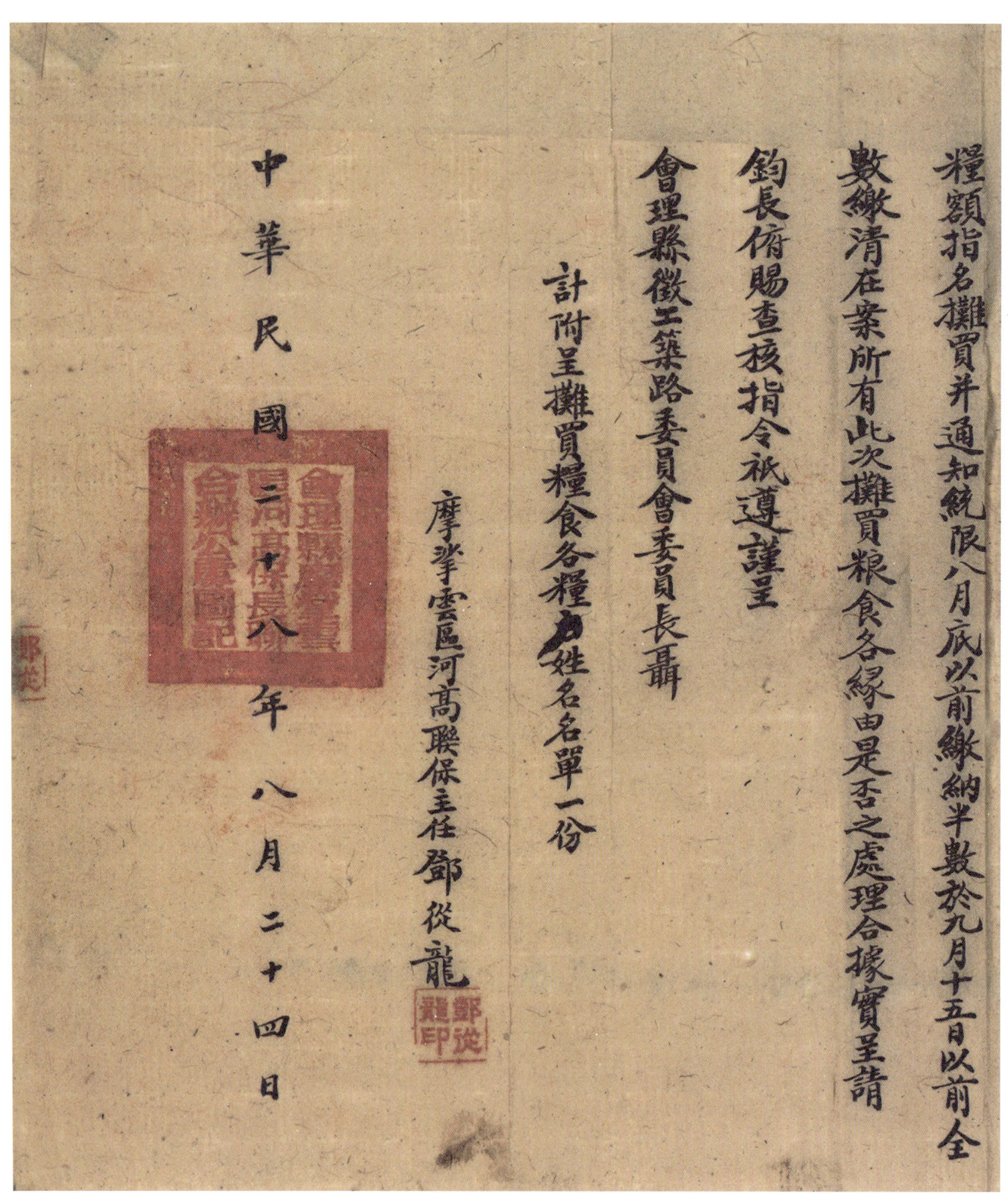
糧額指名攤買并通知統限八月底以前繳納半數於九月十五日以前全數繳清在案所有此次攤買粮食各緣由是否之處理合據實呈請
鈞長俯賜查核指令祇遵謹呈
會理縣徵工築路委員會委員長聶
計附呈攤買糧食各糧户姓名名單一份
摩挲雲區河高聯保主任鄧從龍
中華民國二十八年八月二十四日

会理县通金联保关于成立通金联保摊买粮食筹备委员会致该县征工筑路委员会的呈（一九三九年八月三十日）

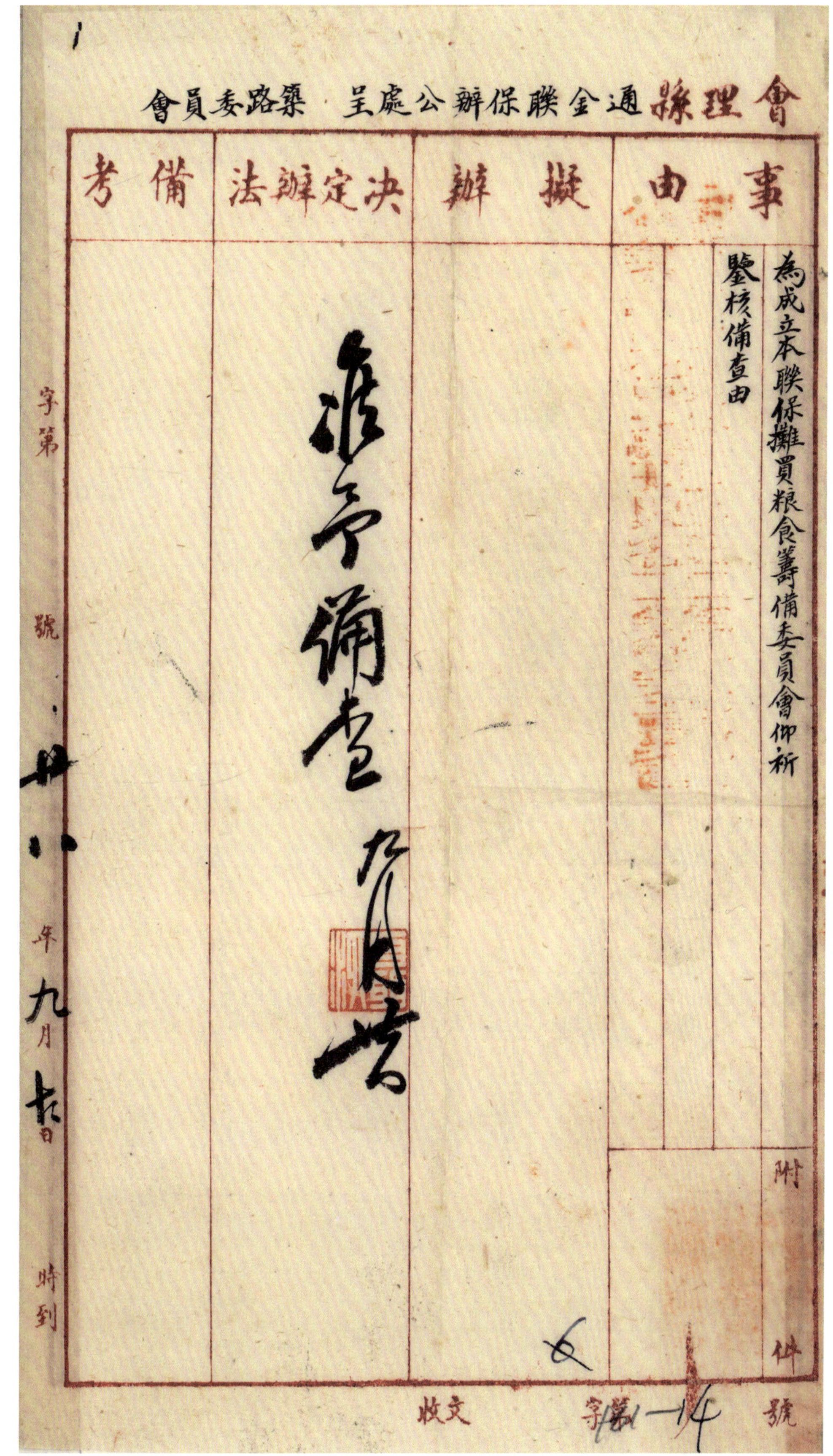

會理縣通金聯保辦公處呈 築路委員會

| 事由 | 擬辦 | 決定辦法 | 備考 |
| --- | --- | --- | --- |
| 為成立本聯保攤買糧食籌備委員會仰祈鑒核備查由 | | 准予備查 九月 [illegible] | |

附件

字第 號 廿八年九月[illegible]日 到時

收文 字第 1—14 號

兹查本联保奉令摊买征工筑路粮食米贰百石一案。当经本处于八月十七日，召集全联保保长开会议决，成立通金联保摊买粮食筹备委员会，负责办理，当经各保推选马吉臣康錬光为主任委员，马德清康文祥吴金三郑崇林张盛邦等五人为委员，现正积极办理摊买粮食事务，理合将遵办情形，报请

钧会鉴核备案，指令祗遵！实沾公便矣。

谨呈。

修筑乐西公路会理县征工筑路委员会

会理县通金联保主任 康伯珩

副主任 王瑶图

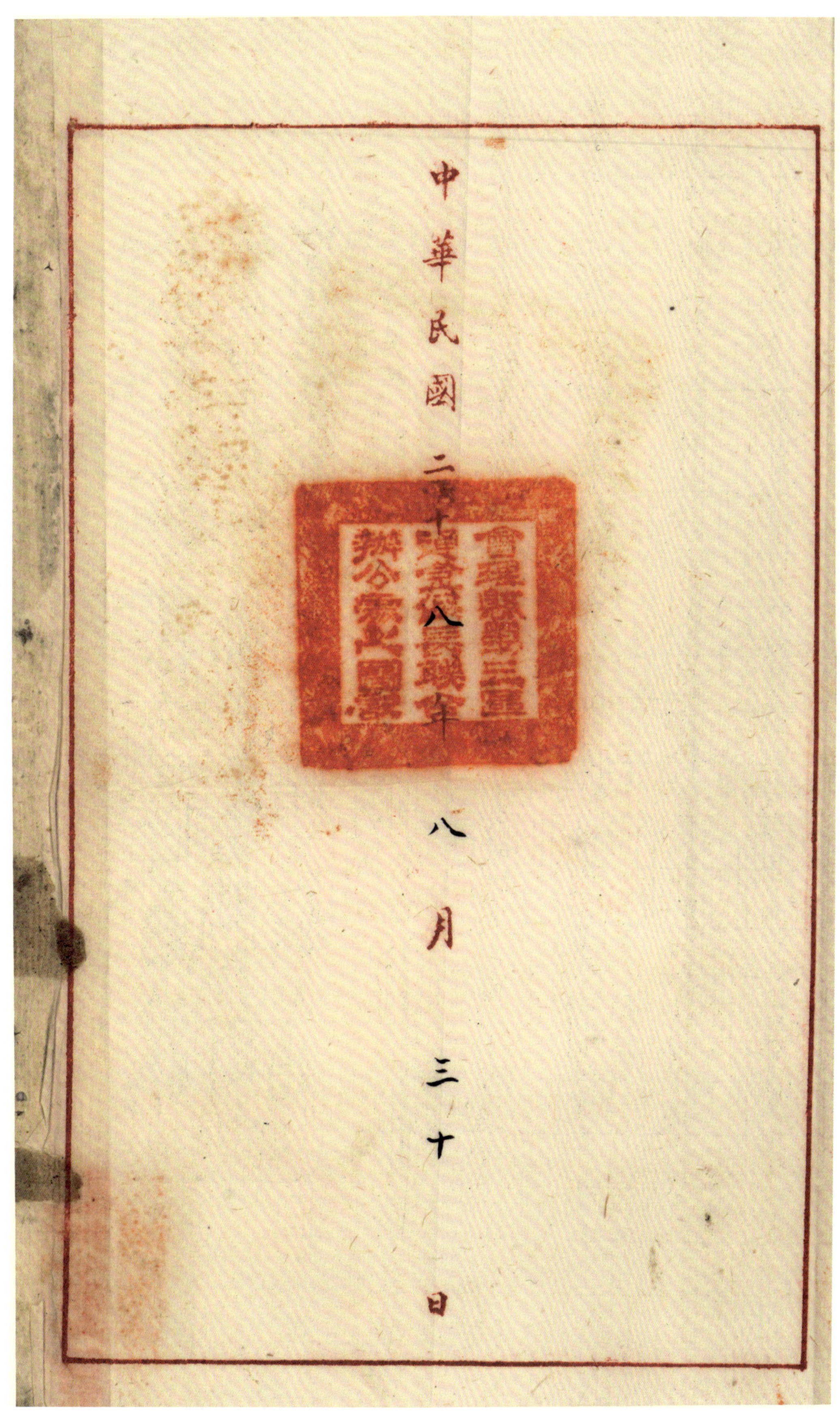

中華民國二十八年八月三十日

## 会理县征工筑路委员会与该县九三联保关于无法足额摊购米粮的来往文书

### 会理县九三联保致该县征工筑路委员会的呈（一九三九年九月一日）

呈

查現在新穀既將收穫，分期收購，根本與青黃不濟無重大關係，仰仍依照前攤數目籌購足額，不得延少數干瀆分

廿八年九月五日收辦

呈為呈報事。竊職接奉征工築路攤買米糧一覽表，計規定二百四十碩，遵令召集各保長暨所屬紳耆正式會議，僉以青黃不接，艱困為言。因九三所屬十九保山多田少，所有租石除城紳及學產外，本地糧户收入實少，且鄉閭人民懷疑過去採辦軍糧陋習，經職一再開導，審查各保貧富，分別攤派，即十餘石之户均已負担，合計攤得二百零八石，另單附呈，當已分令由各保榜示，分四期準備，所差三十二

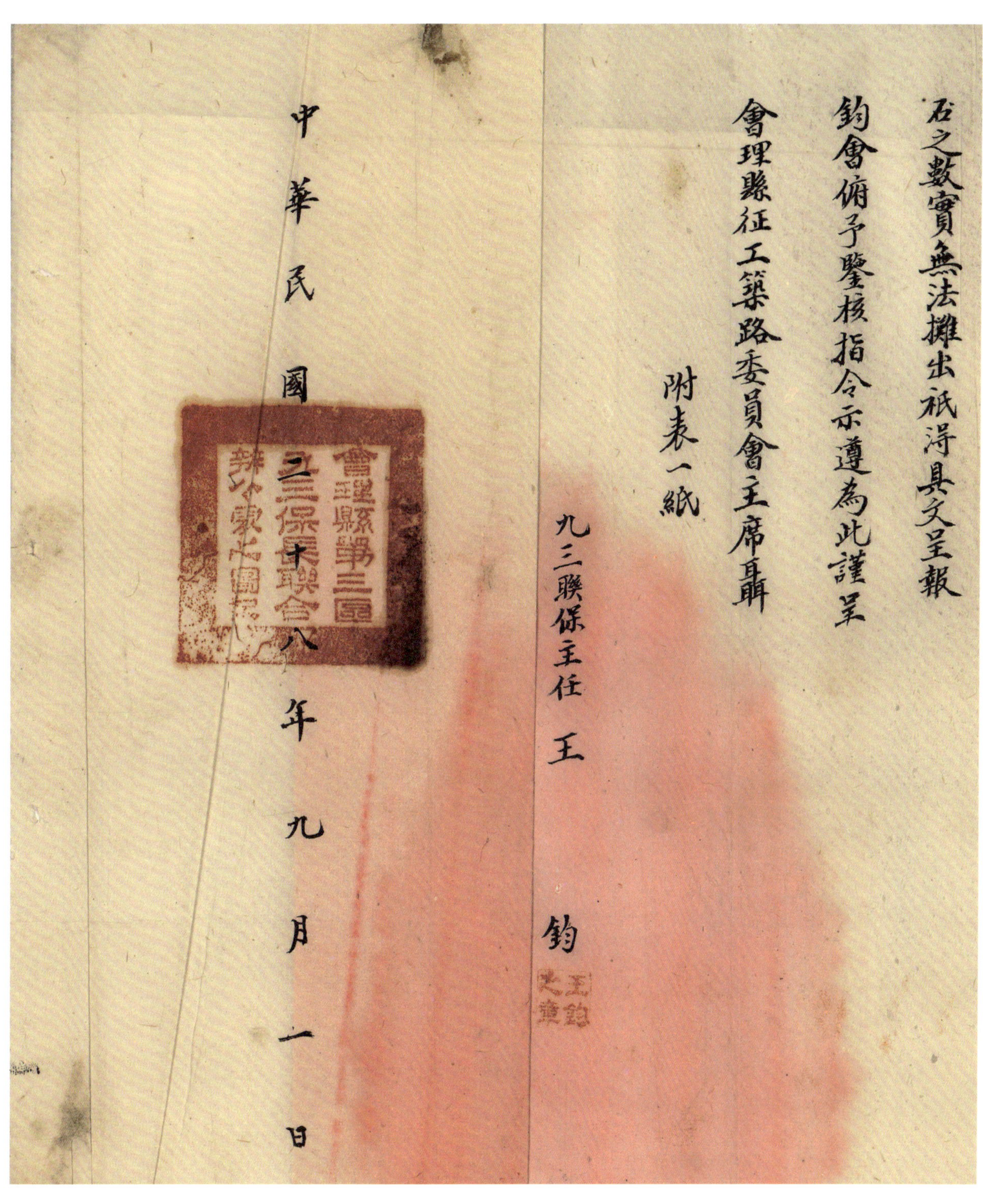

石之數實無法攤出祇得具文呈報

鈞會俯予鑒核指令示遵為此謹呈

會理縣征工築路委員會主席聶

附表一紙

九三聯保主任 王 鈞



中華民國二十八年九月一日

# 会理县征工筑路委员会致九三联保的指令（一九三九年九月六日）

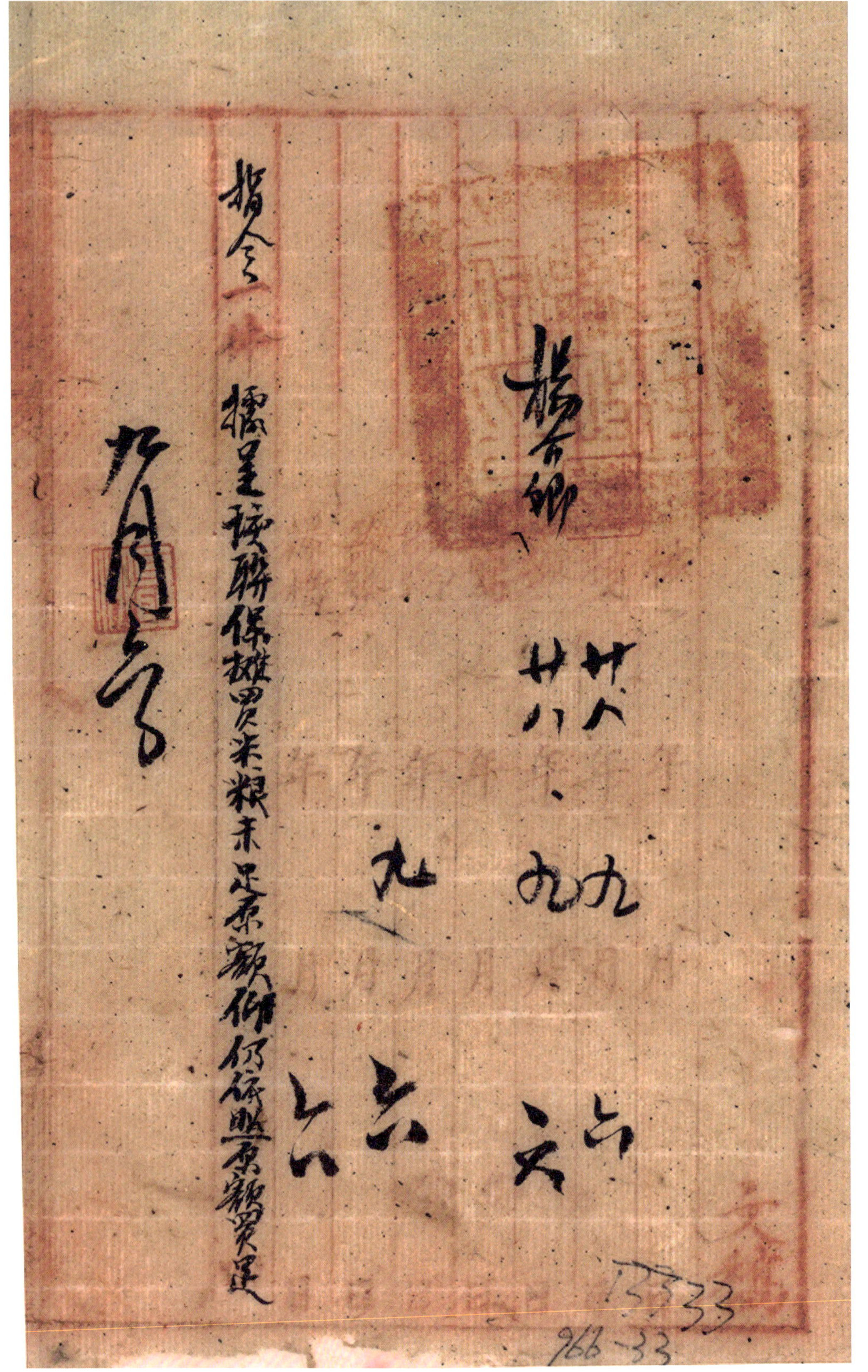

指令 乡

廿八年九月六日

指令一件 据呈该联保摊买米粮未足原额仰仍依照原额买足

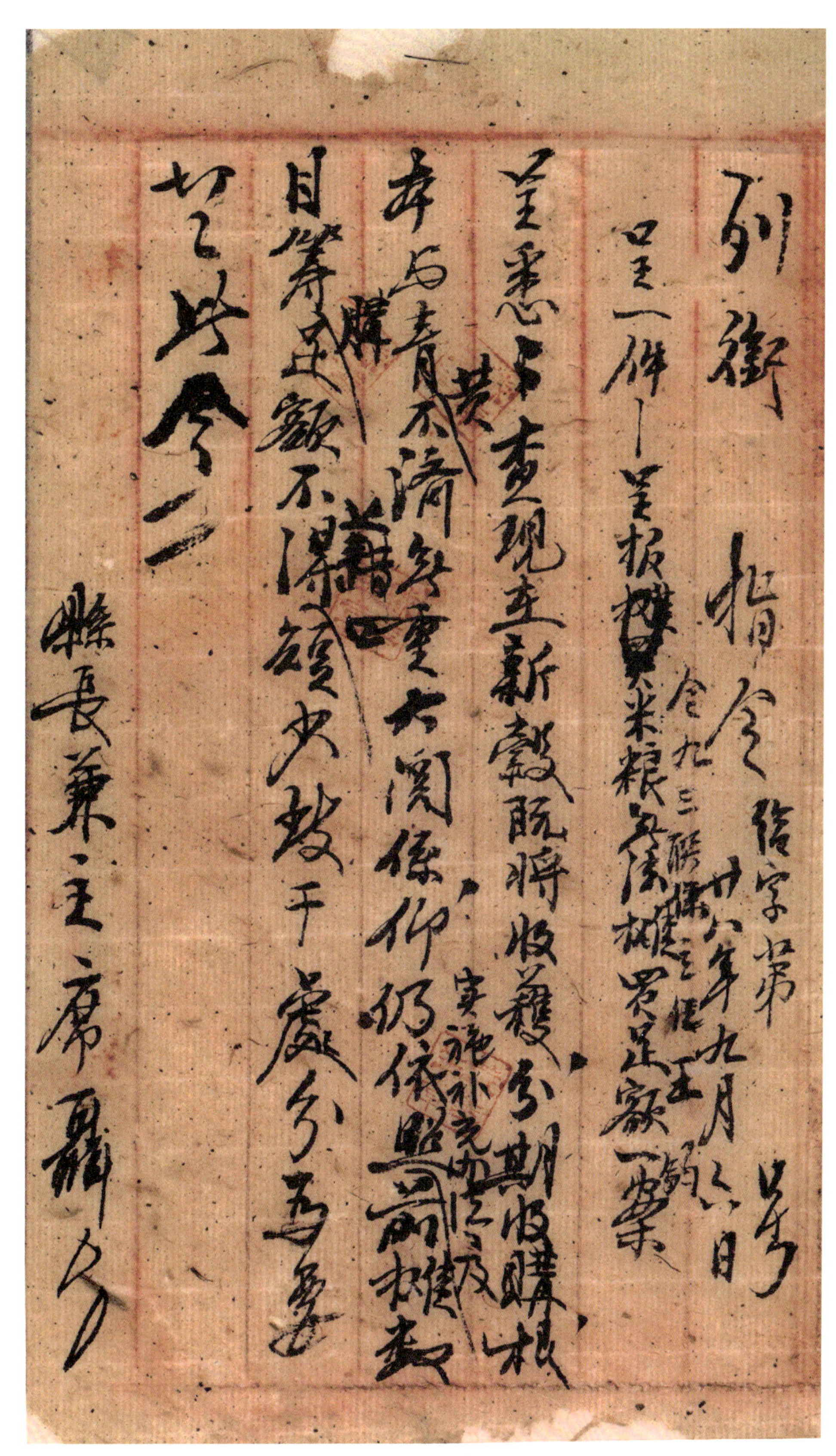

# 提催员谭干城、曹美中关于会理县黎关联保办公处点验民工、购米等事项致该县县长兼征工筑路委员会主席聂泗的报告（一九三九年九月三日）

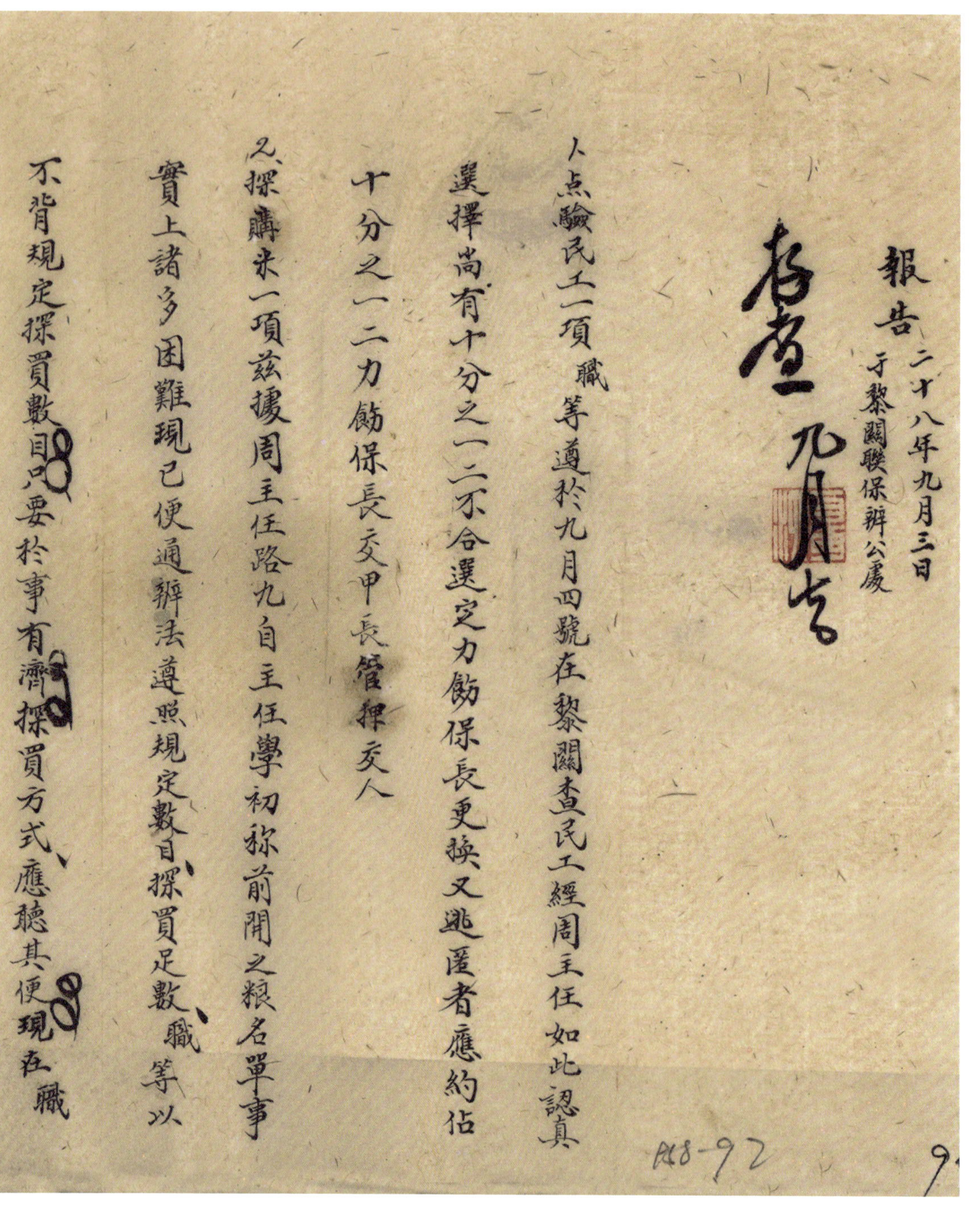

報告 二十八年九月三日 于黎關聯保辦公處

人点驗民工一項職等適於九月四號在黎關查民工經周主任如此認真選擇尚有十分之一二不合選定力飭保長更換又逃匿者應約佔十分之一二力飭保長交甲長管押交人

之採購米一項茲據周主任路九自主任學初称前開之粮名單事實上諸多困難現已便通辦法遵照規定數目採買足數職等以不背規定採買數目只要於事有濟採買方式應聽其便現在職

等已飭保長掭收一部交出以便携代工段食用準備妥善

又麻袋一項每民工一条揹米三十五斤據周自雨主任称前遵規定

派定民工已準備妥善惟現在要將運夫編為民工此種麻袋遽難

製備只有將前準備好之麻袋每一条多裝点米以一民工盡量

揹走普通工具又以一民工携代

職等以只要不背規定携代數目携代

方式聽其處理

又黎闔緣普兩聯保普通工具已遵照規定辦理完善

又黎闔緣潽兩聯保民工斛具炊爨器具應辦理完善

又周自雨主任称由會理出發至工段民工既不準以所揹之米食用沿

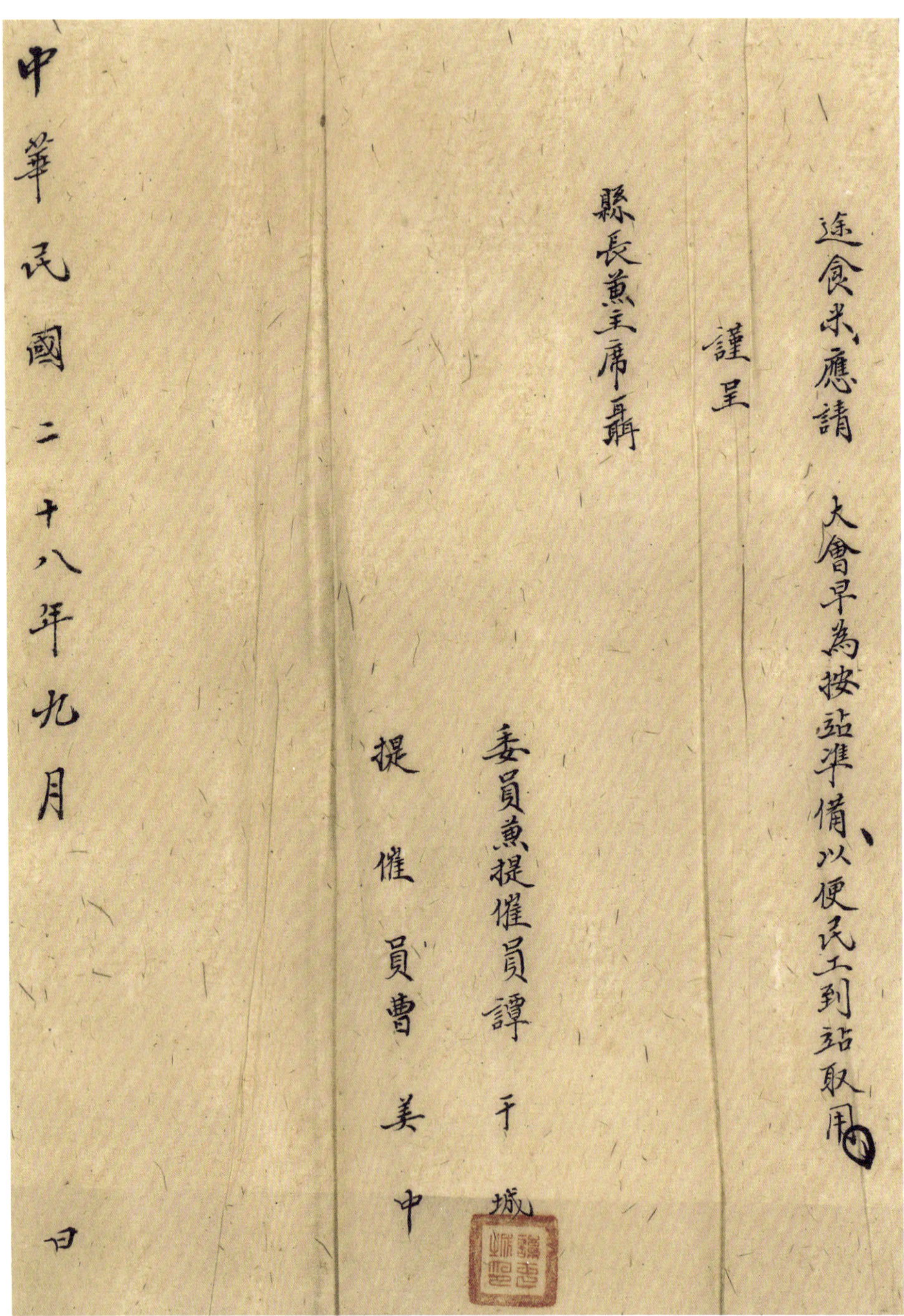
途食米，应请
大会早为按站准备，以便民工到站取用。
谨呈
县长兼主席聂
委员兼提催员谭 干城
提 催 员曹 美中
中华民国二十八年九月 日

会理县征工筑路委员会给养股关于民工出发沿途取米及具体手续地点的通报（一九三九年九月四日）

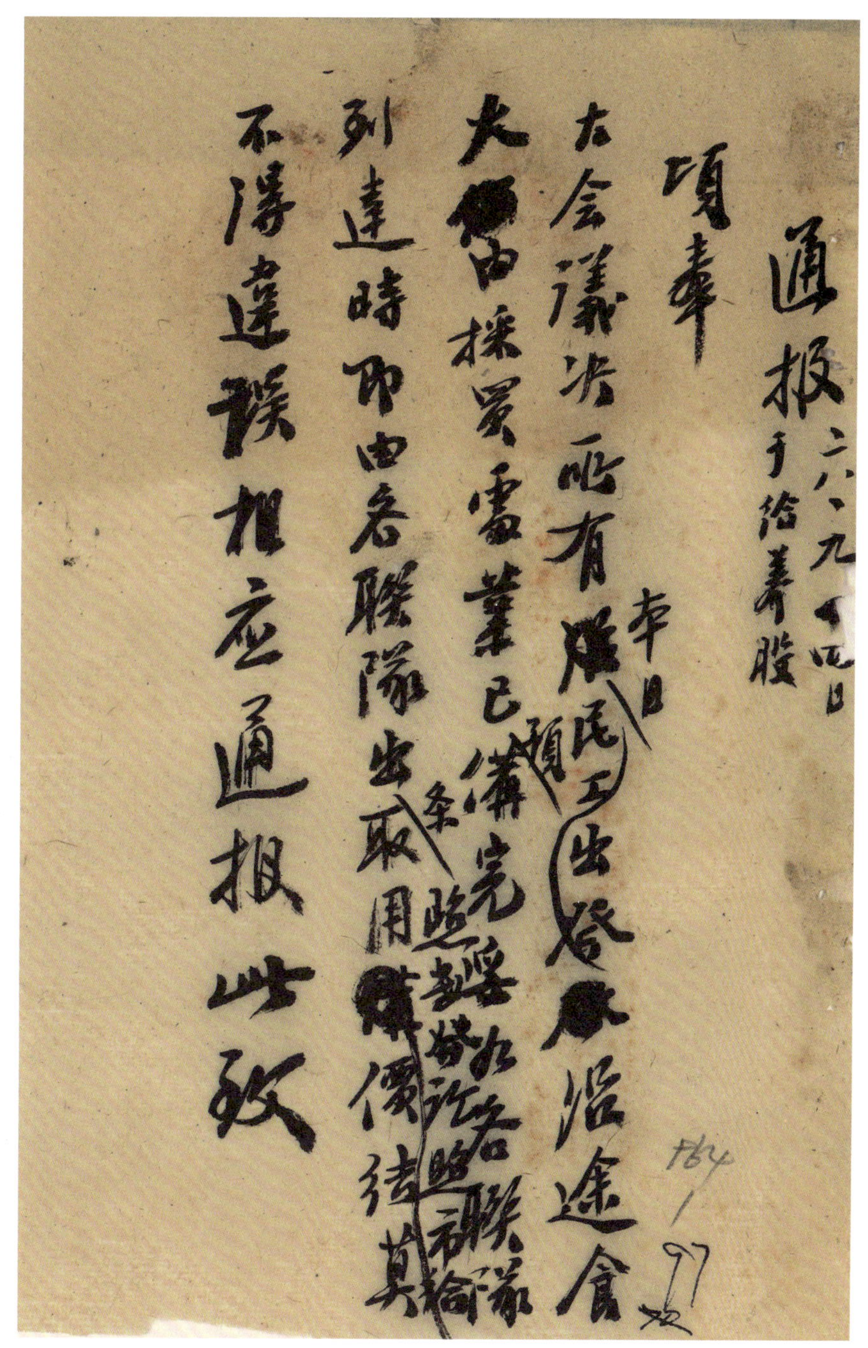

通报 二八、九、四日
于给养股
顷奉
本日大会议决所有民工出发沿途食米，须由採买处业已备完，沿途各联队[illegible]
到达时即由各联队出条取用，[illegible]价结算
不得违误相应通报
此致

益门

益果聯保办事處　　宿白果湾坎　雇益果聯保办事處抬伕子到白果湾取

摩崖雲　　永定營

區署楊鉄生處取米　　向採買組取米[illegible]

錦川橋

由永定營採買組把条子向該地經理人取米

小高橋

已請廖星斗先籌備由永定採買組把条子到該地取米

黄水塘

轉運組康組員勤信處取米

請將沿途取米地點具條手續詳告各

聯隊長或複寫數份分交各聯隊為要

184　96　64

会理县征工筑路委员会关于派给养股采买组组长黄瑞文到永定营采买粮米的训令（一九三九年九月六日）

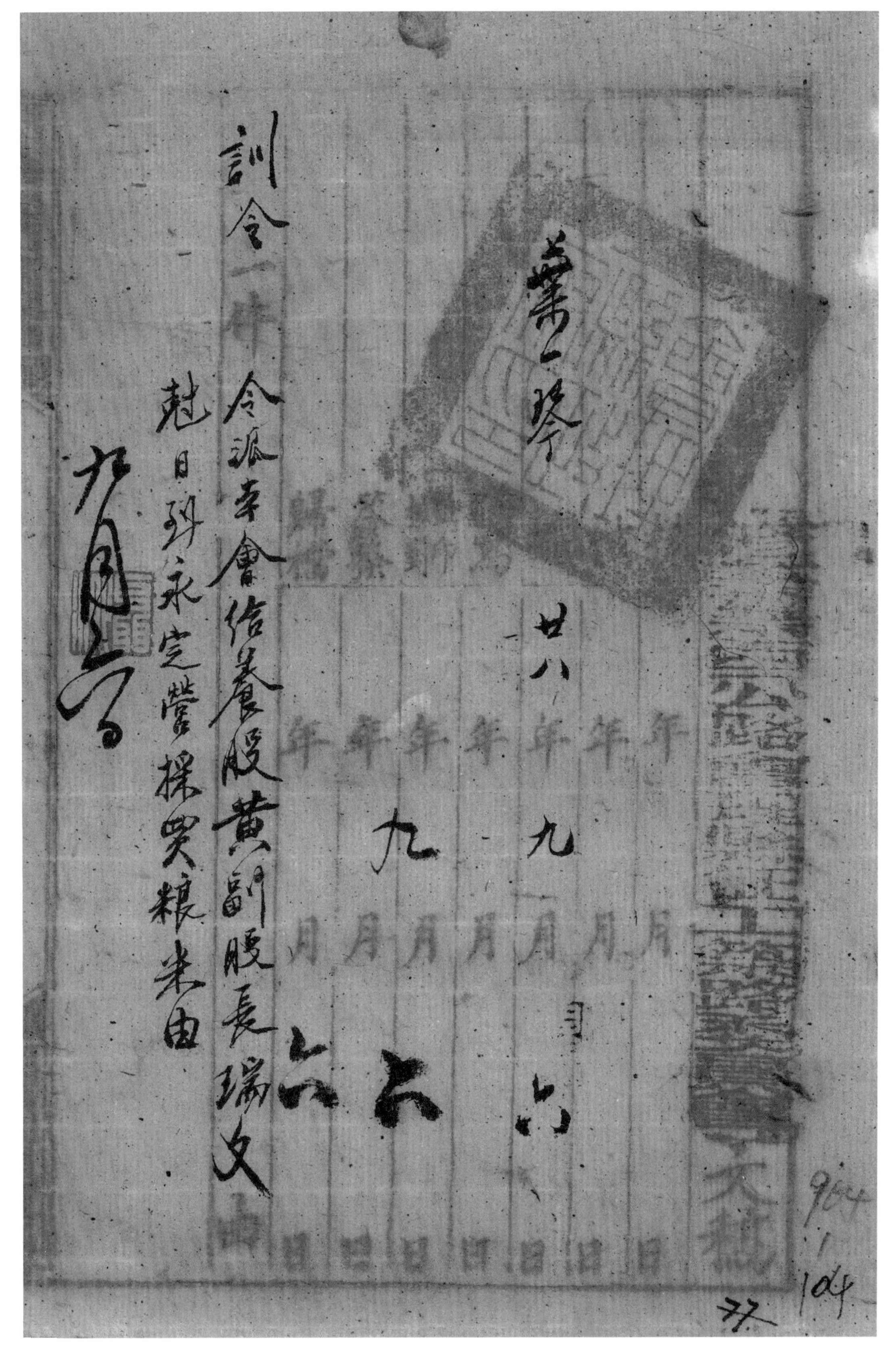

訓令一件

令派本會給養股黄副股長瑞文

赴日到永定營採買糧米由

廿八年九月六日

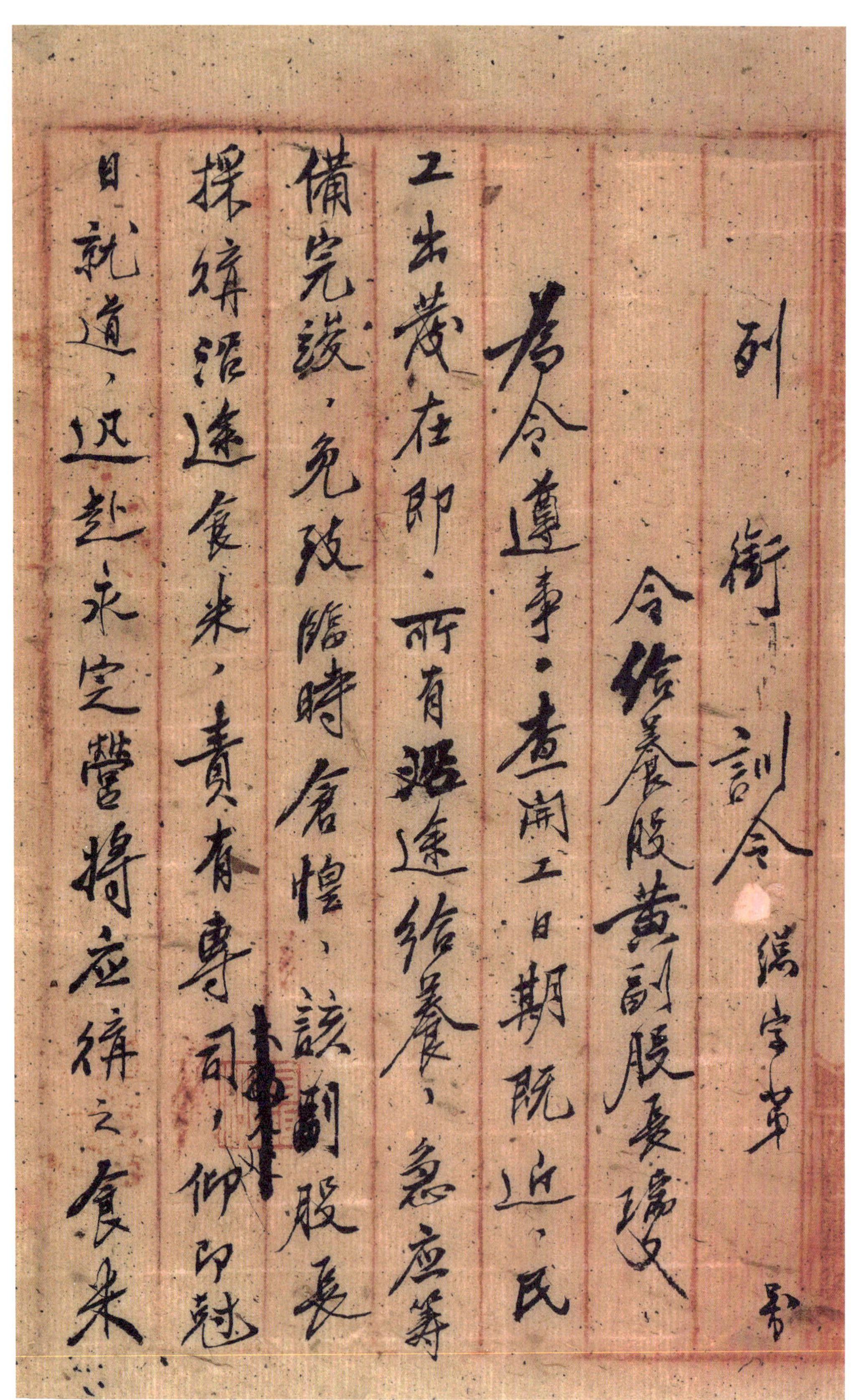

列銜訓令　　繕字第　　號

令給養股黃副股長瑞文

爲令遵事。查開工日期既近，民工出發在即。所有路綫給養，急應籌備完竣，免致臨時倉惶。該副股長採辦沿途食米，責有專司，仰即尅日就道，迅赴永定營，將應辦之食米

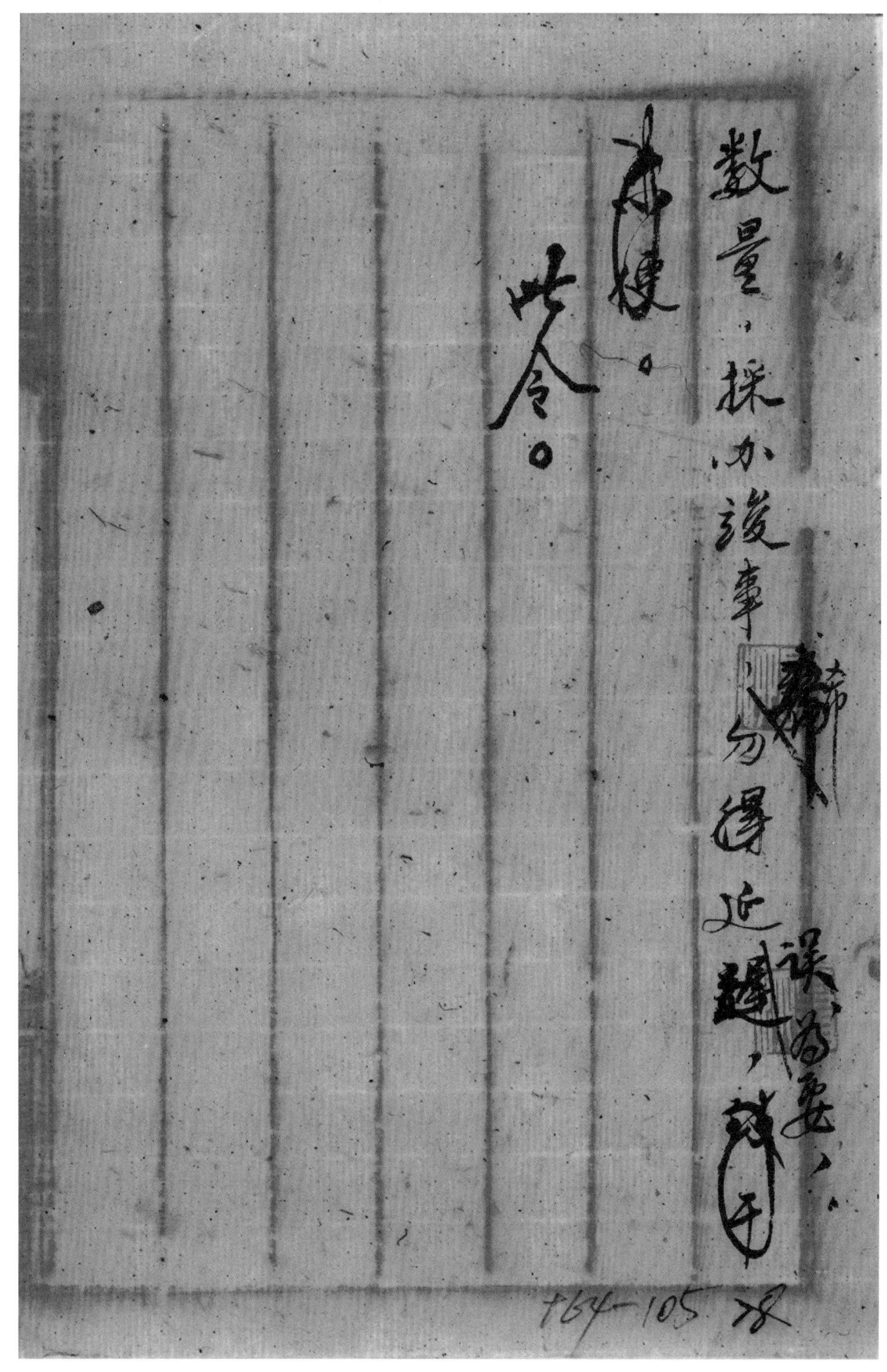

數量，採办後事，勿得延誤，為要，

准據。

此令。

164-105 78

中華民國廿八年九月六日

主席王　　　印

催提员谭干城、曹美中关于会理县九三联保办公处征工及购米、工具等事项致该县县长兼征工筑路委员会主席聂泗的报告（一九三九年九月七日）

報告 二十八年九月七號 于九三聯保辦公處

卜九月六號 職等冒雨趕到九三問及民工冊及採買米冊據王主任称已專送鈞會

又查問編制情形係以三十名為一班共編九班計民工共弍百柒拾名照規定尚欠民工一百零六名 職等當即囑應迅速照規定數目徵足應

編為四十名為一班三班為一小隊
3.点驗民工不合選格者佔十分之三立即更換逃工佔十分之四立飭保長促甲長將逃工家長傳到管押請保限期交人尚有十餘保正辦理中
4.採買米一項 職 等到九三催促捐米惟採買之戶因循不捐 職 等幾次催促王主任將採買之戶傳到辦公處有抗不捐米者立即管押
5.工具方面概係徵用破濫不堪者佔十分之二立即更換此外均係用過工具尚能使用不足規定者立飭其補足
6.王主任称九三之事異常難辦此次所委之坿主任因家事浩繁又身任教育亦難分身擬請託陳俊德代民工赴工段等語 職 等覆查王主任若代民工赴工段以後後方一切萬難辦到亦屬實情可否准王

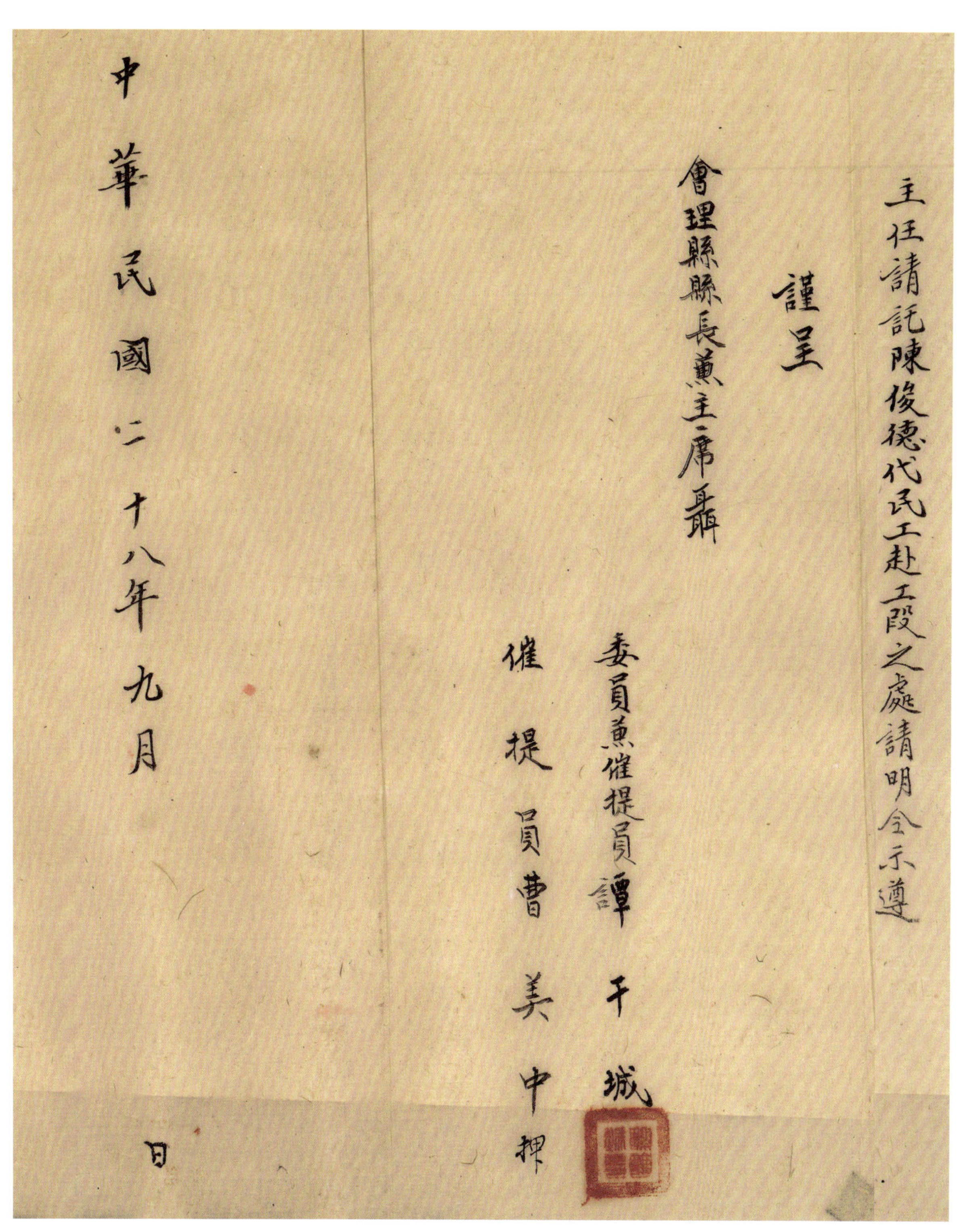
主任請託陳俊德代民工赴工段之處請明令示遵

謹呈

會理縣縣長兼主席聶

委員兼催提員譚干城

催提員曹美中押

中華民國二十八年九月　日

## 会理县征工筑路委员会驻工办事处关于认真督饬伙食致各联队、中队的通报（一九三九年九月十日）

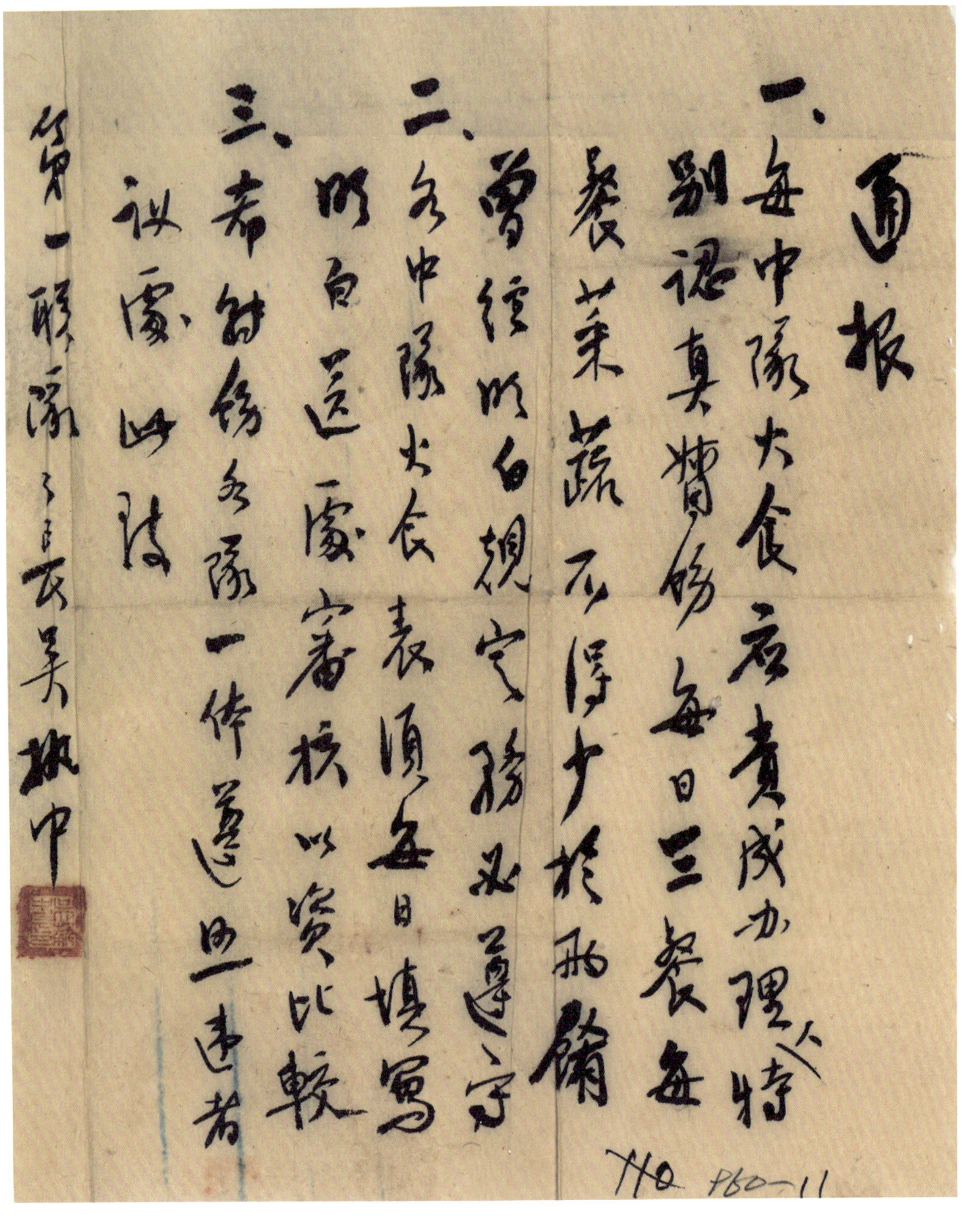

通报

一、每中队火食应责成办理人特别认真督饬每日三餐每餐菜蔬必得十分预备曾经明白规定务必遵守

二、各中队火食表须每日填写明白送一份审核以资比较

三、希饬各队一体遵照毋违者议处

此致

第一联队队长吴枞中

TKQ P80-11

第二联队々长谢景白
第三联队々长刘心如
第四联队々长王植三
第卅八中队々长陈光庭
第九中队々长张协邦
第六联队々长邓从龙
副队长李乐同
九月十日

各队所做片数限今日午后五时间送来
队 九月十日

## 会理县征工筑路委员会驻工办事处关于各队伙食等事项安排致各联队、中队的通报（一九三九年九月十四日）

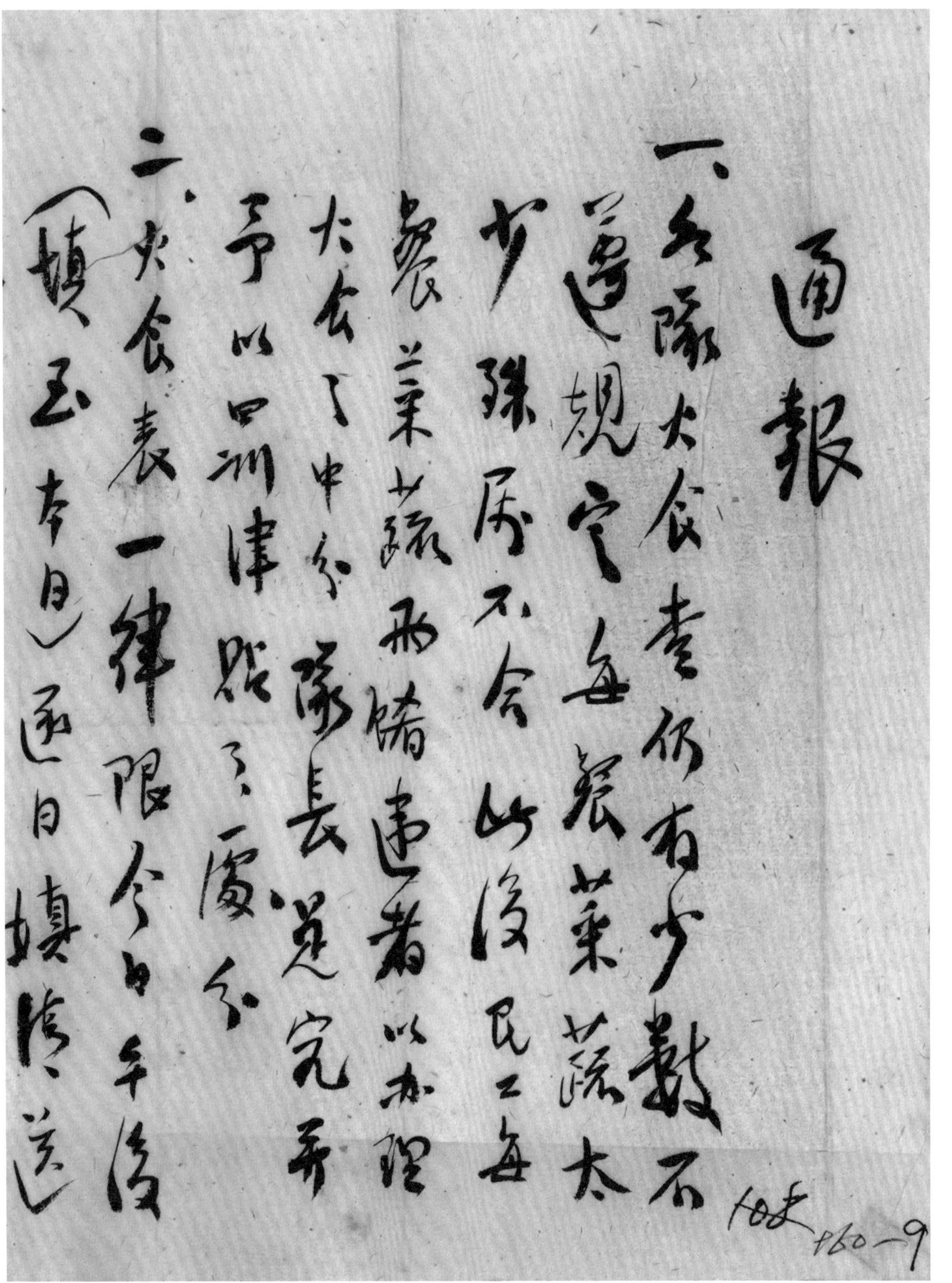

通報

一、各隊伙食查仍有少數不遵規定每餐菜蔬太少殊屬不合以後民工每餐菜蔬再[illegible]違者以辦理伙食之中分隊長是問并予以口訓津貼了一處分

二、伙食表一律限今日午後（填至本日）逐日填報送

處，否則應領伙食暫不
發給。
三、作工時間，各聯隊均須到
工程處報到。
四、本日午後六時聯隊中隊分
隊各級隊長就規定地
點，聽候訓話。
五、各聯隊由隊長辦理伙食事

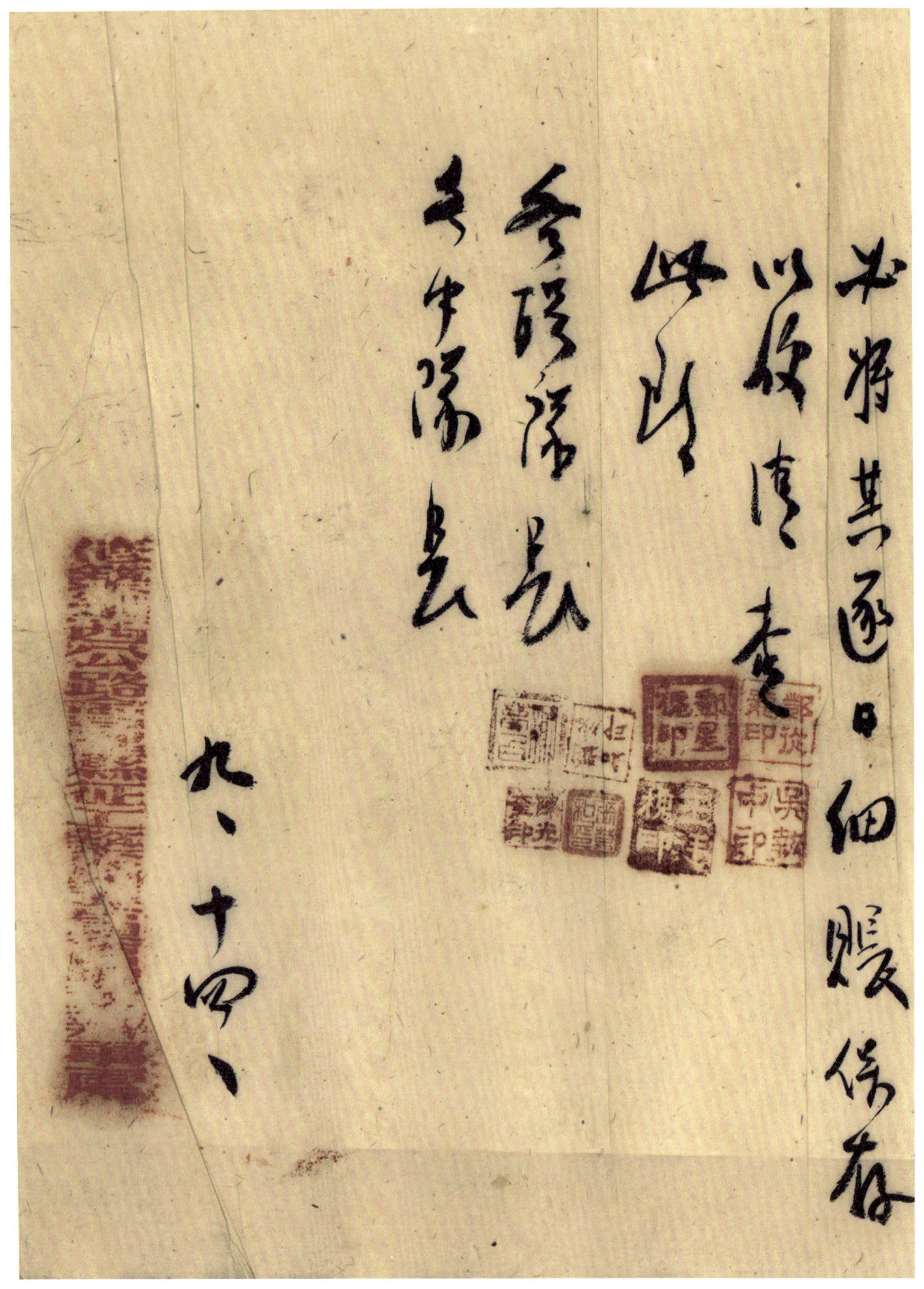
并将其逐日细账备存

以便清查

此致

参谋长

参谋长

九、十四、

会理县通金联保办公处与该县征工筑路委员会关于是否可减轻摊买筑路工米的来往文书

会理县通金联保办公处致该县征工筑路委员会的呈（一九三九年九月十六日）

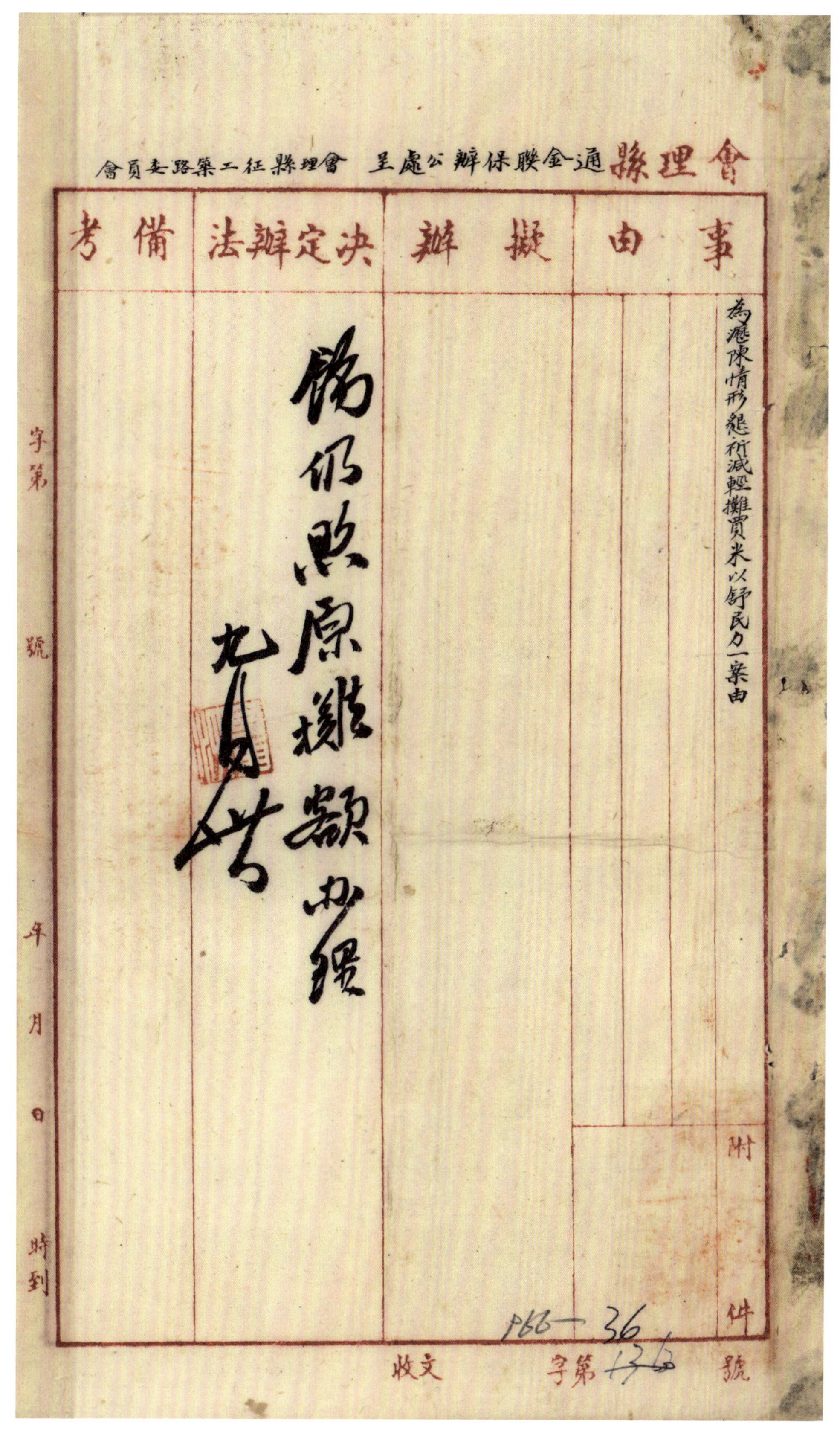
會理縣通金聯保辦公處呈會理縣征工築路委員會

| 事由 | 擬辦 | 決定辦法 | 備考 |
|---|---|---|---|
| 為瀝陳情形懇祈減輕攤買米以舒民力一案由 | | 飭仍照原擬數辦理 九月廿日 | |

附件

收文 字第 號

竊此次修築樂西公路本縣應攤米糧經
鈞會決議按照各聯保產糧多寡情形由紳糧平均攤買法良意美至公極允凡稍有國家觀念者莫不踴躍應命惟查通全聯保山
多田少素非產米之區民間食糧多賴武穆鐵匠村等地供應大非鹿武聯保之能自給自足者可比今鹿武攤買壹百石而通全攤買貳
百石揆之產糧情形則通全未免過重且武穆八保原隸通全其糧册至今仍在通全完納兹既改隸鹿武則此項攤買米應將武穆八保產糧數
目在通全項下扣除劃歸鹿武則彼此平允而不致畸輕畸重也查武穆八保原係武穆車拉紅拉三團改編而成依據糧册武穆團三保有谷租七
百叁拾壹石米租壹百陸拾四石車拉團兩保有谷租玖百零七石米租壹拾伍石紅拉團三保有谷租壹仟壹百七拾石米租壹百陸拾七石三
團八保共計有米租叁百四拾陸石谷租貳仟捌百零捌石若照議案以十分之一三攤買則應攤買米貳百石縱將不足三十石之紳糧減
半計算則至少應攤買米壹百石今此數既已依老糧册列入通全數内應請照數扣除劃歸鹿武俾期平允則彼此既無重輕之
爭而各紳亦不致困難矣是否有當伏乞
鑒核指令祇遵謹呈

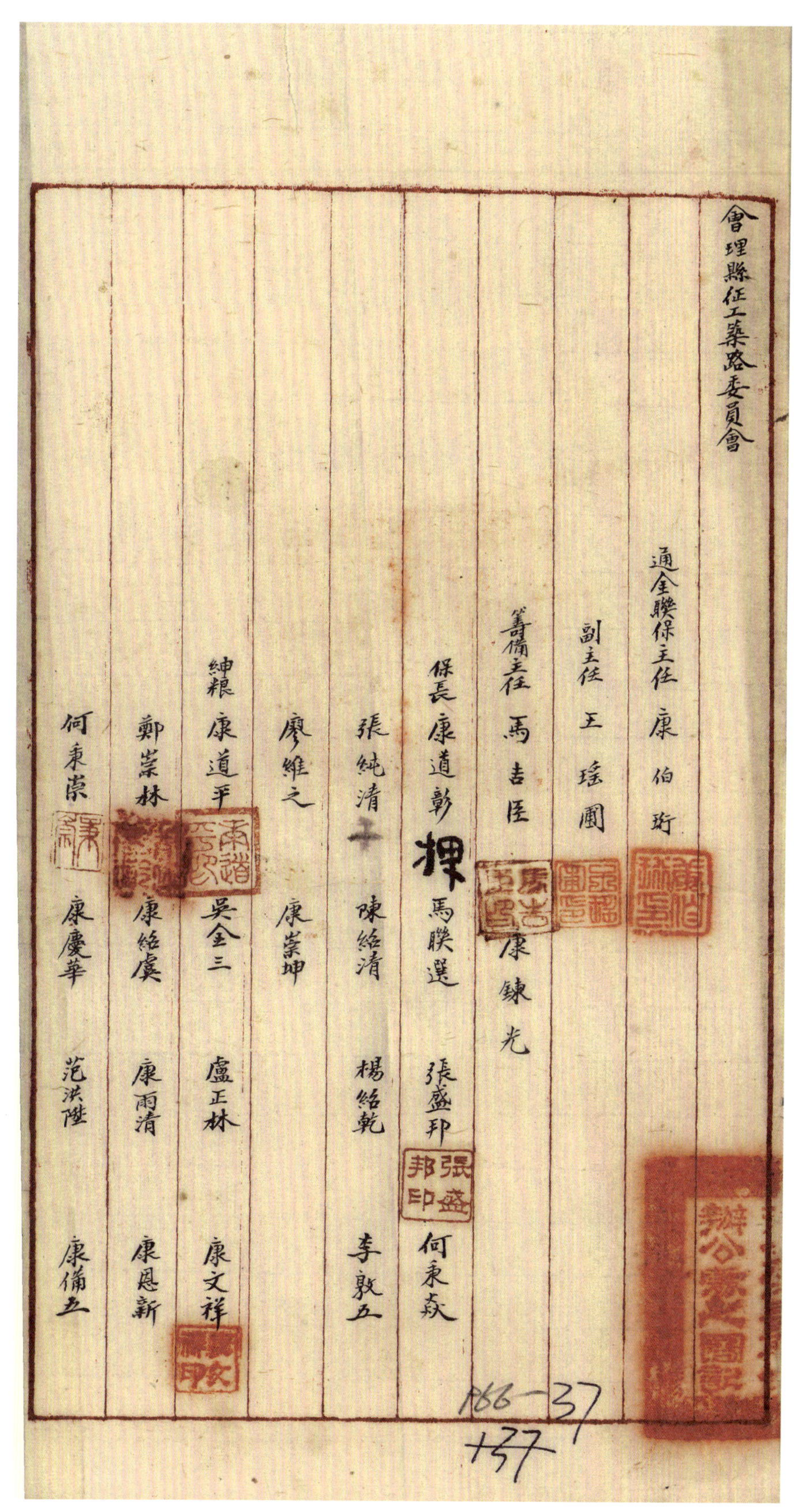

會理縣征工築路委員會

通全聯保主任 康伯珩

副主任 王瑤圃

籌備主任 馬吉臣 康鍊光

保長 康道彰 押 馬聯選 張盛邦 何秉焱

張純清 十 陳紹清 楊紹乾 李敦五

廖維之 康崇坤

紳粮 康道平 吴全三 盧正林 康文祥

鄭崇林 康紹虞 康雨清 康恩新

何秉崇 康慶華 范洪陞 康備五

P66-37

157

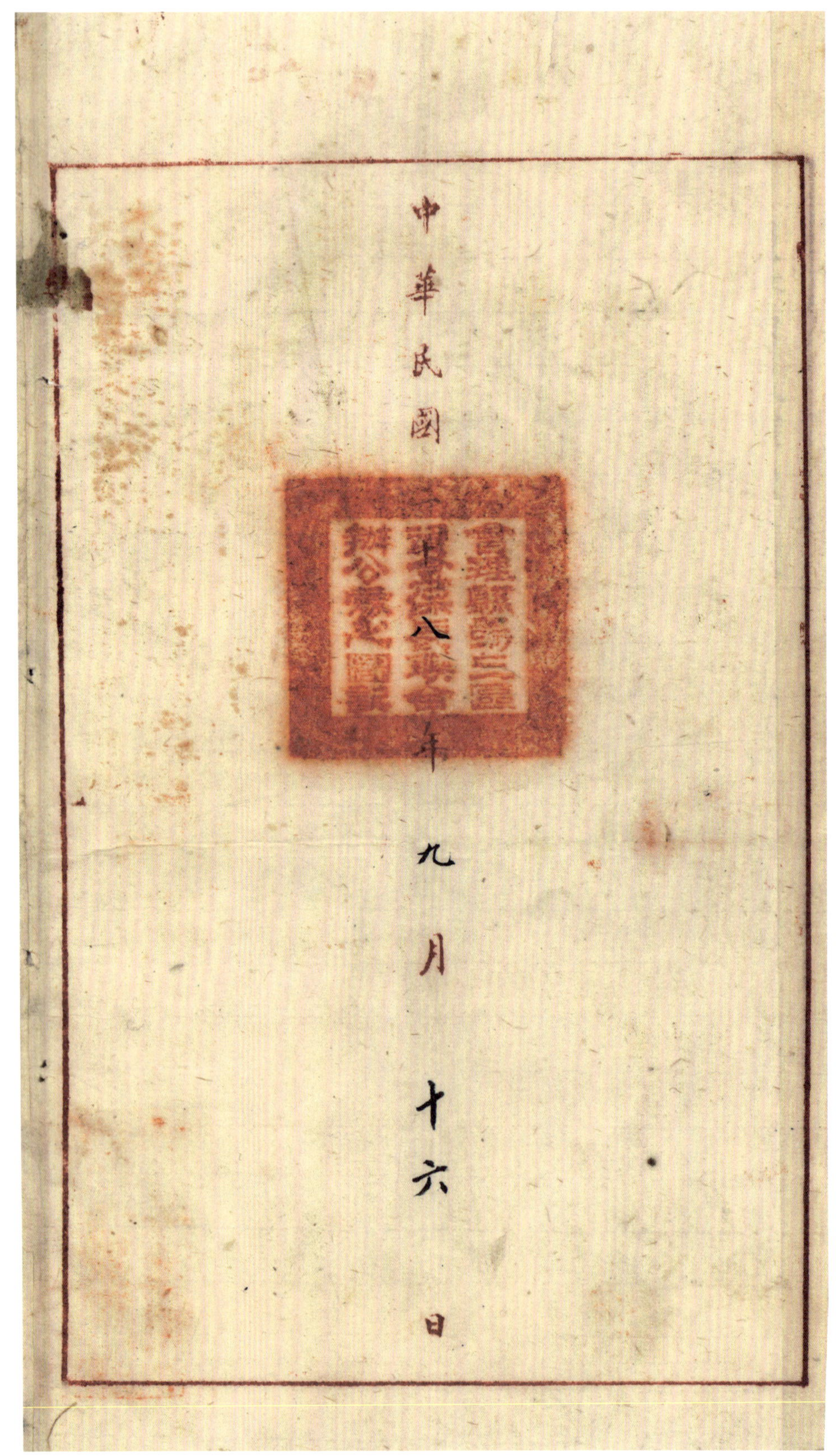

中華民國二十八年九月十六日

会理县征工筑路委员会致通金联保办公处的指令（一九三九年十月八日）

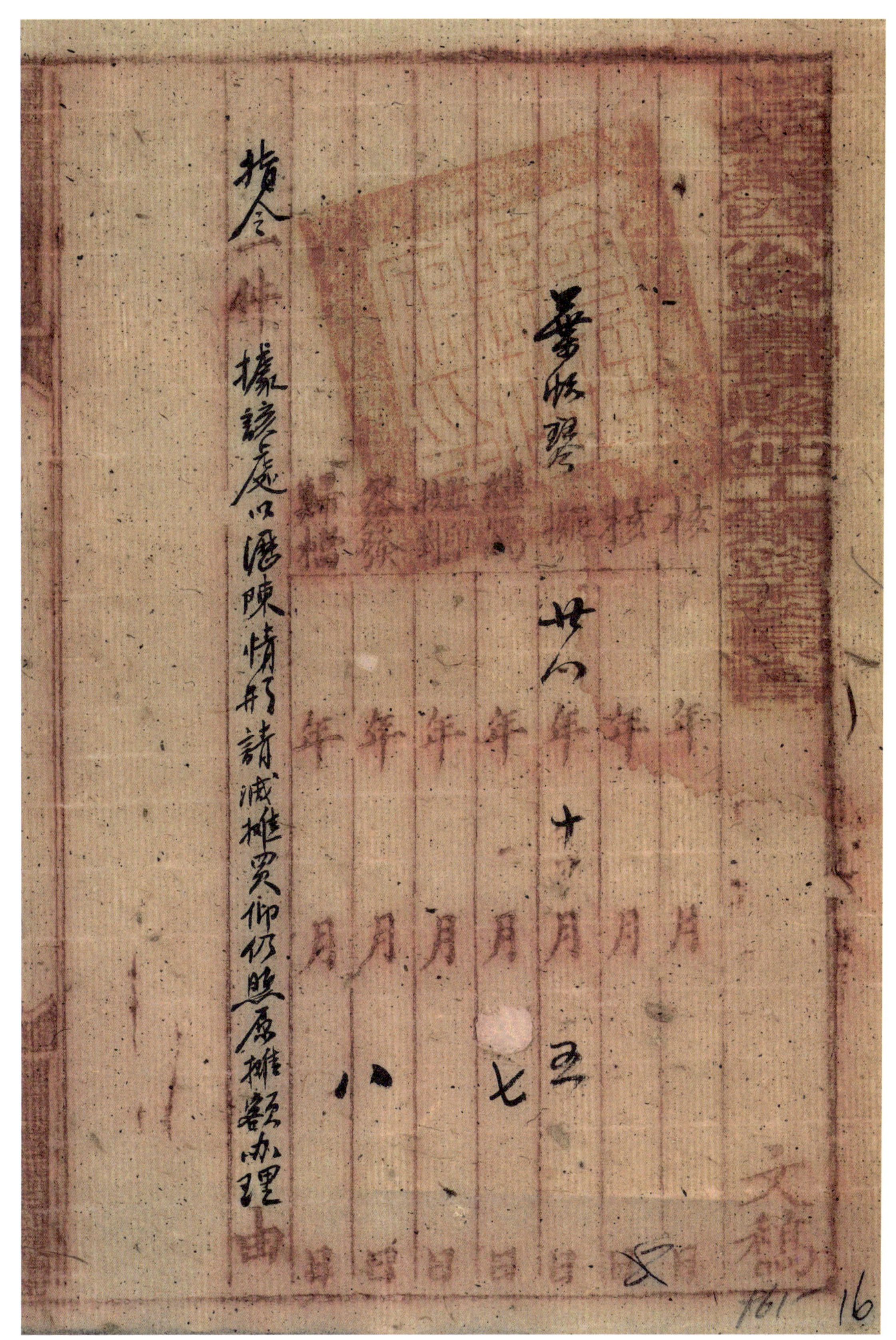

指令 件 據該處以遷陳情形請減攤買仰仍照原攤額辦理 由

廿八年十月五

七

八

文稿

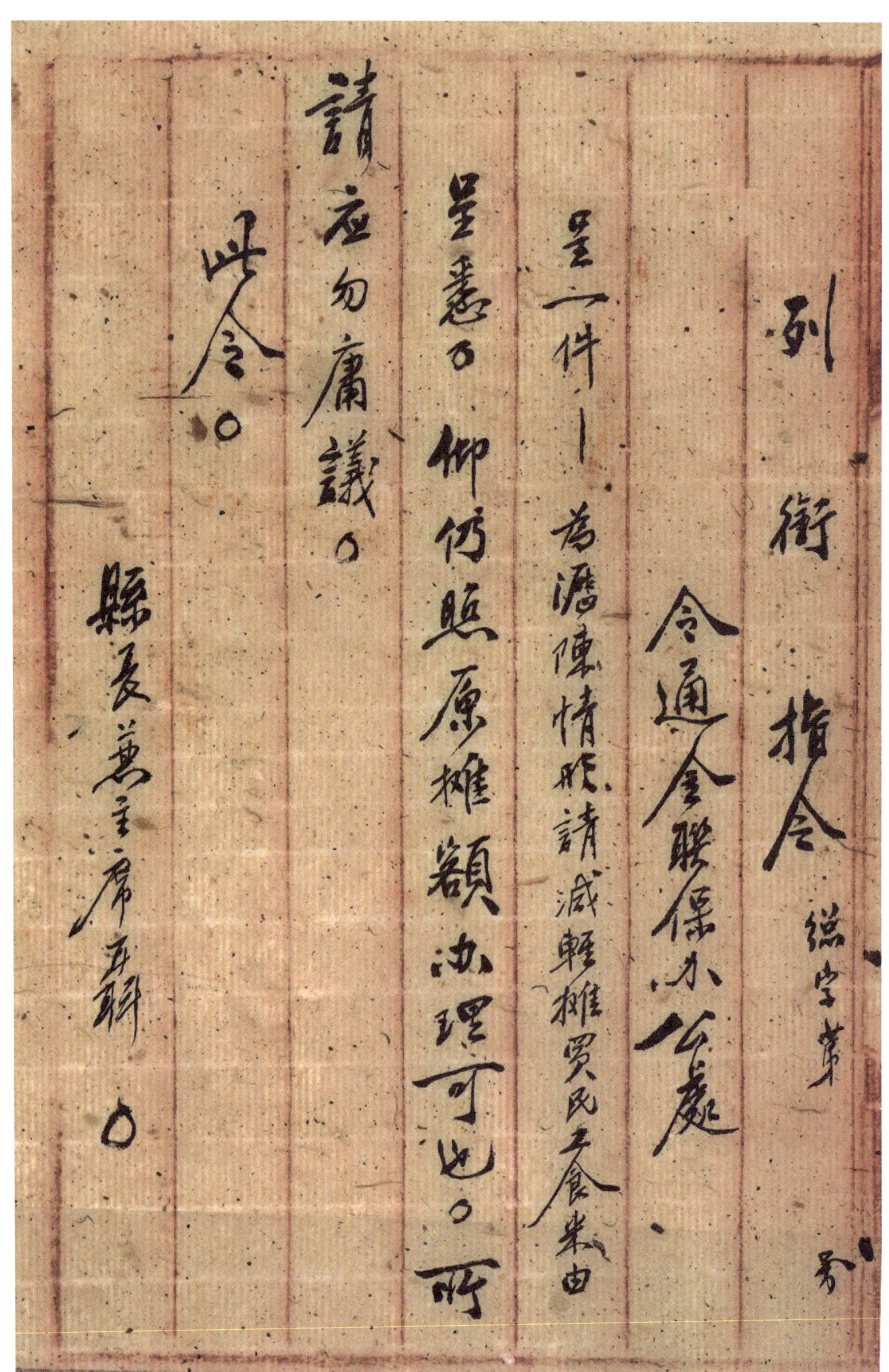

列衔指令　总字第　　号

令通会联保办公处

呈一件，为沥陈情状，请减轻摊买民食米由

呈悉。仰仍照原摊额办理可也。所

请应勿庸议。

此令。

县长万县长辉

会理县民工第十五联队关于路途背负太多致行程困难尚欠六日食米致该县征工筑路委员会的报告
（一九三九年九月十七日）

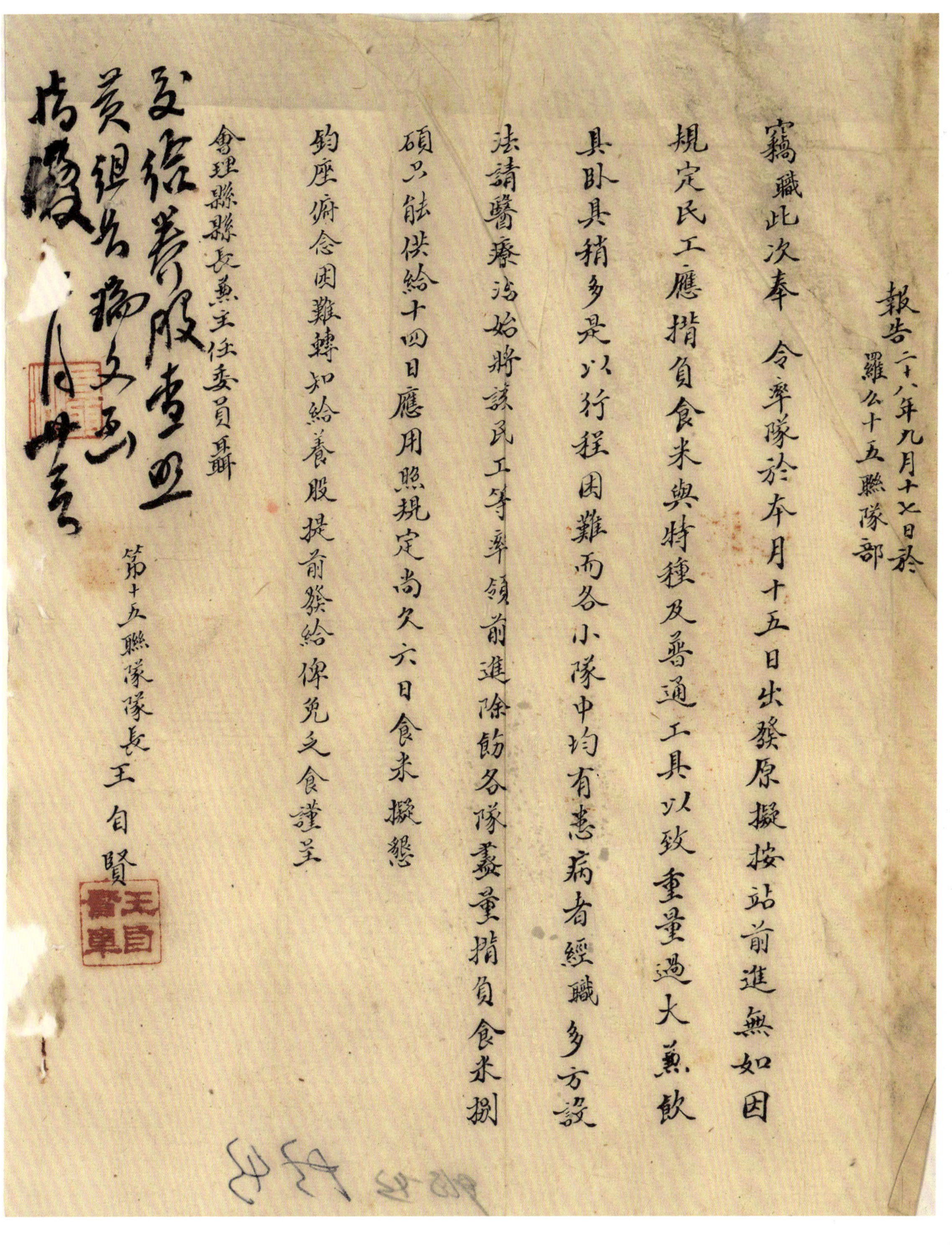

報告 二十八年九月十七日於
羅公十五聯隊部

竊職此次奉 令率隊於本月十五日出發原擬按站前進無如因規定民工應揹負食米與特種及普通工具以致重量過大兼飲具卧具稍多是以行程困難而各小隊中均有患病者經職多方設法請醫療治始將該民工等率領前進除飭各隊盡量揹負食米捌碩只能供給十四日應用照規定尚欠六日食米擬懇

鈞座俯念困難轉知給養股提前發給俾免乏食謹呈

會理縣縣長兼主任委員聶

第十五聯隊隊長 王自賢

交給養股查照
[illegible]組長擬文函
[illegible]十八

# 会理县新德联保第七十五保保长孙开禄等关于请求减免筑路征米致该县征工筑路委员会的呈（一九三九年九月十七日收）

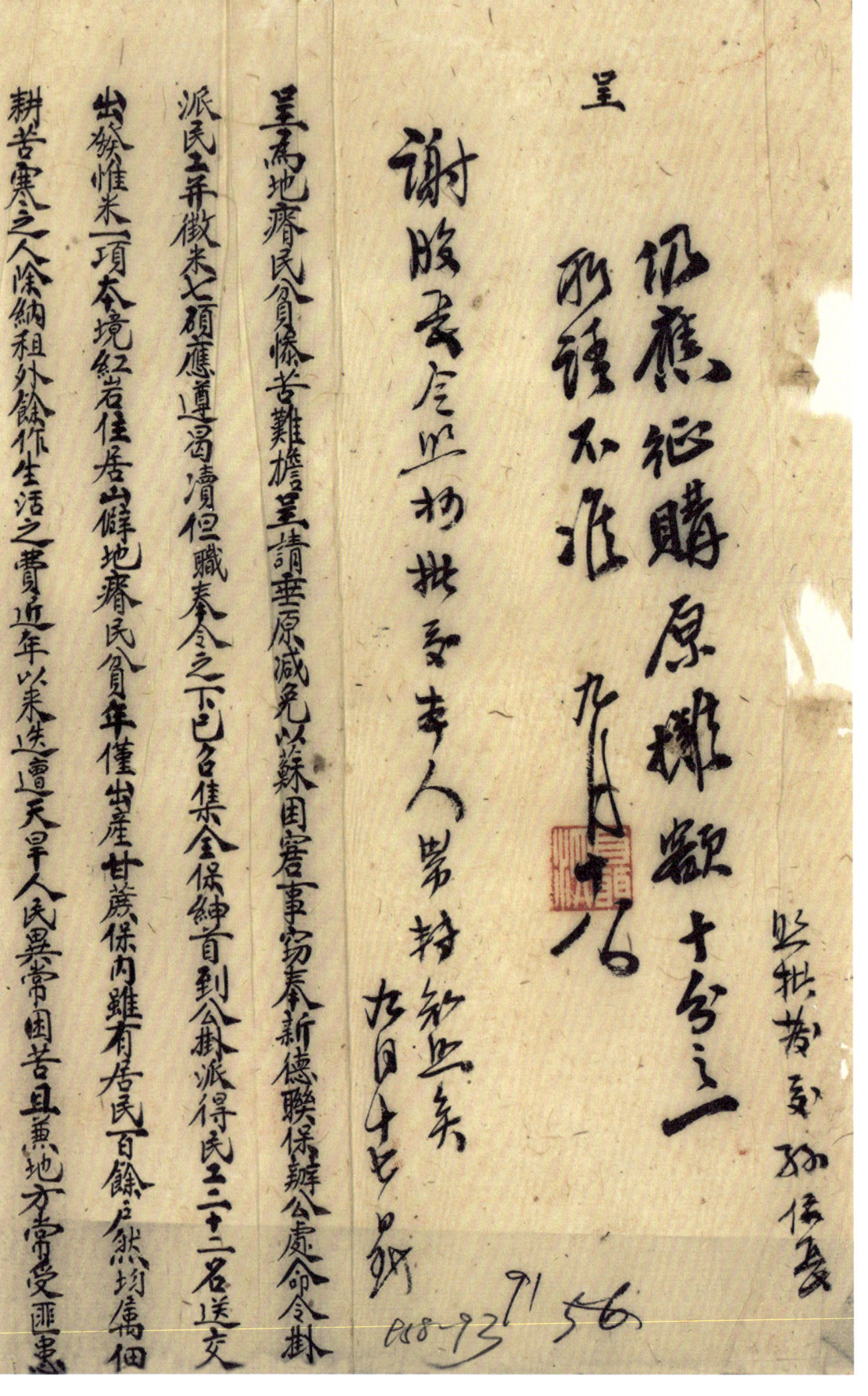

照批發交孫保長

仰應認購原擬額十分之一
所請不准 九月十八

謝股長令照料批發本人幫轉飭照矣 九月十七日

呈

呈爲地瘠民貧懨苦難擔呈請垂原減免以蘇困窘事竊奉新德聯保辦公處命令掛
派民工并徵米七石應遵照辦但職奉令之下已召集全保紳首到公掛派得民工二十二名送交
出發惟米一項本境紅岩住居山僻地瘠民貧年僅出產甘蔗保内雖有居民百餘戶然均傭佃
耕苦寒之人除納租外餘作生活之費近年以來迭遭天旱人民異常困苦且兼地方常受匪患

以致十室九空之民不聊生慘達極点均呼籲無門現有遷逃之象此米實難擔任徵派惟事關

公務不敢隐延是以聯名呈請

鈞長俯賜垂原民貧慘苦賞予減免徵米以蘇困苦是否有當批示祇遵為此謹呈

築路委員會

公鑒

新德聯保第七十五保保長孫開祿（印：孫開祿印）

佃 朱廷武（印：朱廷武印）

劉順科（印：劉順科印）

戶 陳有興（印：陳有興印）

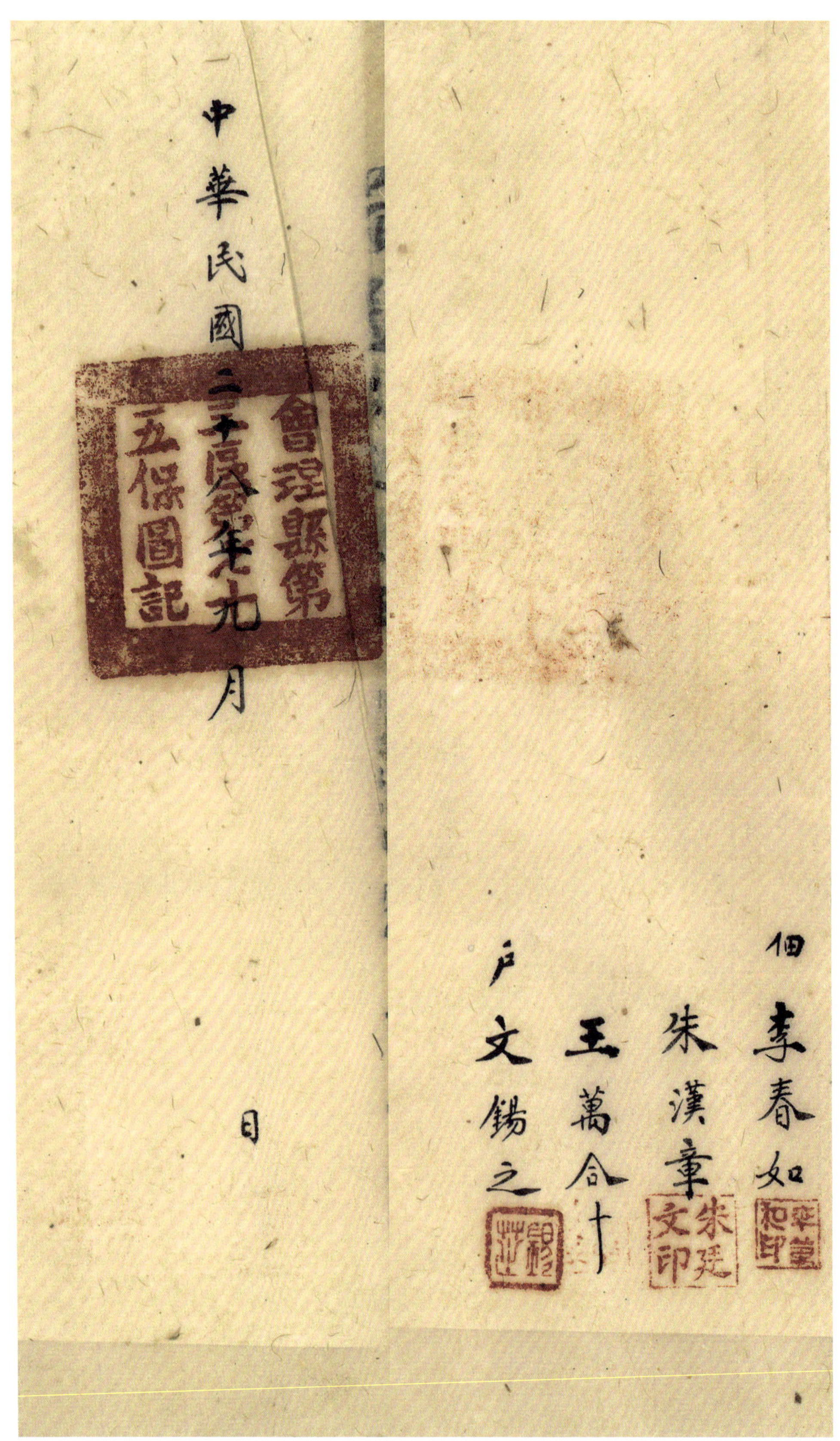
中華民國三十一年九月　日
會理縣第一五保圖記
佃
李春如
朱漢章
王萬合
戶
文錫之

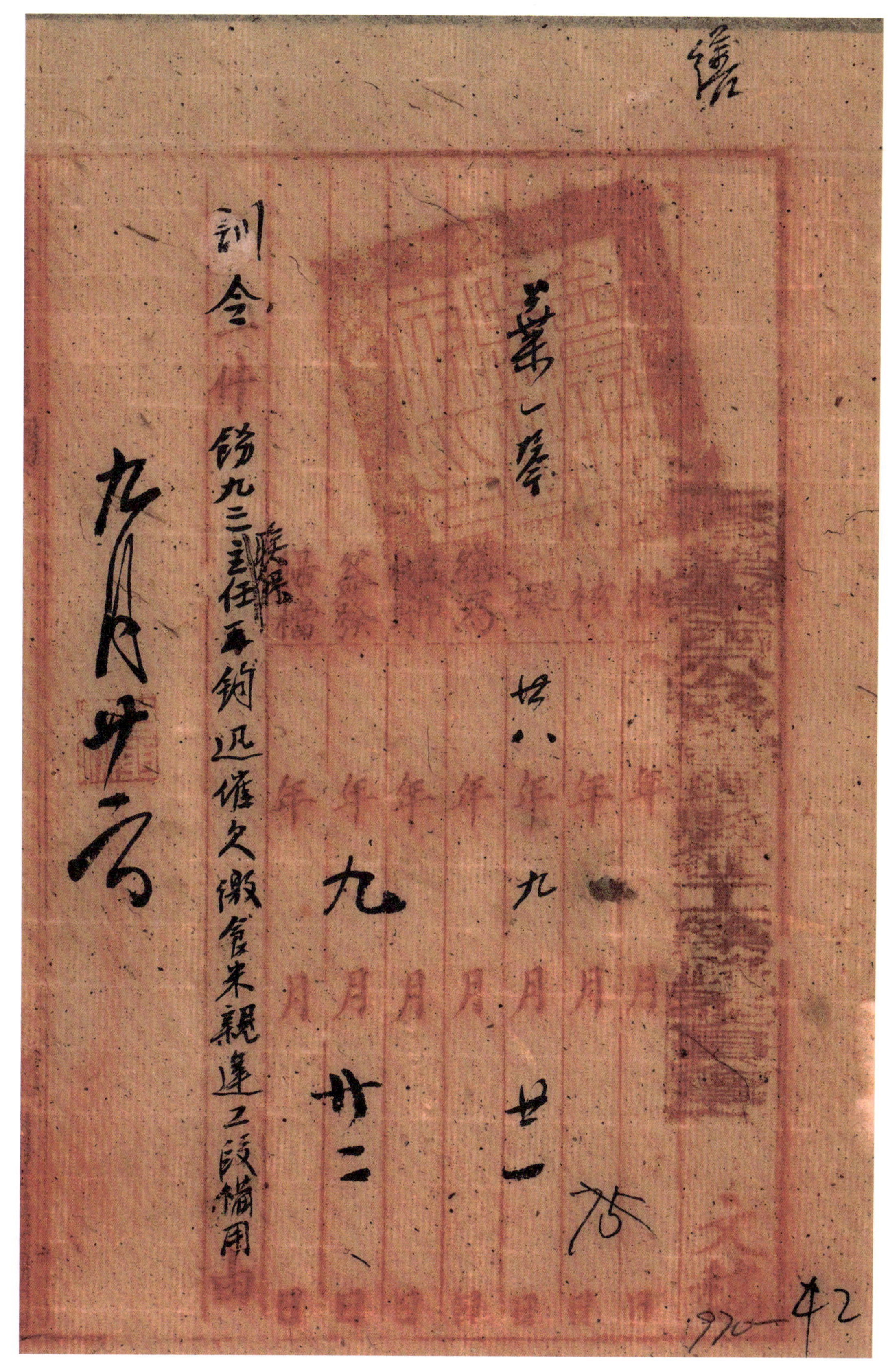

训令

第一△号

件 饬九三联保主任王钧迅催欠缴仓米亲运工段备用

廿八年九月廿一日

九月廿二

九月廿二日

会理县征工筑路委员会关于催缴欠米并亲运工段致九三联保主任王钧的训令（一九三九年九月二十一日）

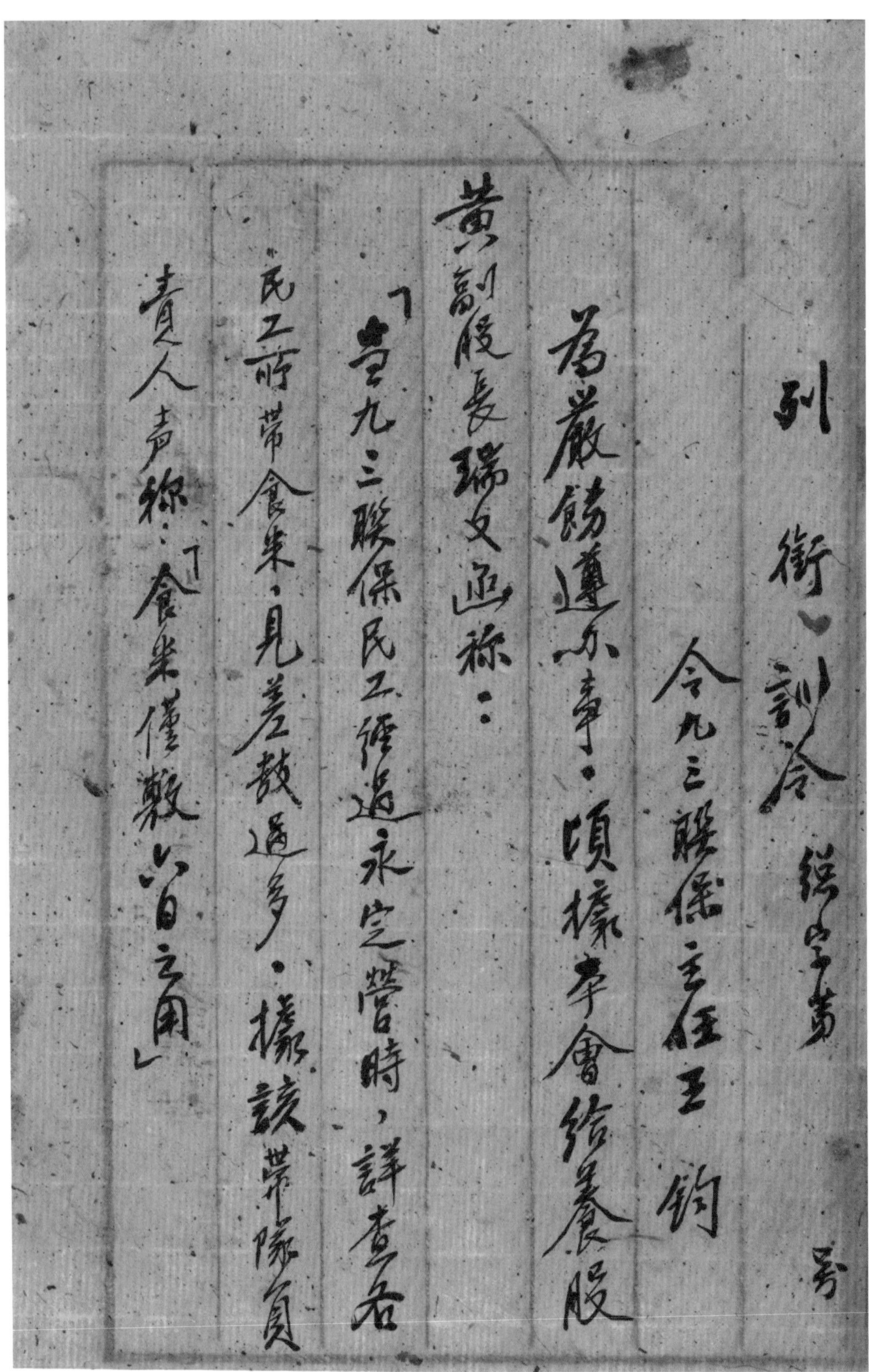
列銜　訓令　総字第　　號

令九三聯保主任王鈞

爲嚴飭遵辦事。頃據本會給養股

黄副股長瑞文函稱：

「查九三聯保民工經過永定營時，詳查各

民工所帶食米，見差數過多。據該帶隊員

責人聲稱：「食米僅敷六日之用」

等情；到會。查本會規定每民工一名，應帶食米一斗計重三十五斤，足敷民工一人到工後三十日之用。今該聯保民工所帶食米，如此其少，足見該主任辦事粗疎，殊屬非是。仰即將攤定食米，剋日催齊，并着該主任親身押運，趕赴工段上，以濟急需，勿再玩忽，致干懲處。是爲至要。切切！

7630—43

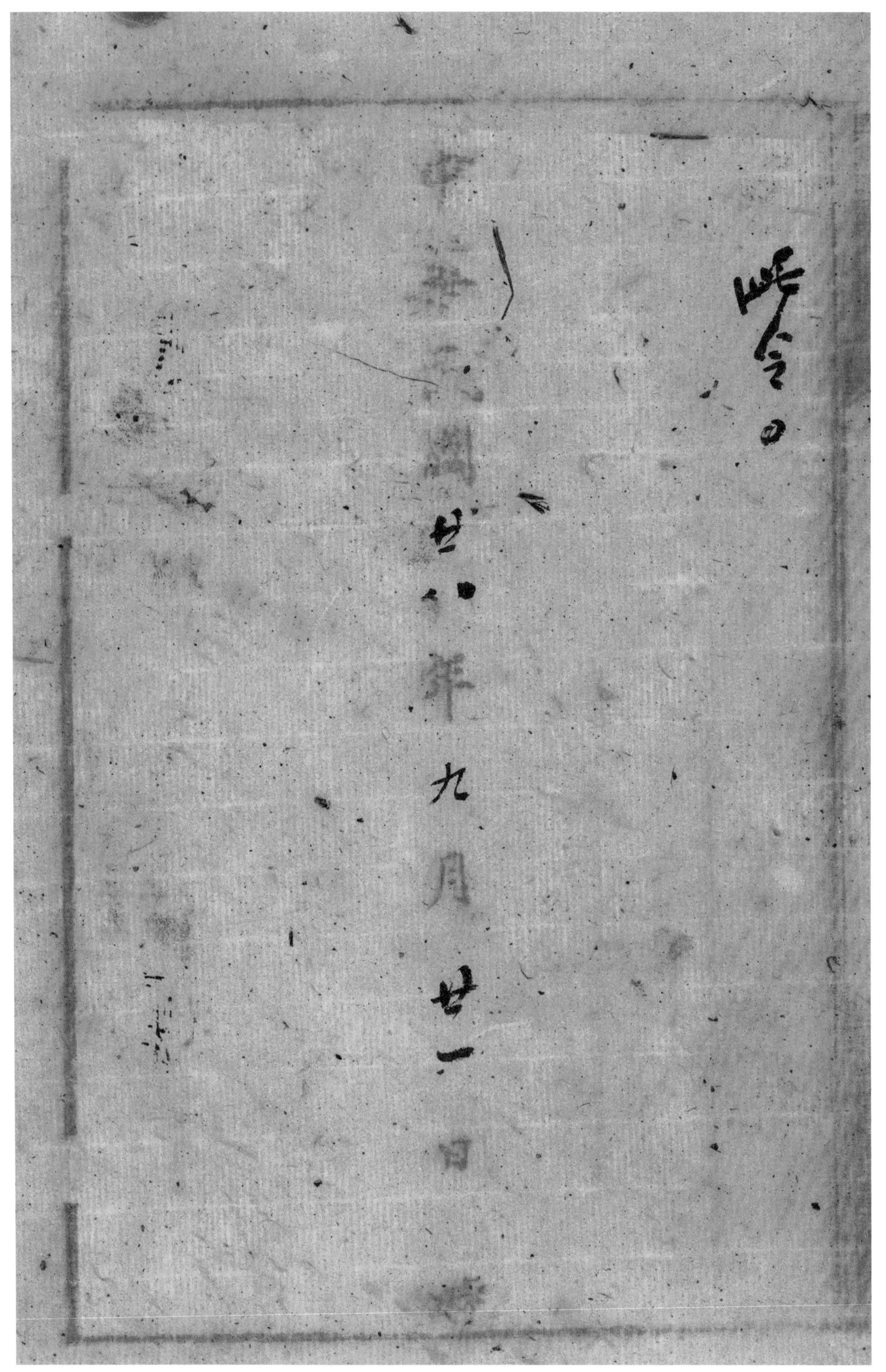

中华民国廿八年九月廿一日

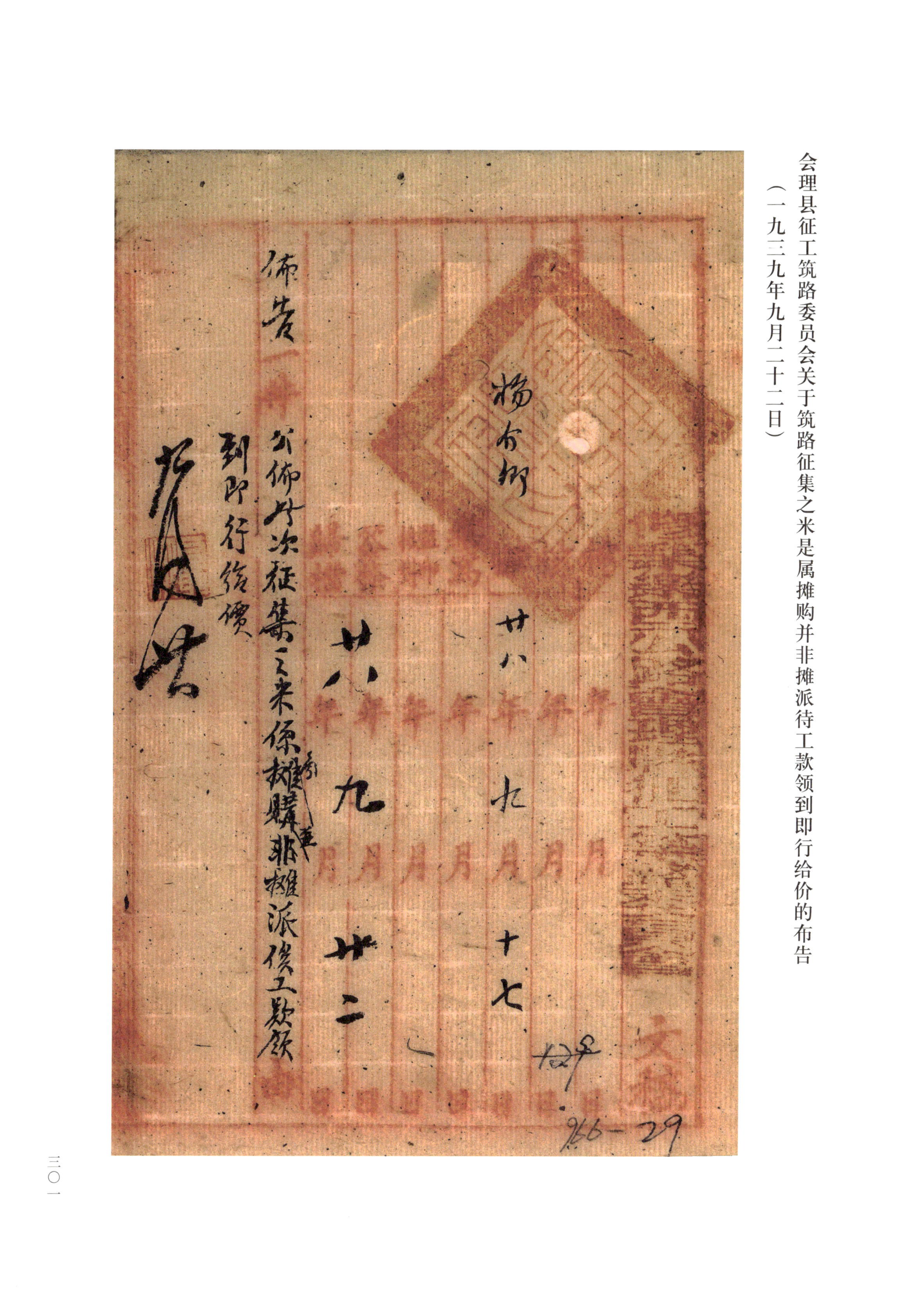

会理县征工筑路委员会关于筑路征集之米是属摊购并非摊派待工款领到即行给价的布告
（一九三九年九月二十二日）

佈告 一件

公佈此次征集之米係攤購非攤派俟工款領
到即行給價

廿八年九月十七

廿八年九月廿二

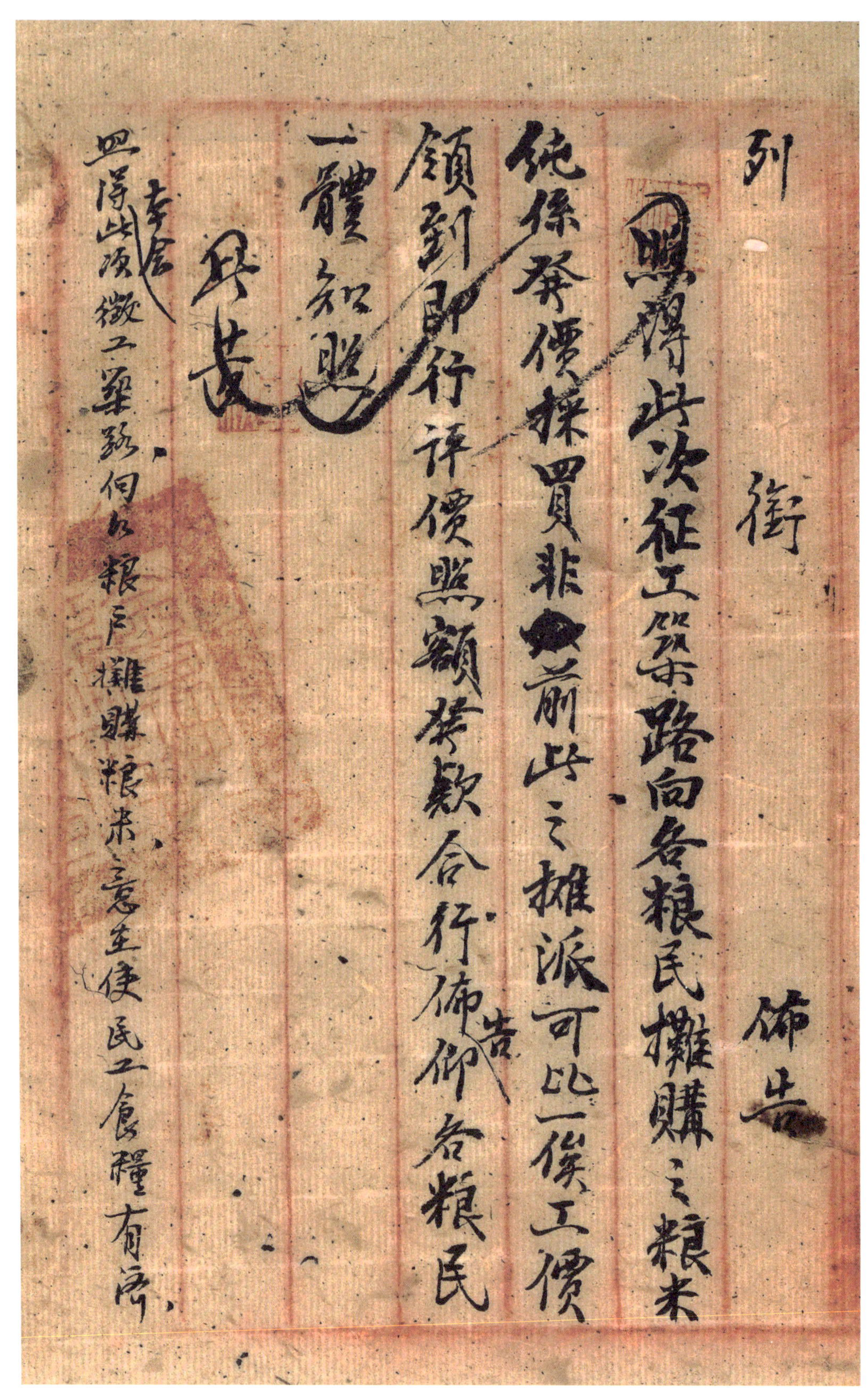

列銜　　佈告

照得此次征工築路向各粮民攤購之粮米純係發價採買非[illegible]前此之攤派可比一俟工價領到即行評價照額發款合行佈告仰各粮民一體知照

毋違

照得此次徵工築路向各粮戶攤購粮米意在使民工食糧有所

会理县征工筑路委员会关于摊购民工食米须照原议收足转运工段致各联保主任的训令（一九三九年九月二十三日）

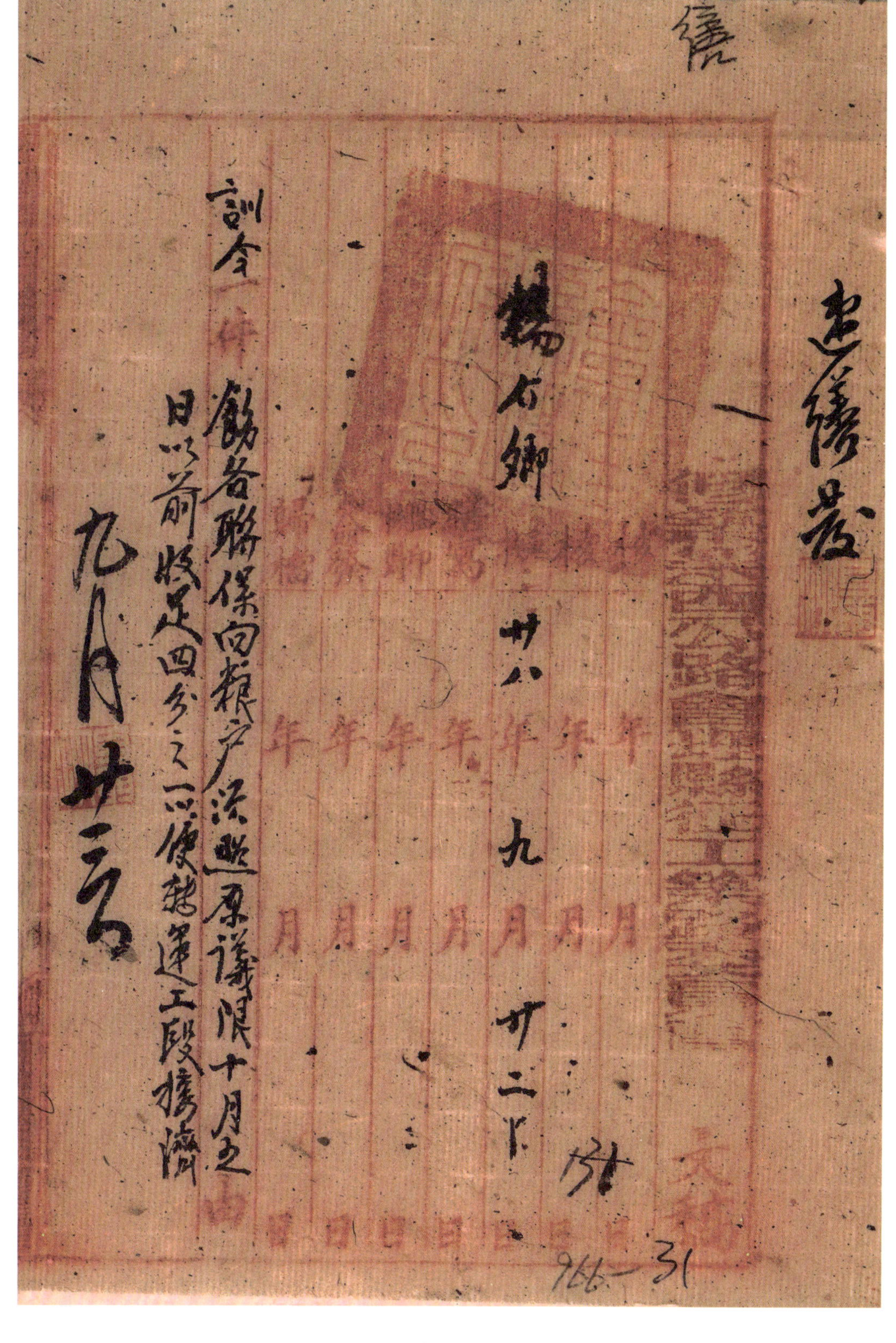
速缮发

杨石卿

廿八年九月廿二下

训令

饬各联保向粮户派收，照原议限十月五日以前收足四分之一，以便转运工段接济

九月廿三

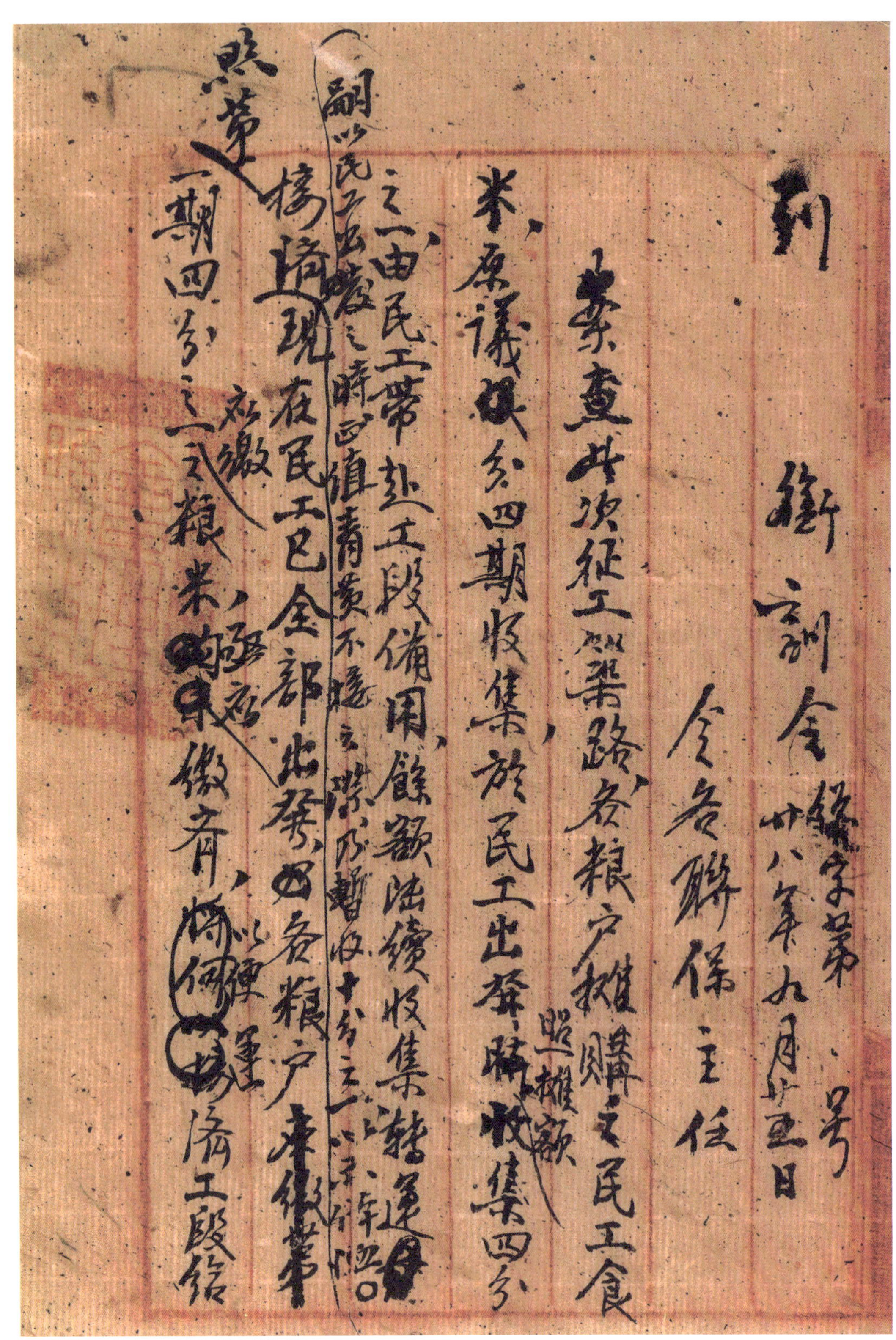

訓

銜 訓令 [illegible]字第 號
廿八年九月廿五日

令各聯保主任

案查此次征工修築路，各糧戶雇購之民工食
米，原議分四期收集，於民工出發，照攤額收集四分
之一，由民工帶赴工段備用，餘額陸續收集，轉運
嗣以民工出發之時，正值青黃不接之際，乃暫收十分之一，以濟[illegible]
據現在民工已全部出發，仰各糧戶速繳第
一期四分之一之糧米，[illegible]繳齊，以便運[illegible]工段給

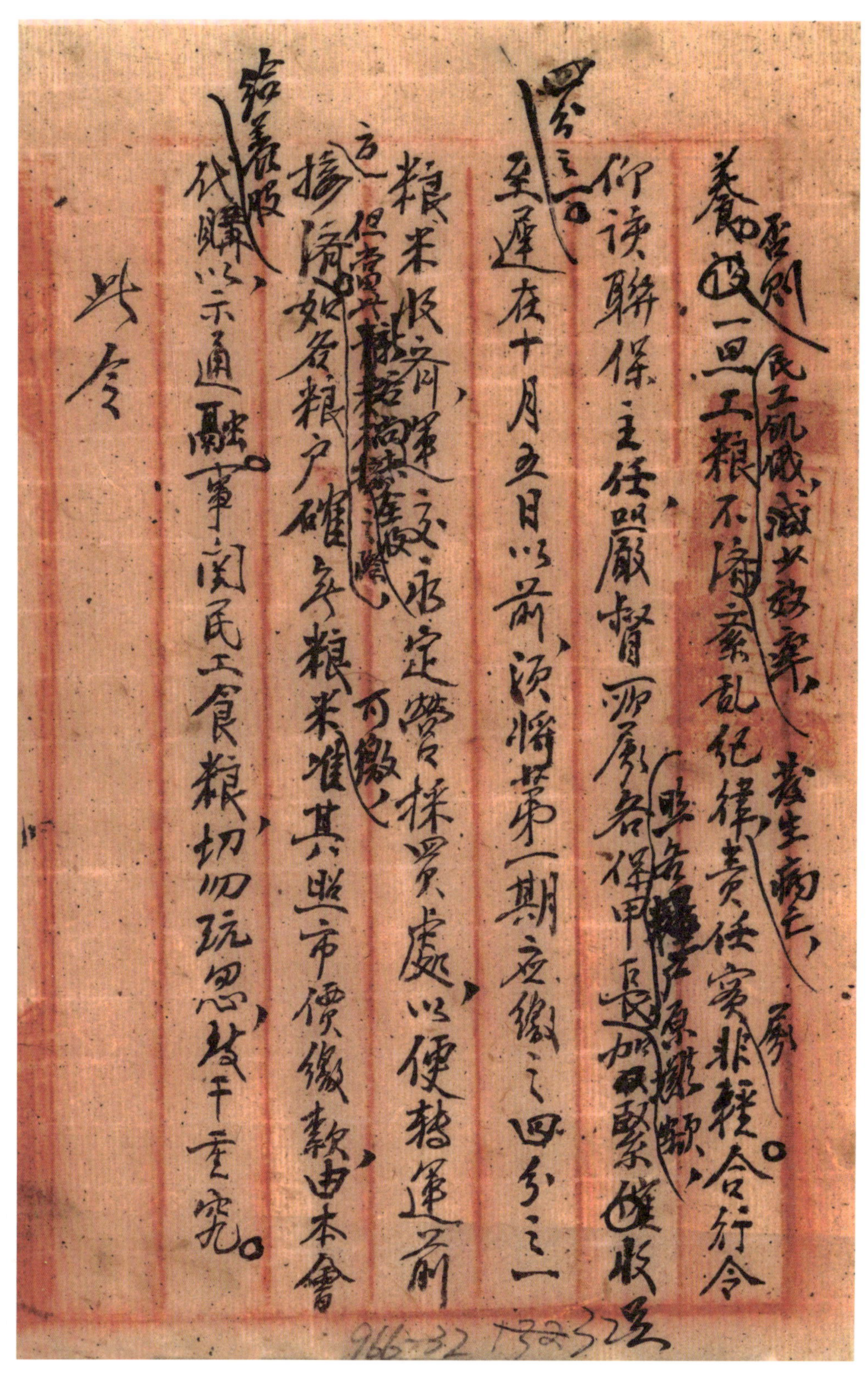

養(否則)役一旦工糧不濟，(民工飢餓，減少效率，)紊亂紀律，(致生病亡，)責任實非輕。(除)合行令

仰該聯保主任即嚴督所屬各保甲長(照各戶原攤數)加緊催收，送

(四分之四)至遲在十月五日以前，須將第一期應繳之四分之一

糧米收齊運交，或定營採買處，以便轉運前

方(但當此[illegible])接濟。如各糧戶確無糧米，(可繳)准其照市價繳款，由本會

(給養股)代購，以示通融。事關民工食糧，切勿玩忽，致干查究。

此令

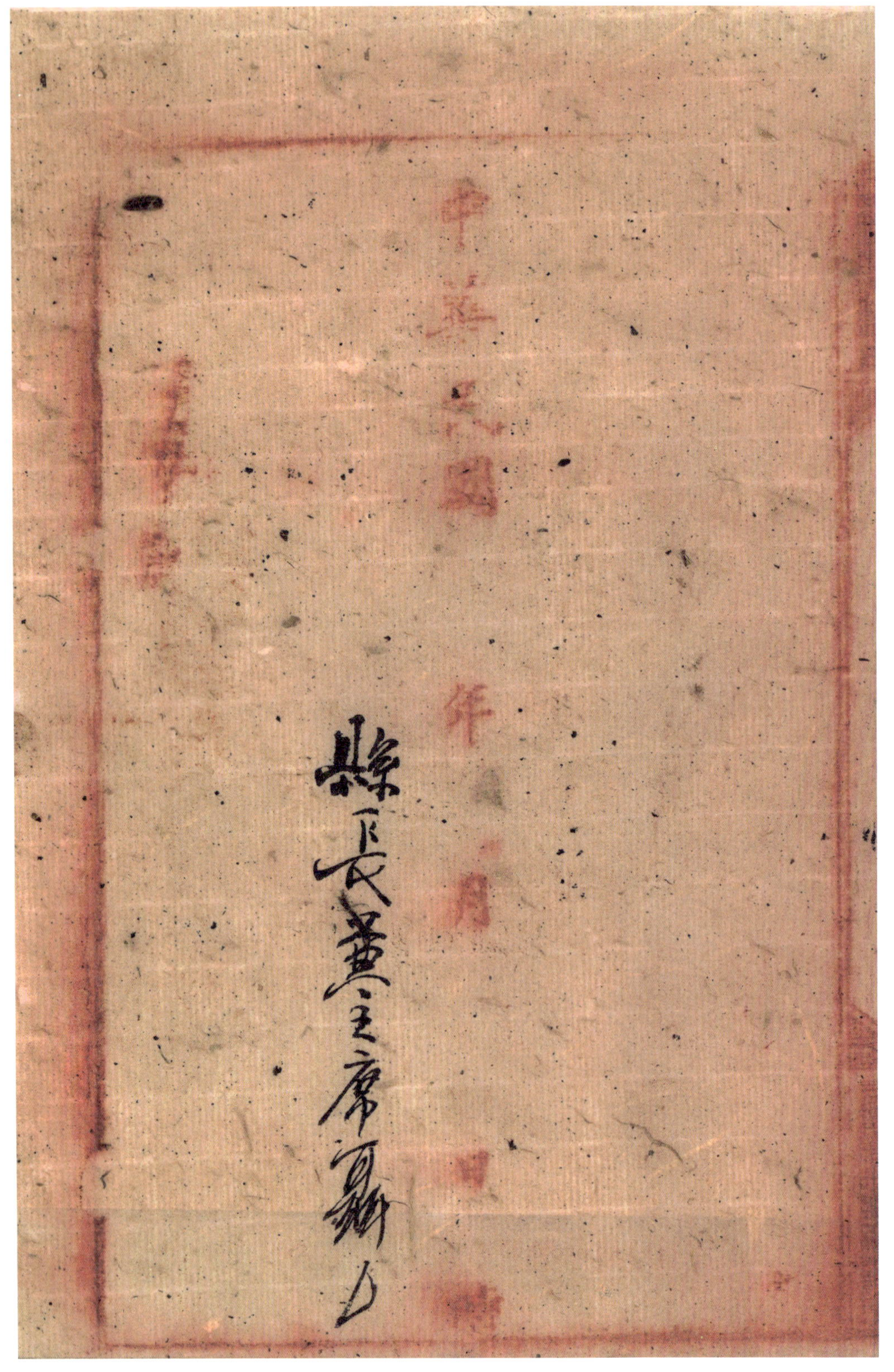
中華民國 年 月 日 時
縣長董主席賓齋

## 会理县征工筑路委员会与采买组组员张绍武关于努力办理采买工粮事的来往文书

### 采买组组员张绍武致会理县征工筑路委员会的呈（一九三九年九月）

為遵令陳覆採買民工食米遵辦情形由

呈

路委會

准予備查仍仰努力辦理是所厚望

廿八年十月廿六到

為陳報辦理情形懇祈鑒核事情竊蒙委派遵到麻栗寨採

買民工食米正遵辦間忽奉鈞諭飭將採買情形及計劃詳

陳覆等因奉此竊以民工食米關係綦重既蒙委派何敢疏忽

當已遵於陰曆八月二十四日領到款洋即於二十五日着手採買

自八月二十五日起截至九月初九日止共買入米一百六十餘

各場期市價及採買情形亦已分別函報戴科長黃股長

立有細賬可資查攷計自九月初二日起開始運送截至初九

止共計上運馬頭坎交轉運組馮組長孟以處者已達一百

一籮取有收據可質現正陸續買入陸續運送中至已後採買

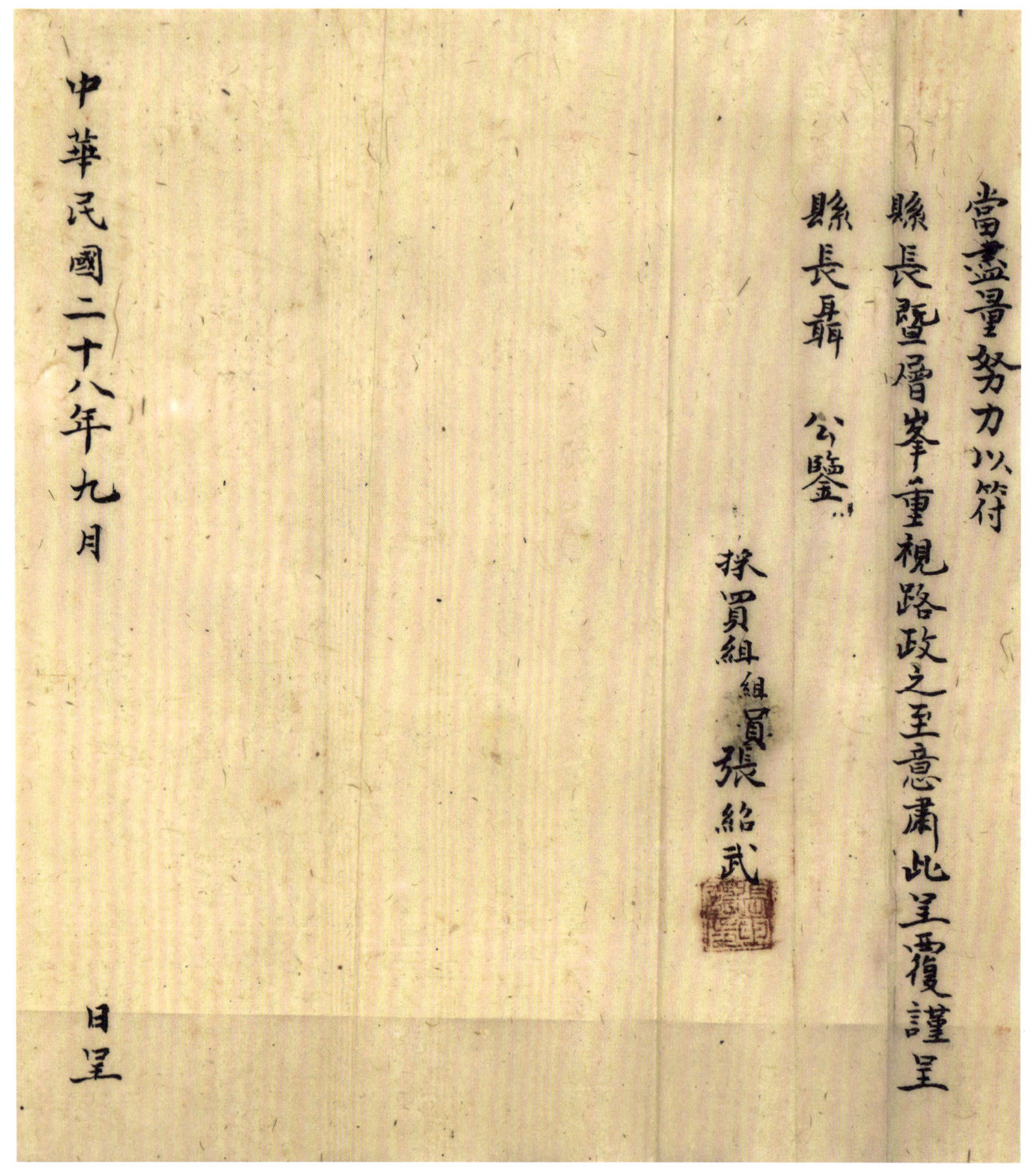
當盡量努力以符
縣長暨層峯重視路政之至意肅此呈覆謹呈
縣長聶　公鑒
採買組組員張紹武
中華民國二十八年九月　日呈

## 会理县征工筑路委员会致张绍武的指令（一九三九年十一月一日）

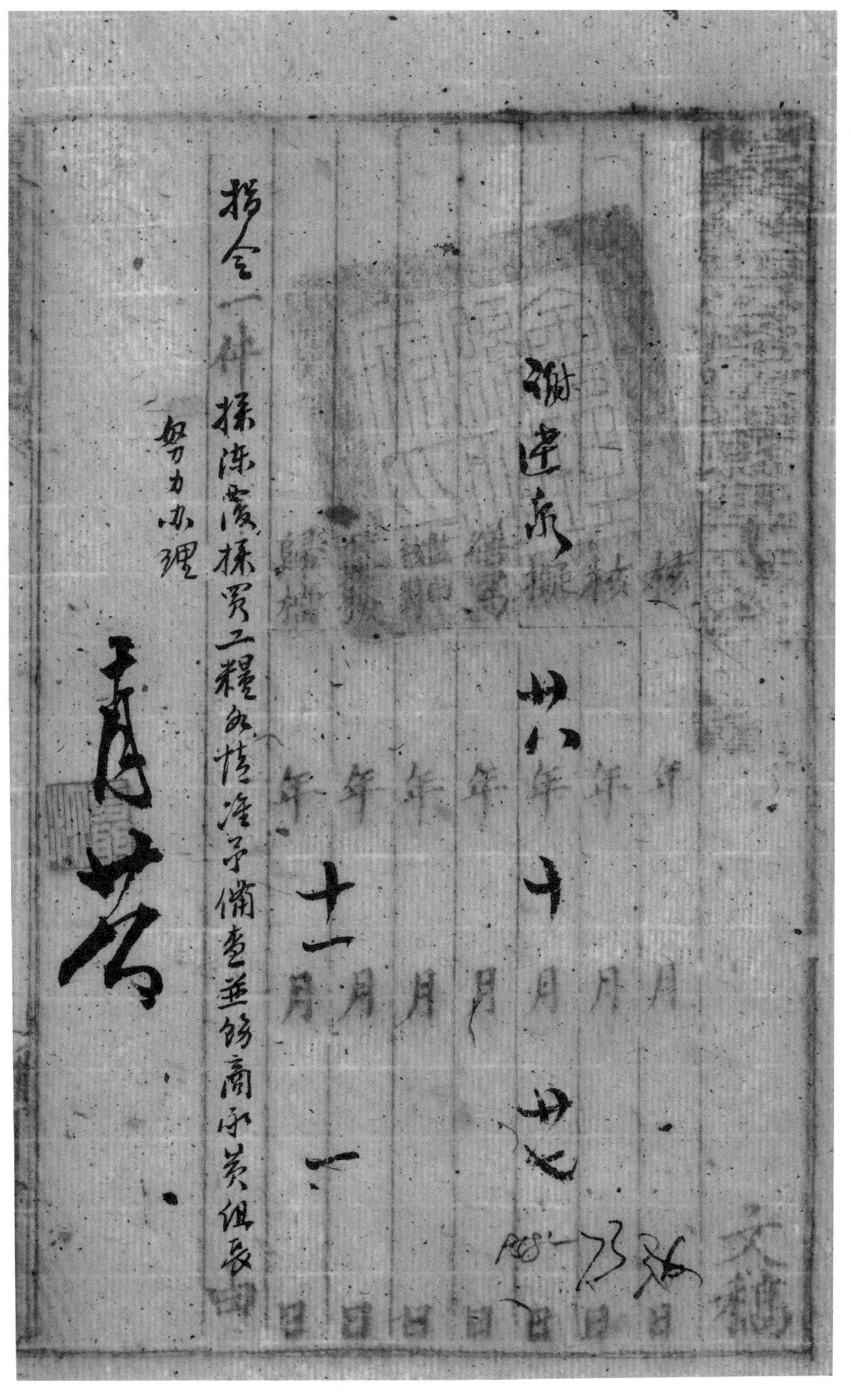

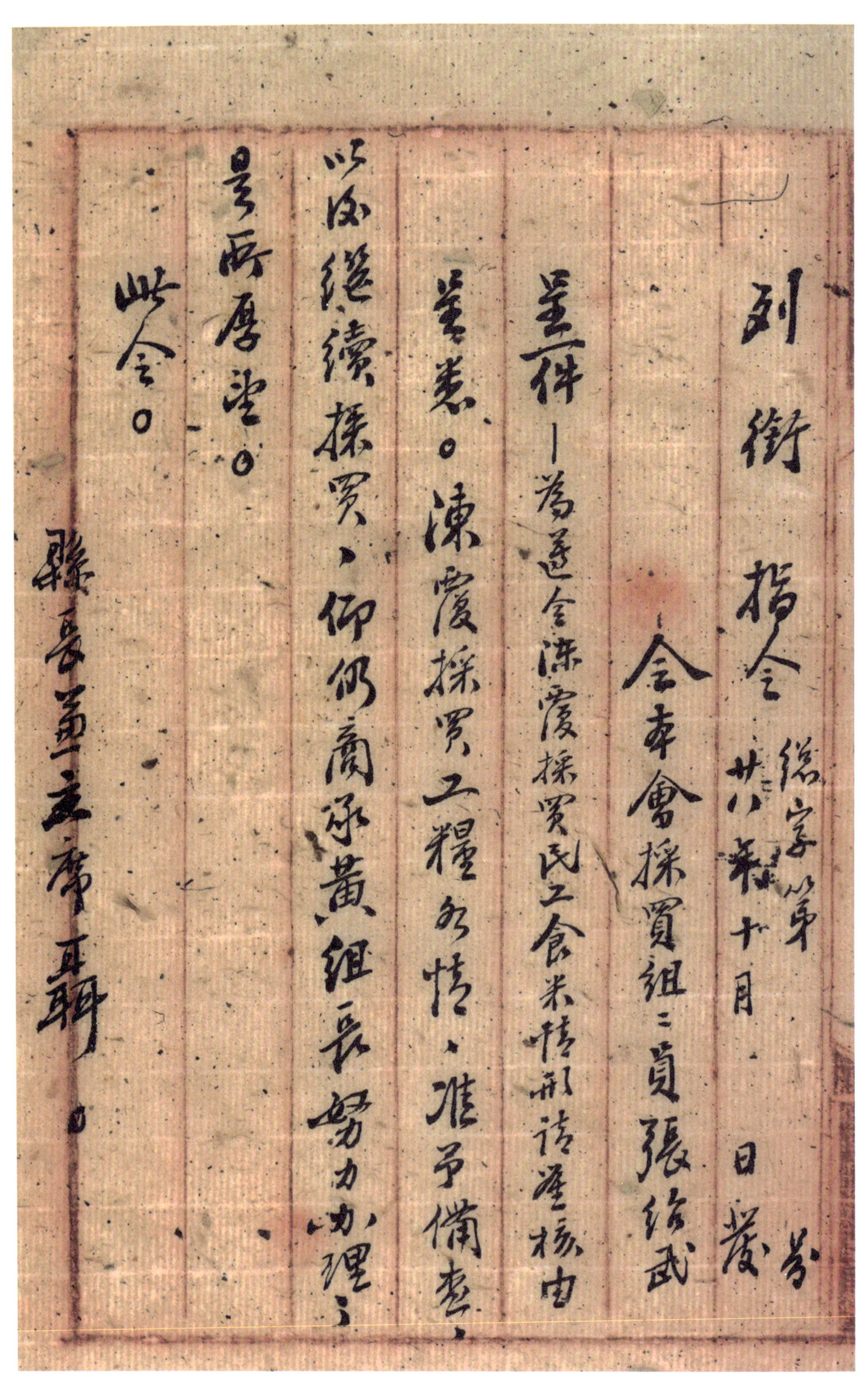

列銜指令　總字第　號

廿八年十月　日發

令本會採買組組員張緒武

呈一件——為遵令涑霞採買民工食米情形請鑒核由

呈悉。涑霞採買工糧各情，准予備查，以後繼續採買，仰仍商承黃組長努力辦理，是所厚望。

此令。

縣長萬立齋

会理县榜兴联保关于摊买筑路工米开展情况致该县摩挲云区的呈（一九三九年九月）

民16号

呈

准予备查册存 十一

已办 九.十二

廿八年九月十一日收到

為呈請核察備案事竊職自奉令攤買築路民工粮米依照厰册以四十碩為叉額如數攤買職聞令之下迭即遵照辦理召集各保所屬粮民開會議決發條通知列名張榜外理合將各粮民應責數量呈請核查以利進行為此繕就名册一份呈請

鈞署鑒閲

指令祇遵　謹呈

區長王

89 025

p69-93

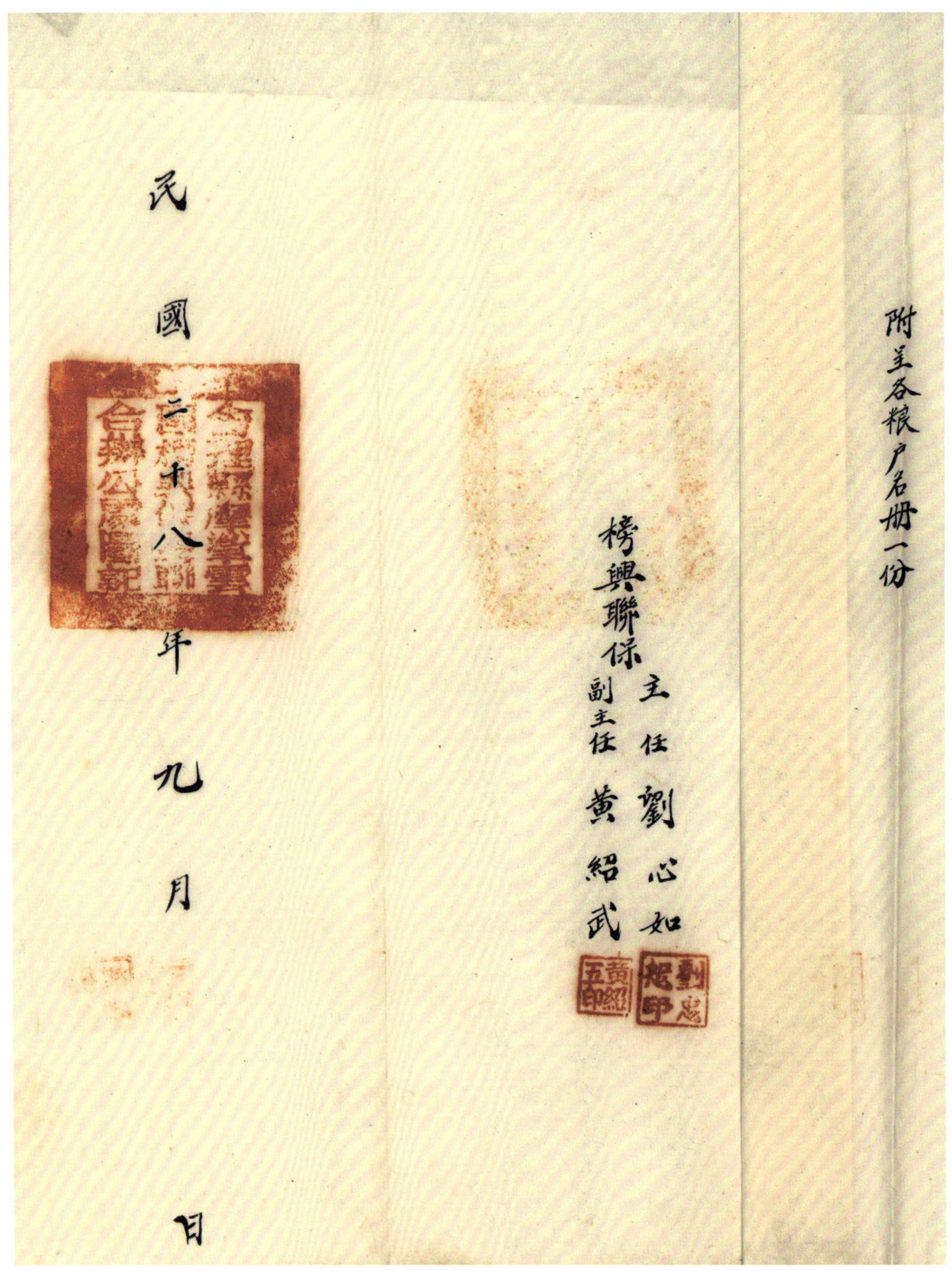

附呈各粮户名册一份

榜興聯保主任劉心如

副主任黃紹武

民國二十八年九月　日

会理县摩挲云区易丙联保与该县征工筑路委员会关于请求就近代为追收城绅摊购民工食米的来往文书

会理县摩挲云区易丙联保致该县征工筑路委员会的呈（一九三九年十月一日）

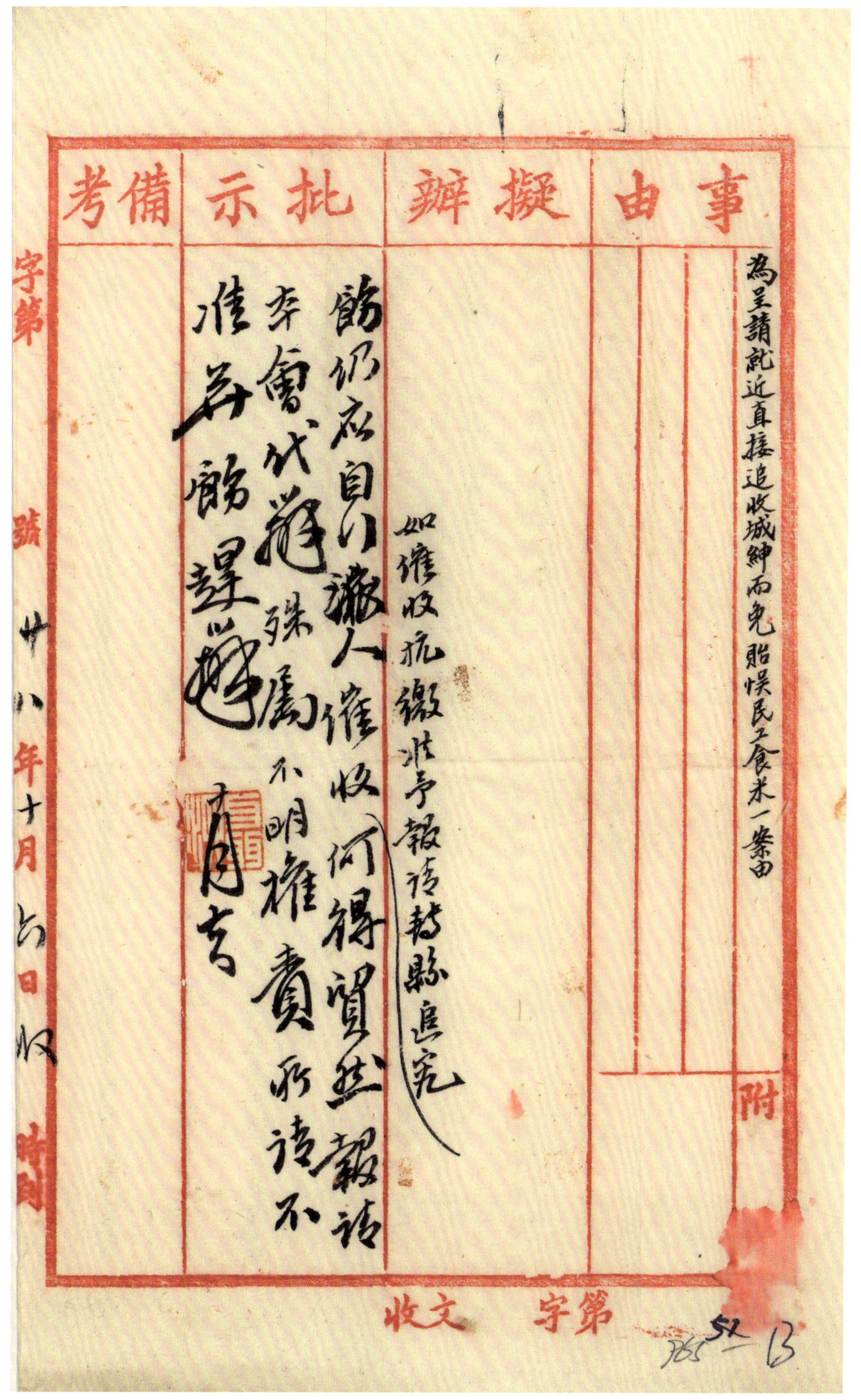

事由　為呈請就近直接追收城紳而免貽悞民工食米一案由

擬辦　如催收抗繳者可報請該縣追究

批示　飭仍應自行派人催收，何得習然報請李會代辦，殊屬不明權責，所請不准，并飭遵照。

備考

附

字第　號　廿八年十月六日收　時刻

收文　第　字

窃职处奉　令摊购民工食米暂为先缴十分之一以资民伕输送而济民工给养乃查本联保所属粮民均
已先后催缴不久可望集中输运惟会理城区绅粮除由职处以摊购数目先行通知外旋又奉
奉　令时即缮发通知由邮分寄各粮户殊至今未见回覆当此催缴民工食米急如星火接迨本联保粮户者已由职处
不分昼夜派人坐催尚已陆续缴纳惟城区粮民相隔
钧会较近距离职处较远不惟难于催缴则各粮民缴纳亦感困难为此据实将城区粮户姓名及摊购数目列表具文呈请
钧会鉴核令饬该城区粮户照规定数目呈缴
钧会较易收效亦不至耽延时日而悮要政如蒙
俯准使城区粮民于城缴纳以利公私而清职责实沾德便所呈是否有当伏候
指令祇遵谨呈
会理县征工筑路委员主席聂

附呈表冊一份

易丙聯保副主任陳西雲

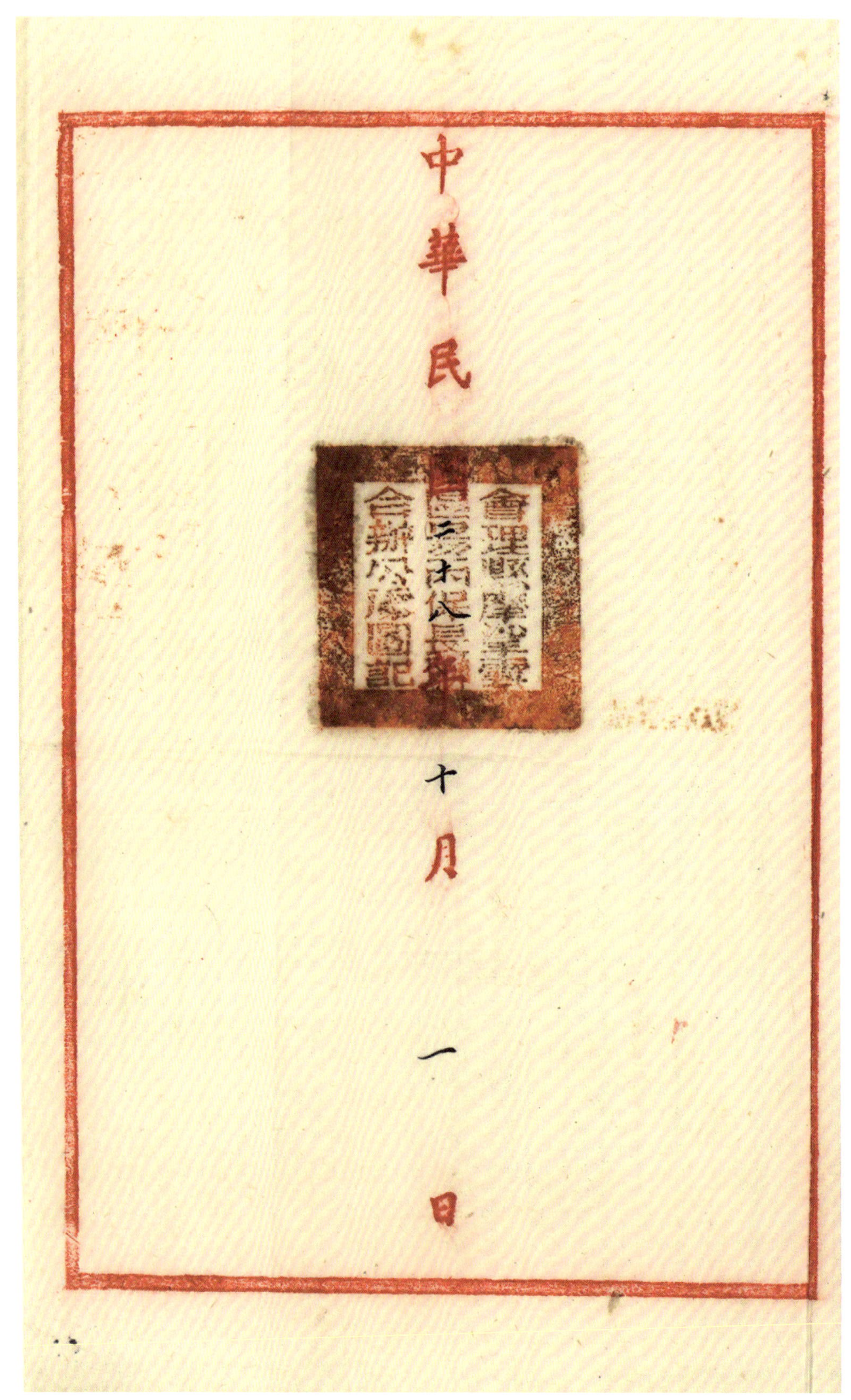

中華民國二十八年十月一日

## 会理县征工筑路委员会致易丙联保办公处的指令（一九三九年十月十六日）

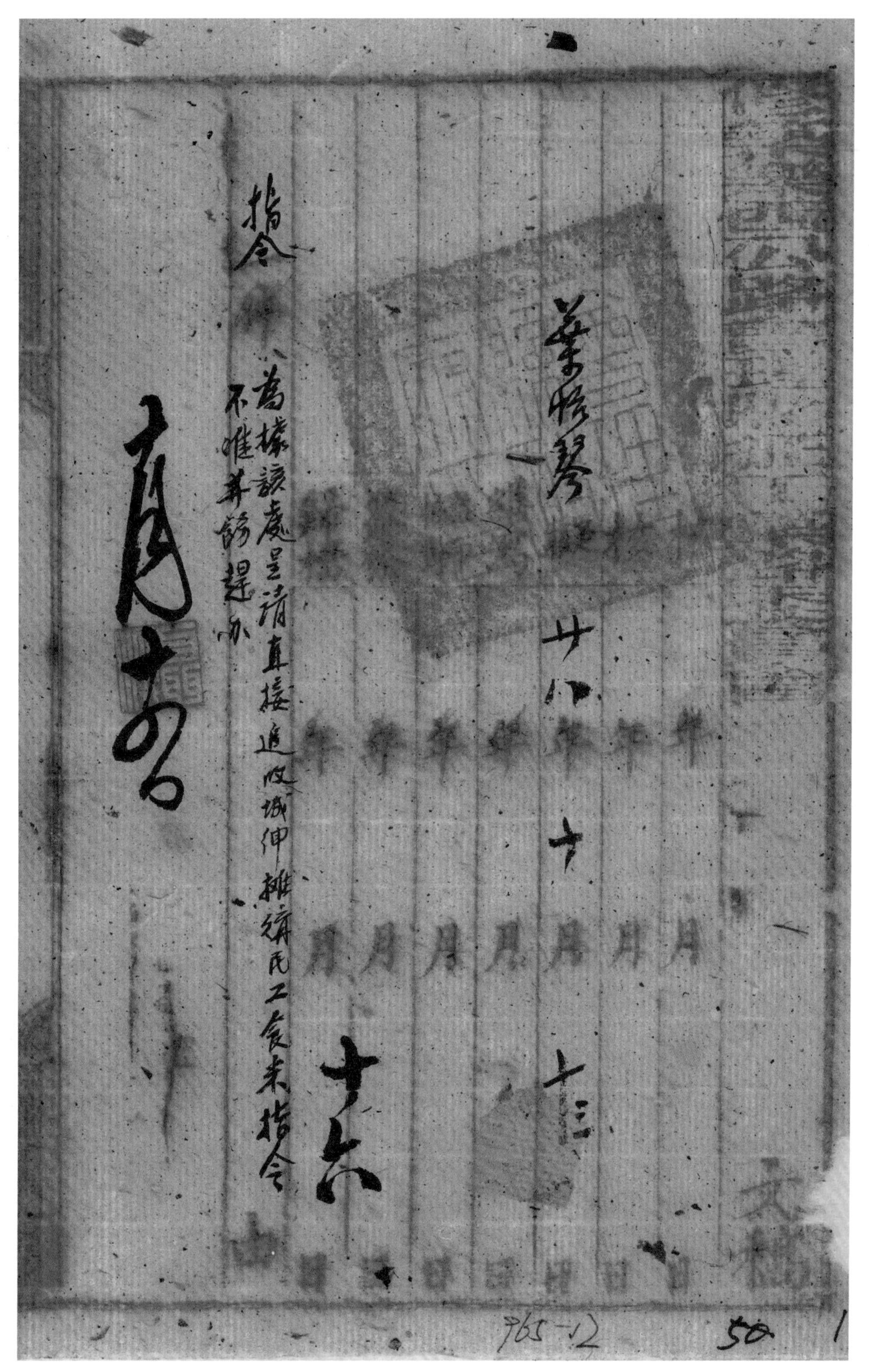

指令

為據該處呈請直接追收城伊攤派民工食米指令

不准并飭遵办

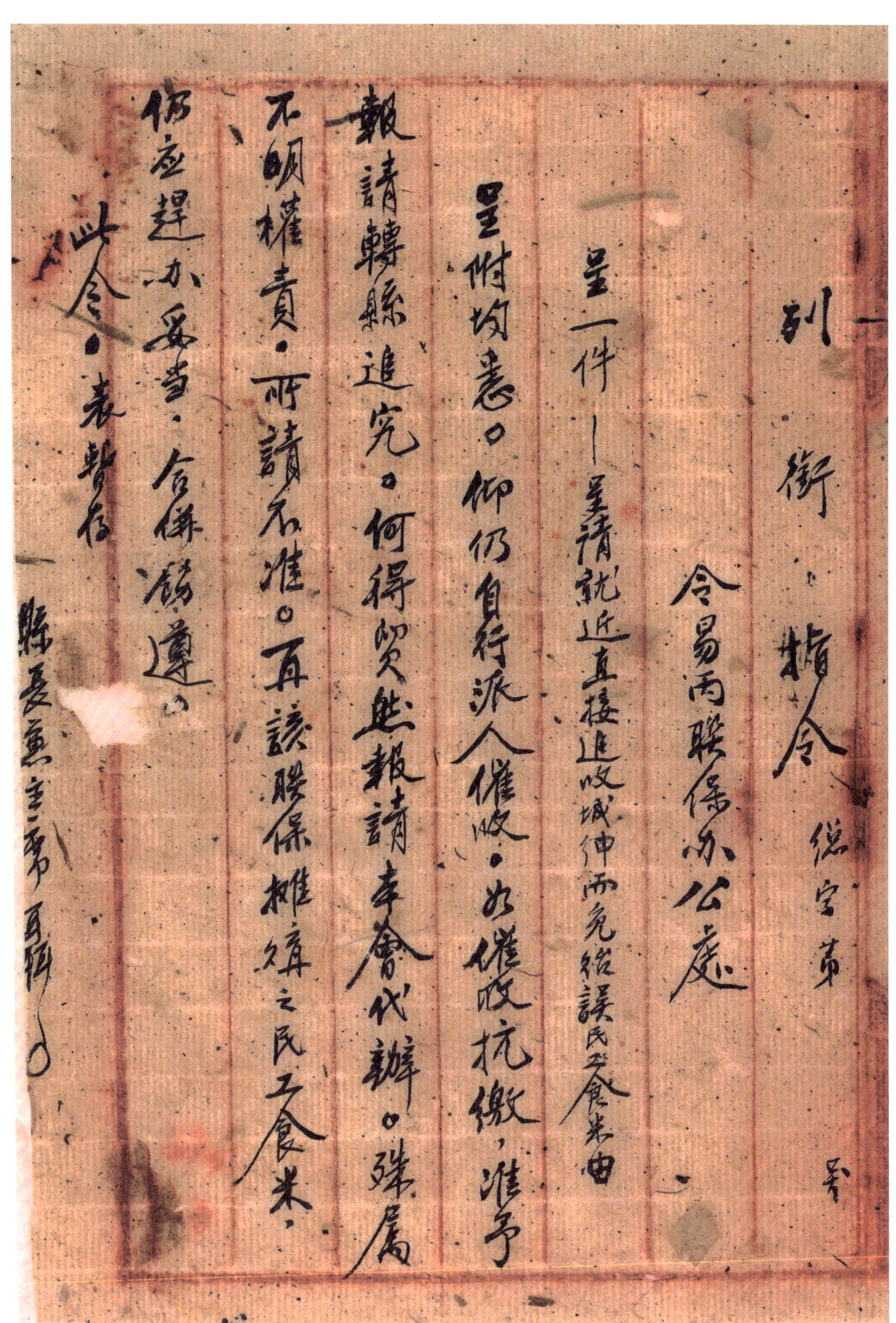

訓銜指令　總字第　號

令易兩聯保辦公處

呈一件——呈請就近直接進收城紳而免貽誤民工食米由

呈附均悉。仰仍自行派人催收，如催收抗繳，准予報請轉縣追究。何得貿然報請本會代辦。殊屬不明權責。所請不准。再該聯保攤繳之民工食米，仍應趕辦妥當。合併飭遵。

此令。表暫存

縣長兼主席 [illegible]

会理县征工筑路委员会驻工办事处关于各队领米及民工注射防疫针等事项的通报（一九三九年十月二日）

通報　十月二日

1、各隊以人數為標準每百人應領米四石羅計：1、一聯隊十三石羅　2、二聯隊九石羅　3、三聯隊九石羅　4、四聯隊九石羅　5、六聯隊九石羅　6、八九兩中隊各四石羅，應即派人前往太和場（渡口）搬運

2、工程處派來之兵護及修道工在聯絡辦公一處（小廟尹主任地點），各隊民工一律應注射防疫針，即從一聯隊起依次序到該地注射（二時）

3、本日午後各聯中隊長集

中機場等處工程師收方

共、明晨各隊派遣民工背運谷

草，計一联隊二百二十个，二联隊

一百五拾个，三、四、六联隊同，五联

隊、八九中隊各五拾个，每民工一名

負谷草廿个，照此標準派往

崔習之處運取，由九中隊張

隊長率領

此致

各联隊長

各中隊長

劉隊長啟

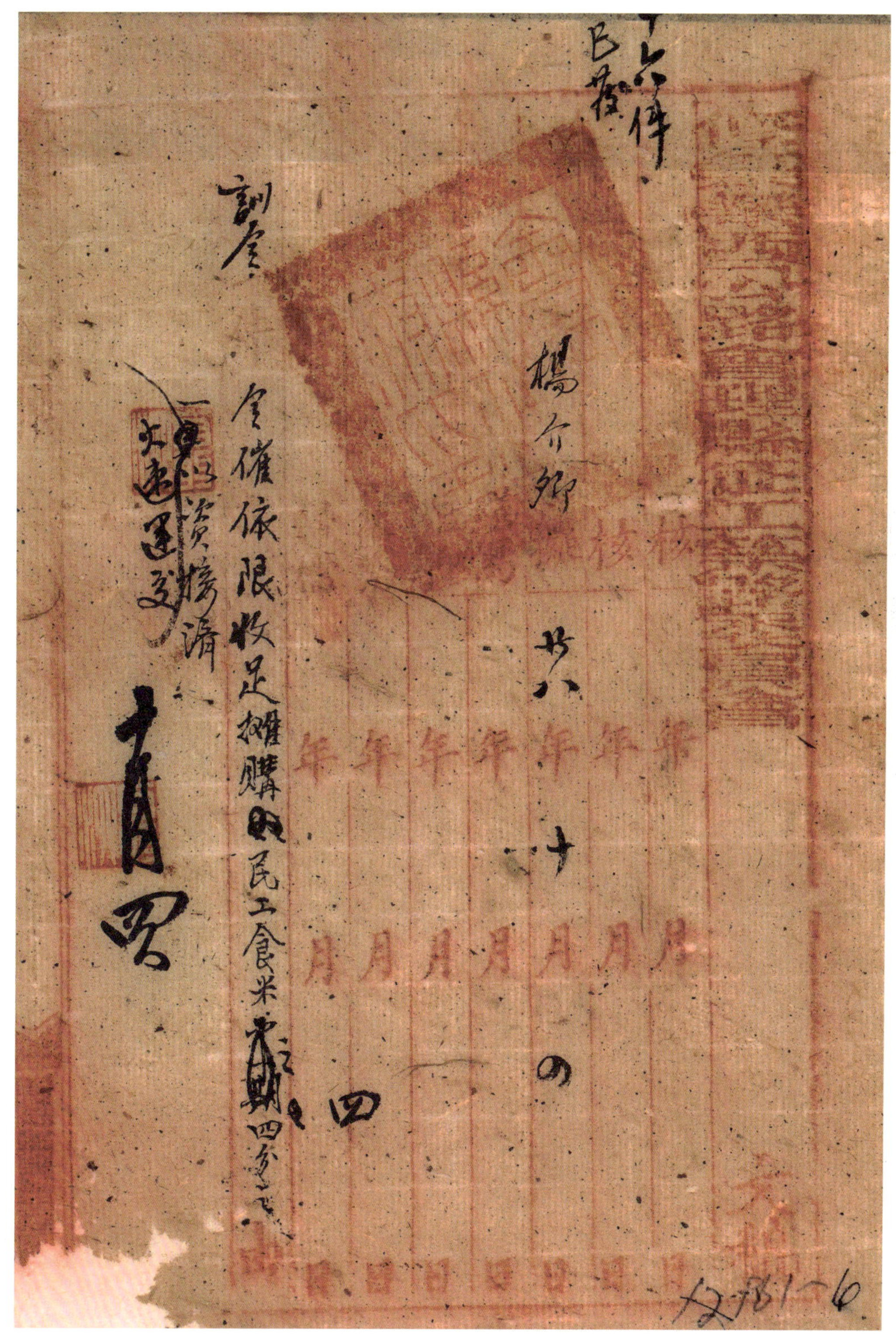

会理县征工筑路委员会关于限期收足摊购民工食米并火速运交以资接济致二、四区署及各联保办公处的训令（一九三九年十月四日）

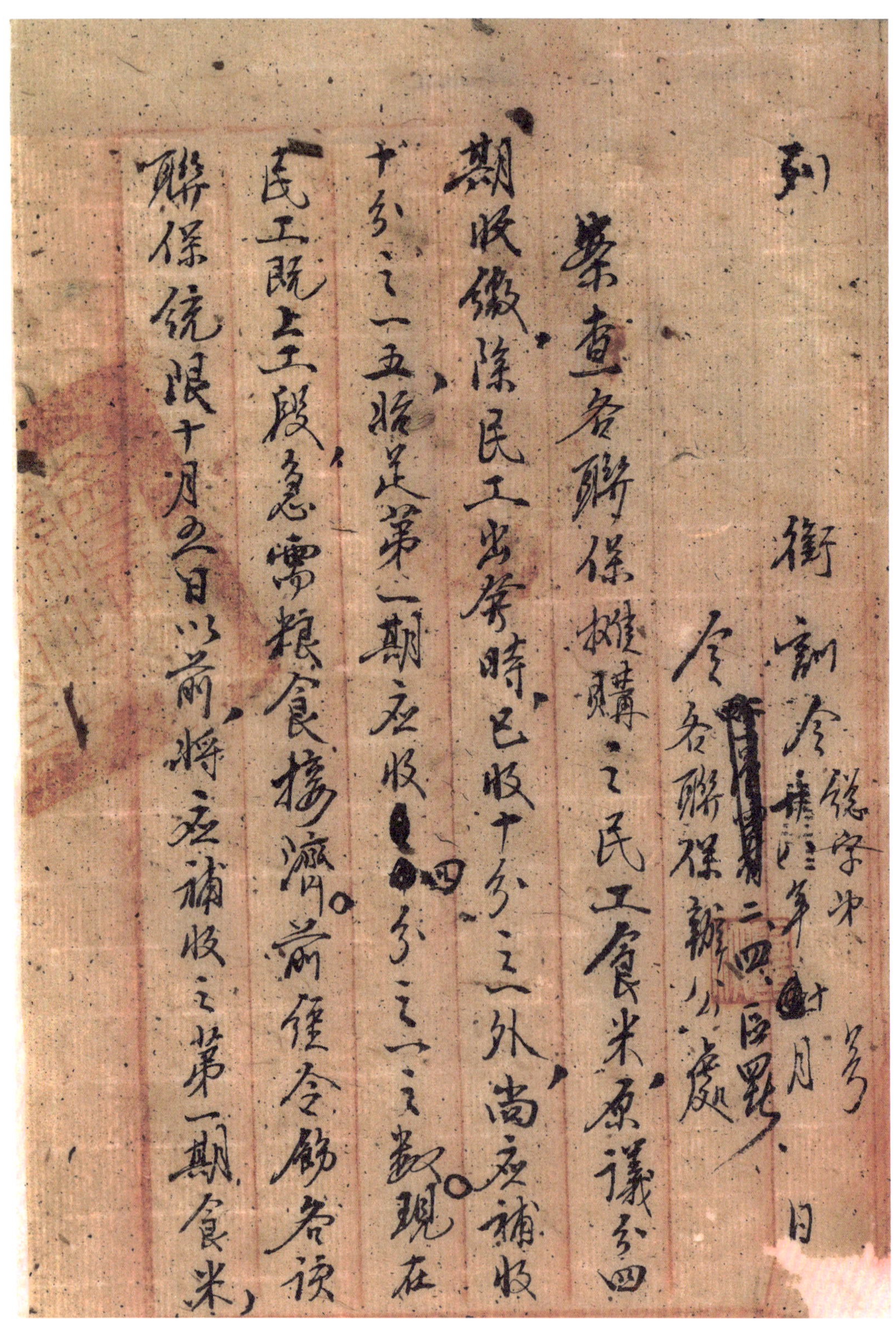

到

衔 训令 综字第 号

廿八年十二月四日发

令各联保办公处

案查各联保摊购之民工食米原议分四期收缴除民工出发时已收十分之一外尚应补收十分之一五将足第一期应收四十分之一之数现在民工既上工段急需粮食接济前经令饬各该联保统限十月五日以前将应补收之第一期食米

照額收足運回交函定營工段食糧採買處，以便轉運工段接濟。乃限期已屆，各該聯保尚有未遵令收運，實屬忽視要政。須知前方數千民工，正望後方運糧接濟，苟一旦工食告罄，發生意外，恐該聯保主任等難負如斯重責。合再令催，仰各該保長即便遵照，加緊催收，並限文到三日內運交採買處，以便轉運為要。如再仍前玩忽，視同具文，決予依法提懲不貸，切切。

此令。

縣長 蕭主席 [illegible]

# 会理县征工筑路委员会关于限期收足摊购民工食米并火速运交以资接济致摩挲营区长孙传蔚的训令

（一九三九年十月四日）

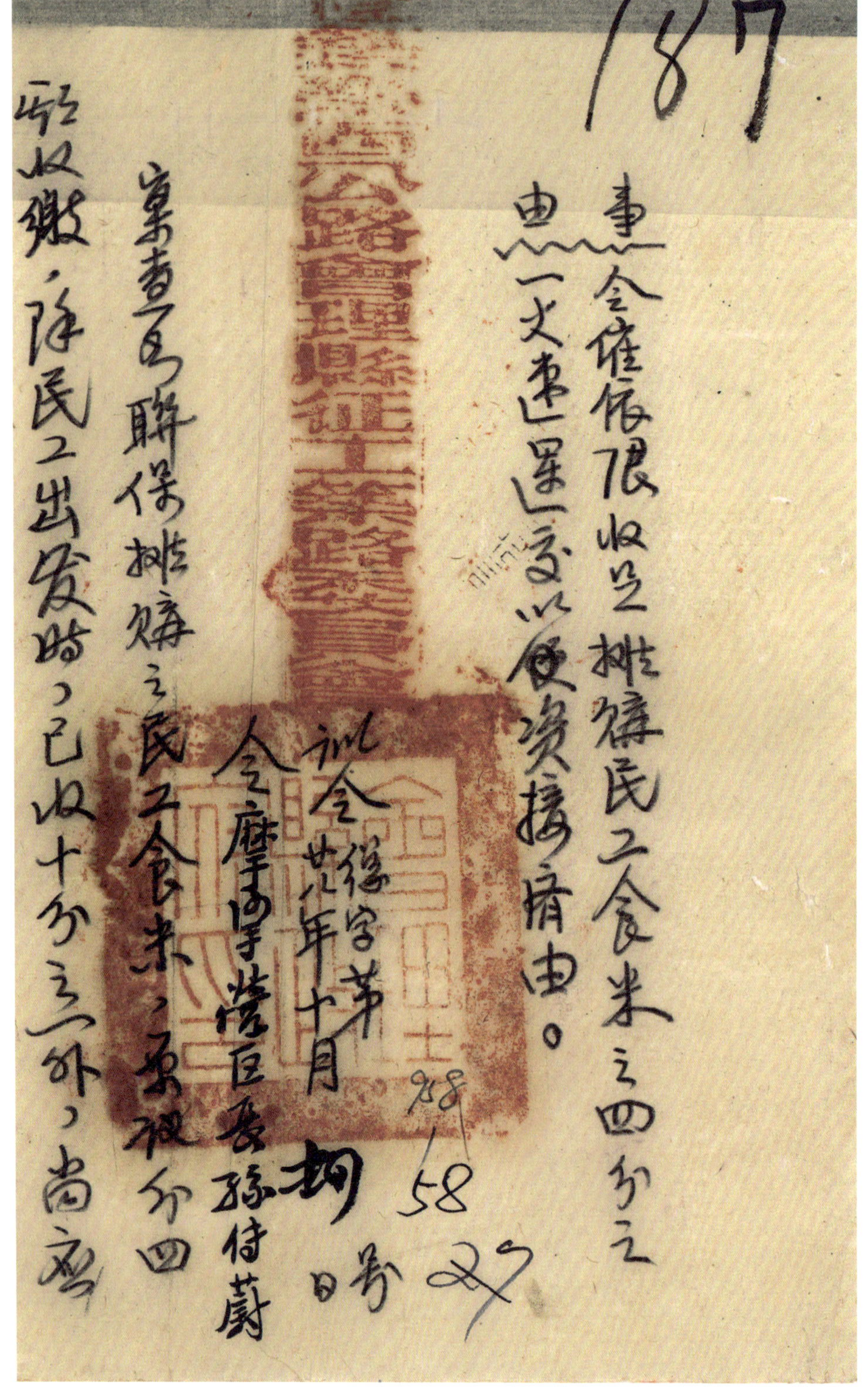
187

事由：令催依限收足攤派民工食米之四分之一火速運交以資接濟由。

訓令 經字第　號
廿八年十月　日發

令摩挲營區長孫傳蔚

案查民聯保攤派之民工食米，業經分四次收繳，除民工出發時已收十分之一外，尚應補收十分之一五，指定第一期應收四分之一之數。現在民工既上工段，急需粮食接濟，前經令飭各該聯保統限十月五日以前，將應補收之第一期食米，照額收足，運交永定營食粮採買處，以便轉運工段接濟。乃限期已屆，各該聯保尚有未遵令收運，實屬忽視要政。須知前方數千民工，端望後方運粮接濟，萬一工食告罄，發生意外，惟該聯保主任等，難負如斯重責。合再令催，仰各該區長即便遵照

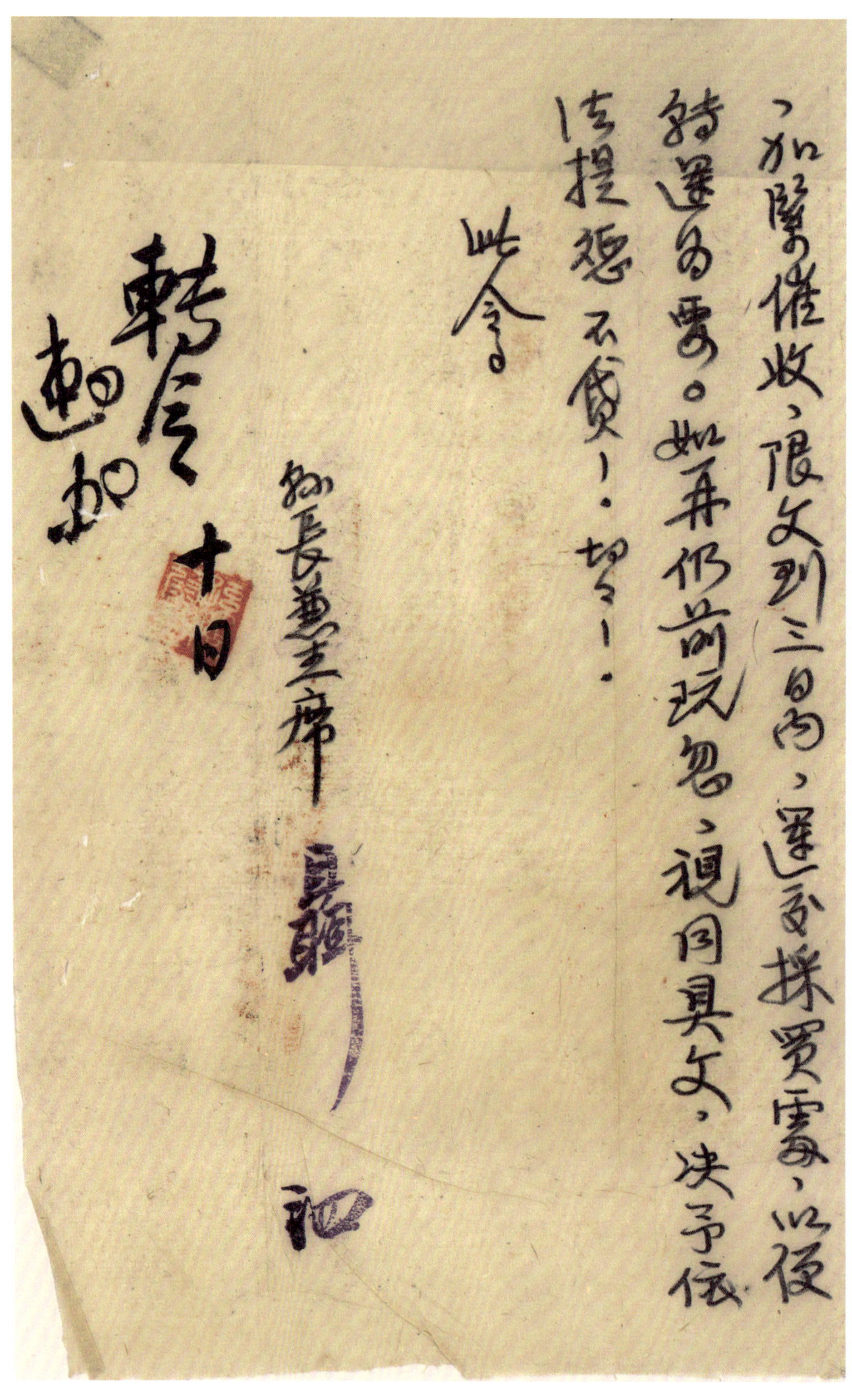

，加緊催收，限文到三日內，運至採買處，以便轉運需要。如再仍前玩忽，視同具文，決予依法提懲不貸！！切切！！

此令。

縣長兼主席 [illegible]

印

十日

轉令遵知

会理县征工筑路委员会与摩挲云区署关于催征易丙、河高之运夫及粮米摊购额的来往文书

杨铁生报告关于催征运夫及粮米摊购额的呈（一九三九年十月四日）

存查

區座鈞鑒前呈之函諒邀
鈞覽職于二十日到易丙聯保督飭陳主任西雲加緊功作始將
應補之運伕催齊于一日派陳山明率領到永並呈報新
鈞座烝驗示知職于午后三時即親到河高王主任只派到運
伕五名其餘未到經職加緊催促並派張錫祥率同該處傳達
不分星夜前往各保督催于四日始將運伕蘇袋催齊派傳聯級
率領到永職于四日又奉
鈞署訓令督飭各聯保將攤購之民工食米限十月五日繳足四分之一
窃思西區四聯保只易丙較多職意先將易丙河高辦妥後再赴蓮塘
樣興特此報請
鈞座示遵餘容後呈敬頌
勛安
職楊鐵生謹上
十月四日
于河高辦公處

# 会理县征工筑路委员会关于处理办法合理准予备查致该县摩挲云区署的指令（一九三九年十月五日）

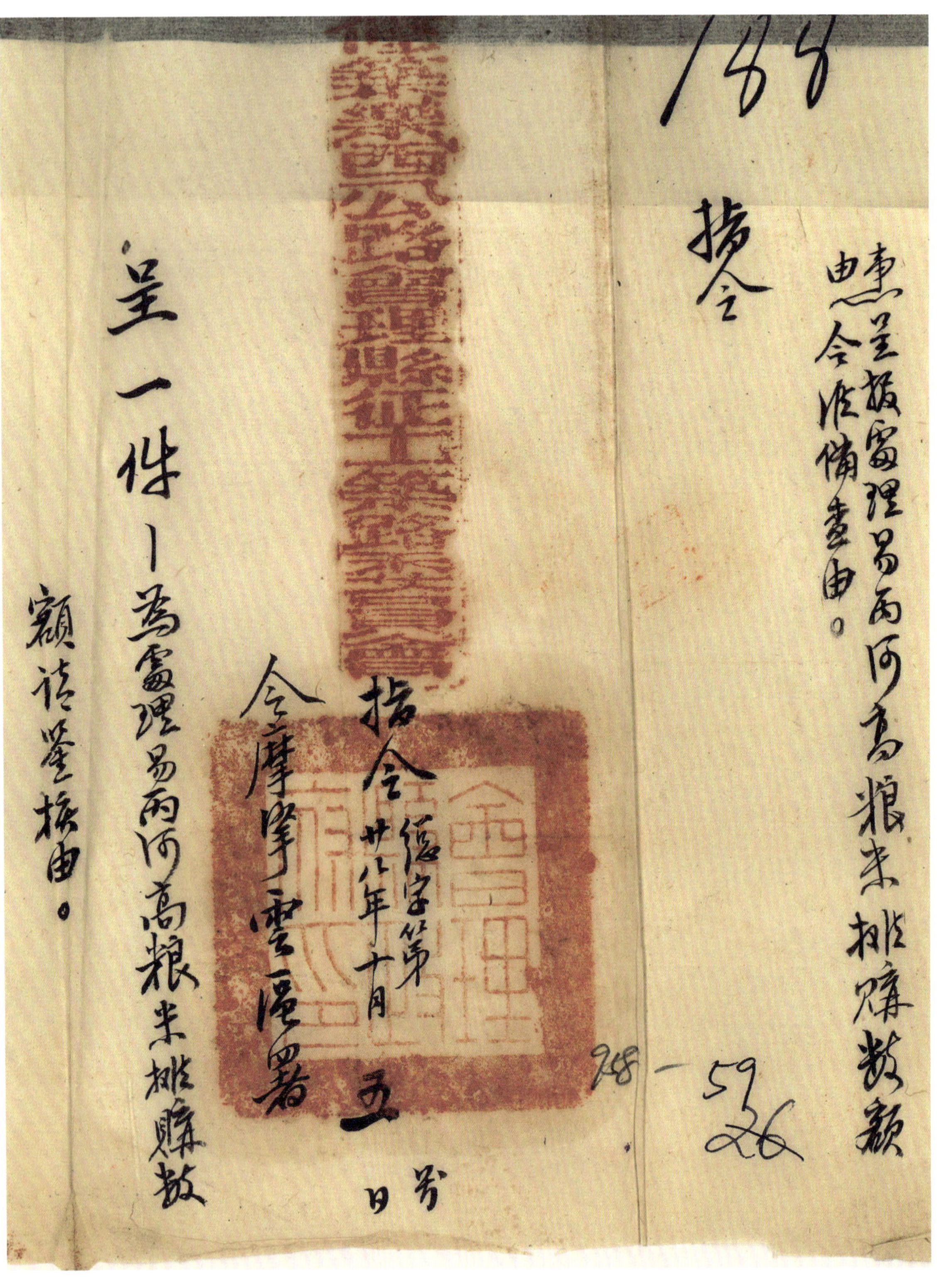
188

指令

事由：呈报处理易丙河高粮米挑价数额由。令准备查由。

指令 總字第　　号

廿八年十月五日

令摩挲雲區署

呈一件——為處理易丙河高粮米挑價数額請鑒核由。

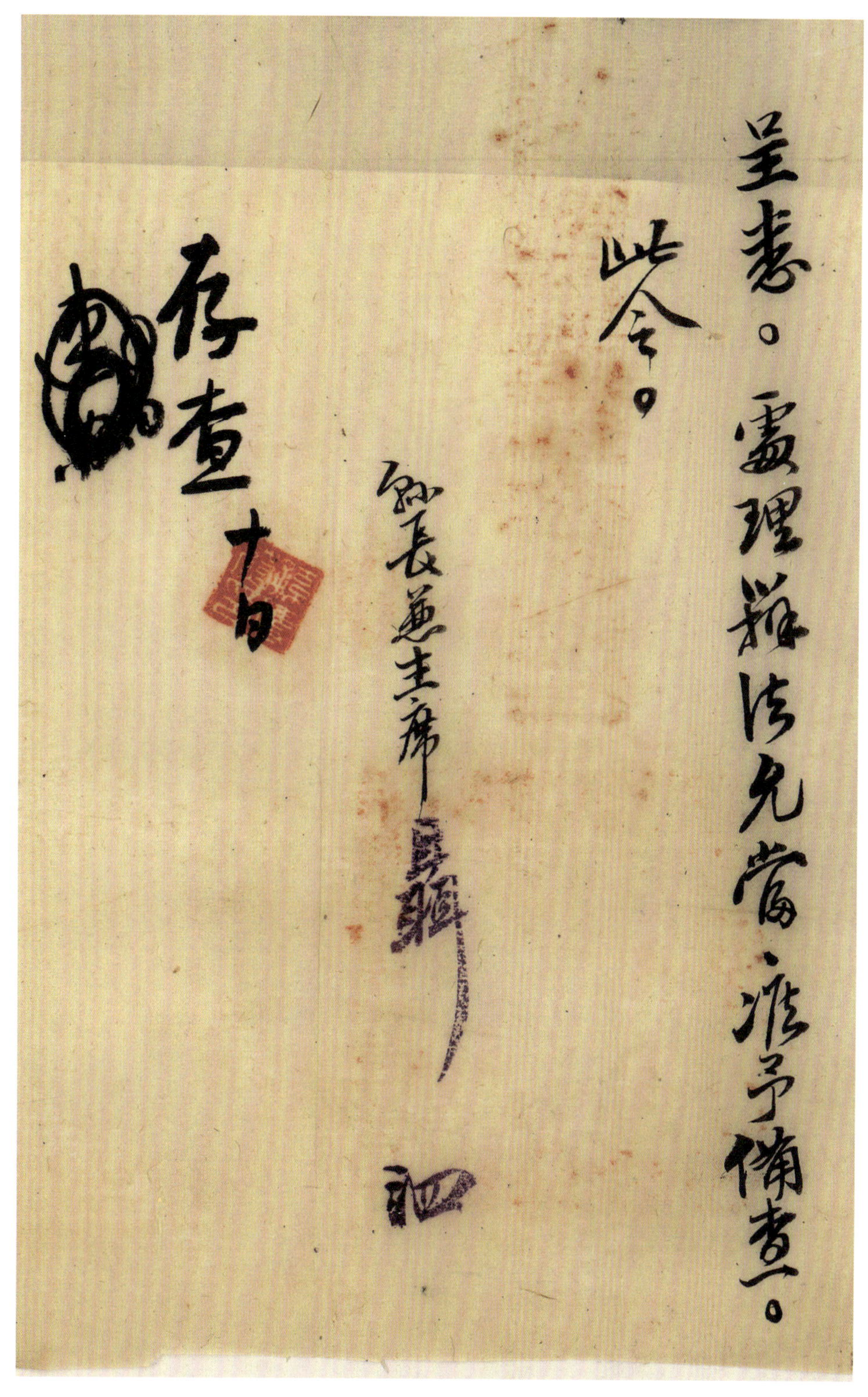

呈悉。處理辦法尚屬允當，准予備查。此令。

部長萬主席

存查

# 会理县征工筑路委员会关于饬各联队将带去之款购买民工食米接济致该会西昌驻工办事处的训令

（一九三九年十月五日）

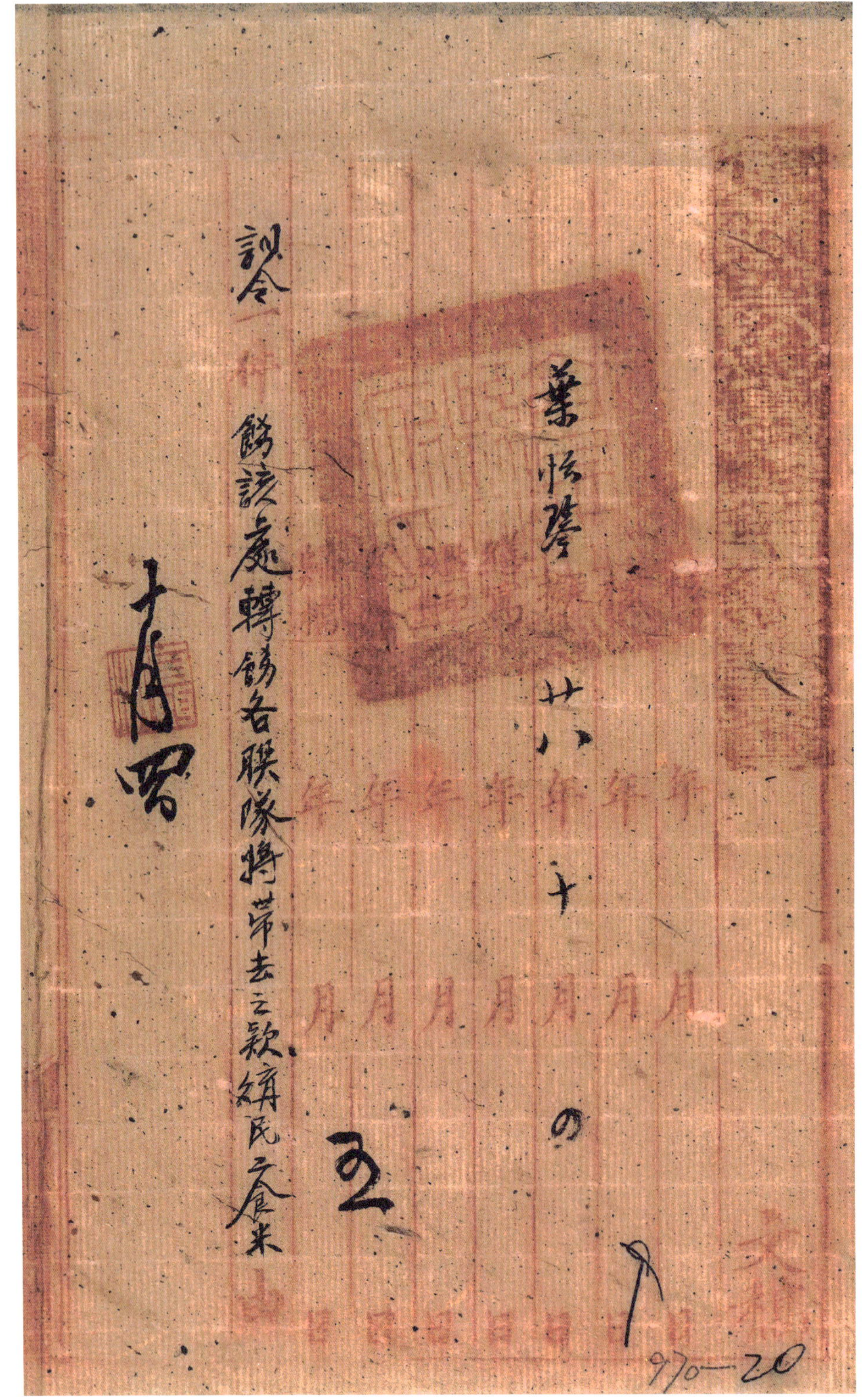

訓令

飭該處轉飭各聯隊將帶去之款購民之食米

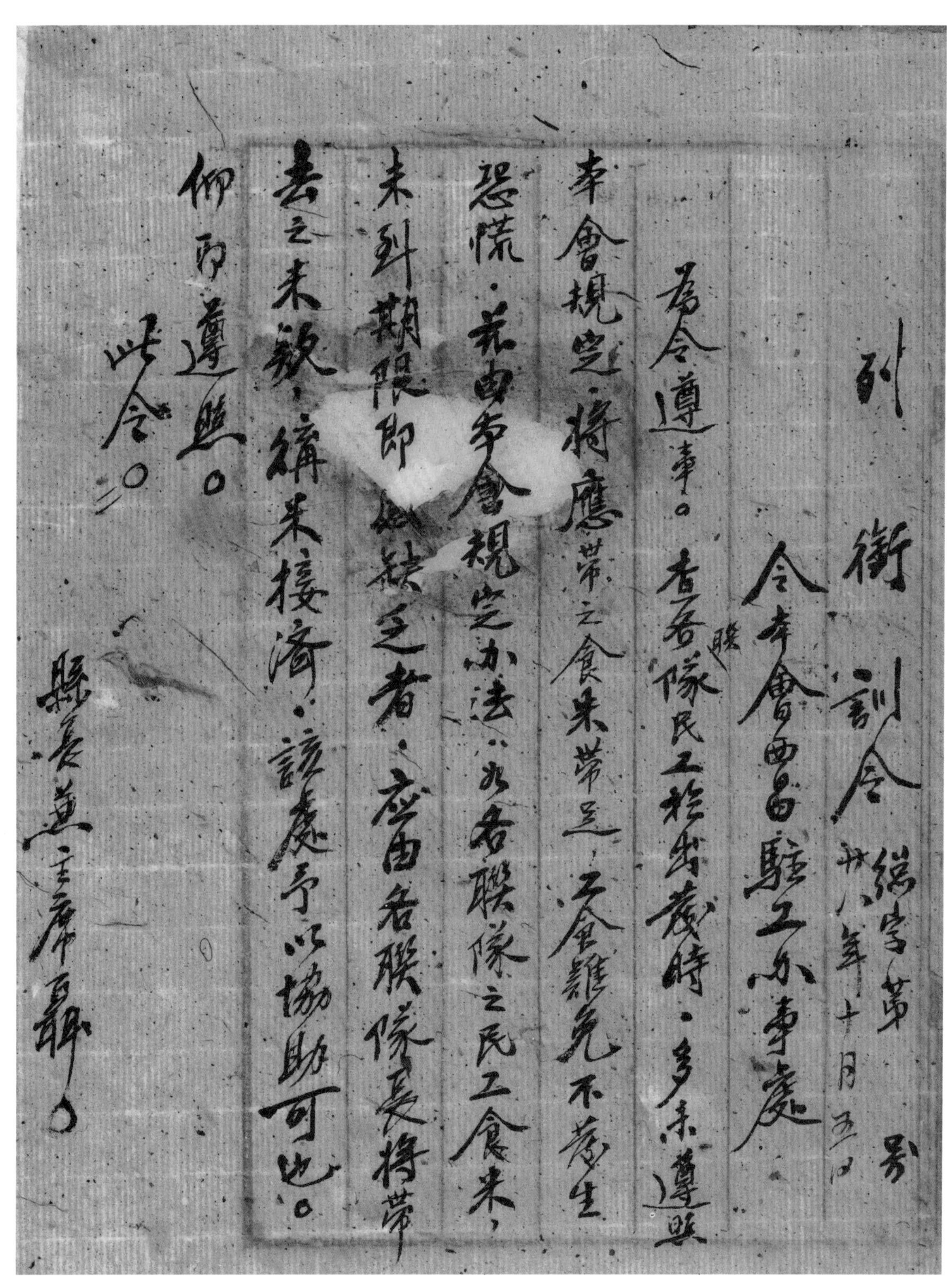

列銜　訓令　總字第　號
卅八年十月五日

令本會西昌縣工作處

為令遵事。查各聯隊民工於出發時，多未遵照本會規定，將應帶之食米帶足，以致難免不發生恐慌。並由本會規定辦法，以各聯隊之民工食米，未到期限即缺乏者，應由各聯隊長將帶去之米款，備米接濟，該處予以協助可也。仰即遵照。

此令。

縣長兼主席[illegible]

# 会理县征工筑路委员会关于催收各联保所欠民工食米、寝具、麻袋致督催员杨尊三、刘火城等人的训令

（一九三九年十月五日）

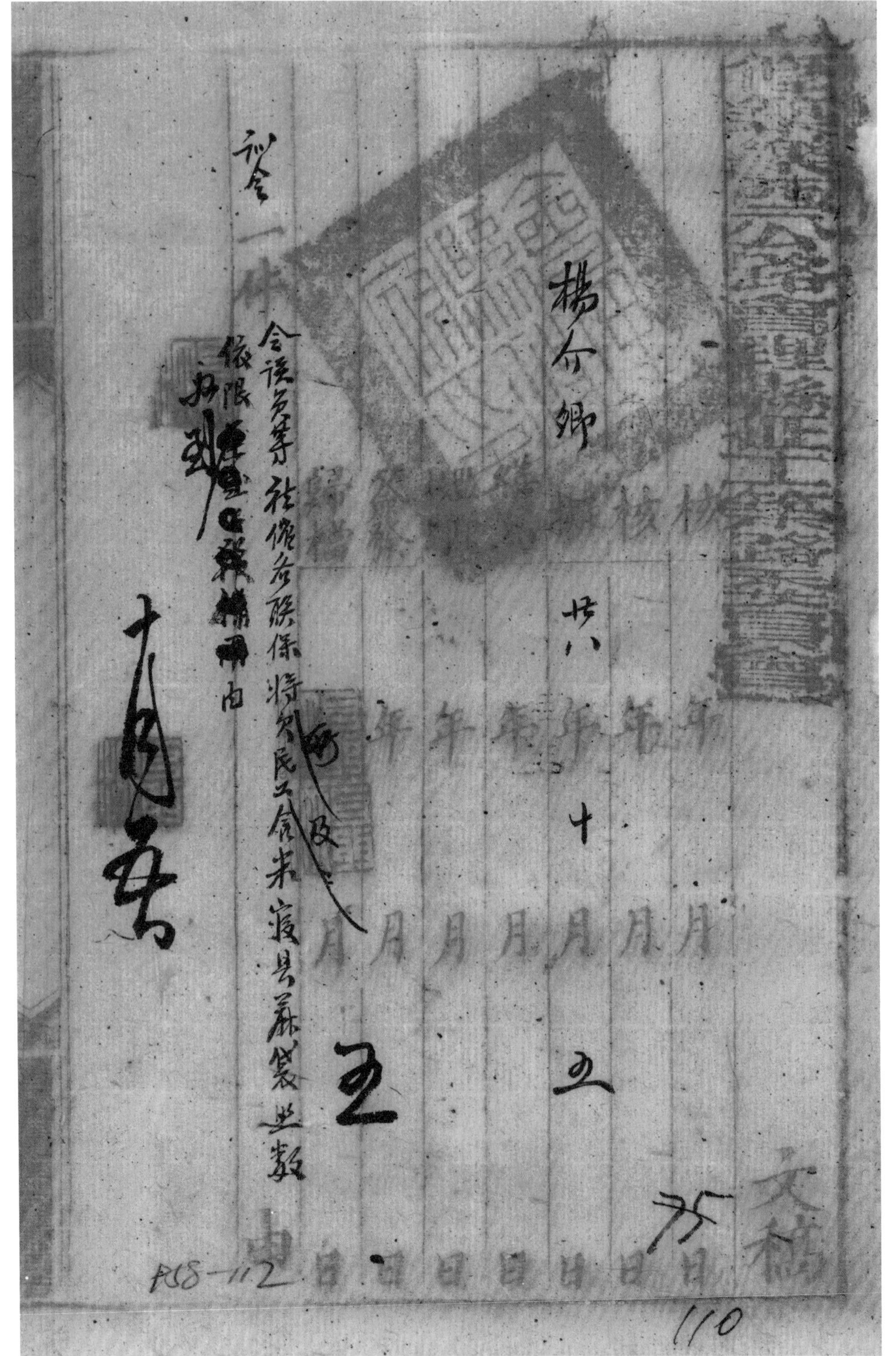

列

銜 訓令 總字第 號

廿八年十月五日

令督催員 楊萬壽 三 劉火城

蘇理紳 王煥崙 一八

案查各聯保應補收購繳四分之一〔糧〕

食米及應補充之被服具、麻、代衣等業經本

會迭令嚴催限期收繳送解各在

案，乃限期已逾，各該聯保仍因循觀望未解

送，殊屬玩忽已極，現在民工已

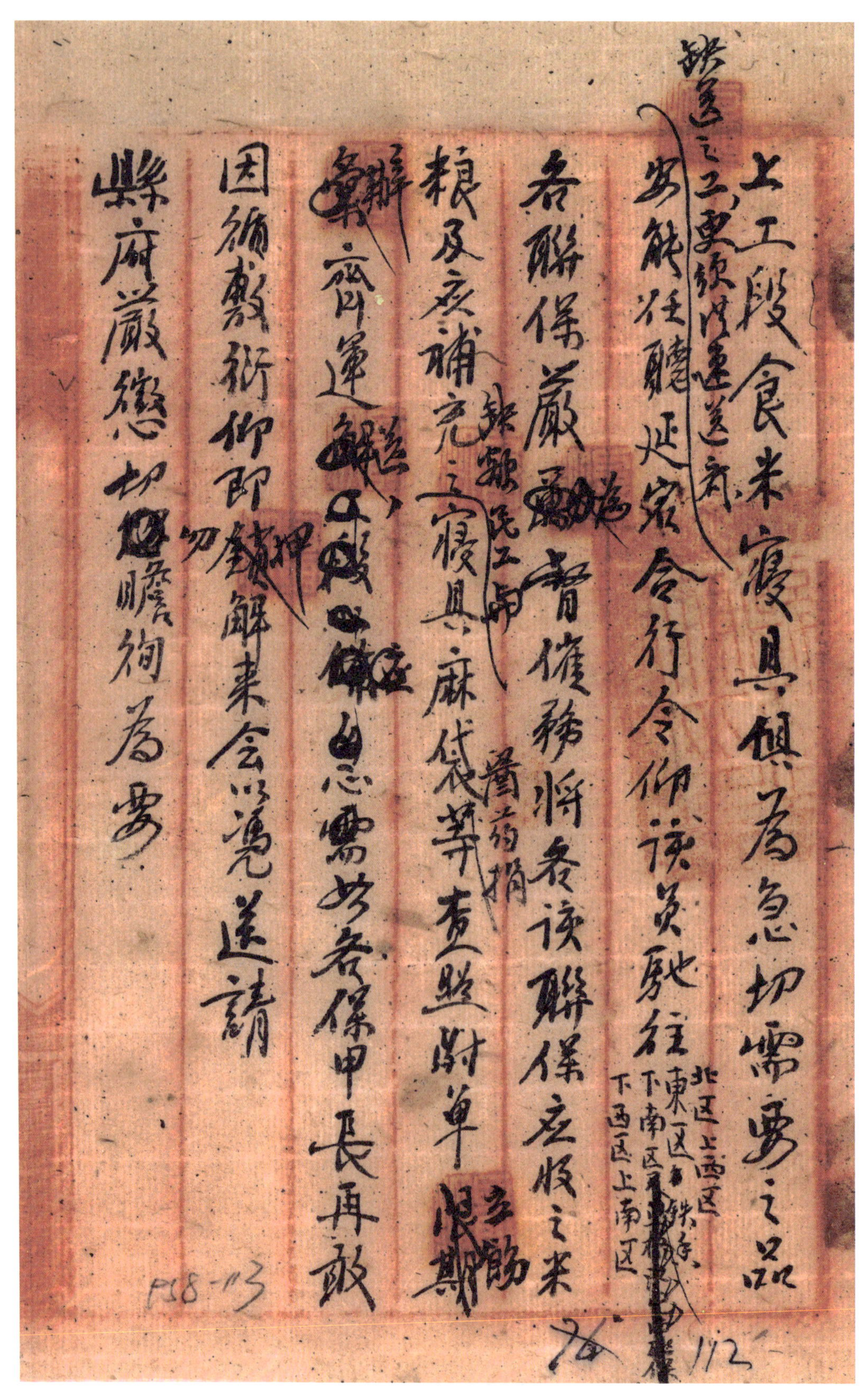
上工段食米寝具为急切需要之品，安能任听延宕，合行令仰该员驰往各联保严饬督催务将各该联保应收之米粮及应补充之寝具、麻袋等查照对单限期筹齐运送工段，以供急需。如各保甲长再敢因循敷衍，仰即押解来会，以凭送请县府严惩，切切为要。

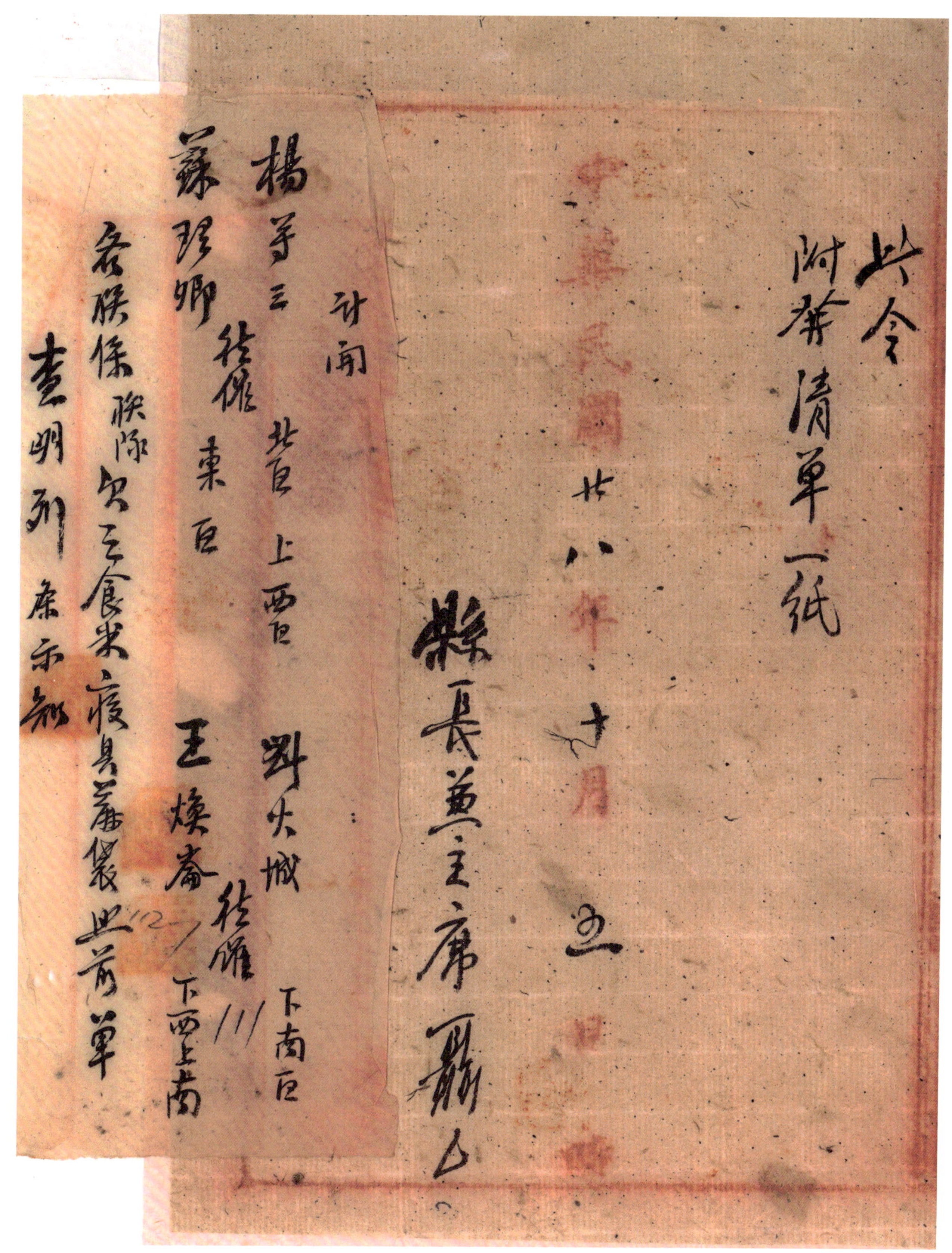

此令
附發清單一紙
中華民國廿八年十月[illegible]日
縣長兼主席蕭[illegible]

計開
楊茅三 北首 上西首
蘇珍卿 住屋 東首
劉大城 下南首
王煥齋 住屋 下西上南
喬朕保 朕係貿易食米寢具蓆被無前單
查明列條示知

# 会理县新德联保关于请减免新德、通金两地筑路采买食米致该县征工筑路委员会的报告（一九三九年十月六日收）

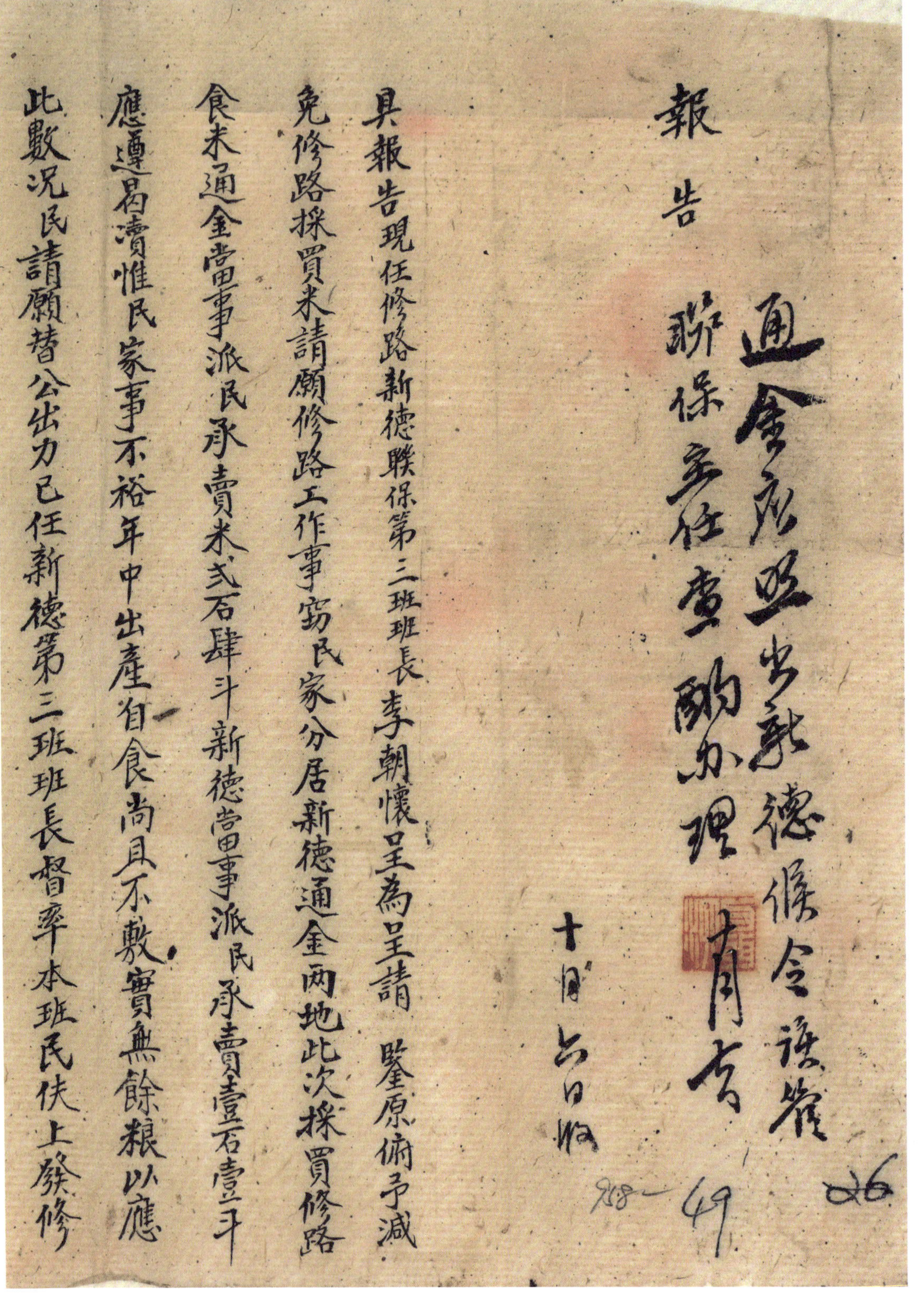

报告

通金应照出，新德保令该管联保主任黄鹏办理。十月六日

十月六日收

具报告现任修路新德联保第三班班长李朝怀呈为呈请鉴原俯予减免修路採買米請願修路工作事，窃民家分居新德、通金两地，此次採買修路食米，通金當事派民承買米貳石肆斗，新德當事派民承買壹石壹斗，應遵爲讀。惟民家事不裕，年中出產自食尚且不敷，實無餘粮以應此數。况民請願替公出力，已任新德第三班班長，督率本班民伕上發修

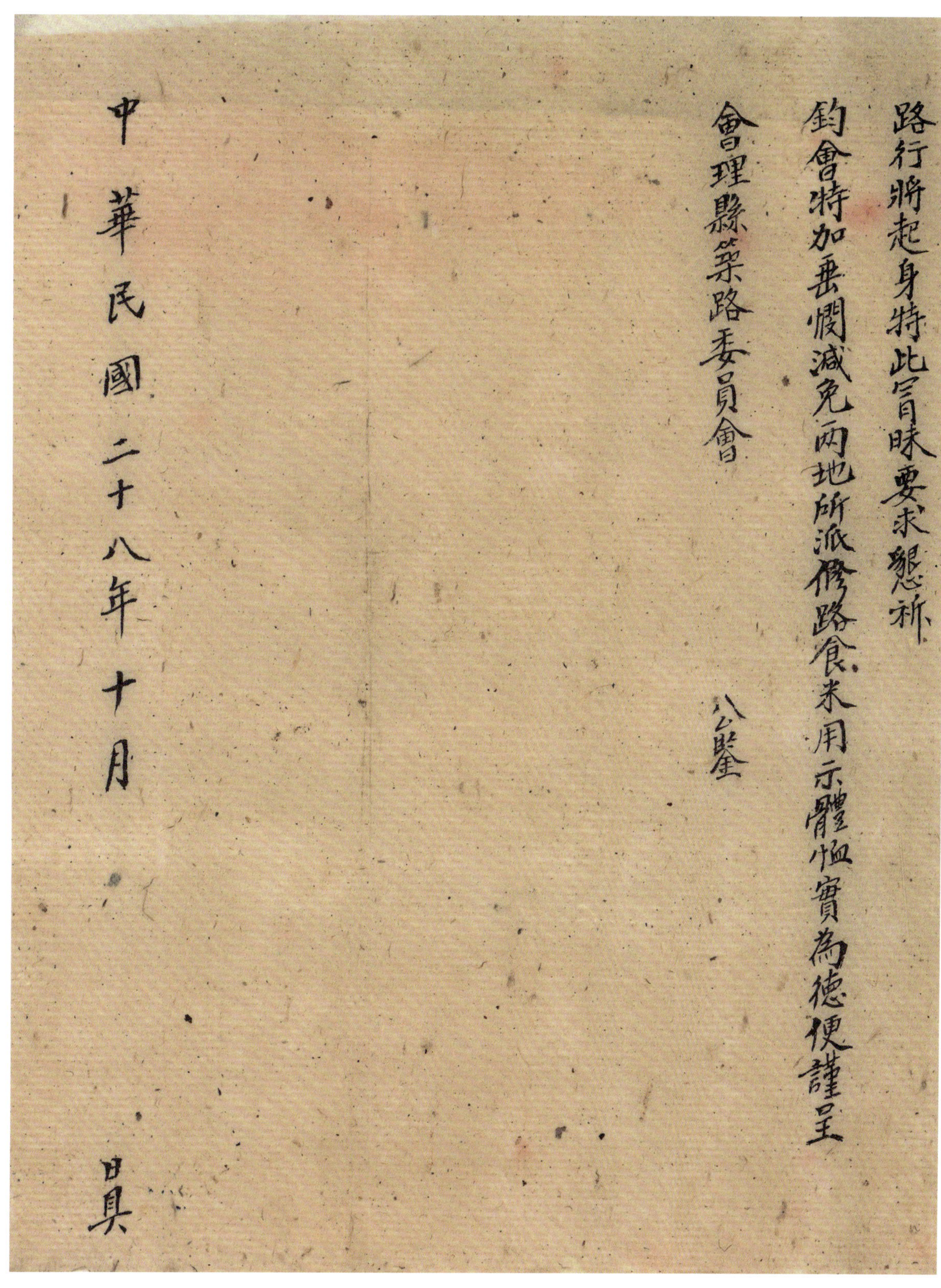

路行將起身特此冒昧要求懇祈

鈞會特加垂憫減免兩地所派修路食米用示體恤實爲德便謹呈

會理縣築路委員會

公鑒

中華民國二十八年十月　　日具

# 会理县民工第三联队队长刘心如领米的领条（一九三九年十月七日）

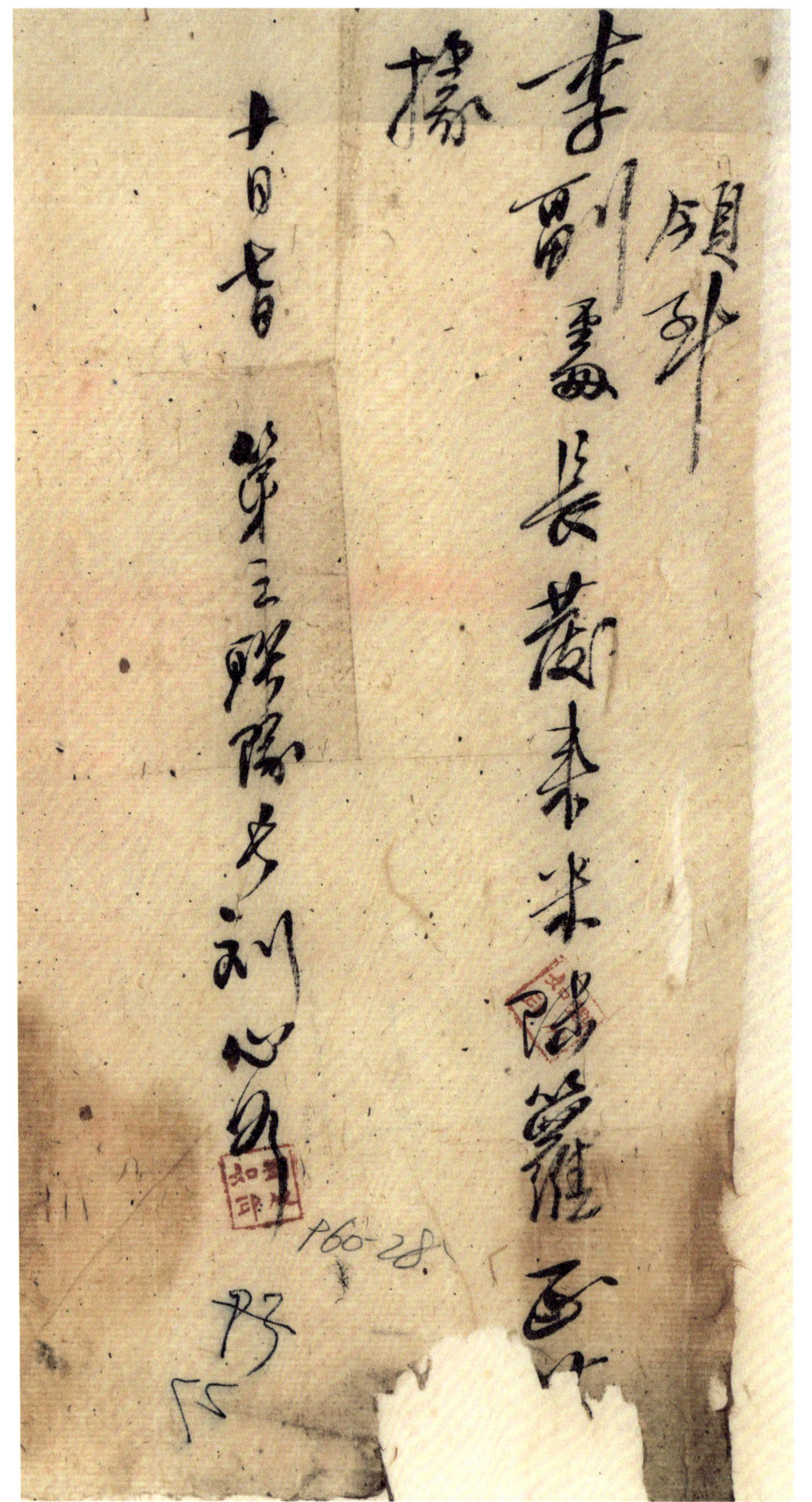

領到
李副總長薦來米陸籮正
據
十月七日
第三聯隊長劉心如

# 会理县征工筑路委员会与其办事处关于该县民工九三联队因粮缺停工的往复函

## 会理县征工筑路委员会驻工办事处副处长李乘风致聂泗县长的函（一九三九年十月七日）

县长钧鉴：今日晨九三联队民工各小队班长来小庙粮台，该队既因昨午晚餐今早并今午炊之粮缺，因以致停工。职因距离较近，一面通知华生，一面亲到该地面饬各队长切实负责，至正午将午饭米备入开饭毕，仍饬照常工作，同时对该段监工员说明工程紧要，令月

大食事件之發生，是該村上年迄無每工每日二角計，月應攤發二萬四千元，此項窘情形亦該不無對。根據此種事實，殊屬嚴重，各方均應負責，不單為該隊之長官管理問題也。此對該隊民工已詳切設法一度。又大食決對負責，又民工應嚴守秩序，不得動輒停工，又停工有公私所受影響損失，失該隊隊長

嚴令該主任
限本月廿五
日以前妥安
遵令親赴
二段出事地
點查明拿
辦

尚 十二

具某等呈請飭令該聯保主任
負責整飭該後一班民工均無
了解此事已算告一段落惟此後
對於食及卧具務懇嚴令該主任妥
妥因該隊民工卧具相差十分之
現有人數才二百名左右昨晚逃亡若
即有卅餘名又不償該聯隊者如
此每聯隊如不早爲之計恐後每一
則均有受凍危險專此函肯

鈞核 此 李 崇序

十月七日 手

街樸象上

（該聯主任書劄）

# 会理县长兼征工筑路委员会主席聂泗致该县征工筑路委员会驻工办事处副处长李乘风的复函（一九三九年十月十三日）

秉风兄鉴顷接
手书备悉一是九三联队民工因粮缺停工诸
承
维持曷胜感激查该联队向未组织即不健
全此民工数额不足及应带食米秋薯通工具
诸多缺乏早已由会严令申斥该联保主任
王钧并记大过以示微惩最近复派专员督
催限本月廿五日以前将应补部具办妥饬其亲
带工役担负全责办理一切在该主任未到工段
以前所有该联队督工管理各项事宜仍请
转饬该代理队长陈俊德全权负责不准再

照前轍遺漏工程五巡正民工若干並飭陳俊
陞造具花名冊呈報來会以便按名清理依
諒飭亦再為聯係應補充三分之一之數具名經
分頭派員到各聯保守催一俟征集齊備即
派人送到工段以備應用希轉知各聯係民工
為禱顧憲也耑復　即頌
時綏

弟　聶泗再

十月十三日

十三日

# 会理县征工筑路委员会与九三联保关于办理民工食米、卧具、麻袋等事的来往文书

## 九三联保办公处致会理县征工筑路委员会的报告（一九三九年十月十日）

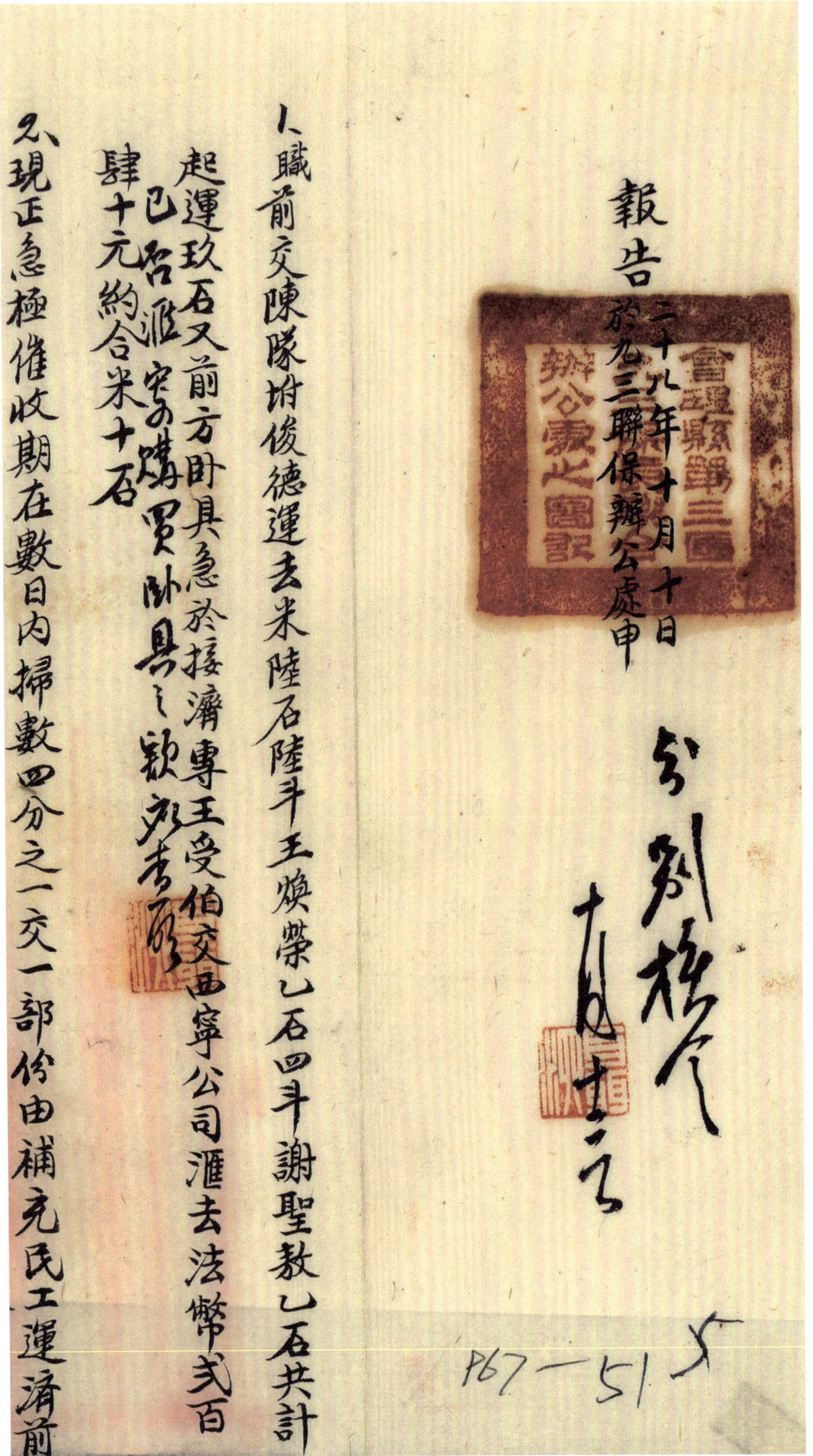

方其餘封雇毛驢運交永定營惟前領開拔費只剩由九到會城費之
由會城到西昌二十四人之數共三六元懇乞 鈞會照運伕規定發給

專運永定營不能給運費人

每人日給二角每驢一日運二斗折給四角以資運濟

又近接前方陳隊附來報所去民工於小高橋因河水阻碍多延一日又到
鍋蓋樑工段屬未曾分段指定又延一日此兩日耗費已將代去之米
拉耗懇乞 鈞會鑒核俯予示遵

已由前方動員核

伏奉令補充民工陸十七名麻袋二百五十二根現正會同王督催員急
極辦理分頭飛催惟據各保稱麻袋不易購備請用竹箱兼可防

兩在三四日內即可首途

欠職屬因經費不敷組織素未健全以致顧慮尤多職曾呈請

縣府辭職請委陳惠伯所有應行補充事項亦未敢稍爲疏懈

懇乞

鈞會指令陳督員惠伯率領補充民工親赴工段主持一切謹呈

趕赴工段再延王伯功或令接替聯保事務俾職前往督工

會理縣征工築路委員會主席耳聑

九三聯保主任王鈞

会理县征工筑路委员会致九三联保的指令（一九三九年十月二十日）

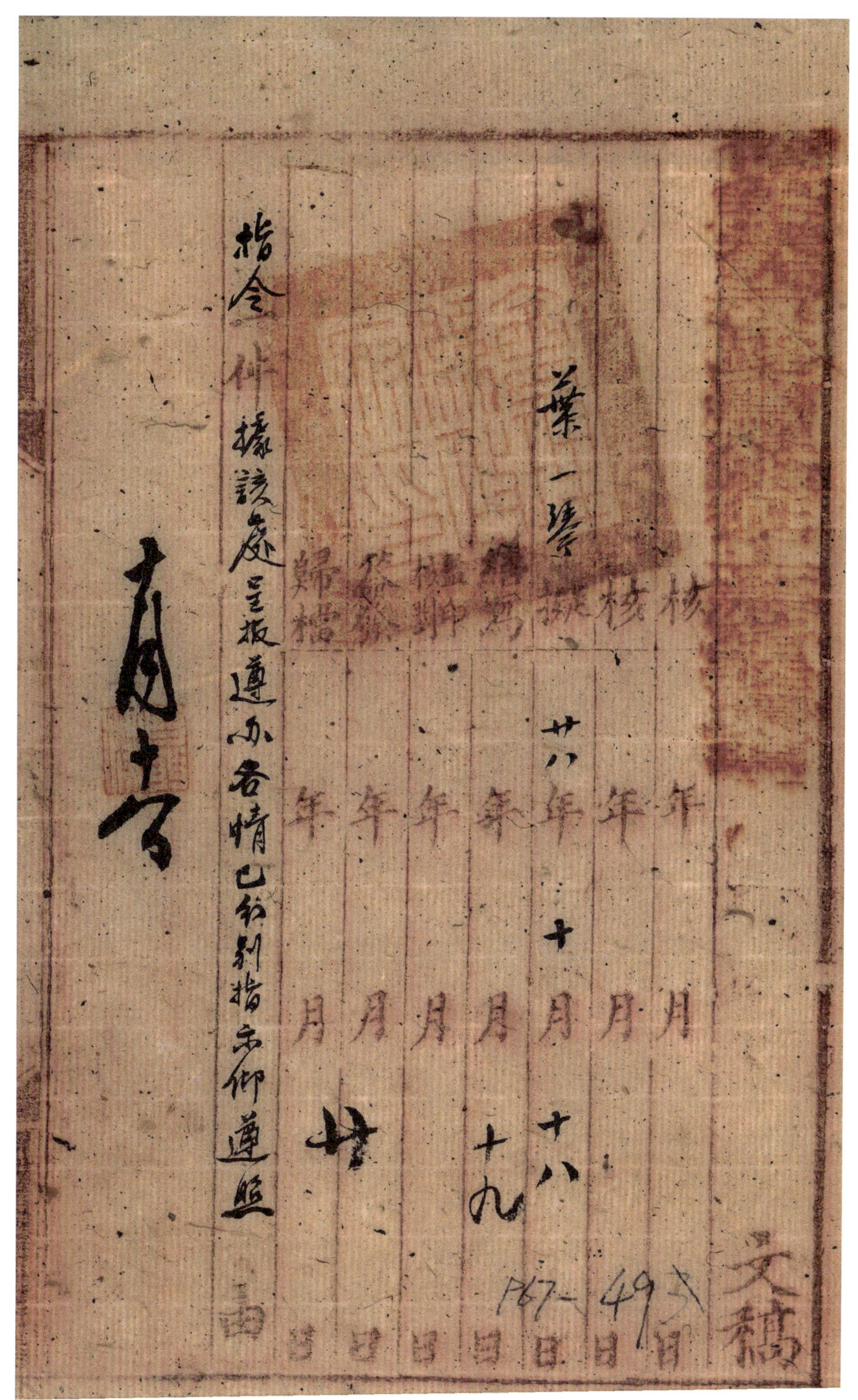
核
核
拟　葉一琴　廿八年十月十八日
缮　十九
校
発　廿
归档

指令
件据该处呈报遵办各情已悉，特指示仰遵照
周十子

文稿

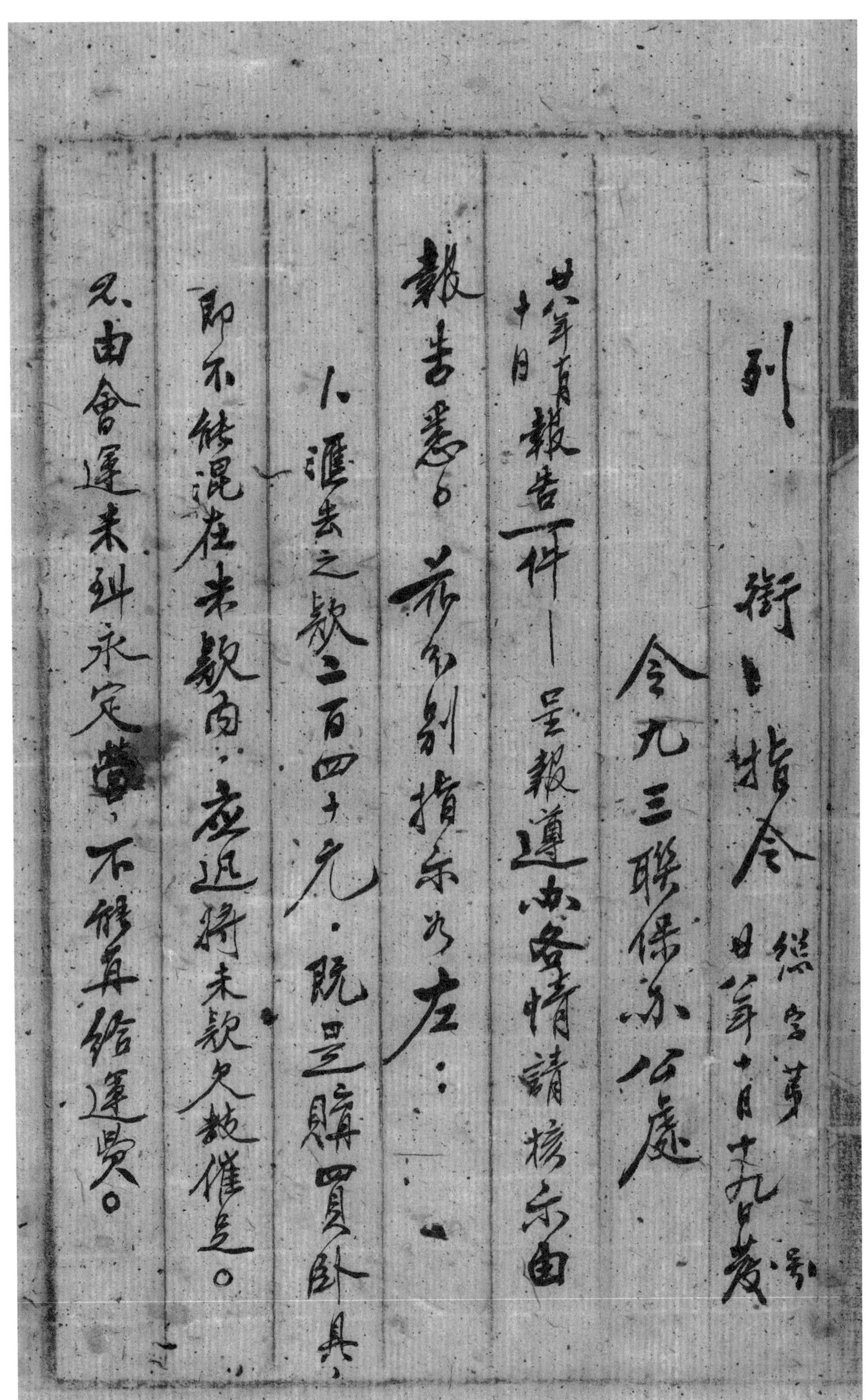

列銜指令　總字第　號
卅一年十月廿九日發

令九三聯保辦公處

卅一年十月十日報告一件——呈報運米各情請核示由

報告悉。茲分別指示如左：

1. 滙去之款二百四十元，既是購買卧具，即不能混在米款內，應迅將米款欠數催足。

2. 由會運米到永定營，不能算給運費。

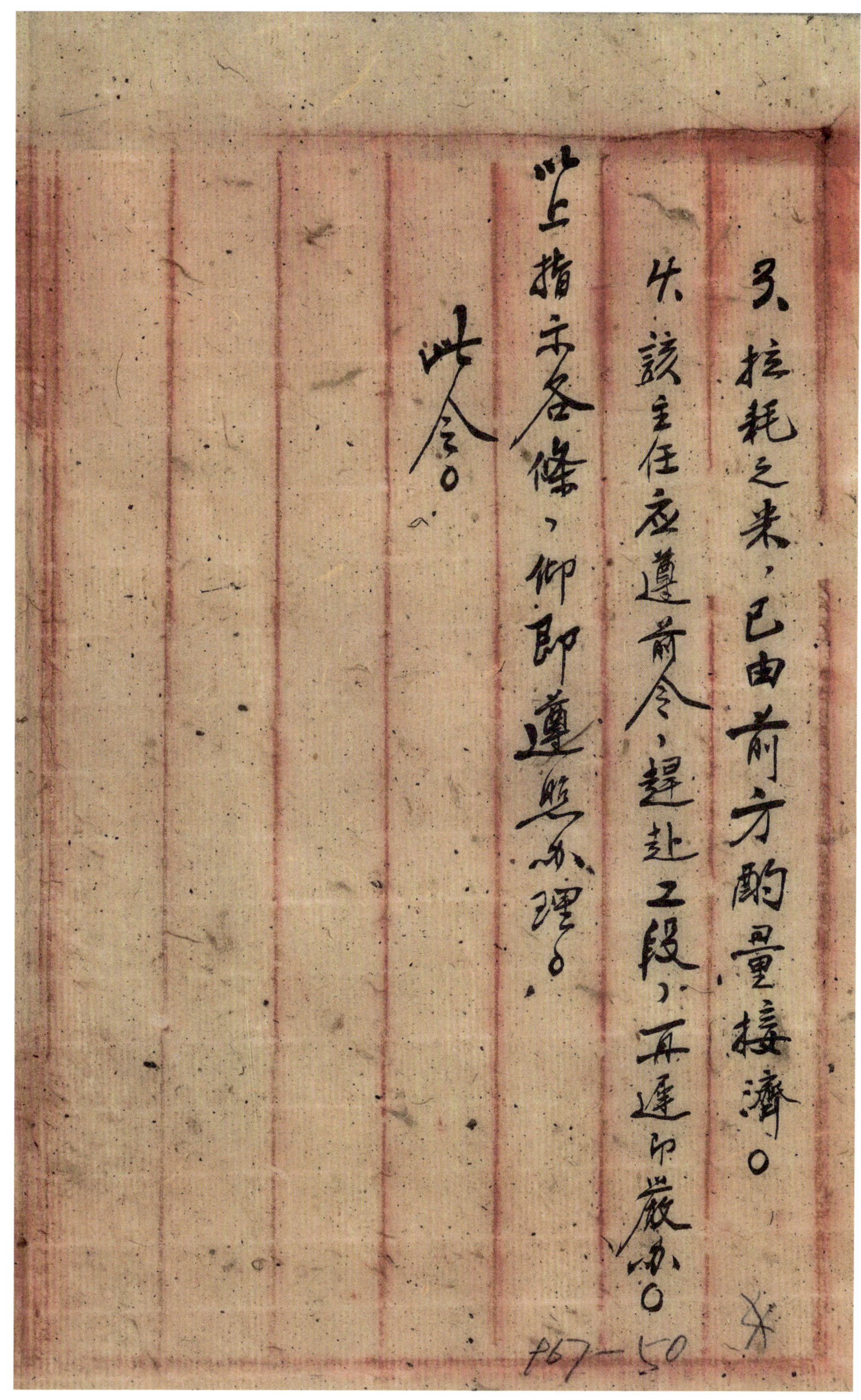

另，拉耗之米，已由前方酌量接濟。

仰該主任應遵前令，趕赴工段，再遲即嚴辦。

以上指示各條，仰即遵照辦理。

此令。

P67—50

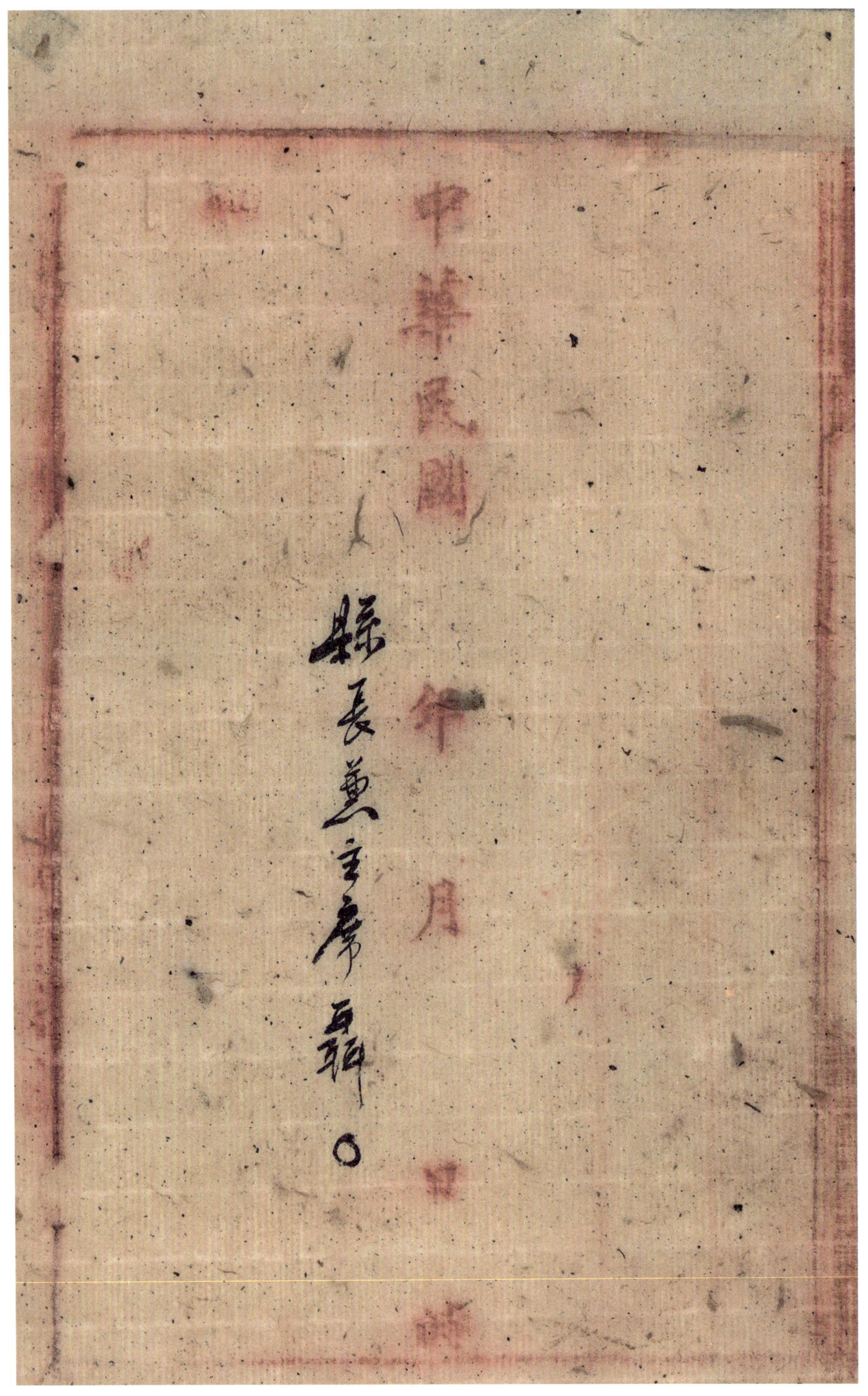

中華民國　　年　　月　　日

縣長兼主席 [illegible] 〇

会理县益果联保关于摊买民工食米已缴足致该县征工筑路委员会的呈（一九三九年十月十二日批示）

事由 為陳明攤買民工食米弍拾石已繳足四分之一請鑒核由

呈

准予備查

案奉

鈞會令催呈繳前次攤買民工食米弍拾石之四分之一。奉令之下，遵即如數呈繳永定民工粮食採買處，給養組黃組長瑞文。理合具呈

鈞會存查！實為公便。二

謹呈

主席聶

主任 吳執中

副主任 黃汝欽 代行

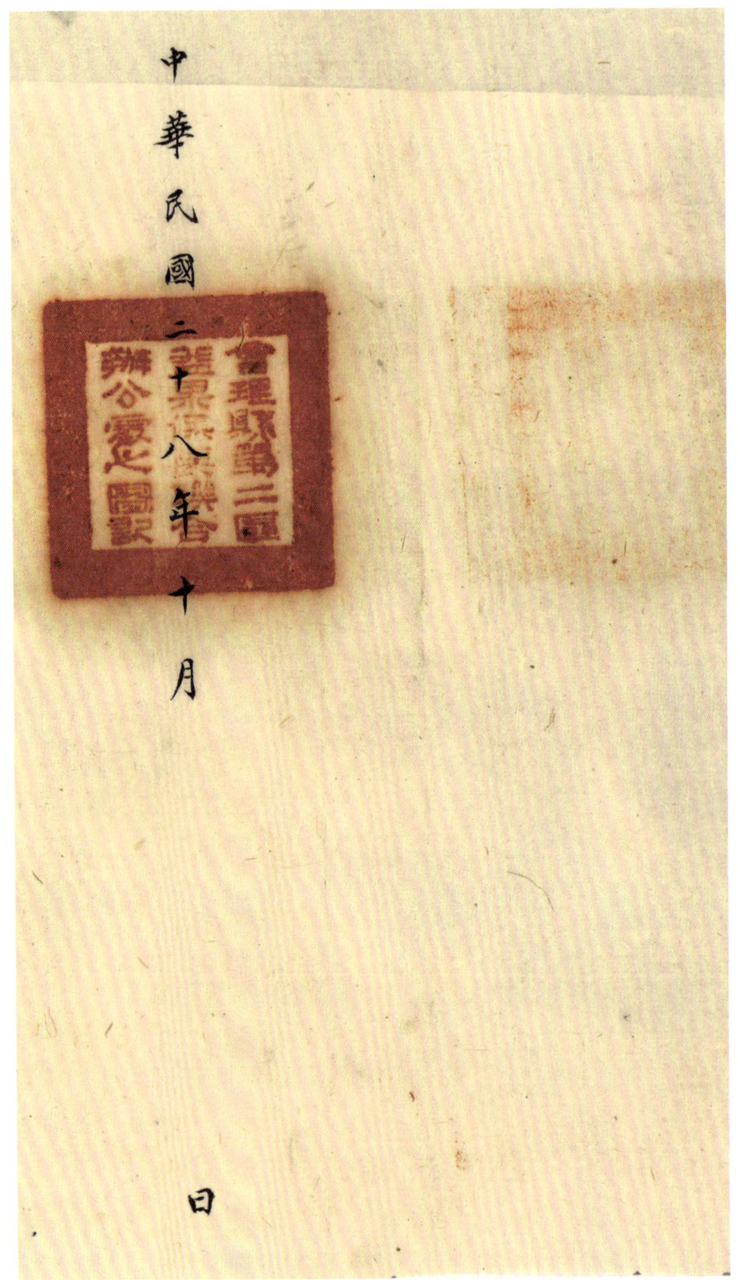

中華民國二十八年十月　　日

会理县新德联保办公处关于补充民工、毡子、麻袋欠数等事项致该县征工筑路委员会的报告
（一九三九年十月十二日批示）

新德聯保辦公處謹將奉令遵辦各事項條述於左

一、民工欠數已於十月三日交陳小隊長耀文共一百二十名送築路委員會点驗合格帶赴工段矣

二、毡子欠數九十四床除由陳聯隊長稼書在西昌已買三十床塡補外餘欠僅二週如數繳清　　餘欠繳送，時劝報縣

三、麻袋共欠八十根已由陳聯隊長稼書在永定營購買篾箱五十八對代替載運

四、應繳之米刻已籌劃成錢陸續滙交陳聯隊長轉繳採買組代購備用此數僅兩週内滙齊　　劝令　承黄書

164—72

35

五、醫藥捐款刻已攤出，尚未收齊，茲暫墊繳法幣叁拾貳元，其收據和捐冊俟結束
後繳會備查　綬福服李

六、欠常備中隊費叁肆零·伍元，僅十月十九日先繳壹百肆拾元零伍角，餘數僅一月
內繳清，並將數目清冊造呈

七、禁種煙苗曾於國慶日召集各保甲長並民衆等會同劉委員火城向大衆講演禁
煙森嚴，并督飭各保甲長限一月内肅清——蓋各農民業已將烟子偷播下土，非萌
芽出土而後剷不能淨盡，故須時一星期——又於次日禁煙組楊組長文謨到達本場，復
召集各保甲長嚴飭肅清煙苗，已具結在案

八、整編保甲表冊，整編員尹閣臣業已回城，茲已另飭書記劉建中趕造完善，僅十月

十七日呈送不悮

擬尹檢備頁

九、徵集劉吏軍食前奉

縣府訓令飭由租石捐攤繳因租石捐無底冊可查暫照築路攤買數分攤各保準

備穀子五十石現正籌備中

於四日收據繳交

以上九條謹交

劉委員火城核轉

縣長聶鈞鑒

肖廿日

新德聯保主任陳稼書

陳右文代

二八年十月一二日

# 关于会理县征工筑路委员会购运民工食米受西昌县德昌区阻拦一案的相关来往文书

## 会理县征工筑路委员会运输队队长李璧东致给养股采买组组长黄瑞文的函（一九三九年十月十三日）

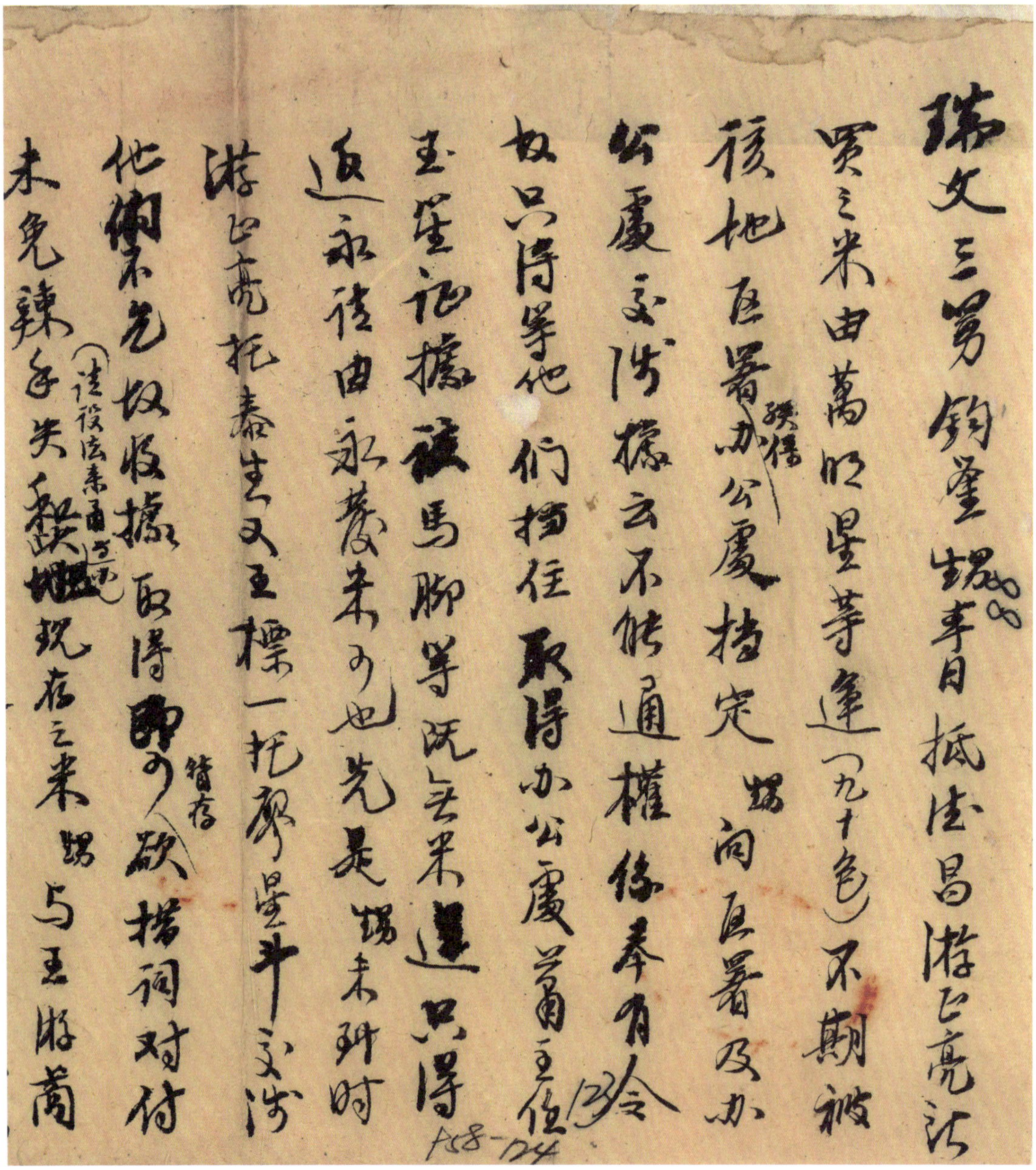

瑞文三哥钧鉴：敬启者，日前据德昌游飞亮访买之米由万明星等运（九十包），不期被该地区署办公处扣定。敬向区署及办公处交涉，据云不能通权，系奉有命令，故只得等他们扣住，取得办公处当面主任[illegible]证据，该马脚等说无米运，只得返永，该由永发来函也。先是敬未到时，游飞亮托泰生文玉标一托驼星斗交涉，他们不允，故收据取得[illegible]的人[illegible]措词对付，未免辣手，失[illegible]。现在之米，敬与王[illegible]商

珂鈞座密電達悉，現即通知戴處長設法

該地之米爾要努力採買為好，勢不日到

黃，此要時或可徵工一兩[illegible]，現任鳳凰橋

等還候到達，候各冊照日送，良署諸

特達，良表餘不另陳，敬請

本日已照王鎮方，因足痛，伊未起床，伊處有米三五十石之譜云云

鈞安

職 陳秉[illegible] 謹上

（附抄[illegible]筆書來）

擬存合理抑還需派員李少東前往[illegible]

[illegible] 秘書處 [illegible]

[illegible] 十一月十三日

# 会理县县长兼征工筑路委员会主席聂泗致西昌县德昌区长江孝博的函（一九三九年十月十四日）

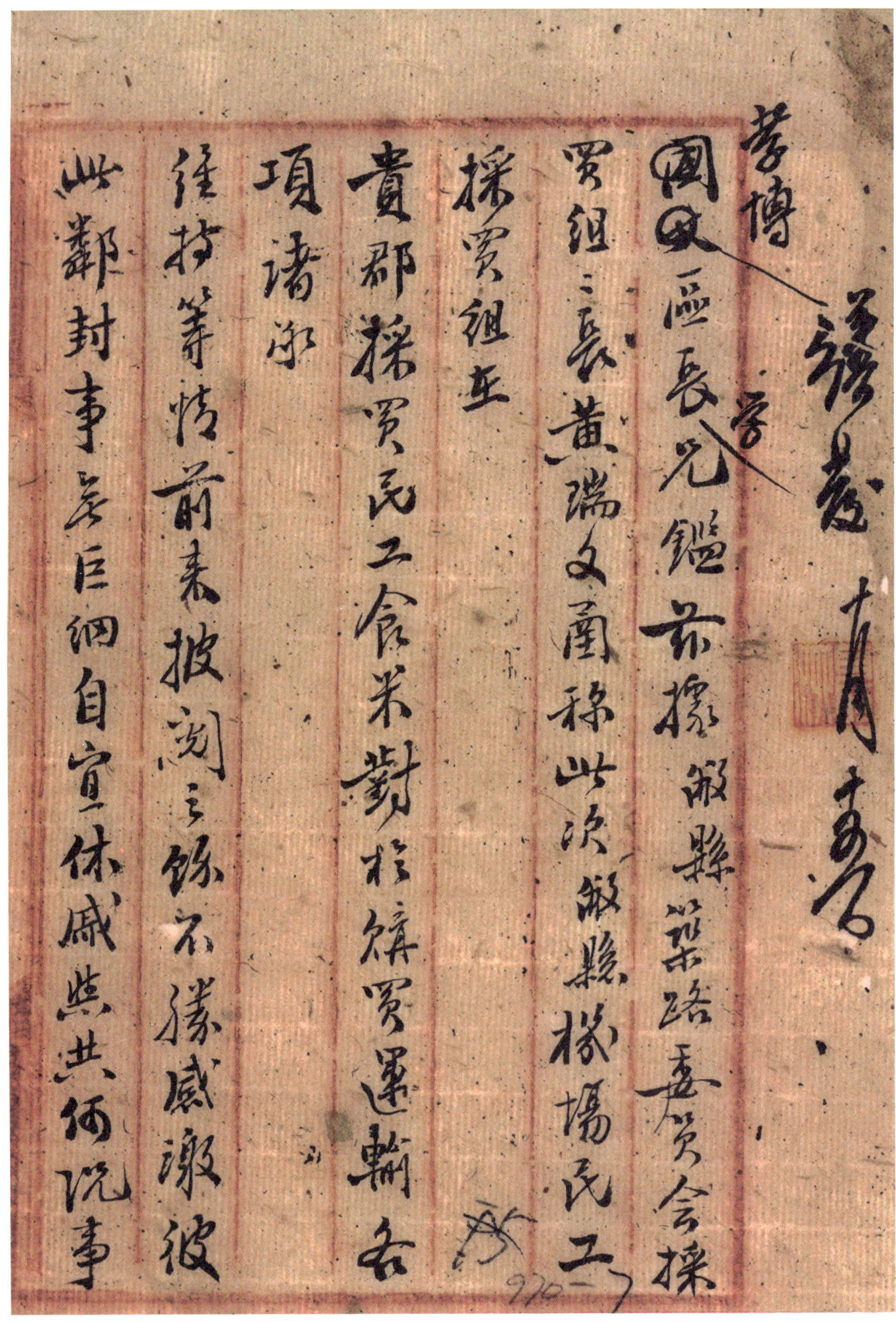

孝博
國文區長仁兄鑒 前承撥敝縣築路委員會採
買組〻長黄端文函稱此次敝縣機場民工
採買組在
貴郡採買民工食米對於價買運輸各
項諸承
維持籌情前來披閱之餘不勝感激彼
此鄰封事屬巨細自宜休戚與共何況事

970-7

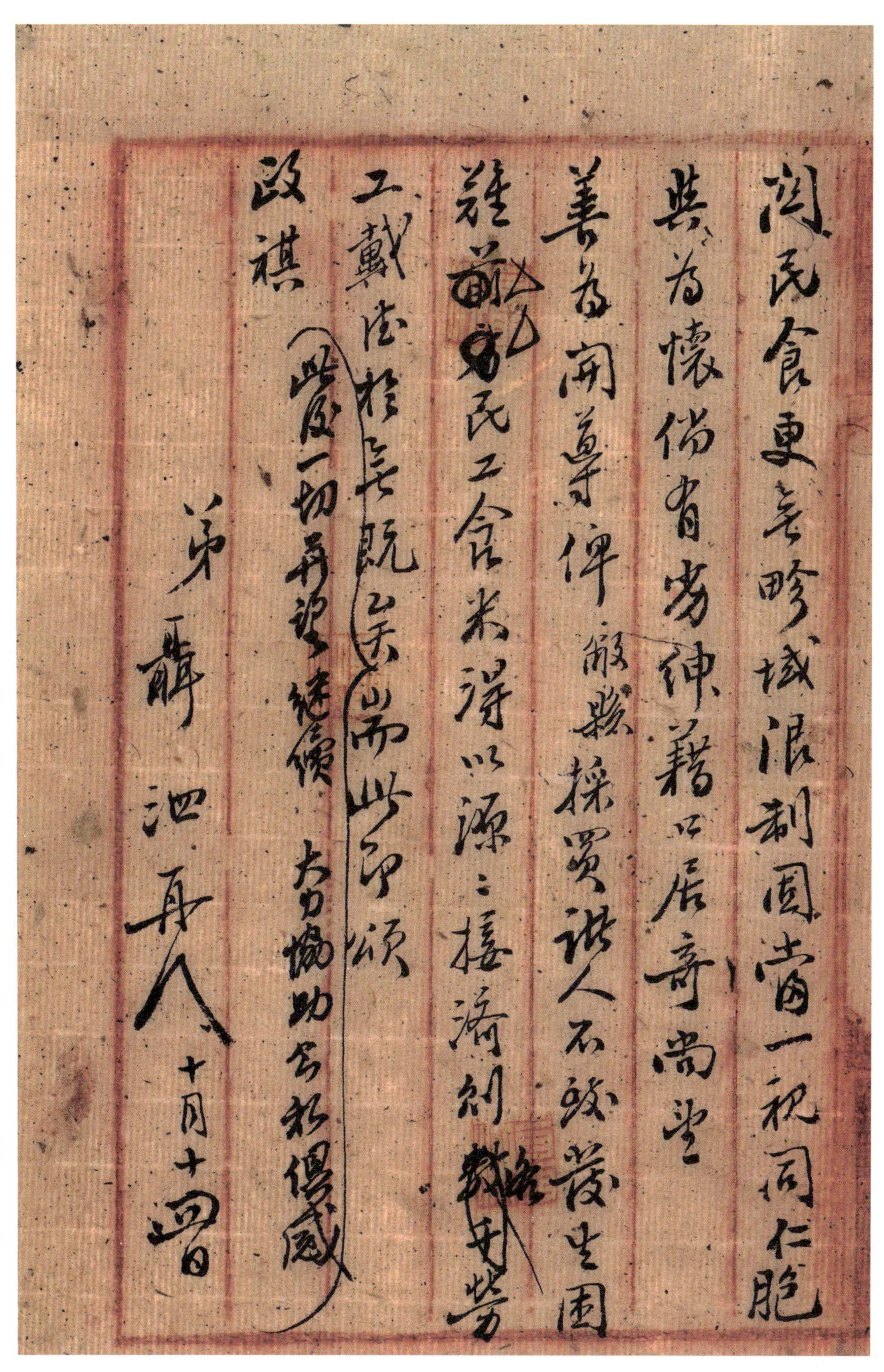

閩民食更甚畛域限制固當一視同仁胞
與為懷備省劣紳藉以居奇尚望
善為開導俾 敝縣採買諸人不致發生困
難敝邑民工食米得以源源接濟紉誼無勞
工戴德惟長既公宗此此即頌
（此後一切再請繼續 大力協助公私俱感）
政祺
弟 薛泗 再拜
十月十四日

# 会理县征工筑路委员会给养股采买组组长黄瑞文致该会主席聂泗的电（一九三九年十月十五日）

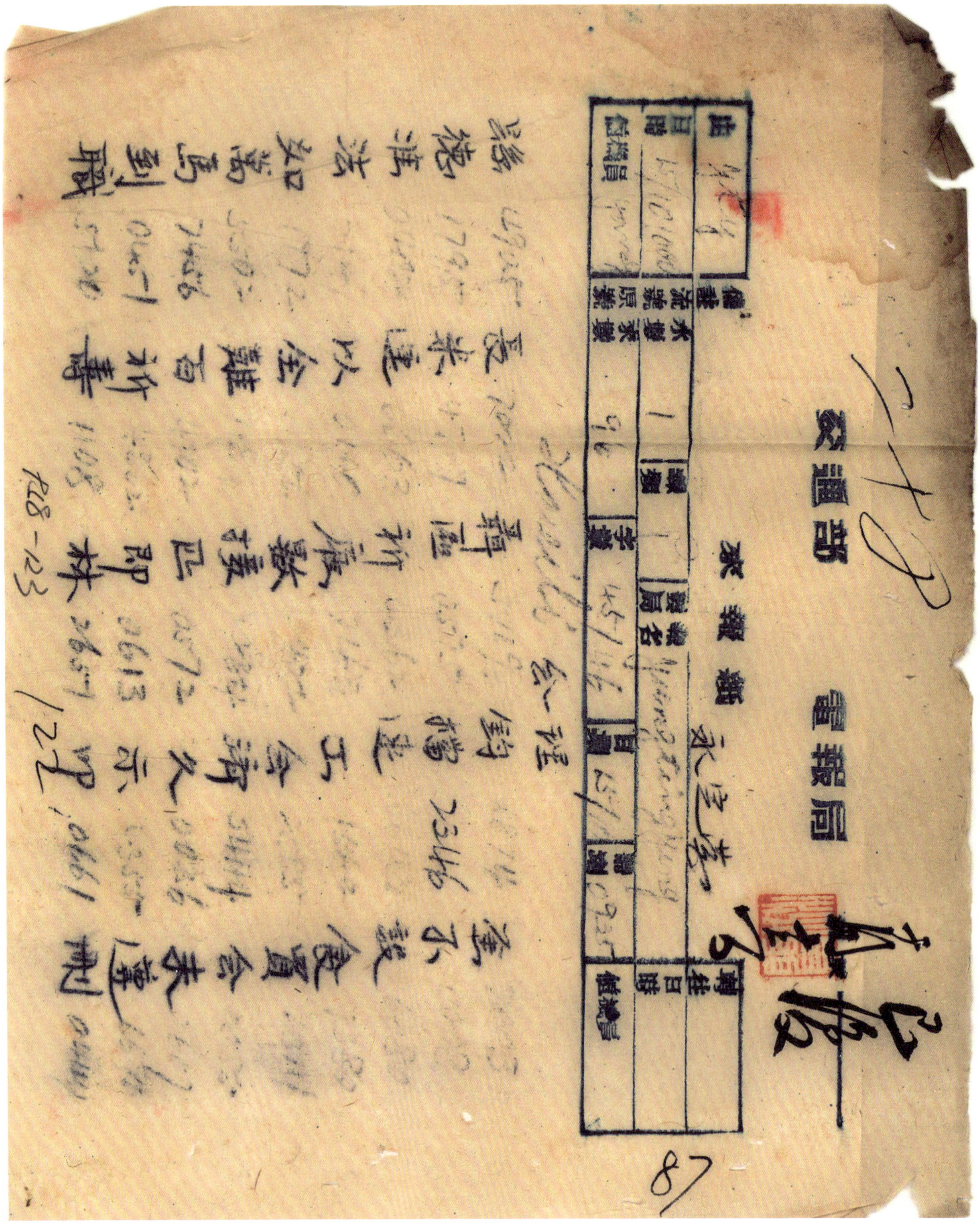

会理县征工筑路委员会给养股采买组组长黄瑞文致该县县长兼征工筑路委员会主席聂泗的函（一九三九年十月十五日）

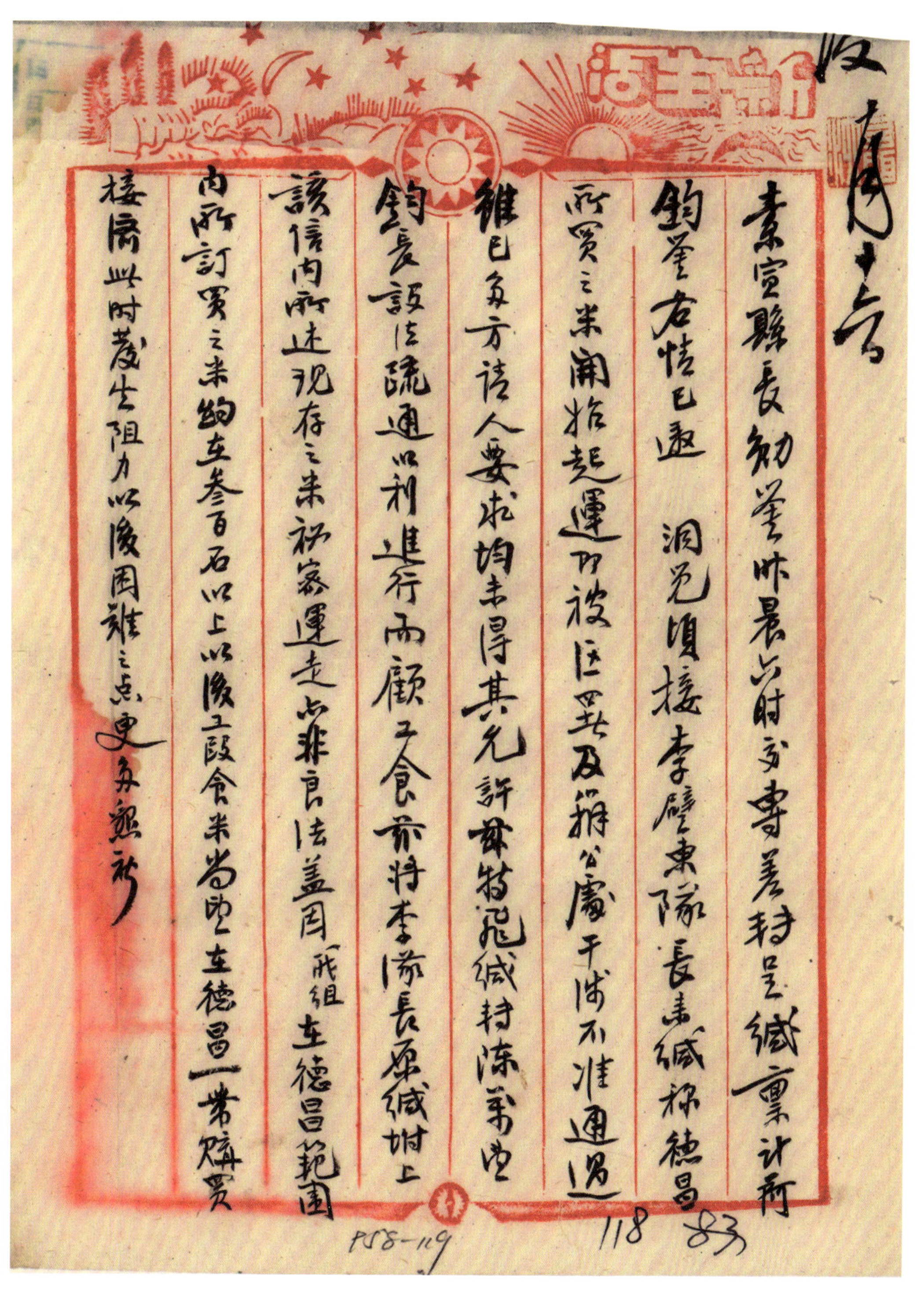

新生活

素宣縣長勛鑒：昨晨六時分專差持呈緘稟，計荷
鈞鑒。右情已邀
洞見。頃接李歷東隊長來緘稱：德昌
所買之米開始起運，即被區署及辦公處干涉，不准通過，
雖已多方請人要求，均未得其允許。兹特飛緘持陳，萬望
鈞長設法疏通，以利進行而顧工食。兹将李隊長原緘附上。
該信內所述現存之米祗家運走，亦非良法。蓋因（職組）在德昌範圍
內所訂買之米約在叁百石以上，以後工段食米尚需在德昌一帶購買
接濟，此時發生阻力，以後困難之點更多，懇祈

858-119　118　83

鈞座妥籌善法或飛飭江区長暨其縣力維持解釋成見以後洪昌民工修築下路工段亦難免不在會境購米只要德昌不發生阻力迷易船亦支已經到黃，運輸組織健全得力則以後工段食米不致再鬧恐慌也第一德昌方面不能疏通仍然阻滯食米端賴永寧一處採買接濟務請鈞長特知致色股長或他親身来永或酌派可靠一人来永襄同辦理因一處之米萬難濟事須到撈與蓮塲等地訂買戒一人何能分身庶彥區組員只能經理收發不能寫字掛賬須一妥人

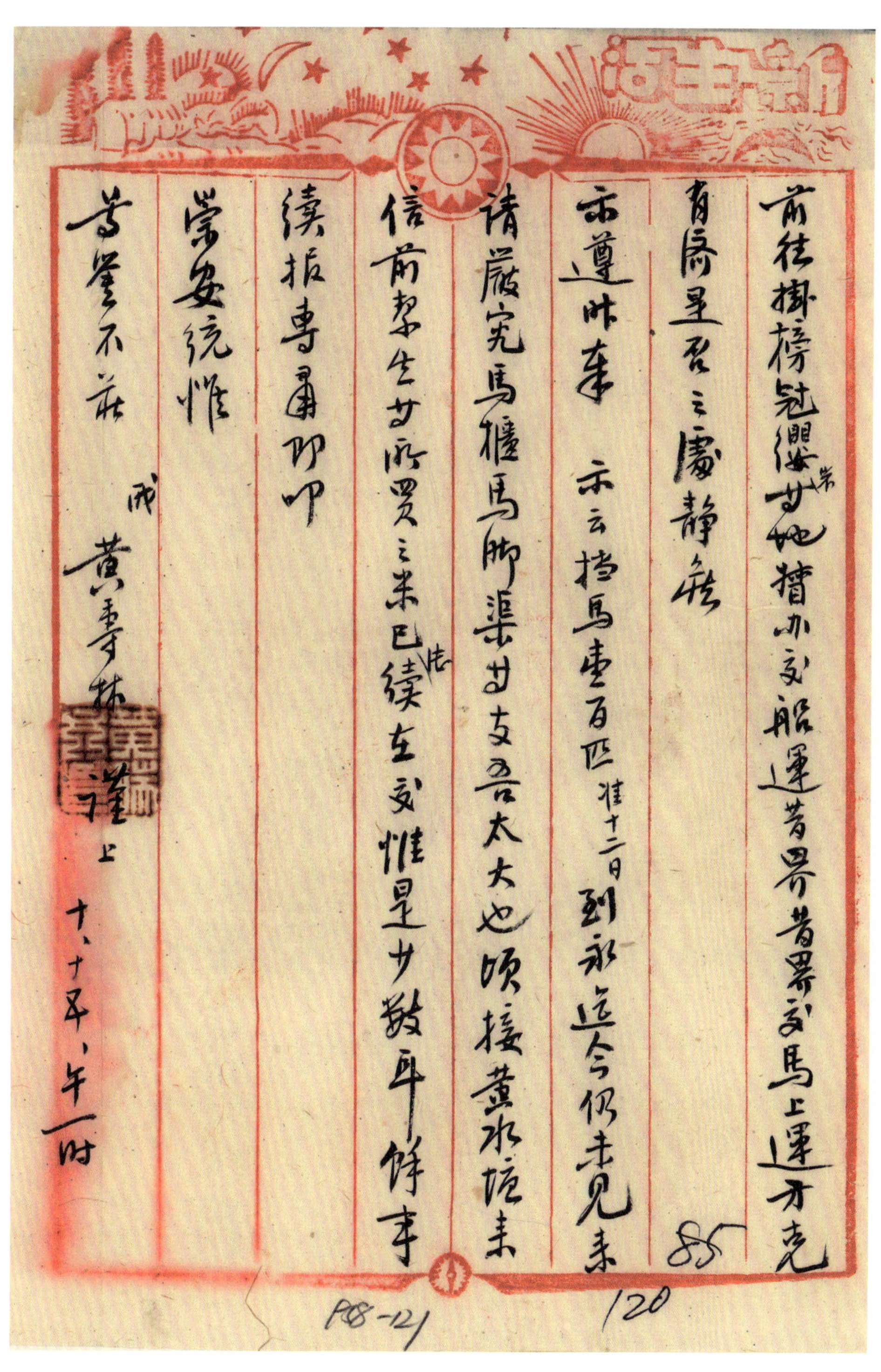

前往掛榜、冠纓等地措辦，以便船運，昔畀昔畀，以便馬上運走，方克

有濟。呈覆之處，靜候

示遵。昨奉　示云接馬壹百匹，准十二日到永，迄今仍未見來，

請嚴究馬懂、馬卿渠等交吾太太也。頃接黄永培來

信，前幫生等所買之米已陸續在案，惟是等數再行鮮事，

續報專肅，即叩

崇安，統惟

荃鑒不莊。

戚　黄季林謹上

十、十五、下午一時

85

120

P8-121

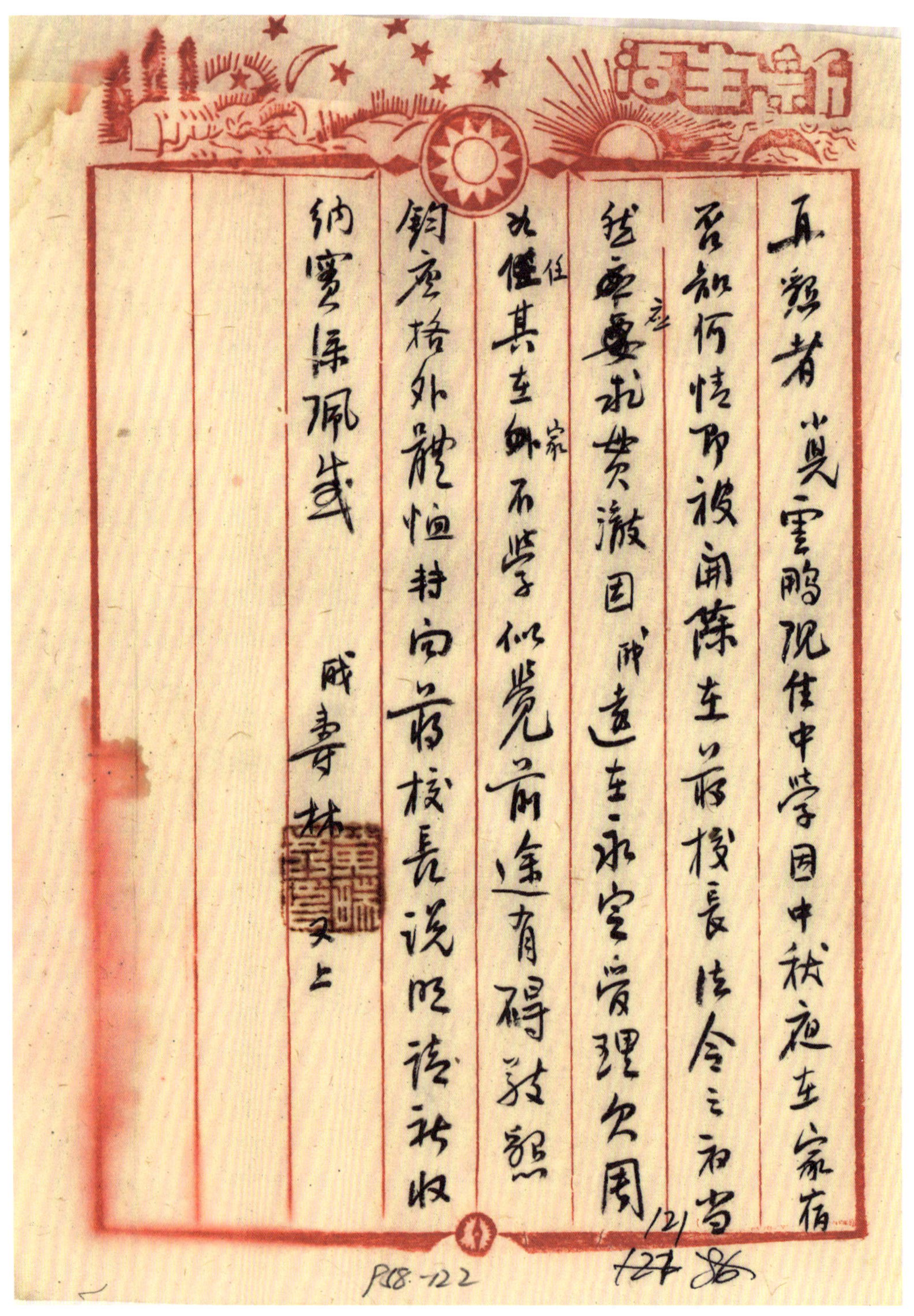


再啓者：小兒雲鵬現住中學，因中秋夜在家宿，不知何情即被開除。在前校長傳令之初，當經弟（應）要求貴澈因，所違在承管理欠周，此僅（任）其在外（家）不學，似覺前途有礙，敬懇鈞座格外體恤，轉向前校長說明，請飭收納，實深佩感。

戚□林又上

121
127 86
P18-122

会理县征工筑路委员会致西昌县县长周游的电（一九三九年十月十六日）

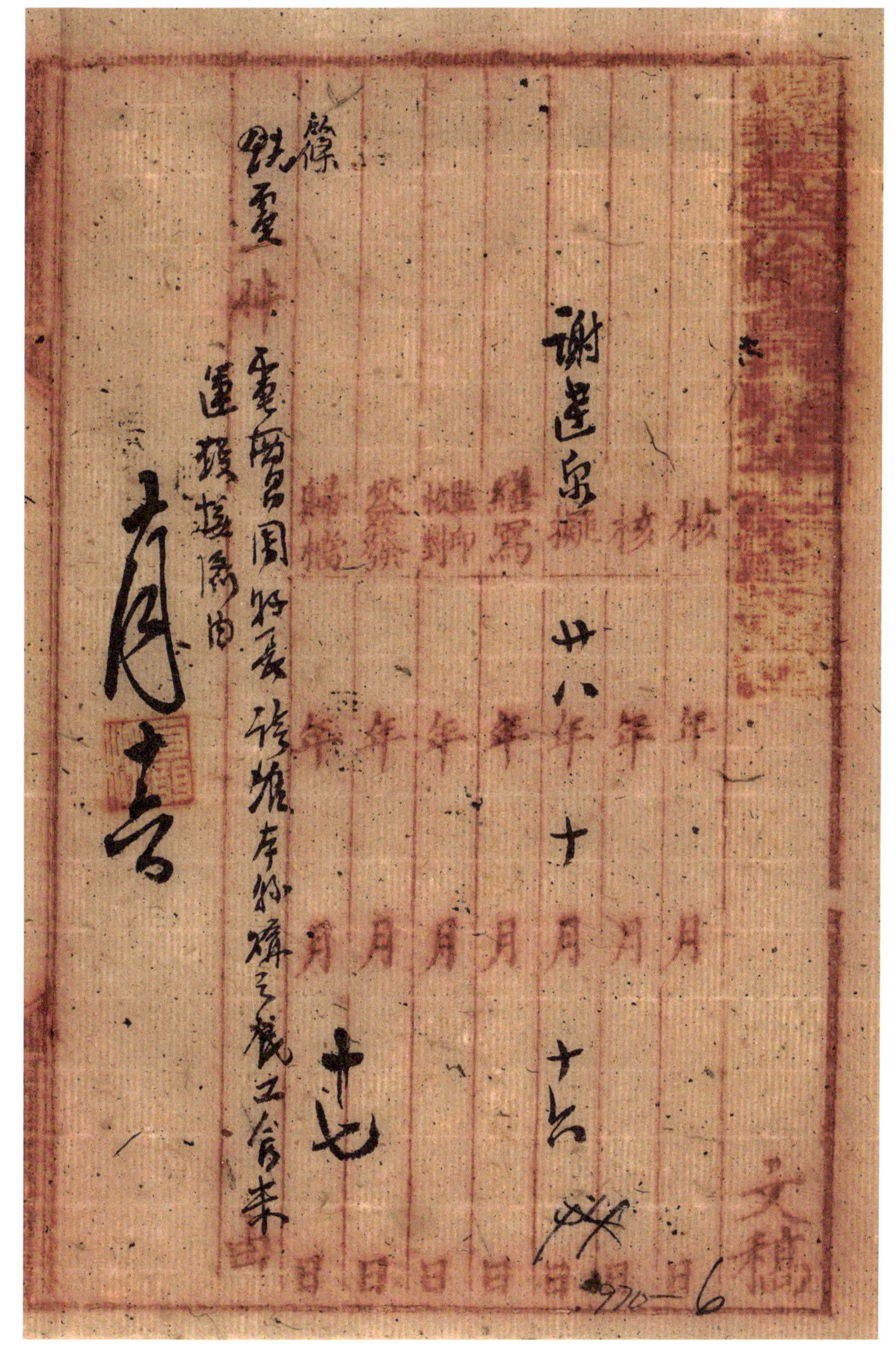

| 校 | 核 | 擬稿 | 繕寫 | 監印 | 簽發 | 歸檔 |
|---|---|---|---|---|---|---|
| 年月日 | 年月日 | 謝遠泉 廿八年十月十六日 | 年月日 | 年月日 | 年月十七日 | 年月日 |

文稿

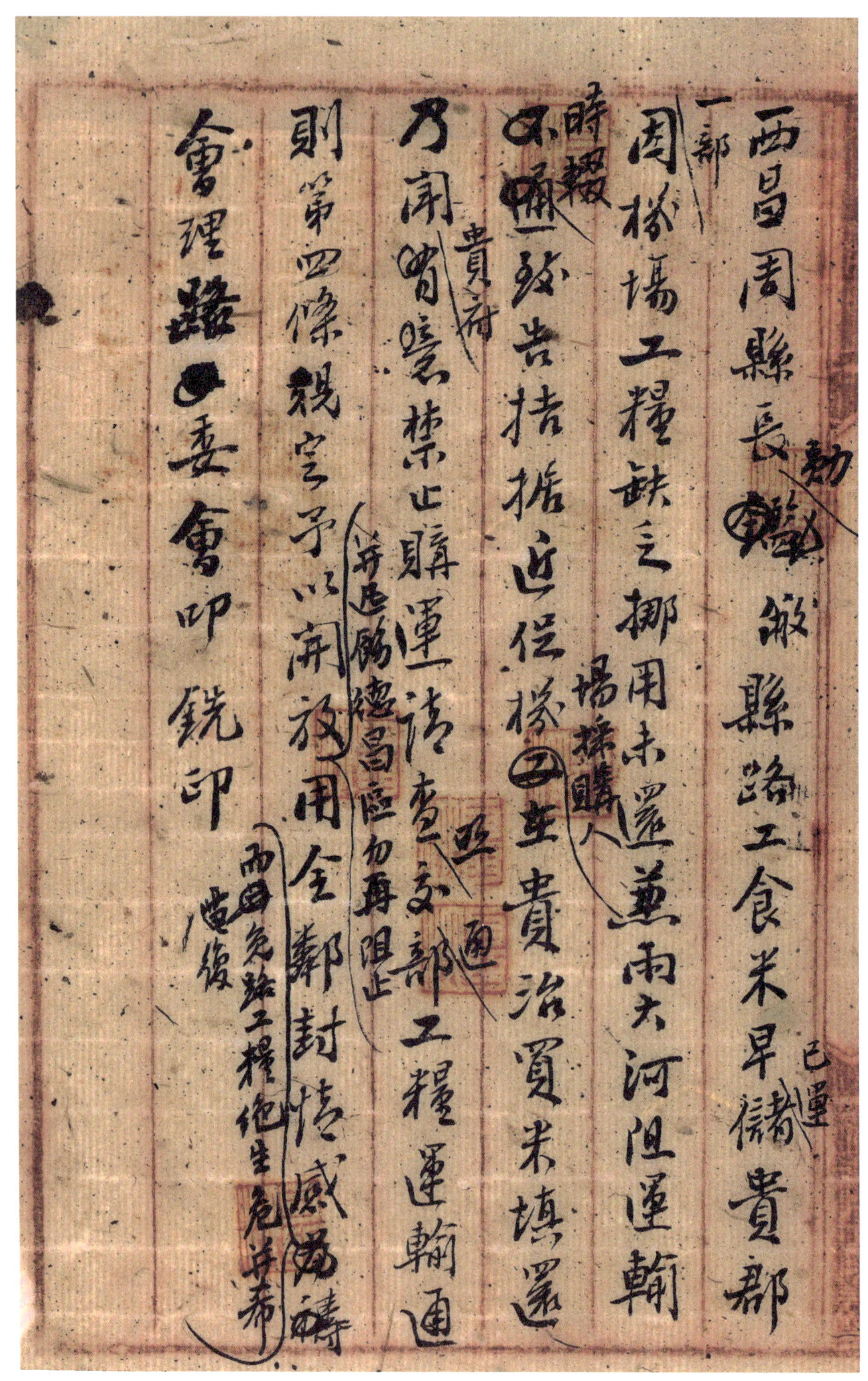

西昌周縣長勳鑒：敝縣縣路工食米早儲貴部（已運）
一部，因樑場工糧缺乏，挪用未還，兼雨大河阻運輸
時輟不通，致告拮据，近從樑場採購人並貴治買米填還，
乃聞貴府曾經禁止購運，請查照交通部工糧運輸通
則第四條規定予以開放，用全鄰封情感為禱。（并迅飭德昌區勿再阻止）
（西昌急點工糧絕生危，并希）
會理縣委會叩 銑印 速復

## 会理县黎关、绿普两联保督催情况报告（一九三九年十月二十一日）

報告 廿八年十月廿一日
於黎関聯保辦公處

周[illegible]

茲將黎関、綠普兩聯保督催米糧及寢具蔴代衣等情形報告於次：

一、黎関聯保對應徵第一期之米額，茲據該前副主任周康甡答稱：除前民工出發時帶赴工段之三十石外，其餘所差米額，已於當時即全部收款，由周主任路九親身攜赴工段購買米糧以濟民食。現悉該主任尚未呈報大會，除由辦公處一面具文呈報外，一面已函知路九將在建購買米糧情形從詳報告大會。

[illegible]

二、黎関已於十九日派有班長高成貞陳文孝曾玉芝黄盛紀四人率領補充民工六十名并攜鋸子一百九十床板鋤一百八十把（該聯隊通知由民自備）蘇保長五十九名其餘尚差之數（因事前令飭辦理）已令彼等在經營坝以関河鳳山營時至各指定之保領取送達工段（後務服務台）

三、此間義勇壯丁常備隊經費據該副主任報告亦於民工出發時已由周路九將當時所收得之壹佰元親身帶繳財委會現剩未繳之數正在催繳中俟職返城時自當取款繳納也

四、孫普聯保應繳第一期之米額李晨項據該代理主任自東謙飛面報告除前民工出發時帶米四十石外其餘米款數千元（因該聯保

四期米款已一次收清）已由該主任自學初親自帶赴工段購買米糧義壯
經費一項伊來函亦已陳明前曾收齊（清）親繳財委會惟多數係滇票
被財委會拒不接收今已寄滇掉換法幣俟一週後當能在縣清繳也
其他如寢具蘇裝等之補充職擬明日親赴該處催促補充也
至督催廠武之工作除前已一再專函催促外本日又已專差執函前
往守催并通知所有米糧寢具蘇裝等均由該處辦齊直接運送
也謹呈
縣長兼主任委員聶

督催員　王煥崙　（印：王煥崙印）

## 会理县下西、上南两区督催情况报告（一九三九年十月三十一日）

報告 二十八年十月三十一日 于縣府辦公室

照数核發

茲將職此次奉 命派赴下西上南兩區督催補充民工米糧寢具蘇民醫藥募捐捐款等情形報告於次：

一、職自本月五日奉命六日出發七日行抵九三聯保辦公處共在九三工作八日督催結果：（一）該主任王秉一已於十六日親身率領民工馳赴工段；（二）已補充民工九十餘人；（三）已督催收齊第一期米

糧四、寢具已補充完竣，惟蓆袋衣除已補充約五十條外，另均有幾
箱約二千五百對均已由補充民工攜赴工段，至其詳細督催情形已
於十日及十四日兩次報告陳明矣。
二、十九日晚十時始趕至黎閔聯保辦公處，先後在黎閔綠普
工作約九日，此兩聯保對補充民工米糧、寢具、蓆袋衣諸項，在
職
迭次專函催促下，除米糧一項均早已將款收齊，由周自兩主
任攜赴工段外，先後對民工寢具、蓆袋衣均已如數補足，運往工段
矣。
三、昨日行抵廠武聯保辦公處，該聯保對米糧仍照黎綠辦法早已
將第一期米款收齊，由張主任攜赴工段，寢具、蓆袋衣據云亦已補充

並已陳明大會惟醫藥捐款刻正在結束辦理中

四、此次所帶差役照大會規定每人帶法警一名惟職在出發前因一再奉　縣府命令感兼員工作較多為達使命計已另找用人一名隨同出發除陳明外特懇請由會酌發旅費

五、此次工作共二十五日所用旅費除前已領二十元（差役旅費在內）外現尚不敷洋約二十五元已在他處借用特請補發以資付還他處謹呈

縣長兼主任委員聶

督催員　王煥崙（王煥崙印）

会理县长兼征工筑路委员会主席聂泗关于迅速上报采购运送民工食米情况致给养股股员张绍武的令
（一九三九年十月十五日）

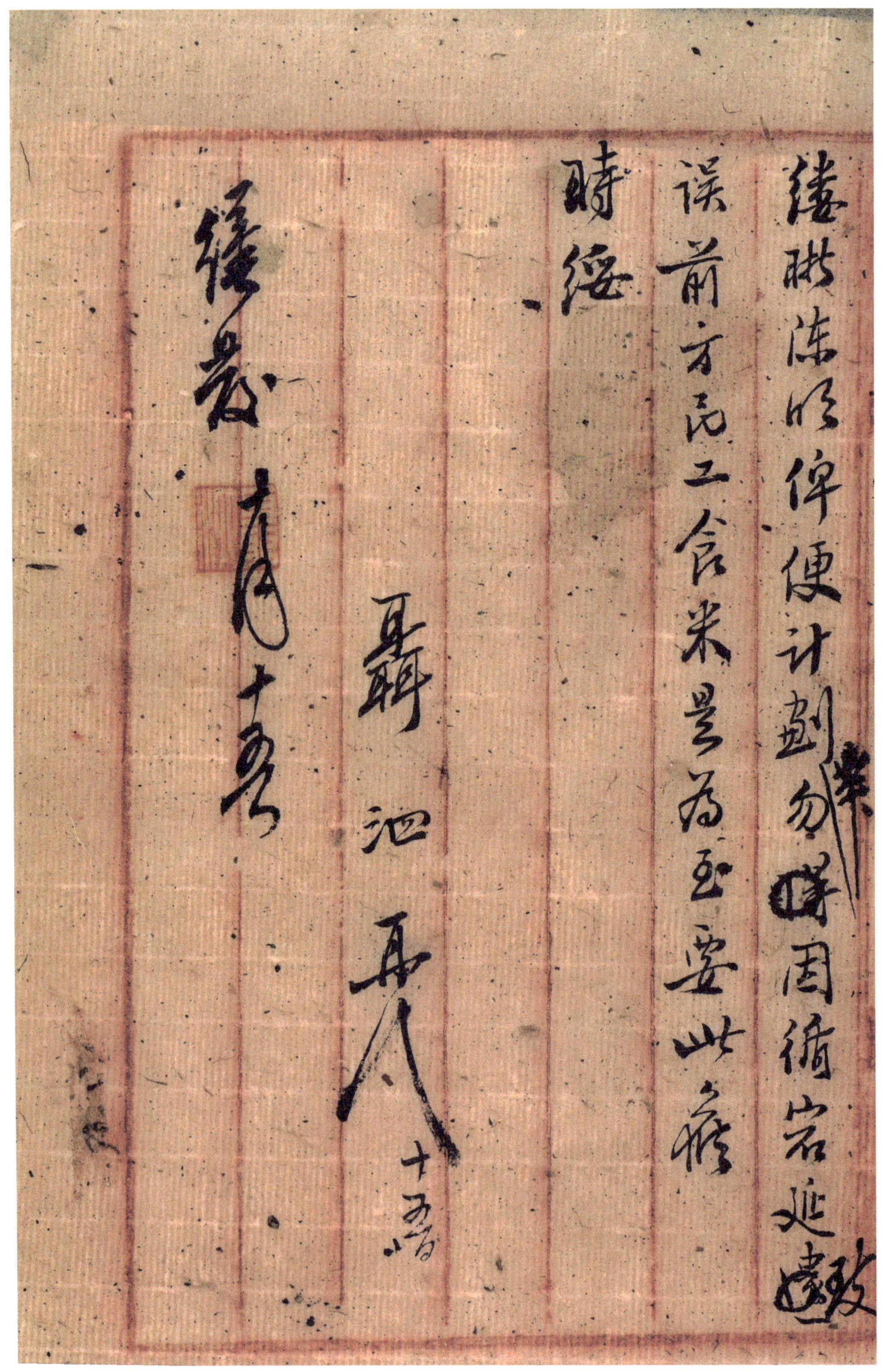

续聘陈明俾便计划勿[illegible]因循宕延致
误前方民工食米是为至要此复
时绥

聂洄 再拜
十五日

续发
十一月十五日

会理县征工筑路委员会关于将十月份民工食米购足运至工段致给养股采买组组长黄瑞文的训令
（一九三九年十月十七日）

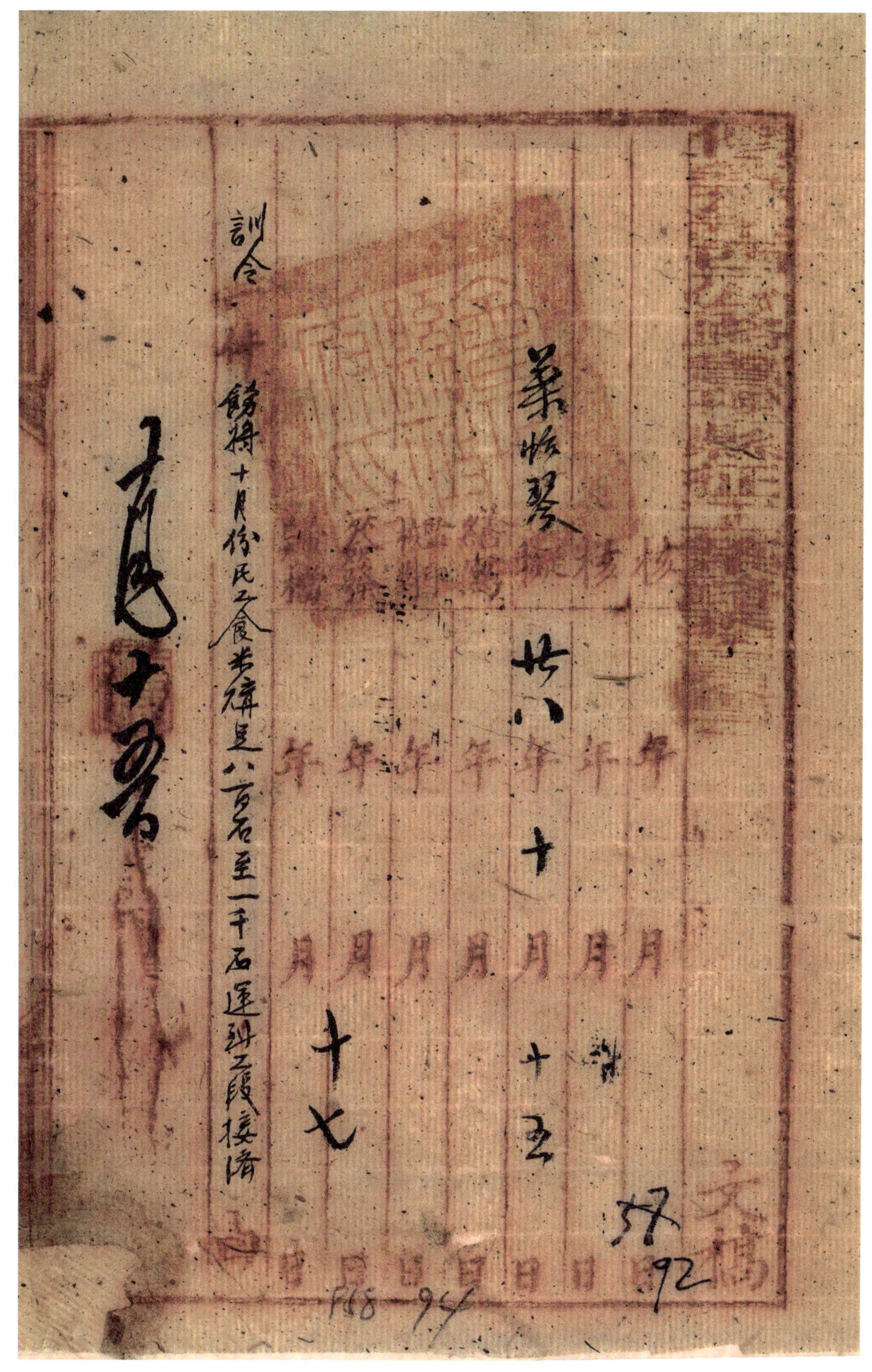

训令

饬将十月份民工食米备足八百石至一千石运到工段接济

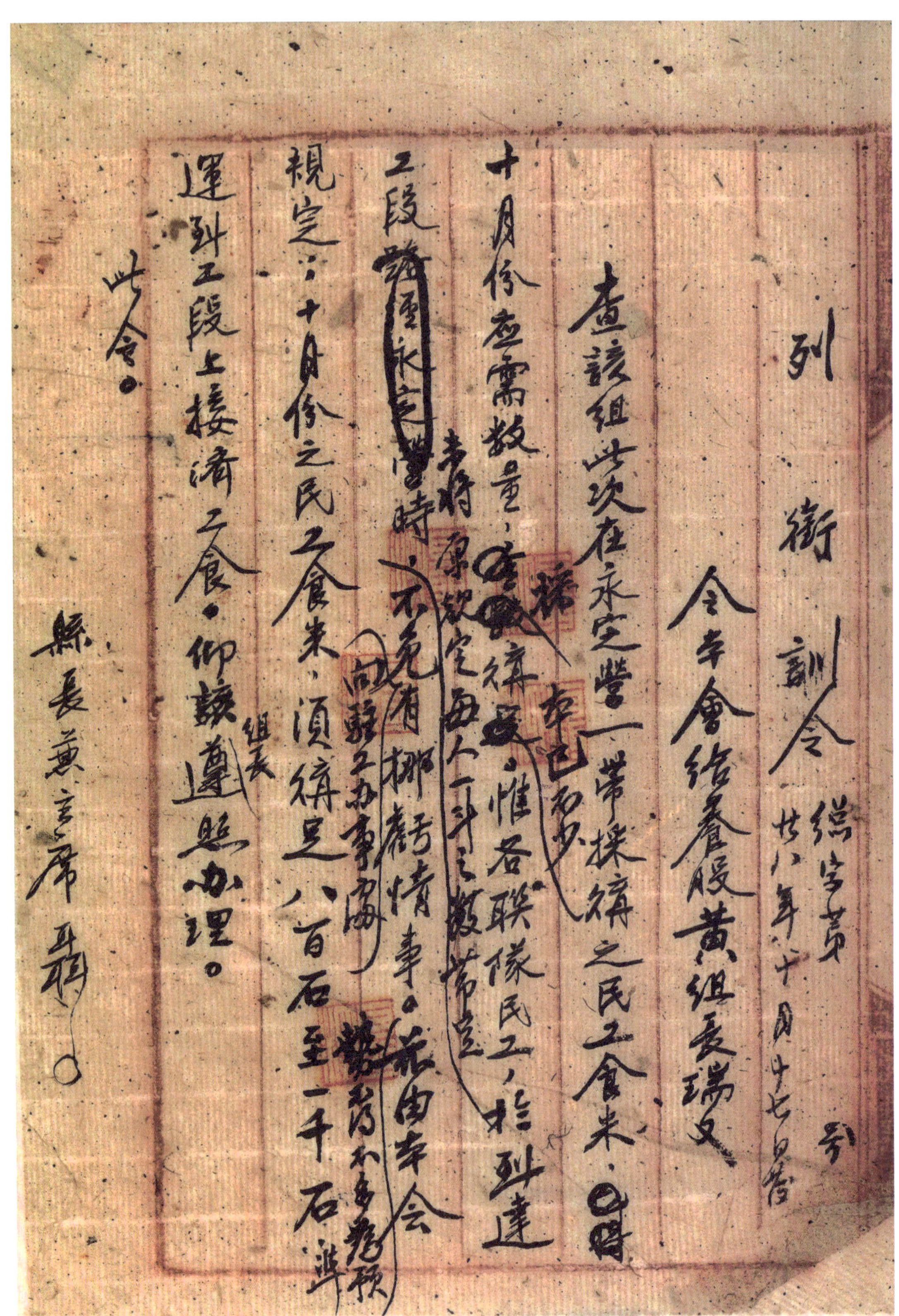

列銜訓令　縣字第　號　廿八年十月廿七日發

令本會給養股黃組長瑞文

查該組此次在永定營一帶採辦之民工食米，將十月份應需數量，業已採辦足額。惟各聯隊民工，於到達工段時，不免有挪移情事。應由本會規定：十月份之民工食米，須採足八百石至一千石，準運到工段上接濟工食。仰該組長遵照辦理。

此令。

縣長兼主席　孫

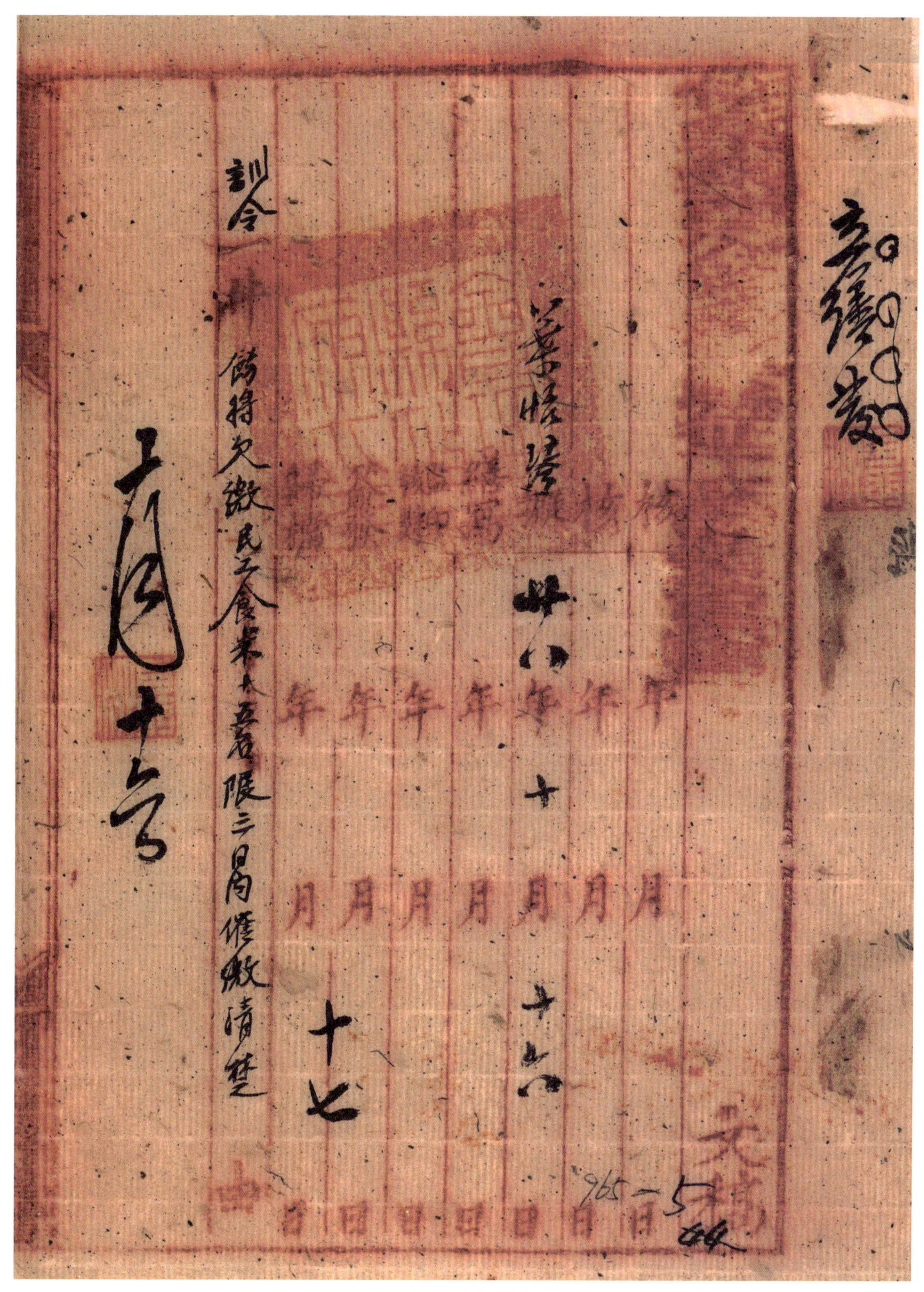

训令

饬将欠缴民工食米十五石限三日内催缴清楚

廿八年十月十七

会理县征工筑路委员会关于催缴所欠民工食米致鹿武联保办公处的训令（一九三九年十月十七日）

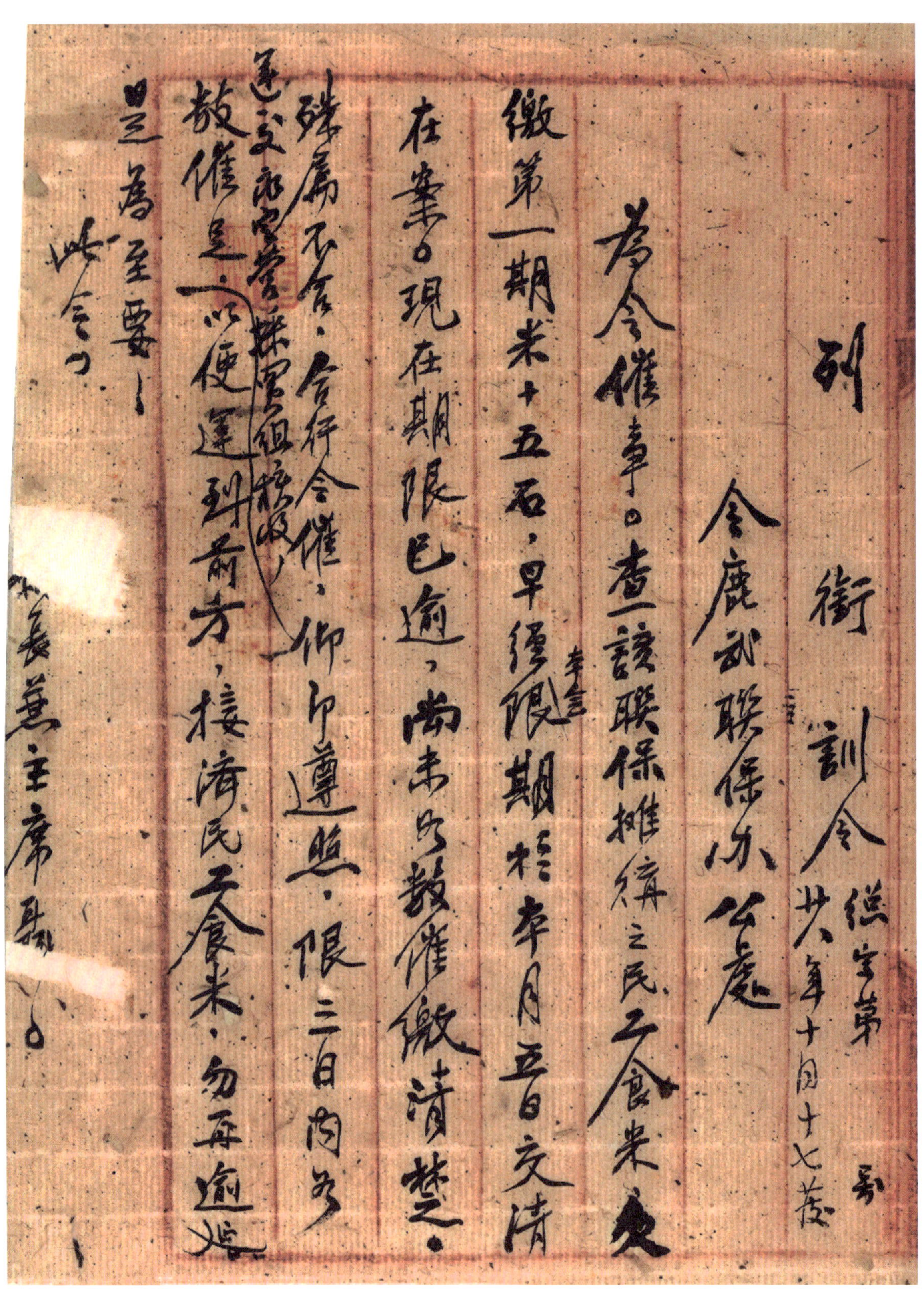

列衔训令　總字第　號
廿八年十月十七發

令鹿武聯保辦公處

為令催事。查該聯保攤繳之民工食米，欠繳第一期米十五石，早經限期於本年本月五日交清在案。現在期限已逾，尚未照數催繳清楚，殊屬不合。合行令催，仰即遵照，限三日內如數催足，逕交縣[illegible]糧組驗收，以便運到前方，接濟民工食米，勿再逾延為至要！此令。

縣長兼主席 吳□

会理县征工筑路委员会关于赴鹿武联保催提民工食米致给养股组长王芳伯的训令（一九三九年十月十七日）

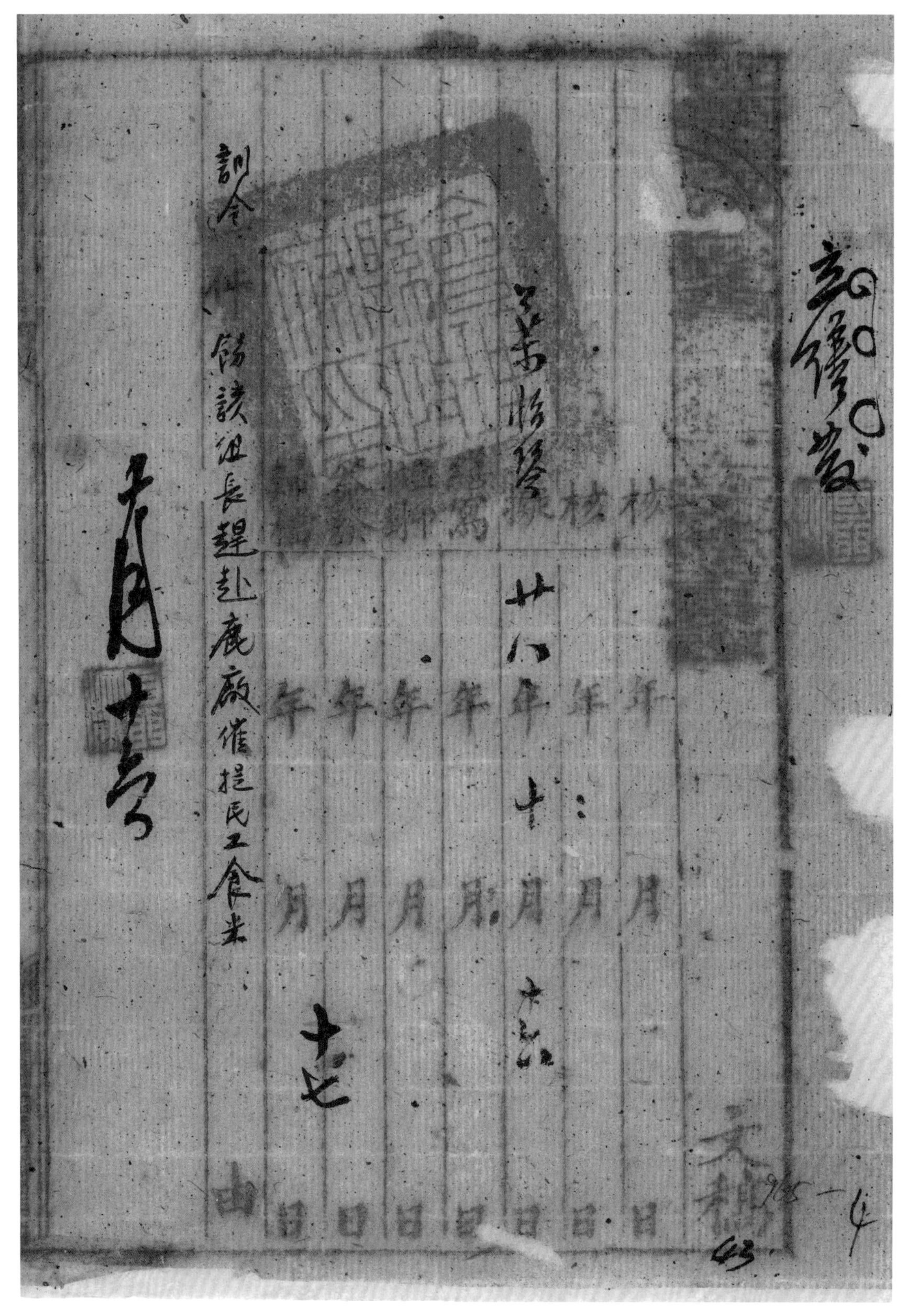

訓令

飭該組長提赴鹿廠催提民工食米

廿八年十月十七日

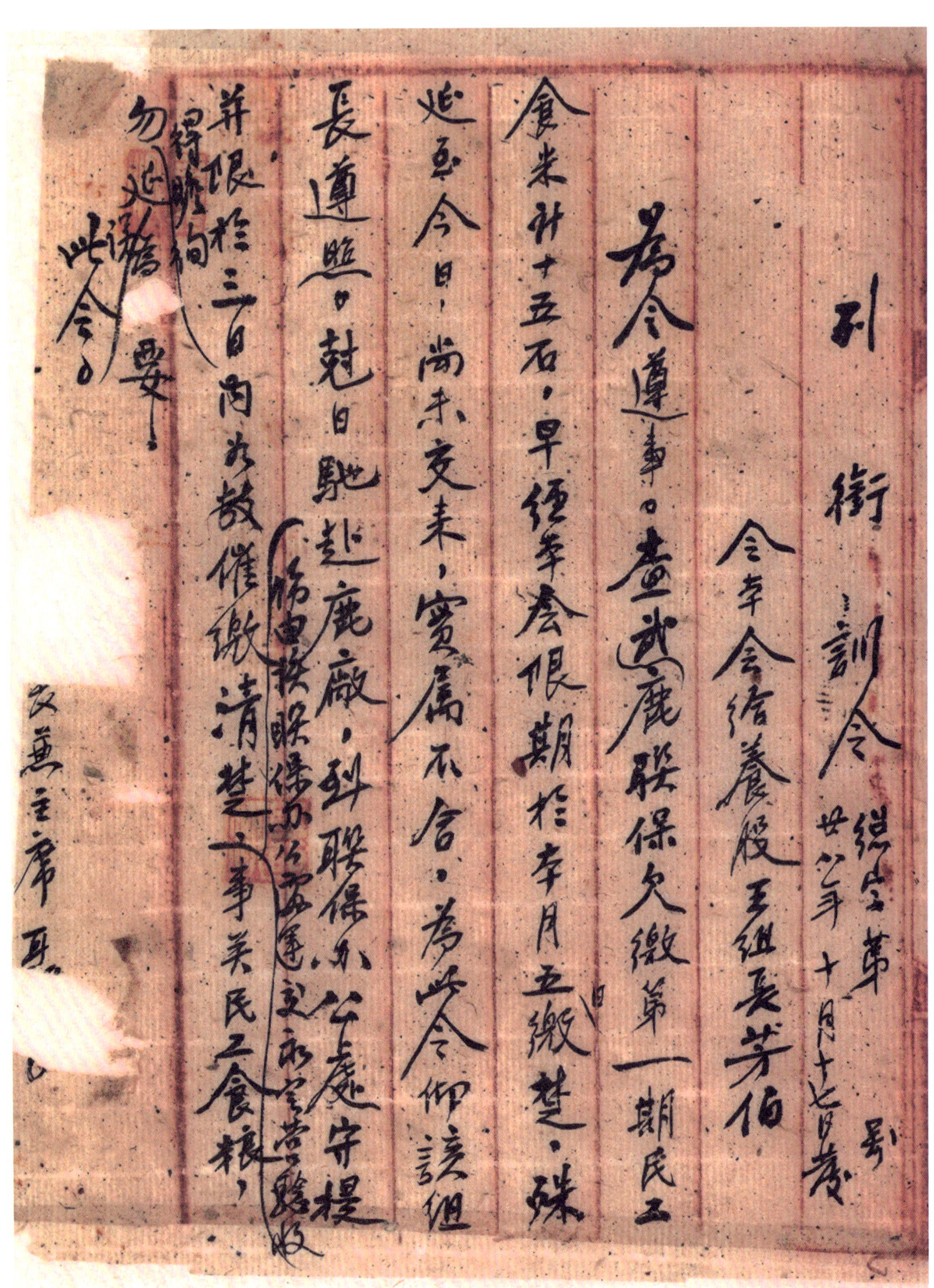

列銜訓令　總字第　號　卅二年十月十七日發

令本會總務股王組長芳伯

為令遵事。查武鹿聯保欠繳第一期民工食米計十五石，早經本會限期於本月五日繳楚，殊延至今日，尚未交来，實屬不合。為此令仰該組長遵照，剋日馳赴鹿廠，到聯保辦公處守提，並限於三日內如數催繳清楚，事关民工食粮，勿得瞻徇延誤，是為至要！此令。

（飭由該聯保辦公處運交永豐營縣股）

兼主席 耳

会理县征工筑路委员会关于补充民工寝具致摩挲云区署的训令（一九三九年十月十七日）

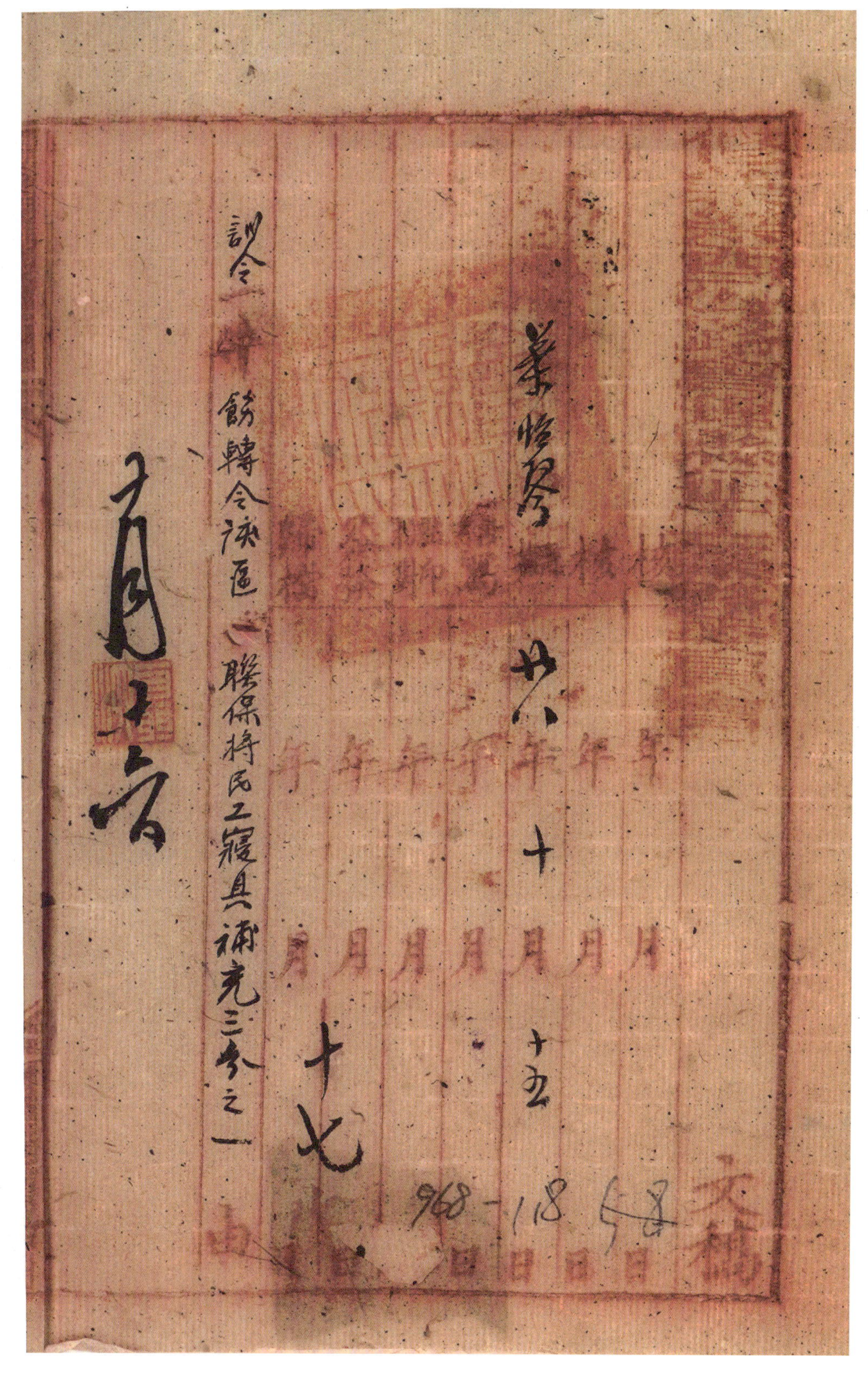
訓令一件 飭轉令該區 聯保將民工寢具補充三分之一

葉時琴

廿八年十月十五

十七

968-118 58

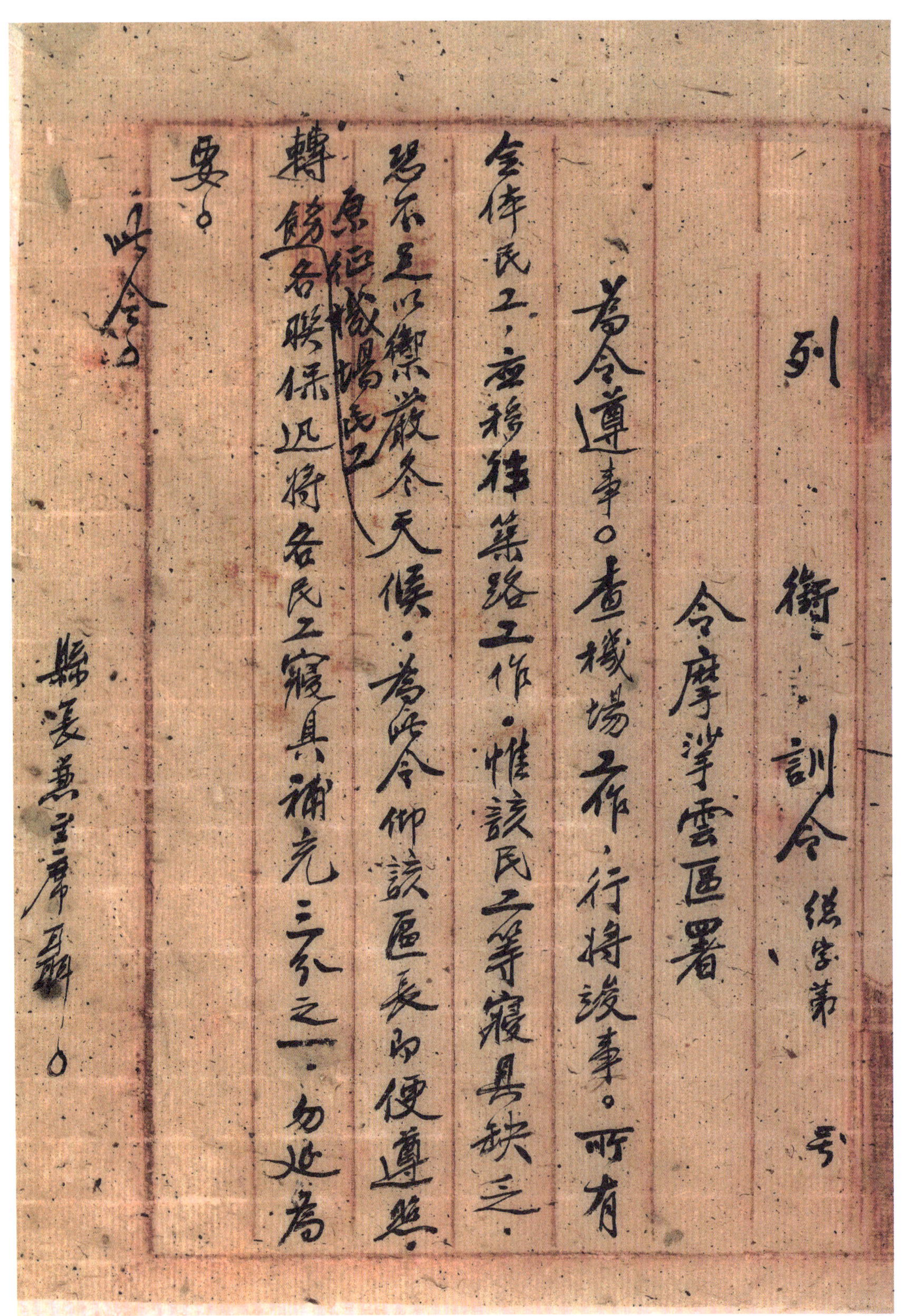

列銜　訓令　線字第　號

令摩挲雲區署

為令遵事。查機場工作，行將竣事。所有全體民工，亟移往築路工作。惟該民工等寢具缺乏，恐不足以禦嚴冬天候。為此令仰該區長即便遵照，原征機場民工轉飭各聯保迅將各民工寢具補充三分之一，勿延為要。

此令。

縣長 [illegible]

# 会理县征工筑路委员会给养股采买组组员张绍武关于购米开支及拨支款项致戴华生科长的信及其复函

（一九三九年十月十七日、十月二十八日）

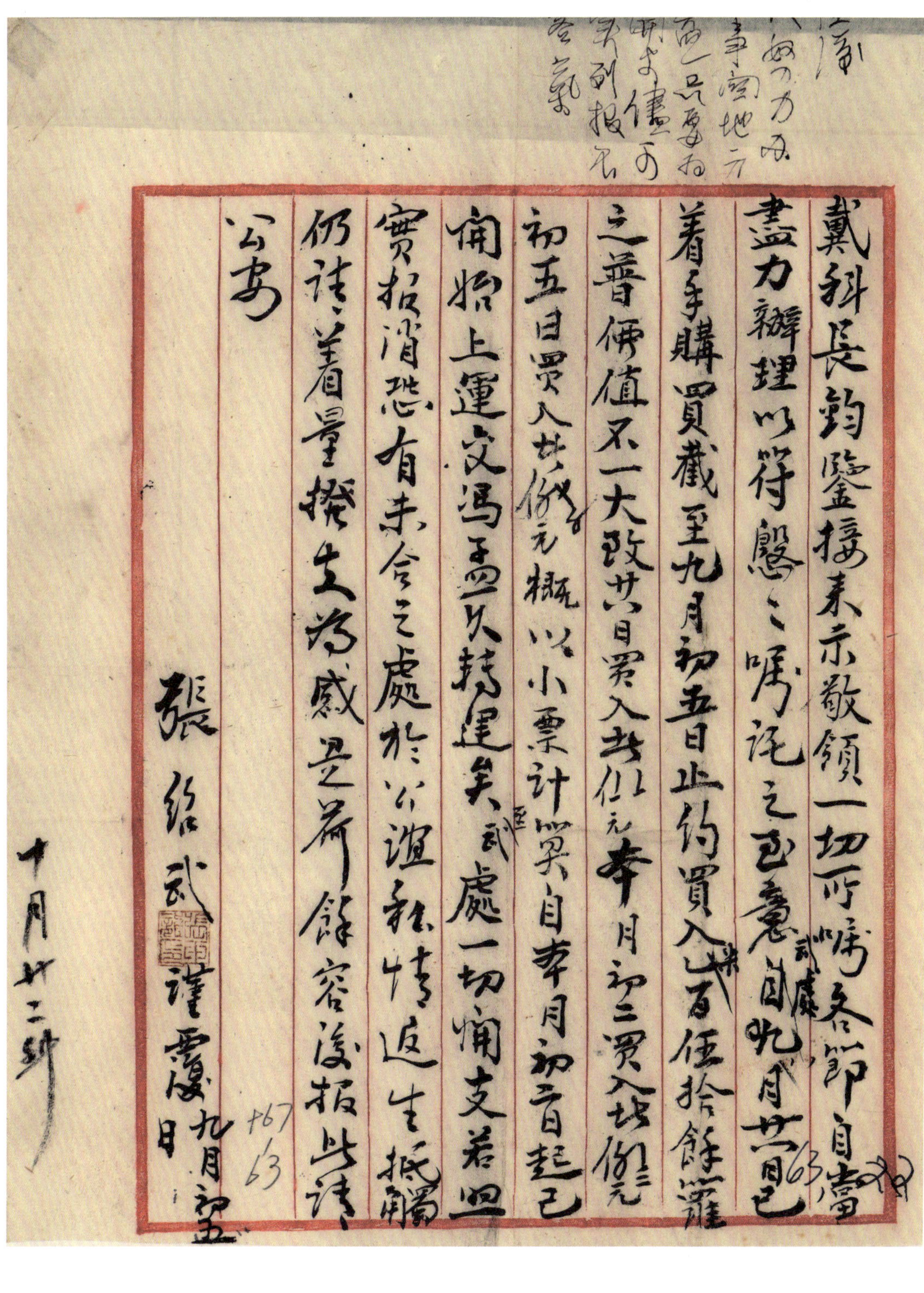

戴科長鈞鑒：接來示，敬領一切。所囑各節，自當盡力辦理，以符懇懇之囑託之至意。武處自九月廿二日已着手購買，截至九月初五日止，約買入米一百伍拾餘罐之譜，價值不一，大致廿日買入者[illegible]元，本月初二買入者[illegible]元，初五日買入者[illegible]元，概以小票計算。自本月初六日起已開始上運，交馮玉山轉運矣。武處一切開支若照實報銷，恐有未合之處，於公誼私情返生抵觸，仍請着量撥先為感，是荷。餘容後報，此請

公安

張紹武謹覆 九月初五日

十月廿二日

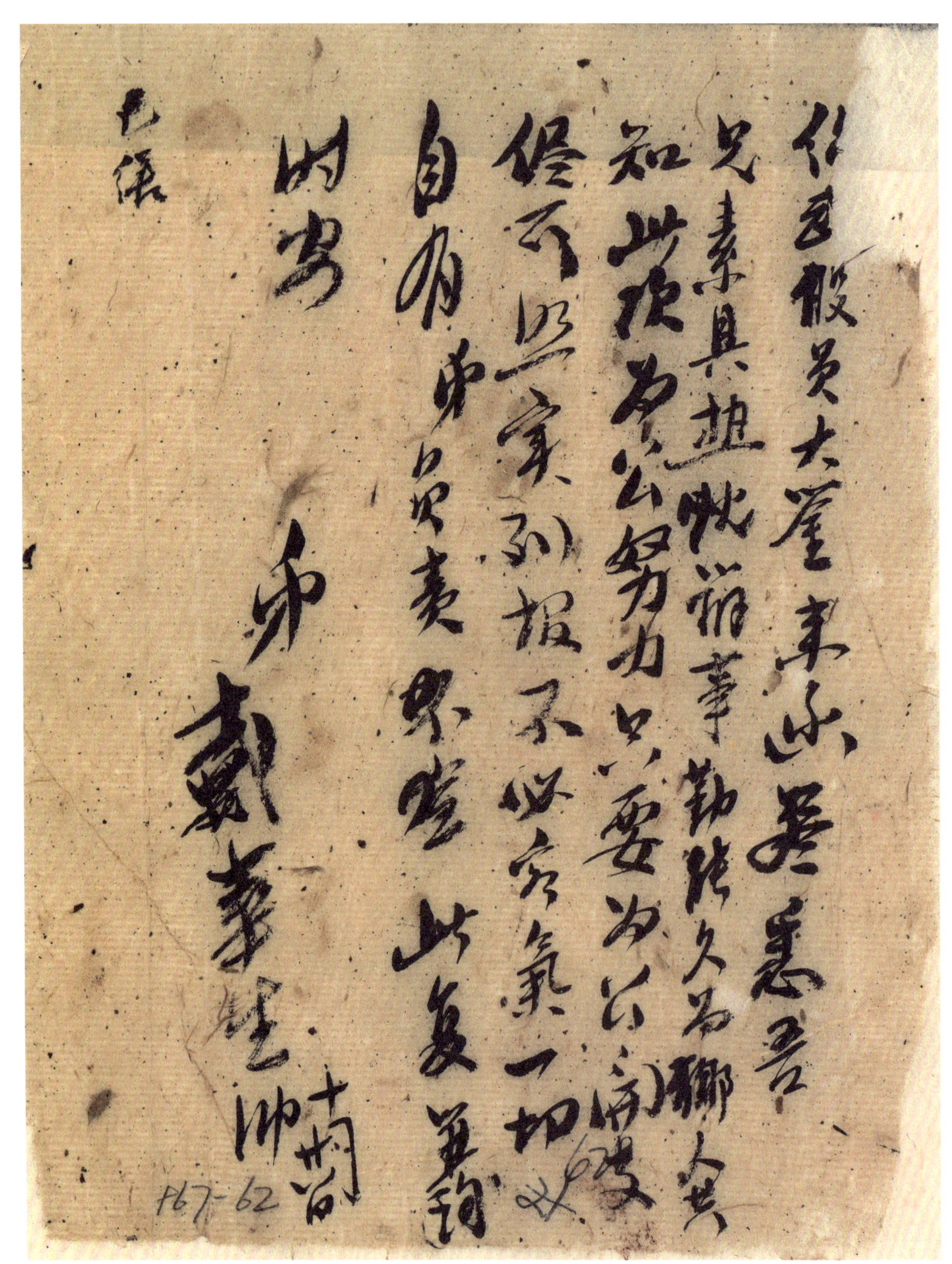

任委股員大鑒：來函是悉。吾兄素具熱忱，辦事勤能，久為鄉人共知。此後為公努力，只要為公有益，但可照案列報，不必客氣。一切自有弟負責。此復，並頌

時安

弟 戴華堂 叩 十月卅日

九張

P67-62

# 会理县民工第十二联队第二小队关于该伙食费支账致该县征工筑路委员会驻工办事处的报告（一九三九年十月十七日）

報告　二十八年十月十七日於
土官庄十二聯隊二小隊　呈

竊職隊前八月初六日在會理南華宫内奉區長命令率領民工四十九名伙夫二名班長一名特務長一名職等共五十四名當發來五日伙食路費大票肆拾玖元貳角正因起身第二日連日陰雨道路泥濘河水相隔有悞前途，逐日經過宿地早晚造膳所購米菜油鹽柴等費陸拾壹元六角五仙正除領來實不敷外拾貳元四角伍仙正報請鈞部補發職等而清手續所有上項情形理合連同每日住地食費支賬，開列於後具文呈報鈞部備查祇遵謹呈

聯隊長鑒轉

工務股股長鑒轉呈

民工辦事處處長 鈞鑒

會理早膳 買米壹斗壹升 付去法幣[illegible]元

初七夕永定營領米伍碩 計重壹千六百二十餘斤

初九日假過營、午早 買米三斗去法幣[illegible]元

十一日宿 馬道子

十三日宿 土官庄

益門午膳早膳 買米弍斗四升去法幣[illegible]元

初八日午早膳半益營 買米三斗（重每斗[illegible]斤） 去法幣[illegible]元

初十日黃連關 買米叁斗羅 候去法幣[illegible]元

十二日宿 鍋蓋樑

附記

1、小菜 去法幣[illegible]元

2、柴 去法幣[illegible]元 3、鹽巴 去法幣[illegible]元 4、油 去法幣[illegible]元

初七日由永定營運米處領來米伍碩每斗重[illegible]斤之譜計重壹千六百二十餘斤此米運交聯隊部壹伯叁拾玖大斗特此申明

第二小隊長 童榮（代章）呈

## 会理县征工筑路委员会关于趁禁烟之便督催该县鲹鱼区各联保缴民工食米致工务股股长徐乐三的训令（一九三九年十月十八日）

会议案

训令一件 饬该员趁禁烟之便代为督催鲹鱼区联保应缴民工食米第一期四分之一由

叶怡琴

核 年 月 日

核 年 月 日

拟 廿八年十月十七日

缮写 年 月十八日

监印 校对 年 月 日

签发 年 月十八日

归档 年 月 日

文稿

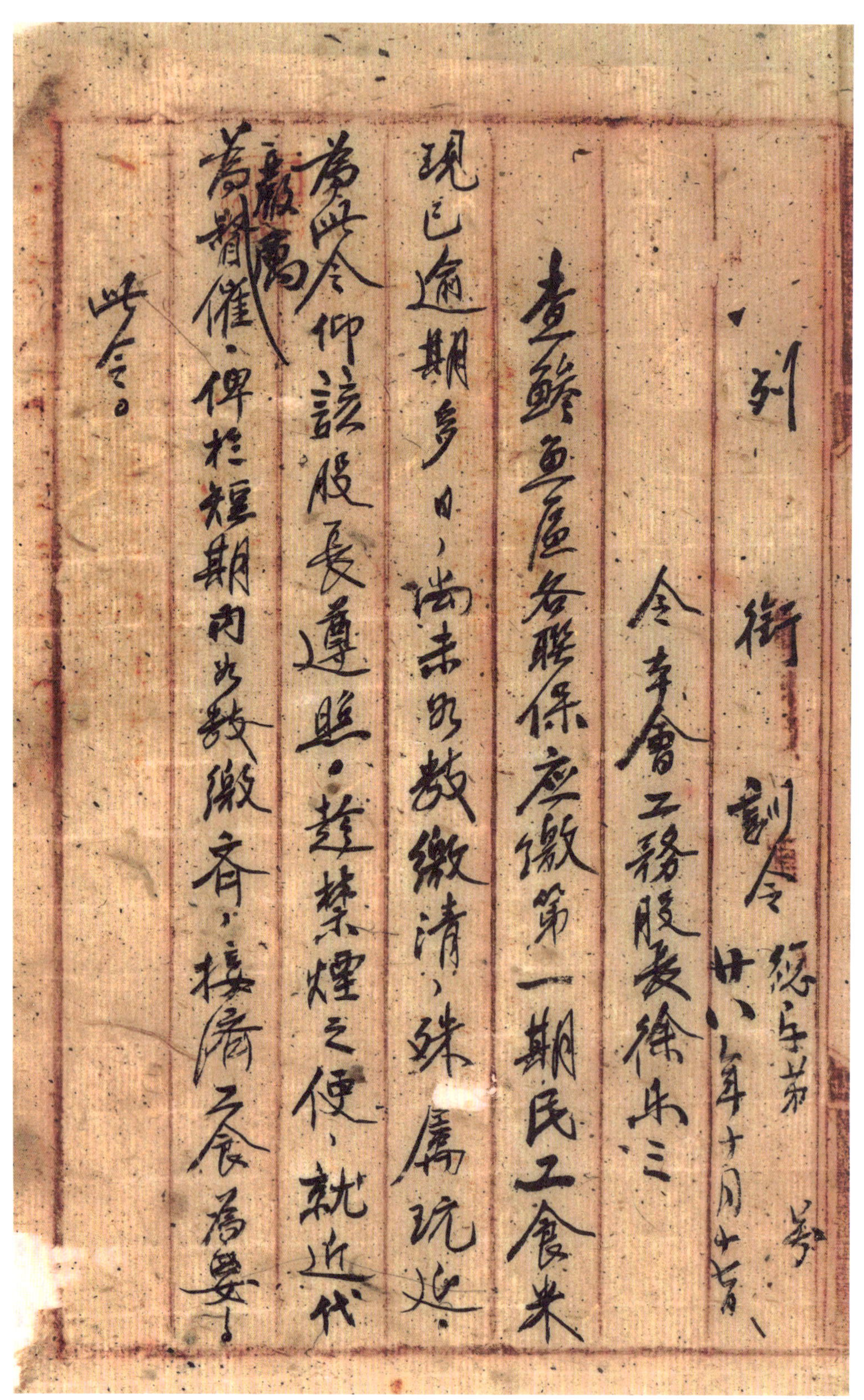

列衔训令 总字第 号

廿八年十月廿七日

令本会工务股长徐乐三

查县属各联保应缴第一期民工食米现已逾期多日，尚未如数缴清，殊属玩延。为此令仰该股长遵照，趁禁烟之便，就近代为严厉督催，俾于短期内如数缴齐，接济工食为要。

此令。

# 会理县征工筑路委员会与九三联保关于将第一期米款垫购卧具的来往文书

## 九三联保办公处致会理县征工筑路委员会的呈（一九三九年十月）

呈

呈為呈覆事情因接奉

鈞會指令職屬尚欠卧具乙百廿五床因九三無從購買且需用至急

只得遵照將第一期米款下拉墊法幣弍百伍拾元已滙寄前方函促

代聯隊長陳俊德就近製備以應急需至各保親交隊長之卧具費

亦列單函知退出添製理合陳覆

167—48

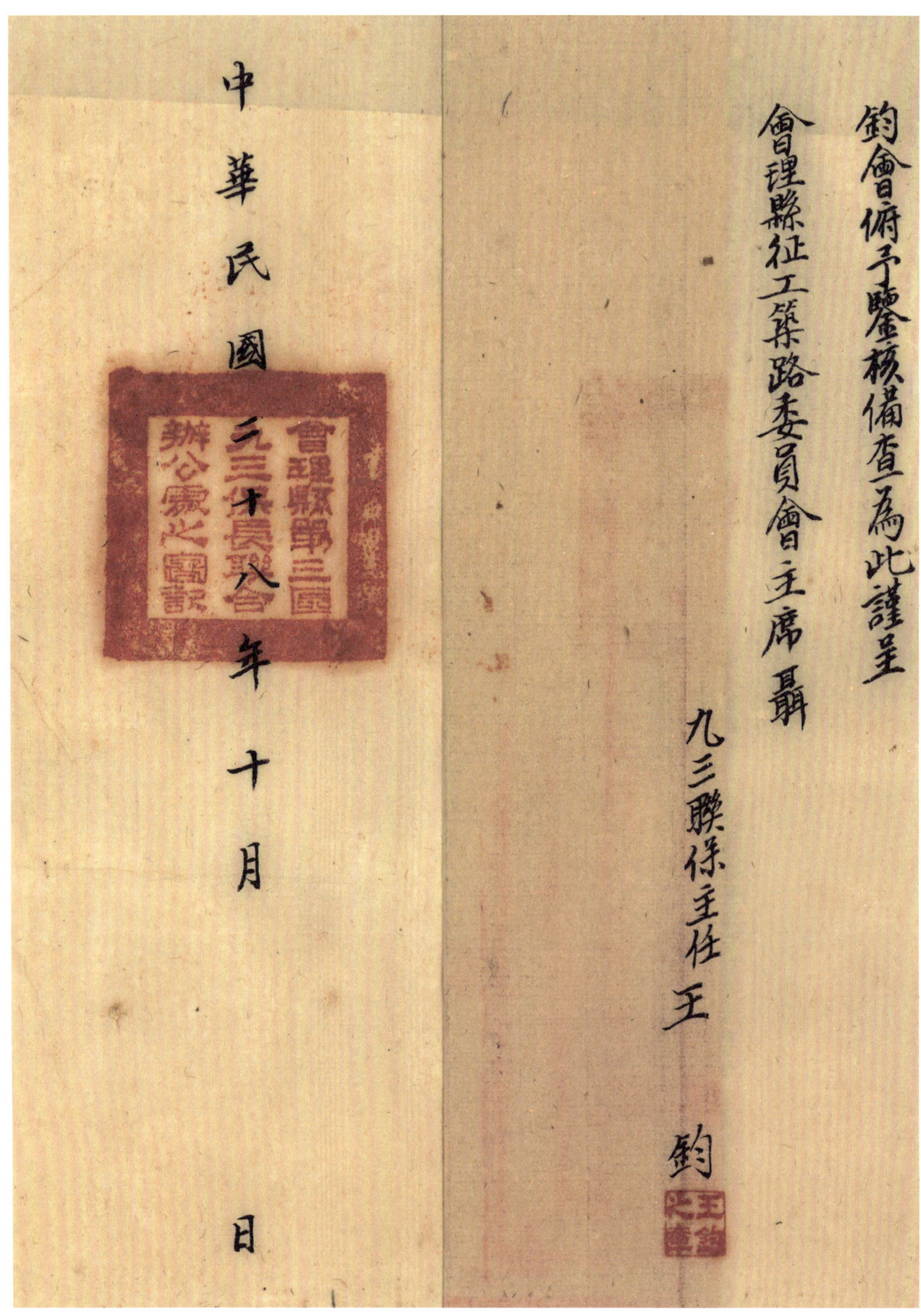

鈞會俯予鑒核備查，為此謹呈

會理縣征工築路委員會主席聶

九三聯保主任王　鈞



中華民國二十八年十月　日

会理县征工筑路委员会致九三联保主任的指令（一九三九年十月二十日）

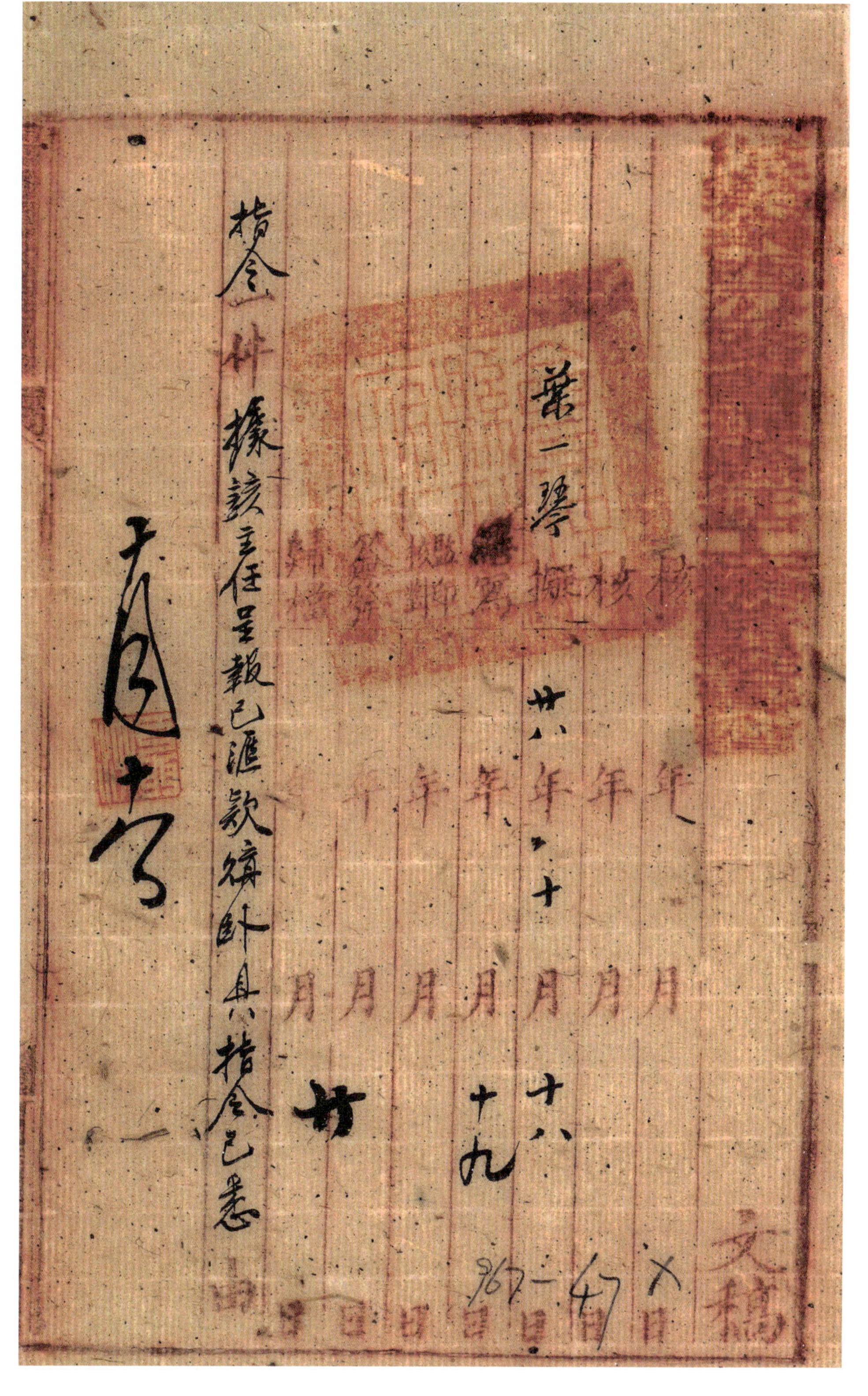

指令 卅 據該主任呈報已滙款領卧具，指令已悉

第一號

廿八年十月十八日

十九

廿

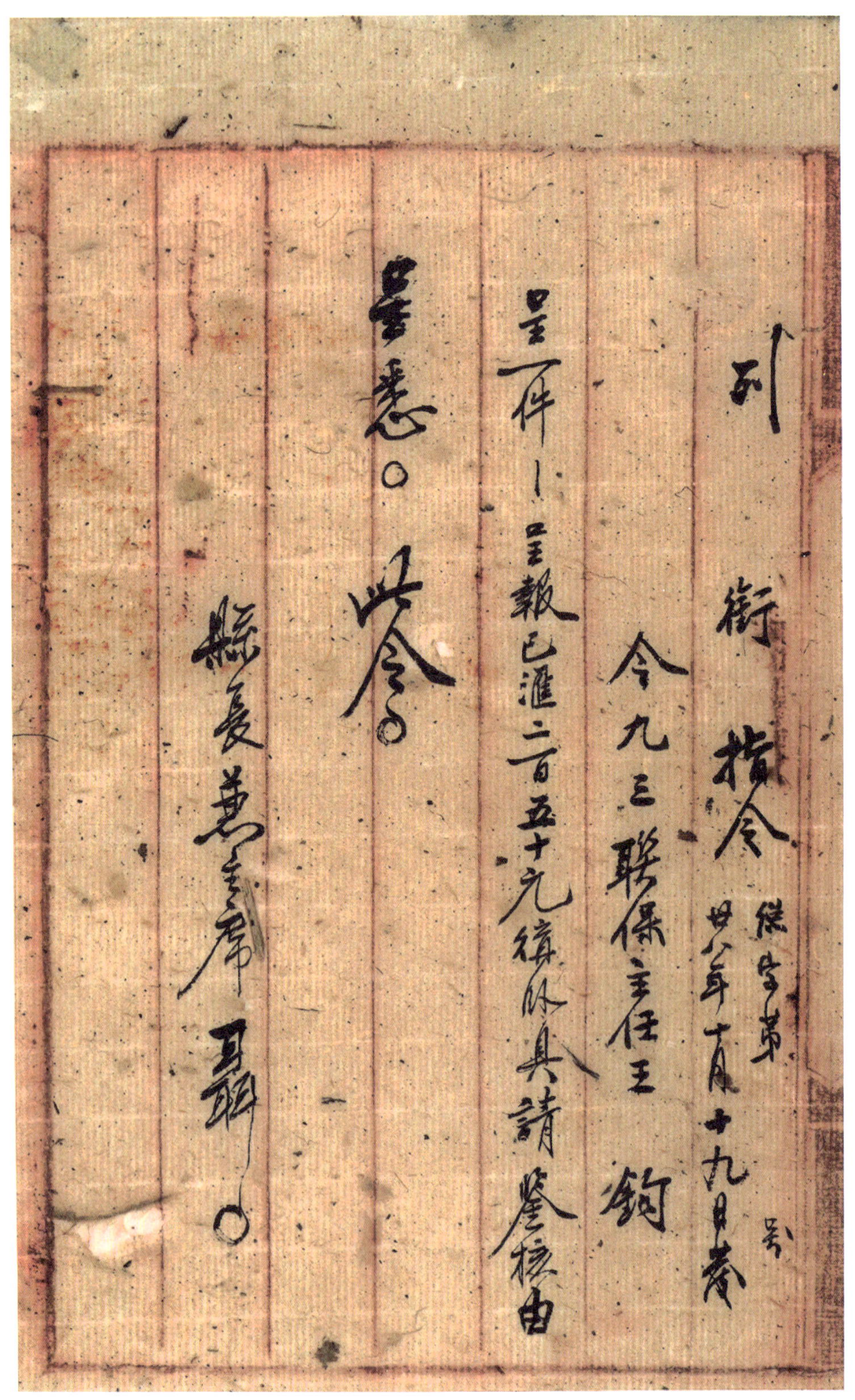

令　銜　指令　總字第　號

廿八年十月十九日發

令九三聯保主任王鈞

呈一件：呈報已滙二百五十元檢收具請鑒核由

呈悉。此令。

縣長萬希廉

## 会理县征工筑路委员会与莲场联保第三十六保住民张笃光关于筑路民工米系给价摊买不得豁免的来往文书

### 莲场联保第三十六保住民张笃光致会理县征工筑路委员会的呈（一九三九年十月二十二日）

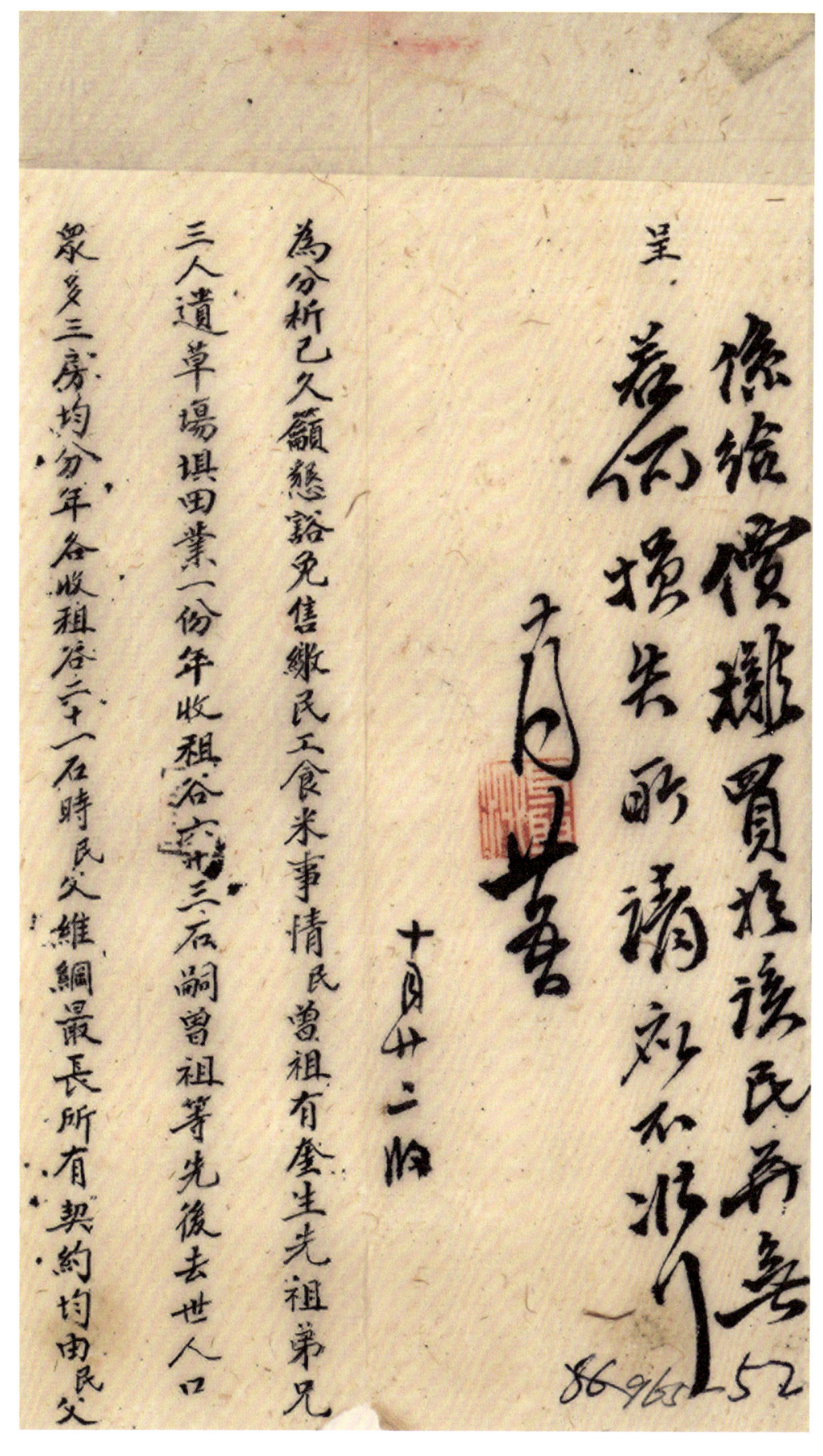

呈

係給價攤買，據該民爲急

着仍攤交，所請豁免不准行

袁□書

十月廿二日

爲分析已久，籲懇豁免售繳民工食米事。情民曾祖有叁生，先祖弟兄三人遺草場塅田業一份，年收租谷六十三石，嗣曾祖等先後去世，人口衆多，三房均分，年各收租谷二十一石。時民父維綱最長，所有契約均由民父

86-965-52

經理廿三年清釐租石佃户即以民父維綱名義報告登記廿四年民父棄
養因迭年完納田賦每多參差乃於本年二月報經鄉經收員澄淵按
三份分撥除民原仍維綱名字上納二十一石外餘由堂兄廷品廷昭各上納二十
一石本月派購民工食米聯保辦公處援照舊册飭民按數售繳當此抗戰
建國之際後防建設刻不容緩何敢嘵瀆惟是租息既經分撥實收數目與
鈞會原議規定不符兼之人口衆多每年生計尚感不足何有餘米墊繳
為此呈懇

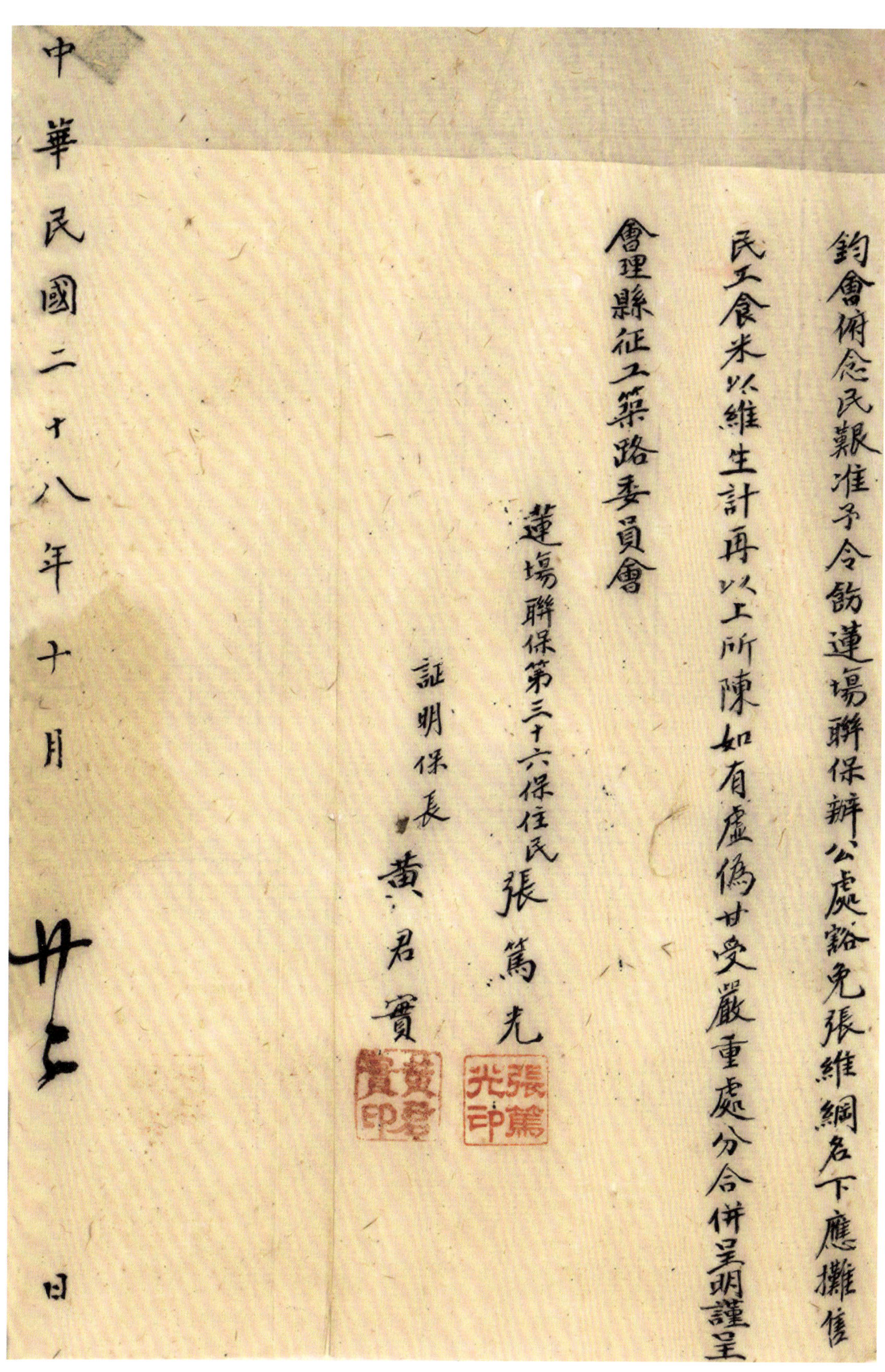

鈞會俯念民艱准予令飭蓮塘聯保辦公處豁免張維綱名下應攤售

民工食米以維生計再以上所陳如有虛僞甘受嚴重處分合併呈明謹呈

會理縣征工築路委員會

蓮塘聯保第三十六保住民　張篤光

證明保長　黃君實

中華民國二十八年十月　廿三　日

# 会理县征工筑路委员会致莲场联保第三十六保住民张笃光的批（一九三九年十一月一日）

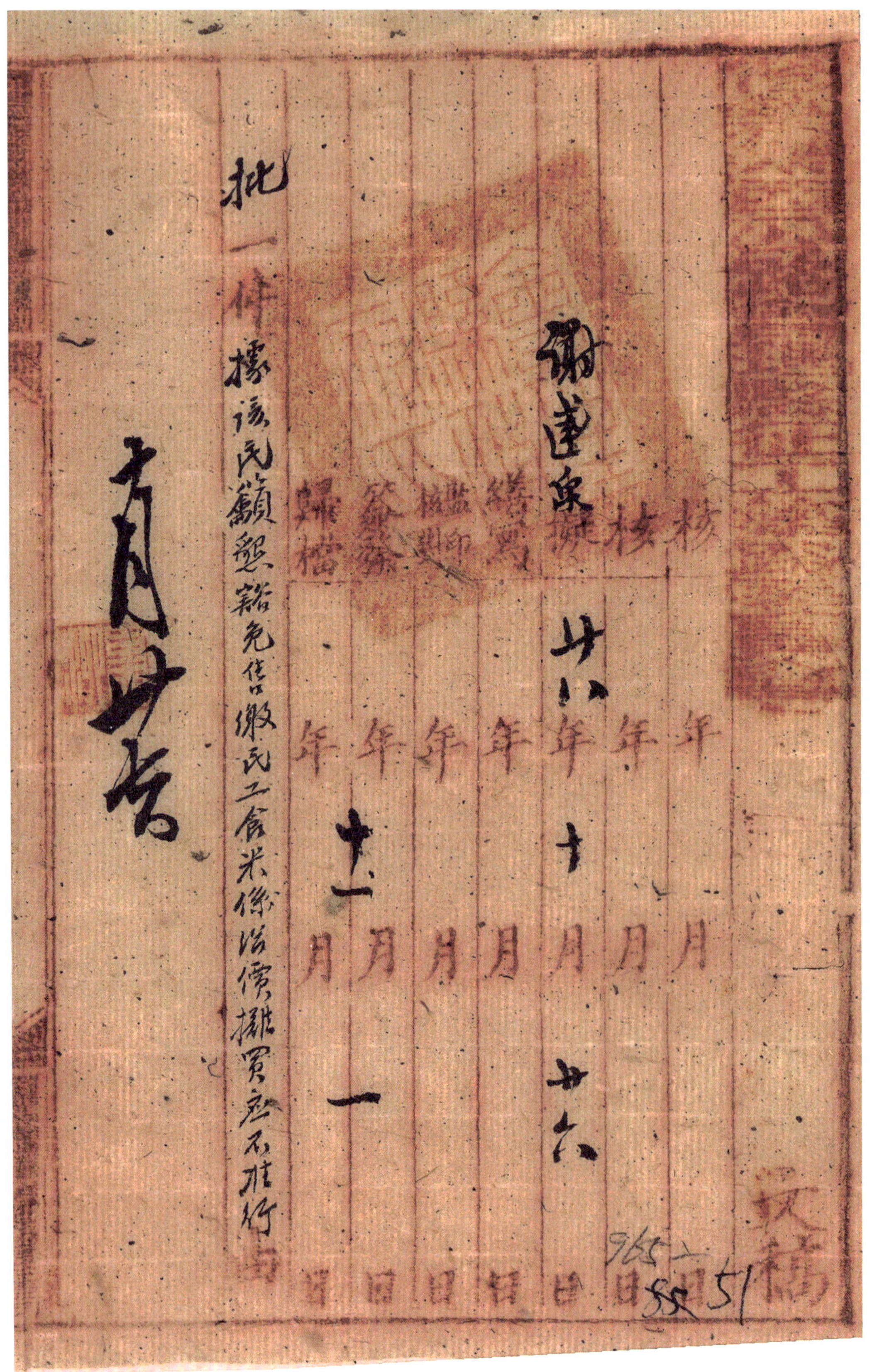
批一件
據該民籲懇豁免售繳民工食米，係給價攤買，應不准行。

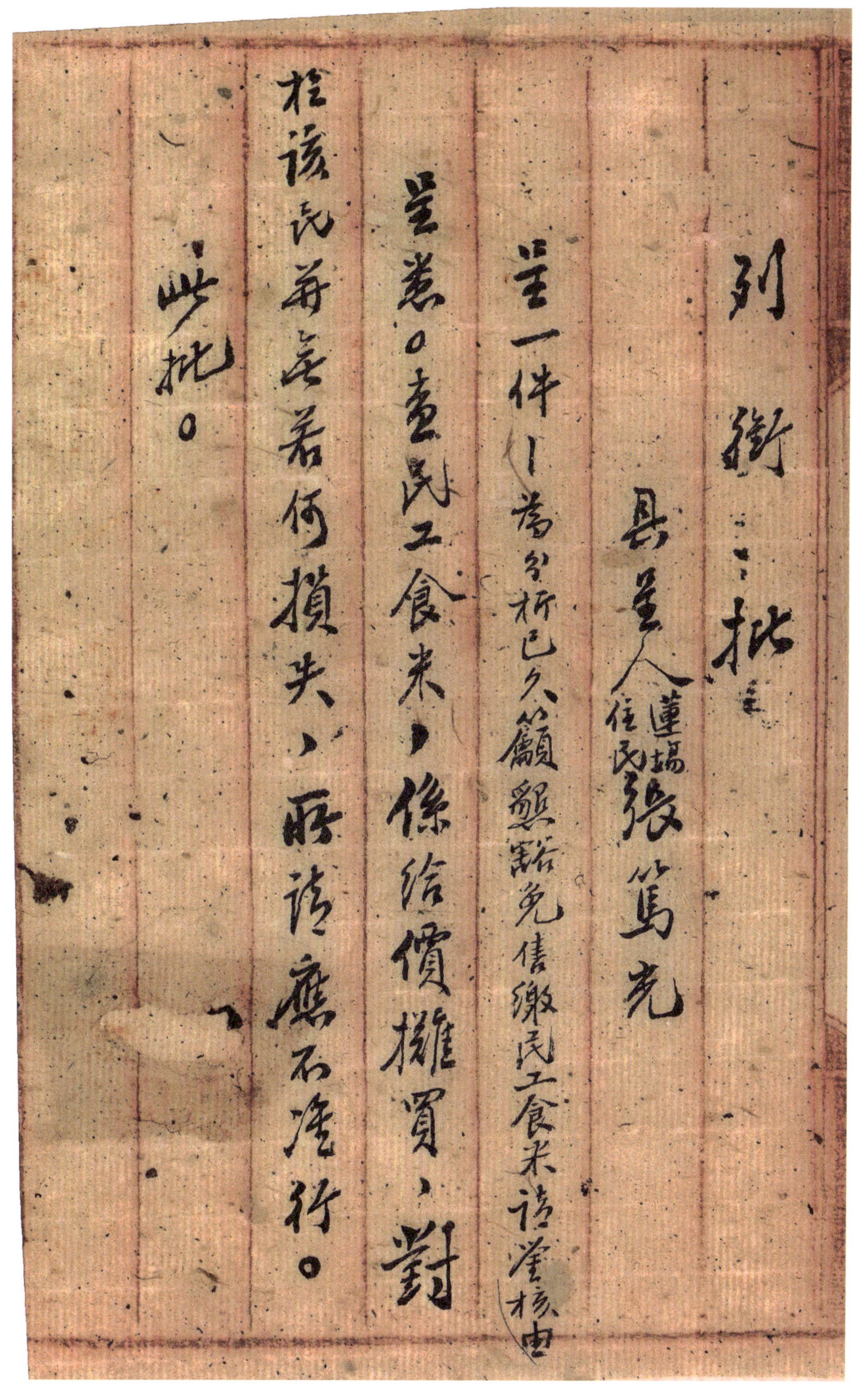

列銜〻〻批

縣呈人蓮塲住民張篤光

呈一件｜｜爲分析已久籲懇豁免售徵民工食米請鑒核由

呈悉。查民工食米，係給價攤買，對

於該民等無若何損失，所請應不准行。

此批。

# 会理县征工筑路委员会与督催员杨尊三、给养股采买组关于查报河高联保运送筑路工米、征集民工、麻袋、医药捐款等情形的来往文书

## 督催员杨尊三致会理县征工筑路委员会的报告（一九三九年十月二十三日）

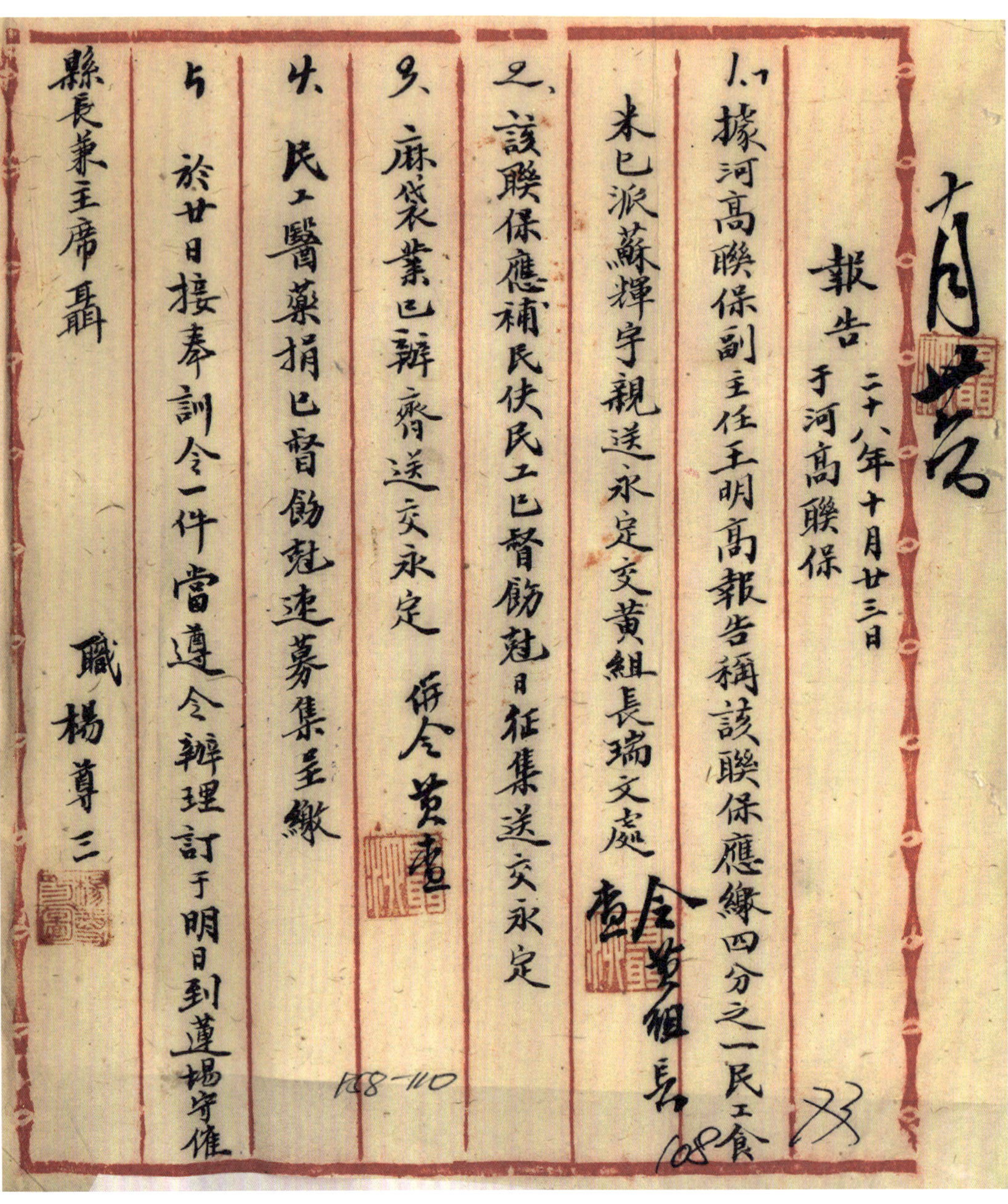

报告　二十八年十月廿三日　于河高联保

一、据河高联保副主任王明高报告称：该联保应缴四分之一民工食米已派苏辉宇亲送永定交黄组长瑞文处

二、该联保应补民伕民工已督饬赶日征集送交永定

三、麻袋业已办齐送交永定

四、民工医药捐已督饬赶速募集呈缴

五、于廿日接奉训令一件，当遵令办理，订于明日到莲塲守催

县长兼主席聂

职杨尊三

# 会理县征工筑路委员会致给养股采买组的训令（一九三九年十一月二日）

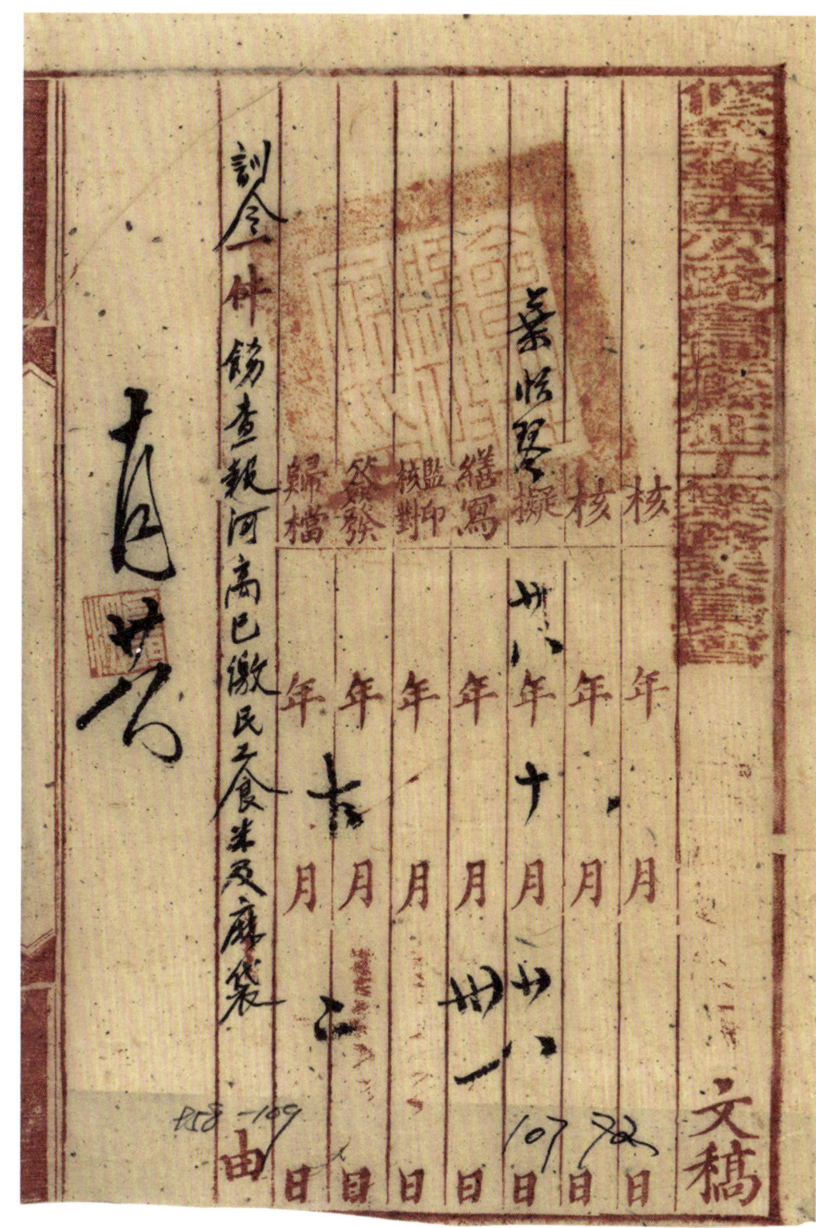
文稿

核　年　月　日

核　年　月　日

拟　廿八年十一月廿八日

缮写　年　月　卅一日

监印核对　年　月　日

发　年　月　日

归档　年　十一月　日

训令　件

由　饬查报河高已缴民工食米及麻袋

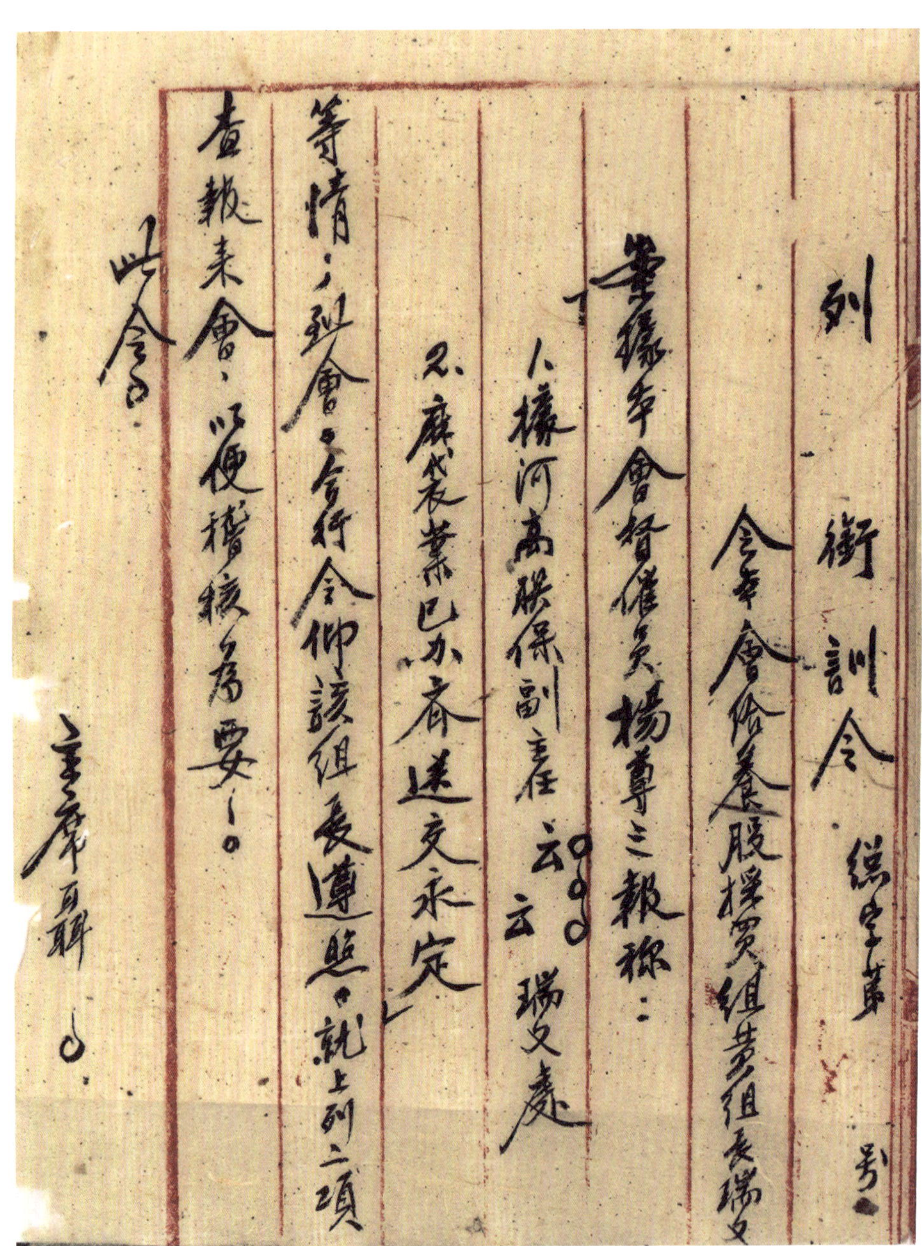

列衔训令　编字第　号

令本會修養股採買組第組長瑞文

案據本會督催員楊尊三報稱：

1. 據河高聯保副主任云云。瑞文處

2. 廣代表業已亦齊送交永定

等情，到會。合行令仰該組長遵照，就上列二項

查報來會，以便稽核為要。

此令。

主席

会理县征工筑路委员会关于将摊收食米确数上报致摩挲云区署、鲹鱼区署及各联保的训令
（一九三九年十月二十三日）

训令 件 饬将摊收食米确数册报到会

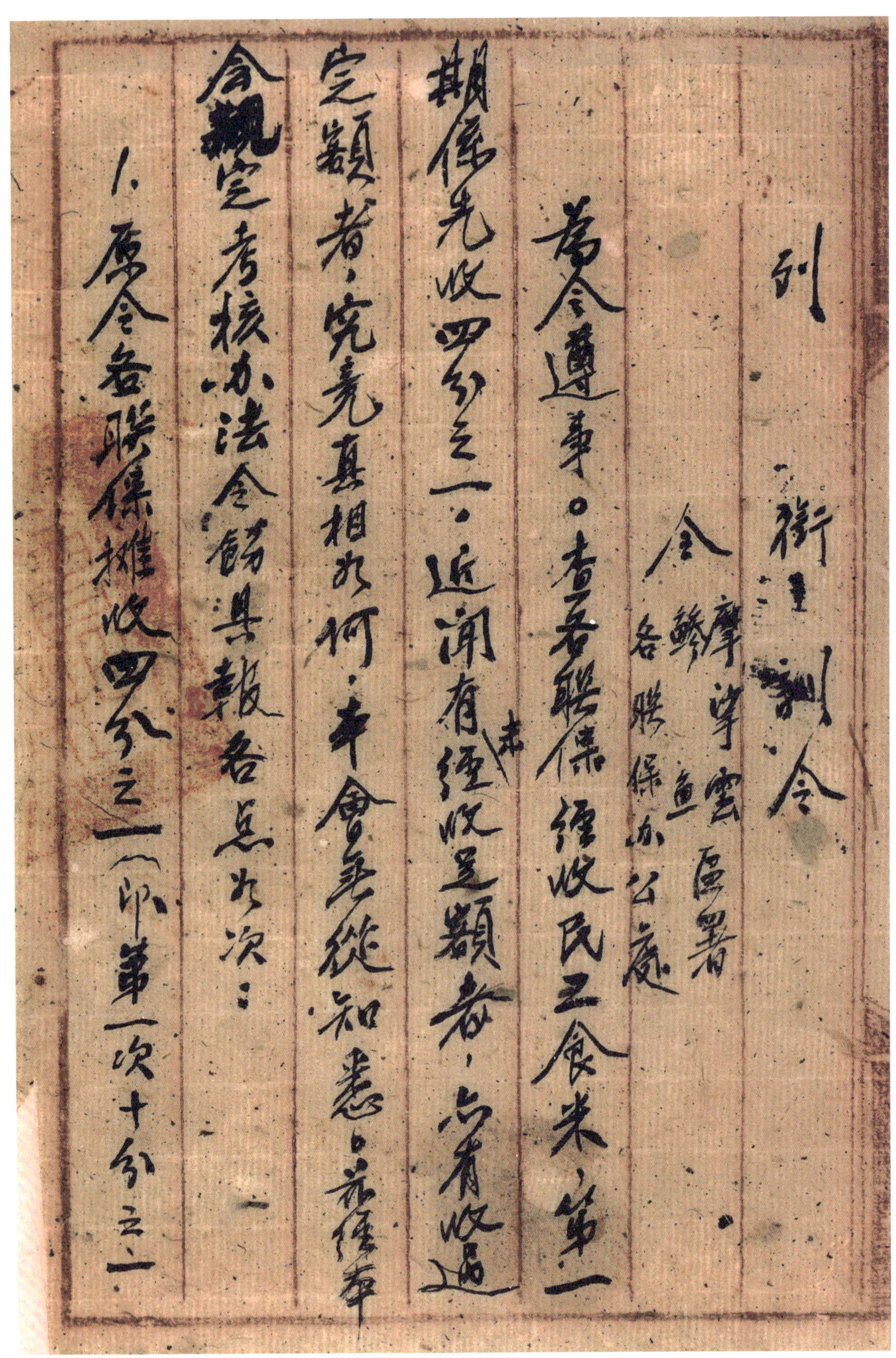

训

衔 训令

令摩峯雲、鯵魚區署
各聯保辦公處

為令遵事。查各聯保經收民工食米，第一期僅先收四分之一，近聞有經收足額者，亦有收過定額者，究竟真相如何，本會無從知悉，亟待清查，合亟規定考核辦法，令飭具報各點如次：

1、原令各聯保攤收四分之一（即第一次十分之一

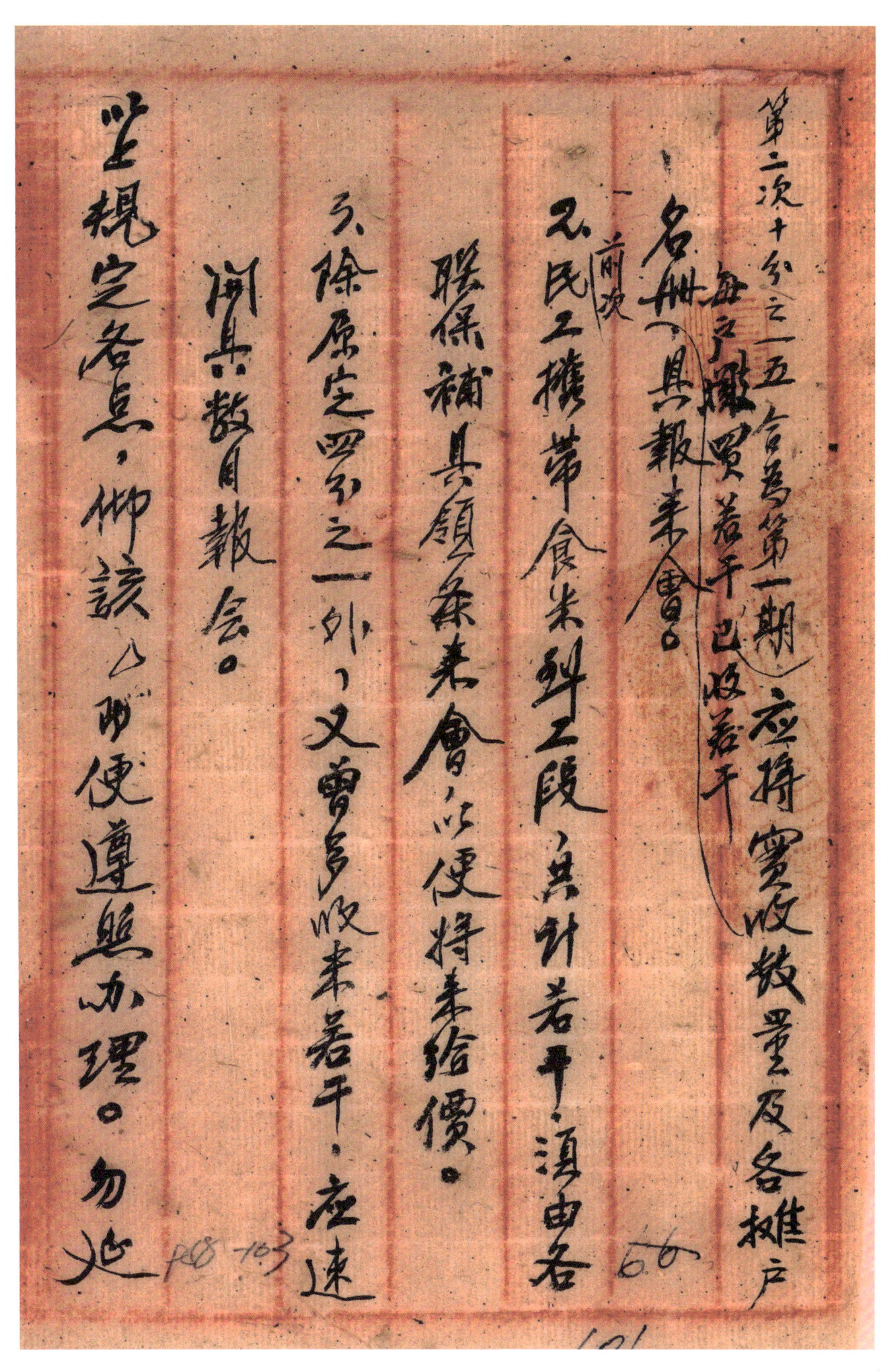

第二次十分之一五合為第一期）應將實收數量及各攤戶每户攤買若干已收若干名冊具報來會。

一、前次民工攤帶食米料工段共計若干，須由各聯保補具領條來會，以便將來給價。

一、除原定四分之一外，又曾多收來若干，應速開具數目報會。

以上規定各点，仰該△即便遵照办理。勿延

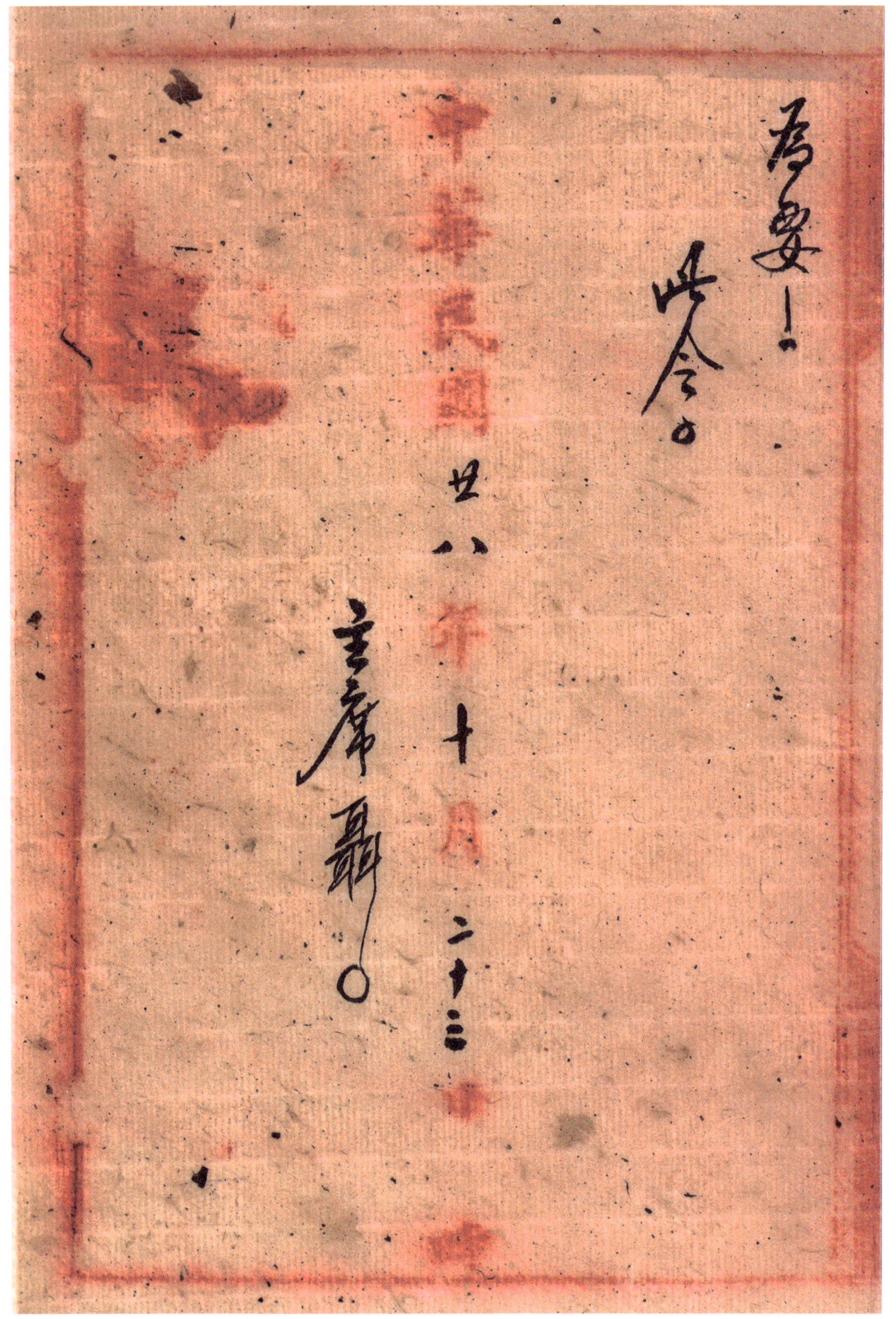
为要！

此令。

主席聂〇

中华民国廿八年十月二十三日

关于会理县黎关联保第五保小海子住民李歧山抗缴摊购筑路民工食米的相关文件

李歧山致会理县征工筑路委员会的呈（一九三九年十月二十五日）

據買該民穀并不多且係給價
呈毋庸另議仍照據買原案
並何人姓名即應由何人繳交

呈為派買民工食米發生爭執呈請核示事竊民於
二十七年七月間憑中何黃致周黃增五黃南平黃漢
清黃余氏等買明公業一份因係秋後立契故當
時言明須二十八年三月間俟黃姓大小兩季收後
方能交庄迨至今年三月民纔得上庄耕種五

月間派買修築公路民工食米黄致周乃是大紳應攤米弍石八斗七升當時民即在會議場中當憑主任周露路九等聲明民家雖買業過手但未收租黄致周雖然將產出賣但收租在先此份派買之米歸致周繳出乃合公道經眾致周認繳通過在案且致周已繳十分之二矣殊周主任率民工北上催米員到境催繳下欠之米黄致周受人慫慂乘機卸責推在民頭上向副主任周康興報請解决以情處兩難着民赴縣請示民只得專子到城據情呈請

鈞會核示如以此米應歸黄致周繳出請令周
副主任轉飭照繳以免卸責拖累於民則感
激不朽謹呈
征工築路委員會
具呈人民李歧山
年六十歲住黎
關第五保小海子
民國二十八年十月廿五日

## 会理县黎关联保副主任周康甡、督催员王焕仑致该县县长兼征工筑路委员会主席聂泗的函

（一九三九年十月二十六日）

總理遺囑

余致力國民革命凡四十年其目的在求中國之自由平等積四十年之經驗深知欲達到此目的必須喚起民衆及聯合世界上以平等待我之民族共同奮鬥現在革命尚未成功凡我同志務須依照余所著建國方略建國大綱三民主義及第一次全國代表大會宣言繼續努力以求貫澈最近主張開國民會議及廢除不平等條約尤須於最短期間促其實現是所至囑

革命尚未成功　同志仍須努力

素公縣長鈞鑒　敬啟者茲有此間羊合五任民黄尊五、黄賢周等原屬當地舊紳惟近因債用交迫已將彼等公業四十一石全部於二十七年賣與此間小海子紳粮李岐山此次辦公處奉　令攤買米粮根據粮冊攤買不知此項產業已售給李姓故當時攤買名單仍列黄姓之名茲因原業主業已出售盡屬窮困不堪而該李姓又屬當地數萬之家今　職等為趕辦米粮以濟前方民食計除于本月廿二日正式傳該李姓來處一再開導黄姓攤買之米二

服從三民主義　實行五權憲法

月　日

## 總理遺囑

余致力國民革命凡四十年其目的在求中國之自由平等積四十年之經驗深知欲達到此目的必須喚起民衆及聯合世界上以平等待我之民族共同奮鬥現在革命尚未成功凡我同志務須依照余所著建國方略建國大綱三民主義及第一次全國代表大會宣言繼續努力以求貫澈最近主張開國民會議及廢除不平等條約尤須於最短期間促其實現是所至囑

石八斗七升應由伊全部負責須納外并限僅三日繳清茲期已屆由處派丁前往催繳殊彼等土劣成性不惟不繳竟敢惡言責罵公處并迭據該管保長曹輔鄉報告該李姓不但對法紀視如兒戲且對各種款項均迭次抗佔不繳茲查該土劣李姓確係土劣成性輕視法紀對此次攤買米粮實有碍要公除將此種情形陳明外懇請鈞長嚴究懲處以儆效尤而利新政推進也肅此敬請

勛安



服從三民主義　實行五權憲法

月　日

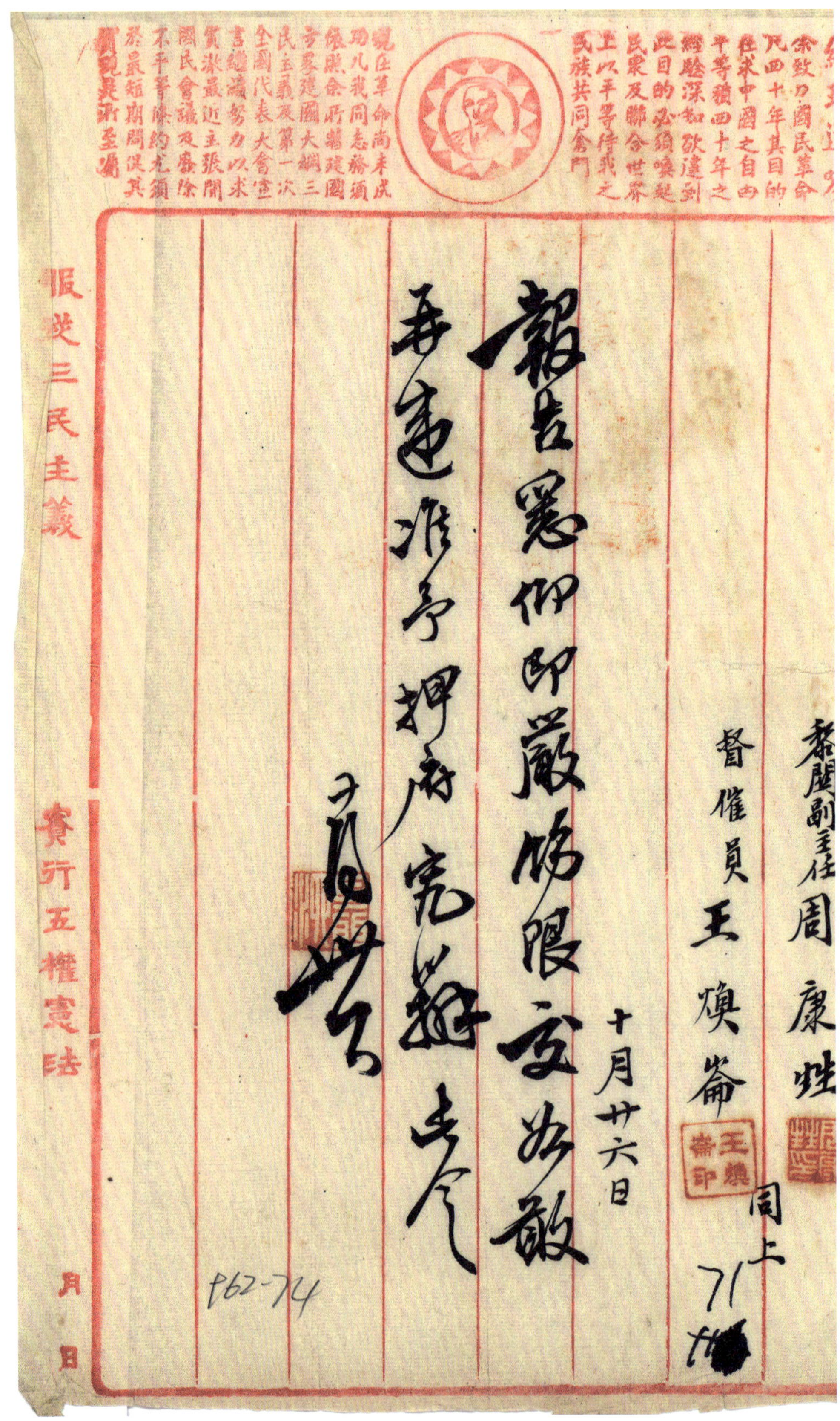

（總理遺囑）……余致力國民革命凡四十年其目的在求中國之自由平等積四十年之經驗深知欲達到此目的必須喚起民衆及聯合世界上以平等待我之民族共同奮鬥 現在革命尚未成功凡我同志務須依照余所著建國方略建國大綱三民主義及第一次全國代表大會宣言繼續努力以求貫徹最近主張開國民會議及廢除不平等條約尤須於最短期間促其實現是所至囑

服從三民主義 實行五權憲法

幫辦副主任周康壯
督催員王燠斋（印：王燠斋印）
十月廿六日

同上 71

報告悉。仰即嚴飭限交如數，并速將予押解完竣具報。

[illegible]

月 日

P62-74

会理县征工筑路委员会致李歧山的批（一九三九年十月二十八日）

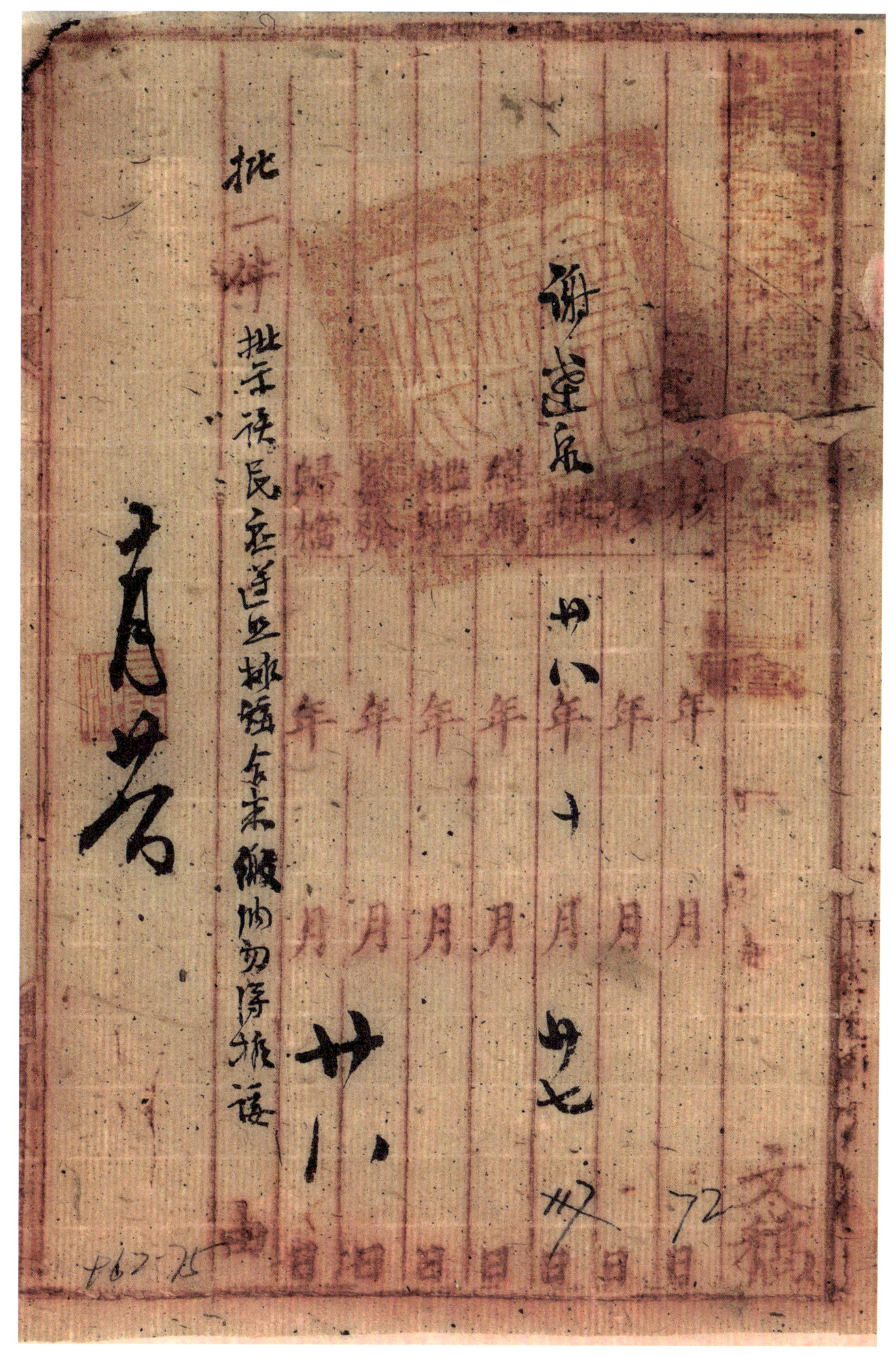

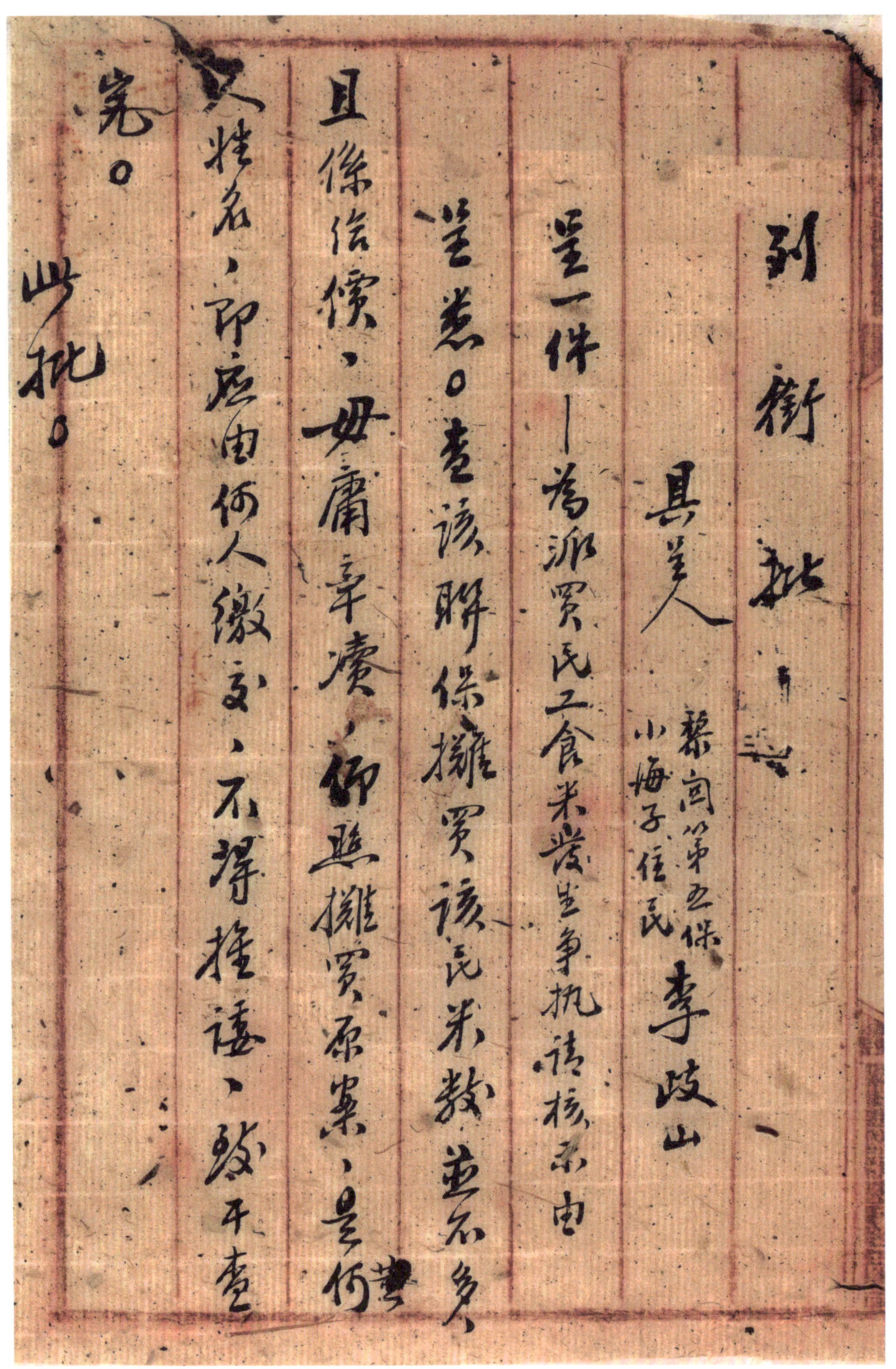

列銜批：

具呈人 蔡岗第五保小海子住民 李政山

呈一件——為派買民工食米發生爭執請核示由

呈悉。查該聯保攤買該民米數並不多、且係給價、毋庸率瀆。仰照攤買原案、是何人姓名、即應由何人繳交、不得推諉、致干查究。此批。

会理县征工筑路委员会致黎关联保副主任周康甡的指令（一九三九年十一月五日）

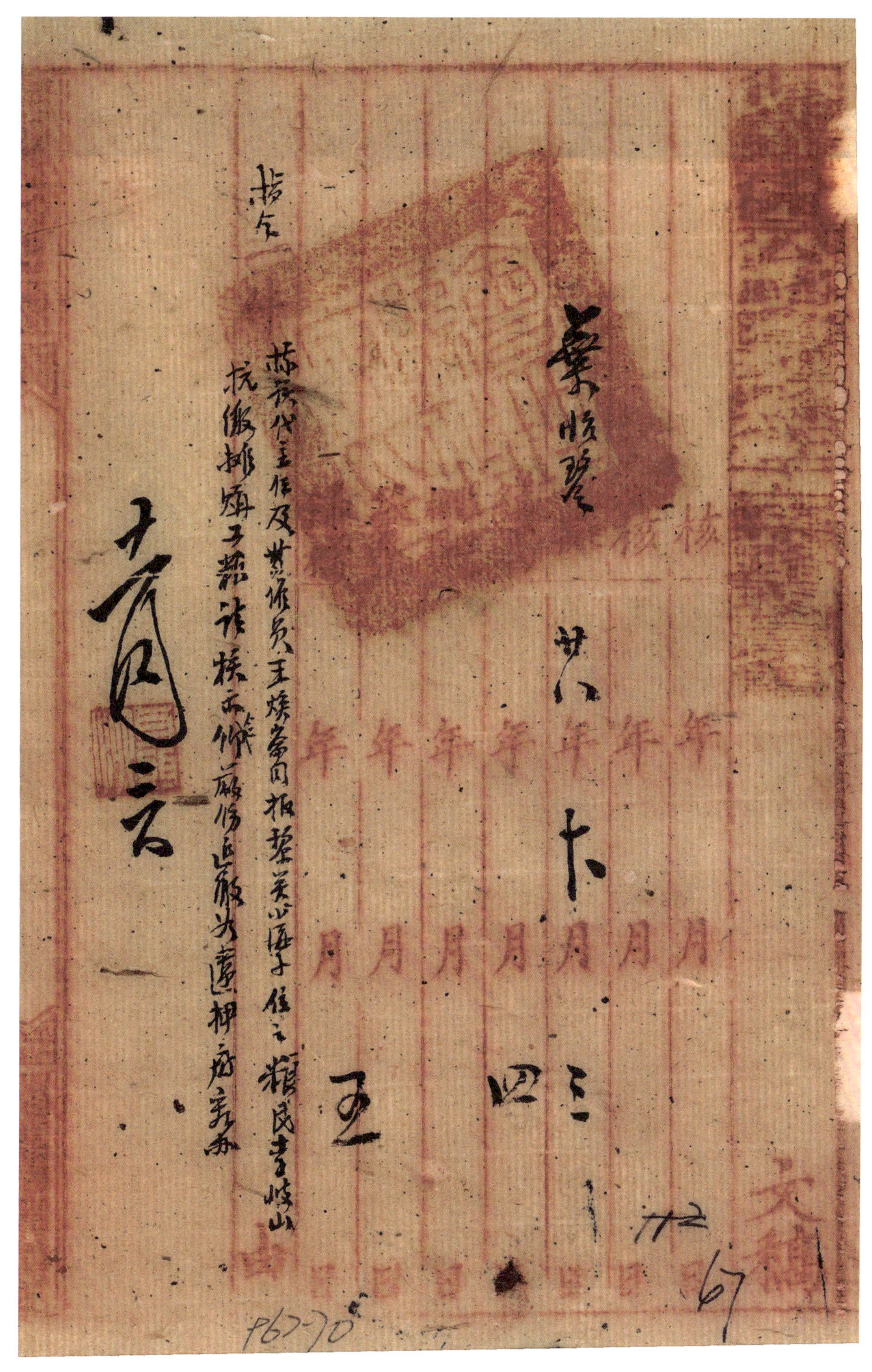

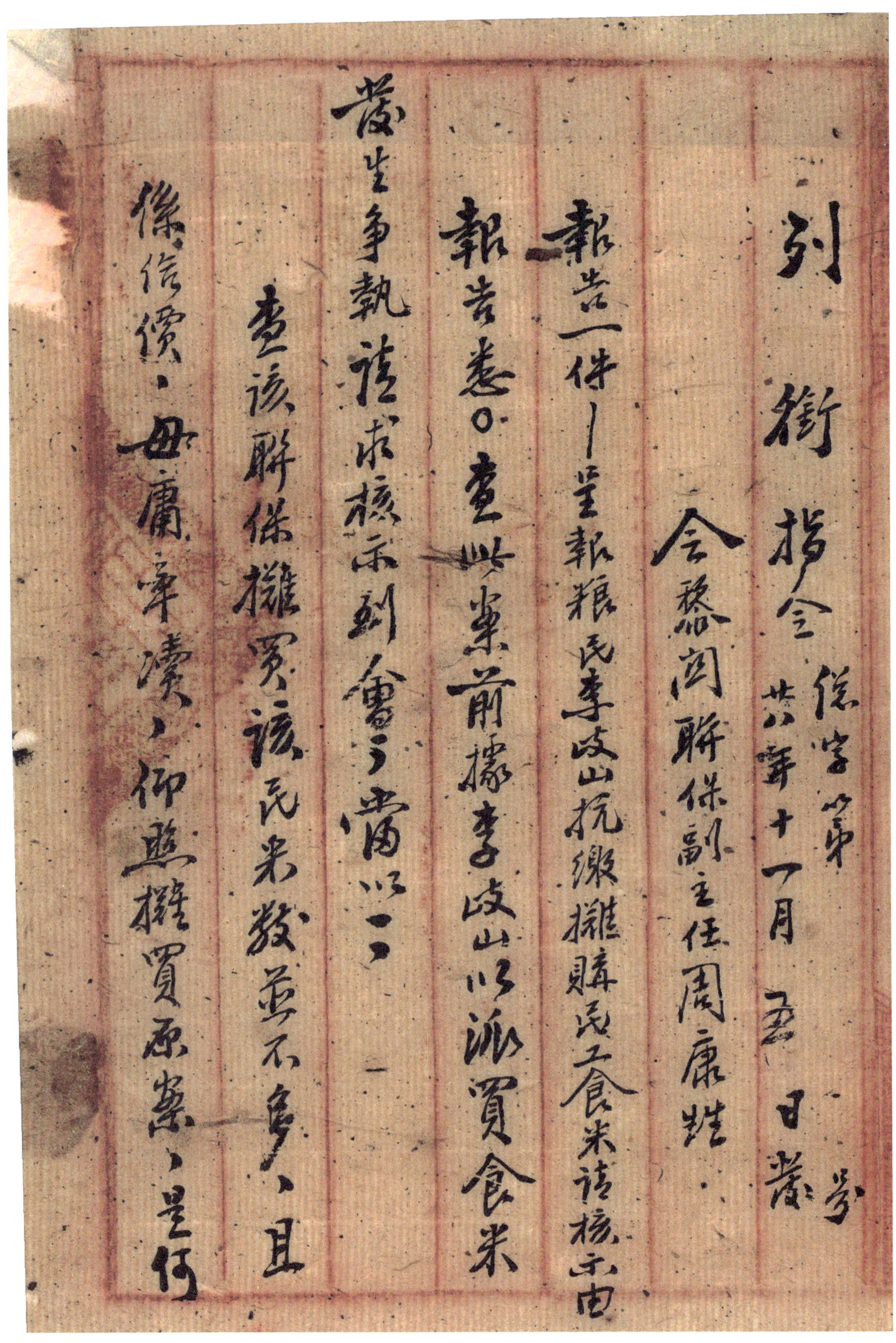

列銜指令　保字第　號

廿八年十一月　日發

令蔡陽聯保副主任周康甡

報告一件、呈報糧民李政山抗繳攤購民工食米請核示由

報告悉。查此案前據李政山以派買食米發生爭執請求核示到會、當以一、查該聯保攤買該民米數並不多、且係依價、毋庸牽瀆、仰照攤買原案、是何

人姓名，即應由何人繳交，不得推諉，致干查究。

等情。批示去訖，當時本會體念各聯保擬辦食米，異常困難，故對於糧民請求變更之件，概行駁斥，俾推行順利，不致發生糾紛。茲據該主任等聲明，該黃致周產業，確係賣給李攻山，自應由該李攻山繳納，仰即嚴飭限交，毋敢再違，准予

轉府完結。

P60-71 113 68

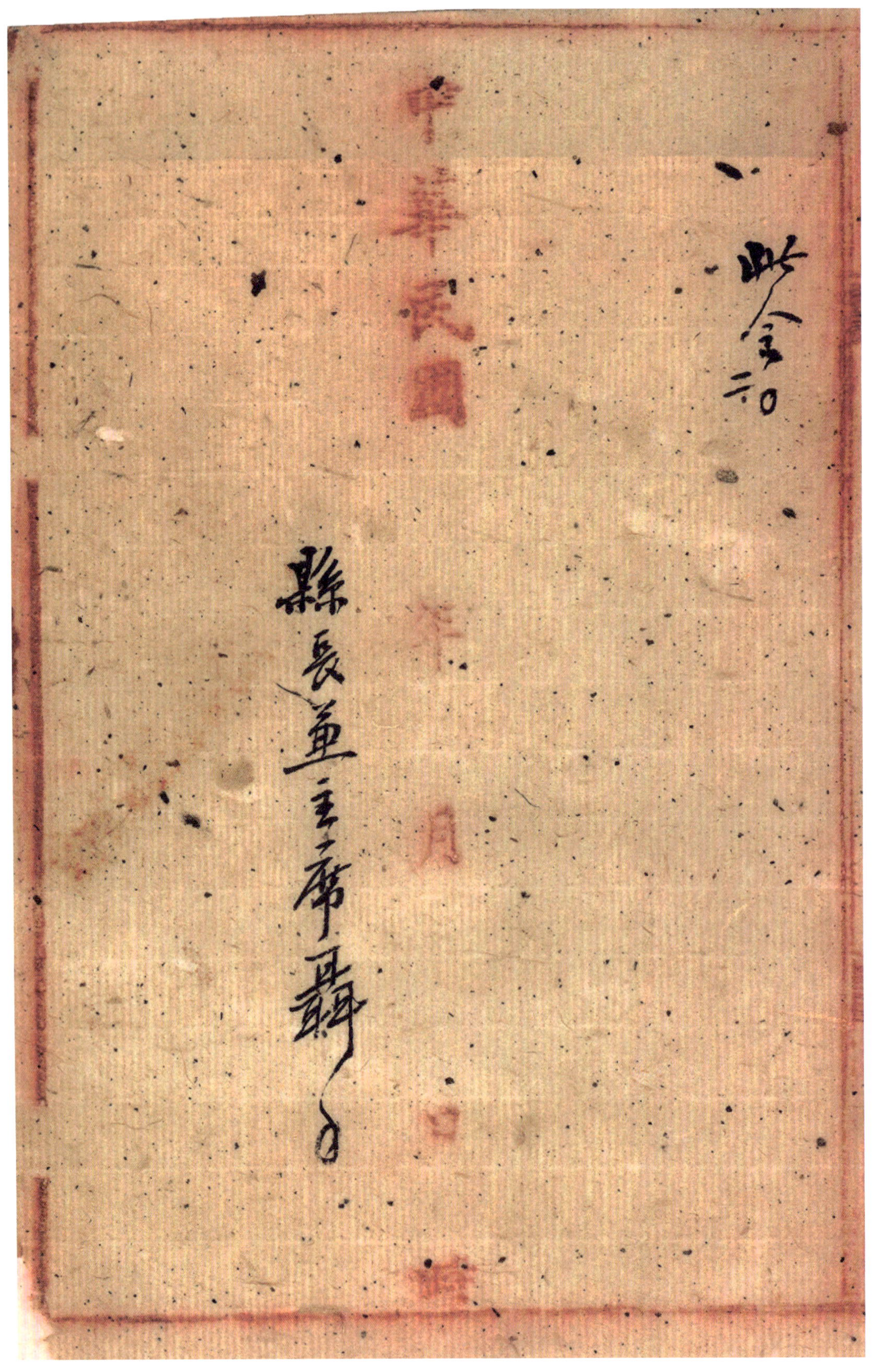

此令

中華民國　年　月　日　時

縣長兼主席聶

会理县征工筑路委员会与绿普联保关于采买米款、毡子款解缴经过及各账目需造呈查阅的来往文书

绿普联保致会理县征工筑路委员会的呈（一九三九年十月二十八日）

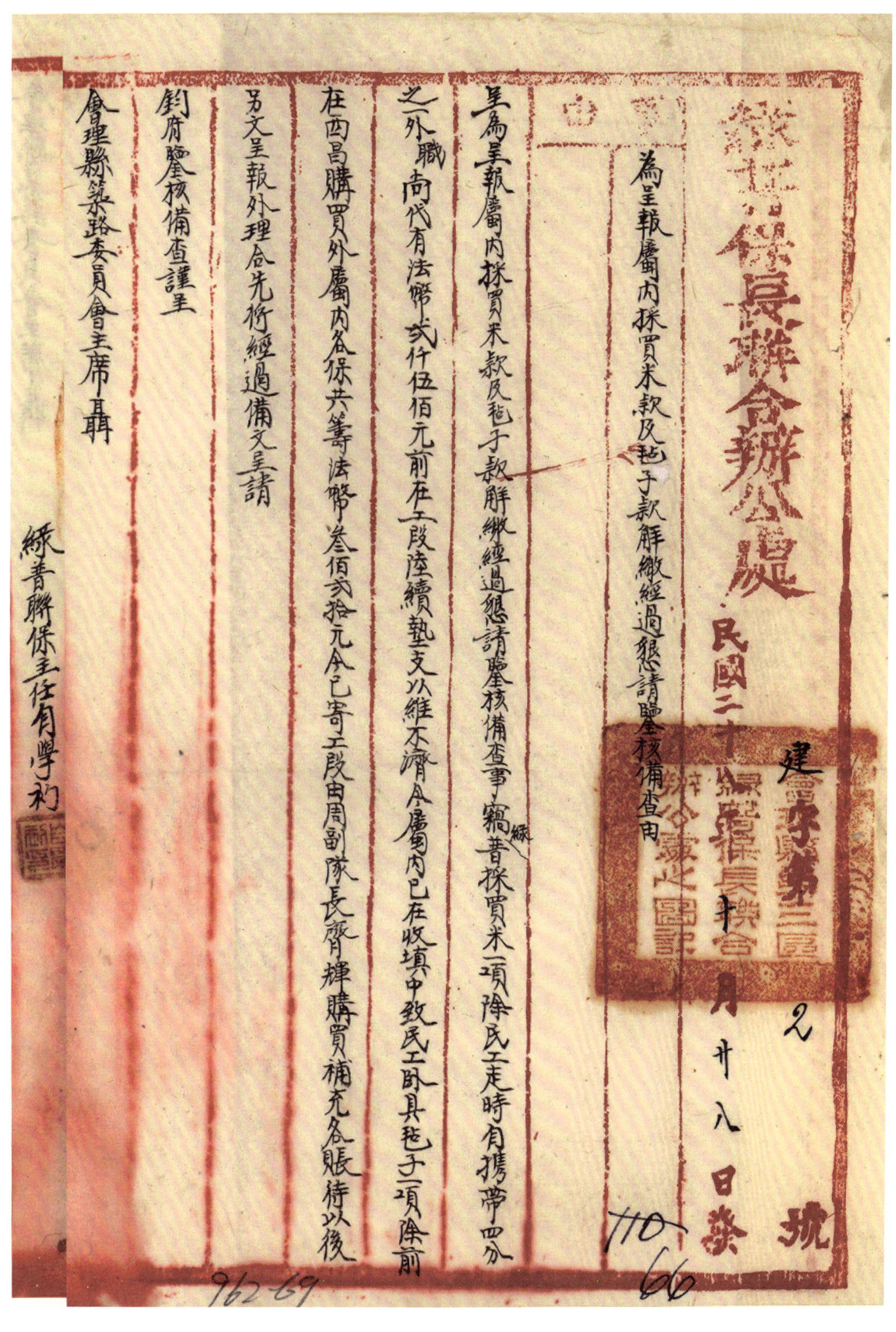

綠普保長聯合辦公處

民國二十八年十月廿八日發　建字第2號

為呈報屬內採買米款及毡子款解繳經過懇請鑒核備查由

呈為呈報屬內採買米款及毡子款解繳經過懇請鑒核備查事。竊綠普採買米一項，除民工走時自携帶四分之一外，職尚代有法幣貳仟伍佰元，前在工段陸續墊支，以維不濟。今屬內已在收填中，致民工所具毡子一項，除前在西昌購買外，屬內各保共籌法幣叁佰貳拾元，今已寄工段，由周副隊長齊輝購買補充各賬，待以後另文呈報外，理合先將經過備文呈請

鈞府鑒核備查。謹呈

會理縣築路委員會主席聶

綠普聯保主任肖學初

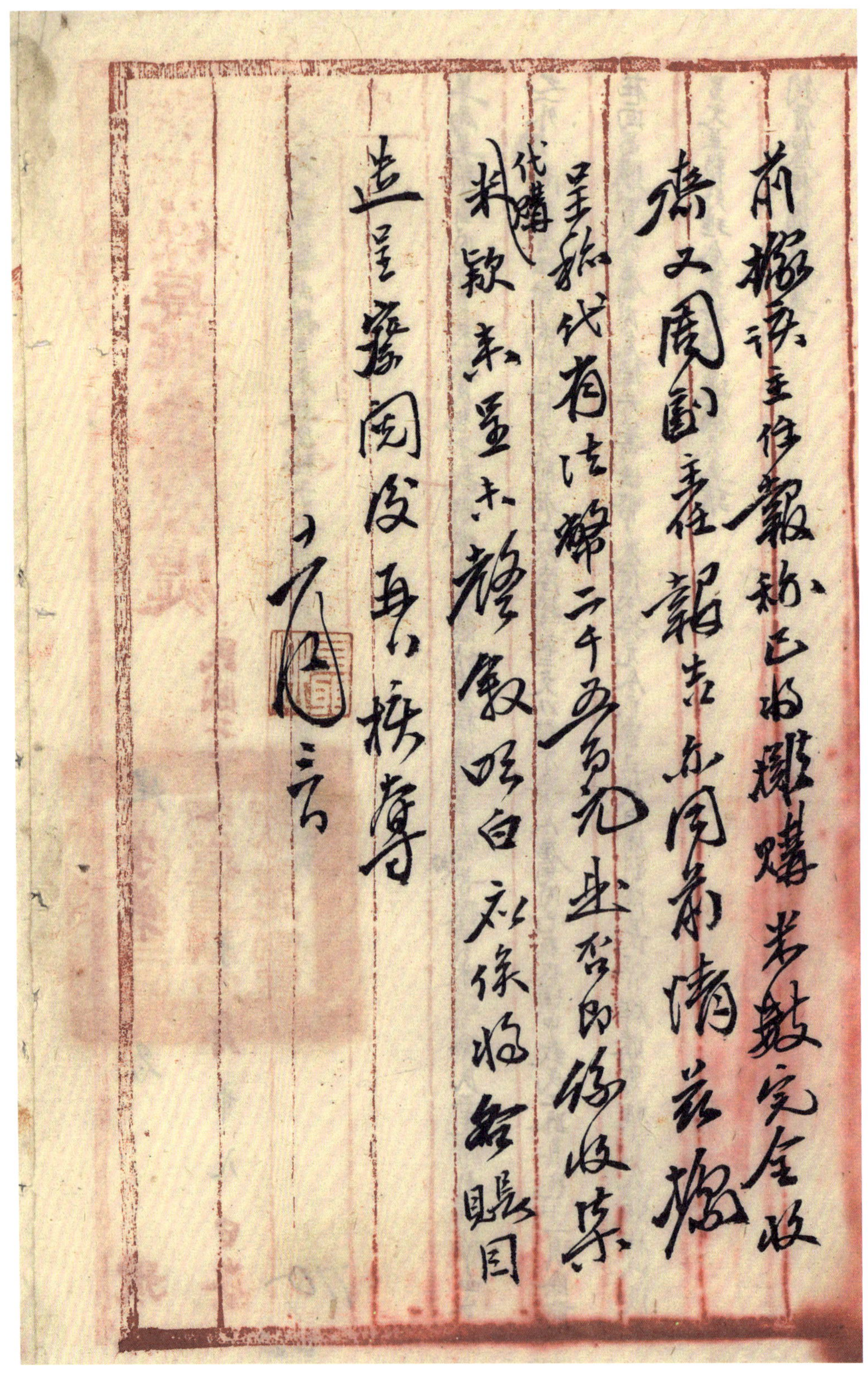
前據該主任報稱已將燃購費完全收
齊又閱歐主任報告亦同前情茲據
呈稱代有法幣二千五百元此外即修收票
代購料款來單未據繳明白外係將總賬目
造呈察閱伏乞核奪

会理县征工筑路委员会致绿普联保主任自学初的指令（一九三九年十一月十五日）

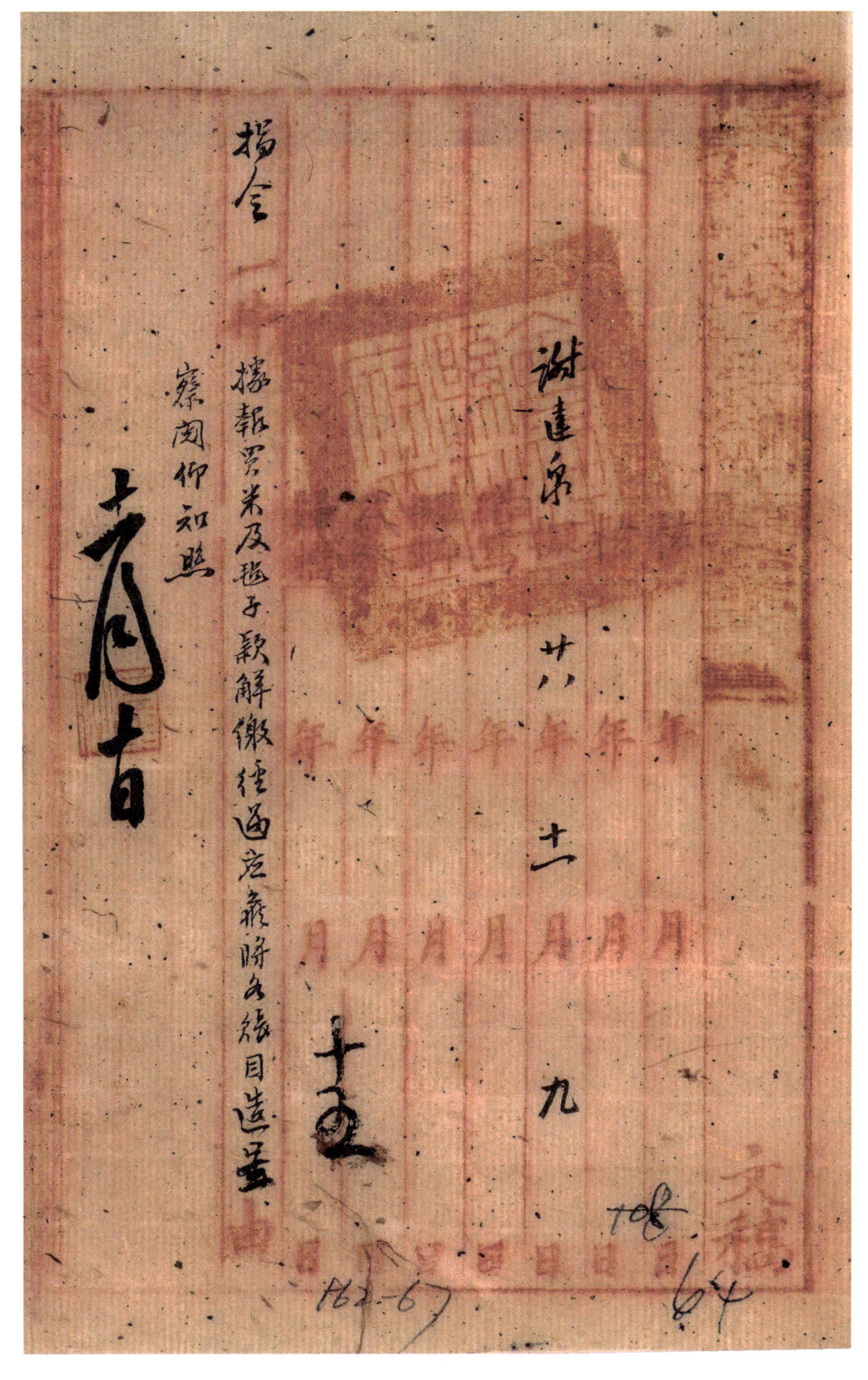

谢達泉

廿八　十一　九

指令

據報買米及穀子款解繳經過[illegible]賬目造呈

察閲仰知照

十五

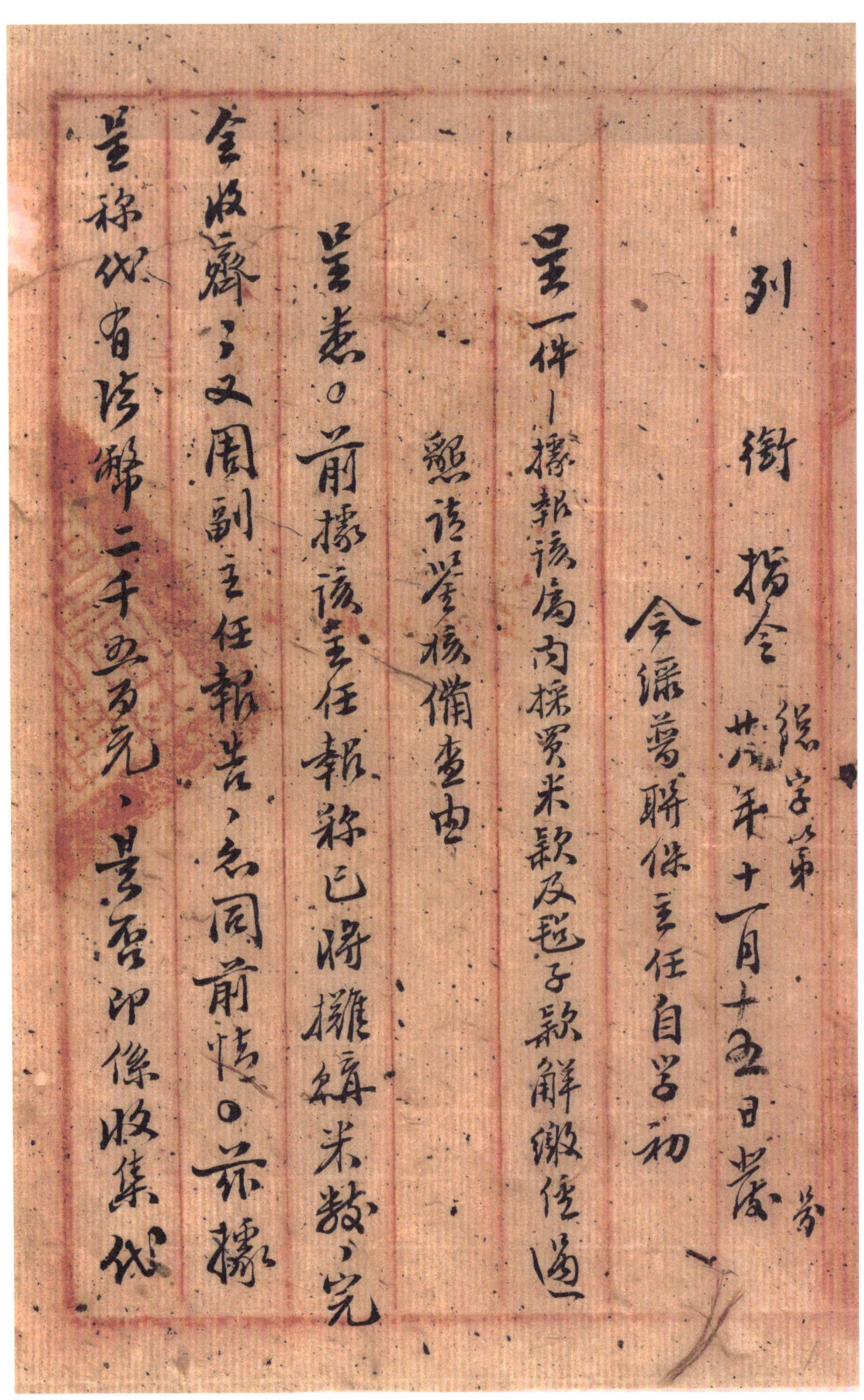

列衔　指令　總字第　號　卅年十一月十五日發

令綦營聯保主任自學初

呈一件｜據報該屬內採買米款及趕子款辦繳經過

懇請鑒核備查由

呈悉。前據該主任報稱已將攤繳米數，完

全收齊之文，同副主任報告，亦同前情。茲據

呈稱代有法幣二千五百元，是否即係收集代

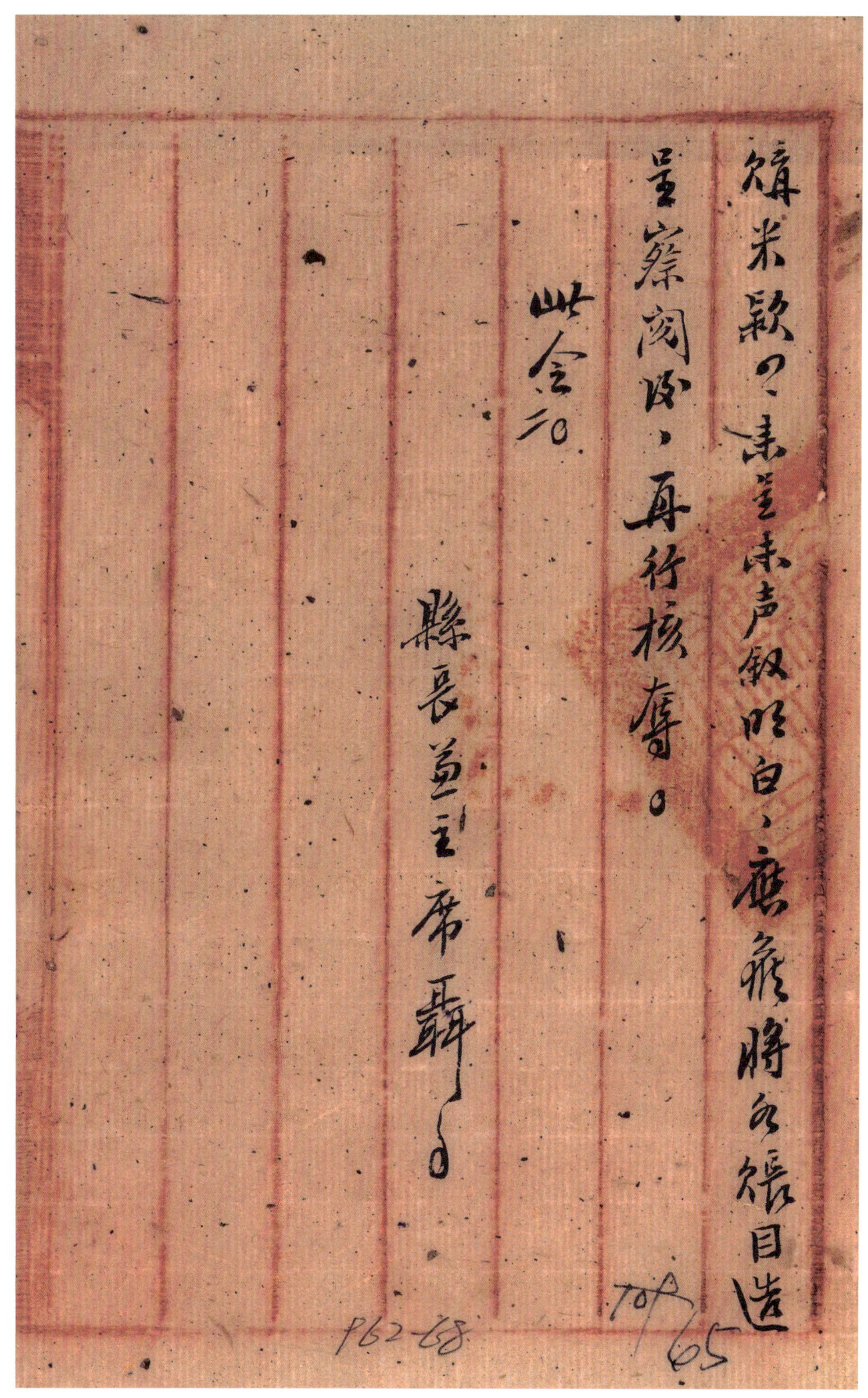

餉米款目，未呈未聲敍明白，應飭將各賬目造呈察閱後，再行核奪。

此令。

縣長兼主席聶

70

65

P62-68

## 督催员杨尊三关于摩挲云区各联保应缴第一期民工食米办理情形致会理县县长兼征工筑路委员会主席聂泗的报告（一九三九年十月二十八日）

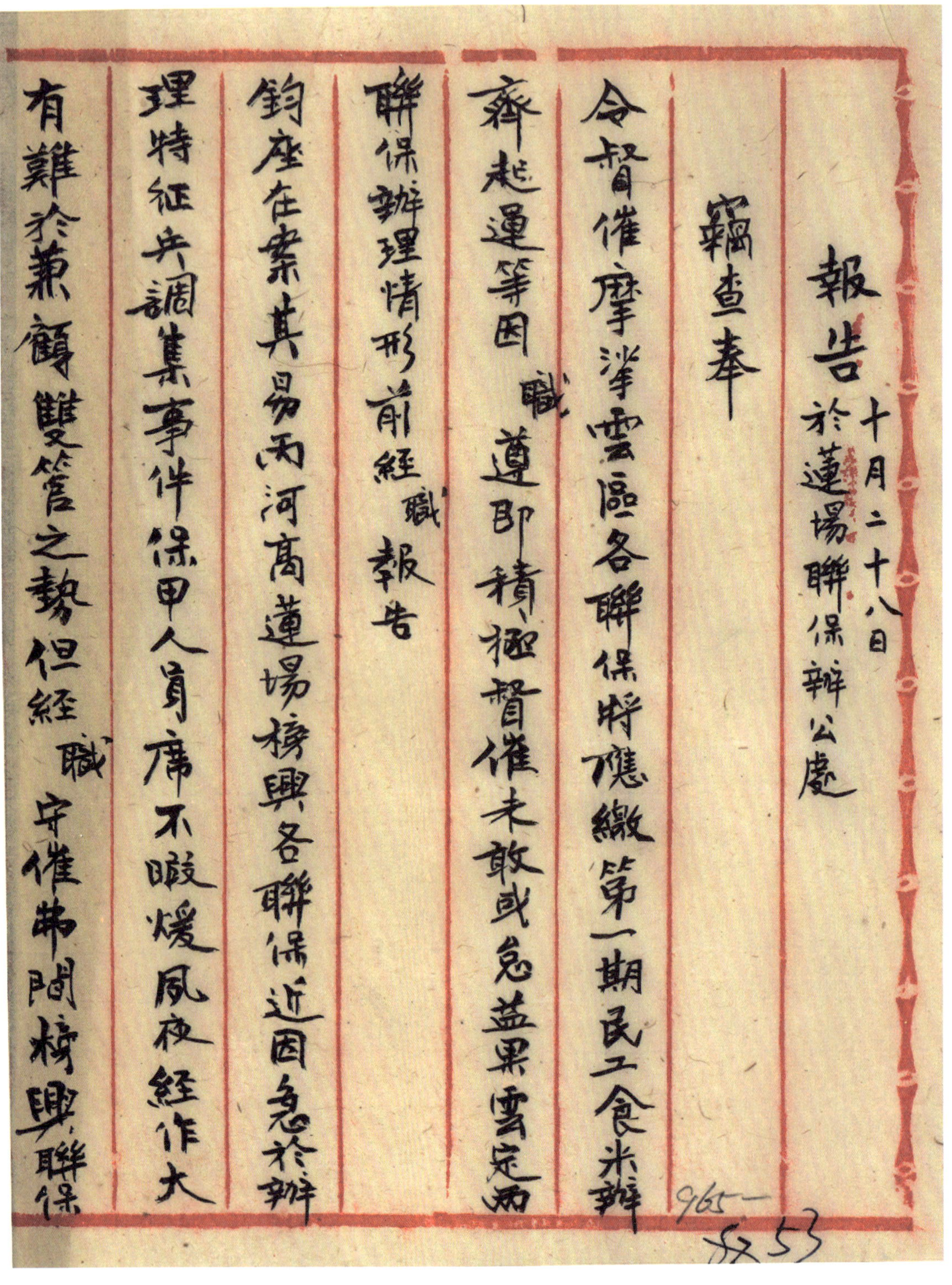

報告 十月二十八日 於蓮塲聯保辦公處

竊查奉

令督催摩挲雲區各聯保將應繳第一期民工食米辦齊起運等因，職遵即積極督催，未敢或怠，並果雲、定西聯保辦理情形，前經職報告

鈞座在案。其易雨河、高蓮塲、橋興各聯保近因急於辦理特征兵調集事件，保甲人員席不暇煖，夙夜經作，大有難於兼顧雙管之勢，但經職守催弗閒，橋興聯保

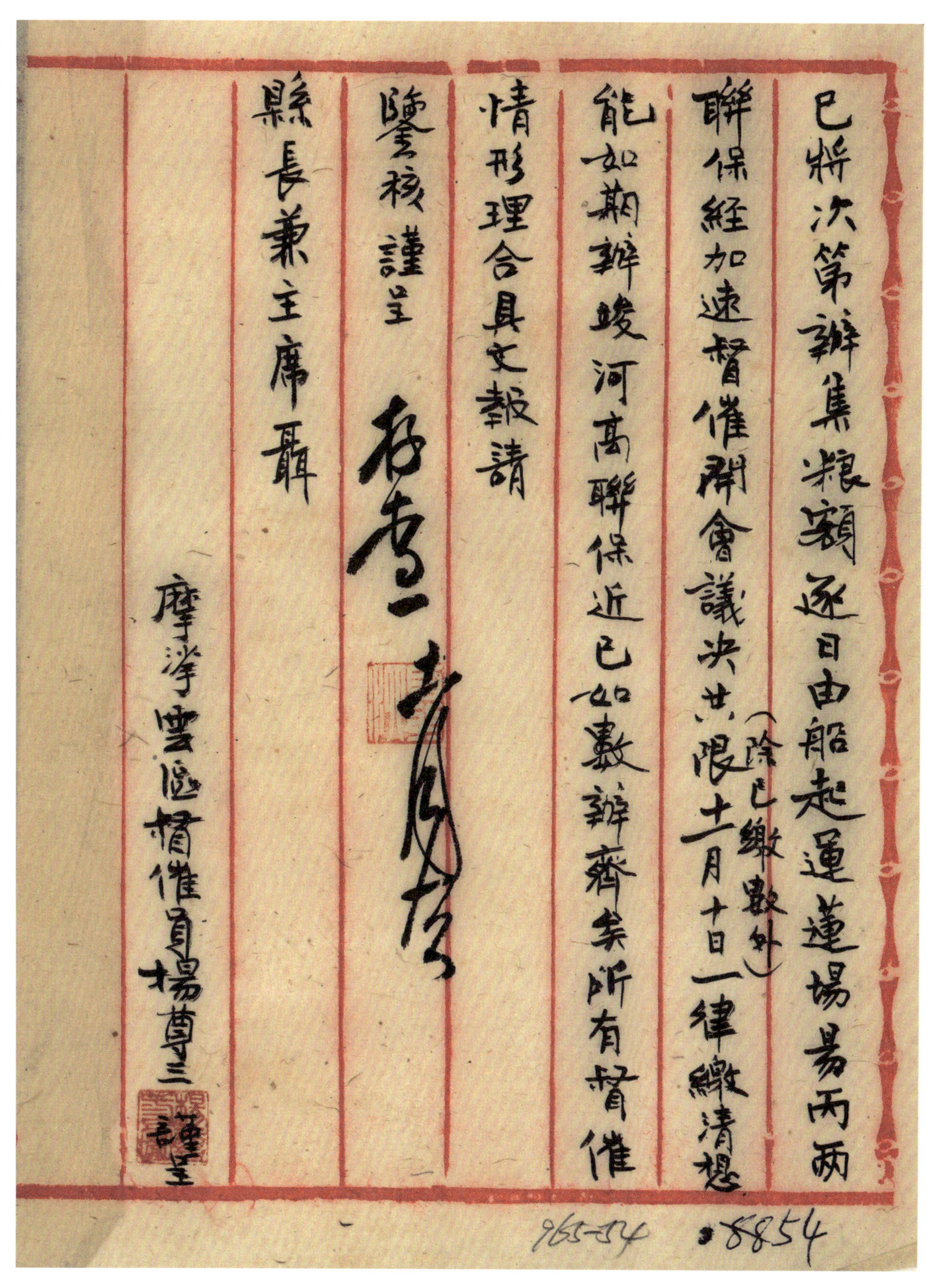

已將次第辦集糧額逐日由船起運蓮場易丙兩
聯保經加速督催開會議決共（除已繳數外）限十一月十日一律繳清想
能如期辦竣河高聯保近已如數辦齊矣所有督催
情形理合具文報請
鑒核謹呈
縣長兼主席聶

存查

摩洋雲區督催員楊尊三謹呈

# 会理县征工筑路委员会与易丙联保第七十九保公民刘晴川关于照摊额分期缴交粮米勿须推诿的来往文书

## 易丙联保第七十九保公民刘晴川致会理县征工筑路委员会的呈（一九三九年十月三十日）

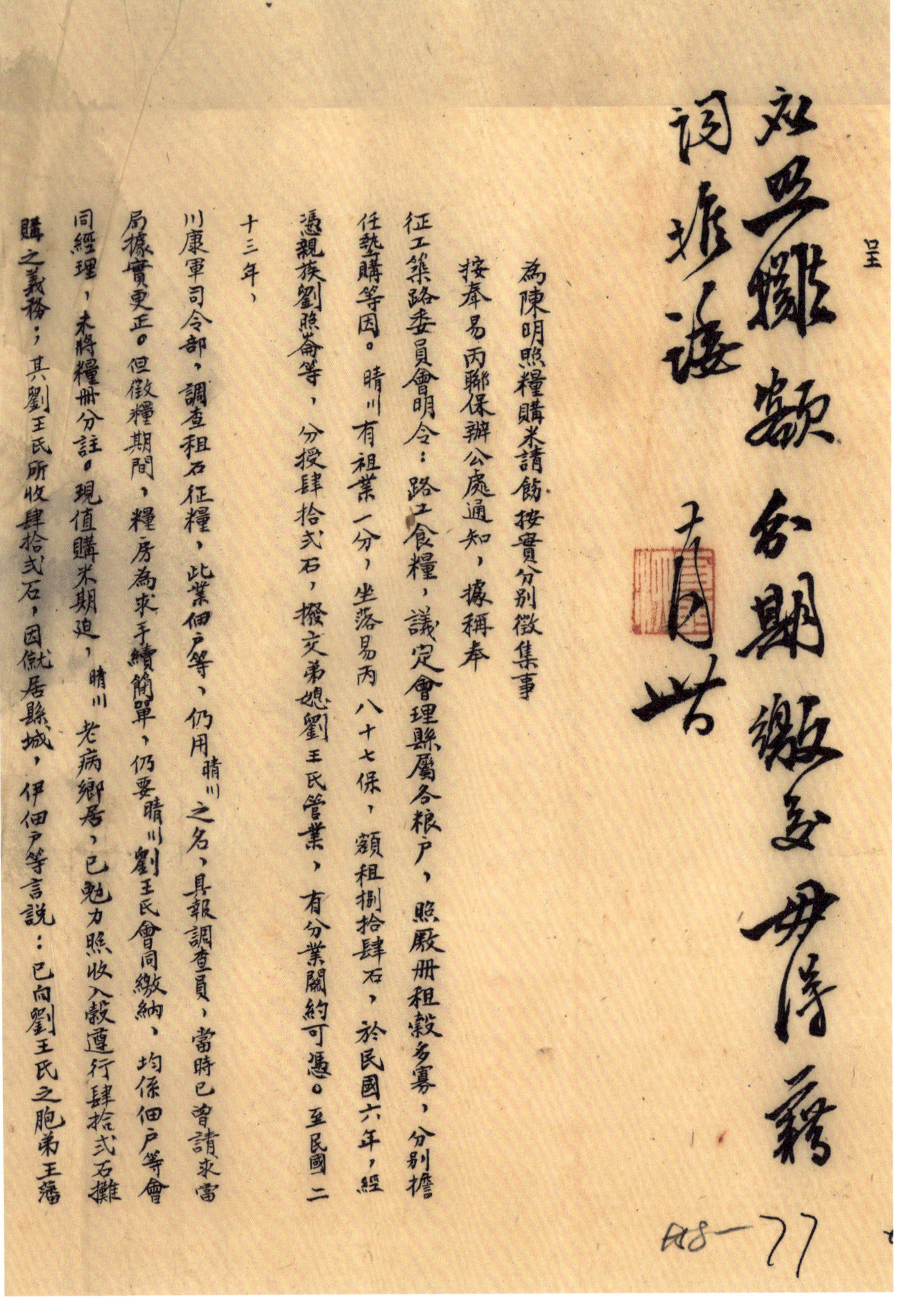

仰照攤額分期繳交毋得藉詞推諉
[illegible]

呈

為陳明照糧購米請飭按實分别徵集事

按奉易丙聯保辦公處通知，據稱奉

征工築路委員會明令：路工食糧，議定會理縣屬各粮户，照厥册租穀多寡，分别擔任墊購等因。晴川有祖業一分，坐落易丙八十七保，額租捌拾肆石，於民國六年，經憑親族劉照奇等，分授肆拾弍石，撥交弟媳劉王氏管業，有分業關約可憑。至民國二十三年，

川康軍司令部，調查租石征糧，此業佃户等，仍用晴川之名，具報調查員，當時已曾請求當局據實更正。但徵糧期間，糧房為求手續簡單，仍要晴川劉王氏會同繳納，均係佃户等會同經理，未將糧册分註。現值購米期迫，晴川老病鄉居，已勉力照收入穀遵行肆拾弍石攤購之義務；其劉王氏所收肆拾弍石，因僦居縣城，伊佃户等言説：已向劉王氏之胞弟王藩

A8-77

疇陳說購米之事，但該蕩疇言明，小河一帶住城糧户，均未負有攤購之擔任，該主人

早不承認攤購。但因工食所關，只得縷陳情形，懇求

鈞會令飭易丙聯保主任，就近調查八十七保保長，該業佃户，是否有肆拾弍石，現由

劉王氏管業收穀，此項墊購，應由租穀所在，分别催繳，以利推進。此種委曲，祈

賜矜原，據實上呈，不勝屏營待命之至！

謹呈

會理縣征工築路委員會主席聶

易丙聯保第七十九保公民

劉晴川

中華民國二十八年十月　　日具

会理县征工筑路委员会致易丙联保第七十九保公民刘晴川的批（一九三九年十一月四日）

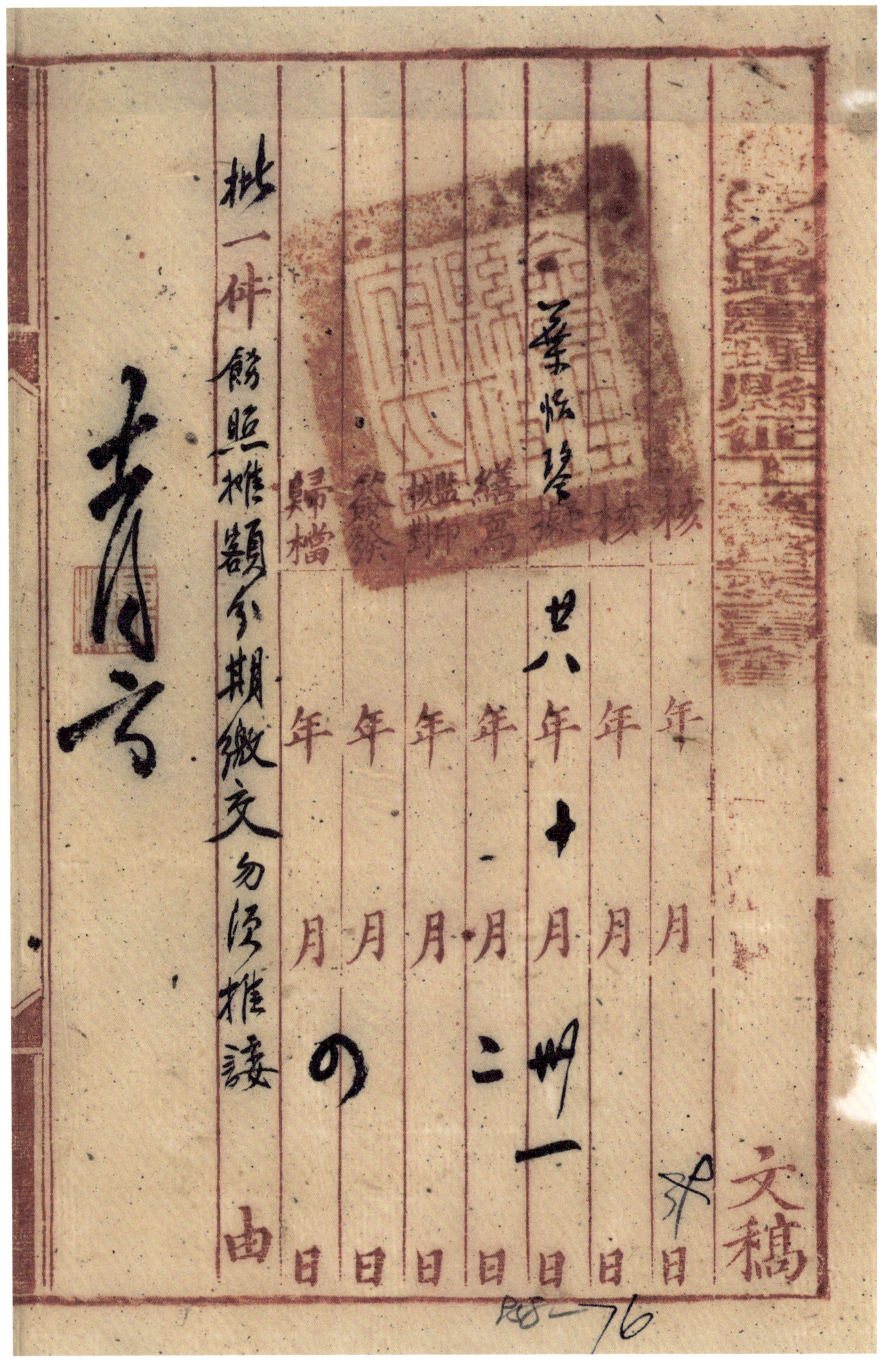

批一件

饬照摊额分期缴交，勿得推诿

由

廿八年十一月四日

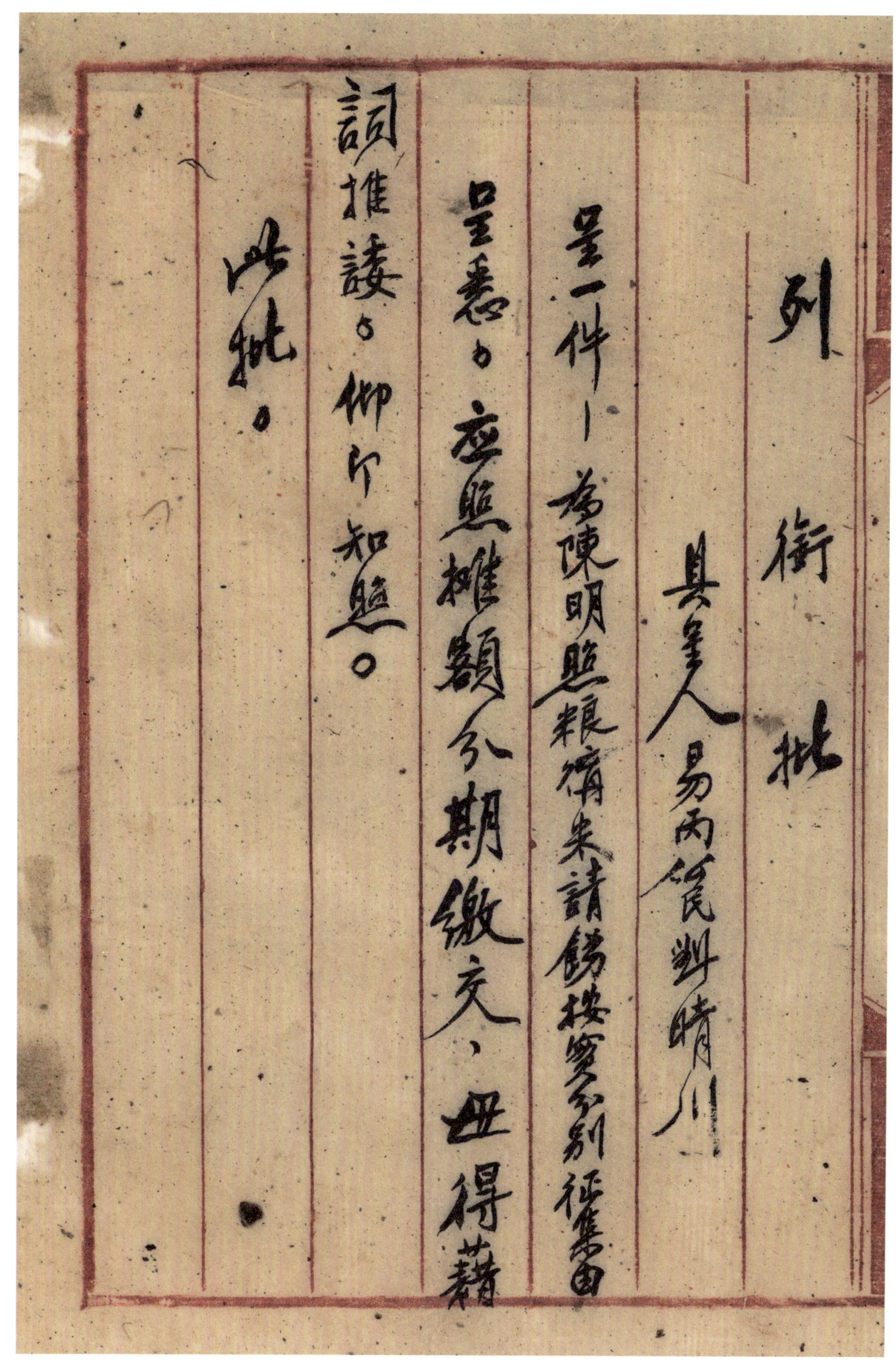

列銜批

具呈人易丙笢、劉晴川

呈一件。為陳明照粮備米請飭按粮分別征集由

呈悉。應照攤額分期繳交，毋得藉

詞推諉。仰即知照。

此批。

## 会理县征工筑路委员会、运输队队长李璧东、给养股采买组组长黄瑞文等关于筑路工粮在西昌县遭德昌区联保主任萧玉笙抢搂事的相关文书

### 运输队队长李璧东致会理县县长兼征工筑路委员会主席聂泗的呈（一九三九年十月三十一日）

十一月[illegible]收

呈為呈報事情職
於十月十二日運米到黃水塘轉運組交代時奉
黃股長諭在德昌鳳凰橋局駐扎運德昌之米殊于二十八日夜
間有德昌聯保處壯丁羅煥清等十餘人將鐵橋封鎖並
將運伕駐地大門封鎖斷絕交通翌晨九時始開行人鵠候
運伕不能取水煮吃經孫區長交涉許可暫停一日運行殊孫區
長走後於三十日夜八時光景有德昌聯保主任蕭玉笙統率
壯丁弍百餘人明火執杖湧入橋局声稱奉江區長令不許

米粮出境不容分說將民工食米砍去八馱（計十六包）並將堆存之米四十六包（計大包二十七包小包十八包）一概搬去將職押往區署江區長假借民意指摘辱罵不給收據令職出境倘稍違留則生命難保只得忍辱而回計點被摟去民工食米大包共失六十二包之數運伕食米九斗大蘿一個篾箱六隻空麻袋一十六條職所有之馬一匹並有行李及法幣弍百元係由馮組長手領來作運費交一百元與何司務長還義手被伊等將鎖打濫湯進廟內摟去又游正亮買米所剩法幣九十餘元連皮包亦被摟去似此行為實屬兇暴只得寅夜奔回苟

全性命職負重忍辱義不容辭惟損失公私物件頗多是以報請作主追究原贓並請轉電呈請

主席究辦則運輸方能進行無阻是否有當靜候

鈞裁示遵謹呈

縣長兼主席聶

職李夔東

中華民國二十八年十月三十一日

给养股采买组组长黄瑞文致会理县征工筑路委员会的呈（一九三九年十一月）

竊職於十一月一日據運輸隊隊長李馨東來處報稱：

竊職於十月廿一日率領運輸隊由永定營起運工糧，即日宿小高橋，廿二日宿鳳凰橋局，至夜間十時，突有沙昌聯保處壯丁羅煥清等十餘人將鐵橋及職隊駐紮地之大門封鎖，斷絕交通，翌晨九時始開，不准運伕取水煮飯，經該區長交涉，才許暫停運行，該區區長走後，復於廿三日夜八時，有沙昌聯保主任蕭玉堂統率壯丁二百餘人，明火執械湧入橋局，自稱奉江區長令，不准米糧出境，隨即不容分說，將工糧斫去去八駄、計十六包，前次運存橋局之米四十六包，共六十二包，運伕食米九斗、大籮一箇、篾箱六隻、空麻袋十六条、騎馬一匹、行李全套、法幣二百元（此款係在黃水塘向馮組長益之處領來之運費）、包皮一箇，内装法幣九十元（係給養股之役游正亮送來之運費）一概擄去，当將我押到區署，被江區長指摘辱罵，並諭以倘稍遲留，則生命難保，命我趕快出境。伏查法昌近來黨派峙立，意見複雜，有所謂青年派者，純是不軌之徒，其首領詹有義曾發表過許多妄言，迭次擋米，隨事為難，此次事變顯係集所指使至江區長負該區行政之責，既于孫區長前允許協助，西孫區長甫經轉瞬，即發生此項重大問題。果如江區長所云，人民有不許米糧出境情事，應于事前警告，職萬不敢稍有違抗。迨蕭奎等既將公糧搶去，又將行李馬匹法幣摟空，始推作民眾之意，於情於理似均不合。至職遭此兇暴情事，僅留全生命，得晝夜奔轉永定營，受辱吃苦，義不敢辭，惟損失公物及私人物件頗多，呈以報請作主，追究原物，并懇電呈省主席△△△究辦，以利運輸事務，方能進行無阻。是否有當，敬候鈞裁示遵。謹呈等情。據此，理合據情轉請鈞鑒核示遵。謹呈

# 会理县征工筑路委员会致军事委员会委员长西昌行辕和西康省政府的呈（一九三九年十一月五日）

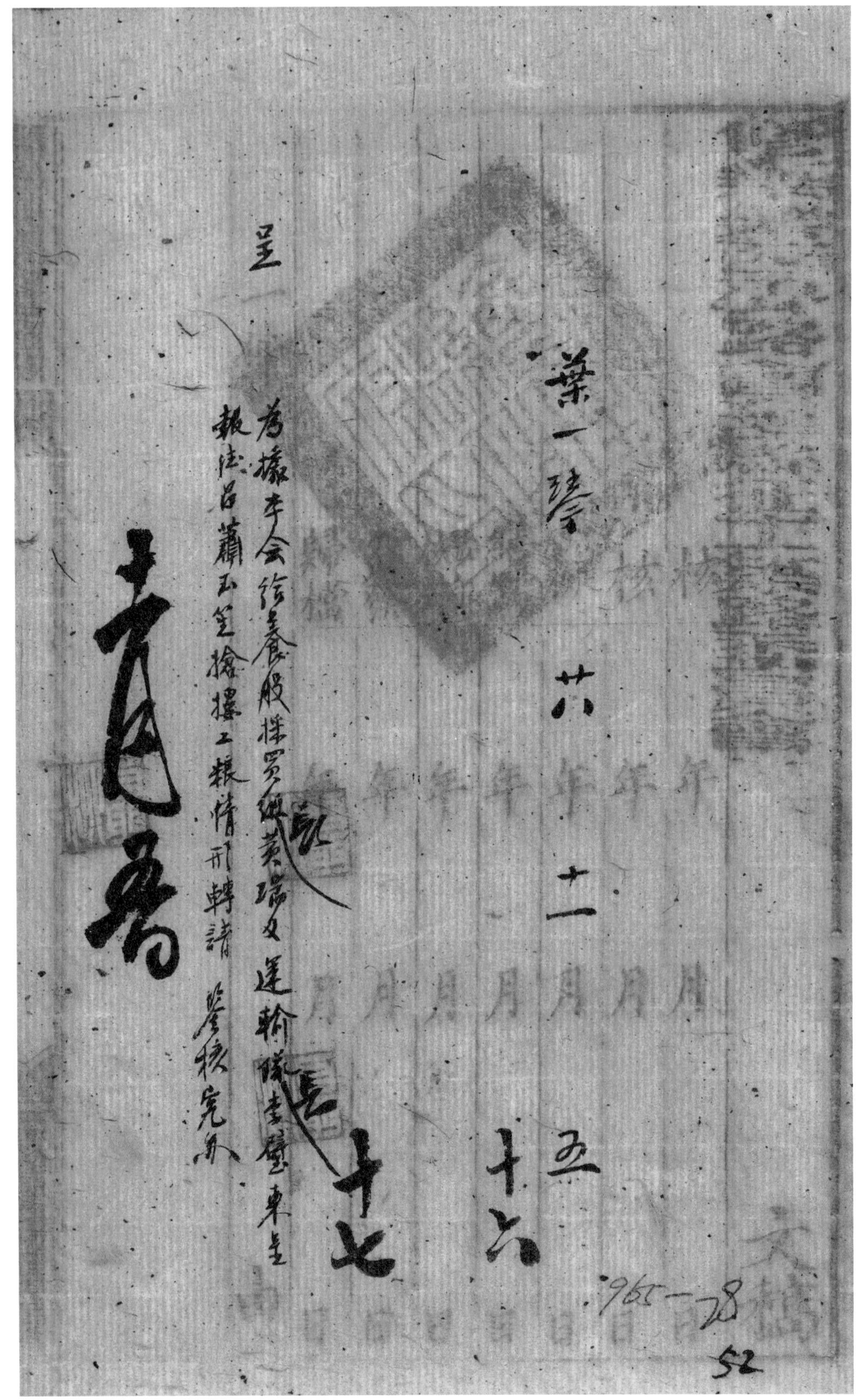

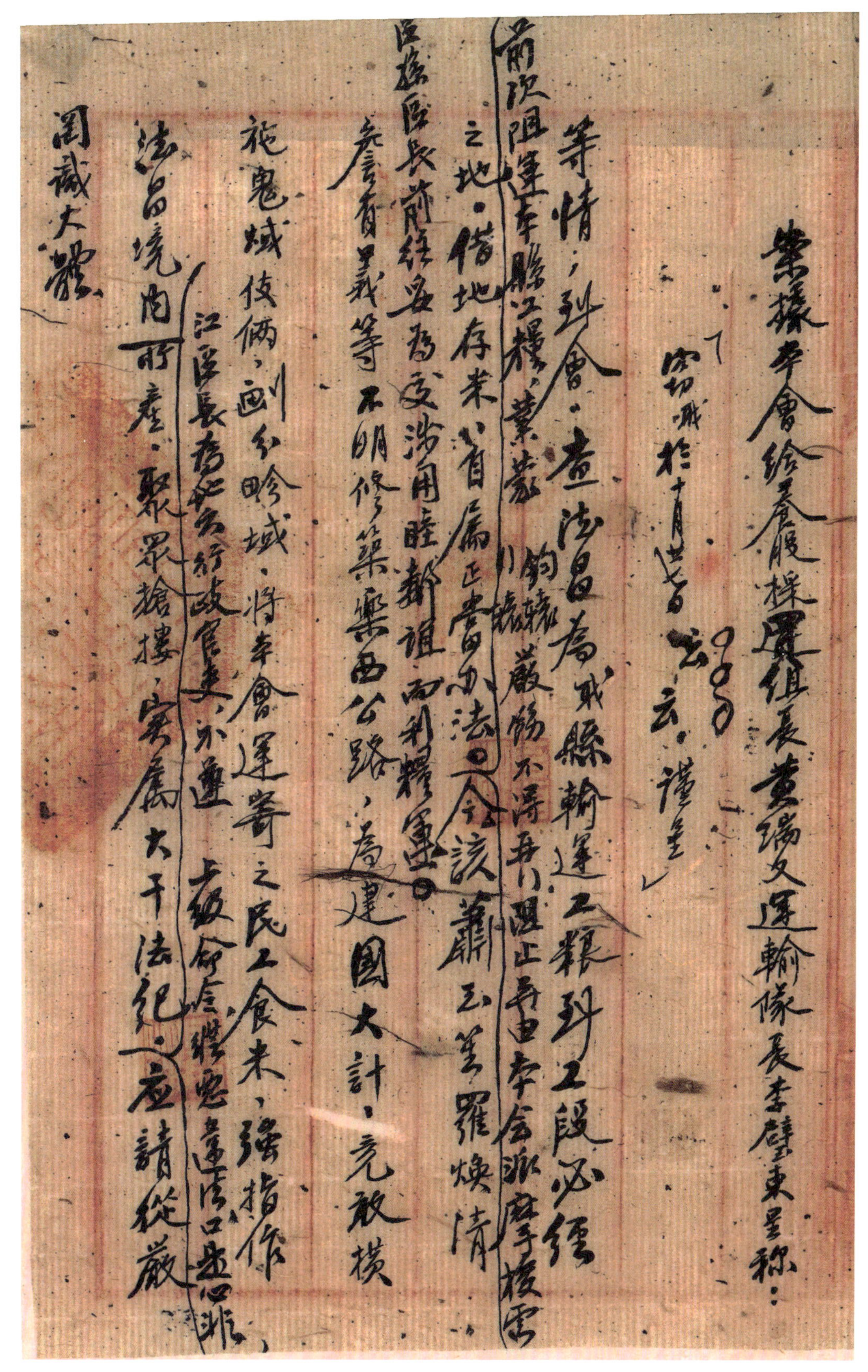

案據本會綏蒼段採買組長黃瑞文、運輸隊長李肇東呈稱：

「竊職於十月廿五日……」云云。謹呈

等情，到會。查法昌為我縣輸運工糧到工段必經

前次阻運本縣江糧，叢蒙

鈞轄嚴飭不得再阻止，由本會派摩梭雲

之地。借地存米，首屬正當。今該蘇玉芝、羅煥清

區族區長蔣爬緣妥為交涉，商用睦鄰誼，而利糧運。

無奈會首吳義等不明修築樂西公路，為建國大計，竟敢橫

施鬼蜮伎倆，劃分畛域，將本會運寄之民工食米，強指作

江區長為無行政官吏，不遵上級命令，縱恣違法，口無心非

法昌境內所產，聚眾搶摟，實屬大干法紀。應請從嚴

閲識大體

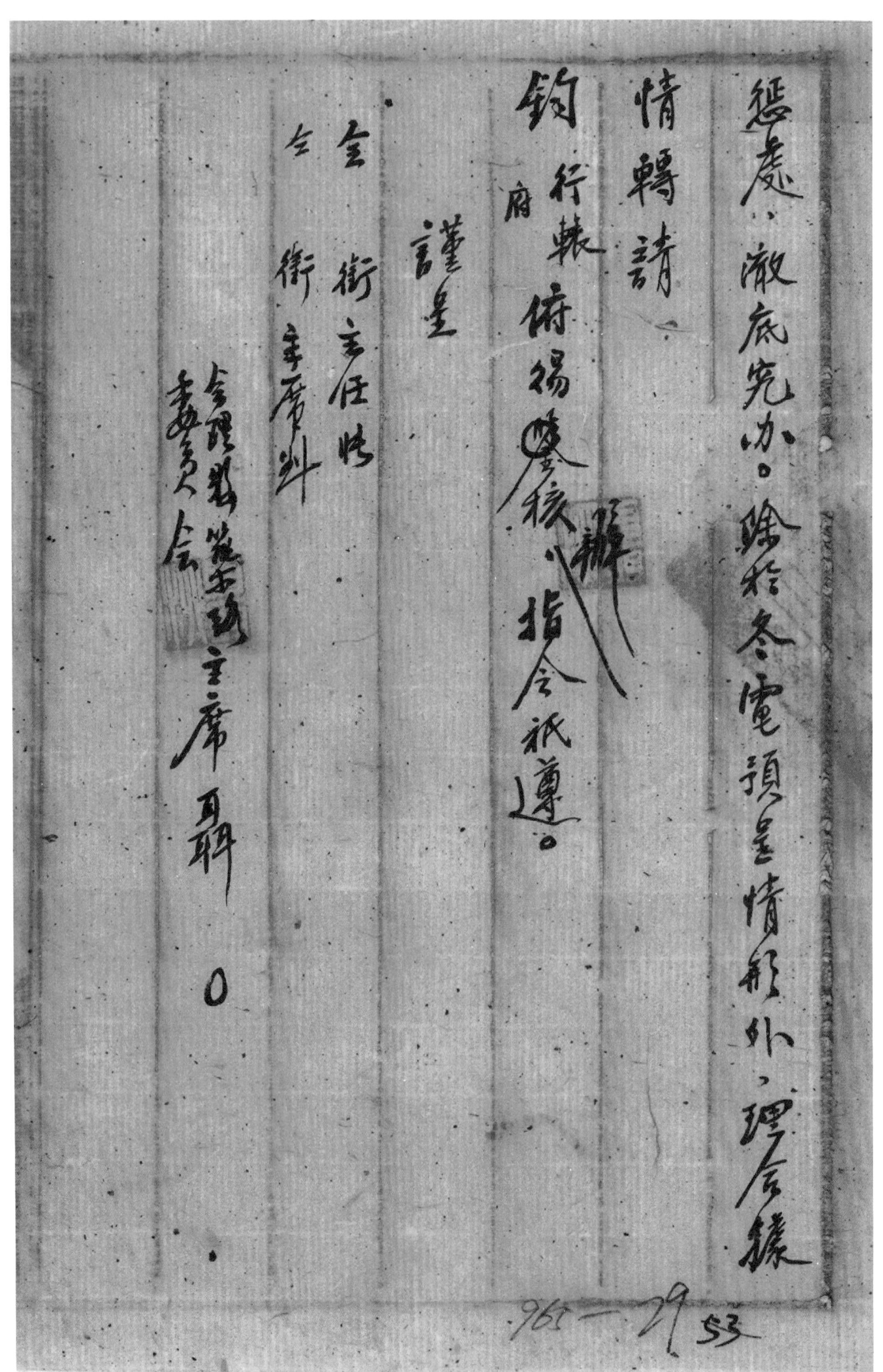
懇處，澈底究辦。除將冬電頭呈情形外，理合據

情轉請

鈞府行轅俯賜察核，指令祇遵。

謹呈

全銜主任[illegible]

仝銜主席[illegible]

仝理縣築路委員會主席聶輯

965—29 53

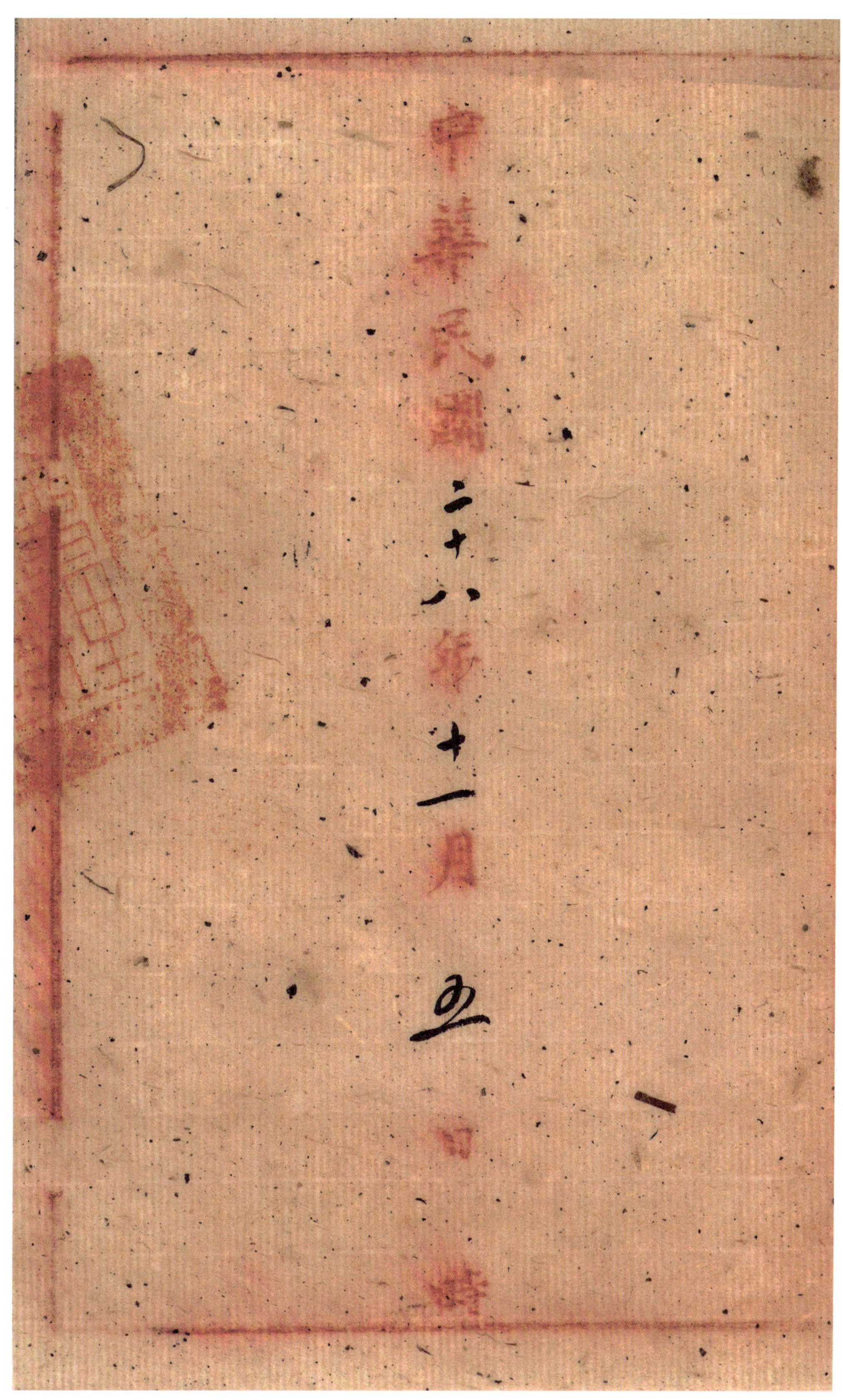

中華民國二十八年十一月五日　時

# 会理县征工筑路委员会关于通金联保是否已汇款以及请采买组代购食米致给养股采买组长黄瑞文的训令

（一九三九年十一月一日）

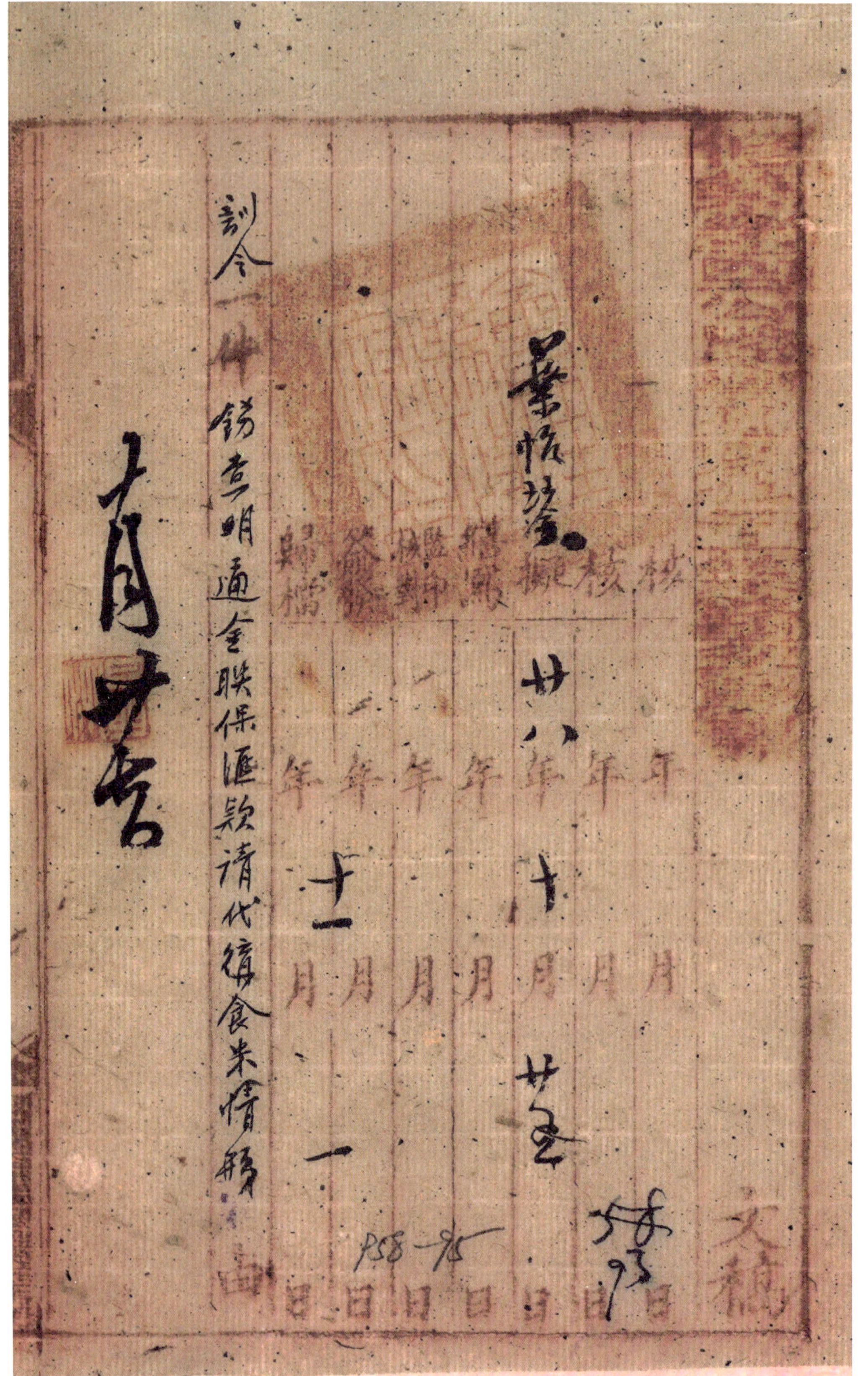
訓令一件　飭查明通金聯保匯款請代購食米情形

葉怡鑒

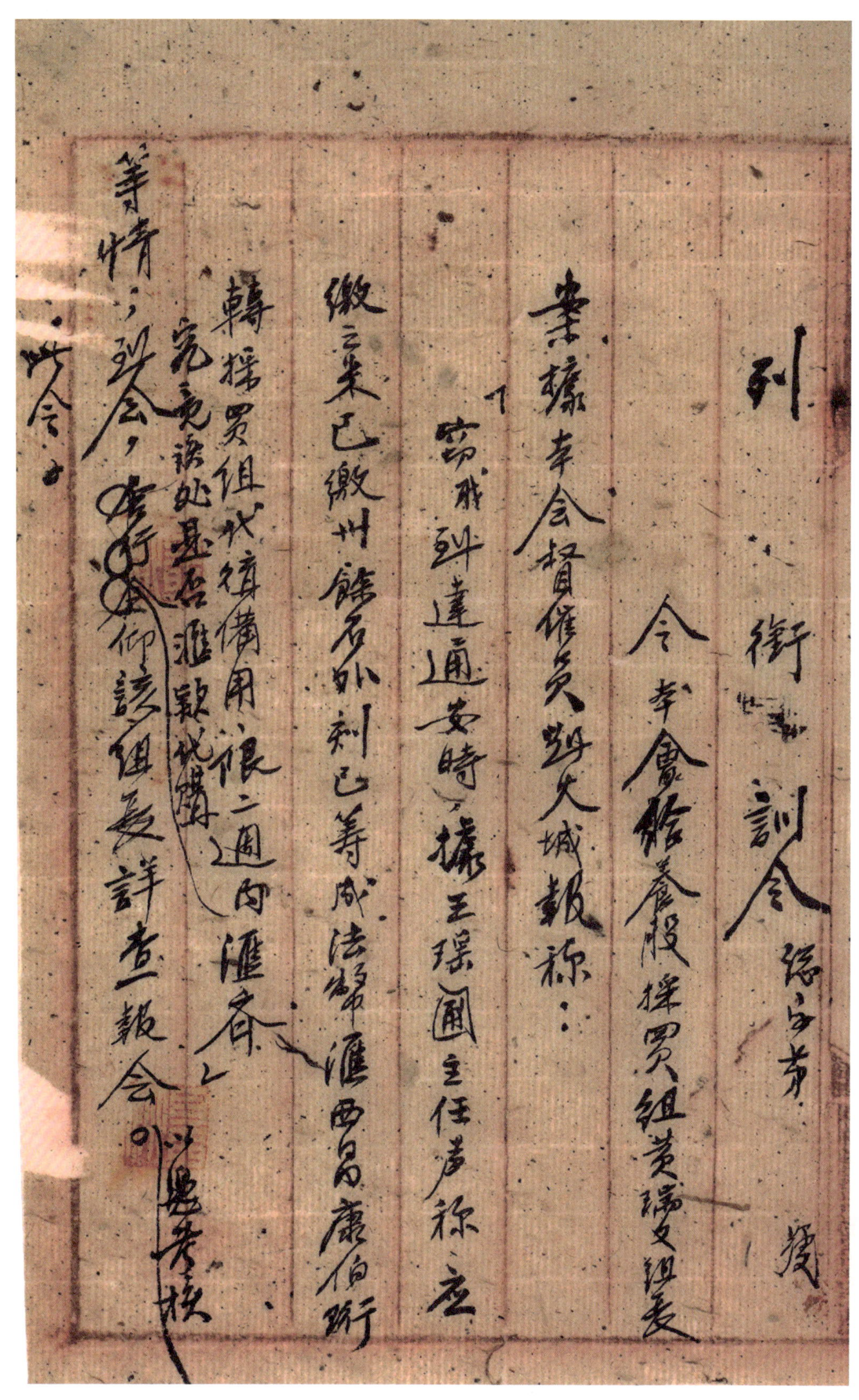

列衔训令　总字第　号　发

令本会采购股采买组黄瑞文组长

案据本会督催员欧大城报称：

「窃职到达通安时，据王璟圃主任声称，应

缴之米已缴卅余石外，剩已筹成法币汇西昌康伯行

转採买组代筹备用，限二周内汇齐」

究竟该处是否汇款代购

等情，到会，合行令仰该组长详查报会，以凭考核。

此令。

## 会理县征工筑路委员会关于上报各民工联队存取米数致给养股收发组的训令（一九三九年十一月一日）

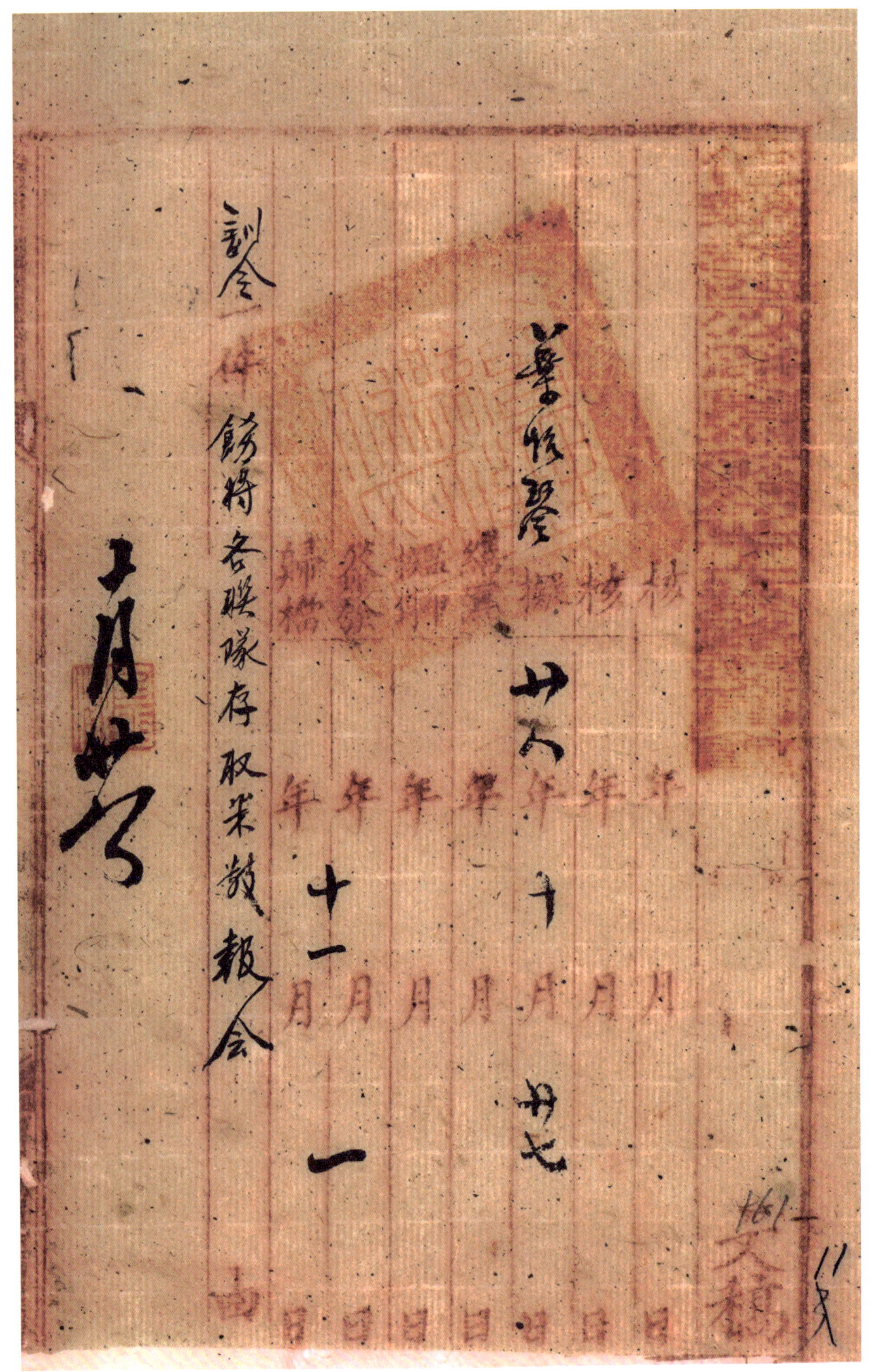
训令

饬将各联队存取米数报会

十一月 一日

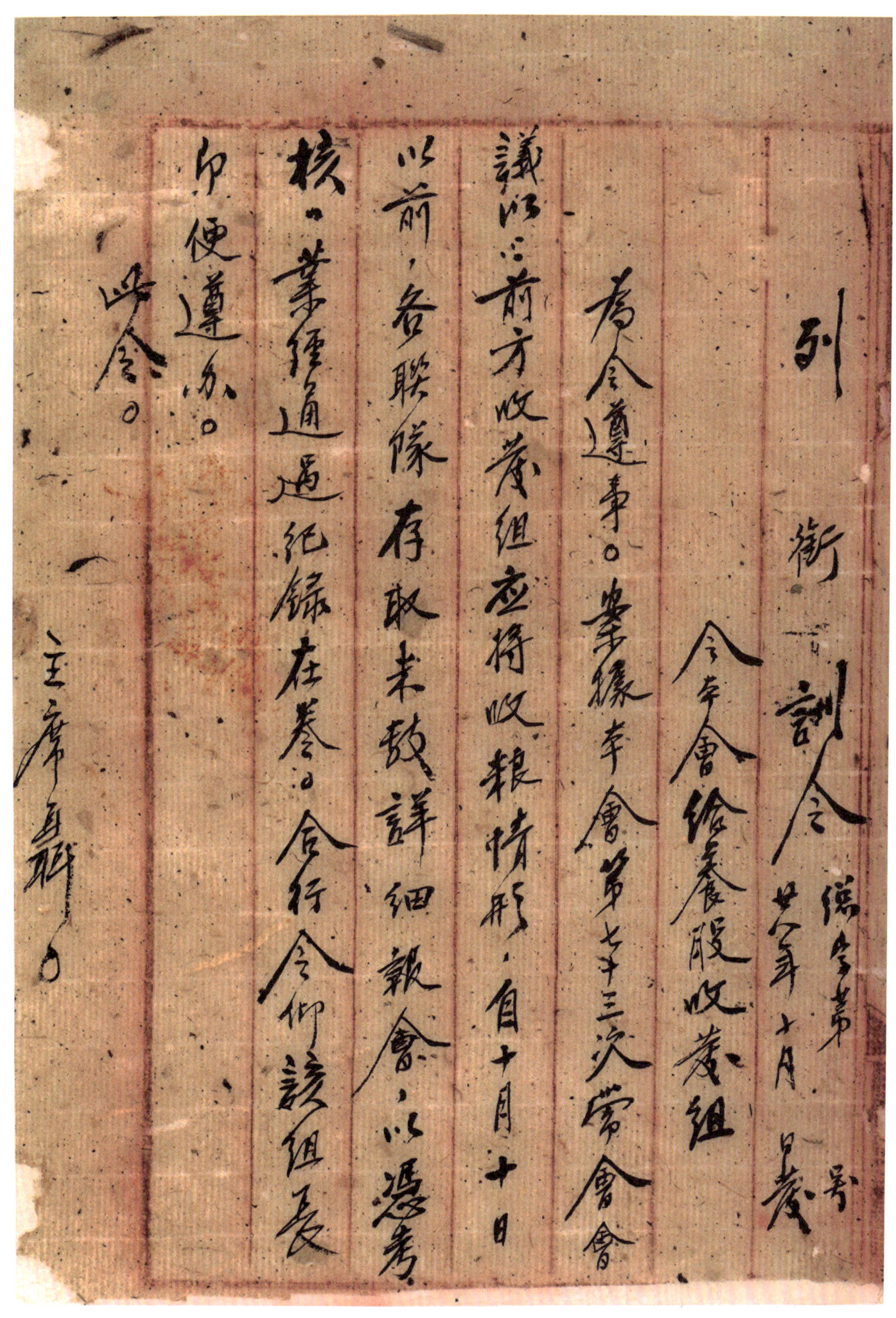

列銜訓令　綏字第　　號
廿六年十月　　日發

令本會給養股收養組

爲令遵事。案據本會第七十三次常會會議以前方收養組應將收粮情形，自十月十日以前，各聯隊存取米數詳細報會，以憑考核，業經通過紀錄在卷。合行令仰該組長即便遵照。

此令。

主席　[illegible]

# 会理县征工筑路委员会关于造报采买食米旬报致给养股采买组的训令（一九三九年十一月二日）

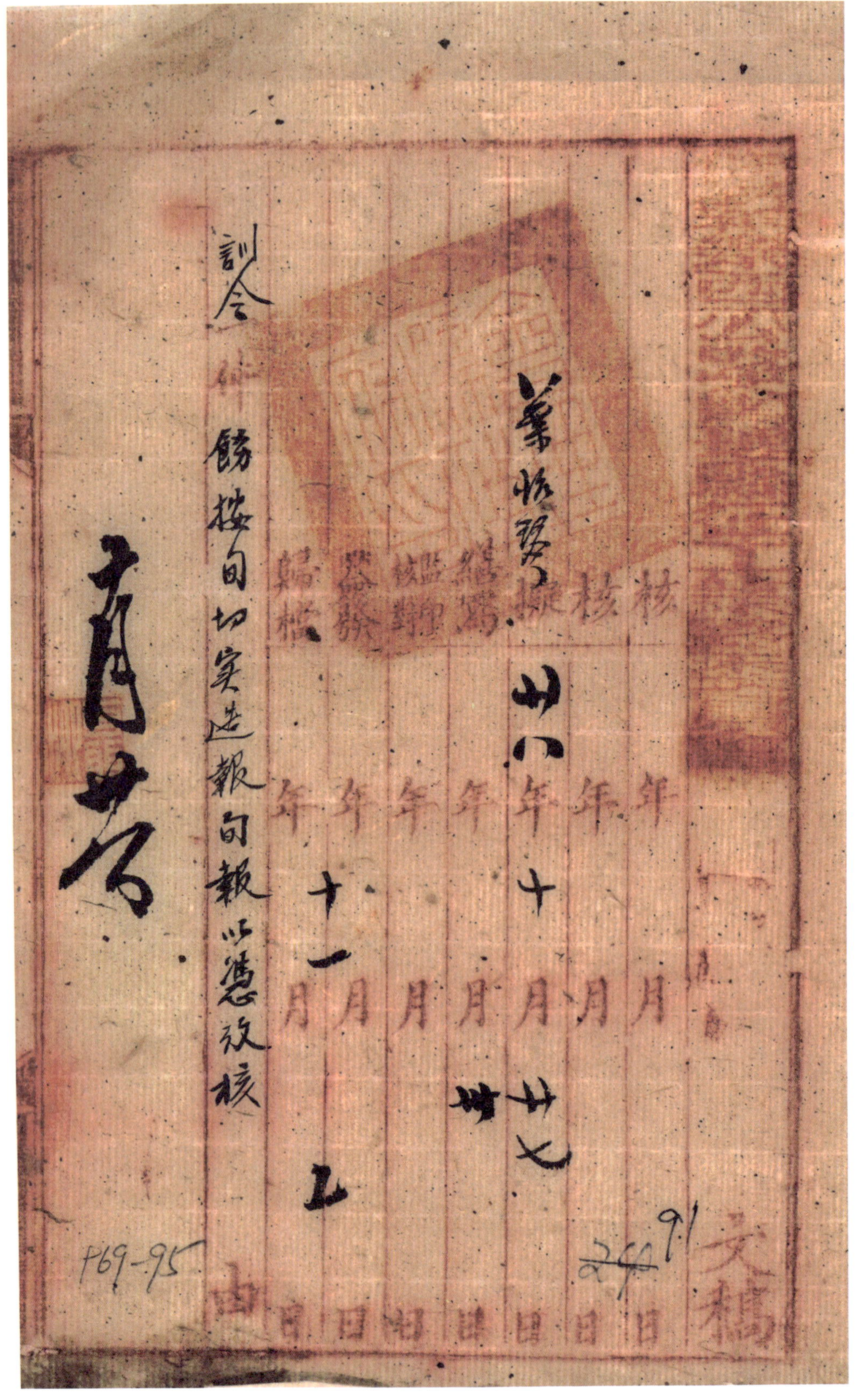
訓令

飭按旬切實造報旬報以憑攷核

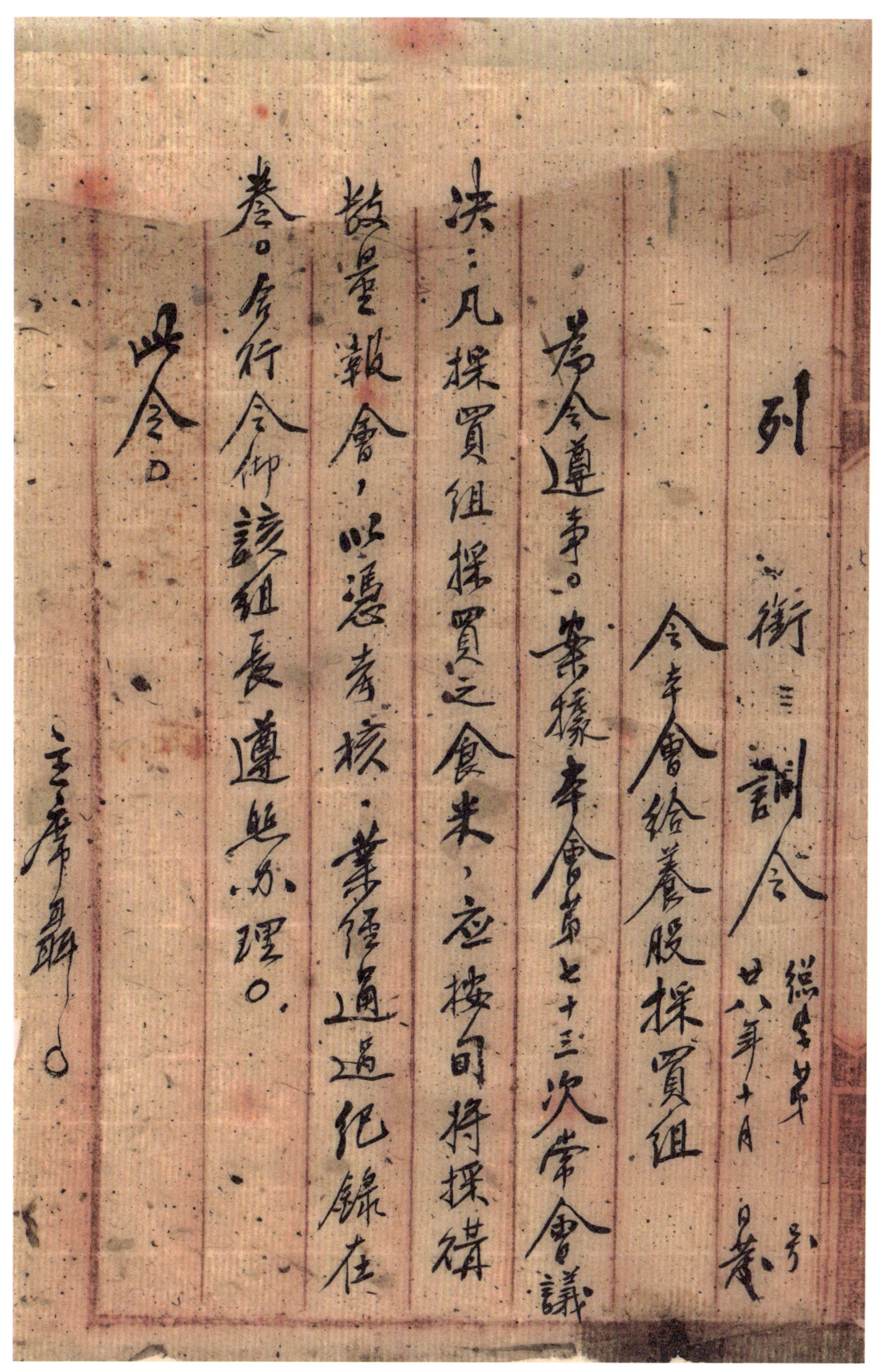

列銜訓令　　總字第　號

令本會給養股採買組　　卅八年十月　日發

爲令遵事。案據本會第七十三次常會議決：凡採買組採買之食米，應按旬將採購數量報會，以憑考核。業經通過紀錄在卷。合行令仰該組長遵照辦理。

此令。

主席

## 职员艾嘉谟关于西昌县德昌区运米受阻戴华生副处长谒见军事委员会委员长西昌行辕主任张笃伦商洽结果致杨洁生副处长的函（一九三九年十一月二日）

附啓

潔生副處長鈞鑒：本午由礼起身，已於午后五時抵办事處。當時隨帶各件分呈戴副處長，交函命取款轉礼局費一節，殊前日留西之款已交馬帶走，無法籌發，俟方便領得時，急提礼局費不悮。昨日德昌運米復受阻制，接報時，戴副處長急往行轅謁見張主任報告一切，並將商洽結果數點分陳於后：

(一)我方民工食米，不得妨害黃水塘及西昌附近購買；(二)限於德昌區內准許購買一部，惟是須由區署及保甲代買，以免影響市面；(三)各隊有借買工米為名，而又囤米者，飭嚴禁；(四)德昌之事，周分長約戴副處長擇日前往處理；(五)命飭工務股總隊部，令飭各隊長認真督促，加緊工作，办事處仍駐城内，以便接洽。

再者昨日託冊二十三分局寄來之估計方數單一張、並非正式表报、第雖作數、未能領款、務望就近催促分局要將該局已收方價款單速急填就寄下、以便照領、免悞、並聞劉俊成局長已上託冊、請就近與伊商洽、催促收方返鄉、俾便領款、以濟眉急為要、至囑向趙先生收款拍電東節、昨日當照命辦理不悞、餘未贅陳、特此敬頌

鈞安、並叩

各股長鈞安

愚晚 艾嘉謨頓上 〔印：嘉謨之印〕

十月二日晚上時

870-102

8P-101

# 会理县县长兼征工筑路委员会主席聂泗关于饬沿途保甲派壮丁护送给养股股员王芳伯赴会理县永定营会办采购工粮事宜的命令（一九三九年十一月二日）

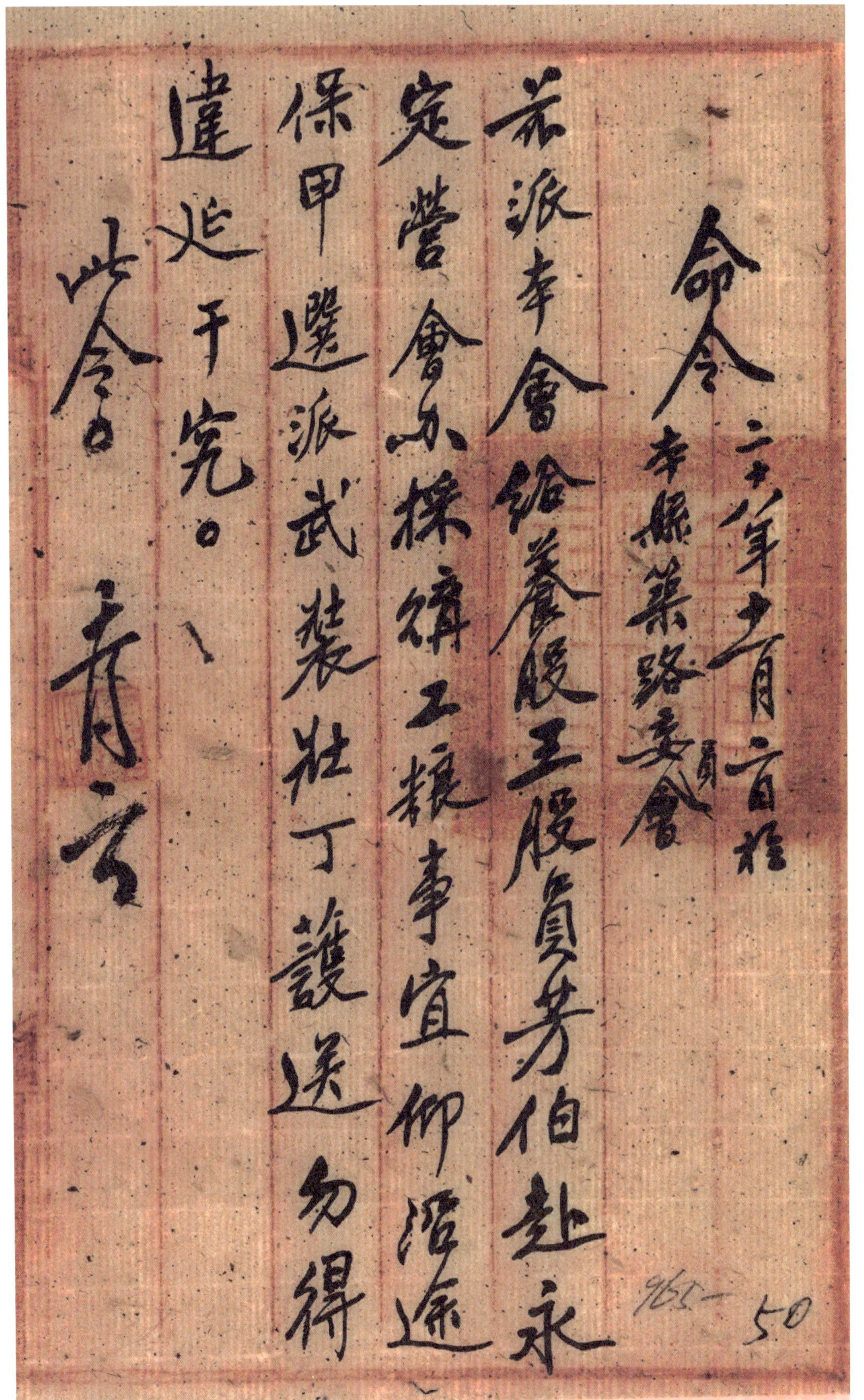

命令 二十八年十一月二日於
本縣築路委員會
茲派本會給養股股員王芳伯赴永
定營會辦採購工糧事宜，仰沿途
保甲選派武裝壯丁護送，勿得
違延，干究。
此令。
主席 聶泗

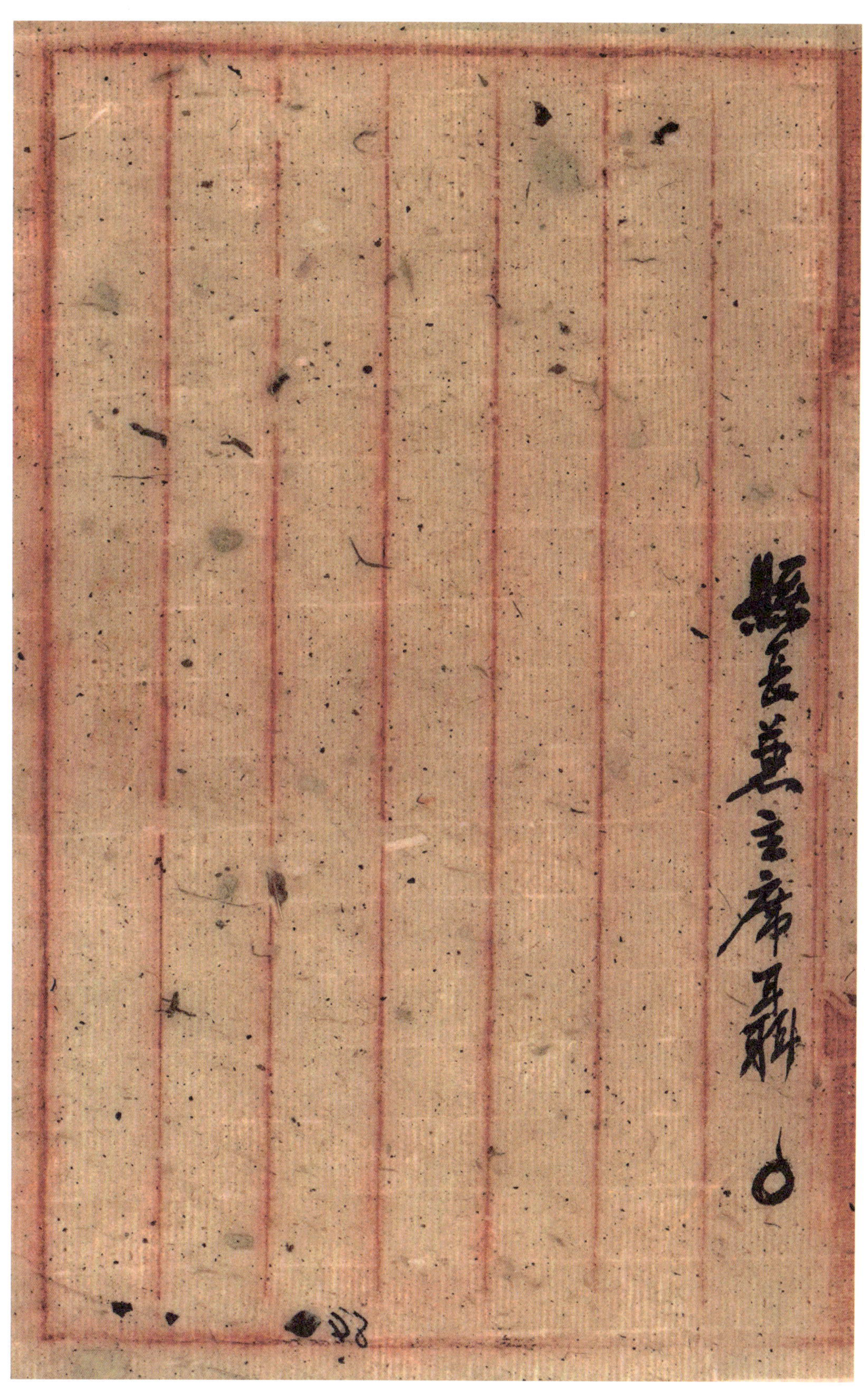

縣長兼主席再拜

## 会理县征工筑路委员会驻工办事处戴华生副处长关于因西昌县德昌区黄麻联保阻运工米晋谒军事委员会委员长西昌行辕主任张笃伦陈述要点致杨洁生和姚凤喈的函（一九三九年十一月三日）

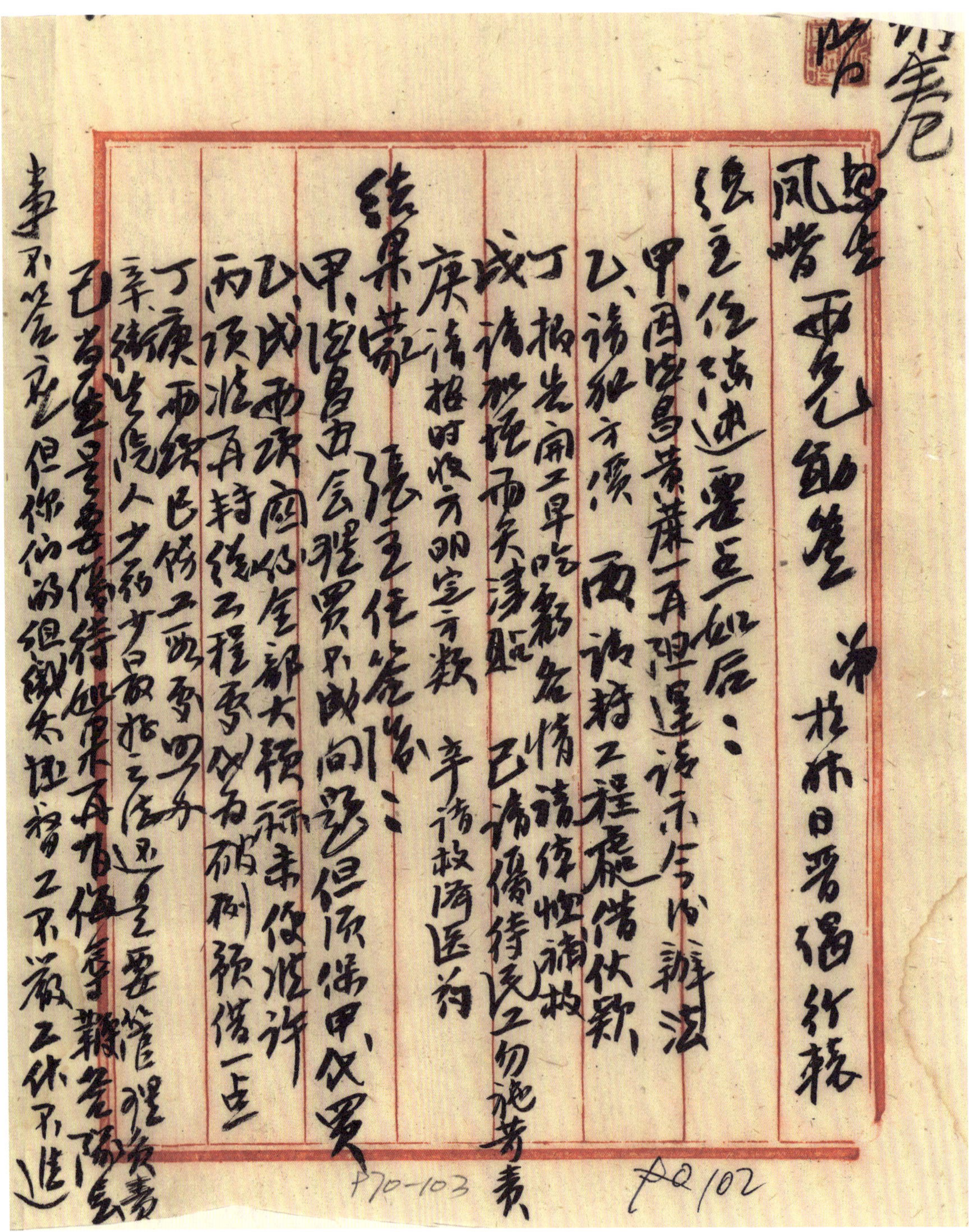

管理局李清病逝，死后要大家负责改良减

少過些債務

些外再嘱咐節 负责接待 接洽接報及請教工

款人要常川在城總隊部工務股及給養股

要常住和外面理工務、總務處會區以外各九

把工米會理處不得再自由買以免亂價，總會二节

直接報會理處，有買米又要米，請第要查

禁〇……未了陳組長等又曾詳細寫信

示某方面接洽……但為銷報予向氣自某要

死了。

現周組長仍同科長回去照阻遲，研究及商量令

回會議此事為今日給養大計，不能不去大隊接洽

是由區組為處置一部份給養報耳，人心如此眼方

如此也只於此之一些耳。現決定請鳳嘗先在孔司

接洽隊務工務，因手續如何分組，如何調務，如何集報如

本接洽如何管理以及工程工具上如何保管接洽

統由鳳嘗先全權主持各隊給養計算標發統

崇根

……第有
……了主
……急思
……打罢
……牲所
……的来函
……的收方
……字已由
……可見
……由重
……内因方
……事也
……大家
……力弟
……僅往
……仍報功
8

由彦光负责主持，但各队人数至巨，切实監督
係之管理，各队自报自报之时，亦须实報，事
事與總隊部之有關會議，凡皆先達土圓責，
主持按日據向總計隊，但須管牍，对於主管
次有所保持，而不致使財政虛耗养
集中于工作勤惰，与工资亦有差，於總隊部
及工務股即以此等於主力與奖惩而定，免受工人
負三貴之实程，如果各部工人发未尽厥责，失于
指導，惟查按查報，则将来横生责任，应由
各该股工務负全责，惟此外須用棉纸，试分
日记数，并分别登记工人实据，日据时记入，分别時
有室園人有数量方足以专职，实薪资薪
检譔为论，並有应用纸面，应全各队可即報
办事处印後總隊部，管印与記即将办事處
國民定算遵出于每总免个人仍請返回署主
接數日紀管领据將信手之限章請
前大改五日内即可收回機先由家決不再有限
至於前日西面話帮字先办理之事，今因無款可

十付十

江陰袋屯，設法大運和益，嗣後

能不稍緩發，但不能不暗中布置，心隨時要相聯絡。

張渭公方面、周竹方面，均已約略布置，將來

時先與諸同志切商，手段要決，法做事要機

密，否則亂罵不能收效。款獨來，巨乙已見兄

兄以南岸既需巨款之沫，款事亟措，青日

並手續伴發對和王運鵬對沿發送，要保手

湘達視查要理，可屬伯王運鵬取票款事已收

命取歸計大洋卅元，以票十八元（係廿元）已由吉發

四收發紙費完全無案，其法人權有所未至

陳某故有內言，調查確也。唯王只能由某已去簡

從款係來後，給五國和會，可見久來汕頭前簡

安南張工作，○四

注意海陸豐、汕事，望多多當先援照紀錄

分撥鄭宗棠○與運來卅六元，寫到和、九、宮、陸、四大公

十八曾與自保，○各籌借款，運年○並關照即到。

劉洛　四月廿一

光。又李先達士兄並此

弟葉挺上

十二日晝時

## 会理县征工筑路委员会与内东联保第八保公民李鸣骐关于给价摊买的来往文书

### 内东联保第八保公民李鸣骐致会理县征工筑路委员会的呈（一九三九年十一月三日）

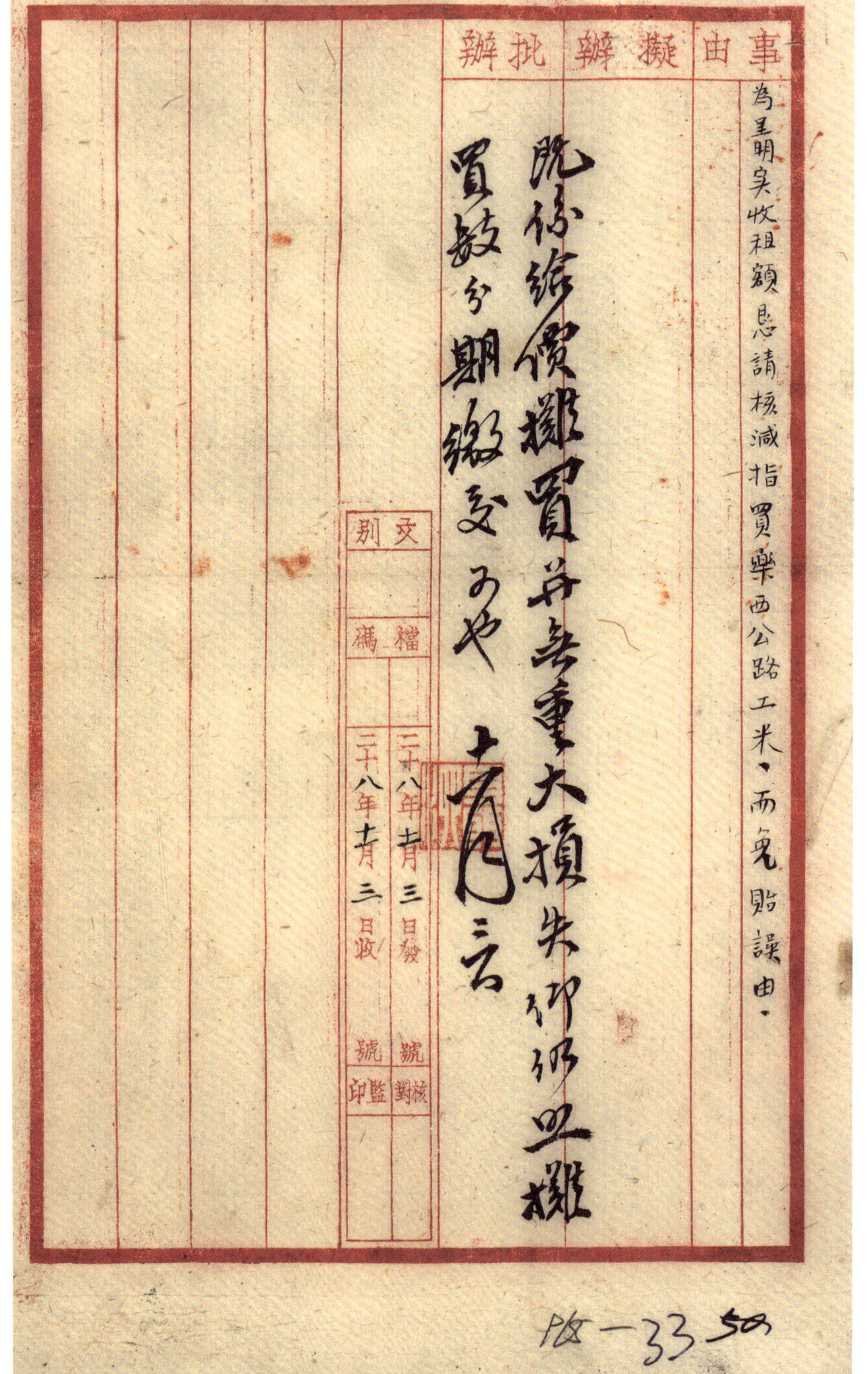

事由：為呈明实收租額恳請核減指買樂西公路工米、而免貽誤由。

擬辦

批辦：既係給價攤買，並無重大損失，仰仍照攤買數分期繳交可也。十一月三日

交別

檔碼

二十八年十一月三日發　號

二十八年十一月三日收　號

核對

監印

148—33 58

具懇請書公民李鳴騏，住內東第八保。為呈明實收租額懇請

核減指買樂西公路工米，以憑攤繳，而免貽誤事。

竊查此次建築樂西公路，本縣征工辦法，經築委會議決：「工人由各鄉區負責征調，城區則担負工人食米。採買食米辦法，議由縣中紳耆準不動產或恆產恆業之收入，按取定標準以比例規定指買之方法提議在案。此議至公且平，凡屬可能民衆，理應仰體

上意，踴躍認賣。復查此段公路，不特為康寧築

路工程之中心建設，其於甯民之未來幸福，裨益尤大，深知築路工程。上令須決勿緩。此項交通，既係康甯必要建設，則安居後方之民衆更當抒誠以待命。无如公民一生孤苦，舉目無助，遂被家事羈絆，手无恆業，更兼家事頻遭意外，於是債臺高築，无以足食。前雖年收米租肆拾伍碩，然因清償債務之故。於二十四年六月間曾將所收租米拾伍碩之田業一份（業址在西區攀蓮處）杜賣與喬介卿而現有收入每年僅米租叁拾碩，其中抵押債務之租米拾伍

碩。每年实只收入米租拾伍碩。奉

鈞會發下所註指買工米柒碩之通知數目，民实萬分无力如數折繳，是以具文呈請

鈞會鑒其孤苦，審查公民实收租額，准予按照

議决標準，核減指買米數，裨便設法買米折

繳，以符公令。如蒙

俯准，則沾感无暨矣！倘有虛陳，甘受相当處分

為此瀝陳，鵠候核示！謹呈

會理縣築路委員會主任聶

公民 李鳴騏

# 会理县征工筑路委员会致内东联保第八保公民李鸣骐的批（一九三九年十一月十五日）

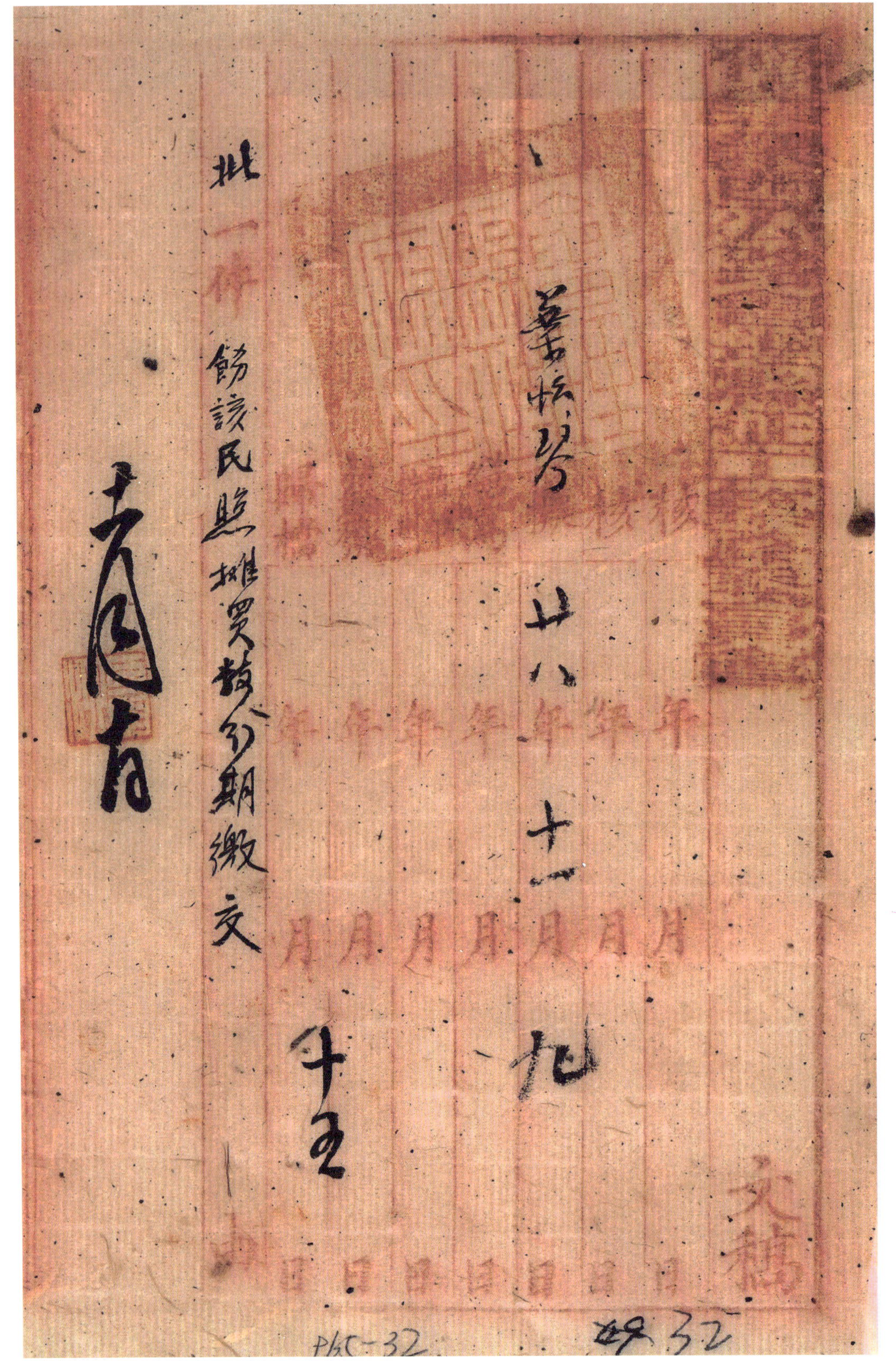

批一件

饬该民照摊费按期缴交

廿八年十一月九日

十五

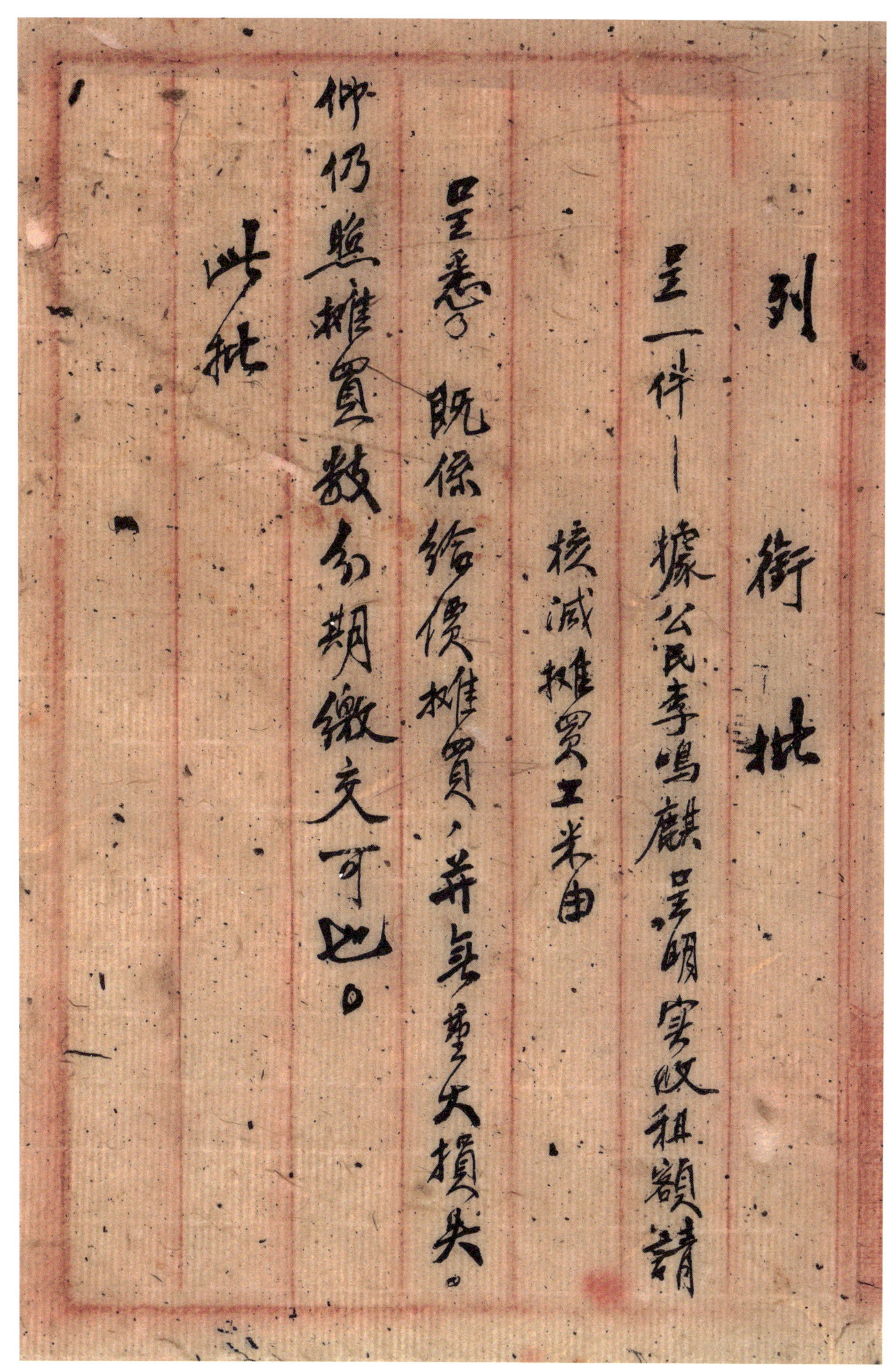
列銜批

呈一件，據公民李鳴麒呈明實收租額，請

核減攤買工米由

呈悉。既係給價攤買，并無重大損失。

仰仍照攤買數分期繳交可也。

此批

## 会理县长兼征工筑路委员会主席聂泗与给养股黄瑞文组长关于在西昌县德昌区买米的人员安排、转运组是否裁撤、请假等九项事项的来往文书

### 给养股黄瑞文组长致会理县长兼征工筑路委员会主席聂泗的呈（一九三九年十一月四日）

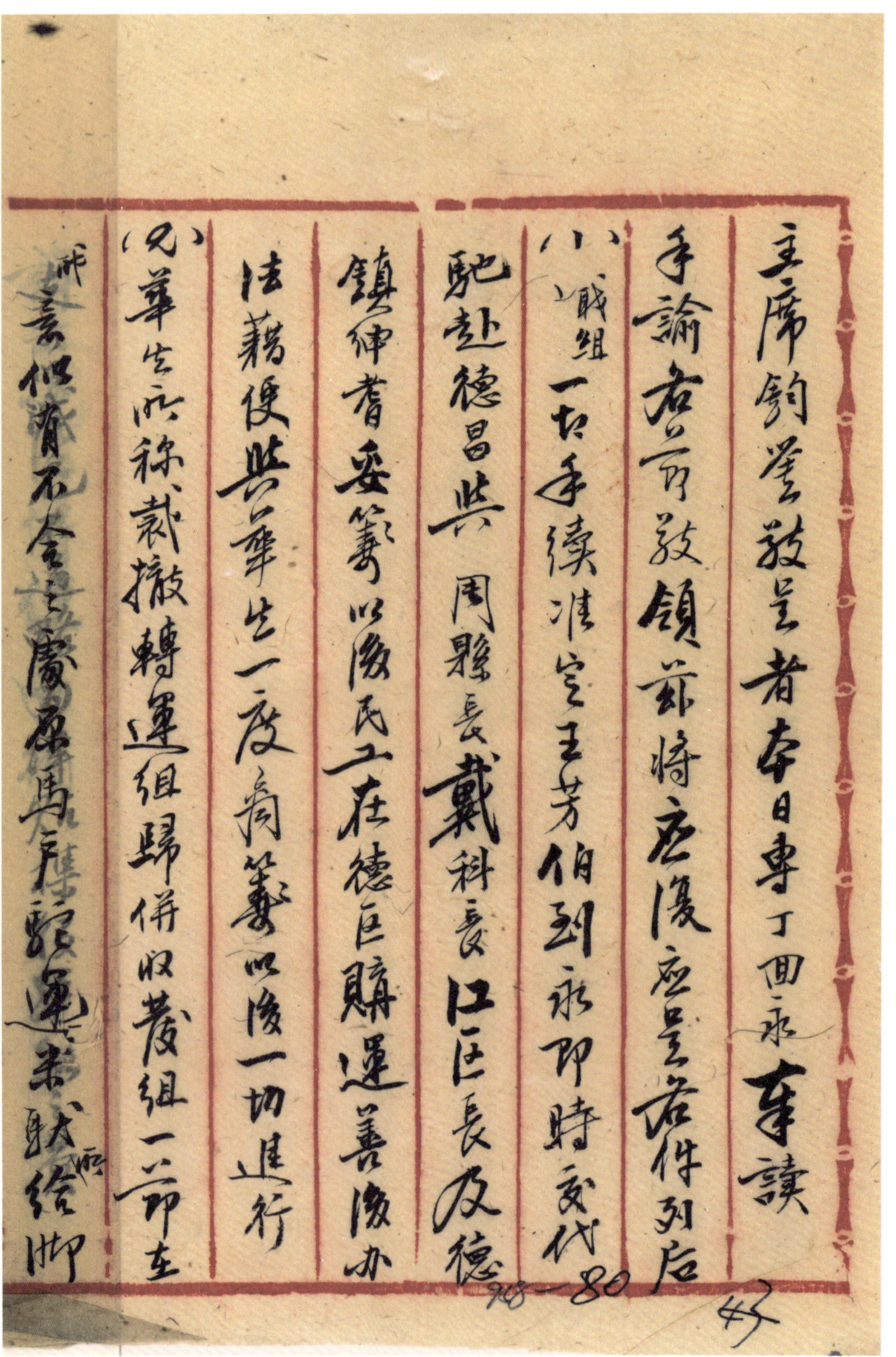
主席鈞鑒：敬呈者，本日專丁回來，奉讀
手諭，各節敬領，茲將應復應呈各件列后：
（一）職組一切手續，准宣主芳伯到來即時交代，
馳赴德昌與　周縣長、戴科長、江區長及德
鎮紳耆妥籌以後民工在德區購運善後辦
法，務使與華生一度商籌以後一切進行。
（二）華生所請裁撤轉運組歸併收發組一節，查
所言似有不合，查慶原馬戶馱運米、所給腳
98—80
45

貴實有不敷，常常叫苦。為此，以之驗到礼册要米

此本係全莊師至礼册每邑給收光查驗好之

師價仍不增加，以後馬戶規避更甚於前。第一

無馬領運，当靠人力揹運，必至發生恐慌。

（四）麻黃院不能在彼買米，張縂五百來之麻栗寨無販

事之戚，抑傷其持久，續從速办理。請白理轉到該

腰往楓桑收買該地之米，如途昌要隊買米，由保甲負責，即要伊

轉回摩冊手，實收買米粮，彼來院回家，則以後開

支可以減免，不過路為津貼襍役跑路之費

（4）戒趙德昌襄同華先將彼方文件办理就绪收還付託有人後請准假返里兩星期將私理料就绪又在赴永工作務懇允准以均勞逸是禱

（5）戒到德全華先與對方文件條件自當隨时電報請示至於到德應办事宜除華先及戒有顧慮不周過之處仍照隨时詳示办法俾便遵循

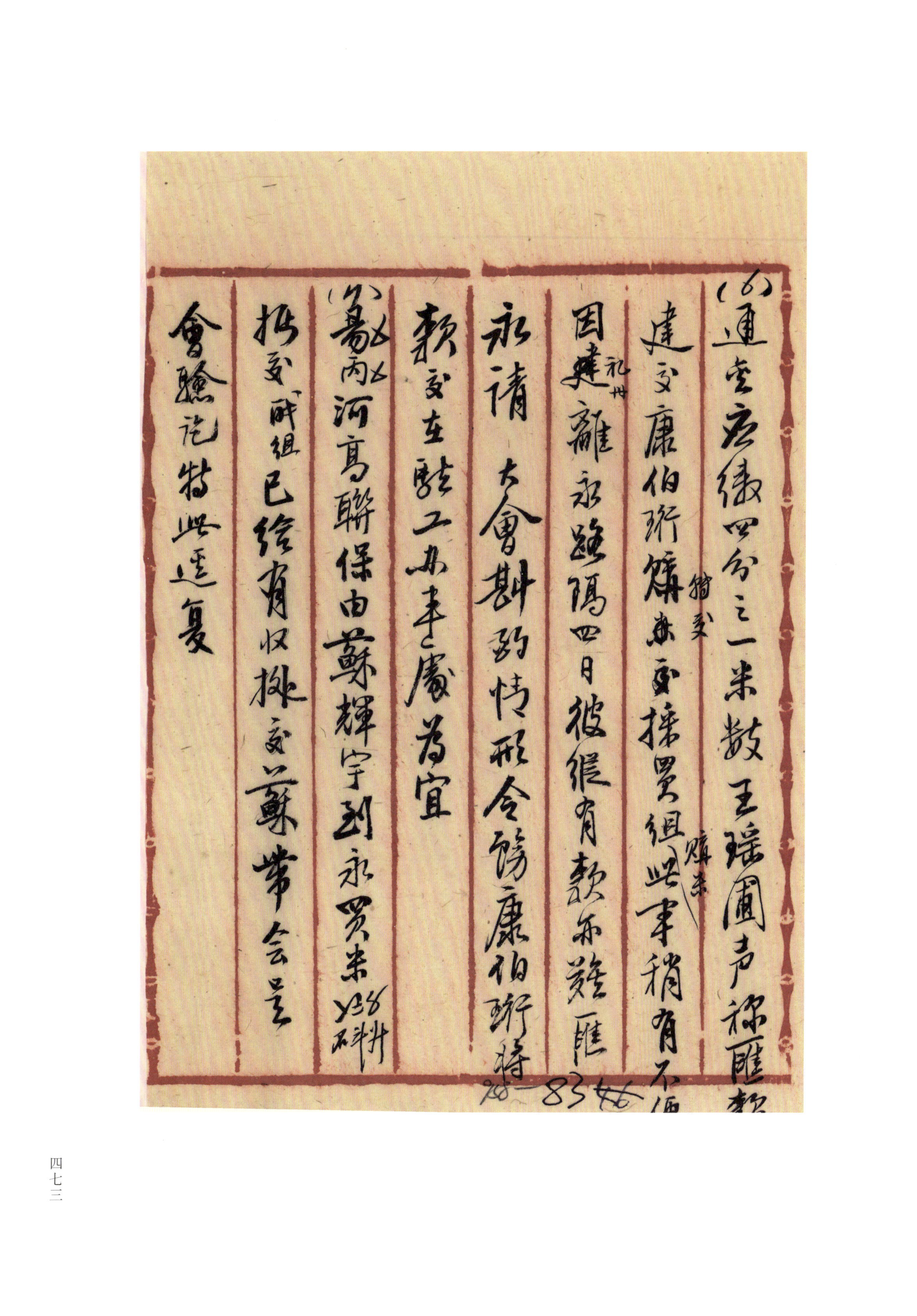

(6)通 臺詹儀四分之一米數 王瑤圃声称匯款

建支康伯珩購米電報買組此米稍有不便

因 建 離永路隔四日 彼組有款亦難匯

永請 大會斟酌情形令飭康伯珩將

款交在駐工永李處為宜

(7)敝商丙以河高聯保由蘇輝宇到永買米

掀支縣組已給有收據支以蘇常会員

會驗詫特此送复

28—83

（8）華生專織嘱應列運單業將數目開具前來，請飭繕寫另案承，以便蓋章轉寄（如運單已過郵印成印，請將原單封入內寄來另繕填亦可）。并請（嘱大城）將未過郵印運單再過郵印叁百張寄園交郵寄承（如此運單未在舍內放存，請大城弟到舍下取出過郵印後封寄來）。

（9）劉總工程師屬領款如此困難，已懇鈞座設法疏通，請新預發方能有濟，不然此後買米需款既多，三三仟元實際不濟事（華生專織交華德昌）。職前領之款僅存廿數，此後買米發脚用款必鉅，請預爲計劃是禱。耑肅，即請

鈞安

職黃壽林謹上 十八、四、

108—84

# 会理县长兼征工筑路委员会主席聂泗致给养股黄瑞文组长的复函（一九三九年十一月六日）

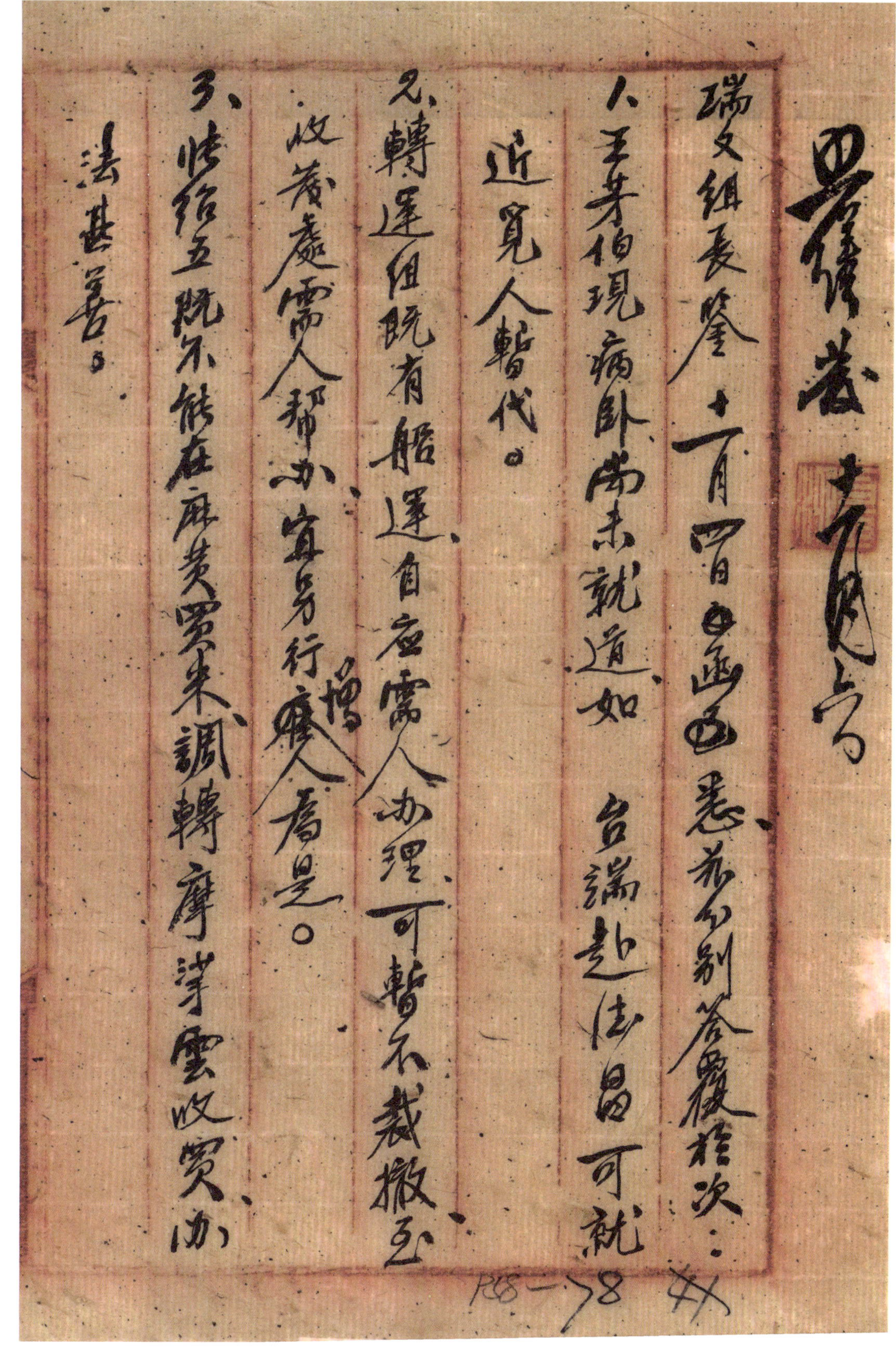
瑞文組長鑒：十一月四日函悉。兹分别答覆於次：

一、王芽伯現病卧，尚未就道，如台端赴德昌可就近覓人暫代。

二、轉運組既有船運，自應需人办理，可暫不裁撤，至收發處需人帮办，宜另行增僱人為是。

三、特给五既不能在麻黄買米，調轉摩[illegible]雲收買办法甚善。

聶泗啓 十一月六日

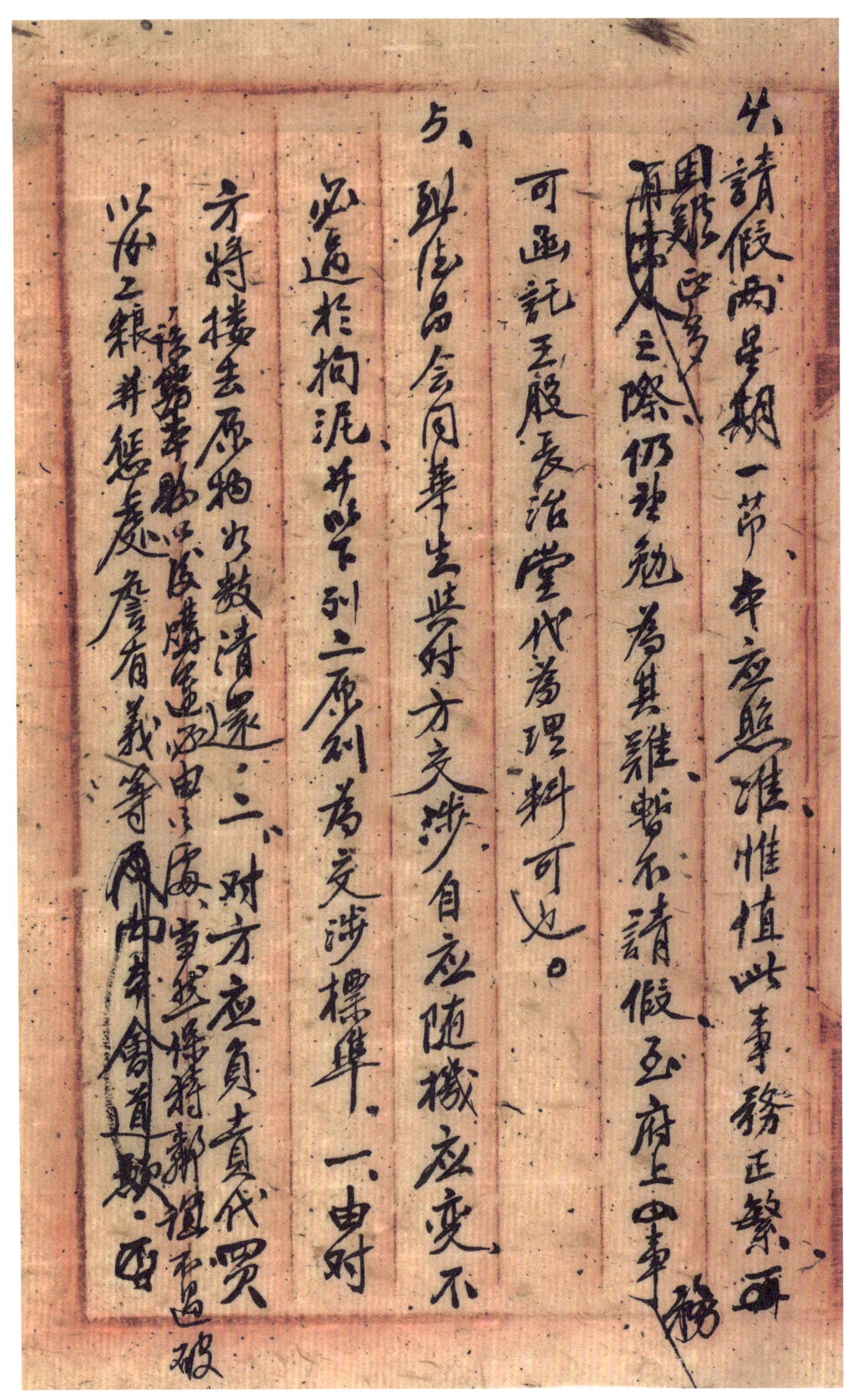

十八、請假兩星期一節，本應照准，惟值此事務正繁之際，仍望勉為其難，暫不請假，至府上事務可函託王殷長治堂代為理料可也。

十九、到達西昌會同華生與對方交涉，自應隨機應變，不必過於拘泥，并以下列之原則為交涉標準：一、由對方將樓去原物如數清還；二、對方應負責代買補償本路以後購置必由之處，當然隨時將新損和過破以本工糧，并懇處看義等……會首道歉。

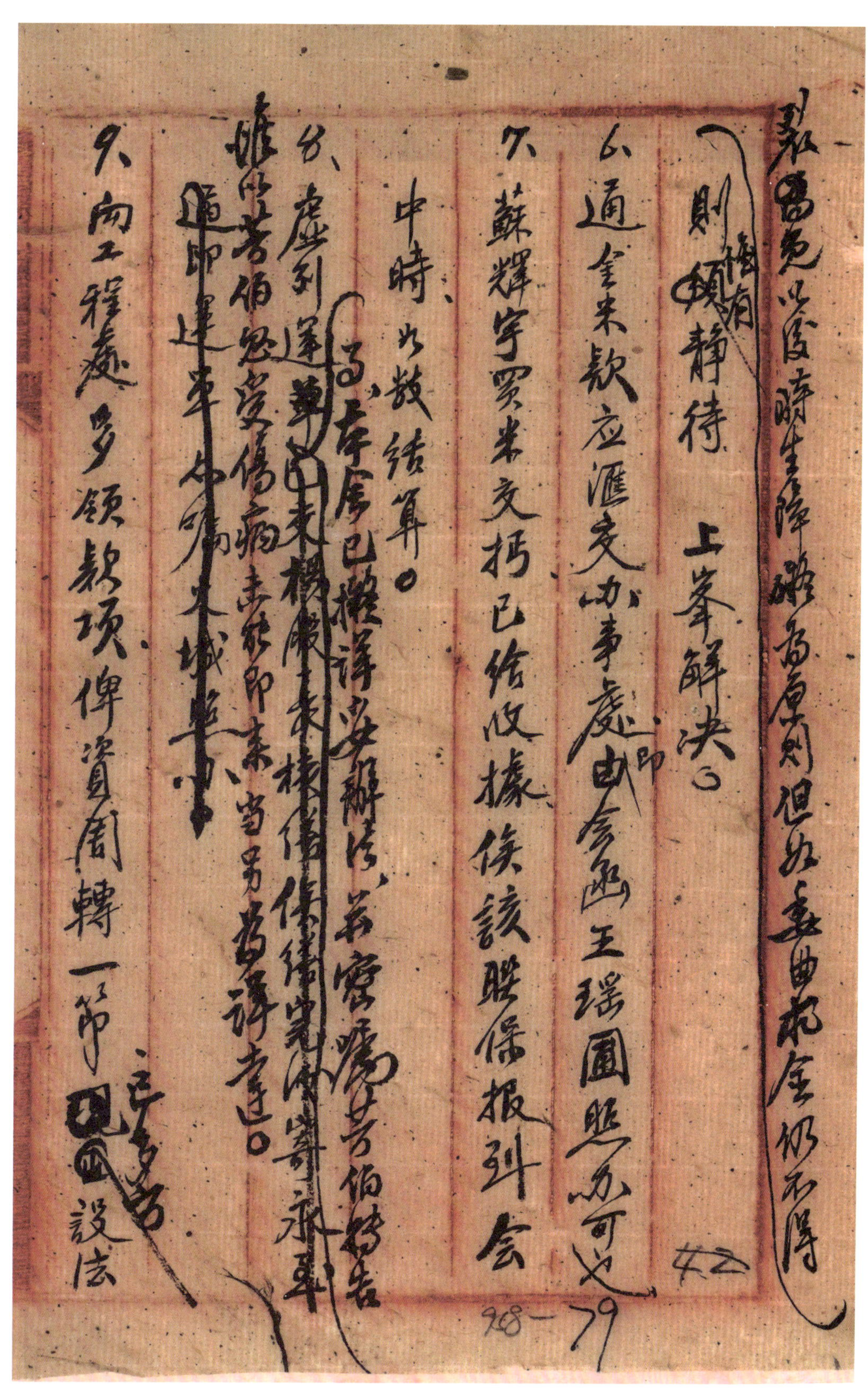

款局免以资时生障碍为原则，但此[illegible]由龙[illegible]金[illegible]不得

则恒有静待　上峯解决。

6、通全米款应汇交办事处，即由会函王瑶圃照办可也。

7、苏辉字买米交拆，已给收据，俟该职保报到会

中時、此数结算。

8、卢刘译达华已来校，厥来核，係继续其事承[illegible]

高李席已经详妥办法，若实嘱芳伯转告

姚所芳伯恳资伤病，去秋即来，当另为详陈也。

通即建华[illegible]来城[illegible]

9、向工程处多领款项，俾资周转一节，[illegible]设法

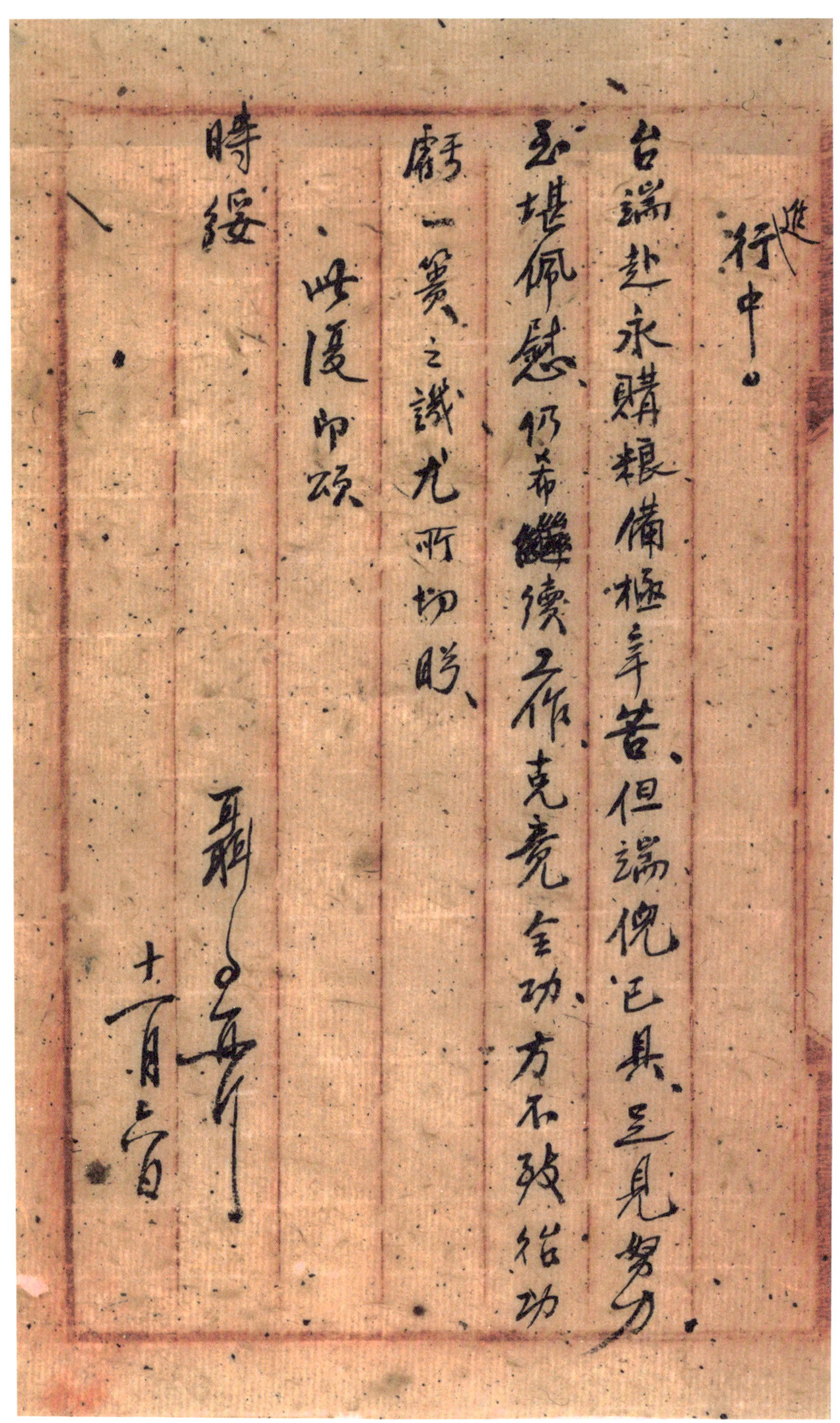

行中。

台端赴永購粮，備極辛苦，但端倪已具，足見努力，至堪佩慰，仍希繼續工作，克竟全功，方不致貽功虧一簣之譏，尤所切盼。此復，即頌

時綏

聶剛[illegible]

十一月六日

会理县征工筑路委员会驻工办事处与民工总队部关于查验第十联队寝具、麻袋等是否补充齐全的相关文书

会理县征工筑路委员会驻工办事处致民工总队部的公函（一九三九年十一月七日收）

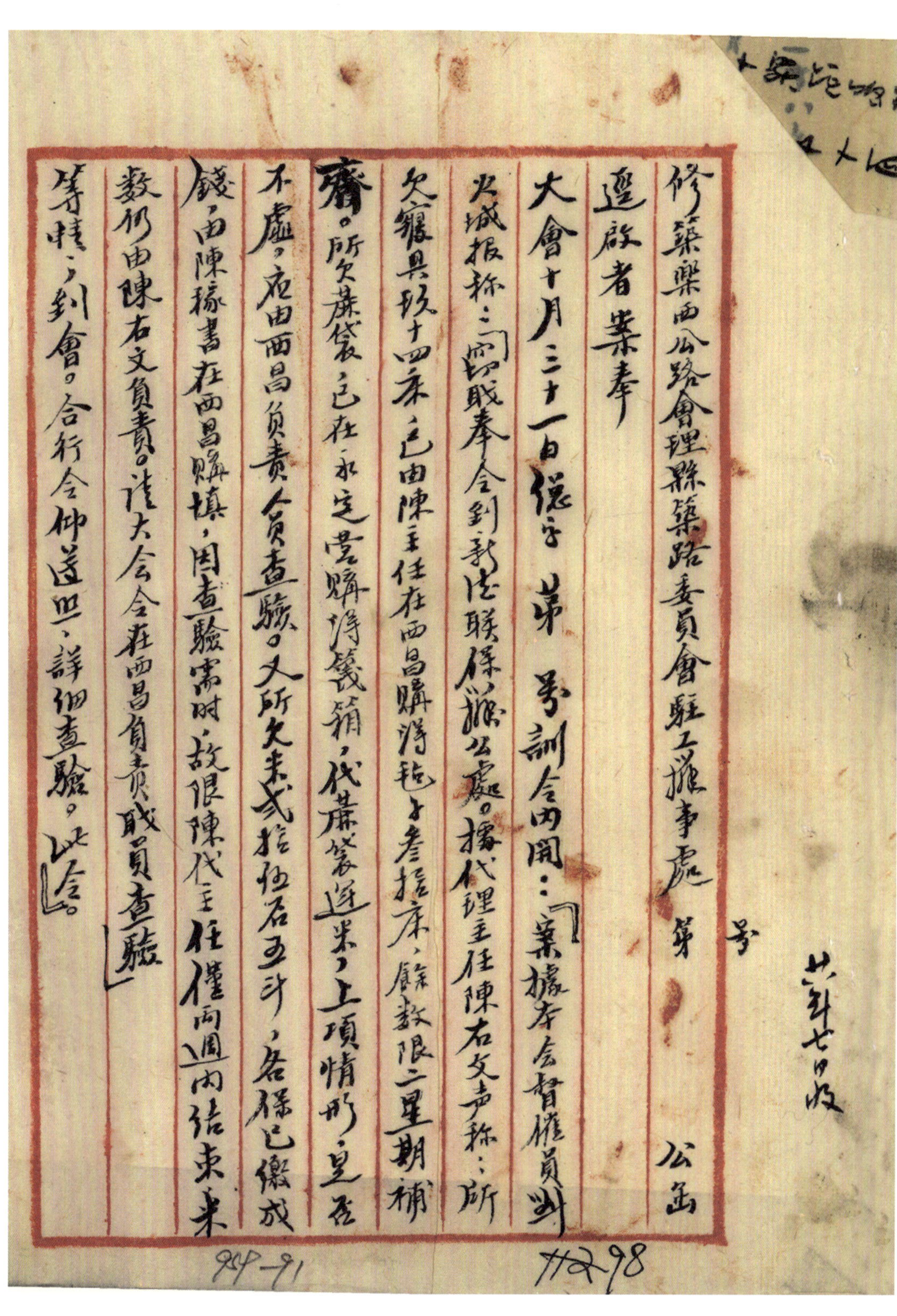

修築樂西公路會理縣築路委員會駐工辦事處公函　第　號

逕啟者：案奉

大會十月三十一日儀字第　號訓令內開：「案據本會督催員劉光城報稱：『竊職奉令到新陸聯保辦公處，據代理主任陳右文聲稱：所欠寢具玖十四床，已由陳主任在西昌購得毡子叁拾床，餘數限二星期補齊。所欠麻袋已在永定營購得篾箱，代麻袋運米。上項情形，是否不虛，應由西昌負責人員查驗。又所欠米式拾伍石五斗，各保已繳成錢，由陳稼書在西昌購填，因查驗需時，故限陳代主任僅兩週內結束，來數仍由陳右文負責。請大會令在西昌負責職員查驗』等情，到會。合行令仰遵照，詳細查驗。此令。」

廿八、十一、七日收

954-91

1298

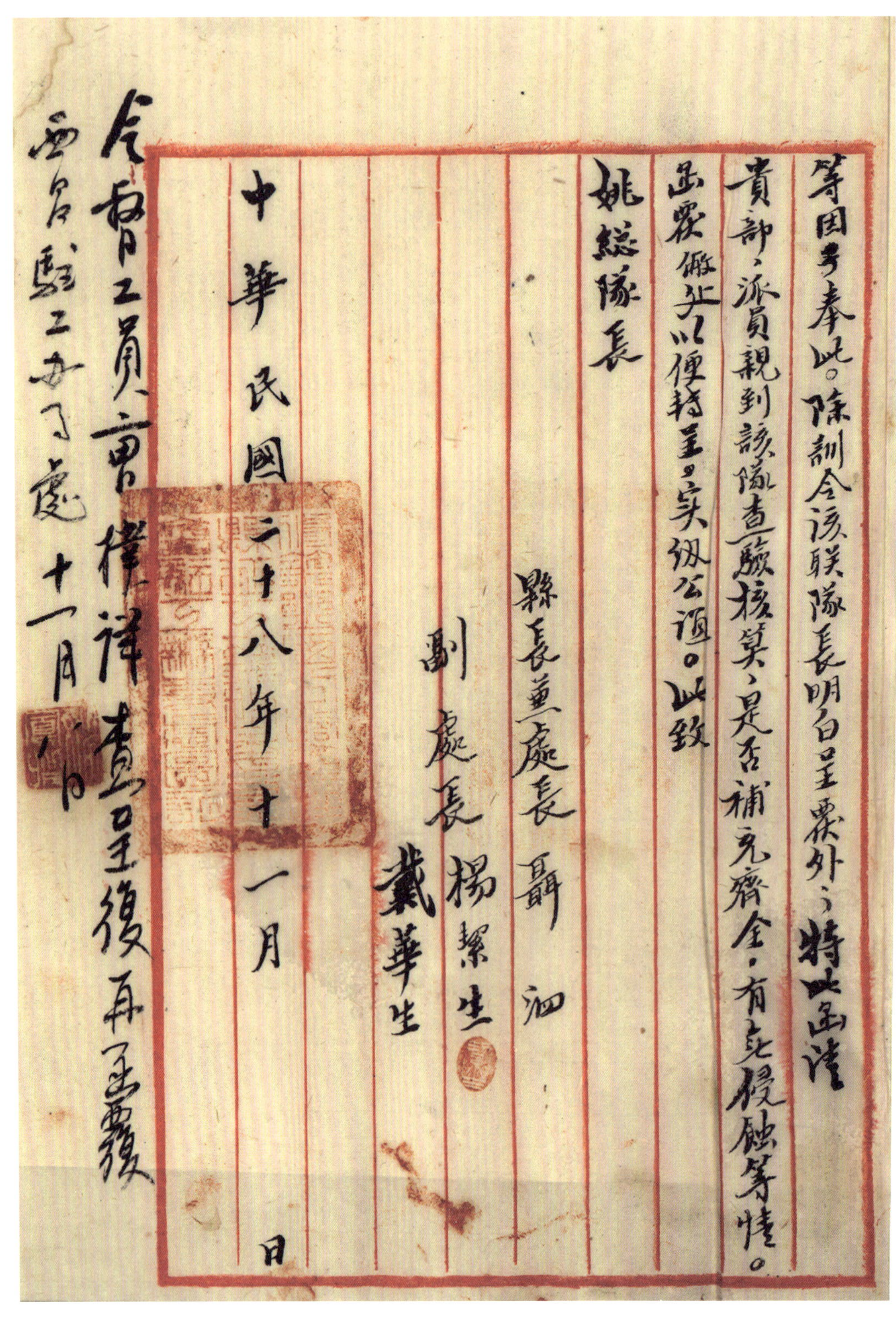

等因，奉此。除飭令該聯隊長明白呈覆外，特此函請
貴部，派員親到該隊查驗核算，是否補充齊全，有無侵蝕等情。
函覆敝處，以便轉呈，實紉公誼。此致
姚總隊長
縣長兼處長　聶泗
副處長　楊絜生
戴華生
中華民國二十八年十一月　日

令督工員曾樸祥查明呈復再函覆
西段路工第四處　十一月八日

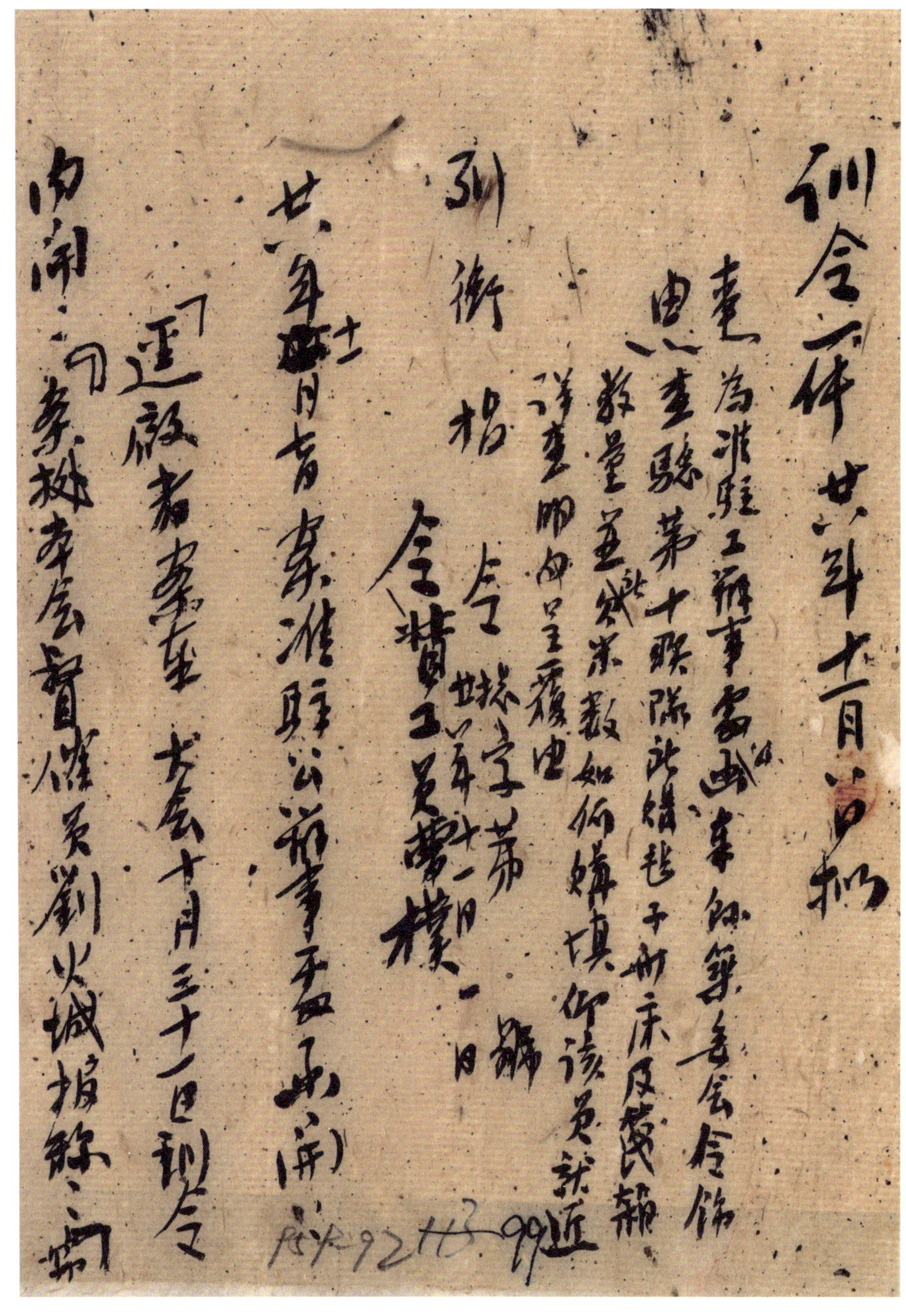

会理县征工筑路委员会民工代理总队长姚凤喈致督工员曹朴的训令（一九三九年十一月八日）

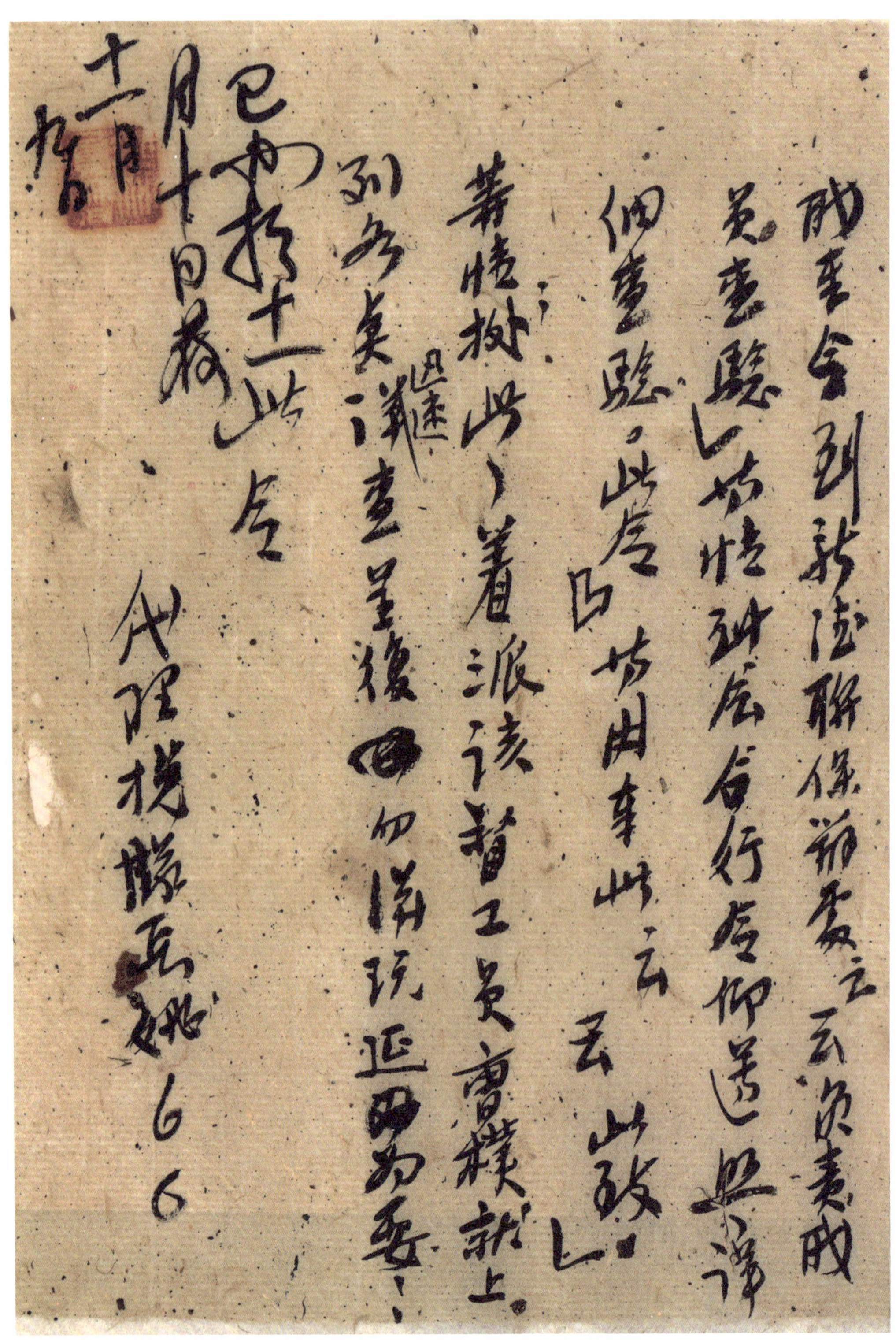

职奉令到，新津联保办事处云云，须责成
员查验后方准起运，合行令仰遵照办理
饬查验。此令。等因。奉此，云云。此致
筹情拟此，着派该督工员曹模就近
到处认真（迅速）查呈复，勿稍延误为要。
已办十二此令
月十日发
代理犍为县长姚
66
十一月九日

## 会理县征工筑路委员会与易丙联保八十保保长郭仲藩关于呈请豁免摊购民工食米一案的来往文书

### 易丙联保八十保保长郭仲藩致会理县征工筑路委员会的呈（一九三九年十一月十九日）

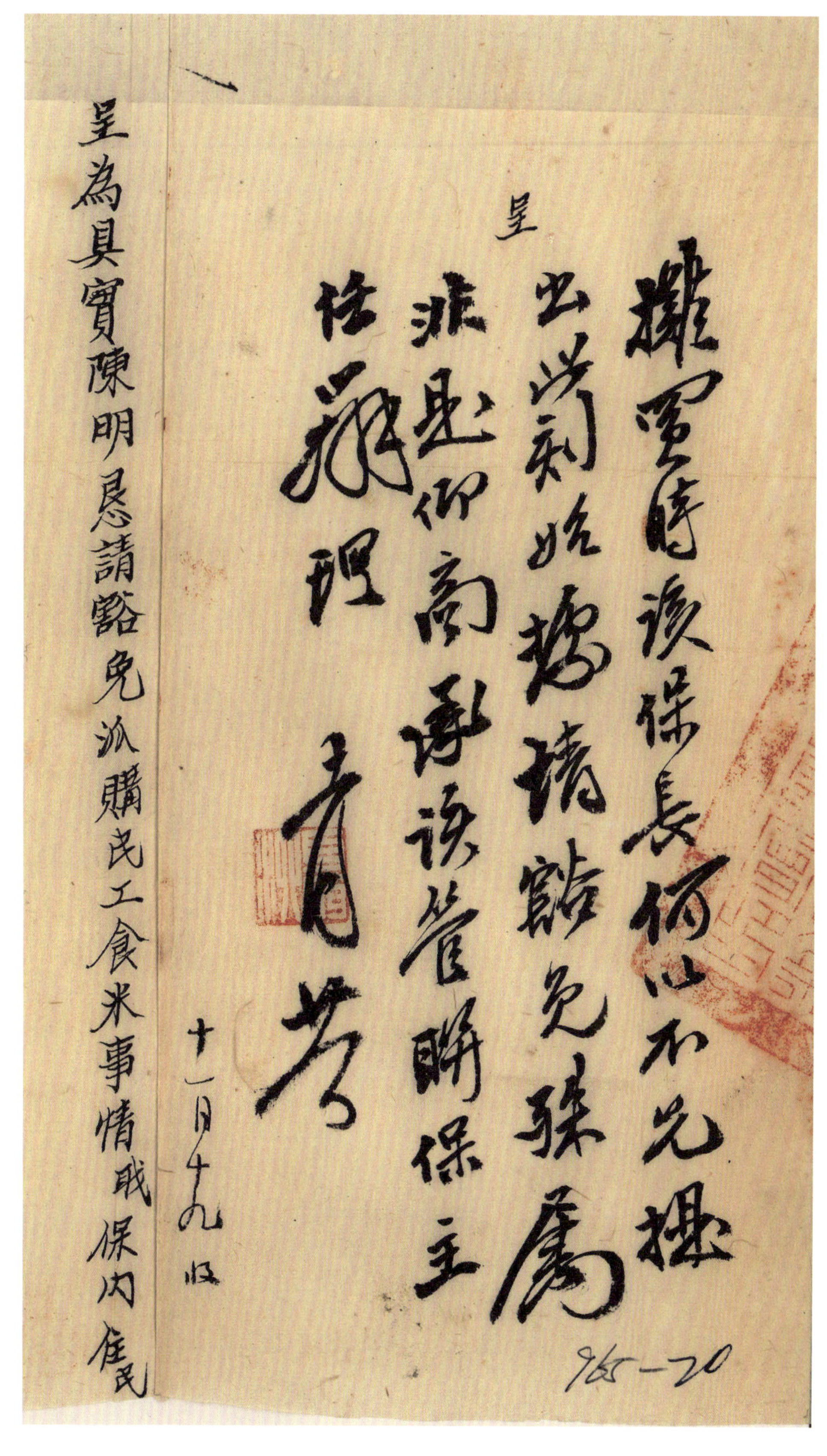
呈為具實陳明懇請豁免派購民工食米事情職保內住民

呈

攤買時該保長何以不先提出詳列姓名聲請豁免殊屬非是仰商承該管聯保主任辦理

十一月十九收

965-20

劉紹堯祖遺薄產年收租谷拾伍石七斗五升，册名劉宗堂，歷年上納有票可証。此次派購民工食米，有糧名劉紹堯租谷柒拾四石，聯保辦公處以紹堯係學名，飭伊按數售繳。職查伊每年收入僅谷拾五石七斗五升，查此外並無其他租息，與柒拾四石之數相差太遠，又糧名不符，恐係另一劉紹堯與伊同名，亦未可知。若飭伊全數繳納，現一家生活何以維持？是以無奈，理合具文懇請上峯豁免派購民工食米，以免負累，實叨德便矣。為此

64

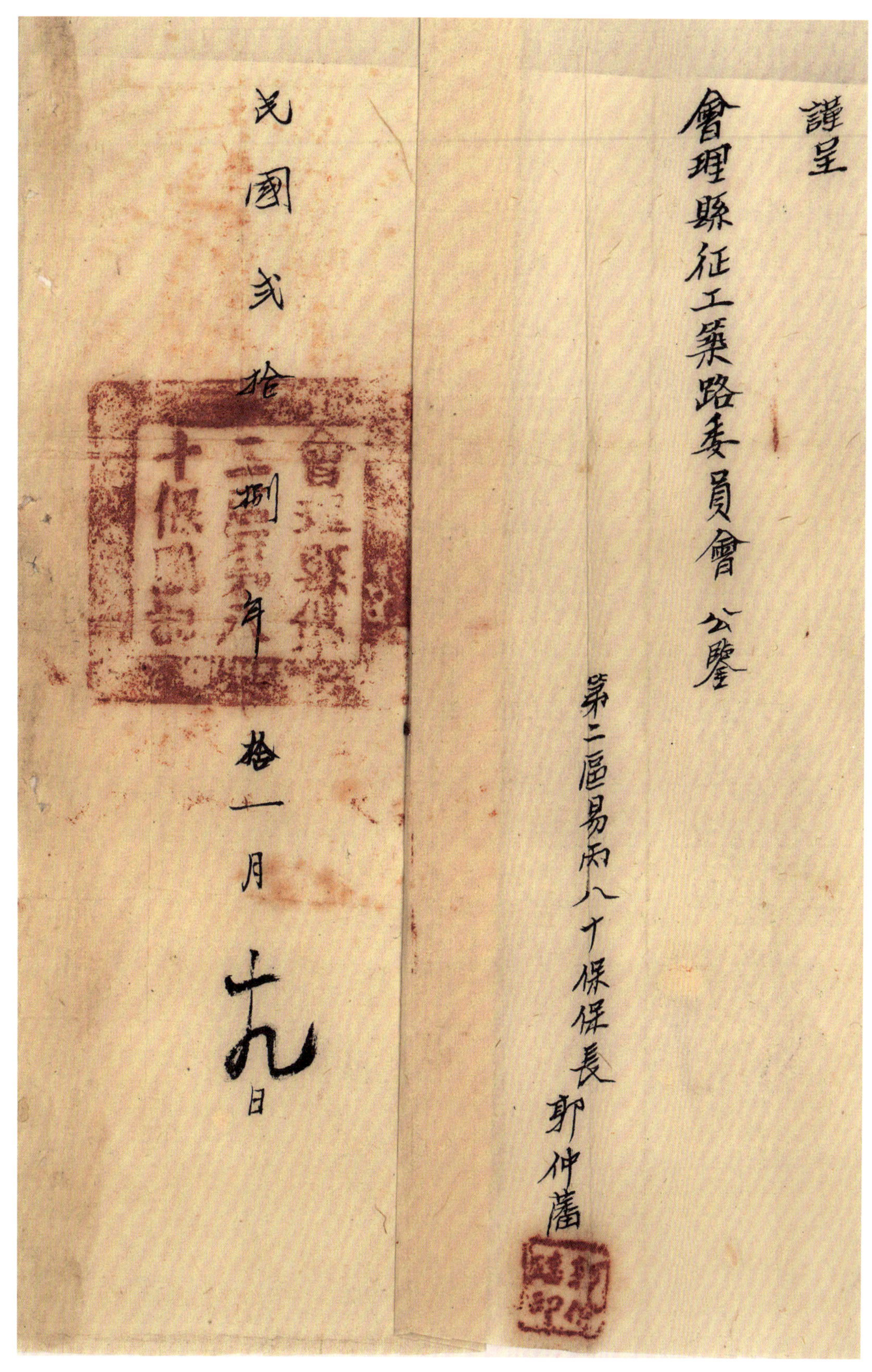
謹呈
會理縣征工築路委員會 公鑒
第二區易丙八十保保長郭仲藩
民國弍拾弍年拾一月十九日

# 会理县征工筑路委员会致易丙联保八十保保长郭仲藩的指令（一九三九年十二月十日）

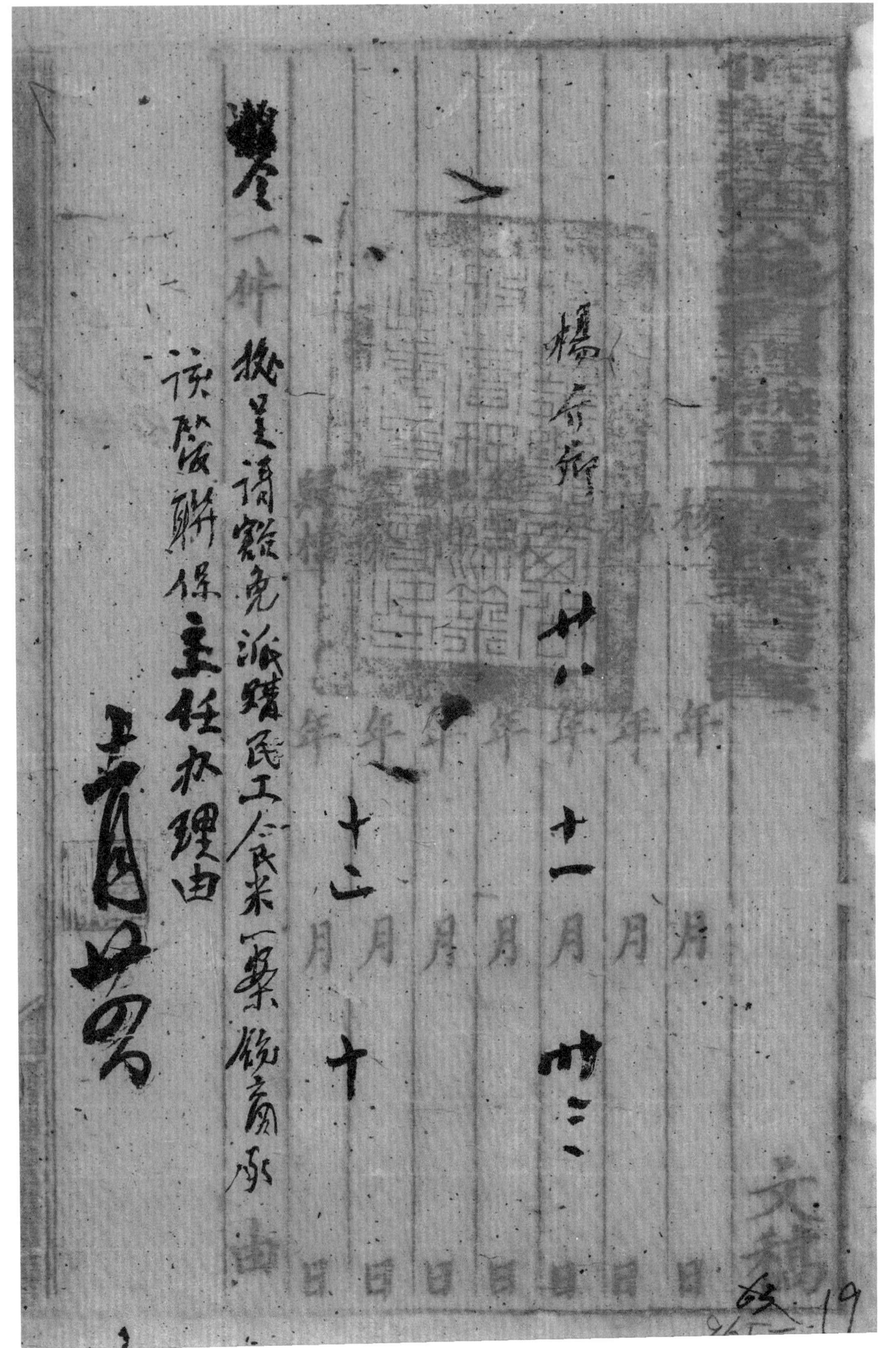

列

衛指令 總字第　號 廿八年十二月九日

令易西八十保保長郭仲齋

呈一件，據呈請豁免派攤民工食米一案

呈悉。查攤派民工食米早經定案，當攤買時

該保長何以不先提出，此刻收[illegible]據請豁免

殊屬非是，仰商承該管聯保主任辦理可也

此令

## 会理县征工筑路委员会与县绅杨敬修关于给价摊买的来往文书

### 县绅杨敬修致会理县征工筑路委员会的呈（一九三九年十一月）

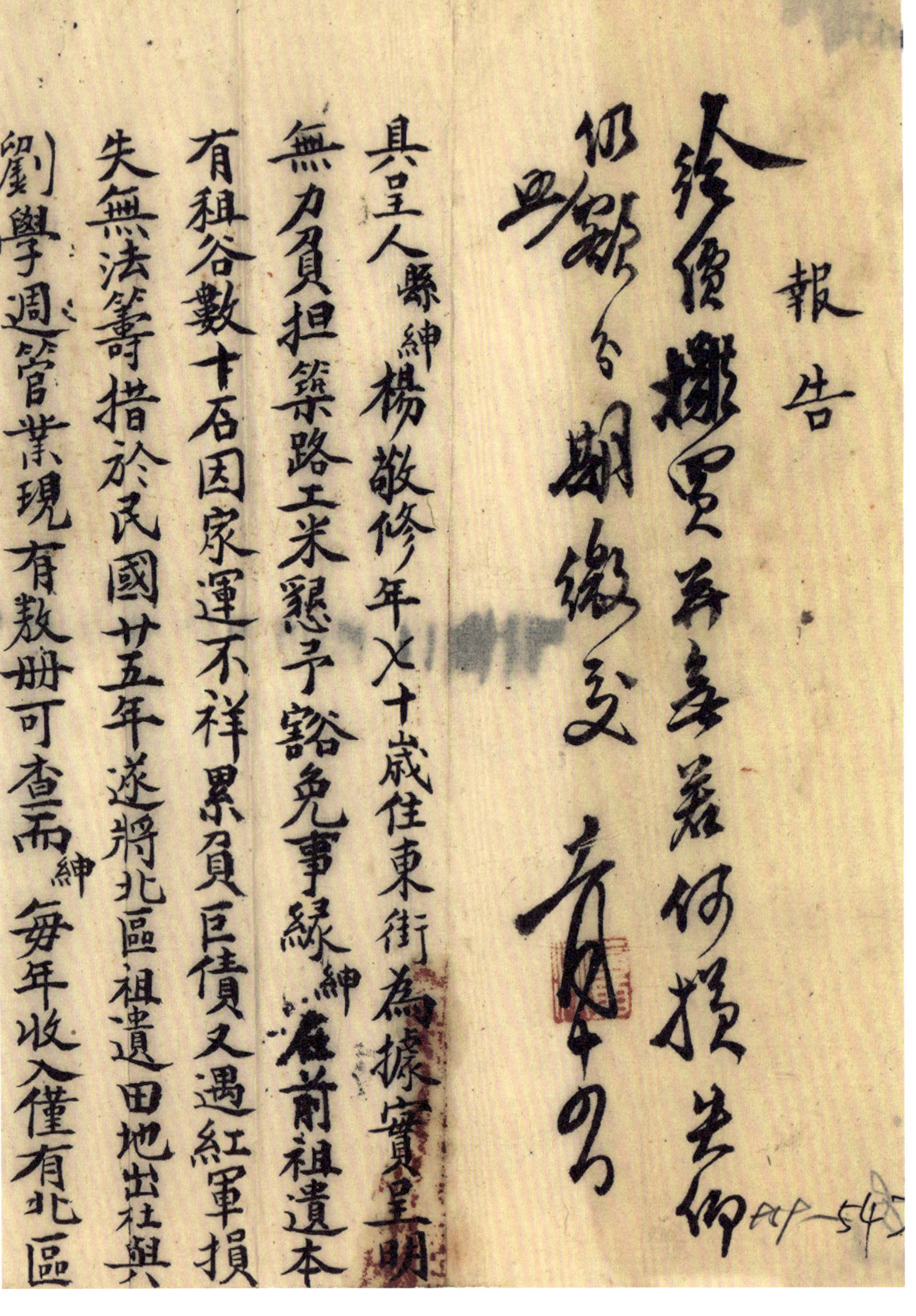

報告

給價攤買并無着何損失仰該鄉令剋期繳交此

具呈人縣紳楊敬修，年七十歲，住東街。為據實呈明無力負担築路工米懇予豁免事。緣紳前祖遺本有租谷數十石，因家運不祥，累負巨債，又遇紅軍損失，無法籌措，於民國廿五年遂將北區祖遺田地出杜與劉學週管業，現有契册可查。而紳每年收入僅有北區

昔蓋租谷廿餘京石附城前所填租米弍石現因生活
突漲十餘人口實不足以自給所負外債尚未清償致
使每年用度不敷支付此次修築公路派紳灘賣築
路工米三石實無力任只得將所收之數據實呈明
懇祈
鈞會查核豁免實為德便
謹呈
會理縣築路委員會主席　公鑒
具呈人楊敬修
民國二十八年十一月　日

# 会理县征工筑路委员会致县绅杨敬修的批（一九三九年十一月二十二日）

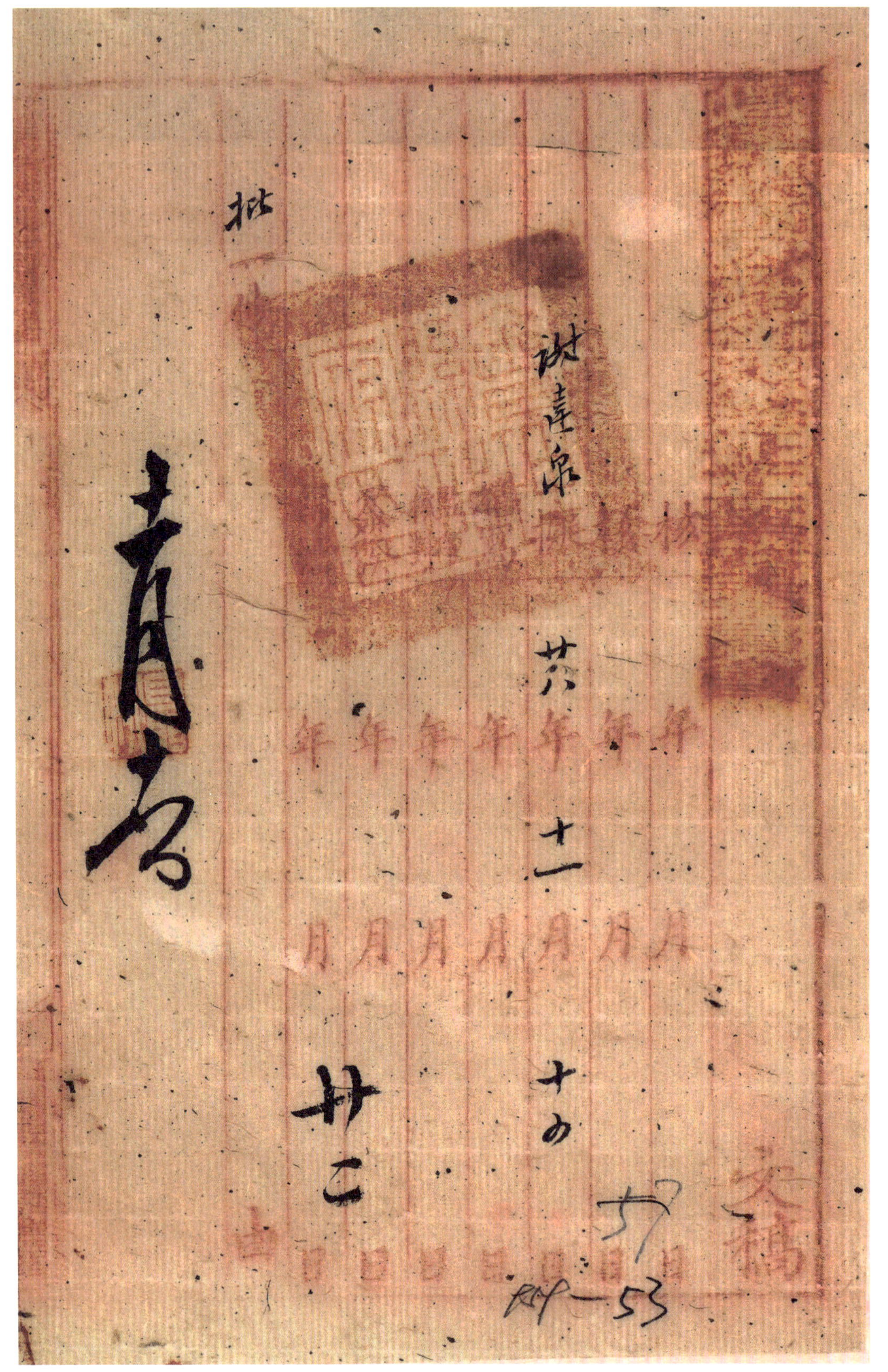
批

謝達泉

廿八年十一月十四日

廿二日

57

RW—53

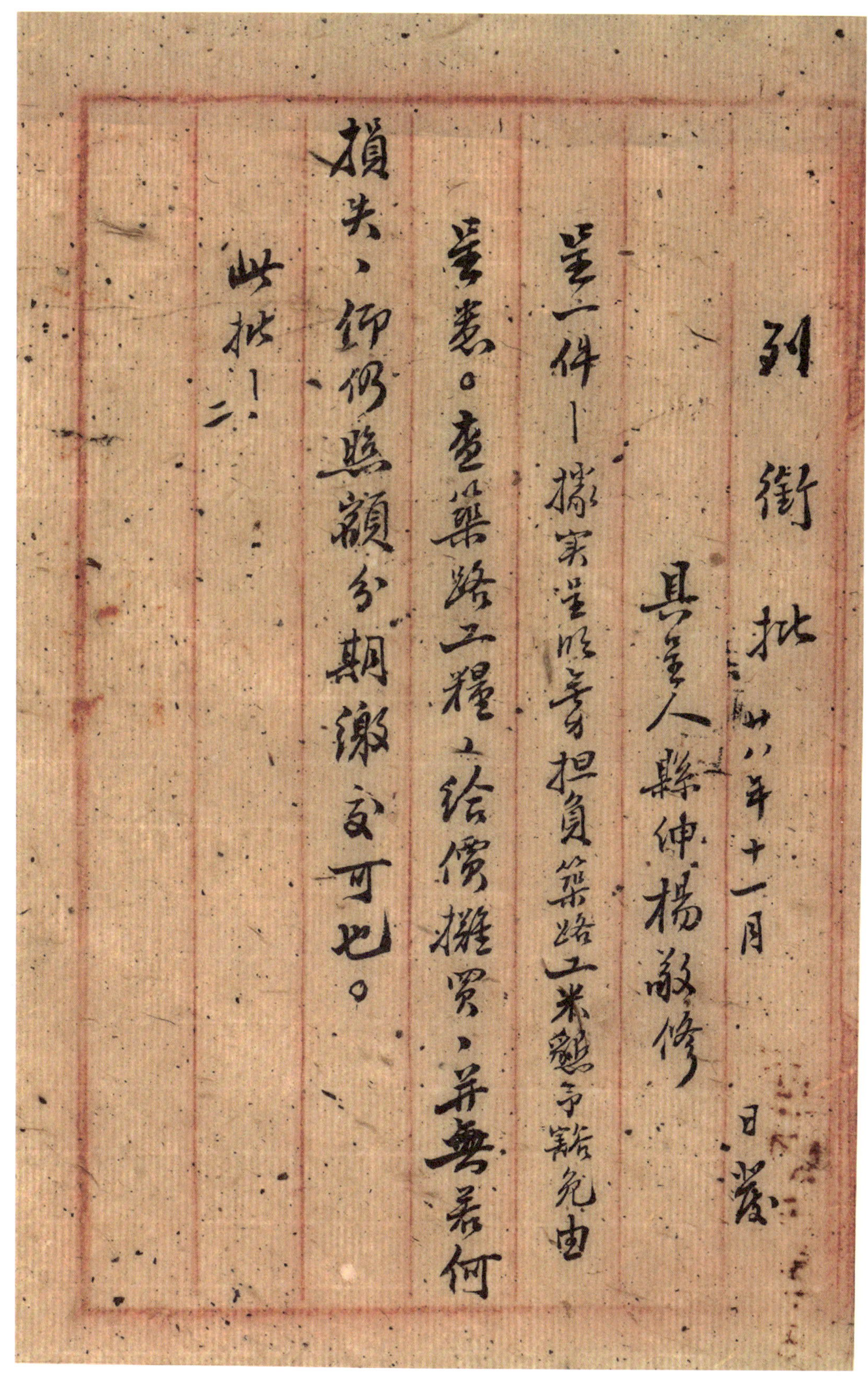
列銜批

卅八年十一月　日發

具呈人縣紳楊敬修

呈一件—據實呈明負擔築路工米懇予豁免由

呈悉。查築路工程、給價攤買、並無若何損失、仰仍照額分期繳交可也。

此批—二

## 会理县民工第十二联队关于给养股无米支给只能由各队长自行设法维持致该县征工筑路委员会工务股的报告（一九三九年十一月二十四日）

報告

十一月二十四日於十二聯隊呈

竊職等奉命率領民工修築禮州土官庄該段公路自九月二十四日開工一切遵令督促進行對於民工伙食曾經明白規定每日每民工發給吃米貳觔菜錢六仙飭其依期承領以供民食殊本月二十一日應領民工伙食之日而給養股竟發現無米支給並通報係運輸不濟希各隊長自行設法維持現狀等語以予困難之中又達本日仍不能發給糧粒想職等奉令至此途經幾百里所謂人地兩生無處可措何能負此民等伙食並且該民等刻在加緊工作切望公路完成圖早返家即使准予停工而日食尚不可免兼之民工等見此情景均皆報請准假回

家以免饑勞各情前來以致職等　碍難萬分切思事關當前要政及民生大計只得據實呈報

懇祈鑒核作主以維民食而利推進無任惶恐待命之至為此謹呈

工務股長姚　公鑒

聯隊長張文連

小隊長李占清

童雲

魏榮浦

呈悉仰候函報駐工辦事處速飭財務股不分晝夜前來發款接濟可也　此令

廿八日

## 会理县征工筑路委员会与该县第四区第三十九、四十保关于核减民工食米的来往文书

### 会理县第四区第三十九、四十保致会理县征工筑路委员会的呈（一九三九年十一月二十六日）

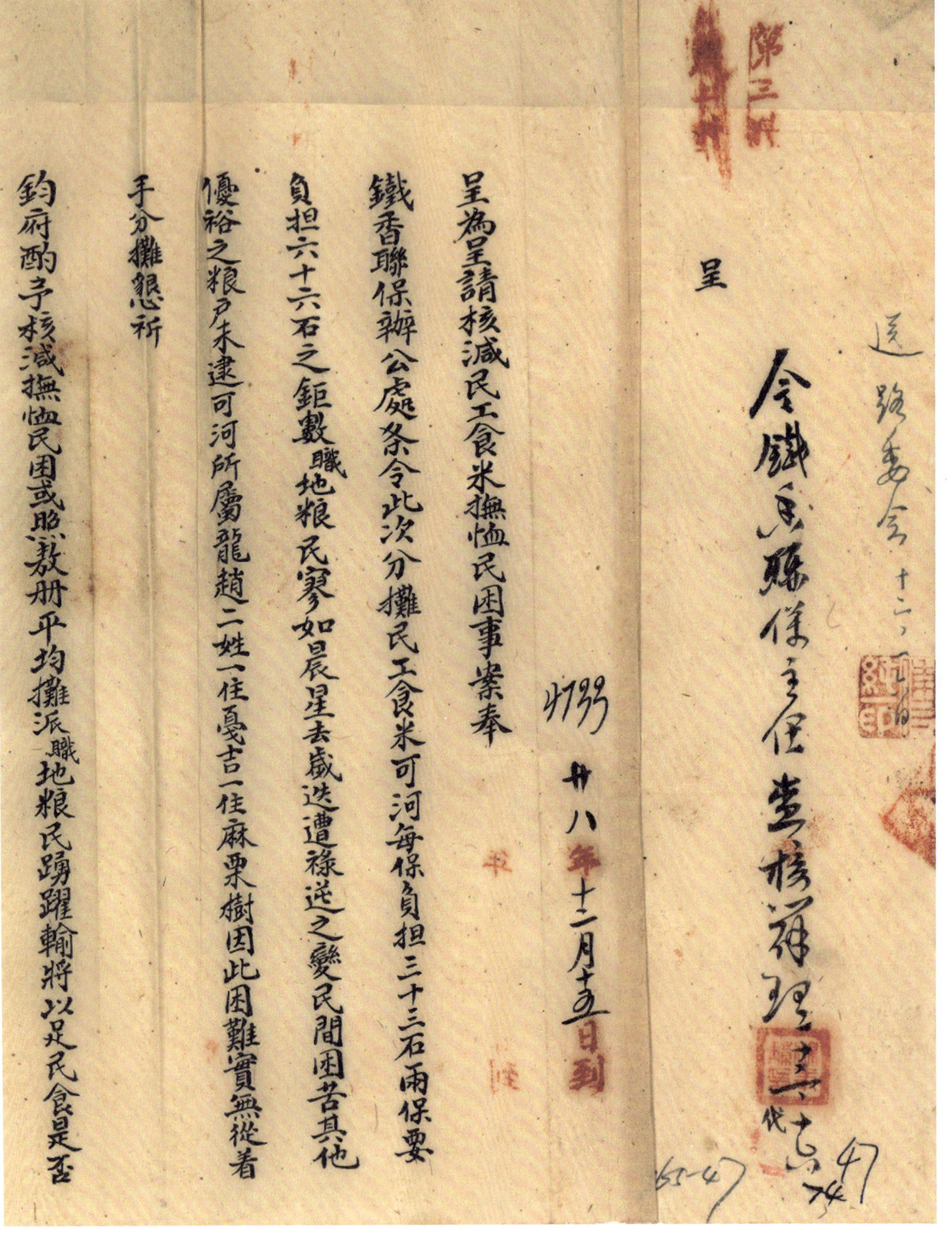

呈

令鐵香聯保主任查核辦理

送路委会

廿八年十二月十五日到

呈為呈請核減民工食米撫恤民困事。案奉

鐵香聯保辦公處条令，此次分攤民工食米，可河每保負担三十三石，兩保要負担六十六石之鉅數。職地粮民寥如晨星，去歲迭遭祿逆之變，民間困苦。其他優裕之粮户未逮可河，所屬龍、趙二姓，一住憂古，一住麻栗樹。因此困難，實無從着手分攤，懇祈

鈞府酌予核減，撫恤民困，或照數册平均攤派，職地粮民踴躍輸將，以足民食。是否

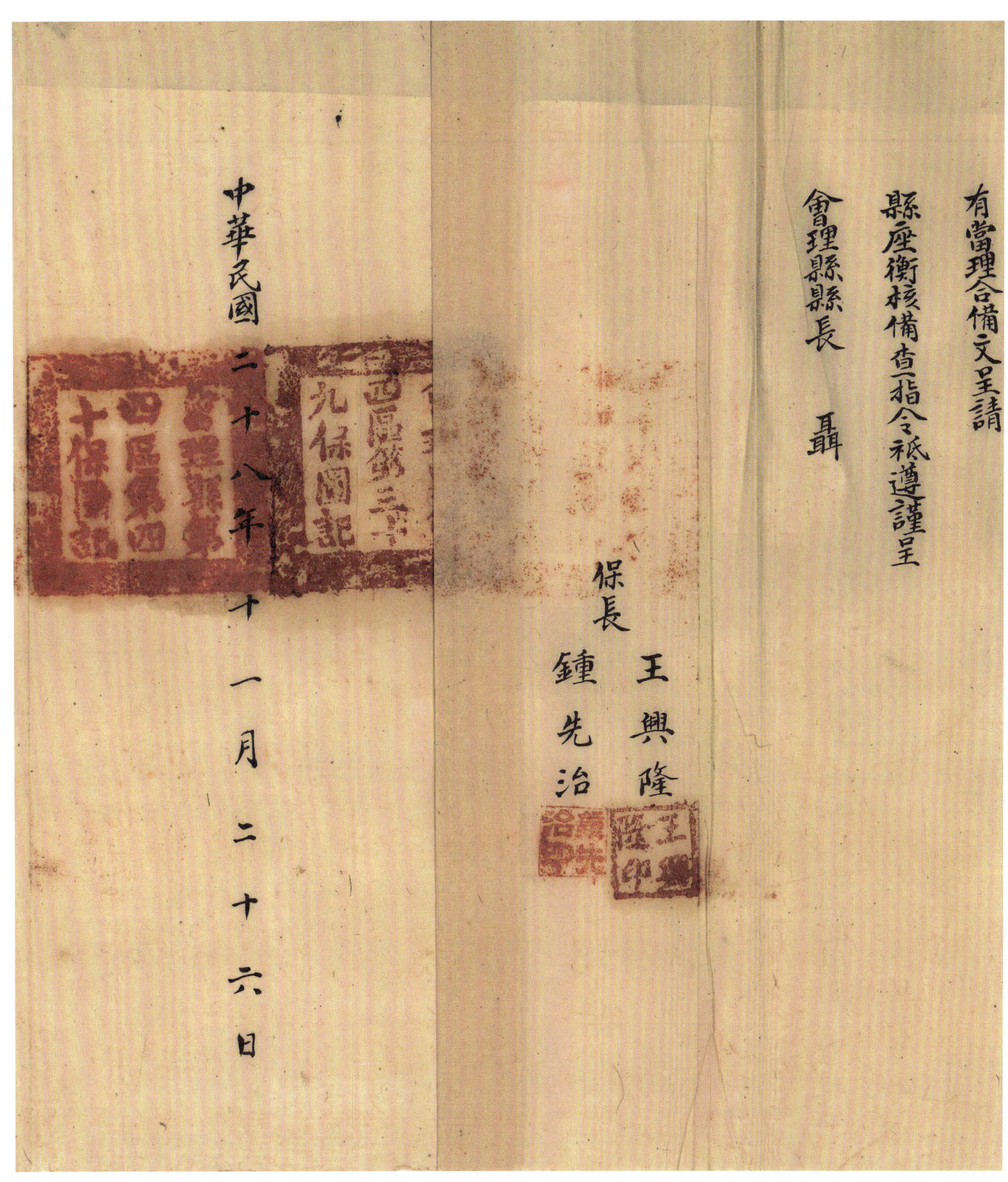
有當理合備文呈請

縣座衡核備查，指令祇遵。謹呈

會理縣縣長　聶

保長　王興隆

鍾先治

中華民國二十八年十一月二十六日

# 会理县征工筑路委员会致铁香联保办公处的训令（一九三九年十二月二十日）

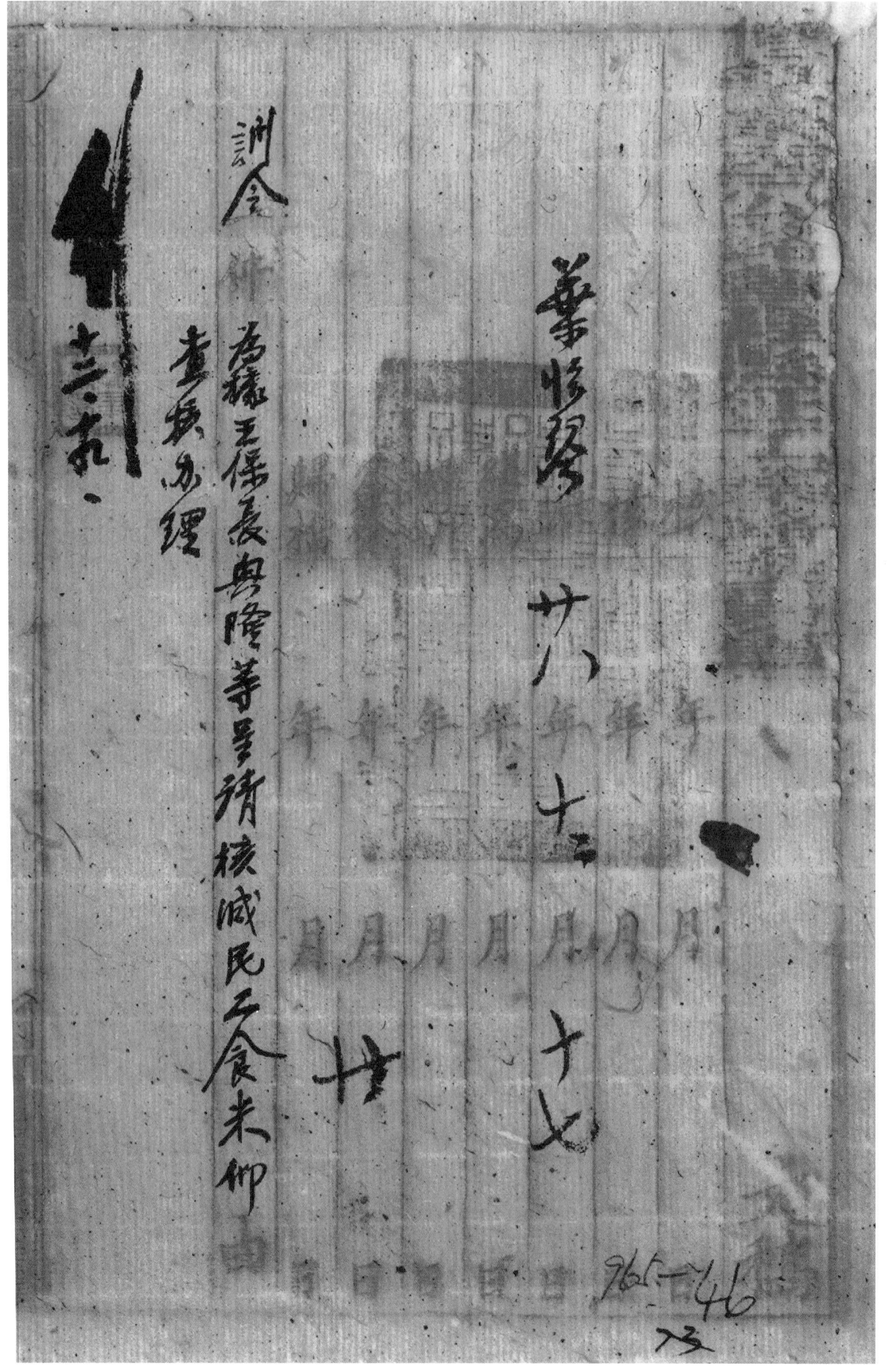

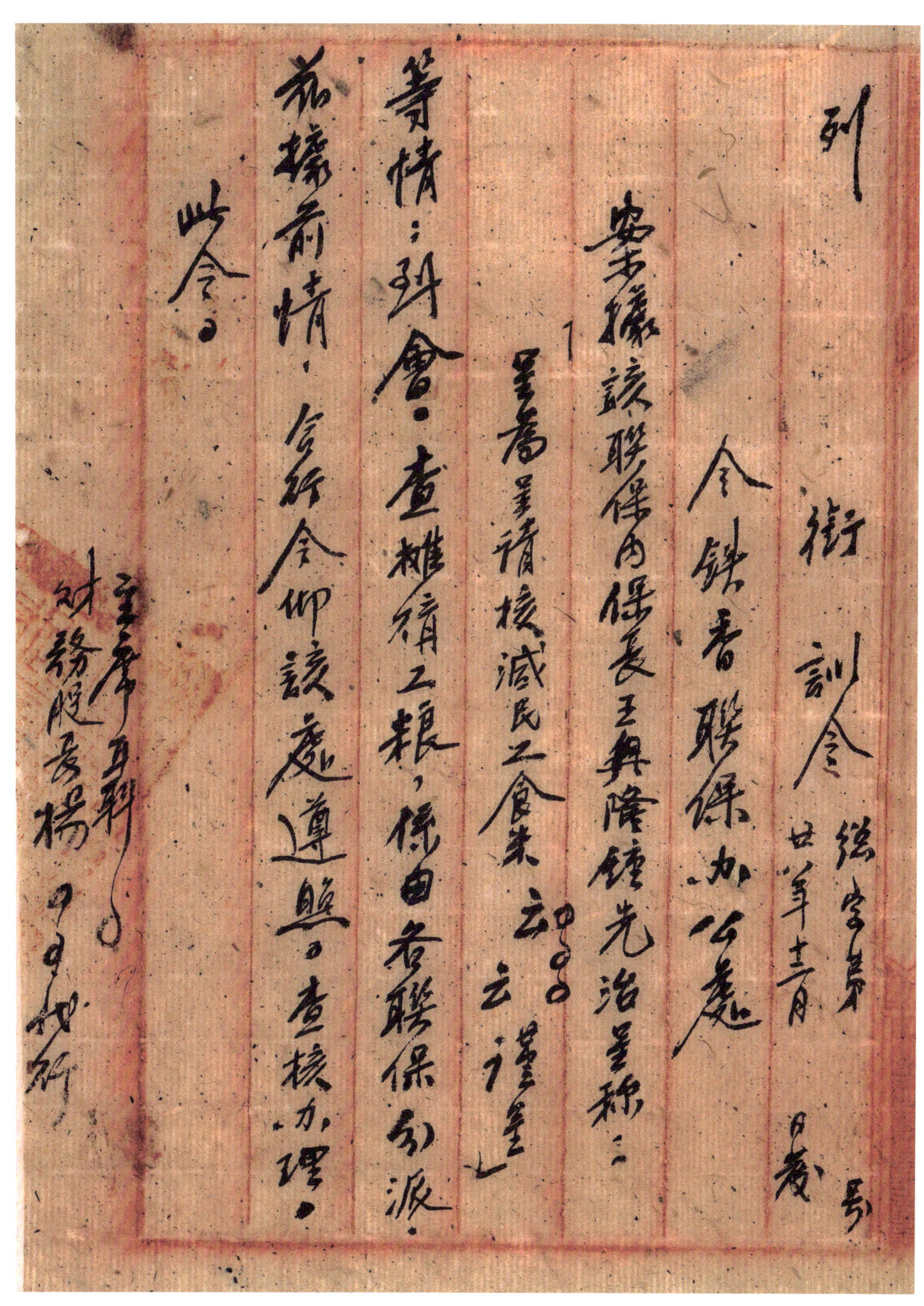

列

銜

訓令　総字第　號

廿年十二月　日發

令鍾香聯保辦公處

案據該聯保第二保保長王興隆、鍾先治呈稱：

「呈為呈請核減民工食米……云云……云云謹呈」

等情，到會。查攤派工糧，係由各聯保分派。茲據前情，合行令仰該處遵照，查核辦理。

此令。

主席　王耕○

財務股長楊○○代行

## 会理县征工筑路委员会与城区住民康世英关于给价摊购的来往文书

### 城区住民康世英致会理县征工筑路委员会的呈（一九三九年十一月）

事由

擬辦

批辦

第三科

送路委会办 十二日

4263

廿八年十一月一日到

工糧乃係攤購給價，並非捐款，所請減免之處，毋庸議。十二日

文別：報告

檔碼

二十 年 月 日發 號 核對

二十 年 月 日收 號 監印

具報告民康世英，住城內經元巷，爲報祈作主，懇請減讓民工糧米事。情因內東聯保張主任書春分派民家出民工糧米乂官石，現折交壹石零五升。前蒙

鈞座在東嶽廟開演說，訓示凡民間有在前線當壯丁抗戰者，准免

一切臨時捐款既奉此
面諭現民弟康世熙由滇開出兩年之久往返數省現駐江西上高縣
編在第一集團軍政治部第一分隊長在前線抗戰業經動員委
員會發給民族之光証據此等情形不得不縷呈
鈞座俯准將下餘民工糧米減免以維民家間生活不勝沾感之至
為此報乞
會理縣縣長聶　公鑒

民康世英

中華民國二十八年十一月　　日

124

P62-19

18

会理县征工筑路委员会致城区住民康世英的批（一九三九年十二月十七日）

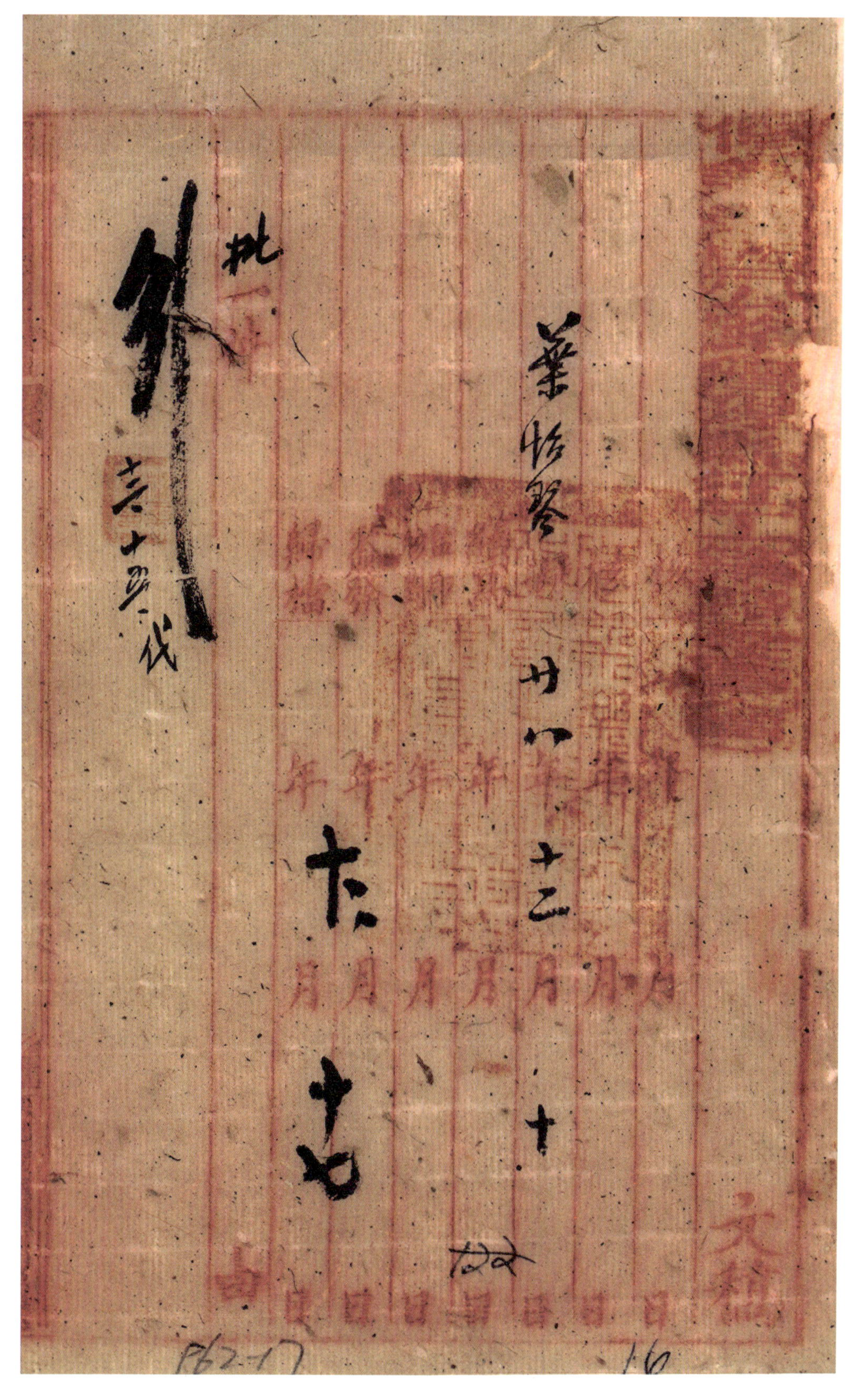

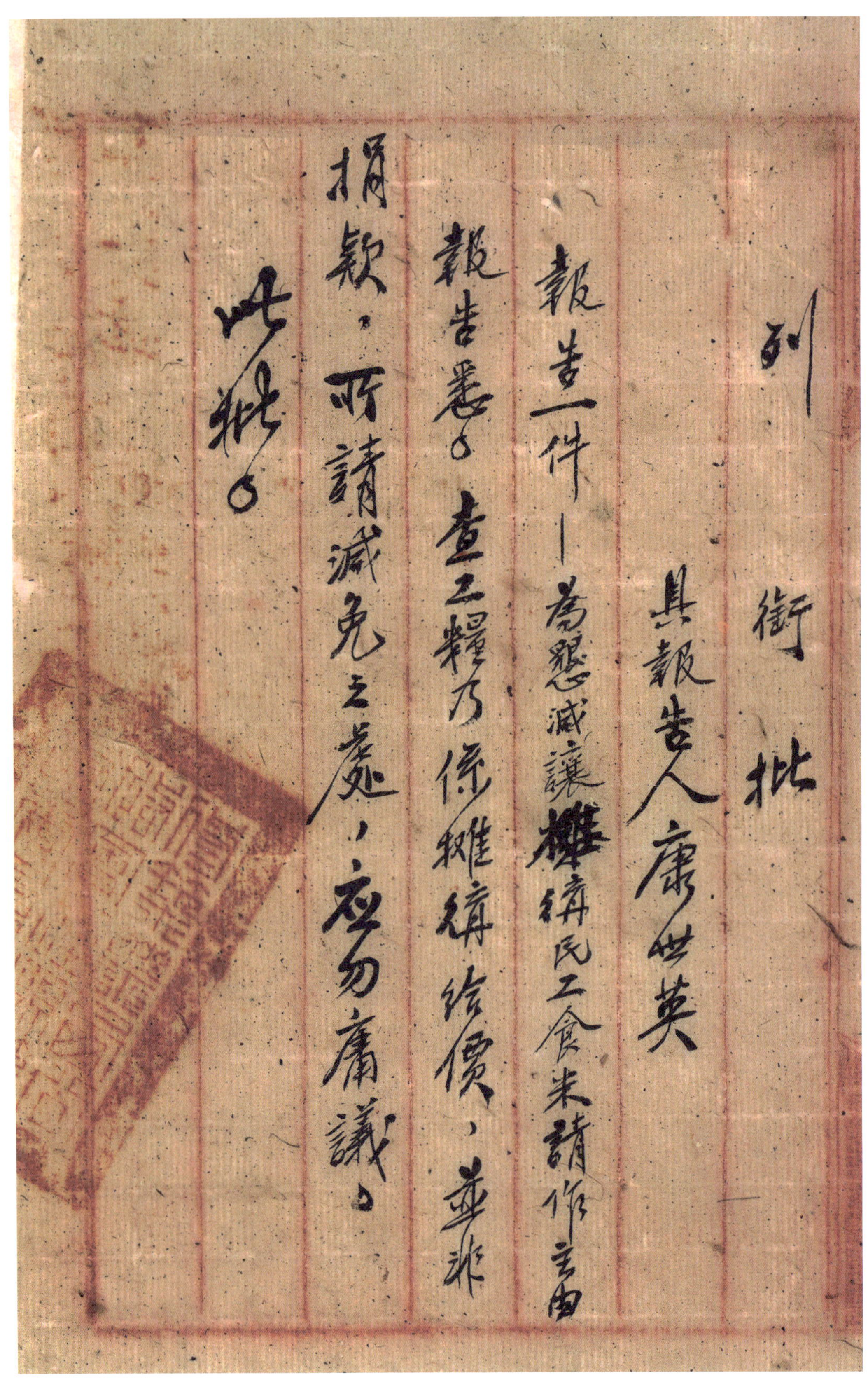

列銜批

具報告人康世英

報告一件——爲懇減讓攤繳民工食米請作主由

報告悉。查工糧乃係攤繳給價，並非捐款，所請減免之處，應勿庸議。

此批。

会理县征工筑路委员会关于迅将经收第一期民工食米及出米人姓名限本月十五日以前列册具报致各联保办公室的训令（一九三九年十二月四日）

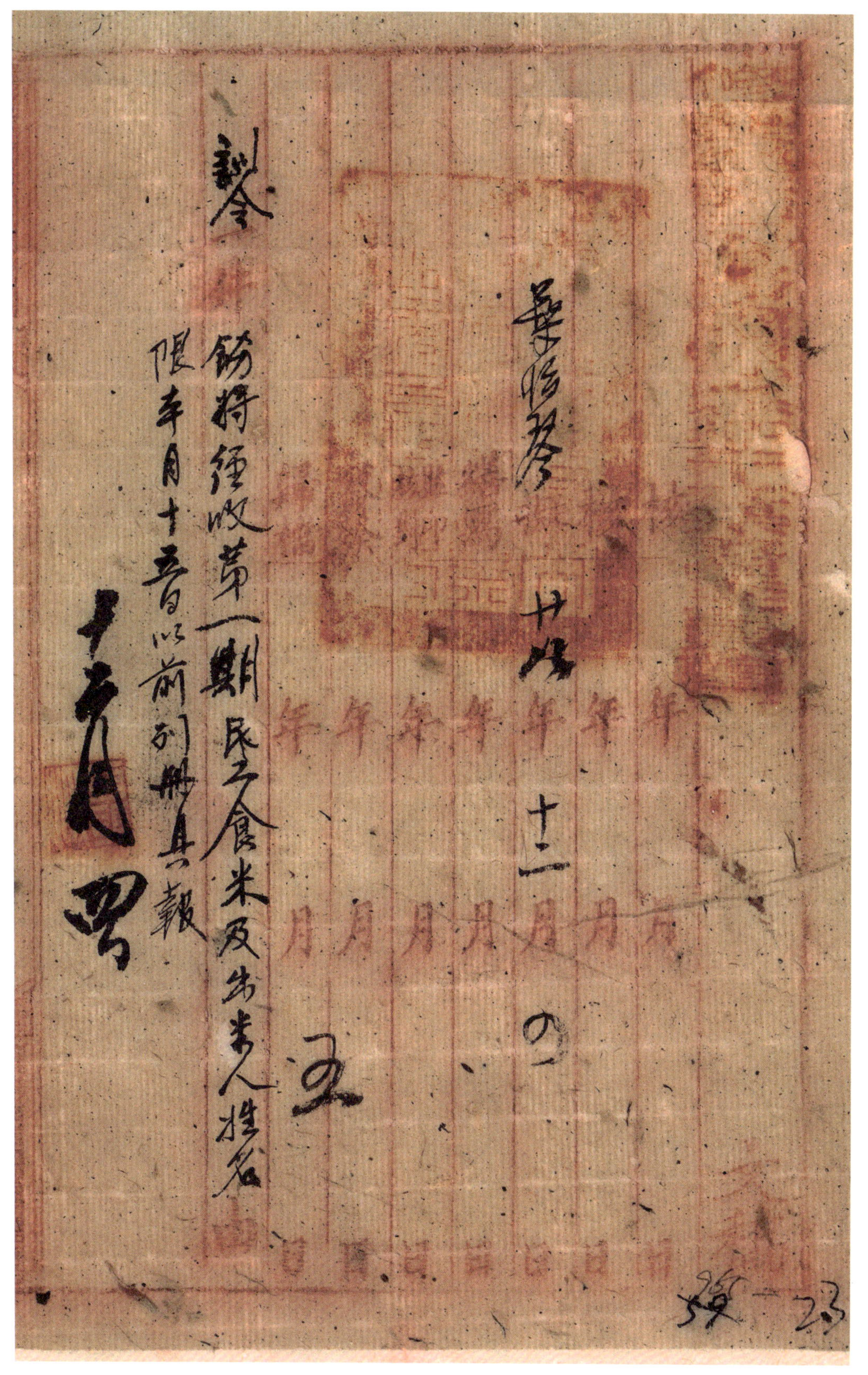
训令

华总参

廿八年十二月〇五

饬将经收第一期民工食米及出米人姓名限本月十五日以前列册具报

十二月四

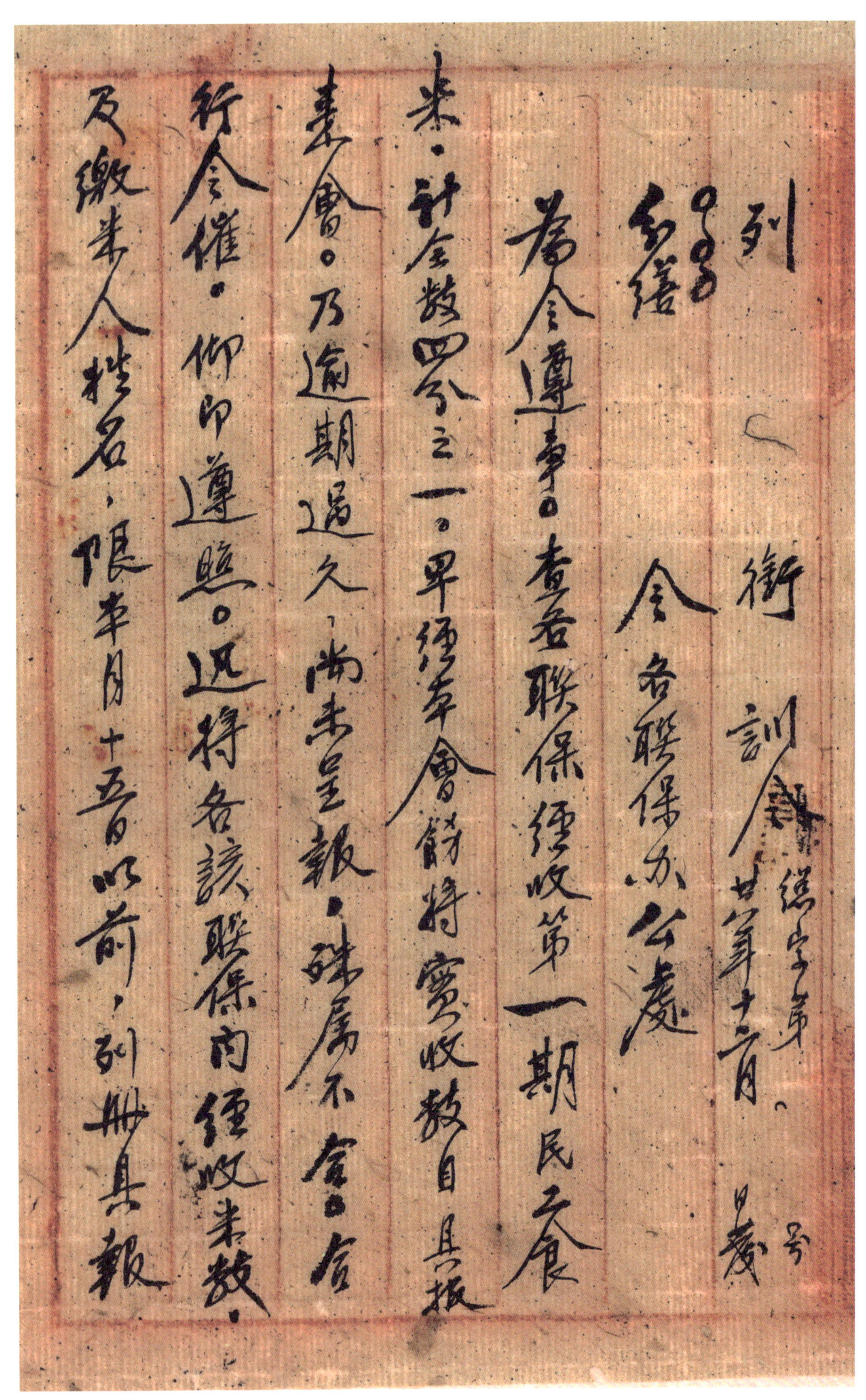
列　衔　訓令　總字第　號　廿八年十二月　日發

分繕

令各聯保辦公處

爲令遵事。查各聯保經收第一期民食米，計全數四分之一。早經本會飭將實收數目具報來會。乃逾期過久，尚未呈報，殊屬不合。合行令仰遵照。迅將各該聯保內經收米數，及繳米人姓名，限本月十五日以前，列冊具報

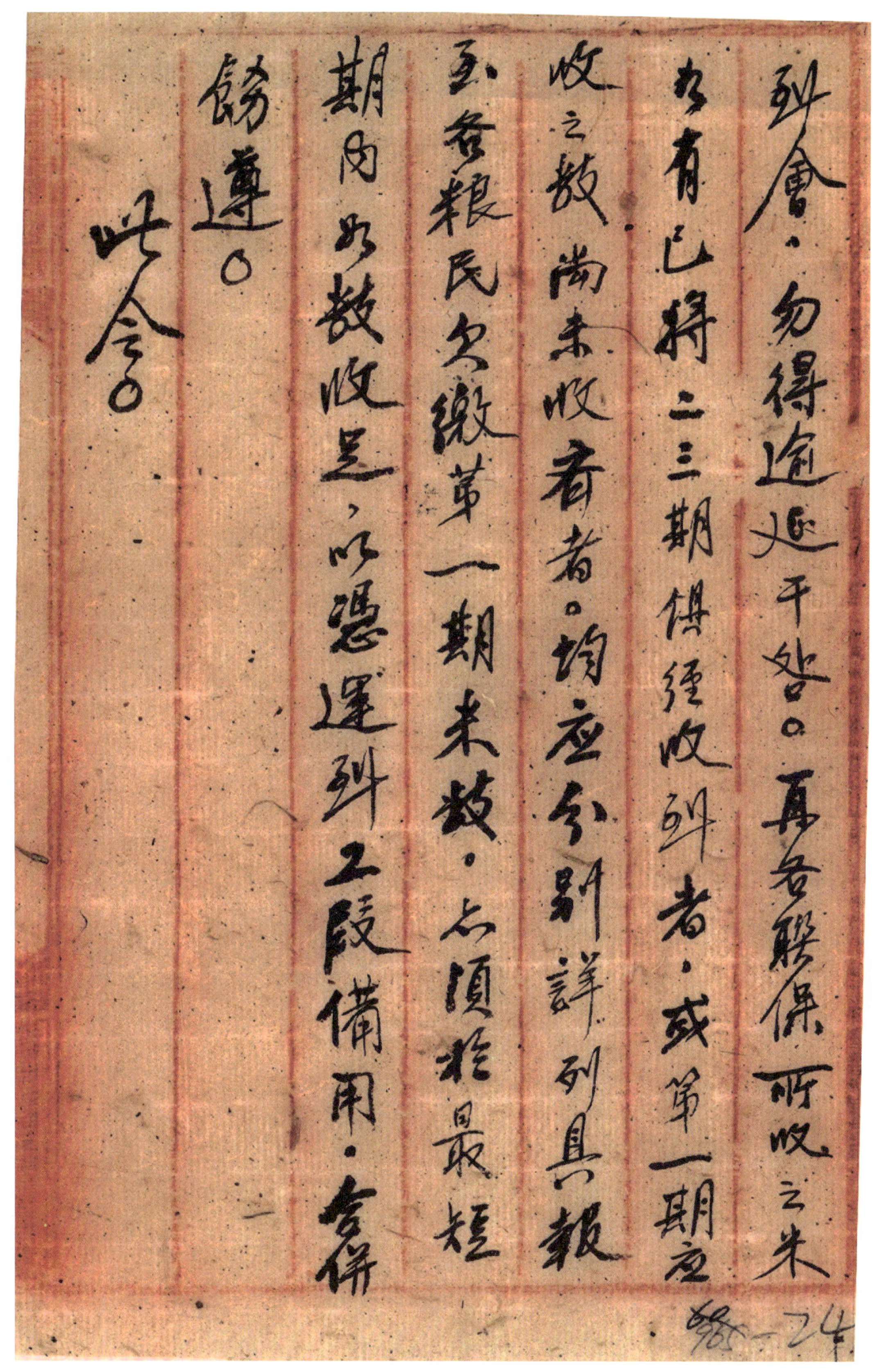

到會。毋得逾延干咎。再查聯保所收之米，如有已將二三期催經收到者，或第一期應收之數尚未收齊者，均應分别詳列具報。至查糧民欠繳第一期米數，亦須于最短期内如數收足，以憑運到工段備用。合併飭遵。

此令。

中華民國廿八年十二月四日

主席 [illegible]

## 会理县征工筑路委员会与铁香联保王联三、康炼百、王兴义、永应祯四人关于筑路工米为给价摊买不予核减的来往文书

王联三、康炼百等致会理县征工筑路委员会的呈（一九三九年十二月五日）

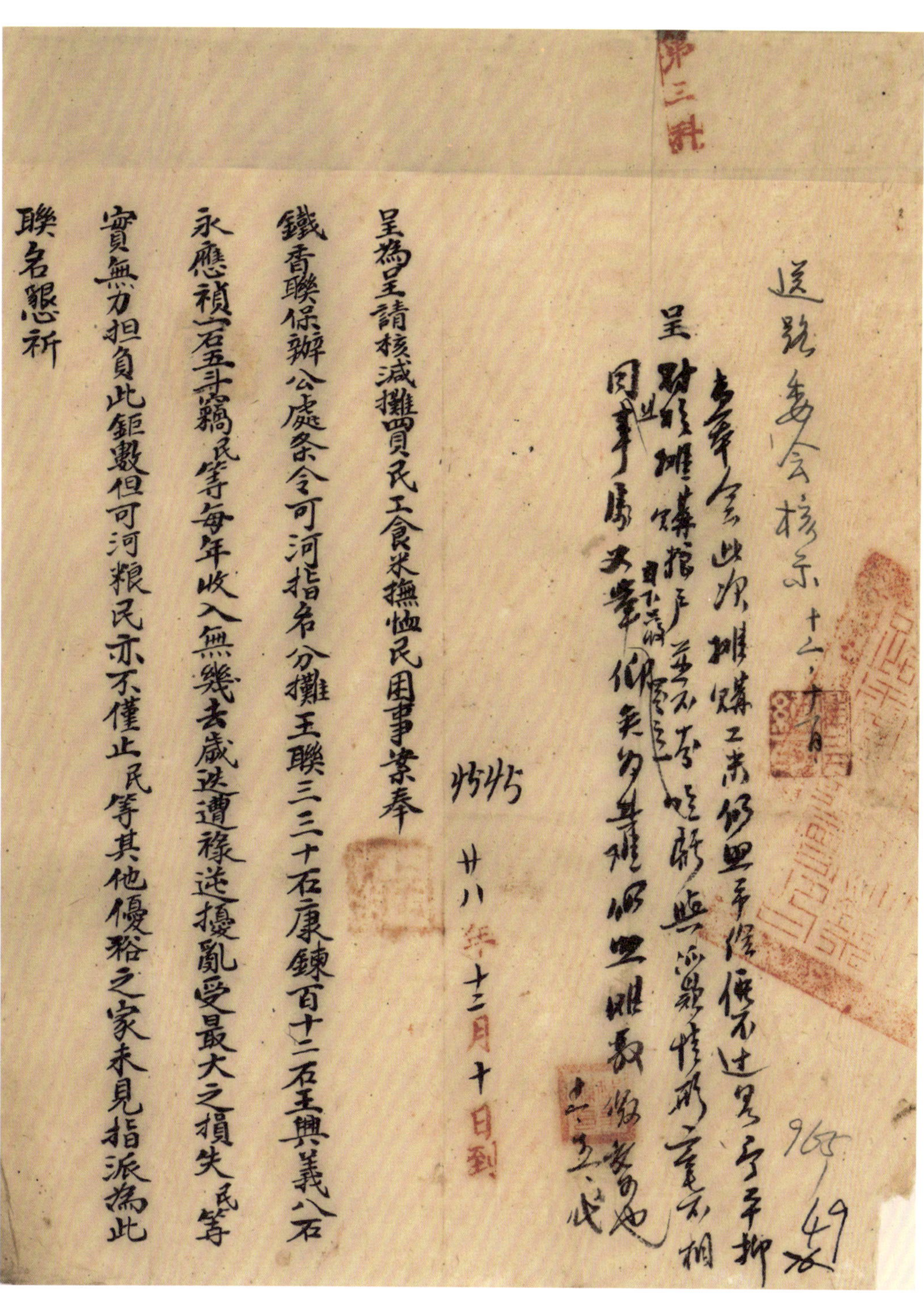

呈為呈請核減攤買民工食米撫恤民困事案奉

鐵香聯保辦公處条令可河指名分攤王聯三三十石康鍊百十二石王興義八石

永應禎一石五斗竊民等每年收入無幾去歲迭遭祿逆擾亂受最大之損失民等

實無力担負此鉅數但可河粮民亦不僅止民等其他優裕之家未見指派為此

聯名懇祈

送路委会核示

廿八年十二月十日到

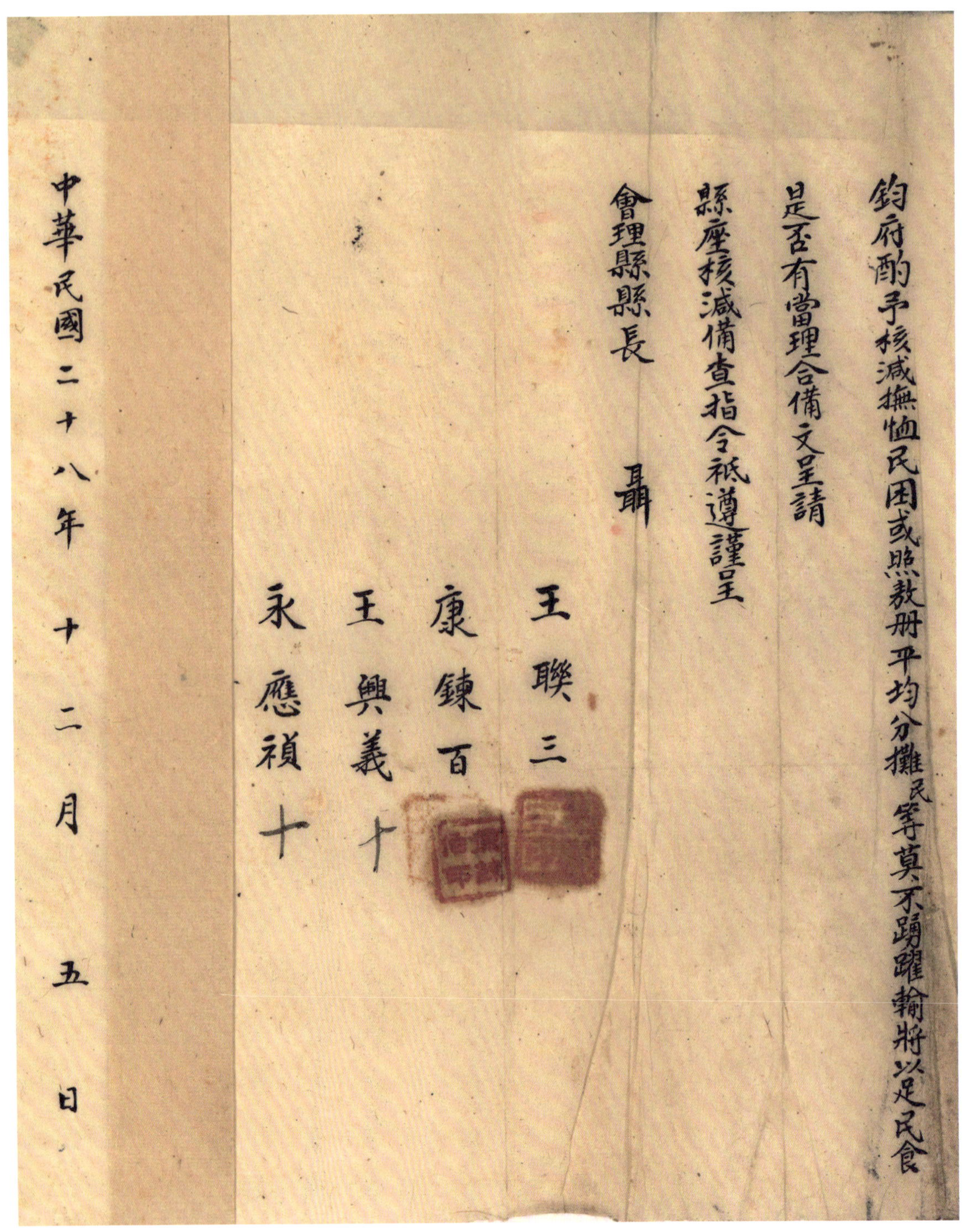

鈞府酌予核減撫恤民困或照教册平均分攤民等莫不踴躍輸將以足民食

是否有當理合備文呈請

縣座核減備查指令祇遵謹呈

會理縣縣長 聶

王聯三

康鍊百

王興義 十

永應禎 十

中華民國二十八年十二月五日

会理县征工筑路委员会致王联三、康炼百等四人的批（一九三九年十二月十六日）

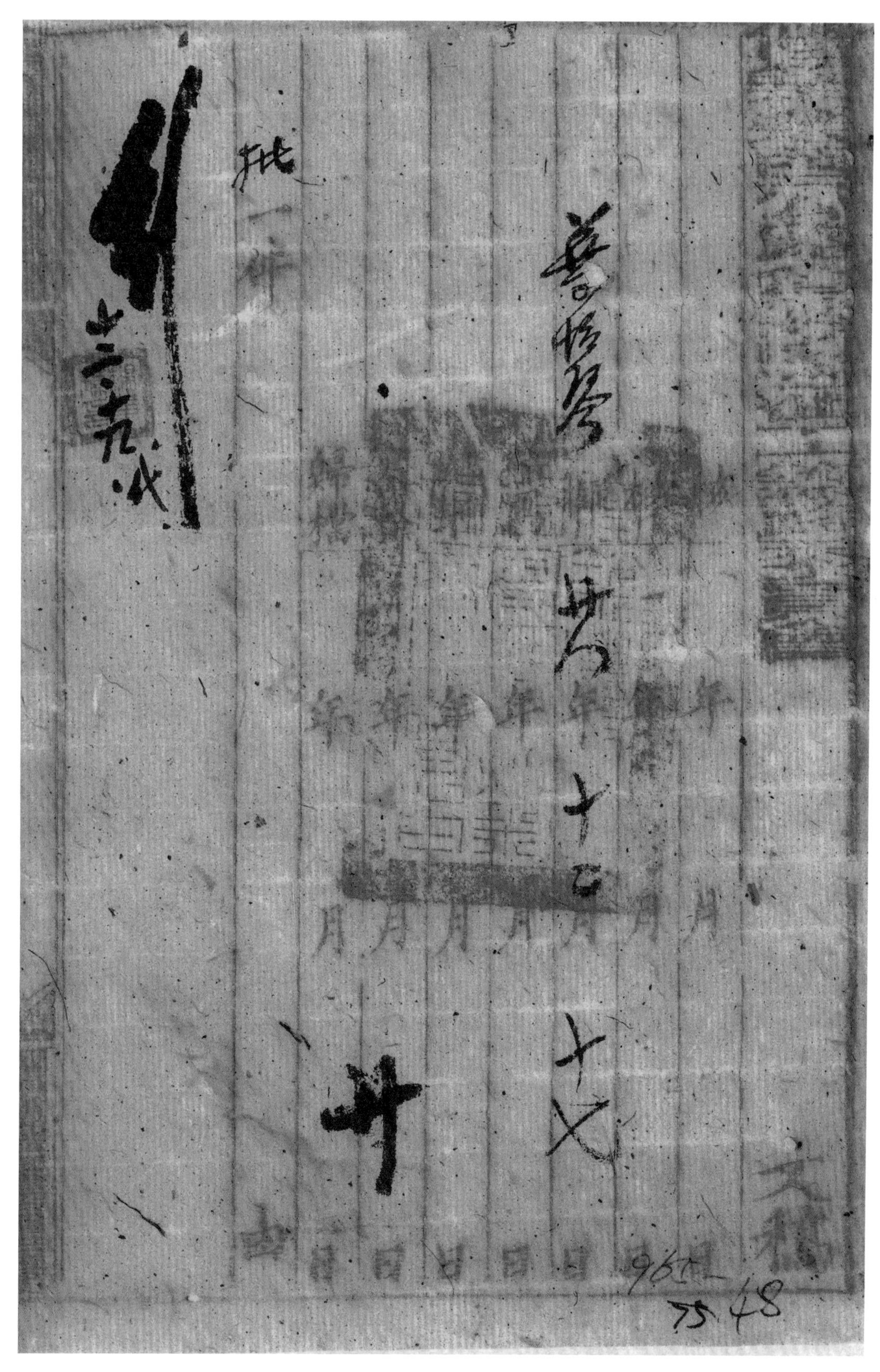

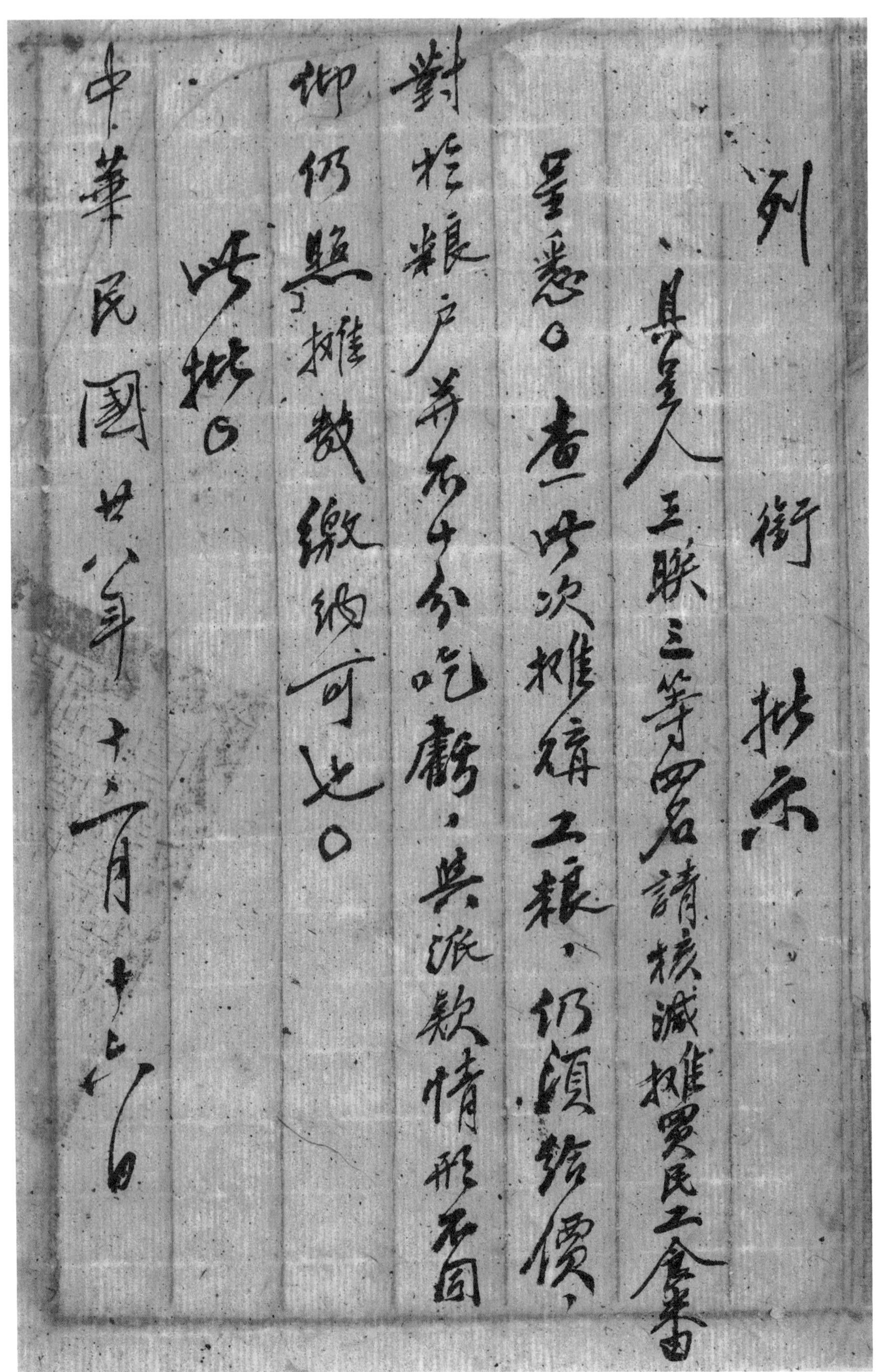

列銜批示

具呈人王聯三等四名請核減攤買民工食糧

呈悉。查此次攤購工糧，仍須給價，

對於糧户並不分吃虧，與派款情形不同，

仰仍照攤數繳納可也。

此批。

中華民國廿八年十二月十七日

会理县征工筑路委员会收发组组长李重光遵令呈覆黎关联保主任购米补缴事致该会的呈（一九三九年十二月十六日批示）

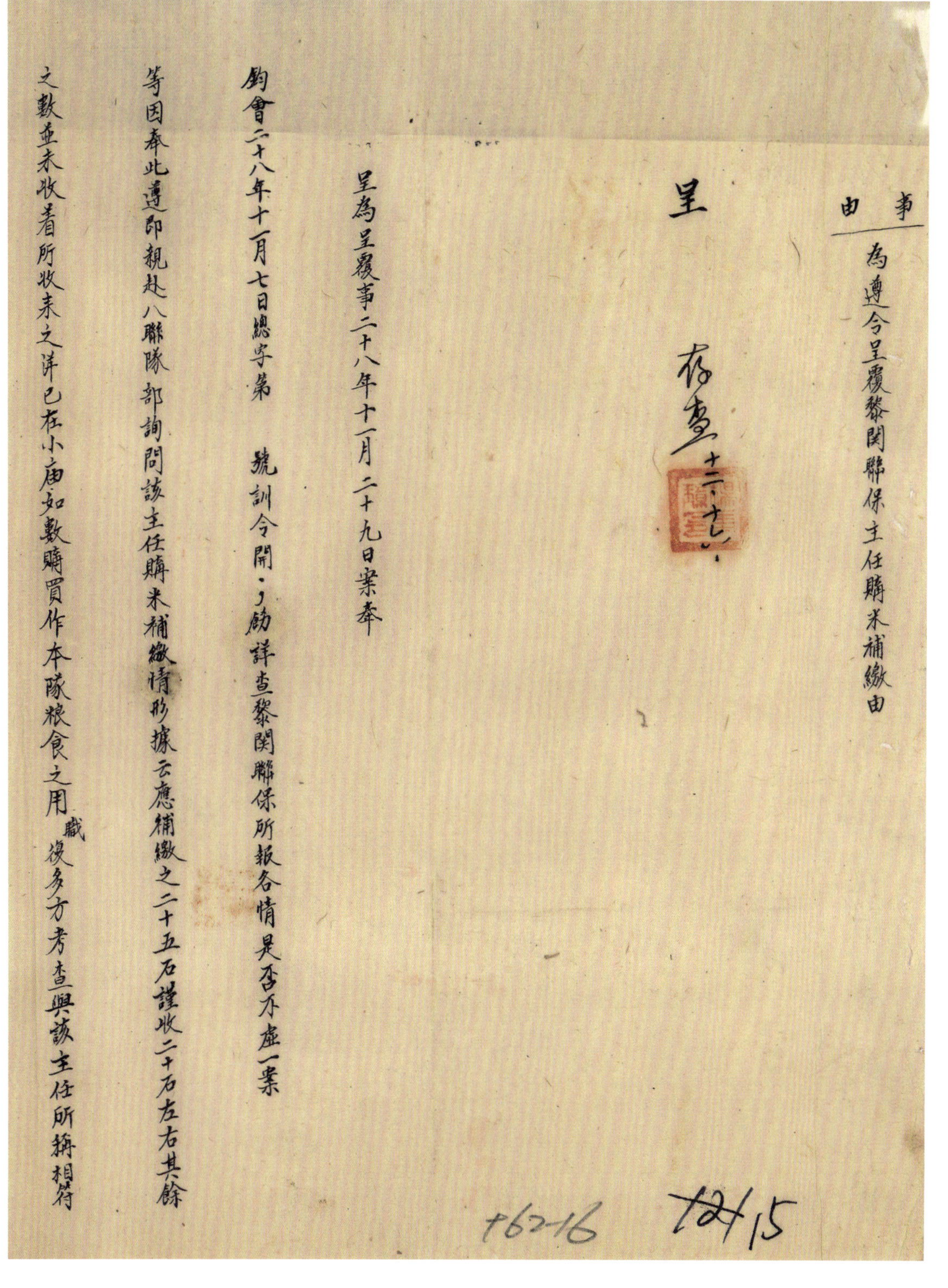

事由：為遵令呈覆黎關聯保主任購米補繳由

呈

存查 十二、十六

呈為呈覆事二十八年十一月二十九日案奉

鈞會二十八年十月七日總字第　號訓令開：飭詳查黎關聯保所報各情是否不虛一案

等因奉此遵即親赴八聯隊部詢問該主任購米補繳情形據云應補繳之二十五石謹收二十石左右其餘

之數並未收着所收米之洋已在小廟如數購買作本隊粮食之用職復多方考查與該主任所稱相符

162-16　1215

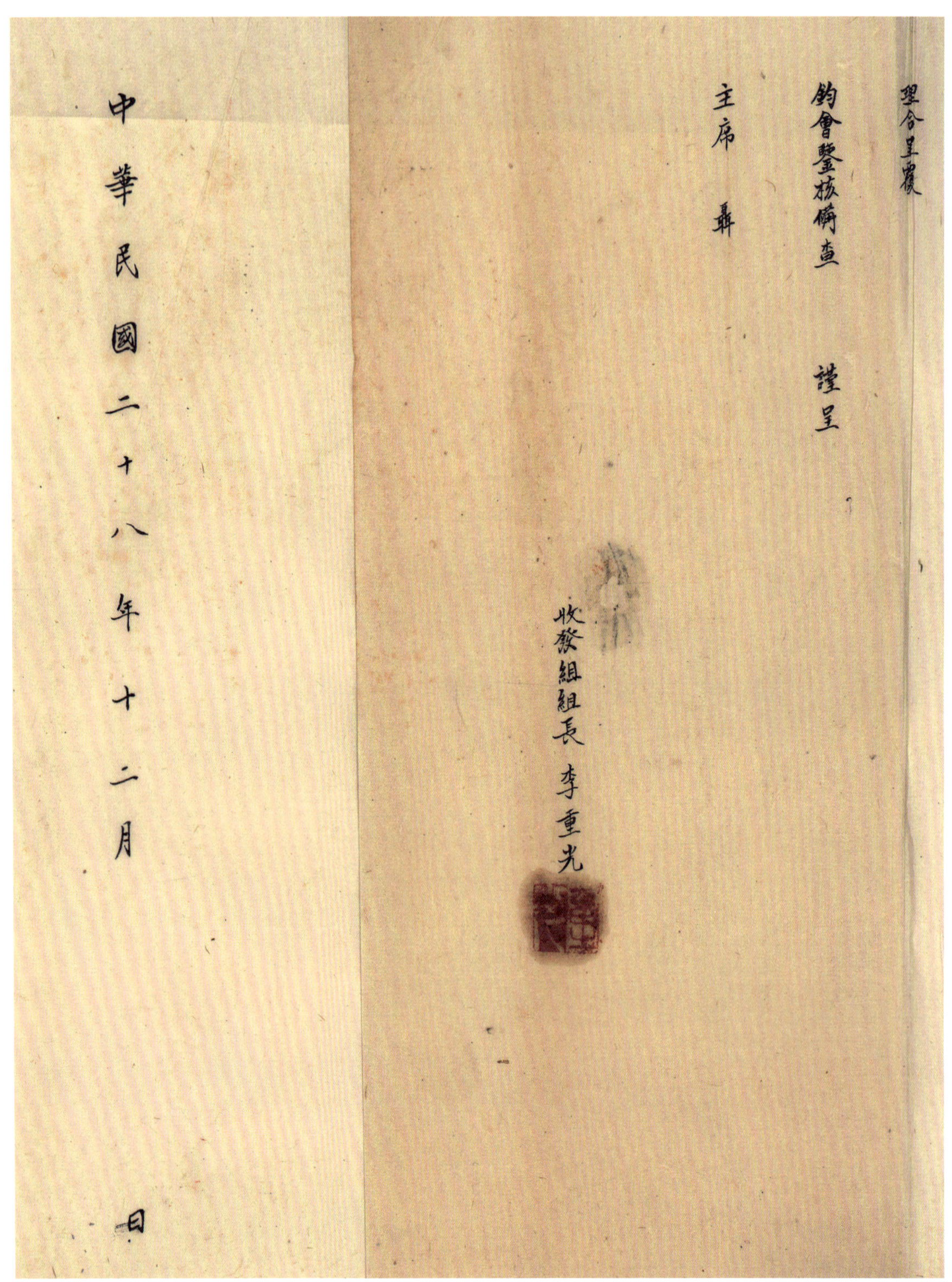

理合呈覆

钧会鉴核备查

谨呈

主席 蒋

收发组组长 李重光

中华民国二十八年十二月 日

会理县征工筑路委员会关于迅募寒衣运到工段致各联保办公处的训令（一九三九年十二月十六日）

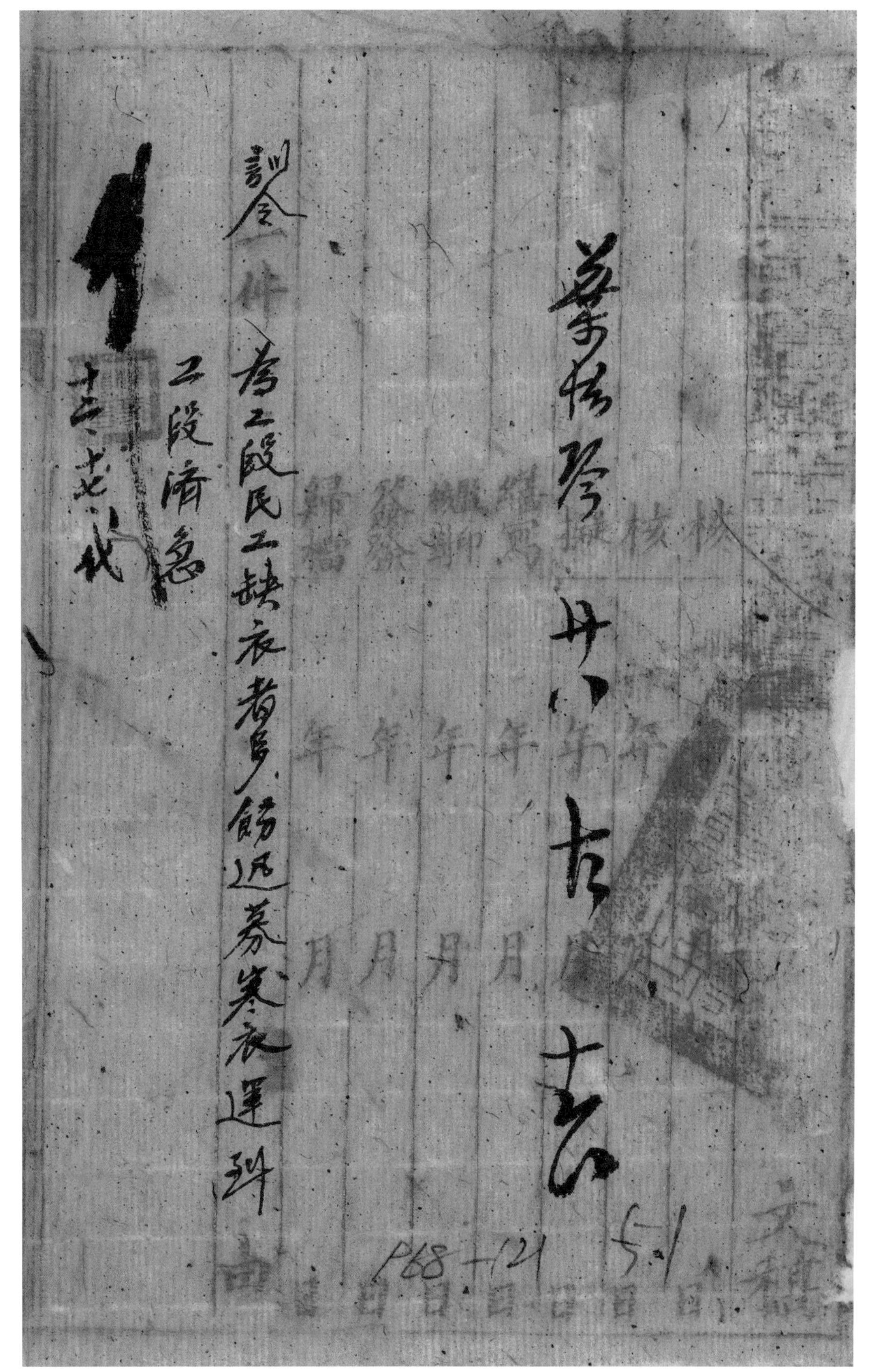

募捐　廿八年十二月十六

训令一件、为工段民工缺衣者多，饬迅募寒衣运到工段济急

十二、十七、代

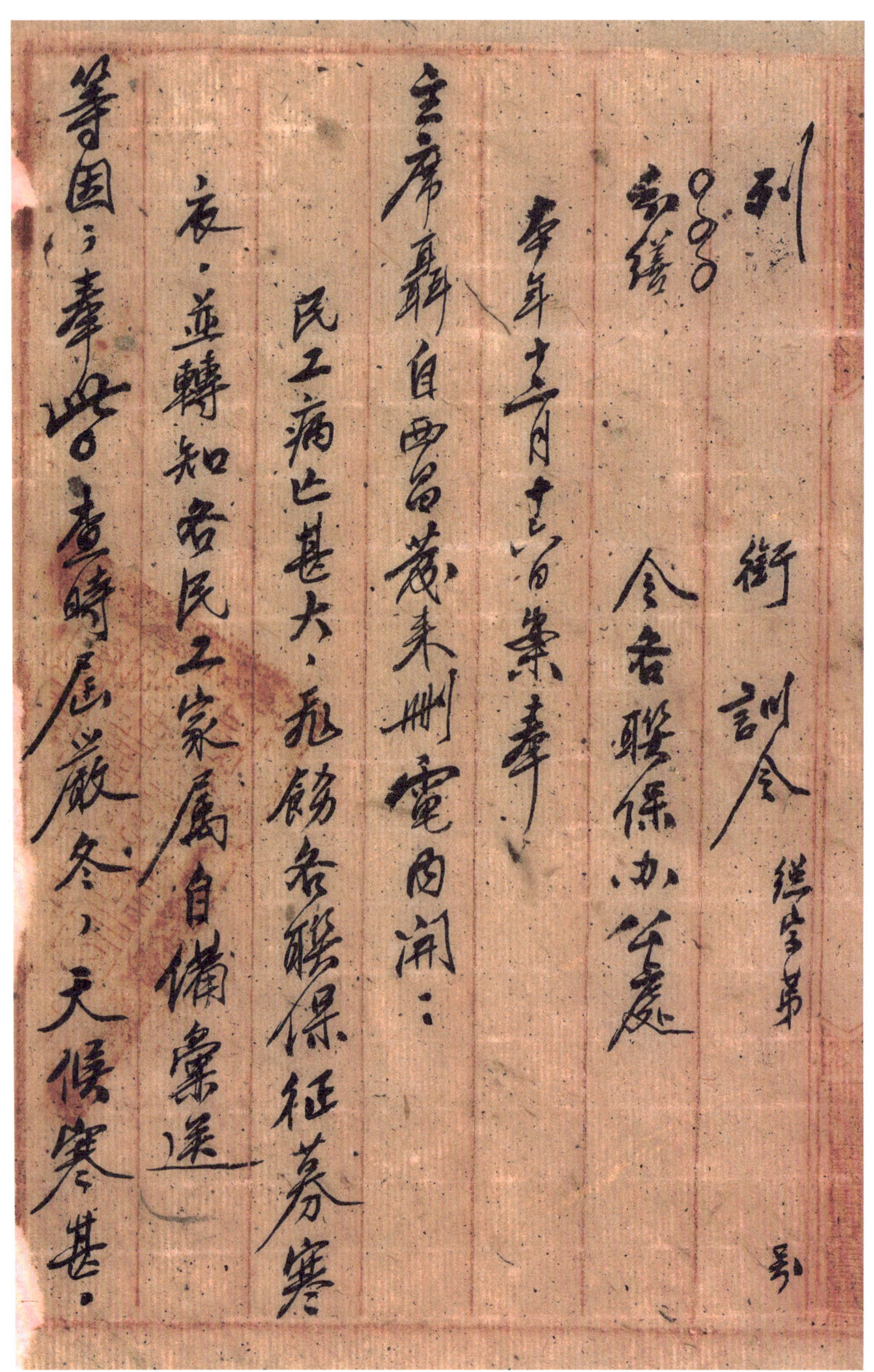

列銜訓令　總字第　號

○○○副銜

令各聯保辦公處

案奉本年十二月十四日奉

主席蔣自西昌蒞來删電内開：

民工病亡甚大，飭各聯保征募寒

衣，並轉知各民工家屬自備彙送

等因，奉此，查時屆嚴冬，天候寒甚。

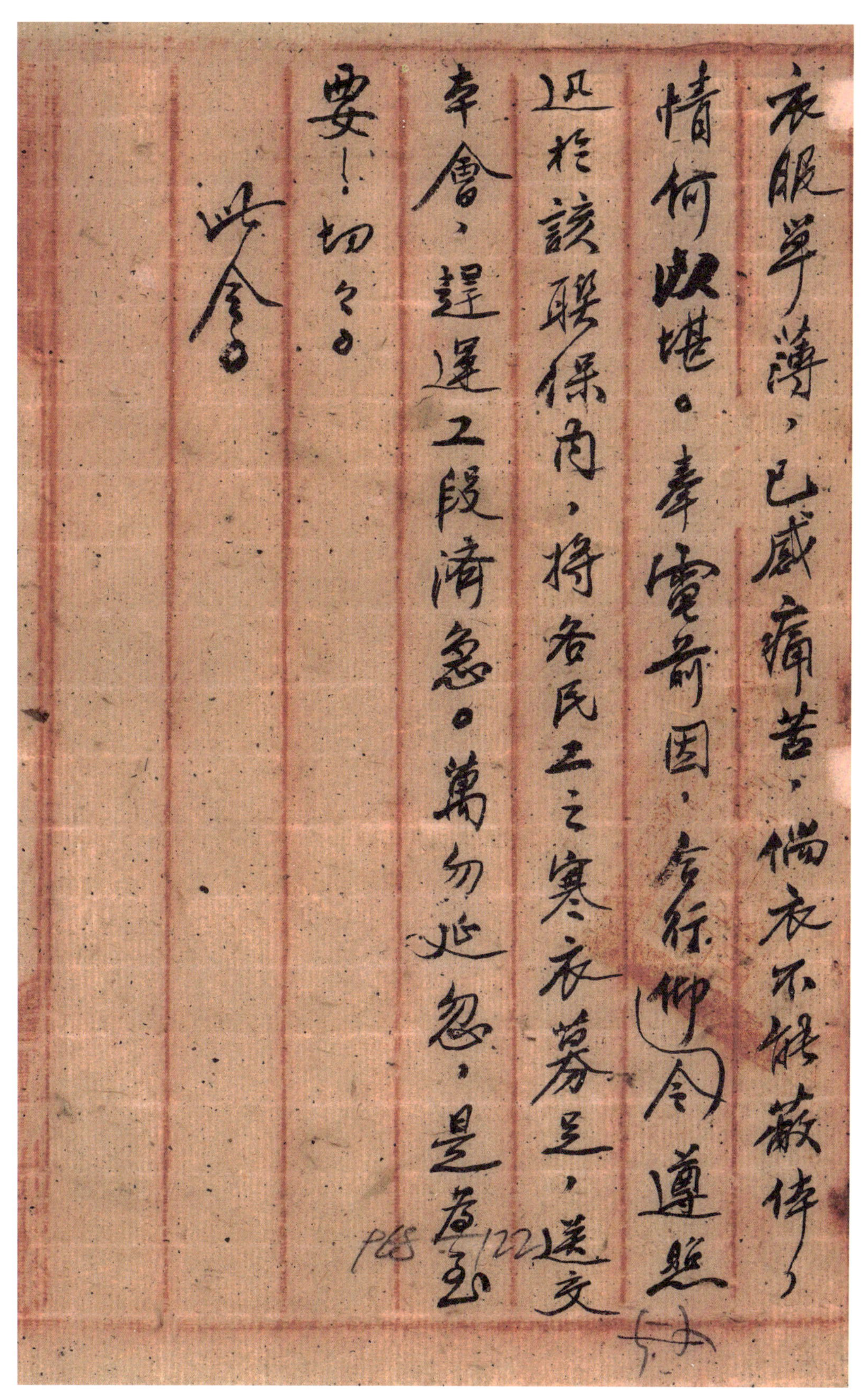

衣服單薄，已感痛苦，倘衣不能蔽体，情何以堪。奉電前因，合行仰令遵照，迅於該聯保內，將各民工之寒衣募足，送交本會，趕速工段濟急。萬勿延忽，是爲至要！！切切。

此令

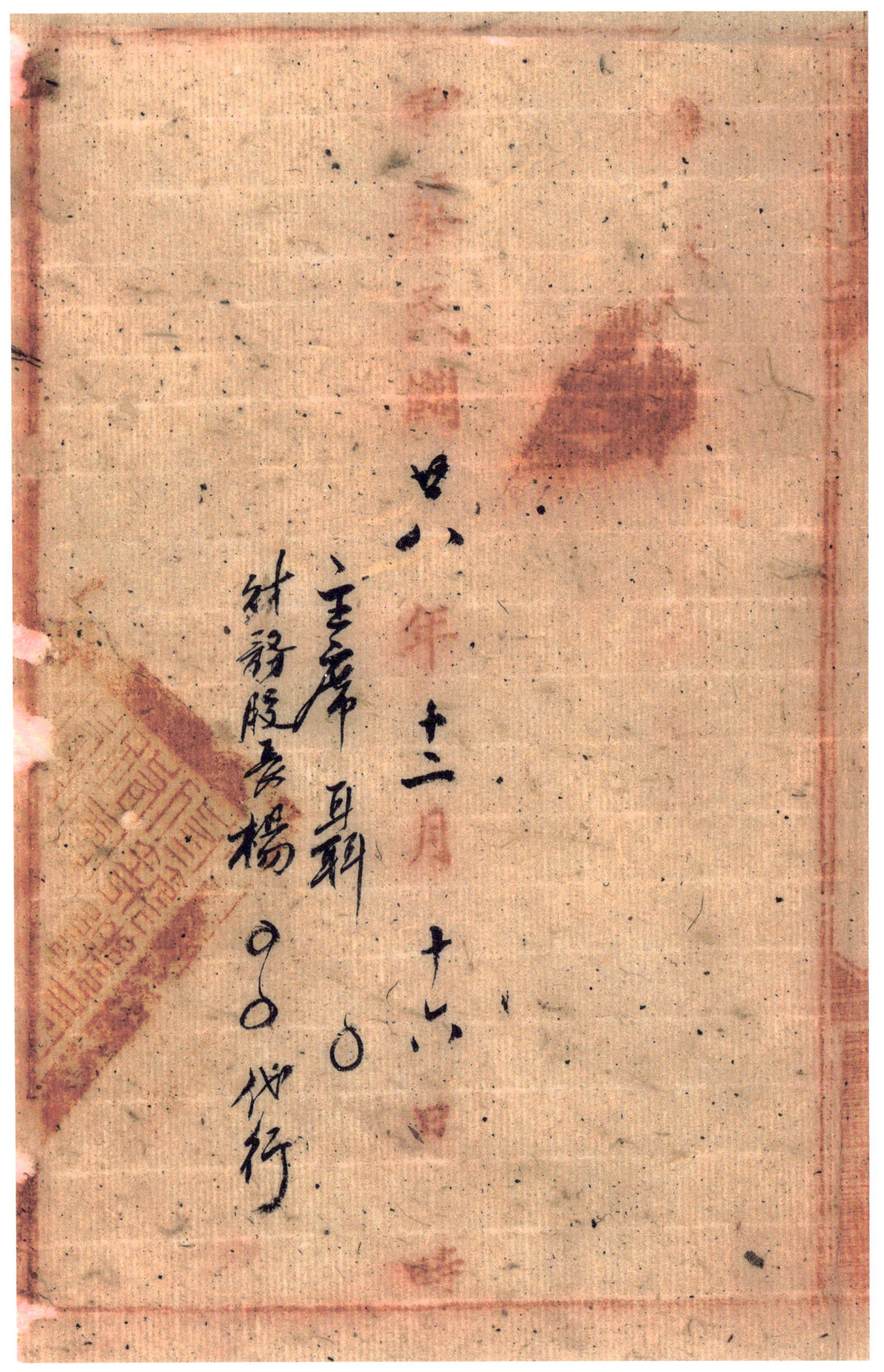

中华民国廿八年十二月十六日

主席 耳耕（印）
财务股长 杨〇〇 代行

会理县征工筑路委员会关于拨款制备寒衣运到工段救济民工致各慈善团体的训令（一九三九年十二月十六日）

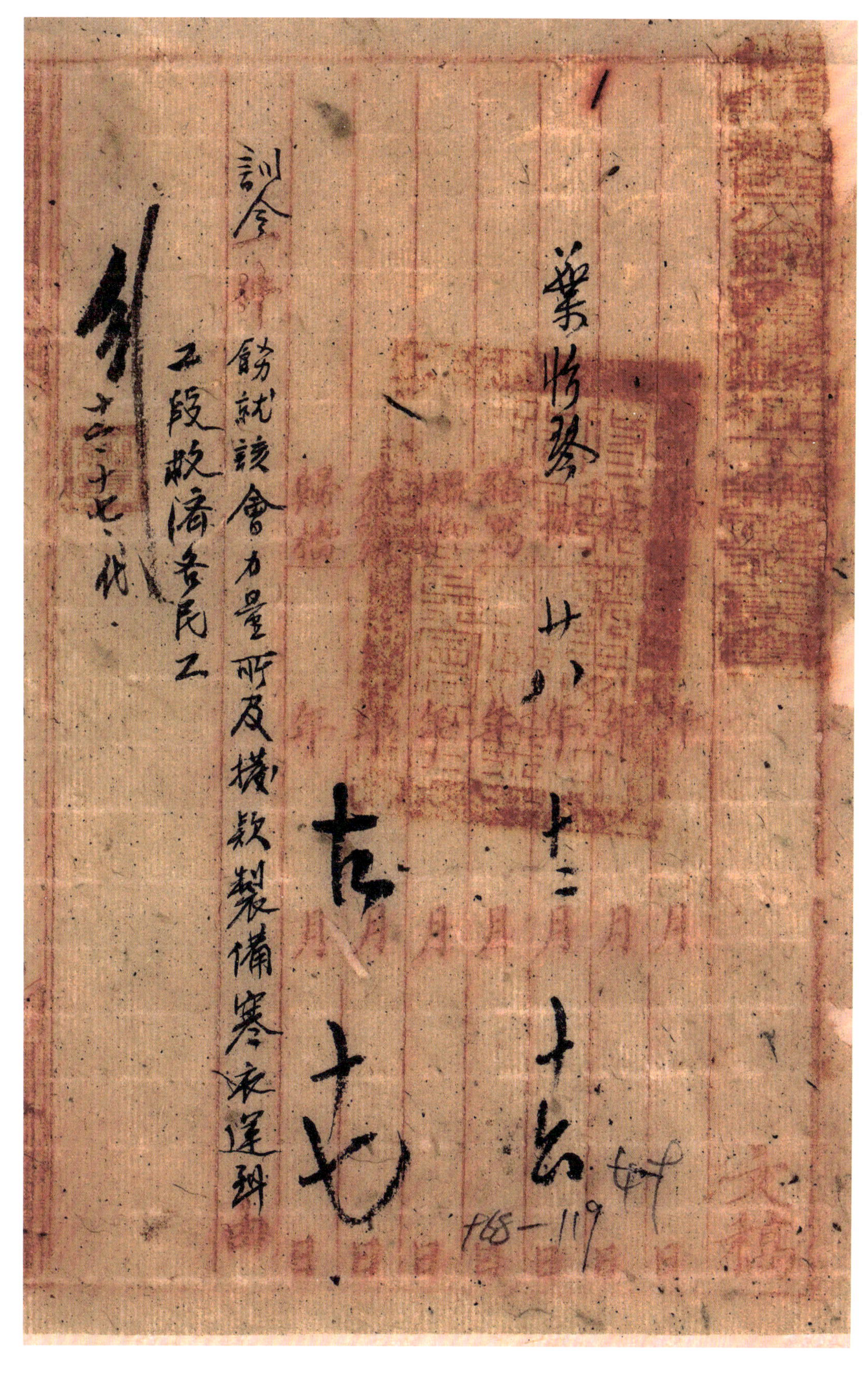

訓令

飭就該會力量所及撥款製備寒衣運到工段救濟各民工

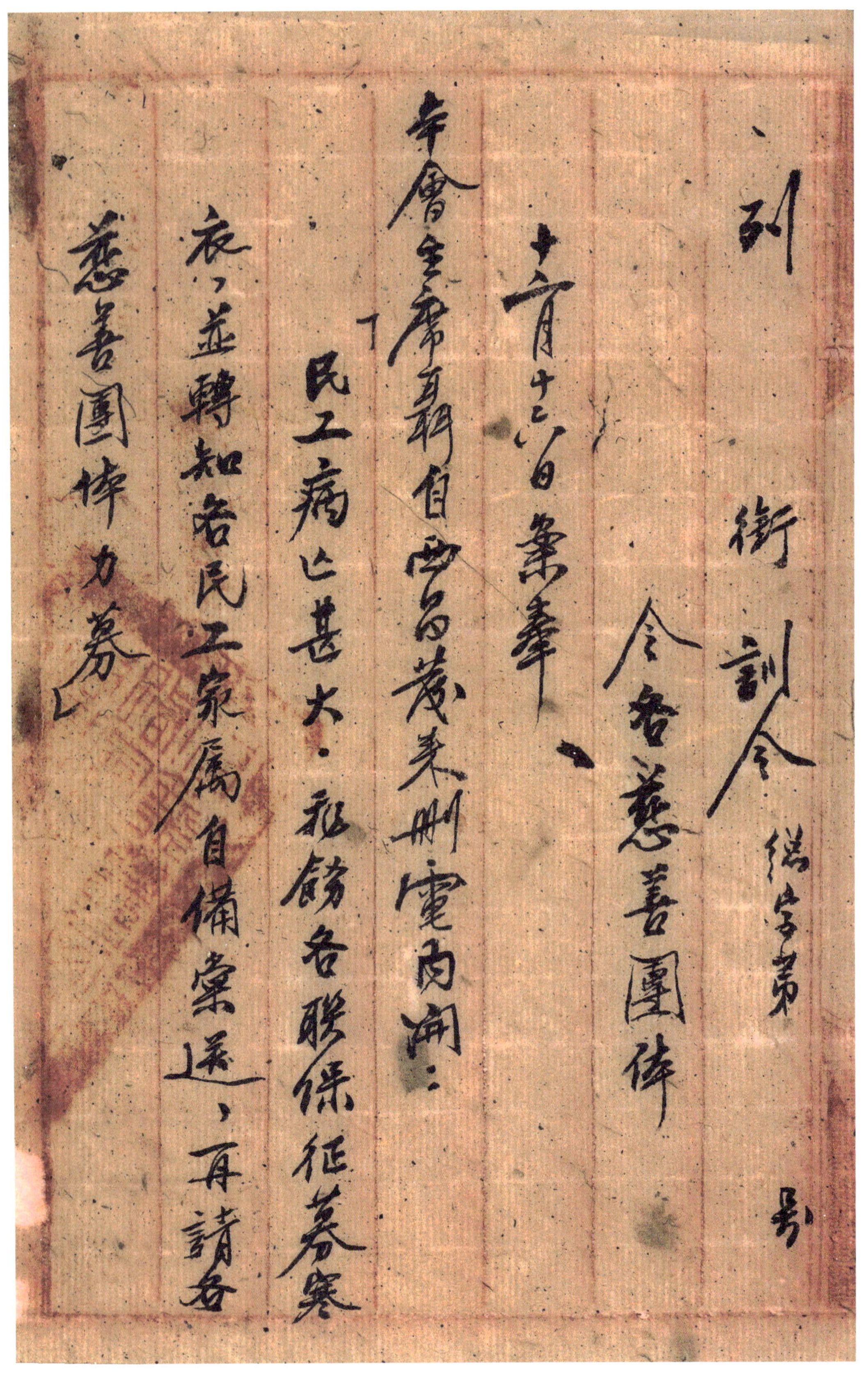

列銜訓令　總字第　　號

令各慈善團体

十二月十二日案奉

本會主席王纘緒自西昌發來删電內開：

「民工病亡甚大，亟飭各聯保征募寒衣，並轉知各民工家屬自備彙遞，再請各慈善團体力募」

等因；奉此。查時屆嚴冬，天候寒苦，民工衣不蔽体者，為數極多，以致死亡枕藉，殊堪憫惻。除飛令各聯保遵辦外，合行令仰遵照。迅就該會力量所及，大發慈悲，捐款一部份，製備寒衣，送交本會轉運工段救急。事關本縣民工急需，務希迅速辦理，勿得玩延，為要！

（旁批：因凍餒而病者千餘人）

（旁批：暫移地方慈善事業之款，以作此救人之急）

（旁批：施濟）

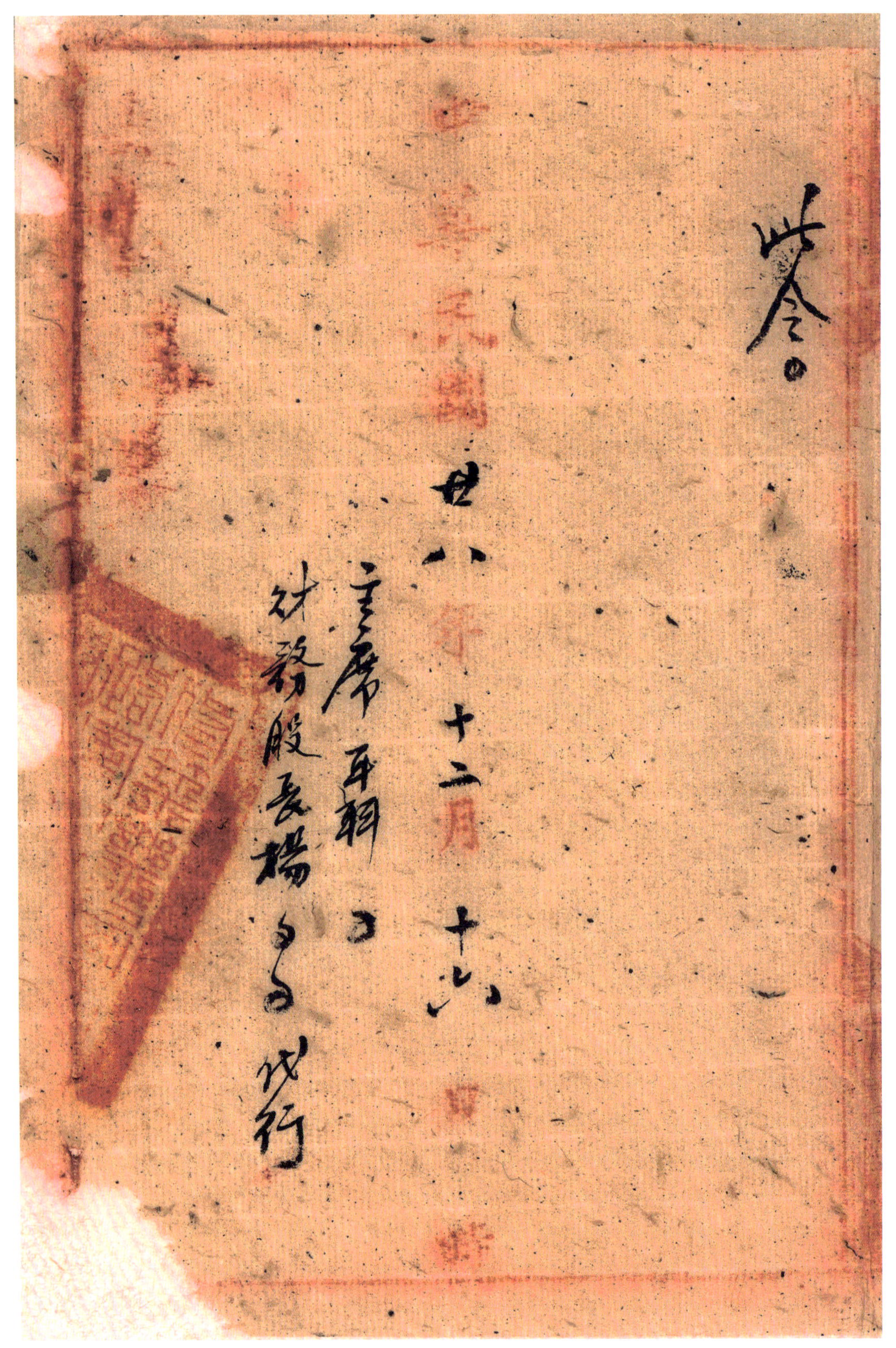
此令。

卅八年十二月十八

主席 吕(田)
财务股长杨白易 代行

会理县征工筑路委员会关于征齐民工寒衣以便汇送工段致各联保办公处的训令（一九三九年十二月二十二日）

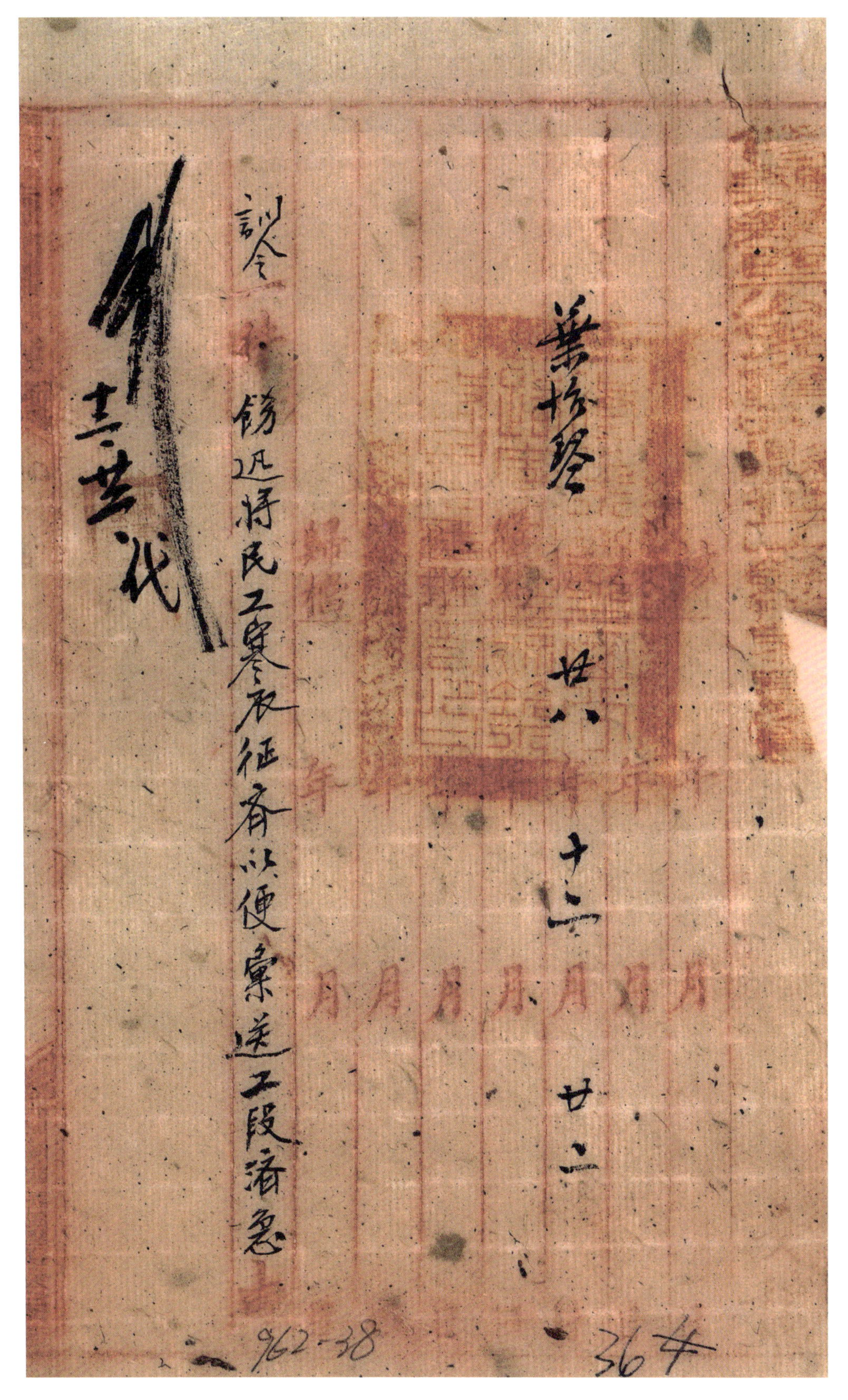

训令

饬迅将民工寒衣征齐以便汇送工段济急

华振琴

廿八 十二 廿二

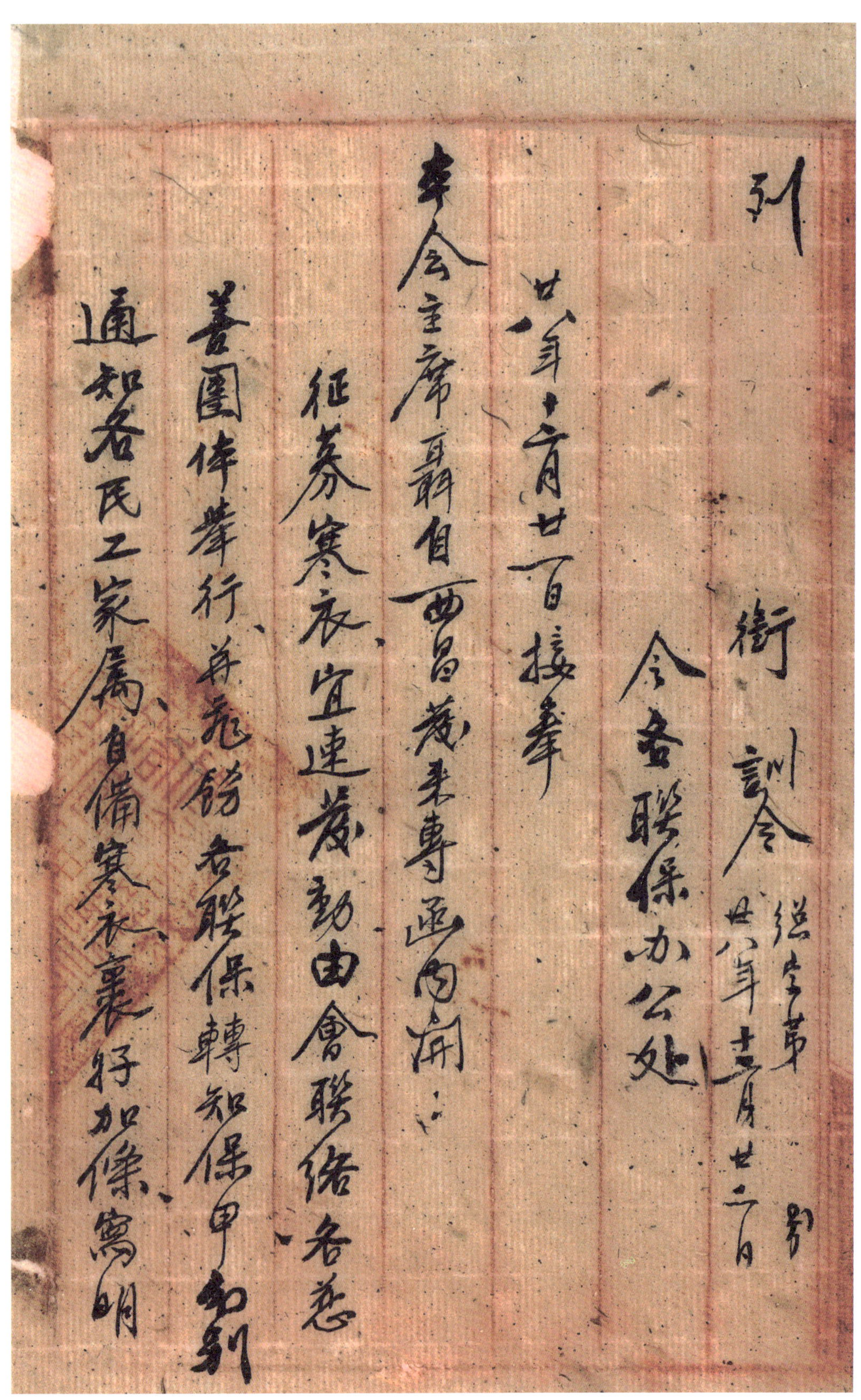

[illegible]

衔　训令　総字第　　号　廿八年十二月廿二日

令各联保办公处

廿八年十二月廿一日接奉

本会主席聂自西昌发来专函开：

征募寒衣宜速发动由会联络各慈

善团体举行、并饬各联保转知保甲切

通知各民工家属、自备寒衣、裹钉加标、写明某聯保某保某甲、寄其民之某某者、聯保收到，遲遠、稟送、不然病近日益增加、見之痛心等因。查此案前於奉到鈞電時，即由本会飛飭各該聯保遵辦在案，并令各善團封送寒衣各。兹奉前因，合再令催，仰即遵照辦理。務於一二日内將寒衣稟齎，送交本会，以便運到工段救急。勿延為要。

此令。

# 会理县征工筑路委员会关于续收第二期摊购工米致各联保办公处的训令（一九三九年十二月二十四日）

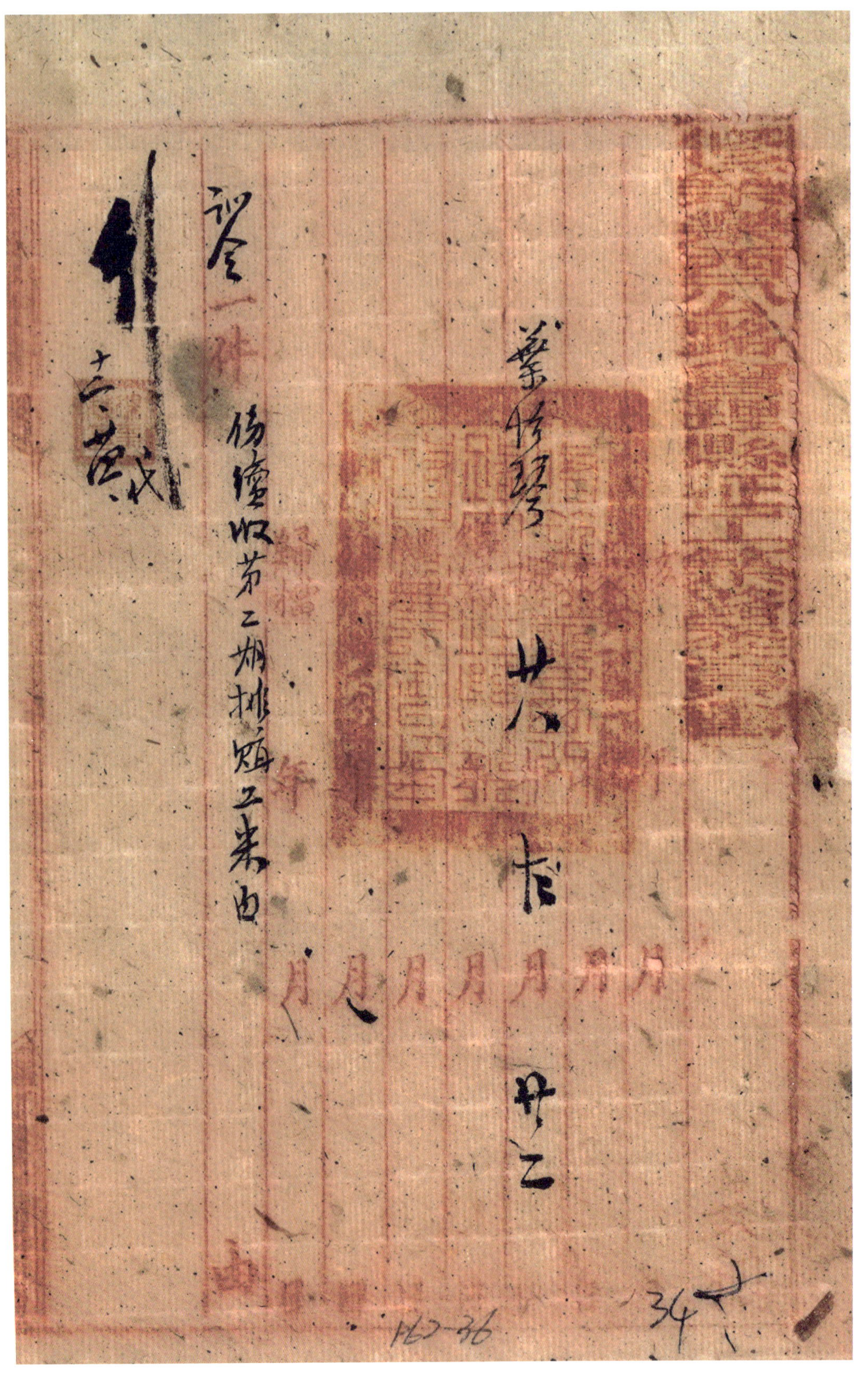

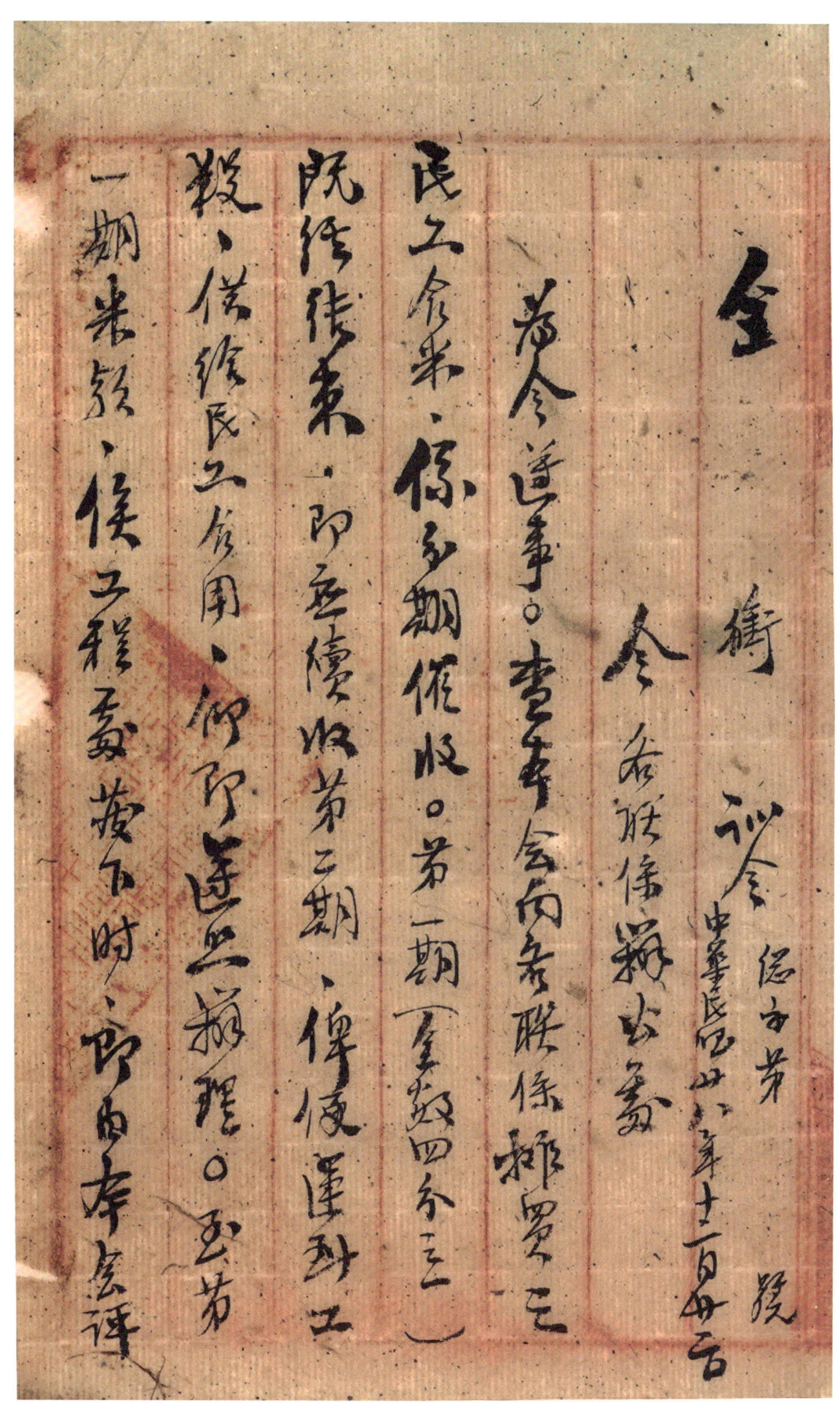

令

衔 训令 总字第 号

中华民国卅六年十二月卅日

令各联保办公处

为令遵事。查本会前令各联保摊费之民工食米，系分期催收。第一期（全数四分之三）既经催集，即应续收第二期，俾便运到工段，借维民工食用，仰即遵照办理。至第一期米谷，俟工程处发下时，即由本会评

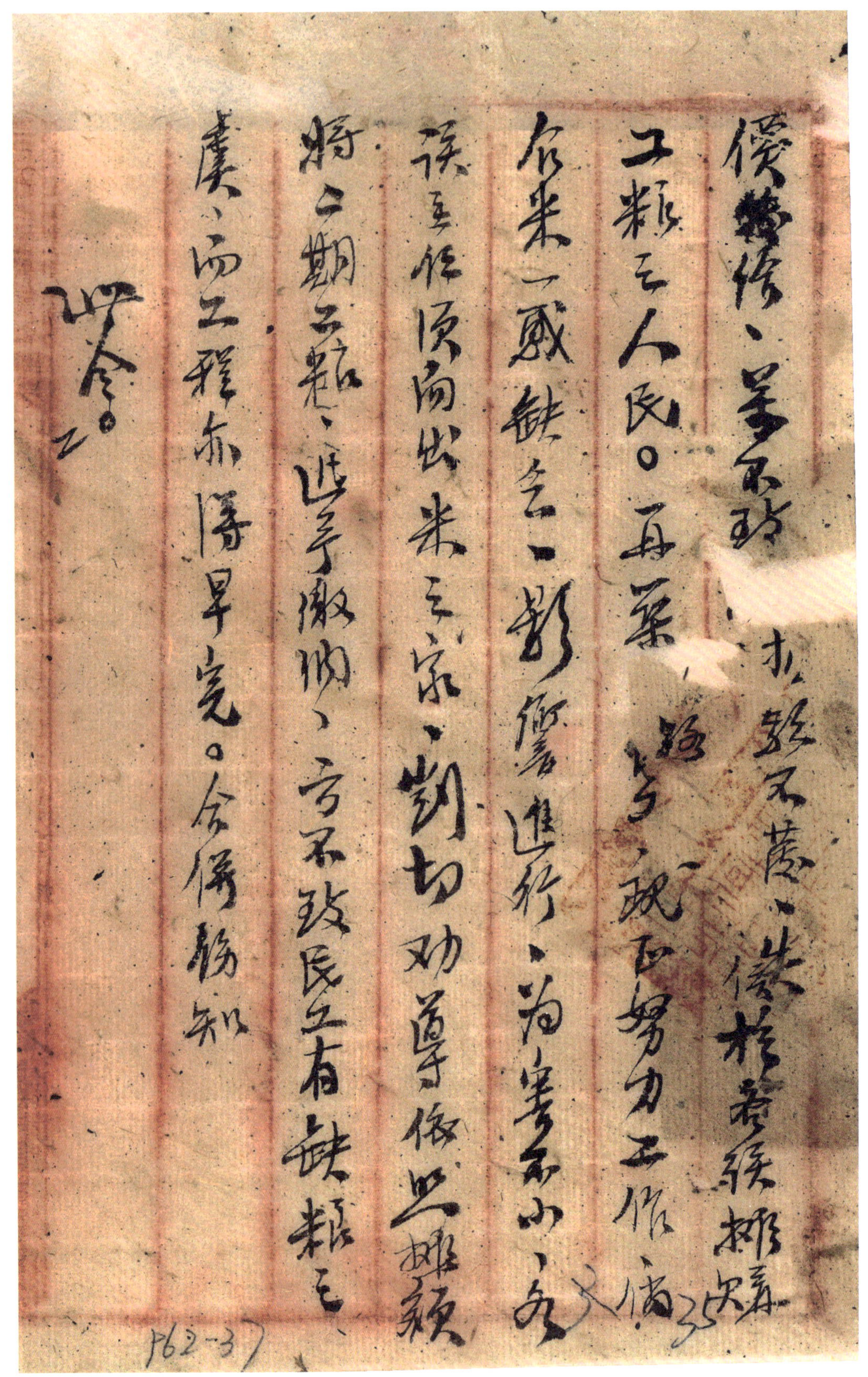
偿[illegible]修、筑路[illegible]，亦须不误春耕，修路兼顾

工粮之人民。再第二期路工，现正努力工作，倘

令米一成缺乏，影响进行，为害非小，免

误工作，须尚出米之家，剀切劝导，依照摊额

将二期工粮，迅予缴纳，方不致民工有缺粮之

虞，而工程亦得早完。合仰转知

此令。

35

P62-37

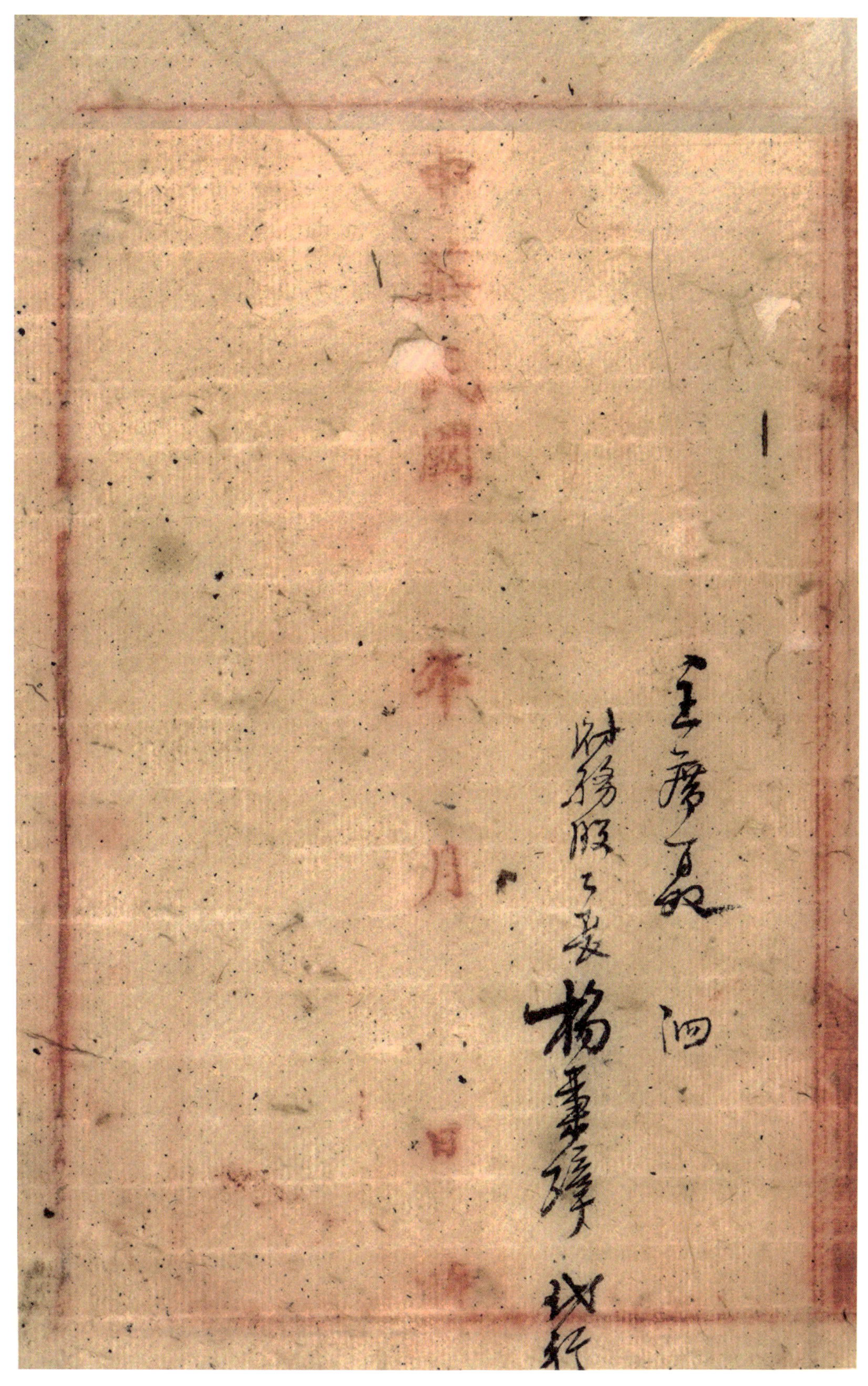
中華民國　年　月　日

主席何敬泗

財務股股長楊兼繹代行

# 会理县征工筑路委员会关于督促各联保结报第一期工粮并催收第二期民工食米致该县摩挲云区署、鲹鱼区署的训令（一九三九年十二月三十一日）

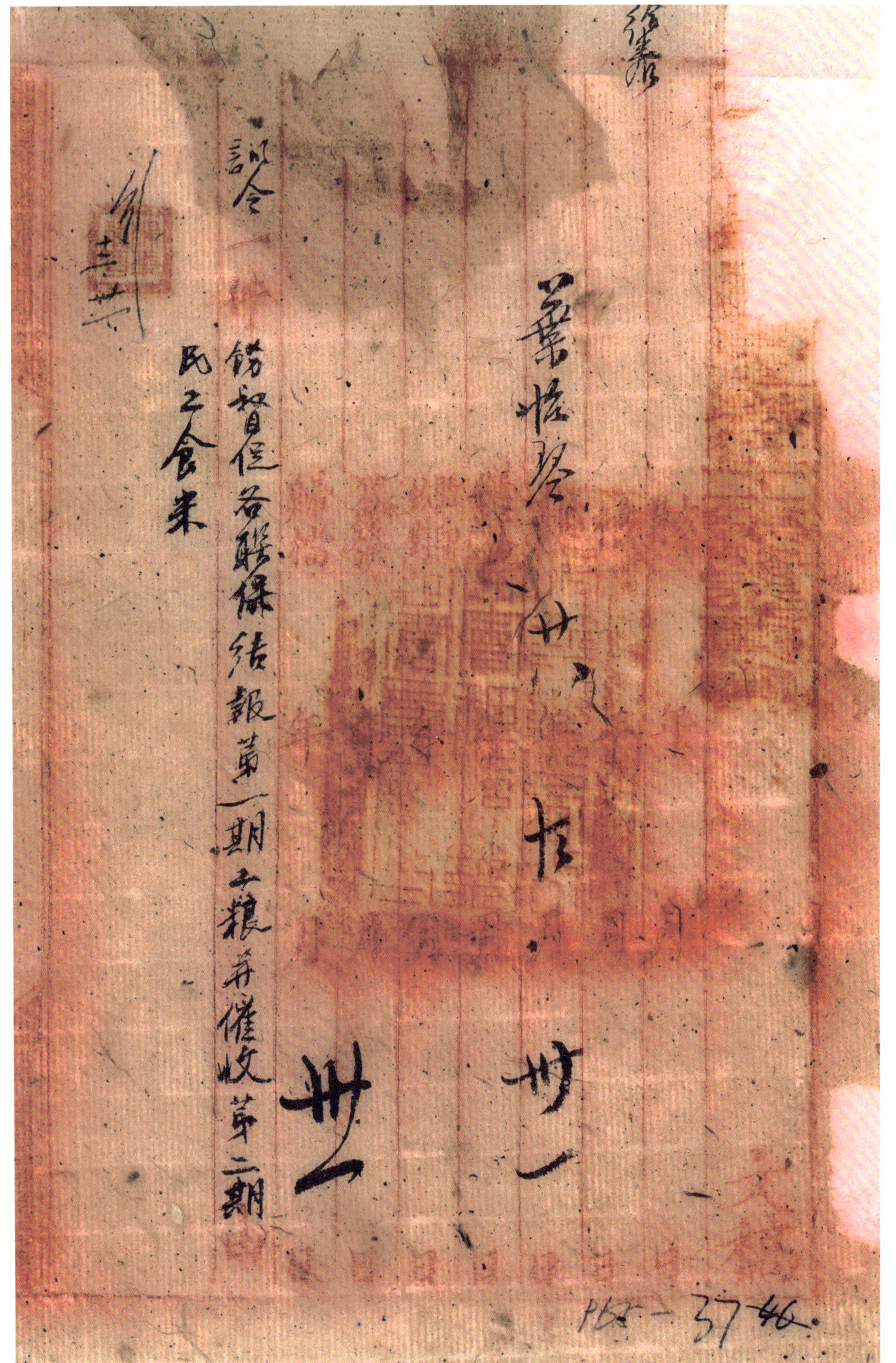

训令

饬督促各联保结报第一期工粮并催收第二期民工食米

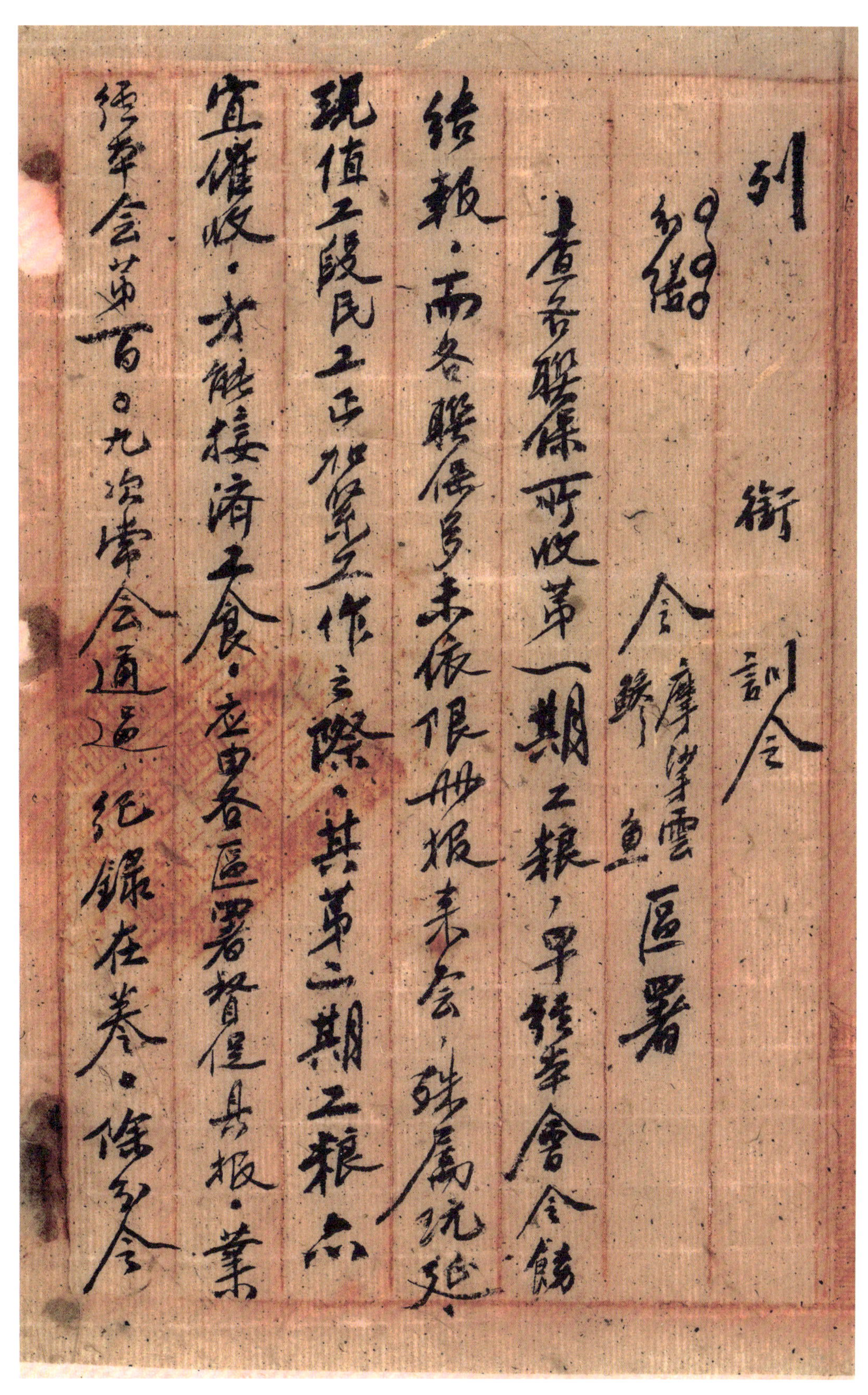

列○○○銜　訓令

令摩洋雲、鎮魚區署

查各聯保所收第一期工糧，早經奉會令飭

結報。而各聯保多未依限册報來会，殊屬玩延。

現值工段民工正加緊工作之際，其第二期工糧亦

宜催收，方能接濟工食，應由各區署督促具報。業

經本会第一百〇九次常会通過，紀錄在卷。除分令

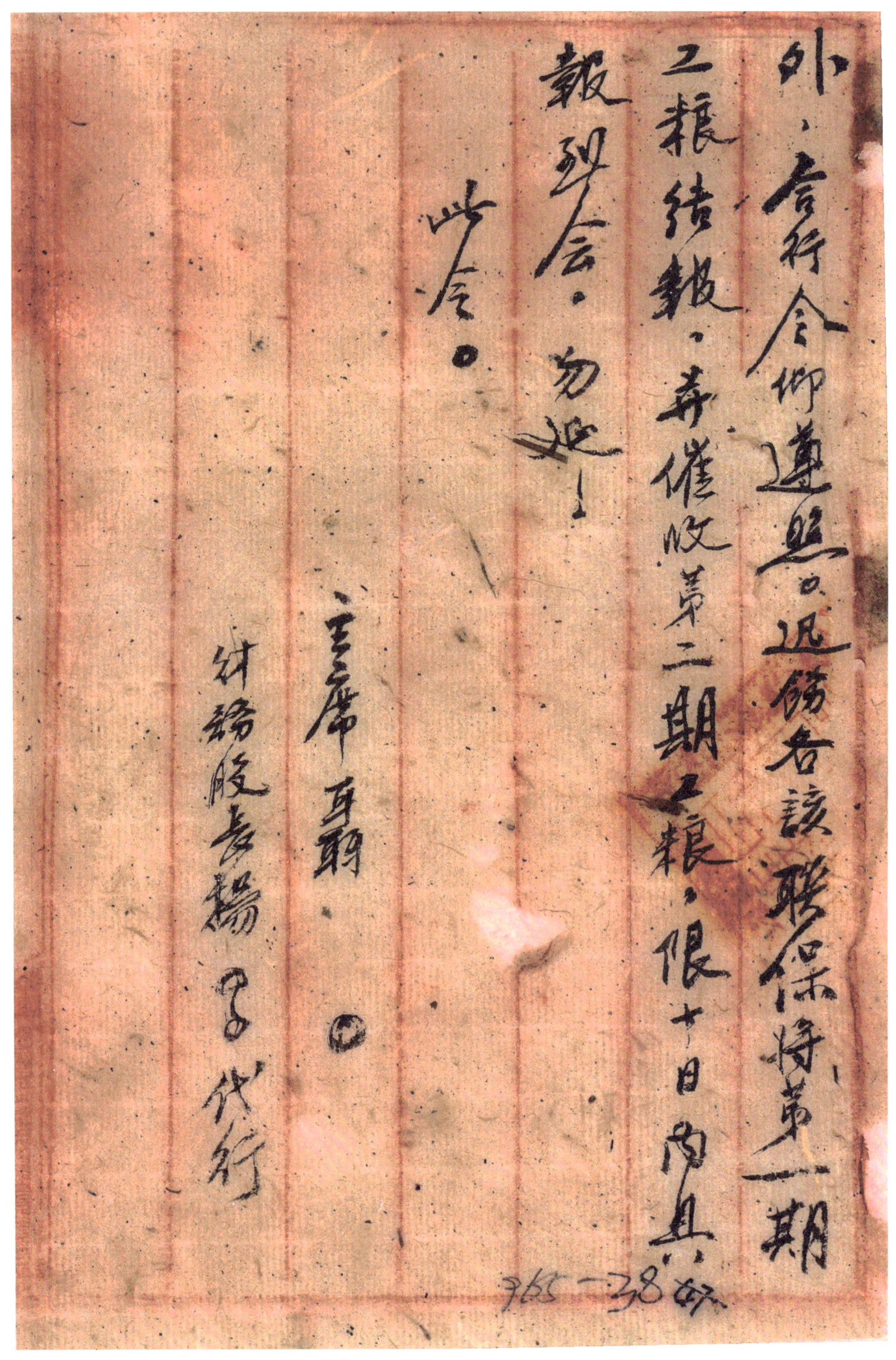
外，合行令仰遵照，迅饬各该联保将第一期工粮结报，并催收第二期工粮，限十日内具报到会，勿延！

此令。

主席 聂〇

财务股长 杨〇〇代行

965—38（?）

会理县征工筑路委员会与榜兴联保办公处关于该保朱集之请减让摊买工粮的来往文书

榜兴联保主任丁圣和致会理县征工筑路委员会的呈（一九三九年十二月）

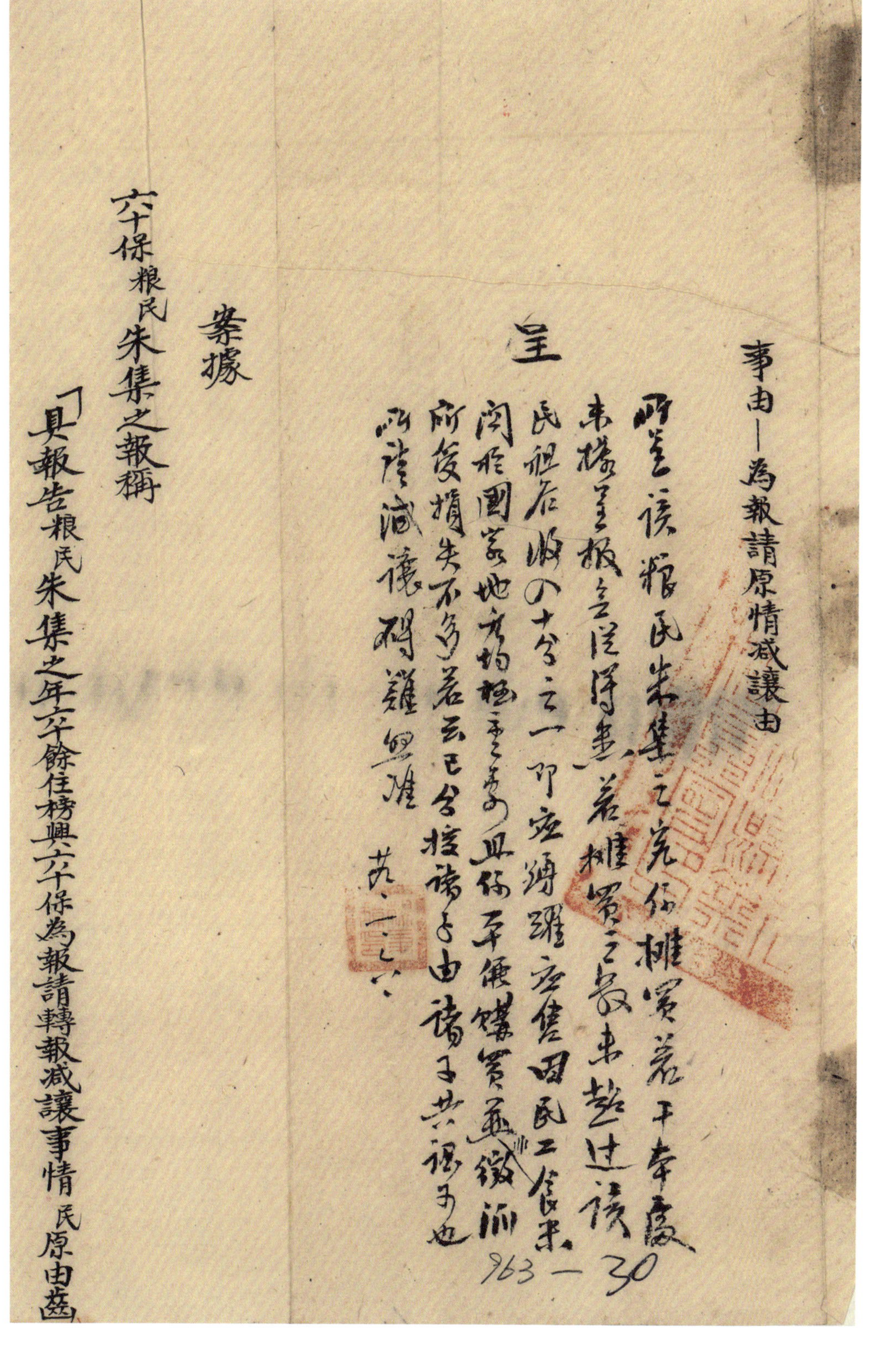

事由——為報請原情減讓由

呈

呈悉。該糧民朱集之究係攤買若干，本處
未據呈報。自從得悉若攤買之數未甚過該
民租石收の十分之一，即應遵照應售。因民工食米
關於國家地方均極重要，且係平價購買，並繳而
所受損失不多，若云已分撥請予由請予共得予也
所請減讓礙難照准 廿八、一二、六

963—30

案據

六十保糧民朱集之報稱

具報告糧民朱集之年六十餘住榜興六十保為報請轉報減讓事情 民原由鹽

積所餘以致稍有買明之業數份其初本是上納粮稅後清查租石捐榜列一百七十四石折合成一百一十六石三斗九升原是民一人之名上納當時未分授與三子前因生計日繁不能奔馳故將朱上權上仕上懷三子分開每子分去四十石三子共分去一百二十石民所餘無多今因民工食米經　鈞會依據　縣府厥册攤買民之名下十六石民實無力承責因民分與長子上權之業現抵擋無餘生活猶望屠宰濟度次子上仕雖未擋盡然已無多惟三子上懷稍有餘積然以生活日高實無力支持特此報請　鈞處據情轉呈　征工築路委員會原情減讓不勝沾感之至

等情。據此，查民工食米，原由鈞會依據厥册攤派，但查該民確已將業分與三子，長次子蕩盡無多，惟民工食米係民工重件，不敢擅專，理合具文轉請

鈞會原情減讓與否鑒核示遵

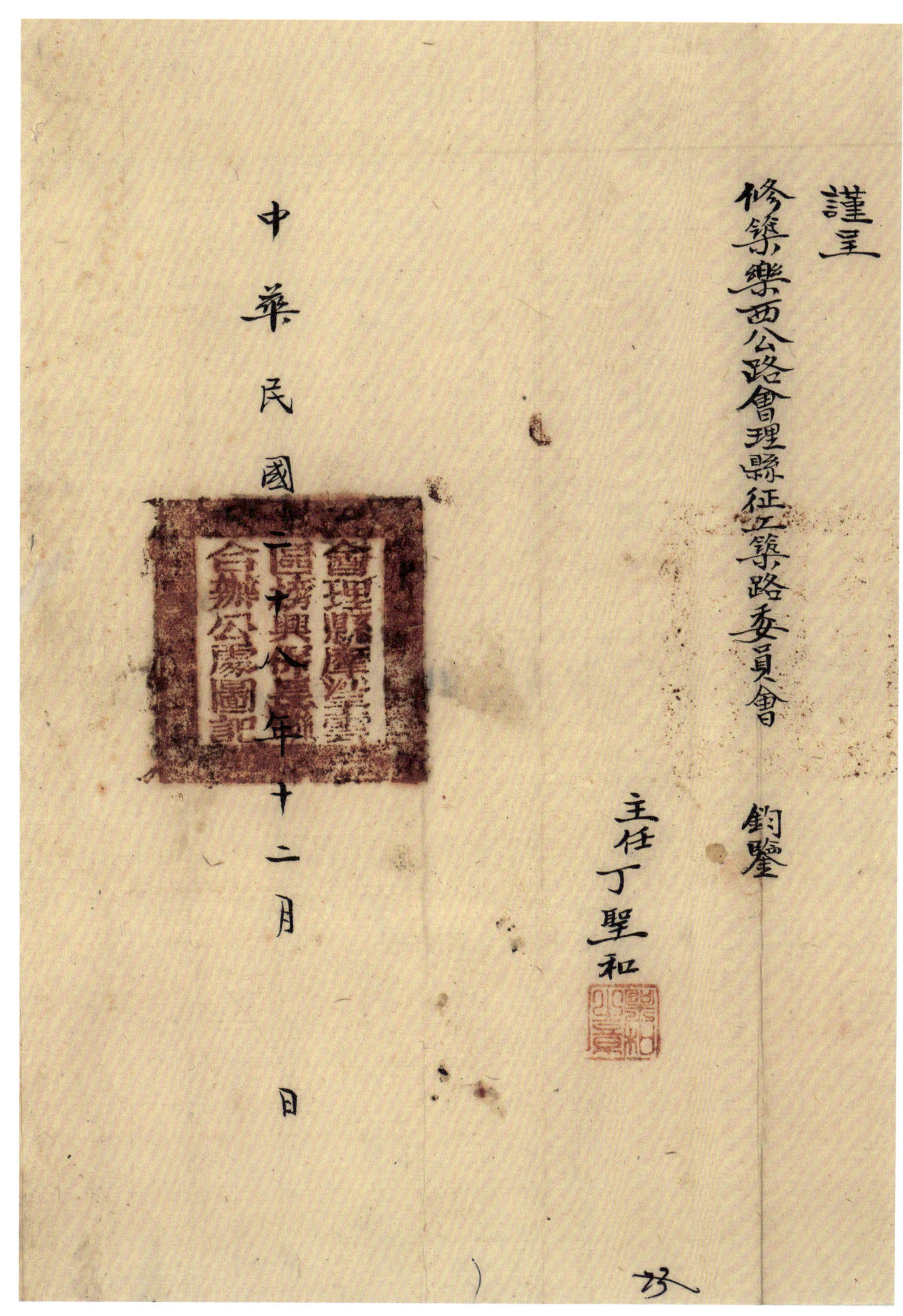

謹呈

修築樂西公路會理縣征工築路委員會　鈞鑒

主任丁聖和

中華民國二十八年十二月　日

# 会理县征工筑路委员会致榜兴联保办公处的指令（一九四〇年一月十六日）

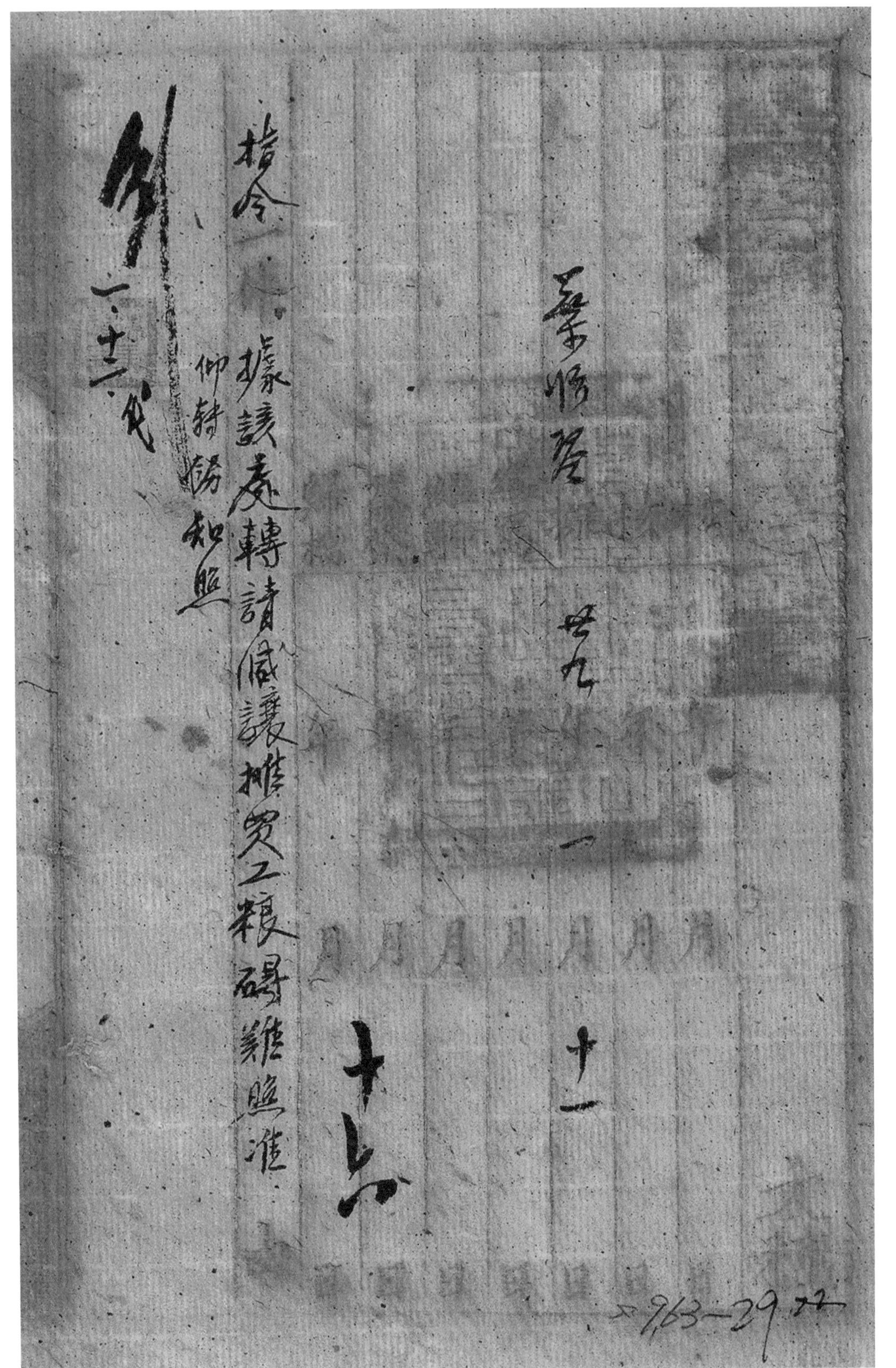
指令
据该处转请减让摊派工粮碍难照准
仰转饬知照
此令
华修筑 廿九 一 十一
十六
一、十六代
963-29.22

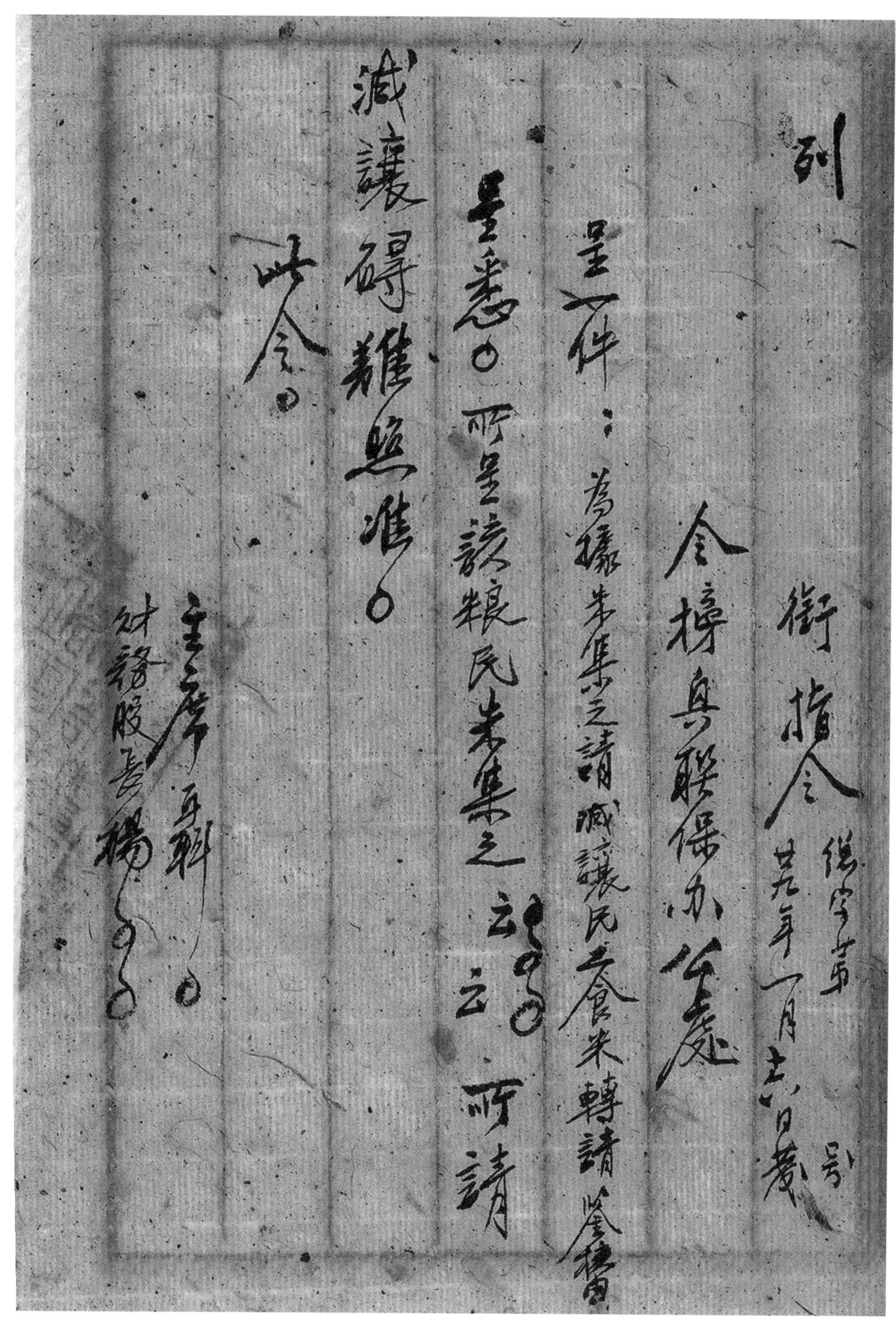

到

衔指令　保字第　號　廿九年一月十六日發

令撫真聯保辦公處

呈一件：為據朱集之請減讓民食米轉請鑒核

呈悉。所呈該粮民朱集之云云。所請

減讓礙難照准。

此令。

主席王斛

財務股長楊

# 会理县征工筑路摊买粮食一览表（一九三九年）

會理縣征工築路攤買糧食一覽表

| 聯保別 | 應攤買糧米數目 | 備考 |
|---|---|---|
| 内東 | 攤買米〡千〇弍十石 | |
| 外北 | 攤買米〣弍十石 | |
| 鹿武 | 攤買米〡百石 | |
| 益果 | 攤買米〤石 | |
| 雲定 | 攤買米〢十石 | |
| 蓮興 | 攤買米〤〤十石 | |
| 易高 | 攤買米〦百石 | |
| 黎陶 | 攤買米〣弍十石 | |
| 緣善 | 攤買米〣百石 | |
| 新德 | 攤買米〣〢十石 | |
| 通金 | 攤買米〣百石 | |
| 九三 | 攤買米〣〇〢十石 | |
| 姜屯 | 攤買米〥石 | |
| 鐵香 | 攤買米〤百〤十石 | |
| 平喜 | 攤買米〥十石 | |
| 合計 | [illegible]石 | |

孜

766—68

会理县征工筑路委员会关于催收第二期摊购工粮致各联保办公处的训令（一九四〇年一月十日）

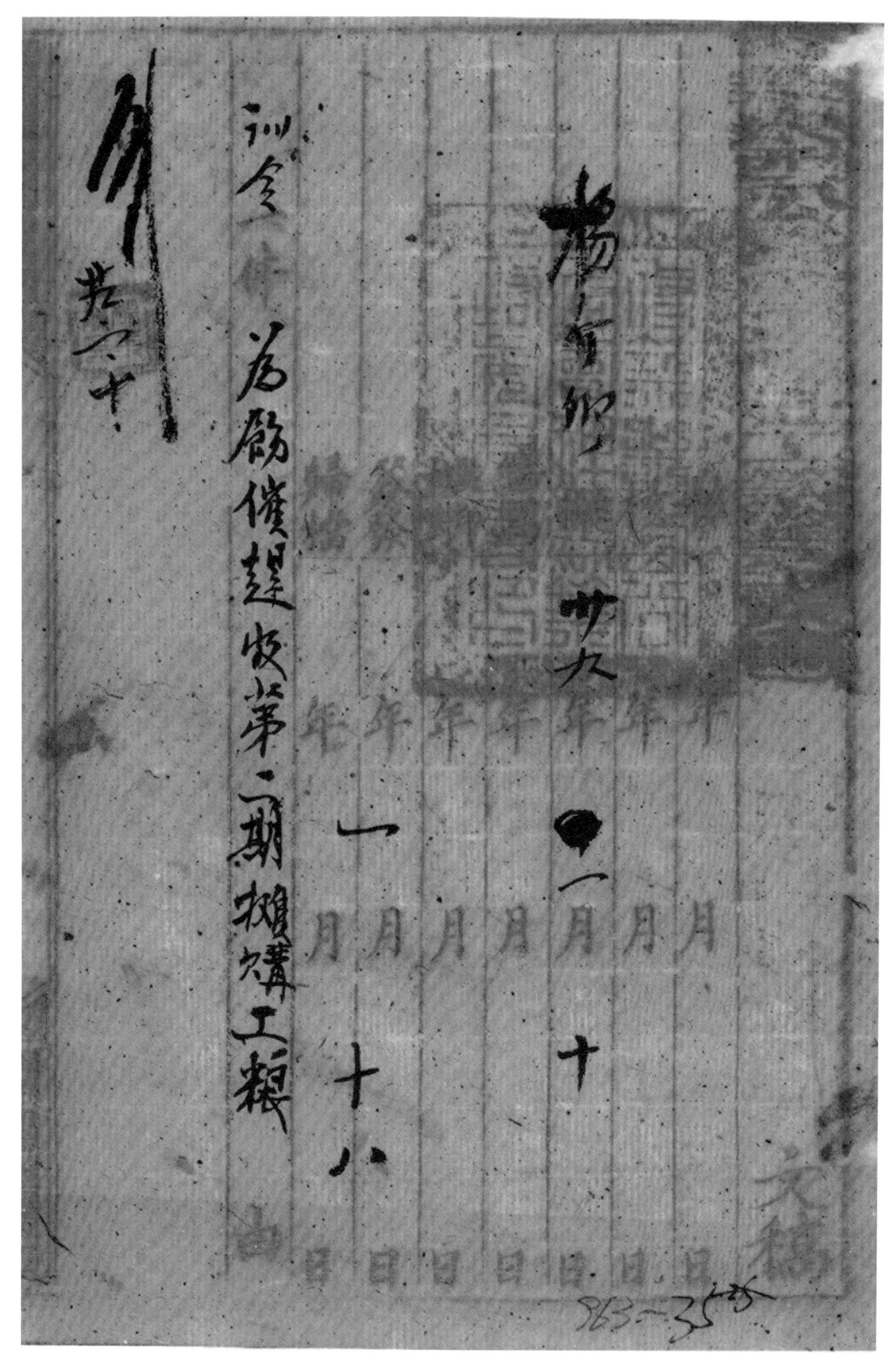

训令　件　为饬催提收第二期摊购工粮

杨育卿

廿九年一月十日

一月十八日

共一十

訓

銜總字第　號

二十九年一月　日

令各聯保辦公處

案查本會向各糧戶收購之第二期工糧迭經令飭催收在案究竟已收獲若干迄今猶未據報殊屬疲玩現在民工雖已有數聯隊回縣但並非工程已完乃係為天候嚴寒各民工難於支持於路基完成後請准暫

飭回縣休息，候明年春暖仍須再赴工段鋪修路面，且
因路基未完，仍留工段工作之民工尚有一千數
百人之多，食糧急需接濟，又前以後方工糧
趕運不及，工糧收發處向他處借用之米亦急籌填還，故第
二期挪撥之工糧仍須迅急催收，運赴工段濟用，深恐該聯保等
誤會為民工既回縣，即毋須再催收工糧，殊妨工食而誤
路政，合飭令知，仰仍趕緊催收為要。

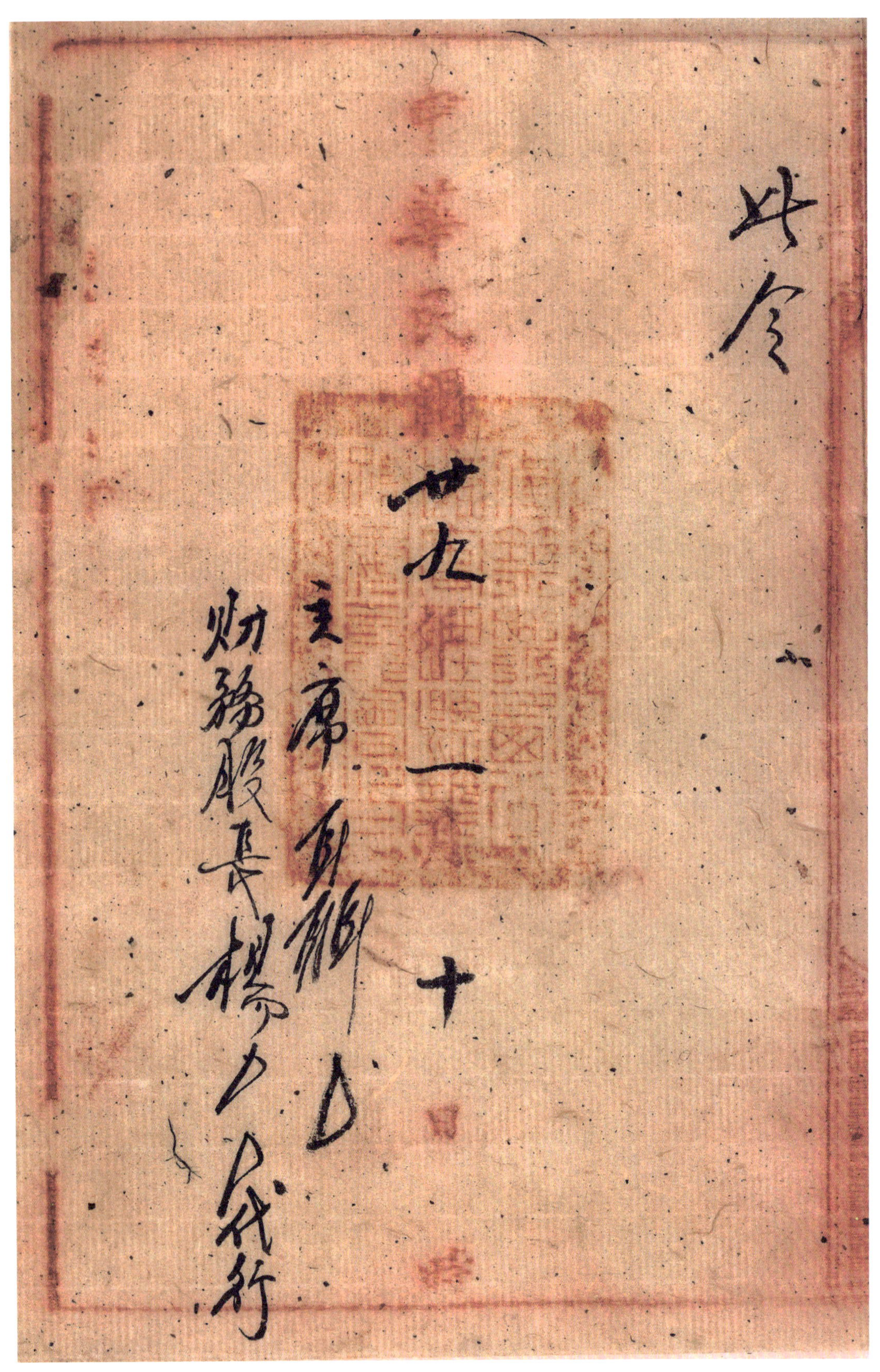
此令

中华民国廿九年十一月十日

主席 刘[illegible]

财务股长 杨力代行

会理县民工第九联队关于点验民工数额、发给柴菜费致该县征工筑路委员会驻工办事处的报告
（一九四〇年五月二十日）

報告 五月二十日于青山嘴第九聯隊部

准予備查 主任委員 [illegible] 五、廿三

1、竊職奉調來段于五月十日由九三辦公處出發到城點驗整編於本日午前到青山嘴覓地駐紮即行開工堆集石方聯隊部住朱姓宅內

2、本隊民工原額三七六人經二次提後隨帶民工二八〇人到段伙伕一八人班長九人隊長特務長六人及聯隊隊長聯隊附書記公差現

P63—51

已到段總数三一八人

3、其差額九六人在會城時已由路委會指派副聯隊長返處督催

率領到段補足原額

4、缺額由副聯隊長到段後再列表呈报備查

5、到段後之民工未經點驗應报請

鈞處派員點驗發給柴菜費以資維持謹呈

會理縣駐工辦事處處長 楊

第九聯隊長 廖星伯

## 会理县民工第十九联队关于从筑路委员会款项中抽取部分购粮致该县征工筑路委员会驻工办事处的签呈（一九四〇年六月五日）

簽呈 六月五日 于十九聯隊部

敬呈者職聯保奉命出工自行携運工粮民工比三分之二足供二十日需用聯保因米量不敷故於應繳大會之款項内抽一部份購米以符二十日不領粮之規定而應需要故特呈明伏候

示遵謹呈

駐工辦事處處長楊

聯隊長鄧從龍（印：鄧從龍印）呈

117

P63-65

## 会理县县长兼征工筑路委员会主席聂泗关于工粮工款等事项致王致堂、壮穆等的函（一九四〇年六月六日）

致堂　足安
壮穆　逢泉　谦　诸兄台鉴：
昨日午后接无锡文琼谈，二区情形如左：
（一）工粮已收四百石以上（代内东外北狮人，拨礴坎东外），计已运武侨灵仍拗担出柴包未运，共尚有六柴仍包名联保欠收之粮，仍嘱瑞文严收。
（二）工款至今仍共只收得武万壹

P67
1
118
34

仟元左右（直缴大会的不计）欠数尚多，此
项案摘交该区督催甚努力，大
尚可收到三万余元。乡会陈瑞
文仍严催外，并携赴该区打
通时，务即就便负责任严
催解，以早为结束。
（三）瑞文措复每担款出督催其
各联保实摊代缴民工费数

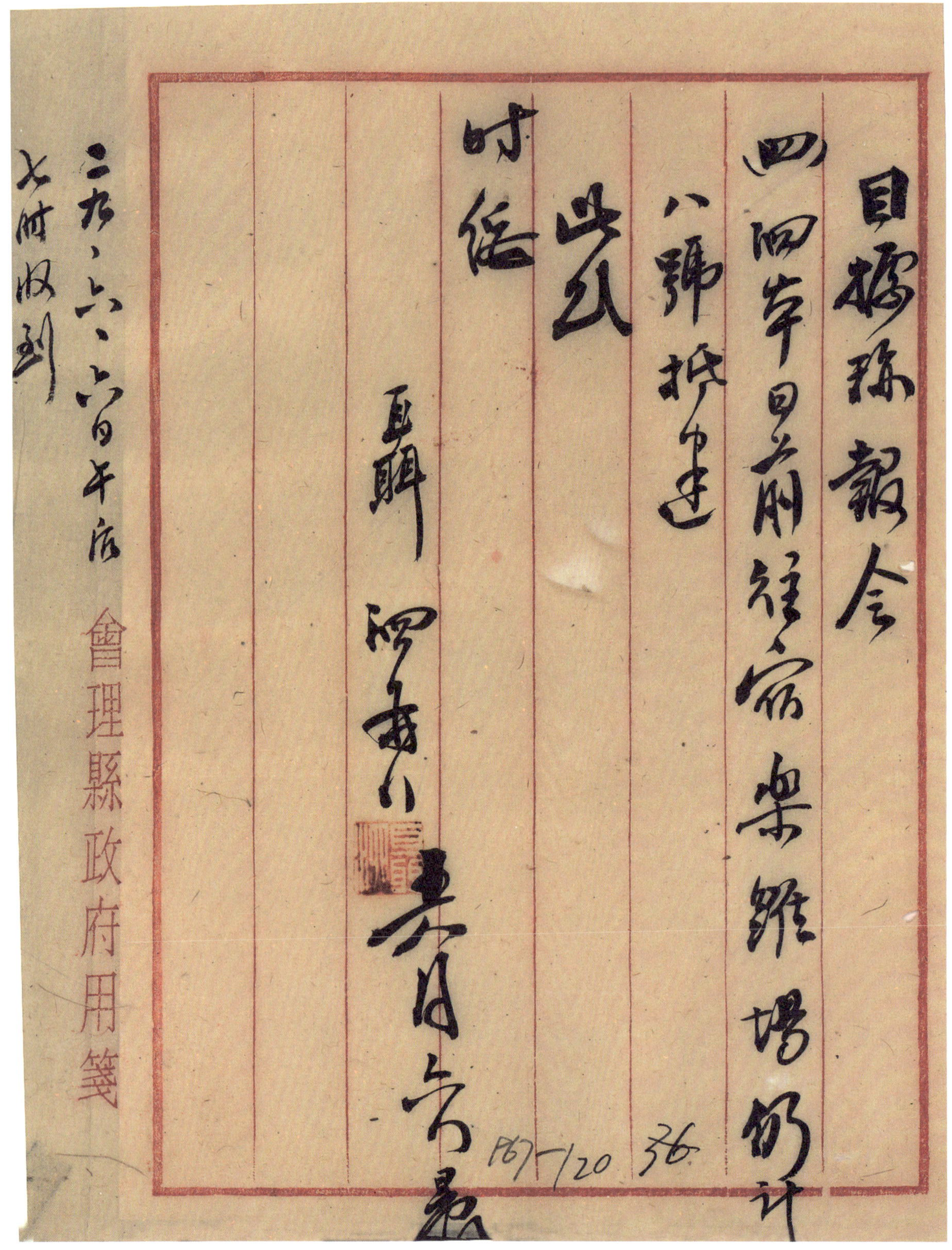

目標孫毅令（四）
四岸日前經宮樂縣場鄉計
八歸抵達
此致
時綏

[illegible]
[illegible]

二九、六、六日午后七時收到

會理縣政府用箋

167—120 36

会理县民工第一联队关于呈报核查民工人数照发柴菜等费致该县征工筑路委员会驻工办事处的签呈
（一九四〇年六月八日）

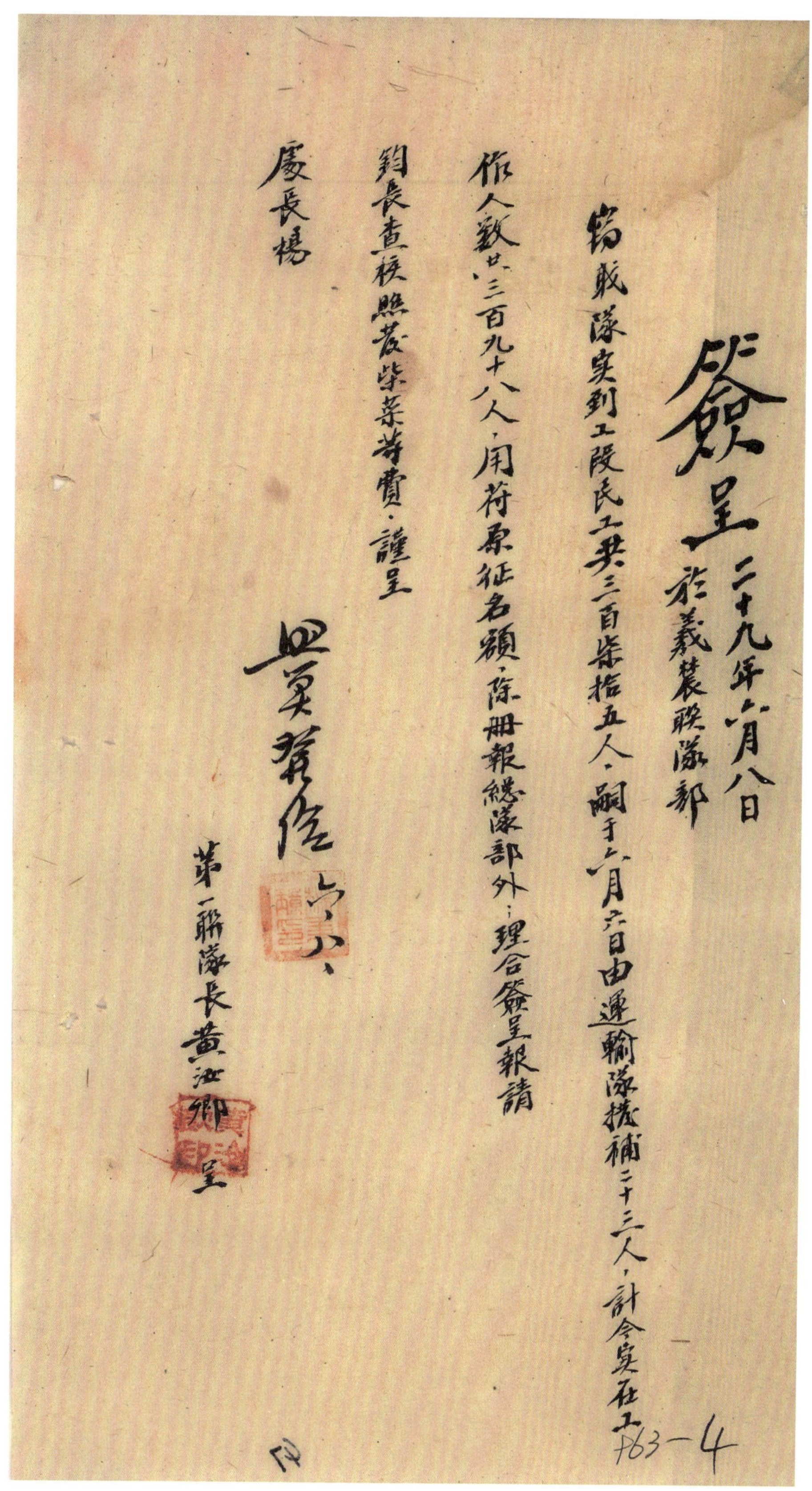

签呈　二十九年六月八日　於義裴联隊部

窃职隊实到工段民工共三百柒拾五人，嗣于六月六日由運輸隊拨補二十三人，計全实在工作人数共三百九十八人，用符原征名額，除冊報總隊部外，理合签呈報請

鈞長查核照發柴菜等費，謹呈

處長楊

六、八

第一聯隊長黄汝鄉　呈

F63-4

# 后记

《抗战时期乐西公路档案汇编2》作为国家重点档案保护与开发项目，在会理县档案局（馆）工作人员的努力下，终于集结成书。

本卷参加编写的工作人员有王宴来、李文春、蒋文斌、李英芳、李正志，会理县档案局前局长申亚军在本书立项时，也和工作人员一起进行资料的收集，付出了辛勤的劳动。

本卷在立项、申报、编印过程中，国家档案局政策法规司编研处的李莉娜处长和四川省档案局的曾声珂处长也给予了大量的指导和关注。

由于本卷成书时间仓促，加之编者学识水平有限，错漏之处在所难免，敬请指正。

编　者

二〇一九年十二月